KB119245

마담 드 스탈의 독일론

나남
nanam

한국학술진흥재단 학술명저번역총서
서양편 210

마담 드 스탈의 독일론

2008년 3월 15일 발행
2008년 3월 15일 1쇄

지은이_ 마담 드 스탈
옮긴이_ 권유현
펴낸이_ 趙相浩
펴낸곳_ (주) 나남
주소_ 413-756 경기도 파주시 교하읍
출판도시 518-4
전화_ 031) 955-4600 (代)
FAX_ 031) 955-4555
등록_ 제 1-71호(79. 5. 12)
홈페이지_ http://www.nanam.net
전자우편_ post@nanam.net
인쇄인_ 유성근(삼화인쇄주식회사)

ISBN 978-89-300-8247-1
ISBN 978-89-300-8215-0 (세트)
책값은 뒤표지에 있습니다.

'한국학술진흥재단 학술명저번역총서'는 우리 시대 기초학문의 부흥을 위해
한국학술진흥재단과 (주)나남이 공동으로 펼치는 서양명저 번역간행사업입니다.

마담 드 스탈의 독일론

마담 드 스탈 지음 | 권유현 옮김

나남
nanam

De l' Allemagne

Oeuvres complètes de Mme la baronne de Staël

publiées par son fils

précédées d'une notice par Madame Necker de Saussure

Paris, Treuttel et Würz Libraires, 1820. (vol.17) vol.10, 11

◀ 아버지 흉상 앞에 서 있는
마담 드 스탈
(Firmin Massot의 유화)

마담 드 스탈 ▶
(Jean-Baptiste Isabey의 크레용화)

◀ 사회적 명성은 최고조에 달했지만
개인의 삶은 행복하지 못했던 시절의
마담 드 스탈

▲ 프랑수아 제라르가 그린
마담 드 스탈의 초상화

◀ 마담 드 스탈과 딸 알베르틴

◀ 아버지 자크 네케르

어머니 네케르 부인 ▶

◀ 첫 번째 남편
에릭 마그누스 드 스탈 남작

두 번째 남편 존 로카 ▶

▲ 코페 성

◀ 프랑스를 상징하는 배에 타고 있는 루이 16세와 마리 앙투아네트(앞쪽), 자크 네케르와 네케르 부인(뒤쪽)

◀ **빌헬름 슐레겔**
독일 전기 낭만파 운동의 중심인물. 마담 드 스탈은 1804년 자녀들의 가정교사로 슐레겔을 코페에 초청하였으며, 그 후 이탈리아 등의 여행에 슐레겔을 동반하였다.

▲ **뱅자맹 콩스탕**
프랑스의 정치가이며 소설가. 나폴레옹 휘하에서 호민관을 지냄. 그의 작품《아돌프》는 마담 드 스탈과의 사랑을 다룬 자전적 소설이다.

◀ **루이 드 나르본**
루이 15세의 아들이라는 소문이 있다. 마담 드 스탈의 영향력으로 1791년 전쟁성 장관에 임명되었다.

◀ **괴테**
독일의 시인, 소설가, 극작가. 독일 고전주의의 대표자

옮긴이 머리말

마담 드 스탈과 나와의 첫 만남은 이화여대 대학원에서 박사논문을 준비하면서였다. 1989년에 석사를 마치고 다음해에 박사과정에 입학하면서 바로 이 작가에 대해서 공부해보리라 마음을 정하고 자료준비에 들어갔으니, 마담 드 스탈과 나와의 동거도 어언 18년이 되었나 보다.

내가 마담 드 스탈에 대해서 주의를 기울이게 된 것은 순전히 서울대학교 인문대학에서 졸업논문을 지도해 주셨고 또 이화여자대학교의 대학원에 와서도 석사논문을 지도해주신 정명환 선생님의 권유에 힘입어서였다. 선생님께서는 우리나라에 프랑스 초기 낭만주의에 대한 연구가 부족하다고 지적하시면서, 특히 프랑스혁명 이후의 시기, 보다 구체적으로 1800년부터 1830년까지의 시기에 대해서 연구해보면 어떻겠냐는 말씀을 하셨다.

나 역시 대혁명이라는 역사의 큰 사건이 프랑스 사람들의 사고, 특히 지성계에 어떤 흔적을 남겼는지 궁금하였고, 또 그 흔적이 프랑스 낭만주의 문학에 어떤 특성을 부여하였는지에 대해서도 관심이 없지 않았다. 그래서 문학사에서 프랑스에 낭만주의를 도입하였다고 평가되는 마담 드 스탈에 자연히 주목하게 되었다.

어렵사리 그의 전집을 구하고, 프랑스와 미국 등지에서 참고문헌을 구해 읽기 시작하면서, 나는 그만 마담 드 스탈이라는 작가의 세계가 너무나 깊고 넓은 데 놀라지 않을 수 없었다. 그 작가에 대해서 공부할 거리가 많다는 것은 그 작가가 많은 매력을 지니고 내게 다가오라는 손짓을 한다는 점에서 행복한 점이기도 했지만, 어떻게든 논문을 마쳐야 하는 나에게는 절망스러운 점이기도 했음을 고백하여야겠다.

당시 나의 불어 실력이나 인문학 전반에 대한 지식으로는 현학적인 표현을 매우 즐기는 마담 드 스탈이라는 거대한 땅에 아주 미약한 하나의 흔적을 남기는 것조차 역부족이라는 생각이 들었다. 그런 빈약한 연장을 들고 아무리 둘러보아도 아무도 걸어간 자취가 보이지 않는 광야에 홀로 서 있는 외로움과 결국 어느 곳에도 닿지 못하고 중도에 주저앉게 되지나 않을까 하는 불안감, 그것이 그동안 마담 드 스탈과 동고동락하면서 늘상 다스려야 했던 나의 정신상태였다.

산 속에서 길을 잃으면 나침반이 가리키는 한 방향으로만 걸어가야 한다고 한다. 우왕좌왕하다가는 결국 산 속에서 빠져나가지 못하고 자기가 서 있는 자리에서 맴돌 수 있다는 것이다. 마담 드 스탈이라는 작가의 탐험에 나선 나에게도 나를 밀고가게 하는 마음의 지침이 있었으니, 그 지침은 나 스스로에 대한 다짐이기도 했다. 그것은, 어떻게든 논문을 마쳐야 한다는 것, 그리고 마담 드 스탈을 공부하는 후진을 위해서라도 그녀의 작품을 번역해놓아야겠다는 것이었다. 마담 드 스탈에게는 20여 권의 저술이 있지만, 그 중에서 당연히 번역되어야 하는 작품을 하나만 꼽으라면 물론 《독일론》이고, 둘을 꼽으라면 거기다 《코린나》를 보탤 수 있다.

그 두 가지 나와의 약속을 이루는 데 꼬박 18년의 세월이 걸렸다. 그 전에 대산문화재단의 외국문학 번역지원사업에서 《코린나》가 지정을 받아 2002년도에 문학과지성사에서 출판되는 기쁨을 누렸고, 또 본인의 박사논문이 서울대학교 출판부에서 간행되는, 나에게는 어울리지 않는 영광을 얻기는 하였지만, 《독일론》 번역을 빠뜨릴 수는 없는 노릇이었다. 그렇게 하고 싶던 《독일론》의 번역, 아니 해야 한다고 사명처럼 되뇌던 이 작업이 마침내 한국학술진흥재단의 후원을 받아 이루어지게 되었다.

마담 드 스탈의 《독일론》을 한국학술진흥재단의 외국문학 번역목록에 추천해주신 이름 모를 선생님께 이 자리를 빌려 감사드린다. 오점투성이의 졸역임에도 불구하고 너그럽게 보아주신 심사위원 선생님들께 죄송한 마음과 더불어 격려해주신 데 대해 감사를 드린다. 이 여러 선생님들 덕분에 《독일론》의 부족한 번역본이 처음으로 세상의 빛을 보게 되었다. 이 일을 맡은 이후 시간이 부족할 수밖에 없었던 개인적 사정으로, 또 마담 드 스탈의 방대한 지식의 세계에 접근하기에 역부족인 역자의 자질 때문에 욕심만큼 깔끔한 번역을 하지 못하였다. 이 점 독자 여러분들께 널리 용서를 구한다.

하지만 용기를 내어 부족한 그대로의 《독일론》에 마침표를 찍는다. 그리고 내가 올 수 있는 지점은 여기까지라고 겸허하게 고백하고자 한다. 이 책이 세상을 향한 공허한 외침이 되지 않기를, 어느 누군가 한 사람쯤은 내가 지금 서 있는 여기에 와서 이 자리를 딛고 지나가주기를 바라는 마음이다.

2008년 2월

권 유 현

서문*

1813년 10월 1일 런던

1810년, 나는 독일에 대하여 쓴 이 원고를 《코린나》[1]를 간행했던 출판사에 보냈다. 그 원고에서 나는 이미 간행된 나의 저서에서 말한 것과 똑같은 의견을 발표했고, 현 프랑스 정부에 관해서는 침묵을 지켰기 때문에 그 출판도 당연히 허가되리라고 자신했다. 그러나 원고를 보낸 며칠 후, 출판의 자유에 관한 매우 기이한 칙령[2]이 공포되었다.

---

* 이 〈서문〉의 초고나 교정쇄 모두 코페 성의 서고에는 존재하지 않는다. 마담 드 스탈은 1813년에 존 머레이(John Murray)에 의해 런던에서 출판된 《독일론》의 초판을 위해 이 서문을 썼으며, 1814년 나폴레옹이 실각하고 마담 드 스탈이 파리에 되돌아왔을 때 런던에 두고 간 것이라고 추측된다.

1) *Corinne ou l'Italie*(1807). 마담 드 스탈의 서간체 장편소설. 《문학론》(1800)과 《델핀느》(1802)를 발표한 후 이미 확고한 문학적 명성을 얻었던 마담 드 스탈의 두 번째 장편소설. 미모와 뛰어난 재능을 타고나 눈부시게 활약했던 로마의 즉흥시인 코린나는 카피톨의 언덕에서 영예의 관을 수여받는 날, 스코틀랜드의 귀족 오스왈드와 운명적 만남을 갖고 그들 사이에 사랑이 싹트지만, 여러 가지 엇갈림으로 그들은 영국과 이탈리아로 각각 헤어지고 코린나는 슬픔 속에서 병들어 죽는다는 슬픈 사랑이야기. 그 소설이 출간되자 서정적 풍경묘사와 함께 범유럽적인 상대적 가치의 고찰, 소설적 흥미를 이끄는 갈등, 게다가 저명한 여성이 쓴 작품이라는 점에서 대단한 호평을 받았다. 그 소설의 한 장면인, 나폴리의 미젠느에서 석양을 배경으로 코린나가 하프를 연주하면서 즉흥시를 읊는 장면은 삽화로서만 아니고, 달력·상자·접시·꽃병·추시계 그림 등의 소재가 될 정도였다. 우리말 번역은 《코린나》, 권유현 역, 문학과지성사, 2002.

거기에는 "어떤 출판물이라도 검열관의 검열을 받지 않으면 출판이 허가되지 않는다"고 적혀 있었다 — 괜찮겠지 —. 구체제[3]의 프랑스에서 사람들은 검열에 익숙해져 있었다. 당시 사람들의 마음은 자유를 지향했고, 그런 압력을 별로 두려워하지 않았다. 그러나 그 새로운 규정의 말미에 "검열관이 저작물을 검열하고 허가한 후에 출판사는 그 저작물을 인쇄할 수 있으나, 경찰은 필요하다고 판단되면 해당저서 전체에 대한 출판을 금지할 수 있는 권한이 있다"고 적혀 있었다. 이랬다저랬다 하면 결국에는 그 법을 지킬 필요가 없다는 판단이 서게 된다. 법이 없음을 선포하는 데 법이 필요하지는 않다. 차라리 절대권력이라는 간단한 사실만 언급하는 게 더 나았을 것이다.

그럼에도 출판사는 검열에 응하는 동시에 이 책을 출판하는 책임을 지기로 했고, 우리는 이 점에서 의견의 일치를 보았다. 나는 이 작품의 인쇄를 확인하기 위해 파리에서 160킬로미터 떨어진 곳으로 갔다.[4] 거기서 나는 프랑스에서의 마지막 공기를 마셨다. 하지만 보다시피 나는 이 책 안에서 독일의 현재 정치상황에 관한 고찰을 일절 피했다. 나는 지금부터 50년 후의 나를 상상해보았다. 그러나 현재는 그것이 잊혀지는 것을 허락하지 않는다. 당시 많은 검열관이 내 원고를 검열했고, 일일이 주석을 달면서 내가 써놓은 많은 문장을 삭제했다. 그러한 문장을 제외시키고서야 이 책의 간행을 허가했는데, 지금 출판하는 이 책은 처음 쓴 것과 똑같은 상태이다. 왜냐하면 나는 거기에서 아무것도 바꿀 필요를 느끼지 못했기 때문이다. 저자에게 잔혹하기 짝

2) 1810년 2월 5일 공포되었다.

3) 프랑스혁명 이전의 사회체제로 앙시앵 레짐(*ancien régime*)을 말한다.

4) 1810년 4월 중순 마담 드 스탈은 아이들을 데리고 많은 친구들과 함께 코페에서 루아르에셰르(Loir-et-Cher) 주로 이사했다.

이 없는 피해를 준 저작이 어떤 것인지 오늘날 프랑스에 보여주는 것도 나로서는 흥미롭다.

이 책이 간행되고 초판의 1만 부가 이미 인쇄되었을 때, 사바리 장군[5]이라는 경찰대신이 초판을 모두 파기시키고 이 위험한 책이 한 권이라도 밖으로 새나가지 못하도록 출판사의 출입구에 헌병 보초를 세웠다. 경찰서장이 그 작전을 지휘했고, 사바리 장군은 손쉽게 승리를 거두었다. 그 가엾은 서장은 방대한 양의 책 파기, 아니 그보다는 인간 이성의 흔적을 조금도 남기지 않고 완전한 백지로 되돌리는 일을 면밀히 확인해야 했다. 20루이로 평가된 순수한 종이 값이 출판사가 장군으로부터 받은 배상금의 전부였다.

나의 책이 파리에서 폐기처분을 받았을 때, 나는 그 원고를 제출하고 24시간 내에 프랑스에서 떠나라는 명령을 시골에서 받았다.[6] 24시간 내에 프랑스에서 떠날 수 있는 사람이란 신병들밖에 없을 것이다. 그래서 나는 돈과 마차를 준비하기 위해서는 적어도 8일이 필요하다는 취지를 경찰대신에게 써서 보냈다. 대신의 회신은 다음과 같았다.

부인, 보내주신 서신은 잘 받았습니다. 출발을 7일 내지 8일 연기하고 싶으신

---

5) Anne Jean Marie René Savary, duc de Rovigo(1774~1833). 1810년부터 1814년까지 경찰대신을 지냈다. 나중에 생페테르부르크의 대사가 되어 로비고 공작의 칭호를 얻었다. 저서로 《나폴레옹의 역사를 위한 회고록》(*Mémoires pour servir à l'histoire de Napoléon*) (1828)이 있다.

6) 마담 드 스탈은 그 명령을 받았을 때 아들 오귀스트에게 원고를 안전한 곳에 보관하고 경찰에게는 조작한 사본만을 넘겨주도록 부탁했다. 그녀는 원고를 "태워버렸다"고 보고했으나, 빌헬름 슐레겔이 그것을 몰래 빈으로 옮겼고, 그것을 다시 동생 프리드리히 슐레겔에게 맡겼다. 마담 드 스탈은 1812년 여행 때에 그것을 받아 빈, 생페테르부르크, 스톡홀름 등의 살롱에서 그 중 몇 장을 낭독했고, 그 후 런던에서 책으로 간행했다.

것에 대해서는 이의가 없음을 아드님으로부터 들으셨을 줄 압니다. 본인은 그 기한이 귀하의 남은 준비에 충분하기를 바랍니다. 그 기한을 초과하는 것은 허가할 수 없기 때문입니다.

본인이 귀하에 통고한 명령의 원인을 귀하가 최근 저서에서 황제 폐하에 관하여 지킨 침묵에서 찾아서는 안 됩니다. 그렇다면 그것은 잘못일 것입니다. 황제 폐하께서는 폐하께 합당한 대우를 그 책에서 찾아보실 수 없었습니다. 귀하에 대한 추방은 귀하가 이 몇 해 동안 계속한 행동의 필연적 귀결입니다. 이 나라의 공기는 아무래도 귀하에게는 맞지 않는 것 같습니다. 한편 우리는 귀하가 찬미하시는 여러 민족에서 부득이 본을 따야 할 정도에 이르지도 않았습니다.

귀하의 최근 저서는 전혀 프랑스적이지 않습니다. 본인은 그러한 저작의 인쇄를 금지했던 것입니다. 그로 인해 출판사가 손실을 입은 것은 유감입니다만, 그렇다고 간행을 간과할 수는 없습니다.

아시다시피 귀하가 코페를 떠나도록 허가한 것은 귀하가 미국에 가는 것을 희망하셨기 때문입니다.[7] 본인의 전임자가 귀하가 루아르에셰르 주[8]에 거주할 수 있도록 허가했다고 해서 그 관대한 조치로 인해 이미 귀하에 대하여 결정된 사항이 취소되었다고 해석하신다면 곤란합니다. 오늘부터 귀하는 본인의 결정을 엄수하실 의무가 있습니다. 귀하 자신을 원망하실 도리밖에 다른 도리가 없겠습니다. 본인은 귀하에게 허가한 유예기간이 종료되는 시점에서 명령의 집행을 감독하라고 골비니 씨[9]에게 통고했습니다.

---

7) 마담 드 스탈은 여러 번 미국 여행을 계획했었는데, 1819년 《독일론》이 간행되고 나서 갈 계획을 구체적으로 세웠다. 이듬해 다시 여권을 신청했는데 거절당했다. 그녀는 미국에 땅을 사려고 했다.

8) Loire-et-Cher, 루아르(Loire) 강 중간유역의 분지에 위치한다. 도청은 블루아(Blois)에 있다.

9) 〔원주〕 루아르에셰르 주의 지사.
〔역주〕 le baron Louis-Antoine-Ange Chicorlette de Corbigny(1771~1811). 나폴레옹 정권하의 공무원으로서, 라인 강 왼쪽에 있는 뢰르(Roer) 주(1798년부터 1814년까지 프랑스령이었다)의 부지사를 지냈고, 이후 루아르에셰르의 지사가 되었다. 《독일론》의 출판금지에 즈음하여 관대한 조치를 취한 일로 나폴레옹에게 심한 꾸지람을 들었다.

본인은 귀하에 대한 강경한 조치로서 이 서신을 쓸 수밖에 없는 것을 유감으로 생각합니다. 저로서는 귀하에 대해 최고의 경의를 표명하였더라면 훨씬 좋았을 것입니다.

1810년 10월 3일 파리 경찰청
당신의 겸허하고 충실한 종, 드 로비고 후작

추신: 로리앙, 라 로셸, 보르도 및 로슈포르 항구가 귀하가 정착할 수 있는 항구들임을 알려드립니다. 그 중 어느 항구를 선택하시는지 통지해주시기 바랍니다.[10)]

나에게는 정말 기이하기 짝이 없게 여겨지는 이 편지에 관해서 약간의 의견을 덧붙이겠다. 사바리 장군은 "이 나라의 공기는 귀하에게 맞지 않는 것 같다"고 말했다. 아, 한 여자에게 그런 말을 하다니 얼마나 친절한 처사인가! 세 아이의 어머니[11)]이며 그다지도 프랑스를 위해 봉사한 사람의 딸[12)]을 그 고향에서 영원히 추방하고, 사형 다음가는 극형에 대해 아무런 항변도 허락하지 않음을 통첩하다니! 프랑스의 풍자희극에는 감옥으로 연행하는 사람들에게 깍듯이 예의를 차린 자신

---

10) 〔원주〕 이 추신의 목적은 내가 영불해협의 항구에서 출국하는 것을 금하는 것이었다.

11) 마담 드 스탈은 모두 다섯 아이를 낳았다. 장남인 귀스타빈(Gustavine)은 1789년에 사망했다. 존 로카(John Rocca)와의 사이에 낳은 아들인 알퐁스(Alphonse)는 1812년에 태어났으므로 파리 경찰청으로부터 위의 편지를 받을 당시인 1810년에는 세 아이, 오귀스트(Auguste), 알베르(Albert), 알베르틴(Albertine)이 있었다. 알베르는 결투로 1813년에 사망했다.

12) 스위스 태생의 은행가였던 마담 드 스탈의 아버지 네케르(Jacques Necker, 1732~1804)는 1777년부터 1781년까지 프랑스의 재무장관을 지냈다. 혁명 전야의 재정부족과 정치적 대립이 심해지고 있는 와중에 1788년 8월 다시 국왕에게 등용되어 국무장관이 되었으나 재정상태는 개선되지 않았고, 1790년에 공직에서 물러났다.

을 자화자찬(自畵自讚)하는 간수들이 으레 하는 말이 있다. "내가 체포한 사람들도 나를 좋아한다." 사바리 장군도 이와 같은 심정인지 모르겠다.

장군은 "프랑스인은 귀하가 찬미하시는 민족들에게서 부득이 본을 따야 할 정도에까지 이르지 않았습니다"라는 말을 덧붙이고 있다. 그 민족은 우선 영국인이며, 또한 많은 점에서 독일인이기도 하다. 그렇다고 내가 프랑스를 사랑하지 않는다는 비난은 당치도 않다. 애정을 쏟을 만한 것이 매우 많고, 소중한 사람들이 내 마음을 무척이나 기쁘게 해주는 체류지에 대해 나는 많은 미련을 나타냈을 뿐이다! 그토록 빛나는 땅과 재기 넘치는 주민에 대하여 지나칠 정도의 애정을 품고 있으니, 내가 영국을 찬미하는 일이 금지될 법도 하다. 10년 동안의 무질서 상태와 10년 동안의 전제정치 기간중, 영국이 사회질서를 지키기 위해 무장한 기사처럼 유럽의 방위를 맡았던 사실은 모두가 알고 있다. 영국의 훌륭한 헌정(憲政)은 혁명 초기에 프랑스인이 바라고 지향하는 목표였다. 지금 내 심정은 그때 그들의 심정과 같다.

부친의 땅으로 돌아오자, 제네바의 지사는 나에게 그곳에서 16킬로미터 이상 떠나는 것을 금지했다. 어느 날 나는 단순히 산책하기 위해 40킬로미터 떨어진 곳으로 나가보았다.[13] 그러자 즉각 헌병이 쫓아왔다. 역참장[14]은 나에게 말을 빌려주지 못하도록 명령받았다. 마치 국가의 안보(安保)가 나같이 미미한 존재에 달려 있는 것 같았다. 그럼

13) 이 '산책'은 스탈 부인이 여기서 말하고 있는 것처럼 그저 단순한 산책은 아니었다. 그녀는 마튜 드 몽모랑시(당시 프랑스로 추방)와 슐레겔(당시 베른에 망명)을 발생트(Val-Sainte)에서 만날 목적이 있었음이 분명하다.

14) 역참을 담당했던 사람. 당시 유럽의 전 도로에는 7~8마일 간격으로 역참이 설치되어 있었다. 이들 역참들은 정부가 관리했는데, 여행객들은 일정한 격식에 따라 어느 역에서든 말을 요구할 수 있었고 그 다음 역에 넘겨주면 되었다.

에도 나는 그런 엄격한 감금을 잘 견뎠는데, 그만 마지막 일격이 그것을 못 견디게 만들고 말았다. 몇몇 친구가 나를 방문하겠다는 호의를 나타냈다가 추방형에 처해진 것이다[15] —해도 너무하지 않은가—. 남을 불행하게 하는 원인이 나에게 있거나, 사랑하는 사람들을 가까이 할 수 없거나, 그들에게 편지를 쓰고 그들의 이름을 입 밖에 내는 것을 두려워하거나, 나에게 애정을 나타내는 사람들에게 겁을 먹게 하고, 혹은 공포에 시달린 나머지 적당히 비열한 행동을 하게끔 만드는 장본인 노릇을 차례로 해야 하는 것은 목숨이 붙어 있는 한 사람으로서 못할 짓이 아니겠는가!

그러한 끊임없는 박해는 내가 중요한 존재라는 증거라면서 나의 아픈 마음을 친절히 위로해주는 사람도 있었다. 나는, "지나친 예우도, 이 같은 모욕도"[16] 받을 이유가 없다고 대답할 수는 있었을지 모르겠지만, 자존심을 부추기는 위로를 그냥 받아넘길 수는 없었다. 왜냐하면 나는 지금의 프랑스에서, 가장 위대한 사람으로부터 가장 하찮은 사람에 이르기까지 어느 누구도 불행하게 될 이유가 없다는 것을 알고

15) 1810년 말에 레망 주(州)의 지사인 바랑트 남작(Guillaume Prosper Brugière, boron de Barante)은 마담 드 스탈에게 너무 관대하다는 이유로 경질되고, 그 뒤를 이어 부인에게 전혀 협조적이지 않은 카펠 남작(le baron Capelle)이 지사에 임명되었다. 그러자 즉시 슐레겔은 베른으로 망명하고, 시스몽디(Jean Charles Leonard Sismonde de Sismondi)는 제네바로 피신했으며, 엘제아르 드 사브랑(Elzear de Sabran)은 빈센느에 유폐되었다. 빌레르는 뤼벡에서 체포되었고, 몽모랑시(Mathieu Felicité, duc de Montmorency-Laval)는 프랑스 중부의 어느 읍내로 추방되고 1798년 이래 마담 드 스탈과 친교를 맺어온 레카미에 부인(Jeanne-François-Julie Adélaide Bernard Récamier)은 파리에서 400리 밖으로 나가라는 명령을 받았다.

16) 라신(Jean Racine)의 《브리타니퀴스》(*Britannicus*) (1669) 제2막 제3장에서 황제 네론이 이복동생 브리타니퀴스의 애인 쥐니에게 구애했을 때 쥐니가 한 말의 일부이다.

있었기 때문이다. 그들은 생활상의 모든 이해관계에서, 내 성격의 모든 약점을 붙들고 나를 괴롭혔다. 당국은 나를 더욱더 괴롭히기 위해 나를 더 잘 알기 위한 수고를 아끼지 않았다. 그러므로 나의 재능을 희생하는 것만으로는 당국을 누그러뜨릴 수 없었고, 또 나의 재능을 당국의 노예로 삼지는 않겠다는 결심을 굳혔으므로, 나는 이럴 경우 아버지가 나에게 해주실 충고를 마음속에 떠올려보면서 떠났다.

왜곡 · 비방되었을 뿐 아니라, 많은 고난의 원인이 된 이 기록을 널리 알리는 것이 중요하다는 생각이 들었다. 사바리 장군은 그 서한에서 나의 저작을 프랑스적이 아니라고 단언했지만, 나는 그를 프랑스의 대표로 보고 싶지 않기 때문에, 내가 잘 알고 있는 프랑스인에게, 인간정신의 빛나는 업적을 향상시키고자 나의 모든 힘을 다한 저작을 확신을 갖고 헌정하는 바이다.

독일은 그 지리적 위치로 보아 유럽의 심장으로 간주되며, 거대한 대륙공동체[17]는 독일의 독립에 의해서만 스스로의 독립을 되찾을 수

---

17) 마담 드 스탈은 '대륙공동체'(la grande association continentalle)라고 쓰고 있으나, '대륙체제'(le systeme continental)를 일컫은 것으로 추정된다. 나폴레옹은 1806년 나폴리왕국을 점령하고 라인연방을 건설하고 신성로마제국을 붕괴시켰다. 그와 같은 제국지배 확대의 야망에 영국은 프로이센, 러시아와 결속하고 대항하여 프랑스 북부 연안의 봉쇄를 선언했다. 그러나 예나의 전투에서 나폴레옹 군은 프로이센 군에 압승하고, 그것을 기화로 작센을 위시한 다섯 공국이 라인연방에 가입했다. 1807년 나폴레옹은 프로이센, 러시아 연합군에 이기고 프로이센이 잃은 지역에는 웨스트팔리아 왕국과 바르샤바 공국이 건설되었다. 나폴레옹은 러시아와의 강화조약 체결에 성공하고, 유럽 대륙의 대부분을 지배하에 두게 되었다. 영국에 대해서는, 동국이 행한 봉쇄에 대항해 베를린령을 발표하고 영국을 경제봉쇄하는 작전으로 나갔다. 여기에는, 이미 종속된 모든 나라들은 말할 것도 없고, 덴마크 · 스페인 · 러시아 · 오스트리아 등이 줄줄이 참가하여, 1807년 11월에는 대륙의 모든 나라와 영국 간의 통상조약이 거의 끊겼다. 나폴레옹은 이 영국 봉쇄정책을 대륙체제라고 불렀다.

있을 것이다. 각기 다른 언어, 자연의 경계, 동일한 역사의 기억, 이 모두가 인류 사이에 국가라고 하는 거대단체를 창조하는 데 기여한다. 국가가 존속하는 데에는 일정한 규모가 필요하고, 몇몇 특질이 그들을 구별한다. 그러므로 만약 독일이 프랑스에 합병된다면, 프랑스도 역시 독일에 합병되는 것이다. 또한 함부르크의 프랑스인은 로마의 프랑스인과 같이 앙리 4세[18]의 동포로서의 성격을 점차 변질시킬 것이다. 즉, 정복당한 자는 오랜 기간에 걸쳐 정복한 자를 변질시킬 것이며, 마침내는 모두가 소멸하고 말 것이다.

나는 나의 저서 안에서 독일인은 "하나의 국민이 아니다" 라고 말했다. 틀림없이 그들은 현재 세계를 향해 그 두려움을 과감하게 부정하고 있다. 그러나 게르만계의 나라들[19]은 동포들끼리 서로 싸우는 바람에 동맹국인 프랑스인에게조차 경멸을 당하지 않는가? 아직 후세 사람들에게 말할 수 있는 때는 아닌 것 같아서 입 밖에 내기가 망설여지긴 하지만, 나는 보조자라는 말을 쓰고 싶다. 이러한 보조자는 여론이나 이해관계에 의해, 심지어 명예를 위해서도 행동하지 않는다. 앞이

---

18) 앙리 4세(1553~1610). 부르봉 왕조 초대 국왕으로 1589년부터 1610년까지 즉위했다. 프랑스 국내외에 평화를 가져오고 산업을 진흥하는 등, 왕권강화에 큰 역할을 하고 절대왕정의 기초를 구축했다. 부르봉 왕조는 이후 약 200년간 이어진다. 이탈리아에서는 펠리페(Felipe) 5세(1683~1746, 스페인의 부르봉 왕조 초대 국왕, 재위 1700~1746)가 1734년 나폴리와 시칠리아의 왕이 되었고 이탈리아 통일운동에 의해 왕정이 폐지되는 1860년까지 부르봉 왕조가 지배했다. 북이탈리아의 팔마 공국에서도 칼로스 3세(Carlos Ⅲ)가 1731년부터 1735년까지 지배하고, 그 뒤에 그의 남동생 펠리페(1720~1765, 팔마 공 재위 1748~1765)로 시작되는 부르봉 왕조의 지배가 1859년까지 이어졌다.

19) 나폴레옹이 중개자 역할을 하여 성립된 라인연방을 말한다. 남부독일 16개국으로 형성되었던 프랑스의 종속적 군사동맹국이다. 그 연방 창설의 목적은 프로이센의 고립화, 프로이센에 대한 침공이었다.

보이지 않는 두려움으로 그들의 정부는 최강자에게 굴복했던 것이다. 자기들이 그 힘에 굴종하기 때문에 그것을 최강으로 만들어준다는 생각은 하지도 못한 채.

영국의 시인 서데이[20]는 이 아름다운 시구를 스페인인에게 바쳤다.

이리하여 용감하게 고통받는 자가 인류를 구한다.

스페인인의 영토는 결국 카디스 만(灣)[21]으로 축소되고 말았다. 그들은 설령 피레네 산맥이라는 장벽에 이르게 되고,[22] 웰링턴 경[23]의

20) Robert Southey(1774~1843). 윌리엄 워즈워스(William Wordsworth, 1770~1850), 새뮤얼 테일러 콜리지(Samuel Taylor Coleridge, 1772~1834) 등, 영국의 호수지방에서 볼 수 있는 자연과 인간생활을 주제로 한, 이른바 호반파 시인의 한 사람. 그는 스페인이나 포르투갈의 이야기에 흥미가 있었는데, 이국 정서를 느끼게 하는 그의 시는 인상적이다. 마담 드 스탈이 인용하고 있는 시는 *Carmen triumphale for the commencement or the year*(1814)의 두 줄이다.

21) 카디스(Cadiz)는 스페인 남부의 항만도시로, 지중해에서 대서양으로 가는 길의 기항지이며 북아프리카로 가는 연락지이기도 하다. 18세기 미국 식민지와의 무역활동이 중요시되면서부터 유럽 선진국에서 계몽주의, 자유주의, 낭만주의 등 새로운 문화의 물결이 밀어닥쳤다. 나폴레옹의 스페인 침략과 독립전쟁 동안 비점령지역이었던 카디스에 국민의회가 소집되었고, 1812년에 자유주의적인 카디스 헌법이 제정되었다.

22) 1808년 3월, 스페인의 민중이 마드리드 교외의 아랑페즈에서 폭동을 일으켰다. 이에 노왕 카를로스 4세(1748~1819)는 퇴위하고 국민으로부터 신뢰받고 있었던 황태자 페르난도(1784~1833)가 왕위에 올랐다(1808, 1812, 1814~1833). 나폴레옹은 그 사건에 관한 보고를 받자 피레네 기슭에 있는 바이욘으로 가서 카를로스와 페르난도를 불러 왕위를 양도시키고, 자신의 형인 나폴리왕 요셉을 스페인 왕위에 올렸다. 페르난도는 바란세이에 유폐되었다.

23) Arthur Wellesley, 1st Duke of Wellington(1769~1852). 영국의 군인, 정치가. 1808년에 스페인을 침략했던 나폴레옹 군의 기세는 스페인 남서부에 동서

고대적 성격과 근대적 재능으로 보호받을지언정 타국의 간섭을 수락하지 않았을 것이다. 그러나 그와 같은 대업을 완수하기 위해서는 어려움에 절망하지 않는 인내가 필요했다. 독일인은 종종 역경에 몸을 내맡기는 과실을 범하고 있다. 개인은 운명에 굴복하는 일도 있을 것이다. 그러나 국가는 그래서는 안 된다. 왜냐하면 국가만이 그 운명을 지휘할 수 있기 때문이다. 한 가지 더, 의지를 더 가질 것, 그러면 불행은 제압될 것이다.

하나의 민족이 다른 민족에 항복하는 일은 자연에 반하는 일이다. 오늘날 도대체 누가 스페인, 러시아, 영국, 프랑스를 침략할 수 있다고 믿겠는가 — 왜 독일의 경우도 같지 않다는 말인가? — 만약 독일인이 다시 복종을 강요당한다면, 그들은 불행으로 마음이 찢어질 것이다. 하지만 루이 14세에게 "폐하께서는 왕이십니다. 그런데 울고 계십니다!"라고 말했던 만치니 양[24] 처럼, "당신은 국가입니다. 그런데 울

로 뻗어 있는 시에라, 모레나 산맥을 넘은 이후 열세로 바뀌고, 드디어 바이렌에서 스페인 민병대에 항복했다. 웰링턴 경은 전부터 프랑스의 대륙봉쇄정책과 대립하고 있었던 영국의 1만 8천 군대를 거느리고 포르투갈의 몬데고 강 어귀로 상륙했다. 거기에 7천 명의 포르투갈 군이 합류하고 나폴레옹의 프랑스군과 대전, 1813년 드디어 나폴레옹은 스페인을 포기했다. 영국군은 1814년 프랑스를 침공했고 그때 원수와 공작 지위를 받은 웰링턴은 프랑스군을 패주시키고 나폴레옹을 퇴위시킨 다음 영국대표로서 빈 회의에 참석했으며, 잇따라 엘바 섬을 탈출한 나폴레옹을 연합군 최고사령관으로서 워털루 전투에서 패배시켰다.

24) Marie Mancinie, princess de Colonna (1640~1715). 프랑스 왕 루이 13세와 14세를 시중들던 재상, 추기경 마자렝(1602~1661)의 조카. 만치니가는 로마의 명문이다. 미켈레 로렌초 만치니는 마자렝의 누이동생과 결혼했다. 마자렝은 딸들을 프랑스의 궁정으로 시집보냈다. 만치니 양은 그 중 한 명이며, 대단히 머리가 좋고 학식이 있어 루이 14세에게 사랑받았다. 그러나 왕은 스페인 왕 펠리페 4세의 딸 마리 테레즈(1638~1683)와의 정략결혼을 위해 마리 만치니를 체념했다. 여기에 인용된 말은 1659년 왕과의 이별에 즈음하여 한 말이

고 계십니다"라고 묻고 싶은 충동을 항상 느낄 것이다.

문학과 철학의 도표는 현재로서는 이상하게 보일지도 모른다. 그러나 가련하고 기품 있는 독일이 전쟁의 참화 가운데 풍요로운 지적 재산을 떠올리는 것은 아마도 즐거운 일이 될 것이다. 3년 전, 나는 프로이센과 그곳을 둘러싼 북구의 나라들을 사상의 조국이라고 불렀다. 그 사상은 어쩌면 이토록 관대한 행동으로 변모되지 못했는가! 철학자들이 체계화하려던 것은 실현되었고, 정신의 독립은 국가의 독립의 토대가 될 것이다.

라고 한다. 라신의 《베레니스》(1670) 제4막 제5장에도 같은 대사가 나오는 것으로 유명하다.

마담 드 스탈의 독일론

차 례

제3부 철학과 도덕 ······483

일반적 고찰

유럽의 주요한 국가의 기원은 세 개의 다른 큰 인종으로 설명될 수 있다. 라틴 인종, 게르만 인종과 에스크라본 인종[1]이 그것이다. 이탈리아인, 프랑스인, 스페인인, 포르투갈인은 로마인으로부터 문화와 언어를 이어받았다. 독일인, 스위스인, 영국인, 스웨덴인, 덴마크인, 또한 네덜란드인은 튜튼 민족[2]이며, 마지막으로 에스크라본 민족 중에서는, 폴란드인과 러시아인이 으뜸을 차지한다. 라틴계의 지적 문화를 가진 나라들은 다른 나라보다 더 일찍 문명화했다. 그들은 세상일을 처리하는 데 로마인이 보여주었던 민첩한 통찰력을 대체로 물려받았다. 그들에게는 그리스도교의 수립 이전에 이교(異教)에 기반을 둔 사회제도가 존재했다. 그리고 북방민족이 쳐들어와 그들을 정복했을 때, 이들 북방민족은 자기가 정복한 나라의 풍습을 여러 면에서 받아들였다.

물론 이러한 고찰은 그 나라의 풍토, 정치체제, 역사적 사실에 따라 수정되지 않으면 안 된다. 교회권력은 이탈리아에 지울 수 없는 흔적을 남겼다. 스페인인들은 아랍인과의 오랜 전쟁으로 군사적 습관과 적극적 기풍이 강해졌다. 그러나 유럽의 이 지방은 일반적으로 라틴어에서 파생한 언어들을 사용하고 일찍이 로마의 정치제도를 전수했는데,

---

1) 슬라브 인종이라고도 하며, 러시아, 세르비아, 불가리아 사람들을 일컫는다. 여기에서 유럽 인종의 분류방법은 당연히 현대에 비하면 훨씬 단순하다. 마담 드 스탈의 설명은 대개 마송 드 모빌리에의 백과사전 *L'Encyclopedie redigie par Masson de Morvilliers*, 1789년 판, '유럽' 항에 따르고 있다.

2) 협의로는 고대 게르만인의 한 파이며, 광의로는 게르만인과 동의어이다.

이교에 기원을 갖는 고대문명의 성격을 지닌다. 그곳에서는 게르만계 나라들보다도 추상적 관념에 기우는 일이 적은 반면, 보다 현세적인 쾌락과 이익을 추구한다. 또한 이 민족만이 그들의 스승인 로마인과 같이 지배의 기술을 터득하고 있다.

게르만계의 여러 나라는 거의 언제나 로마인의 지배에 저항했다. 그들은 훨씬 늦게 문명화했는데, 그것도 오로지 그리스도교 덕분으로 된 것이다. 그러니까 그들은 일종의 야만상태에서 바로 그리스도교 사회로 옮겨갔다. 기사도, 즉 중세적 정신의 시대는 가장 생생하게 그들의 마음에 새겨져 있다. 그리고 아무리 이들 나라의 학자들이 라틴계의 여러 나라 이상으로 그리스나 라틴의 작가를 연구했다 해도, 독일 작가들의 타고난 재능은 고전적이라기보다는 고대적 색채를 띤다. 그들의 상상력은 옛 탑이나 성채의 총구멍이 있는 곳, 전사나 마법사, 그리고 유령이 있는 곳을 좋아한다. 또한 몽환적이며 고독한 성격을 지닌 신비가 그들 시의 중요한 매력을 형성한다.

튜튼계 국가들 사이에 존재하는 유사점은 무시할 수 없을 것이다. 확실히 영국인은 헌정(憲政)으로 인해 사회적 품격을 얻어서, 이들 여러 나라 사이에서 확고한 우위를 차지하고 있다. 하지만 비슷한 특질은 게르만계의 여러 민족에서도 항상 볼 수 있다. 독립과 충성은 어느 시대에나 이 민족에게 따라다니는 말이 되었다. 그들은 항상 친절하고 성실했는데, 아마도 이 점 때문에 그들의 작품에 짙은 우수가 감도는 것인지도 모른다. 왜냐하면 개인과 마찬가지로 국가도 스스로의 장점으로 말미암아 괴로움을 겪는 일이 종종 일어나기 때문이다.

에스크라본인은 그 문명이 다른 민족에 비해 더욱 현대적이지만, 문명화가 서둘러 행해져서 아직까지는 독창성보다는 모방이 눈에 띈다. 그들이 가진 유럽적인 것은 프랑스의 것이며, 아시아적인 것은 거의 진전되지 않아서, 에스크라본 작가들은 그들의 타고난 진정한 성격을 아직껏 표현하지 못했다. 그리하여 유럽의 문학은 분명히 구별되는 두 개로 나뉜다. 고대를 모방하는 문학과 중세의 정신을 모체로 하는 문학, 즉 그 기원에서 색채나 매력을 고대의 다신교에 힘입고 있는 문학과 본질적으로 영성적인 종교에 자극받아 발전한 문학이 그것이다.

프랑스와 독일은 정신적 연결고리의 양극에 있다고 말하는 것이 옳을 것이다. 프랑스인은 외계의 사물을 모든 관념의 원동력으로 보고, 독일인은 관념을 모든 인상(印象)의 원동력으로 보기 때문이다. 물론 이 두 나라는 사회적인 면에서는 상당히 일치한다. 그러나 문학적 체계나 철학적 체계에서는 더 이상 대조적일 수가 없다. 독일의 지적 측면은 프랑스에 거의 알려져 있지 않으며, 그 점에 대해서 관심을 갖는 프랑스 문학자는 불과 몇 명 되지 않는다. 사실, 훨씬 많은 수의 사람들이 독일을 비판하고 있다. 이러한 유쾌한 민첩성으로 우리는 잘 알지 못하는 것에 대해서 언급하는데, 이것은 말할 때에는 우아할 수 있어도 글을 쓸 때에는 그렇지 못하다. 독일인은 저술에만 적합한 내용을 종종 대화에 끼워넣는 잘못을 저지르는 반면, 프랑스인은 대화에만 적합한 내용을 저술하는 잘못을 가끔 저지른다. 그리고 우리는 표면적인 것은 이미 소진할 만큼 다 소진했으므로, 우아해지기 위해서도, 또 특히 변화를 꾀하기 위해서도 좀더 심오한 것을 시도할 필요가 있다고 생각한다.

그러므로 나는 연구와 성찰이 두드러지게 앞서 있어서, 가히 사상의 조국이라고 할 수 있는 유럽의 한 나라를 소개하는 것이 매우 의미 있는 일이라고 생각했다. 그 나라와 책을 보고 내가 품게 된 생각들을 4부로 나누었다. 제1부에서는 독일과 독일인의 풍습을, 제2부에서는 문학과 예술을, 제3부에서는 철학과 도덕을, 또 제4부에서는 종교와 열광(*enthousiasme*)을 다룰 것이다. 이 다양한 주제들은 서로 필연적으로 연관되어 있다. 국민성은 문학에 영향을 끼치고, 문학과 철학은 종교에 영향을 끼친다. 전체가 하나가 됨으로써 각 부분을 완전하게 이해할 수 있는데, 마지막에 모든 빛을 하나의 초점으로 모으기 위해서라도 일단은 위와 같이 구분하지 않으면 안 되었다.

나는 문학과 철학에서 프랑스의 지배적 생각과는 다른 의견을 표명하려 한다는 사실을 감추지 않겠다. 그러나 나의 의견이 정당한 것이든 아니든, 또 사람들이 그것을 받아들이든 받아들이지 않든 간에, 그것은 항상 생각할 거리를 제공한다. "왜냐하면 나는 우리의 상황이 외부에서 사상이 침입하는 것을 막기 위해 프랑스문학의 둘레에 만리장성을 쌓아야 할 정도는 아니라고 생각하기 때문이다."[3]

유럽에서 가장 교양 있고 가장 명상적인 독일 작가들의 문학과 철학에 관심을 기울일 만한 가치가 결코 없을 수 없다. 그들의 문학은 취향이 고상하지 않다고, 또 그들의 철학은 광기에 넘쳐 있다고 비난받는다. 설령 우리가 정한 고상한 취향의 규칙에 맞지 않더라도, 하나의 문학은 새로운 사상을 내포할 수 있고, 그것을 우리 나름대로 수정함으로써 우리 스스로를 풍족하게 할 수 있다. 마찬가지로 그리스인은 우리에게 라신[4]을, 세익스피어는 볼테르의 몇몇 비극을 선사했다. 프랑스문학은 고갈의 위협에 처했으므로, 프랑스의 정신 자체가 활력 있는 수액에 의해 새로워질 필요가 있다고 생각한다. 또 사교(社交)의 우아함이 어떤 종류의 과오에서 항상 우리를 지켜줄 것이므로, 위대한 아름다움의 원천을 되찾는 일은 우리에게 특히 중요하다.

취향이 고상하지 않다는 이유로 독일문학을 배척하고 난 후에, 우리는 이성의 이름으로 그들의 철학 역시 회피할 수 있다고 믿는다. 고상한 취향이라든가 이성이라는 말은 비록 우연히 말하는 경우에라도 항상 유쾌한 말이다. 그러나 폭넓은 학식을 지니고 우리만큼이나 프랑스

---

3) 〔원주〕 이 인용 부분은 파리의 검열관들이 삭제를 요구했던 문장을 가리킨다. 그들은 제 2부에서는 비난할 만한 아무것도 발견하지 못했다. 그러나 제 3부 중 열광에 관한 몇 개의 절, 특히 이 책의 마지막 문장은 그들의 동의를 얻지 못했다. 나는 소극적 방법으로, 즉 아무 말도 덧붙이지 않은 채 그것을 삭제함으로써 그들의 비판에 복종할 태세가 되어 있었다. 그러나 경찰대신이 파견한 헌병은 책을 갈기갈기 찢음으로써 더욱 난폭한 방법으로 검열관의 임무를 다했던 것이다.

〔역주〕 원주 두 번째 줄의 '제 3부'는 잘못 표기된 것으로, '제 4부'가 맞다.

4) Jean Racine (1639~1699). 프랑스 고전비극의 대가. 코르네이유, 몰리에르와 함께 3대 고전극 작가의 한 사람.

의 모든 저술을 알고 있는 작가들이, 최근 20년 동안 순전히 불합리한 것에 몰두했다고 믿는다면 제정신이라고 할 수 있을까?

미신적 시대에는 새로운 견해를 불경(不敬)스럽다고 해서 쉽게 책망했고, 신을 믿지 않는 시대에는 그것을 곧잘 광기라고 비난했다. 16세기에 갈릴레이는 지구가 둥글다고 주장해서 종교재판에 회부되기도 했다. 그리고 18세기에 몇몇 사람들은 장 자크 루소[5]를 광신자로 취급하려고 했다. 지배적 사상과 다른 의견은 그것이 어떤 것이라도 언제나 일반 대중의 빈축을 사게 마련이다. 연구와 검증만이 비판의 자유를 가져다줄 수 있으며, 그 자유가 없으면 새로운 지식을 얻을 수도, 지금 가진 지식을 보존할 수도 없다. 왜냐하면 우리가 사회의 통념에 따르는 것은 그것이 진리이기 때문이 아니라 권력이기 때문이다. 마찬가지로 인간의 이성은 문학이나 철학의 분야에서조차 예속에 길들여지는 것이다.

---

5) Jean-Jacque Rousseau(1712~1778). 프랑스의 사상가, 소설가. 인간의 본성을 자연상태에서 파악하려고 한 그의 사상은 프랑스 초기 낭만주의의 시발점이 되었으며, 마담 드 스탈도 그의 《신 엘로이즈》를 읽고 감명받아 일생 동안 루소를 모범으로 삼았다. 마담 드 스탈이 작가로서 첫발을 내디딘 처녀작도 《루소의 저술과 성격에 관한 시론》(1788)이다.

제 1 부

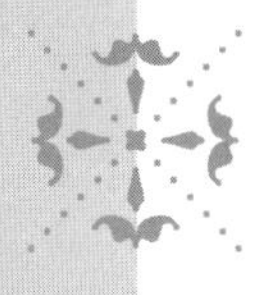

독일과 독일인의 풍습

독일의 모습

울창하고 광대한 숲은 아직까지도 신선한 문명이 지구상에 존재함을 알려준다. 남부의 늙은 토양은 이제 더 이상 나무를 키워내지 못하고, 태양은 인간이 황폐화시킨 땅 위에 수직으로 내리쬔다. 독일에는 사람이 살지 않은 자연의 흔적이 아직까지도 여기저기에 남아 있다. 알프스 산맥으로부터 바다에 이르는 동안, 라인 강과 도나우 강 사이에 떡갈나무와 소나무로 덮인 나라가 보인다. 장엄한 아름다움을 뽐내는 강이 그 나라를 횡단하며, 그림같이 아름다운 산들이 그 나라를 뒤덮는다. 히스가 무성한 광대한 땅, 모래땅, 종종 마주치는 보수되지 않은 채 내버려진 도로들, 그리고 혹독한 기후는 처음 보는 이의 마음을 슬픔으로 채운다. 그리고 나서 시간이 한참 흐르고 난 후에야, 이 땅에 애정을 붙일 만한 것을 발견하게 된다.

독일의 남부는 매우 잘 경작되어 있다. 그러나 이 나라의 가장 아름다운 지방들에는 무언가 진지한 데가 있어서, 항상 쾌락보다는 노동을, 자연의 매력보다는 주민들의 미덕을 떠올리게 만든다.

산꼭대기에 보이는 튼튼한 성의 자취, 흙으로 지은 집, 좁은 창문, 그리고 까마득히 펼쳐진 평야를 뒤덮는 겨울의 눈은 고통스럽기조차 하다. 자연과 인간에게서 느껴지는 알 수 없는 침묵에 우선 마음이 갑갑해진다. 이곳에서는 시간의 흐름이 다른 곳보다 더 더딘 듯하고, 식물도 인간이 머릿속으로 생각하는 것만큼 성장을 서두르지 않는 듯하다. 또 이곳에서는 농부가 규칙적으로 파놓은 밭고랑이 마치 엄숙한 흙 위에 그어진 선처럼 보인다.

그렇지만 이러한 즉흥적 인상을 극복하고 나면, 이 지역과 주민은 보는 사람의 눈에 흥미롭고도 시적인 무언가를 제공한다. 유순한 영혼과 적절한 상상력이 이들 전원(田園)을 아름답게 하고 있음을 느낄 것이다. 길가에는 나그네가 목을 축일 수 있게 과일나무가 심어져 있다.

라인 강변의 풍경은 어느 한 곳 빠짐없이 훌륭하다. 그 강은 독일의 수호신이라고 할 수 있다. 그 흐름은 맑고 빠르며, 고대의 영웅과 같이 위엄이 있다. 도나우 강은 몇 개의 지류로 나뉘고, 엘베 강과 슈프레 강의 물은 걸핏하면 소나기로 흐려지지만, 라인 강은 거의 변하지 않는다. 라인 강이 관류하는 지방은 침착한 인상을 주면서도 변화가 풍부하고, 비옥하면서도 사람들의 기척이 별로 없어서, 마치 강 자신이 그 땅을 경작하는 주인이며, 인간은 아무런 관계도 없는 듯 느껴진다. 이 강은 흘러가면서 지난날의 위업을 이야기하고, 아르미니우스 대왕[6]의 넋은 깎아지른듯 솟아 있는 강가를 배회하는 듯하다.

고딕식의 기념물은 독일에서 주목할 만한 유일한 건축이며, 기사(騎士)들이 활약한 시대를 상기시킨다. 거의 모든 도시의 박물관에는 그 시대의 유물이 보존돼 있다. 세계를 정복했던 북방민족이 게르만의 땅을 떠나면서 여러 모습으로 자신들을 기억할 수 있도록 자취를 남기는 바람에, 나라 전체가 오래 전에 이미 그곳을 떠난 위대한 민족이 아직도 살고 있는 듯한 느낌을 준다. 독일의 도시에 있는 대부분의 무기고(武器庫)에는 갑옷과 투구를 몸에 걸치고 색을 칠한 목상(木像)이 있다. 투구, 방패, 넓적다리 보호대, 박차와 같은 모든 것이 예전에 사용되던 그대로 보존되어 있다. 우리는 두 팔을 들어올려서 곧 적을 내리칠 듯한 기세로 창을 손에 든 채 그대로 멈추어 있는 사자(死者)들의 입상 가운데를 서성이게 된다. 예전에 그토록 생생했던 행위들이 이렇게 굳어져버린 부동의 모습은 고통스러운 느낌을 준다. 그것은 마치 지진이 일어나 최후의 동작과 최후의 사고를 지닌 채, 오래 전부터 땅속에 묻혀 있던 인간과 만나는 것과 같다.

---

6) Arminius(BC 18년경~AD 17). 게르만의 켈스키족의 족장. 청년 시절에 로마 시민권과 기사신분을 얻어 로마 군대에 복무했다가, 후에 고향인 엘베 강 유역으로 돌아가 조국을 로마의 지배로부터 해방하기 위해 싸웠다. 로마의 역사가 타키투스는 그를 게르만의 민족적 영웅으로서 높이 평가했다. 독일 이름은 헤르만(Hermann)이다.

독일의 근대 건축에 특기할 만한 것은 없다. 그러나 도시는 일반적으로 착실하게 지어져 있고, 집주인들은 말하자면 소박한 정성으로 집을 가꾼다. 몇몇 도시의 집들은 그 외벽을 다양한 색으로 칠했고, 성인(聖人)의 모습이나 여러 가지 장식이 보이기도 한다. 그 취향이 나무랄 데 없다고 자신 있게 말할 수는 없지만, 주택의 모습에 변화를 주고 동향인이나 이방인의 마음을 즐겁게 해주려는 친절한 바람의 표현처럼 느껴진다. 궁전의 화려함과 장엄함은 그 궁궐을 소유한 사람들의 자존심을 충족시키는 데 소용된다. 그러나 작은 주택에서 볼 수 있는 잘 손질된 장식과 아름다운 치장, 착한 마음씨에는 무언가 손님을 따뜻하게 맞아들이려는 친절함이 보인다.

독일의 일부 지방에 있는 정원은 영국의 정원만큼이나 아름답다. 정원의 호화로움은 언제나 사람들이 자연을 사랑하고 있음을 생각하게 한다. 영국에서는 매우 화려한 정원의 중앙에 극히 간소한 집들이 있는 경우가 있다. 즉, 집의 소유자는 주거를 소홀히 한 채 정원을 꾸민다. 물론 이와 같은 호화스러움과 간소함의 결합이 독일에서 같은 정도로 존재하지는 않는다. 그렇지만 재산이 풍요롭지 않은 중에서도 봉건적 긍지에 뒷받침되어 아름다움을 사랑하는 것을 엿볼 수 있는데, 이것이야말로 취향과 우아함의 원천이므로, 언젠가는 취향도, 우아함도 지니게 될 것이다. 독일 왕후(王侯)의 웅장한 정원 가운데에는 꽃으로 둘러싸인 동굴 옆에 아이올로스 하프[7]가 놓여 있다. 바람으로 하여금 공기 안에 소리와 향기를 함께 실어오게 하기 위해서이다. 이처럼 북방 주민들의 상상력은 이탈리아의 자연을 만들어내기 위해 노력하고 있다. 그러므로 가끔 빠르게 지나가는 햇빛 찬란한 여름의 며칠 동안은, 때때로 자신이 어디에 있는지 잊기도 한다.

---

7) Harpe éolienne. 그리스 신화의 바람의 신 아이올로스(Aiolos)에 빗댄 하프 이름. 가느다란 몸체 위에 6개 이상의 현을 맨 악기.

독일인의 풍습과 성격

독일의 모든 국민에게[8] 일률적으로 들어맞는 중요한 특질은 불과 얼마 되지 않는다. 왜냐하면 여러 종교와 정부, 풍토, 민족을 어떻게 동일한 관점에서 집합시킬 수 있을지 모를 정도로 그 나라는 다양성이 풍부하기 때문이다. 남부 독일은 많은 점에서 북부 독일과는 전혀 다르다. 상업도시는 대학이 있는 것으로 알려진 도시와는 공통점이 없고, 작은 나라들은 프로이센이나 오스트리아 같은 두 개의 커다란 왕국과는 확실히 다르다. 독일은 귀족제 연방국가였다. 그 제국은 지성이나 민중의식 같은 공통적 중심을 갖고 있지 않았다. 그 나라는 안정된 국가를 형성하지 않았으며, 국민을 결합할 끈이 없었다. 이 같은 독일의 분열은 정치적 힘에서는 불리했으나, 천재와 상상력이 시도해 볼 수 있는 모든 장르의 시험에는 안성맞춤이었다. 문학이나 철학의 사상 면에서 온건하고 온화한 일종의 무질서 상태가 존재했고, 그 덕분에 사람들은 독자적 견해를 전면적으로 전개할 수 있었다.

독일 전역의 상류계급이 모이는 수도라는 중심점이 없기 때문에, 사교정신은 거의 힘을 쓰지 못하고 취향이 지배하는 제국과 조롱이라는 무기 역시 영향력을 발휘할 수 없다. 작가나 사상가는 대부분 홀로 작업하거나, 혹은 자기가 주도권을 잡고 있는 작은 그룹을 이끌 뿐이다. 그들은 각자 혼자서 구속받지 않는 상상력을 불러일으키는 데에 헌신

---

8) 1806년 나폴레옹에 의해 신성로마제국이 종지부를 찍게 되었을 때, 현실적으로 이미 제국은 유기적 통일상태가 아니었으며, '독일'은 존재하지 않았다. '독일'이라는 말에 의해 결합되는 국민도, 국민감정도 존재하지 않았던 것이다. 그러나 프로이센이 나폴레옹에게 지배당하자, 그때까지 프랑스혁명을 환영하던 지식계급이 나폴레옹의 황제 즉위에 반발했고, 게다가 민중 사이에서도 서서히 '독일 국민' 의식이 싹트기 시작했다. 여기서 마담 드 스탈은 'la nation allemande' 라는 표현을 사용하는데, 'nation'이라는 말은 피히테의 유명한 〈독일 국민에 고함〉이라는 제목의 연설에 사용되었던 당시의 신조어로, 마담 드 스탈 부인은 이를 의식적으로 사용하고 있다.

한다. 만약 독일에서 유행이라는 추세의 흔적이 보인다면, 그것은 각자가 타인과는 전혀 다른 스스로를 보이고 싶은 바람에 의한 것이다. 이와는 반대로 프랑스에서는 몽테스키외가 볼테르에 관해서 말했던 "누구나 가진 재능을 그는 누구보다도 많이 가졌다"는 찬사를 받고 싶어한다.[9] 독일의 작가는 동포보다는 오히려 외국의 작가를 더 기꺼이 모방할 것이다.

정치와 마찬가지로 문학에서도 독일인은 다른 나라 사람에게 지나치게 경의를 표하며, 국민적 편견을 갖고 있지 않다. 자신에 대한 포기와 남을 향한 존경은 개인적으로는 미덕이지만, 국민의 애국심은 이기적이어야 한다.[10] 영국인의 자존심은 정치방식에 도움이 되었고, 프랑스인의 자부심은 유럽에서 우위를 차지하는 데 크게 이바지했으며, 스페인인의 고귀한 긍지는 일찍이 그들로 하여금 세계 일부분의 지배자로 군림하게 했다. 독일인은 작센, 프로이센, 바이에른, 오스트리아 사람들이다. 그러나 모든 사람에게 힘의 근본이 되는 게르만적 자질은 주인이 각기 다른 토지와 마찬가지로 분단되어 있다.

나는 남부 독일과 북부 독일을 개별적으로 검토할 작정이지만, 지금

---

9) 마담 드 스탈 부인은《독일론》제2부에서도, 몽테스키외를 볼테르와 나란히 다루는데, 두 사람 모두 18세기의 대표적 계몽사상가였기 때문일 것으로 추정된다. 그러나 여기서 인용된 볼테르에 대한 평가의 출처는 알 수가 없다.

10) 윌리엄 해밀턴 경은 다음과 같이 말했다. "독일인들은 가장 순수한 혈통의식을 지녔으면서도, 민족적 감정은 제일 미약했다. 같은 조상을 두고 공통어를 사용하며 외적에 의해 정복당하지도 않았고 총 정부도 있던 그들은 민족적 단일성이 무너지는 것에 소극적으로 대처한, 마치 소떼처럼 자신들을 목동의 편의대로 나누고 또다시 나누도록 방치한 유일한 민족일 것이다. 그들은 정치생활에서뿐만 아니라 문학에서도 동일한 비애국적 무관심을 저지른다. 다른 나라들은 취향이 지나칠 정도로 민족적이지만, 독일의 경우는 범세계적이다. 독일인들은 자신들만의 문학을 키워가거나 창조할 생각을 품기 이전에 다른 모든 국가의 문학에 익숙해졌다. 낯설고 먼 것에 대한 거만한 찬미의 다른 편에는 자국의 천재가 만들어낸 걸작들을 대하는 독일인들의 수치스러운 무관심이 자리잡고 있었다. 그들의 계속된 냉대 속에 라이프니츠 저작들은 결국 프랑스인의 수집품이 되었다"(Sr Wm. Hamilton, *Discussions*, p. 204).

은 국민 전체에 적합한 성찰에 한정하기로 한다. 독일인은 일반적으로 진지하고 충실하다. 그들은 약속을 어기는 일이 거의 없고, 기만과도 거리가 멀다.[11] 만일 이런 결점이 언젠가 독일에도 도입되는 일이 있다면, 그것은 독일 사람들이 다른 나라 사람들의 흉내를 내고 싶어서이거나 그들과 같이 약아지고 싶어서이고, 특히 그들에게 속고 싶지 않아서일 뿐 다른 이유는 없을 것이다. 그러나 양식과 선한 마음을 지닌 독일인들은 곧 자신들이 타고난 성질에 의해서만 강해질 수 있으며, 정직한 습관이 붙어서 아무리 속이려 해도 속일 수 없다는 사실을 깨닫게 될 것이다. 부도덕하게 굴기 위해서는 완벽한 경솔함으로 무장해야 하고, 양심이나 망설임을 갖지 않는 것이 좋다. 그러나 양심이나 망설임은 그들을 도중에 멈추게 하고, 대범하게 새로운 길로 나아가지 못하게 하며, 예전의 길에서 벗어난 것을 더욱 후회하게 만든다.

나는 도덕이 없으면 모든 것이 우연이 되고 암흑상태가 되는 것은 쉽게 증명된다고 생각한다. 그런데도 라틴계의 여러 나라에서는 모든 의무를 모면하는 기술에서 매우 이상할 정도로 교묘한 전략이 행해지는 것을 볼 수 있다. 그러나 독일 국민의 명예를 걸고 말할 수 있는 일이지만, 그들은 이익을 위해서 진실을 왜곡하거나 타산을 위해서 약속을 저버리는, 뻔뻔스러울 정도의 약삭빠름이 없다. 독일인의 장점이자 단점은 스스로를 정의의 명예로운 요구에 따르게 하는 점이다.

일과 반성의 능력 또한 독일 국민이 지닌 특성 중 하나이다. 그들은 태어날 때부터 문학적이며 철학적이다. 그러나 다른 어느 곳보다도 독일에서 두드러진 신분의 차이는 사교로 인해 그 차이의 미묘함이 완화되는 일이 없기 때문에, 어떤 점에서는 이른바 재치를 해친다. 독일의 귀족은 너무 생각하지 않고, 문학가는 너무 일을 하지 않는다. 재치란 사물과 인간에 관한 지식의 혼합이다. 그리고 목표 없이 그러나 흥미를 가지고 인간이 행동하는 사회야말로 극명하게 상반되는 능력을 더

---

11) 이 부분은 단순히 독일인의 기질을 언급한다기보다는, 나폴레옹 시대에 프랑스인이 사용한 외교수단을 비판하기 위해 쓰였다고 보는 것이 옳다.

없이 발전시키는 사회인 것이다. 독일인을 특징짓는 것은 재치라기보다는 상상력이다. 독일의 훌륭한 작가 중 한 사람인 장 파울은 "바다의 패권은 영국인에게 있고, 육지의 패권은 프랑스인에게 있다"고 말했다.[12] 사실 독일에서는 그 뛰어난 사고력에 중심과 한계를 부여할 필요가 있을 것이다. 그 능력은 높이 올라가 허공으로 사라지고, 심원에 잠겨 소멸하고, 공평하기 때문에 자멸하고, 분석하기 때문에 혼란이 온다. 결국 그들이 가진 자질에 한계를 그어줄 수 있는 몇몇 단점들이 부족하다.

프랑스에서 건너와서 독일인의 느림이나 무기력함에 친숙해지기란 대단히 어렵다. 그들은 절대로 서두르는 법이 없고, 모든 일에 장애물을 찾아낸다. 독일에서는 프랑스에서보다 "그것은 불가능합니다"라는 말을 백 배나 더 많이 듣는다. 행동을 개시해야 할 경우, 독일인은 난관을 돌파할 줄 모른다. 그들이 힘을 존중하는 것은 이해관계가 얽혀 있기 때문이 아니라, 힘이 운명적이라고 믿기 때문이다. 서민들은 특히 우리가 그들의 관습이 된 행동방식을 거스를 때 무척 무례한 모습을 보인다. 그들은 귀족보다 외국의 풍속이나 습관, 언어에 대한 성스러운 반감을 천부적으로 더 지닌 듯하다. 그런데 이런 것들이야말로 어느 나라를 막론하고 국가간의 유대를 공고히 해주는 것이다. 그들에게 금전을 제공해도 그들의 행동양식은 변하지 않는다. 공포도 그들을 이탈시키지 않는다. 그들은 모든 일에서 불변성을 가질 수 있는 민족

---

12) 본명 Johann-Paul Friedrich Richter(1763~1825), 필명 Jean Paul Friedrich Richter. 많은 소설을 썼으며, 특히 여성들에게 애독되었다. 또한 정치론, 인성론, 철학적 감성 등 다수의 논문도 있다. 그의 작품 안에는 깊고 아름다운 독일적 정서가 숨어 있으므로, 낭만주의 작가들과 헤세 등에 이르기까지 깊은 영향을 미쳤다. 여기에서 마담 드 스탈이 인용한 것은 나폴레옹에 의한 프로이센 지배를 계기로 독일에 내셔널리즘이 출현한 1807년경에 쓰여 1811년에 출판된 그의 정치론 중 하나인, 《독일에의 평화 설고》(*Friedens-Predigt an Deutschland*)의 제 5장에서 '우리는 모든 민족과 정신적 공유재산을 가지고 있다'고 하는 문맥 중에 쓰인 것이다. 이와 같은 부분을 영국의 사상가, 역사가 칼라일도 장 파울에 대한 에세이 안에서 인용했다.

이다. 그런데 이 불변성은 도덕에서는 최상의 조건이다. 왜냐하면 인간은 공포 이상으로 희망에 의해 끊임없이 흔들리며, 자신의 이득을 위해서는 다른 쪽으로 생각을 쉽게 옮겨가기 때문이다.

독일에서는 최하층에서 약간만 올라가면 그 내면생활, 다름 아닌 독일인을 특징짓는 영혼의 시정(詩情)을 쉽게 알아볼 수 있다. 도시에 사는 사람이든 시골에 사는 사람이든, 군인이든 농민이든 거의 모두가 음악을 안다. 나는 담배연기 자국으로 거뭇거뭇한 가난한 집에 들어가 본 적이 있다. 그러자 갑자기 그 집의 주부뿐 아니라 주인이, 이탈리아인이 즉흥적으로 시를 짓듯이, 클라브생[13] 앞에 앉아 즉흥적으로 연주하는 곡을 들을 수 있었다. 거의 독일 전역에서 장날이 오면 광장이 내려다보이는 시청의 발코니에서 관악기를 연주하는 악사를 볼 수 있다. 이렇게 해서 근처의 농민들은 최고의 예술을 기분 좋게 즐기는 것이다. 일요일에는 초등학생이 성가를 합창하면서 거리를 누빈다. 루터도 유년시절에 자주 그 합창대에 참가했다고 한다. 나는 도로가 눈으로 막혀버린 어느 추운 겨울날, 작센의 작은 도시 아이제나흐[14]에 있었다. 검은 외투를 입은 청년들이 긴 줄을 지어 성가를 부르면서 거리를 누비고 있었다. 거리엔 오직 그 청년들뿐이었는데, 왜냐하면 심한 추위 때문에 사람들이 전혀 거리로 나올 수 없었기 때문이다. 그런데 남부 사람들 목소리에 필적할 만큼 아름다운 그들의 목소리가 준엄한 자연 속에 울려 퍼지면서 한층 더 깊은 감동을 주고 있었다. 마을의 주민들은 추운 날씨 때문에 창문을 열지는 않았으나, 유리창 너머로 그 감미로운 선율이 주는 종교적 위안을 기쁘게 받아들이고 있는, 쓸쓸하면서도 차분한 얼굴의 젊은이와 노인의 모습이 보였다.

불쌍한 보헤미안들은 처자와 함께 여행할 때 허술한 나무로 만든 빈

---

13) clavecin. 16~18세기의 건반 악기, 피아노의 전신.

14) Eisenach. 마르틴 루터(Martin Luther, 1483~1546)의 아버지는 광부 출신이지만 아이의 교육에는 열심이어서, 아들을 1501년 에르푸르트(Erfurt)의 대학에 입학시키기 전에, 마크데부르트(Magdeburg), 아이제나흐에서 공부시켰다.

약한 하프를 짊어지고 가는데, 그것으로 그들은 상쾌한 음색을 낸다. 큰길의 나무그늘에서 쉴 때나 숙소 근처에서 방랑의 일가가 순회연주를 해 나그네를 위로하려 할 때, 그들은 그 하프를 연주한다. 오스트리아에서 목동은 소리가 잘 나는 간소한 악기로 멋진 곡을 연주하며 양떼를 돌본다. 그 곡은 전원이 자아내는 부드럽고 꿈꾸는 듯한 인상과 완벽하게 일치된다.

이탈리아의 성악만큼이나 독일에서는 기악이 널리 애호된다. 다른 많은 점과 마찬가지로 이 점에서도 자연은 독일보다는 이탈리아에 많은 은혜를 베풀고 있다. 사람의 목소리를 곱게 하기 위해서는 남부의 하늘로 충분하지만, 기악은 공부가 필요하다. 그러나 노동자 계층의 사람들은 음악에 소질이 없으면 악기 연주하는 법을 배우는 데 필요한 시간을 절대로 할애할 수 없다. 태어나면서부터 음악가인 민족은 화음에 의해 감정과 사상을 얻는데, 그 감정과 사상은 그들의 열악한 환경이나 저속한 직업에 비추어 볼 때 다른 방법으로는 도저히 얻을 수 없는 것이다.

몸을 치장할 만한 여유가 없는 농가의 여자들이나 하녀들은 머리나 팔을 꽃으로 꾸미고 약간의 상상력을 구사해 옷을 입는다. 좀더 유복한 여자들은 축제일이 되면 별로 고상한 취향이 아닌 금사(金絲)로 된 천으로 만든 모자를 쓰는데, 그것은 의복의 다른 부분이 검소한 것과 확연한 대조를 이룬다. 그녀들의 어머니들도 착용했던 그 모자는 옛날의 풍습을 상기시킨다. 서민계급의 여자들이 일요일에 특별히 입는 지나치게 격식을 차린 옷에는 무언가 고지식한 데가 있어 친근한 인상을 준다.

뿐만 아니라 독일인의 정중한 인사나 격식을 차린 예의에 나타난 선량함에는 절로 머리가 숙여지는데, 외국인들은 너무나 빈번히 그것을 웃음거리로 만들곤 했다. 그들과는 거리가 멀다고 인식되어온 애교나 우아함 대신, 그들은 차갑고 무관심한 태도를 쉽게 지닐 수 있었다. 그들은 무시당하면 언제나 침묵으로써 조소(嘲笑)를 묵살한다. 왜냐하면 아무리 조소해도 침묵 앞에서는 헛수고이기 때문이다. 그러나 친절한 성격의 소유자는, 누구나 쉽게 취할 수 있는 거만하고 자제하는 태도로 비난을 회피하기보다는, 스스로 자진해서 야유에 몸을 드러내는 쪽을 택한다.

독일에 있으면 감정과 습관, 재능과 취향 사이의 대비에 항상 놀란다. 즉, 문명과 자연이 아직 잘 혼합되지 않은 느낌이다. 때에 따라서는 대단히 진지한 사람이 마치 숨겨야 할 무언가를 품은 듯이 말이나 표정에 가장(假裝)을 섞는다. 때로는 그와 반대로 마음은 약한데 태도가 거칠 때도 있다. 이러한 대립이 더욱더 심해져서 약한 성격이 거친 말이나 태도를 통해 나타나는 일도 있다. 세련되지 못한 사회생활 습관은 예술과 시를 좋아하게 만든다. 문인이나 대학생이 고대와 고대의 언어를 안다는 점에서 이 나라를 따를 나라는 없다. 그러나 시대에 뒤떨어진 습관이 이렇게까지 도처에 남아 있는 나라도 없다. 그리스에 대한 추억, 미술의 기호는 다른 곳에서 전래된 것 같지만, 봉건시대의 여러 제도나 게르만 민족의 옛 풍습은 항상 존중되고 있다. 그러나 국가의 군사력을 볼 때에 불행히도 예전의 힘을 찾아볼 수는 없다.

독일 전역에서 볼 수 있는 호전적 양상 그리고 도처에서 마주치는 병사와 집 안에 틀어박혀 지내는 그들의 생활처럼[15] 기묘한 배합은 없다. 마치 국가의 구성원이 상인과 문인만 있는 듯이, 피로와 악천후를 두려워한다. 그러나 모든 제도는 국민에게 군사적 습관을 주려는 것이고, 또 주어야 하는 것이다. 북방의 여러 민족들이 기후의 불편함을 극복할 때, 그들은 모든 종류의 고난에 대해서 매우 막강해진다. 러시아 군인이 그 증거이다. 그러나 기후가 그다지 심하게 나쁘지 않

15) 릴(Riehl)은 "나소(Nassau)의 바일부르그(Weilburg)에서 보충병으로 편입한, 베스터발트(Westerwald)라고 하는 가장 빈한하고 외진 지역 출신의 한 농촌 젊은이"의 이야기를 들려준다. "그 청년은 평생 한 번도 침대에서 자본 적이 없었기 때문에 처음으로 침대 속에 들어가야 했을 때 아이처럼 울기 시작했다. 두 번이나 탈영했는데, 그 이유는 침대에서 자는 것 그리고 병영의 '세련된' 생활에 익숙해질 수 없었기 때문이다."

고 가정의 예방으로 자연재해를 피할 수 있을 때, 다름 아닌 바로 그 예방이 전쟁이 주는 육체적 고통을 더 못 견디게 만드는 것이다.

난로와 맥주와 담배연기는 독일의 서민 주위에 일종의 무겁고 따뜻한 분위기를 조성하고, 그들은 거기에서 나오고 싶어하지 않는다. 이런 분위기는 활동성을 저해하는데, 용기와 마찬가지로 활동성 역시 전쟁에 필요한 것이다. 매우 우울한 일상생활로 인해 운명에 큰 기대를 하지 않기 때문에, 그들은 결단이 더디고 낙담이 빠르다. 평화롭고 규칙적인 생활습관은 우연히 일어나는 수없이 많은 기회에 준비를 시키지 않아, 사람들은 파란(波瀾) 많은 삶보다는 정연하게 다가오는 죽음에 더 기꺼이 복종한다.

프랑스보다 훨씬 명확한 독일에서의 신분의 차이가 부르주아 계층의 군인정신을 소멸시켰음에 틀림없다. 이 구별이 실제로 남에게 상처주는 일은 전혀 없다. 왜냐하면 되풀이해서 말하지만, 독일에서는 모든 일에, 심지어 귀족적 자부심에까지도 선량함이 섞여 있고, 계급의 차이는 결국 궁정에서의 약간의 특권과 몇 개의 모임으로 요약되는데, 그 모임이란 것도 거기에 참가하지 못하는 것이 대단히 유감스러울 정도의 즐거운 모임이 못 되기 때문이다. 사교계와 사교계에 의한 조소가 별로 힘이 없을 때에는 그 어떤 경우에도 불쾌한 일은 일어나지 않는다. 위선이나 조롱만이 진짜로 사람의 마음을 아프게 한다. 근면하고 진실한 나라에는 항상 정의가 있고 행복이 있다.

그러나 독일에서 귀족과 서민을 갈라놓는 장벽은 필연적으로 나라 전체를 덜 호전적으로 만들었다. 만약 여론의 영향과 명예심의 고취로 호전성을 타파하지 않는다면, 예술과 문학의 나라인 독일의 중요한 장점인 상상력은 위기에 대한 공포심을 불러일으킬 것이다. 프랑스에서는 이미 예전부터 보편적으로 전쟁을 좋아하는 경향이 있었고, 서민은 스스로의 생활에서 변화를 찾고 생활의 부담을 덜기 위한 수단으로서 기꺼이 목숨을 걸었다. 가정에 대한 애정, 반성하는 습관, 마음의 온화함이 죽음을 두려워하는 마음을 지니게 하는 것은 아닌가 하는 강한 의문이 든다. 그러나 한 국가의 모든 역량이 군인정신에 있다고 한다면, 독일 국민의 그 정신을 약화시킨 원인이 무엇인지 검토해보아야 한다.

일반적으로 인간을 투쟁으로 이끄는 세 가지 중요한 동기는 조국과 자유에 대한 사랑, 영광에 대한 사랑, 그리고 종교적 열광이다. 수세기 동안 분열된 독일은 거의 언제나 외국의 충동에 좌우되어 같은 민족을 상대로 싸웠는데,[16] 그러한 국가에서 조국에 대한 위대한 사랑은 존재하지 않는다. 중심이 없고 수도가 없고 사교생활이 없는 그곳에서는 영광에 대한 사랑도 그다지 활기를 띠지 않는다. 독일인을 특징짓는 정의(正義)의 극치인 이른바 공명정대함은, 인생의 이해득실보다도 추상적 사상에 대해 그들을 열광시킨다. 싸움에 승리한 장군은 분명히 환호받지만, 싸움에 진 장군 역시 관대한 용서를 받는다. 이와 같이 국민 사이의 성공과 실패는 야심을 불타오르게 할 정도의 차이가 되지 않는다.

독일에서는 사람들의 마음속에 종교가 살아 있다. 그러나 이제 그 종교는 몽상과 자립의 성격을 띠고 배타적 감정에 필요한 활력을 발휘

---

16) 962년 신성로마제국이 성립되었을 때, 오토 1세는 성직자를 관료로 하는 행정조직에 의해 봉건제후의 대두를 억누르려는 제국교회 정책으로 하나의 커다란 제국을 건설했다. 그러나 이 정책으로 로마 교황권과 충돌하게 되었다(서임권투쟁). 특히, 교황 그레고리우스 7세(1021년경~1085, 신성로마제국 재위 1073~1085)는 독일 왕 하인리히 4세(1050~1106, 신성로마제국 재위 1084~1105)와 대립하여, 1076년 정면 충돌했다. 이 싸움은 복잡한 경과를 거쳐, 끝을 보지 못한 채 후계자들에게 넘어갔고, 독일에서는 황제권이 약화되고 귀족세력이 대두되었다. 종교개혁을 맞이해서도 독일은 신성로마제국의 이름 아래서 실질적으로 할거하는 제후들의 지배하에 있게 되었고, 이들 제후도 영역내에서 중세 말까지는 도시를 완전히 장악하는 정도의 힘을 가지고 있지 않았다. 루터의 종교개혁은 정치적으로는 제후권력의 강화·발전에 도움을 주는 결과를 낳았다. 30년전쟁을 끝낸 웨스트팔리아 조약에서, 황제는 독일의 제후와 독립된 모든 도시들에 대해 완전한 영방(領邦)주의를 승인한다. 이렇게 해서 독일의 국가적 활동은 형식상 제국을 구성하는 300여 개의 영방국가를 단위로 이루어지게 되었다.

하지 못하고 있다. 게르만 제국의 힘을 몹시 손상시키는 의견의 고립, 개인과 국가의 고립이 종교 안에서도 발견된다. 독일은 잡다한 종파로 갈라져 있다. 일률적이며 엄격한 계율을 특성으로 하는 가톨릭에서조차도 계율은 각자의 방법대로 해석된다. 국민을 단결시키는 정치적 · 사회적 연대, 하나의 정부, 하나의 종교, 동일한 법률, 동일한 이해, 고전문학, 지배적 여론, 이들 중 어느 것도 독일에는 존재하지 않는다. 각각의 연방국가는 더욱 독립적이 되고 각각의 과학은 더욱 깊이 연구된다. 그러나 국가 전체는 너무 세분화되어 있기 때문에, 국가라는 명칭을 제국의 어느 분야에 주어야 할지 모를 정도이다.

독일인들에게는 자유에 대한 사랑도 발전되어 있지 않다. 자유가 어떤 가치를 지니는지, 그들은 자유의 향유나 결여에 대해 그 가치를 모른다. 통치에서 통일과 같은 정도의 힘을 민중의 정신에 주는 연방정부의 예는 많이 있다. 그러나 그들은 평등한 국가와 자유시민의 결합체인 경우이다. 독일연방은 강자와 약자, 시민과 농노, 경쟁상대와 원수까지도 뒤섞여 있다. 그들은 예전부터 상황에 따라 결합되고 존중된 구성원이었다.

국민은 인내심이 있고 정의롭다. 국민의 공평성과 성실성 때문에 아무리 제도가 나쁘더라도, 그것이 국민에게 해를 미치지 못한다. 루드비히 폰 바이에른[17]은 싸움터로 출발할 즈음에 자기의 경쟁상대인, 당시 포로였던 프리드리히[18]에게 국토의 행정권을 위임했다. 그는 그 위임을 지당하다고 생각했으며, 당시 거기에 이의를 제기하는 사람은

17) 1183년부터 바이에른을 지배한 비텔스바하(Wittelsbach) 가문의 바이에른 대공. 루드비히 4세(1287년경~1347, 재위 1302~1347, 독일 왕 재위 1314~1347, 신성로마황제 재위 1328~1347).

18) Friedrich Ⅲ, der Schöne(1286~1330, 재위 1308~1330, 독일 왕 재위 1314~1322). 1237년부터 오스트리아를 지배한 합스부르크가의 오스트리아 대공. 1313년에 바이에른의 루드비히 4세와 신성로마제국 황제의 지위를 놓고 다투었고, 뮐도르프에서 1322년에 패배, 유폐되었다. 1326년 루드비히는 이탈리아 원정 중에 정치를 프리드리히에게 맡겼다.

없었다. 그러한 미덕이 존재했기 때문에 허약한 체제의 불편도, 법의 복잡함도 두려워하지 않았다. 개인의 성실이 그것을 대신했던 것이다.

독일인이 거의 모든 분야에서 누리던 독립심이 그들로 하여금 자유에 대해 무관심하게 했다. 독립은 하나의 재산이며, 자유는 하나의 보장이다. 그런데 독일에서는 누구나 자기의 권리나 소유를 침범당하는 일이 없었기 때문에 그 행복을 유지하라고 지시할 필요를 느끼지 않았다. 제국의 법정은 모든 임의적 행동에 대해 느리기는 하지만 확실한 재판을 약속했다. 군주가 온건하고 인민이 현명했기 때문에 이의를 제기할 여지가 없었다. 침략자가 보이지 않는데 법제상의 요새를 구축할 필요는 없었다.

그렇게 양식 있는 사람들 사이에 봉건시대의 법규가 거의 원형이 손상되지 않은 채 남아 있다는 사실에 놀라지 않을 수 없다. 그러나 그 자체에 결함이 있는 법령을 실시할 때에는 조금도 부정이 없었으므로, 평등한 적용이 불평등한 원칙을 보완한 셈이다. 구 헌장, 각 도시에 주어진 옛날부터의 특권, 작은 나라의 매력이며 영광인 이 나라 왕가의 역사 전체가 독일인에게는 특히 소중한 것이었다. 그러나 그들은 유럽의 대국 한가운데에서 강력한 국가권력을 수립해야 했지만, 그것을 등한시했다.

예외가 약간 있긴 하지만, 일반적으로 재주와 기교를 필요로 하는 방면에서 독일이 성공하는 예는 거의 없다. 그들은 모든 일에 불안을 느끼고 모든 일에 당황한다. 그들은 사상에서 독립을 필요로 하는 만큼 행동에서 체계를 필요로 한다. 그와는 반대로 프랑스인은 예술의 자유를 행동이라고 생각하고, 관습에 대한 복종을 사상이라고 생각한다. 문학에서의 규칙이라는 구속을 견딜 수 없는 독일인은 행동에서는 미리 모든 것이 그들에 앞서 확정되어 있기를 바란다. 그들은 사람들과 교섭할 줄 모른다. 그래서 스스로 결정하는 기회가 적으면 적을수록 그들은 만족한다.

정치상의 여러 제도만이 국민의 성격을 만들어낸다. 독일에서 정치의 성격은 독일인의 철학적 명석함과는 거의 상반되는 것이었다. 그렇기 때문에 그들은 사상적으로 대단히 대담하면서도 매우 온순한 성격을 지니게 되었다. 군인계급의 우월감과 계급의 구별은 그들로 하여금 사회생활 관계에서 가장 엄격하게 복종하는 습관을 갖게 했다. 그들에게 복종이란 예속이 아니고 규칙성이다. 그들은 주어진 명령을 수행할 때에는 어떤 명령이라도 의무나 다름없이 세심한 주의를 기울인다.

독일의 지식인들은 사색의 분야에서 서로 심하게 다투며, 이 점에서는 어떤 장애물도 용납하지 않는다. 그러나 그들은 인생에서 일어나는 모든 현실을 자진해서 지상의 권력자에게 내맡긴다. 그러나 현실을 그토록 무시하는 독일인 중에서도 그것을 중요하게 생각하는 사람들도 있는데, 그들은 상상력의 세계에서 어려움과 장애를 겪는다.[19] 독일인의 정신과 성격에는 전혀 공통점이 없는 것처럼 보인다. 한쪽은 한계를 허용할 수 없고, 다른 쪽은 어떠한 구속에도 복종한다. 한쪽은 지극히 대담하고 다른 쪽은 지극히 소심하다. 요컨대 한쪽의 지식이 다른 쪽에 힘이 되는 경우는 좀처럼 없으며, 그 사실은 쉽게 설명된다. 일하는 습관이나 의지의 훈련에 의해 그 성격이 강화되지 않는 한, 현대의 광범위한 지식은 성격을 약화시킬 뿐이다. 모든 것을 보고, 모든 것을 이해하는 것은 불안의 원인이 된다. 그리고 행동의 활력은, 혈액이 혈관을 흐르듯, 애국적 감정이 마음속에서 생명이 다할 때까지 식지 않는 자유와 권력을 지닌 나라에서만 발전하는 것이다.[20]

19) 〔원주〕 검열관에 의해 삭제된 문장. 1813년의 교정쇄에서 추가되었다.

20) 〔원주〕 내가 여기에서 말하고자 한 나라가 영국이라는 것을 말할 필요는 없을 것이다. 그러나 식견이 풍부한 검열관의 다수는 고유명사를 명시하지 않은 경우에는 일부러 이해하지 못한 척한다. 경찰은 다르다. 경찰은 그것이 어떠한 형식으로 나타나건 간에 자유주의적 사상에 반하는 참으로 놀랄 만한 일종의 본능을 지니고 프랑스인의 정신에 지식과 자유에 대한 옛사랑을 상기시키는 것을 마치 영리한 사냥개와 같이 모조리 찾아낸다.

여 성

자연과 사회는 여성에게 고생의 위대한 습관을 부여한다. 그래서 나는 오늘날 대체로 여성이 남성보다 뛰어난 점을 부정할 수 없다고 생각한다. 이기주의라고 하는 악이 널리 퍼져 있는 시대에 온갖 현실적 이해와 관계되는 남성은 여성보다 관용도, 감수성도 덜 가지고 있을 수밖에 없다. 여성은 마음의 줄에 의해서만 인생과 결합되어 있으며, 길을 잃는 것도 감정에 끌려서이다. 여성의 마음은 언제나 타인을 생각하지만, 남성은 자기의 일 이외의 것은 안중에 없다. 여성은 남성을 고취시키는 애정에 의해서 존경받지만, 스스로에게 돌아오는 것은 거의 언제나 희생이다. 미덕 중에서도 가장 아름다운 것, 즉 헌신은 여성의 기쁨인 동시에 숙명이다. 여성으로서는 상대의 명예나 번영이 반영되고 난 후에야 비로소 행복이 있을 수 있다. 요컨대 사상에 의한 것이든, 감정에 의한 것이든, 특히 미덕에 의한 것이든 자기 밖에서 산다는 것은 마음속에 영구적인 상승의 감정을 일으킨다.

군사적이며 시민적인 모든 미덕, 조국에 대한 사랑이 상기시키는 미덕을 발휘하도록 정치기구에 의해 요청되는 나라에서, 남성은 자기들의 고유권한인 우월성을 되찾고 세계의 지배자로서의 권좌로 찬란하게 되돌아간다. 그러나 어떤 종류의 무위나 예속을 강요당하면, 남성은 높이 올라간 만큼 더 낮게 떨어진다. 여성의 운명은 언제나 같으며, 운명을 만드는 것은 정신일 뿐 정치적 상황은 아무런 영향도 미치지 않는다. 남성이 스스로의 운명을 정정당당하게 사용하는 법을 모르거나 또는 할 수 없을 때, 자연은 남성에게 준 은혜만큼의 복수를 그들에게 한다. 육체의 활력은 이미 정신을 나태하게 하는 데밖에 쓸모가 없게 되고, 정신은 난폭하게 된다. 승마나 사냥, 향연 따위와 같은, 기분전환에는 적합하지만 일로서는 사람을 우둔하게 하는 저속한 운동이나 오락으로 나날을 보낸다. 그동안 여성은 정신을 함양하고, 감정과 몽상으로 고귀하고 아름다운 모든 것의 영상을 마음속에 축적한다.

독일의 여성들에게는 전적으로 그녀들 특유의 매력이 있다. 상대의 마음을 뒤흔드는 목소리, 금발, 눈부시게 아름다운 안색, 그녀들은 겸허하지만 영국의 여성처럼 소심하지 않다. 자기들보다 훌륭한 남성과 그다지 자주 만난 적도 없고, 세상의 엄한 비판을 그다지 두려워할 필요도 없는 것 같다. 그녀들은 감성으로 상대의 마음에 들려고 애쓰며, 상상력으로 상대의 흥미를 끌려고 한다. 프랑스에서는 재치와 해학으로 멋을 내지만, 독일의 여성들은 시와 미학에 관한 능통한 언어와 정신적인 고양으로 멋을 부린다. 연애할 때에 독일인 성격의 특징인 완벽한 성실성은 여성의 행복에 그다지 위험하지 않은 듯하다. 그래서 필경 그녀들은 프랑스 여성보다 더 자신감을 갖고 그 감정에 접근하는 것 같다. 왜냐하면 연애는 소설적 성격을 띠고 있고, 연애할 때에 다른 나라처럼 경멸이나 불충을 두려워할 필요가 없기 때문이다.

독일에서는 연애가 하나의 종교이기는 하지만, 그것은 감정으로 허용될 수 있는 모든 것을 기꺼이 허락하려고 하는 시적 종교다. 프로테스탄트 지방에서 손쉽게 이혼할 수 있는 풍습이 결혼의 신성함을 해치는 사실은 부정할 수 없을 것이다. 이곳에서는 마치 희곡에서 사소한 사건들을 조정하는 것처럼 조용히 배우자를 바꾼다. 남성과 여성의 타고난 선량함 때문에 그런 안이한 파국에도 슬픔이 따르는 일은 없다. 또 독일인에게는 진짜 정열보다는 상상력이 많기 때문에, 더없이 이상한 사건도 불가사의한 평온 속에서 지나간다. 그렇지만 그와 같이 함으로써 풍습이나 성격에서 오는 일관성이 사라진다. 역설적 정신이 더할 나위 없이 신성한 제도를 뒤흔들고 있고, 거기에는 어떠한 문제에 관해서도 충분히 확고한 규칙이 존재하지 않는다.

독일의 여성 중에는 부자연스러울 정도로 끊임없이 흥분하고, 정신이나 성격의 신랄하고 의연한 점을 달콤한 표현으로 모조리 말살하고 마는 사람도 있는데, 그런 우스꽝스러움은 비웃음을 받아 마땅하다. 그녀들은 솔직하지 않지만, 그렇다고 해서 거짓말쟁이도 아니다. 단지 그녀들은 어떤 일도 있는 그대로 보지 않고, 판단하지 않을 뿐이다. 실제로 일어나는 사건이 마치 환상처럼 그녀들의 눈앞을 지나간다. 그녀들은 경솔해질 때에도 감상적인 모습을 여전히 갖추고 있다. 그렇게 해야만 독일에서는 인정받는 것이다. 어느 독일 여성이 애수 띤 표정으로 "왜 그런지는 모르겠습니다만, 곁에 있지 않은 사람의 일은 저의 마음에서 사라져 없어집니다"라고 말했다. 프랑스 여성이라면 이런 기분을 더 명랑하게 표현했겠지만, 근본은 같을 것이다.

이와 같은 익살스러움은 예외이며, 독일에는 진실한 감정과 소박한 태도를 지닌 여성이 많다. 그녀들은 빈틈없는 교양과 타고난 정신의 순수성으로 주위에 온화하고 지속적인 영향을 준다. 그녀들은 상대의 마음에 위대하고 관대한 모든 일에 대한 흥미와 온갖 종류의 희망에 대한 신뢰를 나날이 불러일으키고, 마음의 기쁨에 덧없는 바람을 불어 보내는 비정한 야유를 물리치는 방법을 알고 있다.

그러나 대화에 생동감을 불어넣고, 모든 생각을 활기차게 하는 민첩한 정신은 독일의 여성에게서는 좀처럼 찾아볼 수 없다. 그러한 즐거움은 가장 신랄하고 가장 재기발랄한 파리의 사교계에서밖에 마주칠 수 없는 것이다. 그 희귀한 재미는 프랑스 수도의 엘리트만이 즐길 수 있다. 파리 이외의 곳에서는 보통, 공중 앞에서 이루어지는 웅변이나 아주 가까운 사이에서 느끼는 매력밖에 찾아볼 수 없다. 재능으로서의 대화는 분명 상상력이나 마음을 더없이 필요로 하는 하나의 기술이지만, 그들 중 한쪽이 없는 경우에는 그것을 보충하기 위한 비결을 갖춘 기술이기도 하다.

사랑과 명예에 끼친 기사도 정신의 영향

근대인에게 기사도(騎士道)란, 고대인에게 영웅시대와 마찬가지이다. 유럽 제국의 고귀한 추억은 모두 기사도와 결부되어 있다. 역사상의 모든 위대한 시대를 보면 인간은 일종의 열광 같은 것을 행동의 보편적 원칙으로 삼았다. 아득한 옛날에 영웅이라고 불리던 사람들은 이 땅의 문명개화를 목표로 했다. 애매모호한 전설은 그들이 숲 속의 괴물을 퇴치하는 모습을 우리에게 그려 보이고 있으나, 그것은 분명 태동하는 사회를 위협하는 최초의 위기와, 또 당시 막 생겨난 사회의 조직이 그런 위협으로부터 사회를 보호했음을 암시하는 것 같다. 뒤이어 조국을 향한 열광이 나타났다. 그것은 그리스인과 로마인의 마음에 위대하고 아름다운 모든 감정을 고취시켰다. 조국이 사라졌을 때 이러한 열광은 쇠퇴했고, 불과 몇 세기 후에 그 감정을 대신하여 기사도가 생겼다. 기사도는 약자를 옹호하는 일이며, 전투에서 신의를 지키는 일이고, 술책을 멸시하고 전쟁에 인류애를 혼합하려고 하는 그리스도교의 자애이며, 잔인한 전쟁정신을 명예에 대한 숭상으로 바꾸어놓는 모든 감정이다.

기사도가 탄생한 것은 북부지만,[21] 시와 사랑의 매력으로 기사도가 미화된 것은 남프랑스에서다. 게르만인은 어느 시대에나 여성을 존경했다. 그러나 여성을 기쁘게 하려고 노력한 것은 프랑스인이었다. 독일에도 연애가요 시인(미네젱거[22])들은 있었으나 중세 프랑스의 음유

21) 타키투스는 기사도가 독일인들의 풍습에서 유래한다고 자주 언급한 바 있다(Tacitus, *Germania*, vii).

22) Minnesinger 혹은 Minnesänger라고 한다. 미네는, 12~13세기에 기사가 신분이 높은 부인에게 바친 숭배적이며 봉사적인 연애감정을 말한다. 미네를 정신화하여 그리스도의 사랑의 정신에 결부시켜, 신의 최고의 창조물인 여성에게 바치는 송가를 지은 시인을 미네젱거라고 부른다. 1180년대부터 13세기의 초반에 걸쳐서 빈의 궁정에서 시작(詩作)을 한 라인마르 폰 하게나우(Reimar von Hagenau), 그 제자로 중세 유일의 서정시인인 발터 폰 데어 포겔바이데

시인들[23]과는 전혀 비교가 되지 않는다. 우리가 진정 국민적 문학을 찾고 싶다면 이 원천에서 찾아야 할 것이다. 북구에서 볼 수 있는 신화의 정신은 고대 골 민족의 이교문명보다는 훨씬 그리스도교와 관계가 깊다. 그렇지만 프랑스에서처럼 그리스도교 신자가 더없이 고결한 기사이며, 기사가 더없이 선량한 그리스도교 신자였던 나라는 없다.

십자군은 모든 나라의 귀족들을 통합했고, 기사도 정신을 모든 사람의 마음을 똑같은 감정으로 채운 일종의 유럽적 애국심으로 만들었다. 봉건제도, 이 정치제도는 비참하고 가혹하긴 하지만 기사도 정신을 법으로 만들면서 어떤 의미에서는 기사도 정신을 강화했다. 내가 보건대, 독일에서 봉건제도는 오늘날까지 유지되고 있다. 프랑스에서 이 제도는 리슐리외 추기경에 의해 폐지되었고, 그때부터 대혁명까지 프랑스인은 열광의 원천을 완전히 잃어버리고 말았다. 국왕을 향한 사랑도 열광을 낳는 동기의 하나라고 말하는 사람도 있을 것이다. 그러나 어떤 국민에게는 그와 같은 감정만으로 충분할지 몰라도, 그것은 지나

(Walther von der Vogelweide)나 트루바두르의 영향이 확실한 프리드리히 폰 하우젠(Friedrich von Hausen) 등이 미네젱거로 알려져 있다.

23) 마담 드 스탈은 trouvère(중세 북부 프랑스 음유시인)와 troubadour(남부 프랑스 음유시인)로 구분하여 말하고 있으나 역자는 이 둘을 통합하여 프랑스의 음유시인들이라고 번역했다. 트루베르는 프랑스 북부의 오일어(*langue d'oil*)로 작품을 만든 12~13세기의 궁정 서정시인이다. 가장 저명한 시인은 크레티앙 드 트루아(Chrétien de Troyes, 1135~1190)로, 고대문학의 전통과 브르타뉴의 제재를 교묘하게 결합시켜 소설에서 섬세한 심리묘사의 전형을 유럽문학 안에 확립시켰다. 《랑슬로, 혹은 마차 위의 기사》(*Lancelot ou le Chevalier de la Charette*) 등 많은 작품이 남아 있다. 트루바두르는 12~13세기에 프랑스 남부의 로와르 강 이남의 궁정을 중심으로 활약하며 오크어(*langue d'oc*)로 시를 쓴 궁정 서정시인이다. 1100년경부터 제2차 십자군까지의 창성기에는 기욤 다키텐느 9세(Guillaume d'Aquitaine IX, 1071~1127), 중기, 제3차 십자군을 거쳐 1208년의 알비주아(Albageois)의 싸움까지의 최전성기에는 베르나르 드 방타두르(Bernard de Ventadour), 남프랑스의 지역에 서정시가 소멸하는 13세기까지는 폴케 드 마르세유(Folquet de Marseille, 1160~1231), 트루바두르의 최후를 장식하는 시기에는 기로 리키에(Guiraut Riquier de Narbonne) 등이 알려져 있다.

치게 지배자 개인에게만 관계되는 것이므로 섭정시대[24] 나 루이 15세 시대에는 그 감정을 가지고 프랑스인에게 어떤 위대한 일도 시키지 못했을 것이라고 나는 생각한다. 루이 14세 치하까지 여전히 빛을 내고 있었던 기사도 정신은 그 이후 소멸했고, 신랄하고 재능 있는 어떤 역사가[25] 가 말하는 것처럼 그 정신과는 정반대인 **자만의 정신**으로 바뀌었다.[26] 자만은 여성을 옹호하기는커녕 여성의 가치를 잃게 만든다. 술책을 혐오하기는커녕 약자에게 그것을 사용하고 그들을 속이는 것을 자랑하고 연애를 숭배하는 대신 모독한다.

전에는 성실성을 보증하는 데 사용되었던 용기조차도 성실성에서 해방되기 위한 수단으로밖에 되지 않았다. 진실한 것이 중요한 것이 아니라, 진실하지 않다고 주장하는 상대방에게 결투를 신청해 죽이는 것만이 중요했다. 그리고 상류사회에서 사교계가 판을 치는 바람에 기사도 미덕의 대부분이 사라지고 말았다. 당시 프랑스에서는 어떠한 종류의 열광도 찾아볼 수 없었다. 그러나 국가가 부패 또는 붕괴하지 않기 위해서는 열광이 하나쯤은 필요한 것이므로, 필경 그러한 자연스러운 욕구에서 지난 세기의 중간부터 모든 사람들의 정신은 자유를 향한 사랑으로 방향을 틀었을 것이다.

그래서 인류의 철학적 흐름은 네 개의 다른 시기로 구분될 수 있을

---

24) 브르고뉴 공 루이 15세가 증조부 루이 14세로부터 왕위를 계승한 것은 다섯 살 때의 일로, 1715년부터 1723년까지의 미성년 시절은, 루이 14세의 조카뻘 되는 오를레앙 공 필립 2세(1674~1723)가 섭정으로 정치를 했다. 프랑스 역사에서 단순히 '섭정시대'라고 하는 것은 이 시대를 지칭한다.

25) 〔원주〕 라 크르텔 씨(M. de La Cretelle).

26) 마담 드 스탈의 편지에는 두 이름, 즉 형인 법률가 피에르 루이(Pierre-Louis Lacretelle, 1751~1824)와 동생인 역사가 장 샤를(Jean Charles Dominique de Lacretelle, 1766~1855)이 거명되고 있는데, 여기에 암시되어 있는 사람은 아마도 동생으로 추정된다. 그는 《프랑스 대혁명사 개론》(*Précis Historique de la Révolution Française*)과 《18세기사》(*L'Histoire du XVIII siècle*) 등의 저서를 남겼다. 이 책에 '자만의 정신'이라는 표현은 보이지 않지만, 마담 드 스탈의 이 표현은, 이 책의 논지를 매우 잘 전달하고 있다.

것 같다. 요컨대 문명의 기초를 구축한 영웅의 시기, 고대의 이름을 빛낸 조국애의 시기, 유럽의 전투적 종교였던 기사도의 시기, 개혁의 시대를 향하여 그 역사의 페이지를 연 자유에 대한 사랑의 시기이다.

독일은 프랑스 모방을 갈망하는 몇몇 궁정을 제외하면, 섭정시대 이래 프랑스의 본성을 손상시킨 자만이나 부도덕, 무신앙에 침해되는 일은 없었다. 봉건제도 덕분에 독일인의 마음에는 기사도의 행위기준이 여전히 유지되었다. 사실 독일에서는 프랑스에서처럼 빈번하게 결투가 이루어지지 않는다. 그 이유는 게르만계의 국민은 프랑스인처럼 쉽게 격하지 않기 때문이며, 프랑스에서와 같이 모든 계층의 사람들이 용기라고 하는 감정을 함께 나누어 갖고 있지는 않기 때문이다. 그러나 대체로 성실성에 관한 한 독일의 여론은 프랑스보다 일반적으로 엄격했다. 만약 어떤 사람이 도덕률을 어겼다면, 아무리 하루에 열 번 결투를 했다 해도 다른 사람의 존경심을 얻을 수는 없었을 것이다. 프랑스의 상류계급 사람들 중에는 자기 자신도 스스로를 비난할 만한 행위에 대해 문책받게 되면, "그것은 나쁜 일일지도 모르죠. 하지만 어느 누구도 내 앞에서 감히 그런 말을 할 수는 없습니다" 하고 대답하는 사람이 많았다. 이보다 더 큰 타락을 암시하는 말은 없다. 왜냐하면 만약 가능한 한 모든 악을 행사할 권리를 가졌다고 해서 서로 죽이고, 또 남들이 자기 앞에서 감히 "당신은 거짓말을 했다"고 말할 수 없다고 해서 약속을 어기거나 거짓말을 하고, 결국 성실과 용기가 분리되어 용기가 사회적으로 처벌받지 않기 위한 수단이 된다면, 인간사회는 어떤 상태에 이르게 되는 것일까?

기사도 정신이 프랑스에서 소멸한 이래, 또한 약자를 옹호하고 말의 구속력을 끊기 어려운 쇠사슬과 같이 믿었던 고드프루아[27]나 성 루

---

27) Godefroi Ⅳ de Boulogne, 통상 고드프루아 드 부이용(Godefroi de Bouillon, 1061~1100). 제1차 십자군전쟁의 총수로, 예루살렘의 왕이 되었다. 무훈시《백조의 기사, 고드프루아 드 부이용의 노래》(*La Chanson du Chevalier au Cygne et de Godefroi*) (1356년 완성으로 추정) 나 타소의 십자군

이[28] 나 바이아르[29] 가 이미 세상을 떠난 이래, 여성이 가장 불행했던 나라는 사회통념과는 반대로, 전 세계에서 아마 프랑스였을 것이다. 프랑스 여성들이 많은 자유를 누릴 수 있었기 때문에 프랑스는 여성의 낙원이라고 일컬어졌다. 그러나 바로 그 자유는 남성이 여성으로부터 손쉽게 떠날 수 있다는 사실에서 유래한다. 자기의 아내를 가두는 터키인은 그렇게 함으로써, 적어도 스스로의 행복에 여성이 필요하다는 것을 입증하고 있다. 금세기에 그 실례(實例)를 종종 볼 수 있던 여복(女福)이 많은 남자는 자신의 허영의 희생양으로 여성을 뽑는다. 그리고 그 허영심은 단지 여성들을 유혹하는 데뿐 아니라 여성들을 버리는 데에서도 찾아볼 수 있다. 그 자체로는 비난받을 수 없는 실없는 말로, 모 여성이 자기를 사랑했지만 자기는 관심 없다는 것을 보여줄 수 있어야 한다. "그녀가 애통해 죽게 내버려둬 하고 내 자존심이 외친다네"라고 브잔발 남작[30] 의 친구는 말했는데, 그 친구가 요절하여 그 훌륭한 계획을 수행할 수 없게 되자 남작은 몹시 그 친구를 안쓰러워했다. "나의 천사여, 사람은 모든 일에 싫증을 내게 마련입니다" 하고 드 라클로 씨[31] 는 소설 안에서 치밀하게 배덕성(背德性)을 파헤쳐 독

에서 취재한 서사시에서 노래되고 있다.

28) 프랑스 왕 루이 9세(1214~1272, 재위 1226~1270). 경건한 신앙생활을 했고, 로마 교황에 의해 1297년에 성인 대열에 올라 성왕(聖王)으로 불린다. 루이는 내정, 외교 모두 정의와 평화를 최우선으로 했으므로, 그의 친정(親政) 하에서 국내는 평온했다. 그는 학문, 예술, 자선 사업들을 진흥했으며, 파리에 소르본 신학교를 창설하기도 했다. 그의 철저한 정의와 평화의 이념은, 프랑스 왕권의 위신을 높였다. 한편 그리스도교 신자로서의 신앙이 두터워서, 이교도와의 싸움에 정열을 바치는 중세적 이상주의의 입장에서 십자군 운동에는 적극적으로 참가했다. 제 7차 십자군을 통솔하였고, 제 8차 마지막 십자군 때 튀니스에서 병사했다.

29) Pierre Terrail, seigneur de Bayard(1476~1524). 통칭 '두려움을 모르는 나무랄 데 없는 기사'. 샤를 8세, 루이 12세, 프랑수아 1세 등을 모셨고, 수많은 무훈으로 장식된 생애를 보냈다.

30) Baron de Bezanval, 《회상록》(*Mémoires*), Paris 1808 t. I, p. 277에서 인용.

31) Pierre-Ambroise-François Choderlos de Laclos(1741~1803). 선조는 스페

자를 전율하게 만든다. 결국 사랑이 프랑스를 지배한다고 일컬어지던 시대에 여성의 환심을 사려는 태도는, 이렇게 말하면 어떨지 모르겠지만, 여성을 법의 테두리 밖에 놓아둔 것과 같다. 순식간에 여성의 군림이 지나가자, 여성에 대한 관용도, 감사도, 연민도 사라졌다. 마치 악어가 새끼 악어의 소리를 흉내내어 어미 악어를 매혹하듯이, 사랑의 음성을 내어 여성을 함정에 빠뜨렸던 것이다.

여성에 대한 기사도적 예절로 대단히 칭송받는 루이 14세조차 그에게 지상의 사랑을 바치던 여성, 드 라 발리에르 부인[32]에게 어느 남자보다도 냉혹한 태도를 보이지 않았던가? 부인의 회고록에서 상세한 내용을 읽다 보면 소름이 끼친다. 루이 14세는 오직 그를 위해서만 살고 있는 불행한 영혼에게 슬픈 상처를 입혔다. 그리고 군주의 참혹한 모욕으로 받은 상처는 십자가를 바라보고 20년간 계속 눈물을 흘리고서야 겨우 치유되었다. 허영심처럼 야만적인 것은 없다. 그런데 사교계, 고상함, 유행, 성공은 특히 그 허영심을 작동시키는 것이므로 모든 것이 여론이라고 하는 것에 좌우되는 나라처럼, 그리고 어떻게 느끼는 것이 더 좋은 취향인지를 각자가 남에게 배우는 나라처럼 여성의 행복

인 출신이라고 생각되는 소귀족. 직업군인이었으나, 사교계를 무대로 한 서간체 소설 《위험한 관계》(*Les Liaisons dangereuses*) (1782)로 불후의 인물이 되었다. 여기의 인용은 《위험한 관계》 중의 서간 141, 발몽 자작 앞으로 보내는 베르퇴이유 후작부인의 서간에서 따온 것이다.

32) Louise de La Vallière(1644~1710). 1661년에 루이 14세의 동생 필립 도를레앙(Philippe I d'Orléans, 1640~1701)과 결혼한 앙리에뜨 안 스튀아르 Henriette-Anne Stuart, duchesse d'Orléans, ?~1670)의 여관(女官). 국왕 루이는 동생의 아내인 앙리에뜨를 사랑했지만, 사람들의 눈을 속이기 위해 밀회시에는 항상 루이즈 드 라 발리에르를 동석시켰다. 후에 왕은 순정적이고 조심스러워하는 루이즈를 사랑하게 되며, 앙리에뜨는 다른 연인을 찾는다. 루이즈는 왕의 공공연한 연인이 되어 백작부인의 칭호를 얻고, 왕과의 사이에 많은 자식을 낳았으나, 왕의 마음은 곧 그녀와 정반대 타입인 프랑수아즈 아테나이스 드 몽테스팡(Françoise Athénais de Rochedhouart de Montemart, marquise de Montespan, 1640~1707)으로 옮아간다. 기가 센 프랑수아즈에게 형편없이 괴롭힘을 당한 끝에, 루이즈는 1674년 결국 계율이 가장 엄한 카르멜파의 수도원에 들어간다.

이 더 위험에 처하는 나라는 없다.

솔직히 말하면, 마침내 여성은 스스로의 참된 힘을 붕괴시키는 부도덕에 가담했던 것이다. 즉, 여성은 스스로의 가치를 내림으로써 덜 고통스러워했다. 그러나 몇몇 예외를 제외하고는 여성의 덕성은 항상 남성의 품행에 좌우되는 법이다. 이른바 여성의 바람기라는 것도 버림받은 게 아닌가 하는 두려움 때문에 생기는 것이다. 여성은 모욕이 두려워서 오욕에 몸을 던진다.

독일에서 연애는 프랑스보다 훨씬 진지한 정열이다. 시와 미술과 철학조차도, 심지어 종교까지도 사랑의 감정을 인생에 고귀한 매력을 뿌려놓는 지상의 신앙으로 만들어놓았다. 프랑스에서와 같이 모든 계층에 유포되고, 상류계급의 사람들에게는 감정을, 일반 대중에게는 윤리관을 파괴하는 외설적 작품이 이 나라에는 없었다. 그러나 독일인은 감수성보다 상상력을 더 많이 갖고 있는 점을 인정해야 한다. 그리고 그들의 일관성을 보증하는 것은 그 성실성뿐이다. 프랑스인은 일반적으로 현실적 의무를 존중한다. 독일인은 의무보다는 애정을 중히 여긴다고 사료된다. 이혼이 손쉽다고 언급한 것이 그 증거이다. 독일인에게 애정은 결혼보다 신성하다. 그들은 법의 보증에 충실한 것이 아니라, 아마도 경탄할 만한 섬세한 감정에 충실하다고 말할 수 있다. 그러나 사회질서에 있어서는 법에 의해 보증되는 합의가 더욱 중요하다.

기사도 정신은 여전히 독일인을, 말하자면 소극적으로 지배하고 있다. 그들은 속임수를 쓸 줄 모르고, 모든 친밀한 관계에서 성실하다. 그러나 남성에게는 많은 희생을, 여성에게는 많은 덕성을 요구하며 인생 전체를 언제나 같은 사상이 지배하는 성스러운 하나의 작품으로 만드는 그 강한 에너지, 그 옛날의 기사도적 에너지는 독일에서 빛바랜 흔적을 남기고 있을 뿐이다. 유럽에서 기사도에 뒤이어 일어난 자유주의 추진력에 의한 것이 아니면, 앞으로 독일에서는 위대한 일은 아무것도 이루어지지 않을 것이다.

남부 독일

북부 독일에서만 문학이 존재한다는 것, 또 북쪽 지방이 오로지 정신적 희열을 느끼는 데 반해 남부 독일의 주민은 물질적 생활을 즐긴다는 것은 꽤 널리 알려진 사실이다. 많은 천재들이 남쪽에서 태어났지만, 교육은 북쪽에서 받았다. 발트 해에서 얼마 멀지 않은 곳에 최고로 멋진 교육시설이 있고, 걸출한 학자와 문인이 있다. 바이마르부터 쾨니스베르그까지, 또 쾨니스베르그부터 코펜하겐까지 깔려 있는 안개와 서리는 강하고 깊은 상상력을 지닌 인간이 선천적으로 가진 몸의 일부처럼 느껴진다.

독일만큼 문학에 대한 관심을 필요로 하는 나라는 없다. 사교생활에는 거의 매력을 느끼지 못하고, 또 독일인 각자가 더운 나라의 자연이 가져오는 우아함과 활기를 거의 갖고 있지 않아서, 뛰어난 독일인일 경우에만 상냥하고, 천재여야만 재치를 지닐 수 있기 때문이다.

지금과 같이 뮌헨[33]에서 저명한 학회가 열리기 전에 프랑켄, 슈바벤, 바이에른은 특히 답답하고 단조로운 지방이었다. 음악은 예외였지만 예술도 없었고, 문학도 거의 없었으며, 라틴어를 쓰는 사람들의 귀에 거슬리는 어색한 사투리가 있었고, 사교계란 찾아볼 수 없었을 뿐더러 놀기 위해서보다는 의식(儀式)을 치르기 위해 대회가 열렸다. 귀족계급을 향해 아첨하는 듯한 우아함을 찾아볼 수 없는 예의범절, 모든 계층의 사람들이 갖고 있는 선량함과 성실성, 그러나 자유스러움

33) 뮌헨은 16세기 초부터 바이에른 공국의 수도였다. 많은 교회, 수도원이 건설된 17세기 중엽부터는 '독일의 로마'라고 불렸고, 종교극 등이 성황리에 공연되었다. 계몽주의 시대에 들어서 수도사의 수가 제한되고, 그리스도 수난극이 금지되었다. 이어서 나폴레옹 전쟁 중에 근대국가로의 걸음을 시작했다. 새로운 바이에른 왕국의 수도가 된 뮌헨에서 아카데미를 창설(1807)한 것도 그 일환이다. 야고비가 초대 원장으로 불려간 것을 필두로, 여러 분야의 많은 학자가 독일 각지에서 소집되었다. 대규모의 미술관이나 도서관이 세워지고, '이자르의 아테네'라고 불리게 된 것은 그 후의 일이다.

과 품위를 동시에 없애고 마는, 사람을 미소짓게 만드는 경직성이 있었다. 그러므로 독일에서의 따분한 생활에 관해 비판과 농담이 나오더라도 놀라서는 안 된다. 사교계가 아무런 의미도 없고, 자연도 보잘것없는 나라에서 진정으로 흥미를 끌 수 있는 것은 문학의 도시라는 점뿐이다.

만약 군주들이 이러한 연구에 정말로 흥미를 느꼈다면, 북부 독일에서와 같이 남부 독일에서도 성공적으로 문학을 육성했을 것이다. 그러나 온화한 기후는 시(詩)보다는 사교생활에 적합하다는 점을 인정하지 않을 수 없다. 기후가 혹독하지도 좋지도 않을 때, 하늘을 두려워할 것도 하늘에 바랄 것도 없을 때, 사람들은 생활상의 현실적 이해관계 외에는 그다지 관심을 보이지 않는다. 상상력을 심하게 자극하는 것은 남쪽의 즐거움이며 북쪽의 엄격함이다. 자연과 대항하여 싸우든 혹은 자연이 베풀어준 은혜에 취하든, 창조의 힘은 과연 강하다. 그것은 우리에게 미술의 감각이나 영혼의 신비스러운 본능을 일깨워준다.

모든 점에서 온화한 남부 독일은 일하거나 사고(思考)하는 데 모두 매우 해로운, 단조로운 충족의 상태에 머물러 있다. 이 평온하고 비옥한 지방의 주민들의 가장 강렬한 욕구는 현상유지의 삶을 계속하는 것이다. 이 욕구만 갖고 무엇을 할 수 있단 말인가? 지금의 만족을 유지하는 데에도, 그 욕구만으로는 충분하지 않다.

오스트리아

북부 독일의 문학자들은 오스트리아[34]가 학문과 문학을 소홀히 한다고 비난하며, 오스트리아의 검열제도에 의해 발생하는 장애의 종류를 매우 과장하기까지 했다. 오스트리아 문학계에 위대한 인물이 나오

---

34) 〔원주〕 오스트리아에 관한 이 절은 1808년에 쓴 것이다.

지 않았다면, 구속 때문이라기보다는 경쟁이 없어서라고 해야 한다.

그 나라는 극히 평온한 나라이며, 안락함이 모든 계층의 시민들에게 더없이 평온하게 보증된 나라이기 때문에, 지적 쾌락에 대해서는 그다지 관심이 없다. 사람들은 영예를 위해서라기보다는 의무 때문에 일한다. 여론의 대가는 극히 하찮고 그 처벌도 매우 부드럽기 때문에, 양심에서 나오는 동기가 아니면 어떤 의미에서도 격하게 행동할 이유를 찾아볼 수 없다.

끊임없는 전쟁으로 이름을 떨친[35] 군주국의 주민으로서 군사적 공적은 주요 관심사였음에 틀림없으나, 오스트리아 국민은 지나치게 편안함과 감미로운 삶에 몸을 맡기고 있었기 때문에 공적(公的) 사건조차 그것들이 애국심을 깨울 수 있을 때까지 커다란 영향을 미치지 않았다. 그리고 그 애국심이라고 하는 감정도, 행복만이 존재하는 나라에서는 고요한 것이다. 오스트리아에서는 뛰어난 것을 많이 찾아볼 수 있으나, 참으로 뛰어난 인물은 거의 없다. 타인보다 낫다는 것이 그다지 도움이 되지 않기 때문이다. 말하자면 타인을 선망하기보다는 잊어버리는데, 그렇기 때문에 천재가 되고자 하는 마음이 생기지 않는다. 야심은 어떤 자리에 오르려는 욕망에서 생기는데, 천재는 스스로에게 싫증이 나 있다. 따라서 사교계에서 천재는 하나의 고통이며, 영광이 가져오는 여러 가지 포상이 그 고통을 완화시키지 못할 바에야, 하나의 병처럼 치료받아야 하는 마음속의 열병이다.

오스트리아나 기타 독일의 각 지방에서 소송은 언제나 서면으로 이

---

35) 976년에 시작된 바벤베르크가(Babenberg家)의 통치하에 오스트리아는 경제, 문화 모두 번창했다. 그 다음 합스부르크가는 1273년, 루돌프 1세가 독일 국왕으로 선출된 이후, 640년의 통치 중 24인의 황제와 국왕을 냈다. 이 합스부르크가의 통치하에, 오스트리아의 판도는 최대가 되어, '해가 지지 않는' 시대를 맞는다. 1526년에는 보헤미아와 헝가리가 오스트리아에 통합되었다. 1529년과 1683년의 두 차례에 걸쳐서 침공한 오스만 투르크 군을 물리침에 따라, 오스트리아는 대국의 무리에 낄 수 있었던 것이다. 건축, 연극 등 문화 면에서도, 르네상스와 바로크 시대에 각각 번성하여, 음악에 있어서는 유럽의 중심 존재가 된다.

루어지며 절대로 큰 소리를 지르는 일이 없다. 종교행사에는 으레 설교자가 따라오기 마련이지만, 그들은 결코 웅변으로 청중의 마음을 끌지 않는다. 연극은 극도로 하찮게 여겨지는데 비극은 특히 심하다. 행정은 매우 사려 깊고 공정하게 집행된다. 그러나 모든 일에서 너무나 체계적이므로 인간의 힘이 거의 느껴지지 않는다. 여러 가지 일은 그 무엇에도 뒤바뀌지 않는 일정한 번호순으로 이루어진다. 부동의 규칙이 일을 결정하고, 모든 것은 깊은 침묵 속에 실행된다. 그 침묵은 공포의 결과는 아니다. 하긴 군주의 덕성과 공평의 원칙이 모든 것을 지배하는 나라에서 도대체 무엇을 두려워한단 말인가? 그러나 영혼과 마찬가지로 정신의 깊은 휴식도 말에 대한 모든 흥미를 빼앗는다. 범죄나 천재, 편협함이나 열광, 정열이나 영웅심도 생활을 교란시키지 않고, 그렇다고 자극하지도 않는다. 지난 세기에 오스트리아 정부는 매우 교활하다고 간주되었는데, 그 점은 일반적으로 독일인의 성격과는 부합되지 않는 점이다. 그러나 사람들은 독일인의 야망과 약함이 번갈아 일어나는 현상을 무슨 깊은 전략이 아닌가 하고 종종 오해하기도 한다. 역사는 정부에 대해서나 개인에 대해서 거의 언제나 사실 이상으로 술책을 갖고 있다고 생각한다.

오스트리아는 보헤미아인, 헝가리인 등 다양한 민족을 내부에 포함하면서, 하나의 군주국으로서 반드시 필요한 통일성을 전혀 갖추지 않게 되었다. 하지만 오래전부터 국가 지도자들의 위대한 겸손이 모든 사람을 묶는 끈을 만들어주었는데, 그 끈이란 한 사람에 대한 애정이었다. 독일 황제는 그 나라의 주권자인 동시에, 제국을 다스리는 헌법상의 원수(元首)였다. 그 후자의 입장에서 그는 다양한 이익과 기존의 법률을 지시하지 않으면 안 되었고, 제국의 행정관으로서 공평과 신중의 습관을 몸에 지닌 후 뒤이어 그것을 세습국가들의 통치에 기여했던 것이다. 일찍이 군주국을 구성했던 보헤미아인이나 헝가리인, 티롤인이나 플랑드르인은 한결같이 진짜 오스트리아인보다 쾌활한 천성을 갖고 있다. 오스트리아인들은 격려하는 기술보다는 억제하는 기술에 대해 끊임없이 고심한다. 공정한 정치, 비옥한 토지, 부유하고 현명한 국민, 이 모든 것이 오스트리아인들로 하여금 잘살기 위해서는 현상을 유지하기만 하면 되고, 어떠한 종류의 것이건 탁월한 재능의 비범한 도움은 필요하지 않다고 믿게 만들었을 것이다. 하긴 지난 역사 중 평화로운 시대에는 그러한 재능 없이 지낼 수도 있었다. 그러나 중대한 투쟁이 일어날 때에 그들이 없으면 어찌하면 좋단 말인가?

언제나 현명한 방법이긴 했으나 빈에서 세력을 갖고 있던 가톨릭 정신은 마리아 테레지아[36]의 치하에서 이른바 18세기의 지성이라고 불렸던 것을 어쨌든 물리치고 말았다. 뒤이어 요세프 2세[37]가 등장하고, 지성이 초래하는 선이나 악에 대응할 아무 준비가 갖추어져 있지 않았던 국가에 그 지성을 모두 아낌없이 뿌렸다. 그는 일시적으로는 스스로 바랐던 일을 성공시켰다. 말하자면 그의 욕구에 찬성하든 반대

---

36) Maria Theresia(1717~1780). 1700년 합스부르크의 스페인 가계가 단절되어, 그를 잇는 스페인 계승전쟁 뒤, 이탈리아와 네덜란드의 스페인령은 오스트리아 가계의 손에 들어갔다. 이 시기에 마리아 테레지아는 프로이센의 프리드리히 2세에게 군사적으로 대항하는 숙명을 안고 즉위하여, 1740년부터 1780년까지 통치했다. 그녀는 1736년 로트링겐 공 프란츠 슈테판(Franz-Stephan, 1708~1765)과 결혼하여, 그에 의해 합스부르크·로트링겐가를 창설했다. 관료제도를 철폐하고, 중상주의 정책에 대응해 상공업을 부흥시키고, 교육제도도 개혁하는 등 그녀는 강력한 국가개혁을 추진했고, 경건한 가톨릭의 계몽군주로서 국민에게 추앙받았다.

37) Joseph II(1741~1790, 신성로마황제 재위 1765~1790). 일찍부터 프랑스 계몽사상에 감화되었으나, 어머니 마리아 테레지아와의 공동통치 시대에는 급진적인 계몽주의적 개혁은 억눌려 있었다. 계몽전제군주인 프로이센의 프리드리히 2세에게는 어머니의 반대를 무시하고 접근했으나, 오스트리아를 위한 공은 결코 쌓지 못했다. 어머니의 사후 계몽정신에 기반을 둔 개혁을 계속했으나, 너무나 급진적이었으므로 성공을 거둘 수 없었다. 프랑스혁명이 발발하자 그에 대항하는 국제적 반동 속에 몰락하여, 모든 개혁도 수포로 돌아갔다. 조카인 프란츠 2세(Franz II, 1768~1835)가 마지막 신성로마황제가 된다. 곧, 1804년, 오스트리아는 나폴레옹 군에게 패배하여 합스부르크가 세습영토를 오스트리아 제국으로 편성, 1806년 신성로마제국이 해체된다. 1809년 외상이 된 메테르니히(Klemens Metternich Winneburg, 1773~1859)의 교묘한 외교로 평화는 지켜지지만, 반동적 체제가 확립되었다.

하든, 오스트리아에서 그는 격정에 마주치지 않았기 때문이다. "그러나 그의 사후에, 그가 세워놓은 것은 아무것도 남지 않았다."[38] 왜냐하면 점진적으로 오는 것 외에는 아무것도 계속되지 않기 때문이다.

산업, 물질적 충족, 가정적 즐거움은 오스트리아의 주된 관심사이다. 오스트리아는 군대의 인내와 실력으로 영광을 쟁취했음에도 불구하고, 군인정신이 모든 계층에 진정으로 침투되지 않았다. 군대는 오스트리아에게 움직이는 요새인 것이다. 그러나 그 직업에도 다른 모든 직업 이상의 경쟁심은 없다고 할 수 있다. 장교들은 극히 성실한 데다 극히 용감하기도 하다. 화려하고 신속한 승진은 어쩌다 일어나는 일이므로 그 일은 더욱 칭찬받을 만한 일이다. 오스트리아에서는 우수한 사람에게 특혜를 주는 일에 대해 대부분 거리낀다. 때에 따라서 정부는 부자연스러울 정도로 공평성을 강조하여, 재능 있는 사람이나 평범한 사람이나 똑같이 취급한다고 생각될 정도였다.

경쟁심이 없다는 것에도 어쩌면 장점이 있을 수 있는데, 다름 아닌 허영심을 가라앉히는 일이다. 그러나 때때로 자부심마저 그 영향을 받아, 결국은 외관만이 모든 것을 대변하는 안이한 자만심 외에는 아무것도 갖지 않게 된다.

외국서적의 수입금지 역시 잘못된 제도라고 나는 생각한다. 18세기 저술로부터 보호함으로써 한 나라 안에 13세기와 14세기의 활력을 유지할 수 있다면, 그것은 아마도 큰 이익일 것이다. 그러나 유럽의 사고방식이나 지식이, 바로 다름 아닌 유럽의 중앙에 위치하는 이 군주국 안에 필연적으로 침투하지 않을 수 없기 때문에, 그들을 반만 도래하게 하는 것은 적당치 못하다. 왜냐하면 최악의 서적이야말로 드러나게 마련이기 때문이다. 부도덕한 농담이나 이기적 원칙으로 가득 찬 서적은 속인(俗人)을 즐겁게 하고, 언제나 속인에게 널리 알려지는 법이다. 그리고 금지법은 영혼을 고양시키고 사상을 넓히는 철학적 저술

38) 〔원주〕 이 부분은 검열에 의해 삭제되었다.

에 대해서만 그 모든 효과를 발휘한다. 그러한 법이 명하는 구속이야말로 바로 정신의 나태를 조장하는 데 필요한 것이며, 결코 마음의 무구(無垢)함을 유지하는 데 필요한 것은 아니다.

어떠한 움직임도 곤란하고, 모든 것이 깊은 정적을 고취시키는 나라에서는 극히 하찮은 장애라도 생기면 사람들은 아무것도 하지 않고, 아무것도 쓰지 않게 된다. 그래서 만약 원하기만 한다면 아무것도 생각하지 않게 되는 것이다. 행복보다 좋은 것이 무엇이 있느냐? 라고 사람들은 말할 것이다. 그러나 그 행복이라는 말이 무엇을 뜻하는지 알아야 한다. 행복이란 향상되는 능력 안에 있는 것일까, 혹은 억압된 능력 안에 있는 것일까? 틀림없이 정부는 권력을 악용하지 않고 정의를 희생하여 스스로의 이익을 도모하지 않는 한, 언제나 존경받을 만한 가치가 있을 것이다. 그러나 수면(睡眠)의 기쁨은 거짓일 뿐이다. 커다란 역경이 닥쳐오면 그 기쁨은 흔들릴 수 있다. 고삐를 더 쉽고 유연하게 쥐기 위해서는 준마(駿馬)를 둔하게 만들어서는 안 된다.

국민은 안식과 생활의 여유 등 인생의 평범한 행복에 너무 쉽게 만족할 수 있으며, 경박한 사상가들은 모든 사회정책이 그러한 행복을 국민에게 줄 뿐이라고 주장할 것이다. 그러나 조국을 자각하기 위해서는 더 숭고한 행복이 필요하다. 애국적 감정은 위대한 사람들이 남긴 추억, 국가적 천재의 걸작이 마음에 안겨주는 감격, 더 나아가 자국의 제도, 종교, 영광에 대하여 느끼는 애정으로 이루어져 있다. 이러한 정신적 풍요는 모두 외국의 구속이 생기면 없어질 수 있는 것이다. 그러나 만약 오직 물질적 기쁨으로 만족할 수 있다면, 누가 지배하든 간에 같은 땅은 언제나 한결같은 기쁨을 내어주는 것이 아닐까?

지난 세기, 오스트리아에서 문학적 교양이 군인정신을 약화시키는 것은 아닌가 하고 쓸데없이 걱정했다. 루돌프 폰 합스부르크[39]는 목

---

39) Rudolf I (1218~1291). 합스부르크가는 스위스와 알자스에 소령(所領)을 지닌 풍요로운 귀족으로서, 1020년 스위스 북부에 합스부르크 성을 쌓고, 백작의 칭호를 갖고 있었다. 1273년 루돌프 1세는 독일 국왕으로 선출되었다. 스

에 걸고 있었던 금목걸이를 벗어서 당시의 저명한 시인의 목을 장식했다. 막시밀리안[40]은 스스로 시를 구술하여 받아적게 했다. 카를 5세[41]는 거의 모든 언어를 알고 있었고, 연구하고 있었다. 일찍이 유럽 대부분의 왕좌에는 모든 분야의 학식을 갖춘 군주들이 앉았고, 그들은 문학적 지식 안에서 위대한 정신을 위한 새로운 원천을 발견했다. 문학도, 학문도 생의 기력을 감퇴시킬 일은 절대 없을 것이다. 웅변은 사람을 더욱 용감하게 하고, 용기는 사람을 더욱더 웅변적으로 만든다. 고매한 사상으로 사람의 마음을 설레게 하는 것은 모두 인간의 참된 힘을, 인간의 의지력을 배가시킨다. 그러나 때에 따라서는 자신의 가족을 자신의 부속물로 생각하는 틀에 박힌 이기주의, 형식적으로는 아무리 우아해도 근본으로는 비속한 철학, 이 철학은 이른바 환상이라고 불리는 모든 것, 요컨대 헌신과 열광을 경멸하게 만든다. 그

탈 부인이 여기에 기록한 것은 괴테의 1783년 이전 작품인 《노래하는 이》(*Der Sänger*)라는 제목의, 미네젱거를 노래한 발라드의 내용이라 생각된다. 이 시는 《빌헬름 마이스터의 수업(修業)시대》(*Wilheln Meisters Lehrjahre*) (1795)의 제2부 제11장에 그대로 도입되어 있다. 그러나 괴테는 이 왕이 합스부르크 백작이었다고는 쓰지 않았다. 한편, 실러의 발라드 《합스부르크 백작》(*Der Graf von Habsburg*) (1803)도 위의 괴테 시를 생각하게 하는, 세속의 권력으로부터 독립된 예술을 그리고 있다. 실러는 이 시의 제재(題材)를 《스위스 연대기》(*Chronicon Helveticum*)로부터 땄다고 말한다. 마담 드 스탈이 괴테의 시에 등장하는 왕을 합스부르크 백작이라고 해석했다 해도 부자연스럽지는 않을 것이다.

40) Maximilian I (1459~1519). 합스부르크가 출신의 독일 국왕. 주위 나라들과 끊임없이 전쟁을 벌였고, 또한 브르고뉴 공녀 마리(Marie de Bourgogne, ?~1482)를 왕비로 맞은 것으로 합스부르크가가 스페인 국왕이 되는 기반을 만들기도 했다. 예술, 학문의 보호자로서 특히 인문주의자들에게 인기가 있었으며, 민중에게도 우러름을 받았고 '최후의 기사'로 불렸지만, 항상 재정난에 시달렸다.

41) 막시밀리안의 손자에 해당하는 신성로마제국 카를 5세(1500~1558, 재위 1519~1556). 브르고뉴 공위를 이은 아버지 필립과 어머니인 스페인 왕녀 후아나 사이의 장자로서 플랑드르에서 태어났으며, 가톨릭 신앙과 브르고뉴풍의 궁정문화 속에서 자라났다. 프랑스에서는 그를 샤를르 깽(Charles-Quint)이라 부른다.

것들이야말로 국민의 덕성을 위해서는 가공할 만한 종류의 지식이며, 18세기 분위기로 둘러싸인 나라에서는 검열에 의해서도 추방할 수 없는 지식이다. 사악한 것으로부터 피하기 위해서는 책 속에 존재하는 위대한 것, 자유로운 것을 사방에서 오는 대로 내버려둘 수밖에 없다.

빈에서는 《돈 카를로스》의 상연이 금지되었다. 연극 안에서의 엘리사벳에 대한 돈 카를로스의 사랑을 용인하고 싶지 않았기 때문이다. 실러의 《잔 다르크》[42] 에서는 아녜스 소렐이 샤르트 7세의 합법적 아내가 되었다. 공립도서관에서는 《법의 정신》을 읽는 것이 금지되었다. 그러나 그런 구속에도 불구하고 크레비용[43] 의 소설은 세상 모든 사람의 손에서 손으로 돌았다. 외설적 소설은 들여오고, 진지한 저작만 금지되었던 것이다. 악서가 미칠 수 있는 해악은 양서로만 바로잡을 수 있다. 지식의 결함은 보다 고도의 지식으로 피할 수밖에 없다.

모든 일에는 두 가지의 택할 길이 있다. 위험한 것을 제거하거나, 그것에 저항하는 새로운 힘을 주는 것이다. 우리가 살고 있는 이 시대에 적합한 것은 두 번째 방법뿐이다. 왜냐하면 현대에는 순진함과 무지가 같은 부류가 아니기 때문에, 무지는 해로울 수밖에 없는 것이다. 너무나 많은 말이 이어지고 너무 많은 궤변이 되풀이되기 때문에 올바르게 판단하기 위해서는 많은 것을 알아야 할뿐더러, 사상에 관해 조상의 유산으로 만족하는 시대는 지나갔다. 그러므로 지식을 거부할 것이 아니라, 그것을 완벽한 것으로 만들어 지식에서 나오는 빛이 부서져 그릇된 빛을 내지 않도록 해야 한다. 하나의 정부가 그 시대에 군

---

42) '잔 다르크'는 사람이름이고, 연극이름은 《오를레앙의 처녀》인데, 마담 드 스탈이 연극이름을 《잔 다르크》라고 적었다.

43) Claude Prosper Jolyot de Crébillon fils (1707~1777). 프랑스 소설가. 극작가였던 아버지 Claude Prosper Jolyot de Crébillon (1674~1762)과 구별하여, 크레비용 피스라고 불린다. 당시의 취향에 걸맞은, 상류사회를 대담하게 묘사한 호색적인 책은 18세기의 퇴폐적인 면을 잘 나타내고 있다. 《마음의 방황, 정신의 방황》(*Les Egarements du coeur et de l'esprit*) (1736), 《소파》(*Le Sofa*) (1745), 《밤의 한때》(*La Nuit et le moment*) (1755), 《화롯가의 허튼소리》(*Le Hasard du coin du feu*) 등의 저술이 있다.

림하는 정신을 한 대국으로부터 도용하려고 해봐도 불가능할 것이다. 그 정신에는 힘과 위대함의 요소가 포함되어 있어서, 모든 문제에 용감하게 맞붙는 것을 두려워하지 않을 때 그것들을 유효하게 사용할 수 있다. 그렇게 함으로써 영원한 진리 안에서 일시적 과오를 바로잡는 힘을 발견하고, 바로 다름 아닌 자유 안에서 질서의 유지와 힘의 증대를 발견할 수 있을 것이다.

빈

빈은 평야의 복판에 위치하고 그림 같은 몇 개의 언덕에 둘러싸여 있다. 그 도시를 가로지르고, 돌아 흐르는 도나우 강은 몇몇 지류로 갈라져 대단히 쾌적한 섬들을 형성하고 있다. 그러나 강 그 자체는 그와 같이 꾸불꾸불 흐르는 동안에 위엄을 잃고, 오랜 명성이 보장하는 인상을 보여주지 않는다. 빈은 꽤 작은 고도(古都)이지만,[44] 대단히 넓은 교외로 둘러싸여 있다. 둘레가 성벽으로 둘러싸인 그 도시의 크기는 리처드 사자왕[45]이 성문 가까이 유폐되었던 당시와 다르지 않다

44) 기원후 100년경, 로마인이 침입하여 빈도보나(vindobona)라는 이름의 둔영을 지었다. 로마제국의 몰락 이후 약 700년간 빈은 역사의 기록에서 사라진다. 12세기 중엽, 바벤베르크가의 거성이 여기로 옮겨져, 성벽이 건설되었다. 13세기 후반부터 약 600년에 걸쳐서 합스부르크가 지배의 거점이 되었다.

45) 리처드 사자심왕(Richard Ⅰ, the Lion-Hearted, 1157~1199). 플랜태지닛(Plantagenet)朝의 영국 왕(재위 1189~1199). 헨리 2세의 셋째 아들. 알리에노르 다키텐느(Aliénor d'Aquitaine, 1122~1204)를 어머니로 하는 리처드는 프랑스의 아키텐느 공령을 상속받았고, 형 두 명이 모두 죽은 후 잉글랜드 왕이 되어 앙주가(Maison d'Anjou)의 대륙 소유지도 상속받았다. 그러나 영국에 체재하는 일은 얼마 되지 않았으며(10년의 재위 중 겨우 6개월만 머물렀다고 전해진다), 오로지 십자군 원정에 생애를 바치고, 용맹을 떨쳐 사자왕의 이름을 얻었다. 그러나 라이벌이었던 동생, 존(John the Lackland, 1167~1216)의 음모를 알고 잉글랜드로 돌아오는 도중, 1192년 오스트리아 공 레오폴트에게 빈에서 붙잡혀, 도나우 강변의 뒤른슈타인(Dürnstein) 성에 유폐되

고 전해진다. 그 길은 이탈리아와 같이 좁고, 궁전은 약간 피렌체의 궁전을 상기시킨다. 요컨대 몇몇 고딕건축이 중세를 생생하게 마음속에 그리게 해주는 것 외에는, 독일의 다른 도시와 서로 비슷한 데가 없다.

그러한 건조물 중에서 제일가는 것은 슈테판 대성당[46]의 탑이다. 탑은 빈의 모든 교회당 위에 우뚝 솟아올라 선량하고 평온한 도시를 엄숙하게 내려다보면서 세대와 영광이 흘러가는 것을 지켜보았다. 1100년에 기공된 그 탑이 완성되기까지 2세기가 필요했다.[47] 오스트리아의 모든 역사가 모종의 형태로 그 탑과 결부된다. 어떤 건물도 교회보다 애국적인 장소가 될 수 없다. 모든 계층의 국민이 모이는 유일한 장소이며, 공적 사건뿐만 아니라 지도자나 시민이 그 내부에 가지고 들어온 비밀스러운 생각이나 내밀한 애정도 상기시키는 유일한 장소이다. 신의 성전은 마치 지난 세기의 신과 마찬가지로 현존하는 듯하다.

위젠 공[48]의 묘는 오래전부터 그 교회에 안치되었던 유일한 묘이다.

었다. 게다가 황제 하인리히 6세(Heinrich VI, 1165~1197)에게 양도되어 황제소유지의 여러 성으로 옮겨졌으며, 결국 보석금 15만 마르크에 석방되었다.

46) Stephansdom 혹은 Stephanskirche. 프랑스에서는 'le cathédral de Saint-Etienne'라고 부른다. 후기 고딕양식. 14세기 초두부터 로마네스크 양식의 건물을 차례로 개축. 1433년에 남단에 세워진 종탑은, 137미터에 달하며 레이스 형상의 뾰족한 석조지붕을 쓰고 있다.

47) 1359년 축조되기 시작하여 건축가 조르주 하우저(George Hauser)에 의해 현재 높이의 3분의 2에 이르는 '남쪽 탑'(South Tower)이 지어졌고, 1423년 Anton Pilgram에 의해 완공되었다. 그것은 규칙적으로 움푹 들어간 아치와 부벽들을 지닌, 바닥에서 꼭대기까지 점점 좁아지는 고딕건축의 걸작으로, 높이는 444피트에 달한다(Murray, *Hand-book for Southern Germany*, 198쪽).

48) Eugène de Savoie-Carignan, 통칭 le Prince Eugène(1663~1736). 군인. 마리 만치니(서문 주 24 참조)의 언니 올랭프 드 수아송(Olympe de Soisson)의 아들. 루이 14세에게 관직을 청했다가 거절당하고, 오스트리아 군대에서 활약하게 되었다. 많은 무훈을 세움과 동시에, 우수한 문화인으로서, 빈에서 많은 서적과 예술작품을 가져왔다.

그는 그곳에서 다른 영웅들이 오기를 기다리고 있다. 묘에 가까이 가자, 그 주위에 둘러서 있는 기둥 중 하나에 작은 쪽지가 붙어 있었고, 그 위에는 이렇게 적혀 있었다.

> 한 젊은 여자가 자기의 병을 낫게 해달라고 기도해주기를 여러분께 청합니다.

그 젊은 여성의 이름은 적혀 있지 않았다. 한 불행한 사람이 적선을 바라서가 아니라, 기도를 원해서 알지도 못하는 사람들에게 말을 걸고 있었다. 그리고 이 모든 일이 저명한 사자의 곁에서 이루어지고 있었는데, 그 사자도 필경 살아있는 불쌍한 사람에게 연민의 정을 보냈을 것이다. 성당의 문을 언제나 활짝 열어놓는 것은 가톨릭의 경건한 관례이며 우리도 배워야 할 점이다. 그러한 피난처가 필요하다고 느끼는 경우는 대단히 많다. 그리고 그러한 곳에 들어갈 때에는 언제나 감동을 느끼지 않을 수 없다. 그것은 영혼에 행복을 가져오고, 마치 성스러운 세정(洗淨)[49]에 의한 것과 같은 힘과 순결함을 영혼에 돌려준다.

어린 시절의 추억과 연결된 건물이나 산책길, 예술과 자연의 걸작품이 없는 대도시는 없다. 빈 시민들에게 프라타는 그러한 종류의 매력을 당연히 지니고 있을 것으로 보인다. 도시와 매우 인접해 있으면서도 야생의 모습을 유지하고 있고, 동시에 손질이 잘 되어 있는 자연미를 그토록 즐길 수 있는 산책길은 다른 어느 곳에서도 찾아볼 수가 없다. 웅장한 산림이 도나우 강변까지 연장되어 있다. 멀리서 사슴떼가 들판을 가로지르는 것이 보인다. 사슴은 아침마다 되돌아오지만 저녁때 산책하는 사람들이 몰려들어 그들의 고독을 어지럽히는 무렵이면 멀리 도망쳐버린다. 파리의 롱샹 거리에서는 1년에 사흘밖에 볼 수 없는 광경이[50] 빈에서는 기후만 좋으면 끊임없이 되풀이되는 것이다.

49) 가톨릭에서 영성체 전후에 신부 손가락을 씻는 것.

50) 'Longchamp의 산책'은 매년 수난주간의 수, 목, 금요일에 샹젤리제 거리와 불

날마다 같은 시간에 이같이 산책하는 것은 이탈리아의 풍습이다. 그러한 규칙적 생활은 파리와 같이 다양한 즐거움이 존재하는 땅에서는 불가능하다. 그러나 빈 시민들은 무슨 일이 있어도 손쉽게 그 습관을 버릴 수는 없을 것이다. 멋진 나무그늘 아래 또는 도나우 강 덕분에 초록을 유지하는 잔디밭 위에 빈의 모든 시민이 모여 있는 것을 보는 일은 매력적이라고 하지 않을 수 없다. 상류사회의 사람들은 마차로, 서민은 걸어서 매일 밤 이곳에 모여든다.[51] 이 현명한 나라에서는 쾌락을 의무로 취급하는 동시에, 그 쾌락이 아무리 단조로운 것이라 할지라도 절대로 싫증나는 일이 없다는 장점이 있다. 일에 정확성을 기하는 것과 마찬가지로 낭비를 하는 데에도 정확성을 기해서, 시간을 사용할 때와 마찬가지로 체계적으로 시간을 버린다.

축제날에 시민들의 무도회가 열리는 무도회장에 들어가 보면, 남녀가 서로 마주보고 엄숙하게 미뉴에트 스텝을 밟는 것이 보일 것이다. 그들은 그렇게 해서 스스로에게 오락을 부과한다. 춤추고 있는 커플을 군중이 멀리하는 일이 종종 있다. 그러나 마치 자기들끼리 도취하기 위해 추고 있다는 듯 남녀는 춤을 계속 춘다. 각자가 제멋대로 혼자서 오른쪽 왼쪽으로, 앞으로 뒤로 가고, 상대에게 신경 쓰지 않는다. 상대 또한 철저하게 제멋대로 굴고 있다. 다만 두 사람은 가끔 작은 환성을 올리고 곧 진지한 기쁨으로 되돌아간다.

특히 프라타에서는 빈 시민의 유복함과 번영에 놀라움을 금치 못하게 된다. 그 도시는 인구가 같은 다른 도시보다도 식량을 많이 소비한다고 평판이 나 있는데, 이것은 조금은 비속하기도 하지만 우월성을 드러낸다는 점에는 의심의 여지가 없다. 일반 시민이나 장인(匠人)의

로뉴 숲에서 이뤄진다.

51) 빈의 하이드 파크인 프라타는 도나우 강의 두 지류가 이루는, 듬성듬성 숲이 우거진 일련의 저지대 섬들로 이루어져 있다. 그 입구는 예거짜일레(Jägerzeile)라 불리는 거리의 끝에 있다. 거기에는 원형의 트인 공간이 있는데 그로부터 6개의 소로나 대로가 뻗어 나온다. 프라타에 수많은 방문객이 몰리는 부활절 월요일에는 적어도 2만 명이 넘는 사람들이 모인다.

가족들은 모두 저녁 5시에 프라타로 가서, 다른 나라의 만찬과 같은 정도로 영양이 충분한 간식을 야외에서 드는 것을 볼 수 있다. 그리고 그들이 거기에서 소비할 수 있는 금액을 보면 그들이 얼마나 근면하고 또 얼마나 온건하게 규제되어 있는지 잘 알 수 있다. 저녁때가 되면 몇천 명이나 되는 남자들이 처와 아이들의 손을 잡고 돌아온다. 어떠한 혼란도, 어떠한 말썽도 그 군중을 흩뜨리는 일은 없고, 말소리도 거의 들리지 않는다. 그들의 희열은 얼마나 조용한가! 그렇다고 그 침묵이 절대로 슬픈 마음의 성향에서 나오는 것은 아니다. 그것은 오히려 어떤 종류의 육체적 안위인데, 북부 독일에서는 안락하면 관념을 떠올리는 것처럼 남부 독일에서는 그것을 감각과 연결시킨다. 남부 독일의 무위한 생활과 북부 독일의 명상적 생활에는 약간의 공통점이 있다. 예컨대 둘 모두 안식과 나태와 성찰이 있다.

만약 같은 장소에 그처럼 많은 파리 시민이 모인다면, 신랄한 언사나 농담이나 말다툼의 불꽃이 튈 것이다. 프랑스인이라면 자존심이 어떠한 형태로라도 자리잡을 수 없는 즐거움은 절대로 갖지 않을 것이다. 빈의 대귀족은 대단히 화려하고 지극히 고상한 취향의 말과 마차로 산책한다. 그들 모두의 낙은 살롱에서 방금 헤어진 사람들과 프라타의 산책길에서 다시 만나는 것이다. 그러나 대상이 너무 다양해서 어떤 사고도 깊이 추구할 수가 없다. 그래서 대부분의 사람들은 그들을 괴롭히는 성찰을 지우는 데 기쁨을 느낀다. 유럽 제일의 명성과 유복함을 지닌 빈의 귀족들은 특권 중 무엇 하나 남용하지 않고, 초라한 마차가 그들의 멋진 마차를 멈춰 서게 하도록 내버려둔다. 황제도 그 형제들도 조용히 줄을 서서 흔쾌히 평범한 개인으로 간주되기를 원한다. 그들은 그들의 임무를 완수할 때에만 그들의 권리를 행사한다. 그러한 군중 안에 있을 때면 동양이나 헝가리나 폴란드의 의상이 자주 눈에 띄고, 그것들은 상상을 불러일으킨다. 때때로 좋은 음악이 들려오고 평화스러운 제전이라고 하는 분위기를 군중에게 주는데, 각자는 주위를 개의치 않고 스스로 즐긴다.

그러한 모임에서 절대로 거지와 마주치는 일은 없다. 빈에서 거지는 보이지 않는다. 자선이 매우 질서 있고 자유롭게 관리되고, 공립이나 사립의 자선단체가 위대한 정의의 정신으로 운용되고 있다. 서민 자신도 대체로 다른 독일의 지방보다는 교묘함과 상술이 뛰어나고 스스로의 인생을 잘 이끌고 있다. 오스트리아에서는 사형에 상당하는 범죄의 예가 거의 없다. 요컨대 그 나라에서는 인자하고 현명하고 종교적인 정치의 표시가 모든 것에 확실하게 나타나는 것이다. 사회라는 건축물의 토대는 훌륭하고 존경할 만하다. 그러나 "명예와 재능이 그곳에 성전을 세우기 위해서는 마룻대와 원주(圓柱)가 부족하다."[52]

내가 있었던 1808년에 황제 프란츠 2세[53]는 그의 사촌 여동생과 결혼했다. 그녀는 밀라노 대공과 베아트리체 대공비와의 딸이며, 아리오스토[54]와 타소[55]가 대단히 칭찬했던 에스테가의 마지막 아가씨였다. 페르디난트 대공[56]과 그 품격 높은 부인은 모두 무상한 전쟁 탓으

52) 〔원주〕 검열에 의해 삭제.

53) 1부 '오스트리아' 절 주 32 요세프 2세 참조. 신성로마황제 레오폴트 2세(Leopold II, 1747~1792, 재위 1790~1792, 토스카나 왕 재위 1765~1791, 요세프 2세의 남동생)의 장남. 어머니는 부르봉가의 마리 루이즈. 딸인 마리 루이즈를 나폴레옹에게 시집보낸다. 오스트리아 황제로서는 프란츠 1세. 그는 결혼을 네 번 했다. 1808년 세 번째 아내 마리아 루도비카 데스테(Maria Ludovica Beatrize d'Este, ?~1816)와 결혼했다.

54) Lodovico Ariosto, 프랑스에서는 통칭 l'Arioste(1474~1533). 이탈리아 시인. 장편 서정시 《광기의 오를란도》(*Orlando Furioso*) (1516)가 그의 대표작. 에스테가의 에르콜레 1세(Ercole I, 1433~1505)에 이어 이폴리토 1세(Ippolito I, 1479~1529)를 섬겼다. 희극작품, 풍자시, 엘레지, 송가, 소네 등의 작품으로, 동시대의 이탈리아 시인 중 프랑스에 가장 커다란 영향을 미쳤다.

55) 이탈리아의 시인 토르콰토 타소(Torquato Tasso, 1544~1595)는 에스테가의 알폰소 2세(Alfonso II, 1533~1597)를 섬겼다.

56) Ferdinando Carlo Antonio(1754~1806). 마리아 테레지아의 아들. 오스트리아 대공. 마리아 베아트리체 데스테(Maria Beatrice d'Este, 1750~1829)와 1771년에 결혼하여 합스부르크가와 에스테가를 맺었다. 마리아 베아트리체는 모데나 공 에르콜레 리날도 3세(Ercole Rinaldo III)의 딸이지만, 이 나라는 나폴레옹에 의해 치잘피나(Cisalpina) 공화국에 편입되었다.

로 자기들의 나라를 빼앗기고 있었다. 그리고 “그 가혹한 시대에”[57] 성장한 젊은 황후의 머리 위에는 권위와 불운이라는 이중의 관심이 모아져 있었다. 그 결혼은 애정으로 이루어진 것이며, 그 이상 훌륭한 결정은 있을 수 없었으나 어떠한 정치적 편의도 개입되어 있지는 않았다. 우리가 그 결혼을 가깝게 느낄 수 있는 가족적 애정에 대하여, 또 우리로 하여금 그것을 멀게 느끼게 하는 찬란한 가문에 대하여 사람들은 공감과 동시에 존경의 정을 느끼고 있었다. 바이첸[58]의 대주교인 젊은 공작이 자기의 누이동생과 군주를 위해 교회에서 결혼식을 집행했다. 미덕과 지성으로 아이들에게 절대적 영향력을 지녔던 황후의 모친은 순식간에 자기 딸의 신하가 되어, 왕관의 권위와 더불어 자연의 권위를 상기시키는 경의와 위엄이 뒤섞인 모습으로 황후의 뒤를 따라 걷고 있었다. 황제와 황후의 형제들은 각자 다른 계급으로 군대나 행정에 종사하면서 다같이 공익에 몸을 바쳤는데, 모두 다 제단까지 동행했다. 교회는 국가의 위인들, 튜튼 귀족 중에서도 가장 오래된 귀족들의 부인이나 딸과 모친들의 묘로 가득 차 있었다. 제전에 관해서는 새로운 것은 아무것도 행해지지 않았다. 의식의 화려함을 위해서는 각자 소유하는 것을 보이는 것만으로 충분했다. 부인들의 장신구조차 선조로부터 물려받은 것이며, 각 가문에 전승된 다이아몬드는 과거의 추억으로 젊은이들의 몸을 장식하고 있었다. 모든 것에 오래전의 시대가 현존하고, 몇 세기에 걸쳐 준비되었으나 서민의 희생을 새삼스럽게 필요로 하는 것은 아닌, 호화스러운 삶을 사람들은 즐기고 있었다.

성혼식에 이어지는 축하연에는 정말로 의식과 거의 같은 정도의 위엄이 있었다. 개인의 축제는 이렇게 될 수는 없을 것이다. 그러나 어쩌면 왕들이 하는 모든 일에는 그 고귀한 운명의 엄숙한 흔적이 보이

---

57) 〔원주〕 검열에 의해 삭제.

58) 바이첸(Waizen)이라고 마담 드 스탈은 쓰고 있지만, 이것은 오라비아의 중서부에 있는 도시 오로모우츠(Olomouz, 독일어 이름 Olmütz)를 착각한 것이다. 프란츠 2세의 동생인 로돌프는 오로모우츠의 주교이며 추기경이다.

는 것이 바람직할지도 모른다. 주위에 배치된 대포와 팡파르가 에스테가와 합스부르크가의 새로운 결합을 알리는 교회에서 얼마 멀지 않은 곳에 2세기 전부터 오스트리아 황제와 그 일족의 무덤이 안치되어 있는 안식처가 있다. 그곳 카푸친회 수도사들의 지하묘지 안이야말로 남편 곁에 마련해둔 자신의 묘를 앞에 두고, 마리아 테레지아가 30년 동안 미사를 보았던 곳이다.[59] 그 훌륭한 마리아 테레지아는 청춘기로 들어서기 전에 몹시 고생했기 때문에, 그의 전성기에서도 인생의 무상함에 대한 경건한 마음이 조금도 사라지지 않았다. 지상의 군주들 중에서 성실하고 변함없는 신앙심을 간직한 사람들은 많다. 그들이 굴복하는 것은 죽음뿐이니까, 거역할 수 없는 죽음의 힘에 더욱 강하게 감동받게 되는 것이다. 우리와 무덤 사이에는 인생의 여러 가지 난관이 놓여 있다. 왕들의 입장에서는 죽음에 이르기까지 모든 것이 평탄하고 고르게 되어 있으므로, 그 점이 그들로 하여금 최후의 때를 한층 더 명확하게 비춰준다.

축제는 으레 무덤을 연상하게 한다. 어느 시대에서도 시는 그 두 개의 이미지를 즐겨 가까이 했는데, 운명 역시 또 하나의 대단한 시인이며 한결같이 그 둘을 빈번하게 연결시켰다.

사교계

부자들과 귀족들은 빈의 교외에는[60] 거의 살지 않고, 대도시의 이

---

59) 마리아 테레지아는 남편의 사후 13년 동안 금요일마다 이 지하 납골당에 내려와 남편의 유해 옆에서 기도하며 슬피 울었다고 한다.

60) 빈이 유럽의 다른 수도들과 가장 다른 점은 신시가지가 아닌 구시가지가 유행을 더 따른다는 것이다. 요새 안에는 들과 주요 귀족들의 궁이 자리잡고 있다. 가령 하락스(Harrachs), 슈타렘베르크(Staremberg), 트라우트만스도르프(Trautmannsdorf)의 위풍당당한 저택들과 공공기관들, 훌륭한 교회들, 대부분의 박물관과 공공 수집물들, 이와 함께 대학들, 거래소와 휘황찬란한 상점

점을 만끽하면서 마치 소도시에 사는 듯이 서로 모여 살고 있다. 그와 같이 부와 사치를 맘껏 향유하면서도 서로 연락이 용이하면, 일상생활은 몹시 편리해지고 사교계의 틀이라고도 할 수 있는 것, 요컨대 관습·예의·범절이 매우 쾌적한 것이 된다. 오스트리아의 대귀족들은 예절이 너무 엄격하고 귀족적 자부심이 너무 높다고 외국에서는 이야기되고 있으나 그러한 비난에는 근거가 없다.

빈의 상류계급 사람들은 싹싹하고 정중한 데다 특히 성실하다. 중대사건을 처리할 때의 공정하고 정확한 자세를 아무리 사소한 일에서도 볼 수 있고, 저녁식사나 야식의 초대도 중요한 약속과 마찬가지로 정확히 지킨다. 경의(敬意)를 무시하는 것이 우아함이라고 생각하게 하는 겉멋은 그곳에서는 전혀 통하지 않는다. 그러나 빈의 사교계의 결점 중 하나는 귀족과 문인이 서로 전혀 어울리지 않는다는 것이다. 귀족의 오만 때문이 아니라, 빈에는 저명한 작가가 얼마 없고, 게다가 독서가 보편화되어 있지 않기 때문이다. 각자가 자기 무리 속에서 지낸다. 일반적 사상이나 공동의 이해가 성립되는 기회가 극히 적은 그 나라에서는 동료의식만이 의지할 곳인 것이다. 그와 같이 각 계급이 서로 분리되어 있기 때문에 문인은 기품이 결여되어 있고, 사교계의 사람들은 교양이 부족하다.

예의의 엄수는 종종 희생을 동반하는 것이므로 어떤 의미에서는 미덕이라고 할 수 있으나, 그 때문에 빈에서는 귀찮기 짝이 없는 관습이 생기고 말았다. 상류계급에 속한 사람들 모두가 일주일에 서너 번씩 이 살롱에서 저 살롱으로 한꺼번에 떠돌아다니는 것이다. 그와 같은 어마어마한 모임에 필요한 몸치장을 하기 위해 사람들은 상당한 시간을 소비한다. 자기 마차의 순번을 기다리기 위해 도로나 계단에서 많은 시간을 소비하고, 세 시간에 걸쳐 식사한다. 그리고 이렇게 빈번하게 모이는 모임에서는 판에 박힌 말의 테두리를 넘는 대화를 듣지 않

들 등이 그런 것들이다.

을 수 없다. 이렇게 날마다 모든 사람들이 모여 서로서로 과시하는 일은 지적 능력을 말살하기 위해 평범한 사람들이 참으로 잘 생각해낸 묘안이다. 사상이란 일종의 병이며, 치료를 위해서는 규칙적 식이요법이 필요하다고 간주해야 한다면, 이 성가시고 재미없는 오락보다 더 좋은 것을 생각해낼 수는 없을 것이다. 그러한 오락은 어떤 사상도 좇아가지 못하게 할뿐더러 말은 지저귐으로 변하고 마는데, 새에게 지저귀는 법을 가르칠 수 있듯이 인간에게도 가르칠 수 있다.

빈에서 상연된 연극을 한 편 본 적 있는데, 극중의 아를르켕[61] 이 커다란 겉옷과 호화스러운 가발을 쓰고 나왔다. 돌연 그는 자기 대신에 겉옷과 가발을 세워놓은 채 딴 곳에 살기 위해 자취를 감추었다. 큰 모임에 매일 참석하는 사람들에게 그 요술을 해보면 어떠냐고 말하고 싶어진다. 사람들은 그곳에 기쁘게 해주고 싶은 상대를 만나러 가는 것이 아니다. 풍습은 엄격하고 정서는 안정되어 있기 때문에 오스트리아에서는 애정이 집중적으로 가정에 기울어 있다. 게다가 모임에는 야심이 있어서 가는 것이 아니다. 그 나라에서는 모든 일이 공정하게 이루어지고 있기 때문에 책략이 깊숙이 파고들 틈이 없으며, 설령 효력을 발휘할 수 있다 하더라도 사교계 안에서는 아니다. 이러한 방문이나 모임은 모든 사람이 같은 시각에 같은 일을 하기 위해 고안된 것이다. 각자가 즐거움을 고안해내기보다는 동료들끼리 모여 무료함을 나누는 쪽을 더 좋아한다.

대규모 집회, 큰 연회는 다른 도시에서도 행해진다. 그러나 그곳에서는 나라의 걸출한 인물들이 모이기 때문에 그러한 모임에 으레 따라다니는 인사 후에 이어지는 틀에 박힌 대화를 면할 기회가 더 많다. 오스트리아에서는 사교계가 재능을 발휘하거나 연마하는 데에 프랑스

61) Arlequin, 이탈리아어로는 아를레키노(Arlecchino). 중세의 전설 중 나쁜 역할을 하는 악마의 이름. 연극에서 색색의 의상을 입고 나오는 익살꾼 역할. 이탈리아의 무대에서 시작되어 전 유럽으로 번졌다. 프랑스의 극장에서는 17세기에 나타나기 시작했다.

에서처럼 전혀 도움이 되지 않는다. 사교계는 머릿속에 소음과 공허만을 남긴다. 그러므로 그 나라에서 가장 지적 수준이 높은 남성들은 대개 사교계를 멀리하려고 조심한다. 사교계에 모습을 드러내는 것은 여성뿐인데, 그녀들이 영위하는 생활모습에도 불구하고 그녀들이 지니는 재치는 놀랍다. 외국인들은 그녀들의 멋있는 대화를 높이 평가한다. 그러나 독일 수도에 있는 살롱에서 가장 눈에 띄지 않는 사람은 독일 남자들이다.

빈의 사교계에서는 여성들의 우아하고 기품 있는 예의범절로 확실히 즐겁게 지낼 수 있다. 그러나 거기에는 무언가 말할 거리, 할 거리, 목표, 흥미가 빠져 있다. 변화를 위해 애정이나 풍습이 중단되어서는 안 되겠지만, 우리는 어제와는 다른 오늘을 원한다. 노후의 단조로움은 마음을 편안하게 하지만, 큰 사교계의 단조로움은 정신을 피곤하게 한다.

프랑스 정신을 모방하려는 외국인

봉건사상의 붕괴와, 그 결과로 나타난 예로부터 이어진 성(成) 안 생활의 붕괴는 귀족들에게 많은 여가를 갖게 했다. 이 여가로 그들은 사교계의 재미가 꼭 필요해졌다. 프랑스인은 화술의 대가(大家)로 통했기 때문에 유럽의 여론, 아니 매우 교묘하게 여론을 위장한 유행의 주도권을 장악했다. 루이 14세의 통치 이후, 스페인과 이탈리아를 제외한 대륙의 모든 상류계급은 프랑스를 모방하는 데서 자부심을 느꼈다. 영국에서는 각 개인의 이해인 동시에 전체의 이해이기도 한 정치적 이해관계가 그칠 줄 모르고 화제에 올랐다. 남부 유럽에는 사교계가 없다. 태양과 연애, 미술이 생활에 넘친다. 파리에서는 문학이 꽤 일반적인 화제가 되고 있다. 또한 언제나 새로 하는 공연이 독창적이며 재기발랄한 관객에게 볼거리를 제공한다. 그러나 다른 대부분의 대도시에서 유일한 화젯거리는 상류계급의 구성원을 매일 관찰하고 수군거리는 뒷이야기뿐이다. 발설되는 이름이 귀족일 뿐, 근원은 서민과 하나도 다르지 않은 고상한 험담에 불과하다. 우아하게 말하는 것이 다를 뿐, 그들도 똑같이 이웃집 남녀의 일을 이야기한다.

정말로 아무 거리낌없이 말할 수 있는 것들은 보편적으로 관심을 끄는 사상과 사실이다. 할 일 없는 살롱이나 고매하지 못한 정신이 습관적으로 일삼게 마련인 중상(中傷)은 많든 적든 간에 선량한 성격에 의해 중화(中和)되기는 한다. 그러나 역시, 한 걸음 옮길 때마다, 또 한마디 주고받을 때마다 시시한 말들의 웅얼거림이 들려오기는 하는데, 이 말들은 마치 파리떼처럼 다름 아닌 사자의 심기를 건드릴 수도 있다. 프랑스에서는 조롱이라고 하는 무서운 무기를 써서 서로 싸우고 영토를 차지하는데, 그 영토 위에서 자존심이 승리를 거둔다. 프랑스 이외의 곳에서는 무기력한 수다는 정신을 소모시키고 어떠한 분야의 것이든 간에 정력적 의욕을 위축시킨다.

기분 좋은 대화는 비록 화제는 시시한 것일지라도, 또 우아한 표현이 유일한 매력일지라도 대단히 즐거운 법이다. 그러한 대화를 할 수 있는 사람은 프랑스인을 제외하고는 거의 없다고 단언해도 실례가 되지 않을 것이다. 마치 받은 공을 제대로 돌려주지 않으면 안 되는 공놀이와 같이, 어떤 주제도 다루지 않으면 안 되는, 위험하지만 자극적인 운동과 같은 것이다.

외국인이 프랑스인을 흉내내려고 하면 프랑스인보다 더 외설적이며 경박해지는데, 진지하면 우아함이 없어지는 것은 아닌가, 혹은 감정이나 사상을 가지면 파리식 악센트가 없어지는 것은 아닌가 하고 두려워하기 때문이다. 오스트리아인은 일반적으로 외국인식의 생활방법을 흉내내기에는 지나치게 고지식하고 진지하다. 그렇다고 그들은 아직 충분히 독일인도 아니며, 독일문학에 대해서도 잘 알지 못한다. 빈에서 사람들은 프랑스어만을 사용하는 것이 좋은 취향이라고 지나친 생각을 하고 있다. 하지만 각 나라의 영광과 즐거움은 항상 국민적 성격과 정신 안에 존재하는 것이다.

웃음거리를 포착하고 지적하는 노련한 기술로 프랑스인은 유럽을, 그중에서도 특히 독일을 두렵게 했다. 우아함이라든가, 품위라든가 하는 말에는 무언가 알 수 없는 마력이 있어, 그것이 이상하게도 자존심을 자극했다. 모든 감정이나 행동, 요컨대 삶은 다른 무엇보다도 사교계의 관행이라고 하는 그 미묘한 규칙에 복종해야 하는데, 그것은 마치 개인의 자존심과 사교계의 자존심 사이의 조약(條約)과도 같은 것으로서, 그 조약 안에서는 각자의 허영심이 공화국의 헌법과도 같은 것이 되고, 강하고 뛰어난 사람은 모두 추방된다. 겉으로는 가볍게 보이지만, 속으로는 구속력이 강한 그러한 예의범절은 생활 전체를 좌우한다. 그것은 단계적으로 사랑, 열광, 종교 등 이기심을 제외한 모든 것을 침식했다. 이기심은 비난의 대상은 될지언정, 비웃음의 대상은 되지 않기 때문에 야유가 미치지 못하는 것이다.

독일 정신은 다른 어느 나라의 정신보다도 계산된 경박함과는 상당히 거리가 있다. 표면적인 일에는 거의 무능하며, 이해하기 위해서는 깊이 파고들어야 한다. 독일인은 재빨리 파악하지 못할뿐더러, 매우 유감스럽게도 타고난 소질이나 감정을 떨쳐버리지도 못한다. 토대를 제거한다고 해서 행동이 경쾌해지지 않을 것이기 때문에, 붙임성 있는 프랑스인이 되는 것이 아니라 쓸모없는 독일인이 될 뿐이다.

그렇다고 해서 독일인에게는 우아함이 금지되어 있다고 결론지어서는 안 된다. 그들이 마음내키는 대로 몸을 맡길 때, 상상력과 감수성이 그들에게 우아함을 부여한다. 그들 역시 밝고 쾌활하다. 특히 오스트리아인이 그러한데, 그것은 프랑스인의 명랑함과는 조금도 유사한 데가 없다. 빈에서 대귀족과 서민이 함께 즐기는 티롤의 희극은 프랑스인의 조롱보다는 이탈리아인의 해학과 훨씬 비슷하다. 그것은 성격이 뚜렷한 희극 장면들로 구성되어 있고 인간성을 진실하게 표현하고 있으나, 사회를 예리하게 묘사하고 있지는 않다. 하지만 그 쾌활한 내용은 아무런 수정을 가하지 않아도 우아한 외국 작품을 모방하는 것보다 훨씬 가치 있다. 모방된 우아함은 없어도 전혀 상관없지만, 각국에 특유한 것은 완성해야만 무엇이 된다. "프랑스인의 예의범절에 대한 영향력은 외국인들로 하여금 그것을 저항하기 어려운 것으로 믿도록 만든 것인지도 모른다. 거기에 대항할 수 있는 방법은 오직 하나, 지극히 확고한 국민적 풍속과 관습이다."[62] 프랑스인을 흉내내려고 하는 순간, 매사에 프랑스인을 우월하게 생각하게 된다. 영국인은 프랑스인에게 아무리 교묘하게 조롱당해도 눈 하나 깜빡하지 않고, 경우에 따라서는 조롱을 한 장본인에게 그 조롱을 돌려줄 생각을 했다. 그래서 영국의 예의범절이 프랑스에서조차도 볼품없기는커녕, 그토록 타의 추종을 받았던 프랑스인이 이번에는 흉내내는 차례가 되어 파리가 다른 모든 나라에서 유행했던 것과 같이 영국이 파리에서 유행했다.

독일인은 대단히 교육적이며, 또한 자기들의 취향과 성격에 맞는 사교계를 스스로 구축할 수 있었을 것이다. 빈은 외국인들이 거의 독점적으로 상류사회를 지배하지 않는 한, 독일의 수도이며 인생의 낙이 되는 모든 것을 가장 손쉽게 집결시킬 수 있는 곳이므로, 그 점에서 독일 정신에 크게 도움이 될 수 있었을 것이다. 프랑스인의 언어와 습관에 순응할 수 없었던 대부분의 오스트리아인은 사교계에서 전혀 살지 않았다. 그 결과 여성과의 대화로 인해 마음이 부드러워져본 일도 없었고, 이른바 세련됨이라고 하는 것을 경멸하면서도 한편 마음속으로는 남몰래 세련되지 않은 것을 두려워했기 때문에 내성적이면서도 투박한 채로 남아 있었다. 그들은 군대의 의무를 핑계로 정신적 교양을 계발하지 않았을 뿐만 아니라, 영광의 가치나 매력을 느끼게 해줄 수 있을 만한 것이라고는 아무것도 이해하지 못했으므로 군대의 의무마저도 종종 소홀히 했다. 그들은 외국인들이 득실거리는 사교계를 멀리함으로써 선량한 독일인의 모습을 보여준다고 믿었으며, 스스로의

62) 〔원주〕 이 부분은 검열로 삭제되었다.

정신과 영혼을 발전시킬 수 있는 사교계를 스스로 만들 생각도 하지 않았다.

빈의 사교계의 매력인 폴란드인과 러시아인은 프랑스어밖에 사용하지 않았기 때문에 독일어를 배제하는 데 공헌했다. 폴란드의 여성은 매우 매력적인 태도를 지니고 있다. 그녀들은 동양적 상상력을 프랑스 정신의 부드러움과 활발함에 곁들인다. 그러나 가장 유연성 있는 슬라브족조차도 프랑스 양식의 모방으로 자주 피곤해 한다. 폴란드인이나 러시아인이 지은 프랑스 시는 약간의 예외를 제외하고는 중세의 라틴어로 된 시와 같다. 외국어는 여러 가지 점에서 볼 때 죽은 언어이다. 프랑스 시의 창작은 가장 쉽기도 하고 가장 어렵기도 하다. 으레 붙어 다니는 반구의 위와 아래 구절을 연결시키는 것은 기억력에만 의존하면 되는 일이다. 그러나 자신이 느끼는 것을 시로 표현하기 위해서는 그 나라의 공기를 들이마시고 그 나라의 말로 생각하고, 즐기고 괴로워해야 한다. 프랑스어를 정확하게 말하는 것을 무엇보다도 자랑으로 여기는 외국인은 혹시 자기가 그것을 이해하지 못했다고 생각될까봐 두려워서, 문학의 권위자가 내리는 평가와 다른 평가를 프랑스문학에 내릴 용기가 없다. 그들은 사상보다도 문체를 칭찬한다. 왜냐하면 사상은 모든 민족의 것이지만, 프랑스어의 문체를 평가할 수 있는 사람은 프랑스인뿐이기 때문이다.

진정한 프랑스인과 만나면 프랑스문학에 관해 서로 이야기하는 것이 즐거워진다. 내 집에 있는 것같이 느껴지고 함께 자신들의 문제를 상의할 수 있다. 그러나 프랑스화된 외국인은 정통적이 아닌 의견이나 말을 할 자격이 없다. 게다가 그들이 새로운 의견이라고 믿는 것이 실은 낡은 정통파의 신조일 때가 많다. 북방의 어느 나라들 가운데에서는 루이 14세 궁정의 일화를 아직까지 화제로 삼고 있기까지 한다. 프랑스인의 모방자인 외국인은 퐁탕주 부인과 몽테스팡 부인의 말다툼[63]을 자세히 이야기하는데, 그것이 간밤의 일이라면 피곤할 것이다. 그와 같은 규방(閨房)의 지식, 몇몇 사회적 통념에 대한 끈덕진 집착, 그러한 종류의 이야기에서는 어떻게 이야기를 보태야 할지 전혀 모르기 때문에, 이런 모든 일은 지겹고 해로운 것이기조차 하다. 참된 국력, 그것은 민족성이다. 외국의 모방은 어떤 점으로 보나 애국심의 결핍이다.

생각이 있는 프랑스인은 여행할 때 외국인들 안에서 프랑스 정신을 보는 것보다 민족적 개성과 개인적 독창성을 겸비한 사람들을 찾기 원한다. 프랑스에서는 유행을 파는 여자 상인들이 식민지나 독일이나 북방으로, 속된 말로 이른바 창고떨이라고 부르는 상품을 내보낸다. 그러나 그 나라의 민족의상을 찾아 구하는 점에서는 매우 조심스럽고, 그 옷들을 매우 우아한 표본으로서 정확하게 바라본다. 외모에 관한 진실은 정신에서도 마찬가지이다. 우리는 프랑스에서 식상한 대량의 연애시나 말장난, 또 경가극(輕歌劇, *operetta*)을 외국으로 수출했다. 그러나 프랑스인 자신은 외국문학 안에서 토착의 아름다움만을 평가한다. 모방에는 자연도 생명도 없다. 프랑스를 모방한 이 재능 있는 사람들과 작품들에게는 아리오스토의 작품 안에서 롤랑이 자기가 끌고 가는 암말에 관해 한 다음과 같은 말이 어울릴 것이다.[64)]

---

63) Marie-Angélique de Scorraille de Rousille, duchesse de Fontanges(1661~1681)는 루이 14세의 동생 필립 도를레앙(Philippe Ⅰ, Duc d'Orléans, 1640~1701)의 두 번째 아내인 Charlotte, Princesse Palatine의 시녀이다. 매우 아름다워 1679년 왕의 눈에 띈 후 아이를 잉태하지만 유산하고, 6개월 후에 사망한다. 몽테스팡 부인(1부 주 27 드 라 발리에르 부인 참조)은 왕비의 시녀로, 왕과의 관계에서 1667년부터 12년간에 걸쳐 8명의 아이를 낳았다. 지나친 출산과 40세라는 연령 때문에 용모에 자신을 잃어가고 있을 때, 왕이 퐁탕주라는 젊은 미녀를 새로운 애인으로 삼았다. 퐁탕주의 유산과 희한한 병에 의한 죽음은 몽테스팡에 의한 독살이었던 것이 아닌지 의심받고 있다.

64) 아리오스토의 《광기의 올란도》(*Orlando Furioso*)(1516)에서 인용. 29가(歌)의 끝부터 30가의 시작까지. "유감스럽게도 올란도는 드디어 암말을 물가에 두고 가지 않으면 안 되게 되었다. … 말에 올라탄 양치기가 말에게 물을 먹이기 위해 다가왔다. … 올란도는 말을 걸었다. '저기, 자네의 수말과 내 암말을 교환하고 싶은데. 확실히 이놈은 죽었어. 하지만 내가 보증하는데, 이놈은 그것 말고는 결점이 없다구.'"

이 녀석은 우리가 생각할 수 있는 모든 장점을 갖고 있어. 단 하나 결점은 죽었다는 것이지.

거만한 어리석음과 친절한 평범함에 대하여

어느 나라에서나 뛰어난 정신이나 마음은 대단히 드물고, 그렇기 때문에 최고라는 명성을 얻는다. 그러므로 한 민족의 성격을 판단하기 위해서는 바로 일반 대중을 조사해봐야 한다. 재능 있는 사람들끼리는 항상 서로 동향인이라는 느낌을 받는다. 프랑스인과 독일인의 차이를 정확하게 알기 위해서는 양국의 대중을 알려고 노력하지 않으면 안 된다. 프랑스인은 아무 생각이 없어도 말할 수 있다. 독일인은 자신이 표현할 수 있는 것보다도 항상 더 많은 생각을 머릿속에 갖고 있다. 지적 능력이 부족해도 프랑스인과는 즐겁게 지낼 수 있다. 프랑스인은 자기가 한 일, 본 일, 스스로의 장점, 자신이 받은 칭찬, 자기가 알고 있는 대귀족, 자신이 바라는 성공을 모두 이야기한다. 독일인은 생각이 없으면 아무것도 말할 수 없다. 예의 바르게 하려고 우물쭈물하기 때문에 자기나 상대가 모두 어색해지고 만다.

프랑스의 어리석은 사람은 자신만만하고 건방지다. 조금이라도 약간의 주의를 요구하면 으스대며 이해할 수 없다고 말하고, 그것은 분명하지 않다고 단언함으로써 자기가 알지 못하는 것을 비방할 수 있다고 믿는다. 성공만 하면 된다는 생각이 이 나라에서는 지배적이므로, 어리석은 사람들도 자신이 관객으로서 본질적 가치를 평가할 수 있다고 생각한다. 박수를 치지 않음으로써 스스로의 값어치가 오른다고 믿는다. 반대로 독일의 평범한 사람들은 선의로 넘친다. 저명한 작가의 사상의 높이에 이르지 못하는 스스로를 부끄럽게 여긴다. 스스로를 판관으로 여기기는커녕 제자가 되기를 갈망한다.

모든 주제에 관해 프랑스에는 틀에 박힌 말이 하도 많아서, 그 덕분에 바보라도 가끔은 제법 말을 잘하고 어떤 때에는 재능 있는 사람처럼 보이기도 한다. 독일에서는 무식한 사람은 어떤 일에도 자신 있게 자기의 의견을 표명하지 못한다. 왜냐하면 어떠한 의견이라도 이론의 여지가 없다고는 볼 수 없기 때문에, 방어태세를 갖추지 않은 의견은 어떤 것도 밀어붙이지 못하기 때문이다. 따라서 평범한 사람은 대개 침묵을 지키며 붙임성이 있는 친절 같은 것으로 모임을 즐겁게 할 뿐이다. 독일에서는 저명인사만 이야기할 수 있는 반면, 프랑스에서는 모든 사람이 그 일을 해낸다. 프랑스의 뛰어난 사람은 너그럽고, 독일의 뛰어난 사람은 매우 엄격하다. 반대로 프랑스의 어리석은 사람은 중상하거나 질투하며, 독일에서는 아무리 도량이 좁은 사람이라도 남을 격려하거나 칭찬할 줄 안다. 독일에서 유포되는 여러 가지 주제에 대한 생각은 새롭고 때로는 묘한 데가 있다. 그러므로 그것을 그대로 반복하는 사람은 일종의 심오한 사상을 잠시 가로채는 것처럼 보인다. 프랑스에서는 예의범절에 의해서 스스로 이 정도 되는 사람이라는 환상을 품을 수 있다. 그 예의범절은 기분 좋은 것이긴 해도 획일적이고, 게다가 좋은 말투에 대한 훈련은 예의범절을 다양하게 만들 수 있는 가능성을 여지없이 없애고 만다.

어느 재기발랄한 사람이 해준 이야기인데, 어느 날 밤 가면무도회에서 그는 거울 앞을 지나가고 있었다고 한다. 모두가 자기와 비슷한 두건 달린 옷을 입은 사람들뿐인지라, 그는 자기를 구별하기 위해 머리를 움직여보았다고 한다. 이 세상에서 정신이 걸치고 있는 옷에 대해서도 같은 말을 할 수 있다. 사람은 남과 자기를 거의 구분하지 않는다. 그 정도로 자신의 진짜 성격을 보이지 않는다. 이러한 애매한 상황에서 어리석은 사람은 편리하다. 진정 가치 있는 것에 대해 이의를 제기하기 위해 그는 그 상황을 이용하고 싶어한다. 바보와 어리석은 사람은 근본적으로 이 점에서 다르다. 즉, 바보는 기꺼이 자연에 복종하고, 어리석은 사람은 언제나 자기가 사교계를 지배한다고 자랑한다.

대화의 정신

동양에서는 서로 이야기를 주고받을 일이 없을 때에는 함께 장미담배를 피우고, 가끔 우정을 표시하기 위해 가슴 앞에 두 손을 맞대고 인사한다. 그러나 서양에서는 하루 종일 이야기 나누기를 원했다. 자존심이 즉각, 또 때와 상황의 취향에 따라 효과를 발휘하기 위해 끊임없이 활동하는 그와 같은 담화에서는 영혼의 근원은 종종 사라져 없어지고 말았다.

파리는 이 세상의 도시 중에서 대화의 정신과 취향이 가장 널리 퍼진 곳이라는 사실은 잘 알려져 있는 듯하다. 향수병이라고 부르는, 고국에 남아 있는 친구들을 생각하면 따라오는 조국에 대한 말할 수 없는 그리움은 대화를 나누는 이러한 즐거움을 생각할 때에 더하다. 프랑스인은 대화의 즐거움을 프랑스 외에 다른 어느 나라에서도 느낄 수 없다. 볼네이[65]의 말에 따르면 대혁명 동안에 망명한 프랑스인이 미국에서 식민지를 만들고 토지를 개척하려 했다고 한다. 그러나 그들은 가끔 모든 일을 내팽개치고, 읍내로 수다를 떨러 갔다. 읍내란 그들의 주거지에서 6천 리나 떨어진 뉴올리언스이다. 프랑스에서는 어떤 계급의 사람이라도 잡담의 필요를 느낀다. 그들에게 말이란 다른 곳에서처럼 단지 사상이나 감정, 용건을 전하는 소통의 수단일 뿐만 아니라, 어느 민족에게는 음악이, 또 다른 민족에게는 독한 술이 그렇듯이 그들이 기꺼이 즐기고 정신을 활기차게 하는 도구이다.

생기 있는 대화로 인한 행복감이 반드시 그 대화의 주제에 있는 것

---

65) Constantin-François de Chasseboeuf, comte de Volney (1757~1820). 프랑스의 역사가이자 철학자. 주요 저서는 《폐허, 혹은 모든 국가의 혁명에 대한 명상》(*Ruines ou Méditations sur les révolutions des empires*) (1791). 여기에 인용되어 있는 것은 《아메리카 합중국의 풍토묘사》(*Tableau du climat et du sol des Etats-Unis d'Amérique, Eclaircissements sur divers articles: Art. IV, de la Colonie du Post-Vincennes sur la Walash*) (1803)의 요약이다.

은 아니다. 거기에서 전개되는 사상이나 지식은 대화의 주된 흥미가 아니다. 그것은 서로 영향을 주고받는 모종의 방법이고, 상호간에 그리고 재빠르게 서로에게 기쁨을 주는 것이며, 자신의 생각을 즉시 말하는 것, 자신이 처한 그 순간을 즐기는 것, 힘 안들이고 갈채를 받는 것, 억양이나 몸짓이나 눈초리 안에서 생각을 표현하는 것, 요컨대 불꽃을 튀기고, 어떤 사람에게는 너무 과도한 활력을 가라앉혀주고, 다른 사람에게는 괴로운 무력감에서 깨어나게 하는 일종의 전기 같은 것을 마음껏 발산하는 것이다.

독일인의 성질과 정신의 종류는 이와 같은 재능과는 전혀 거리가 멀다. 그들은 매사에 진지한 결과를 추구한다. 베이컨은 "대화란 집에 다다르는 길이 아니고, 즐기면서 정처 없이 헤매는 골목길"이라고 했다.[66] 독일인은 모든 일에 필요한 시간을 할애하나, 대화에 막상 필요한 것은 재미이다. 재미가 없어지면 토론이나 진지한 대담이 되고 마는데, 그것은 유쾌한 기술이라기보다는 유용한 활동이 된다. 또한 말해두어야 할 것은 사교정신을 좋아하고 거기에 빠지면 이상하게 실천이나 학습이 불가능해진다는 점과, 어떤 점에서는 사교정신의 결여 그 자체가 독일인의 장점이 될 수도 있다는 점이다.

예로부터 내려오는 예절양식은 거의 독일 전역에서 아직 행해지는데, 이것은 자유롭고 허물없는 대화와는 정반대이다. 아무리 사소한, 그러나 발음하면 아무리 길어지는 칭호라도 생략하는 법이 없고 같은 식사 중에 스무 번이라도 반복된다.[67] 모든 요리와 모든 와인은 외국

---

66) 프랜시스 베이컨(Francis Bacon, 1561~1626)의 걸작이자, 수필의 선구적 작품이며, 영국 산문사상의 고전인 《수필집》(*Essays or Counsels, civill and moral*) (1557~1612~1625, C. 32)의 인용. 원문은 "담화는 개인의 비밀을 건드리지 않고 자유로이 돌아다닐 수 있는 광장과 같아야 한다."

67) 《독일론》의 영문판 번역자는 이 대목에 대해서 다음과 같이 매우 상세하게 설명한다. "영국인을 어김없이 미소짓게 만드는 — 비록 그 대가를 치를지라도 — 독일사회의 관습 가운데 하나는, 남자든 여자든 모든 사람들에게 자신의 이름이 아니라 자신이 가진 지위를 가지고 인사를 건넨다는 것이다. 영국에서 언제나 그러는 것처럼 'Sir' 라고 신사를 부르는 것은, 독일인들 사이에서 모욕으

인이 지쳐 나가떨어질 정도로 집요하리만큼 정성스레 권해야 한다. 이런 모든 관습의 근원에는 선량함이 있으나, 예민한 성격에 상처를 주지 않고 농담할 수 있는 나라에서는 그와 같은 관습이 한순간도 존속하지 못할 것이다. 그러나 마음의 피로를 풀어주고 친절한 말에도 신랄한 표현방식을 쓰는 부드러운 농담을 허용하지 않는다면, 어떻게 사교에 품위와 매력을 줄 수 있단 말인가?

한 세기 전부터 모든 사상의 흐름은 전적으로 대화가 이끌었다. 이야기하기 위해 생각하고, 박수받기 위해 이야기하고, 서로 이야기할 수 없는 것은 마음속의 찌꺼기 정도로 간주되었다. 남의 마음에 들려는 욕망은 매우 바람직한 성향이다. 그러나 그것은 사랑받으려고 하는 욕구와는 전혀 다르다. 남의 마음에 들고 싶을 때에는 남의 의견을 따르지만, 사랑받고 싶을 때에는 그렇게 하지 않는다.

사람들은 자기가 몹시 괴롭히려고 하는 상대의 마음에도 들고 싶어하는데, 그런 것을 일컬어 교태라고 부른다. 교태는 여성 특유의 것만은 아니고, 정말로 자신이 느끼는 것 이상의 애정을 상대에게 보이는 모든 방법이 교태인 것이다. 독일인의 성실함은 자신에게 교태 비슷한

로 여겨지지는 않는다 해도 적어도 그리 권장할 만한 일은 아니다. 따라서 그 사람의 직무나 직업을 알아낼 필요가 있다. Madame이나 Mademoiselle이라는 호칭도 마찬가지로 독일 여성들에게는 격이 낮은 것이다. 모든 이들이 선망하는 호칭은 Councillor(의원, 참사관: *Rath*)로, 다양한 접두사와 접미사들에 의해서 수정되거나 확장된다. 그래서 모든 직업에는 'rath'가 붙는다. 예컨대 건축가는 Barauth, 변호사는 Justizrath 식으로 말이다. 또한 직업이 없는 사람은 Hofrath(법의원)라는 매우 무의미한 칭호를 붙이려 애썼는데 이는 법정에서 조언할 기회가 전혀 없는 사람들이 사용했다. Staatsrath(추밀원)란 권위는 행정부의 구성원들에게 주어졌는데, 거기에는 실제로 위엄이 따라다녔고 그러한 칭호를 가진 사람들은 더 나아가 '각하'라는 호칭을 들었다. '교수'라는 호칭은 매우 남발되어 학식이나 직무상 실제로 그럴 만한 자격이 없는 많은 사람들이 그것을 즐겨 사용했다. 따라서 독일인과 대화할 때는 그 사람의 실제 지위보다 더 높은 지위를 부여하는 것이 더 바람직하다. 가끔씩 독일인이 영국인들을 Herr Graf(Mr. Count)나 Euer Gnaden(Your Grace)으로 부르는 것도 이러한 원칙에 의거해서다."

것도 허락하지 않는다. 그들은 품위를 문자 그대로 받아들이고, 매력적인 말은 행동을 위한 약속으로 믿기 때문에 그들은 마음의 상처를 받기가 쉽다. 왜냐하면 그들은 자신들이 듣는 말 한 마디 한 마디에 결과를 기대하고 있으며, 말을 목적도, 결과도 바라지 않고 즐거움을 찾기 위해서만 하는 자유로운 예술로 취급할 수 있다고는 상상도 못하기 때문이다. 대화의 정신은 가끔 진지한 성격을 변화시키는 단점이 있다. 그것은 계획적 기만이 아니라, 이런 표현이 가능하다면 즉흥적 기만이다. 프랑스인은 그러한 부류의 기만에 붙임성 있게 보이는 쾌활함을 덧붙인다. 그렇지만 어느 것에도 중요성을 부여하지 않고 모든 것을 우습게 보는 고상함 때문에, 적어도 이 세상에서 가장 신성한 것이 뒤흔들리게 된 것 또한 사실이다.

유럽의 방방곡곡에서 프랑스인의 기지가 풍부하게 드러나는 말들이 인용되었다. 어느 시대에나 프랑스인은 그들의 눈부신 능력을 보여주었고, 생생하고 신랄한 방법으로 그들의 고통을 진정시켰다. 어느 시대에나 그들은 교대로 청취자가 되어 서로를 격려했으므로 서로가 필요한 존재였다. 어느 시대에나 그들 본래의 활발한 성격을 능가하는 중대한 일이 닥치면, 그들은 해야 할 말과 하지 말아야 할 말을 구분하는 기술에 아주 노련한 사람들이었다. 어느 시대에나 그들은 민첩하게 살고, 긴 이야기를 짧게 줄이고, 말하고 싶어서 좀이 쑤시는 사람에게 순번을 양보하는 기지를 항상 발휘했다. 요컨대, 그들은 어느 시대에나 대화에 생기를 불어넣는 데 필요한 것만을 감정이나 생각에서 꺼내면서 사람들이 보통 서로에게 품고 있는 사소한 관심을 놓치지 않는 방법을 알고 있었던 것이다.

프랑스인은 자신의 불행에 대해 이야기할 때 친구들이 싫증나지 않도록 언제나 경쾌하게 이야기한다. 자기가 남의 불행을 들을 때의 피곤함을 헤아려, 자기가 남에게 유발할 수 있는 피곤함을 감지하기 때문이다. 그들은 서둘러 우아하게 자신의 운명에 대한 무관심을 표현한다. 자신이 무관심의 대상이 되기 전에 자신이 무관심을 표현하는 쪽이 되고 싶기 때문이다. 사랑스럽게 보이고 싶은 욕망은 마음속이 어떤 상태이든 간에 즐거운 체하라고 충고한다. 표정은 서서히 감정에 영향을 주고, 남을 기쁘게 하기 위해서 하는 것이 이윽고 자신의 마음속에 품은 것을 무디게 한다.

파리는 "행복하지 않아도 살 수 있는 세계 제일의 도시이죠"라고 어느 재치 있는 여인은 말했다.68) 그러한 의미에서 파리는 불쌍한 사람들에게 가장 안성맞춤인 도시이다. 그러나 독일의 어느 한 도시도 파리가 되게 할 수는 없을 것이다. 그리고 독일인 자신이 온전히 망가지지 않는 한, 우리처럼 기분전환의 은총을 입을 수는 없을 것이다. 자기로부터 벗어나려고 너무도 애쓴 결과, 마침내 자신의 주체성을 잃어버리고 말 것이다.

사교의 재능과 습관은 사람들을 아는 데에 많이 도움이 된다. 화술로 성공하기 위해서는 각 순간마다 남들에게 주는 인상, 숨기고 싶은 인상, 이쪽에 과장해서 보이려는 인상, 한편의 사람들의 은밀한 만족감, 다른 편 사람들의 거짓 웃음을 예리하게 관찰해야 한다. 우리에게 귀를 기울이고 있는 사람의 이마에 반쯤 비난이 서리는 것을 눈치채면, 자존심이 개입하기 전에 재빨리 그 말들을 걷어치우면 비난을 면할 수 있다. 또한 칭찬이 나오는 것을 보면 그 말을 좀더 해야 하겠지만, 그렇다고 상대방이 해주고 싶은 칭찬 이상을 요구해서는 안 된다. 대화만큼 허영심이 다양한 형태로 나타나는 싸움터는 없다.

찬사에 지나치게 반응을 보이는 남자를 나는 알고 있었는데, 그는 칭찬만 받으면 자기가 방금 말한 이야기를 과장하고, 더 칭찬받을 만한 것을 보태려다가 언제나 실패하고 말았다. 나는 그를 칭찬하려고 하지 않았다. 그의 젠체하는 것을 유발함으로써 순진한 자존심 때문에 그가 우스꽝스럽게 행동하게 될까봐 두려워서였다. 또 다른 어떤 남자는 남에게 잘 보이려 하는 것처럼 보이는 것이 두려운 나머지, 아무렇

---

68) 〔원주〕 행복 없이 살 수 있다는 말은 파리에 그런 사람이 많다는 뜻이라는 이유로 검열에 의해 삭제.

게나 경멸하듯 말했다. 아무것도 기대하지 않는 것처럼 보이려 하는 그의 꾸민 태도는 오히려 그가 마음에도 없는 태도를 취하고 있다는 것을 더 알려줄 뿐이었다. 외면에 나타난 허영심은 다루기 쉽다. 숨겨진 허영심은 남이 알아차리는 것이 두려워 가혹해지고, 무관심한 척, 또 신물나는 척한다. 요컨대 다른 사람들에게 자기는 그들을 필요로 하지 않는다는 것을 알리기 위해 수단과 방법을 가리지 않는다. 그와 같이 다양한 술책은 보는 사람의 입장에서는 흥미 있는 일이다. 남의 마음에 들고 싶은 기분을 그대로 표명하고, 그렇게 되기 위해 최선의 후의나 정성을 다하는 간단하기 짝이 없는 절차를 자존심이 허락하지 않는 것을 보면 언제나 놀랍다.

사교가 요구하는 기교, 사교를 위해 다양한 정신의 소유자에게 이해받을 필요성, 인간관계에서의 모든 사고력은 반드시 많은 면에서 독일인에게 더욱 많은 절도와 섬세함, 재주를 갖게 함으로써 도움이 될 것이다. 그러나 그와 같은 화술에는 일종의 교묘한 데가 있어서 엄정한 도덕관을 어느 정도 잃게 하는 일이 항상 있다. 만약 독일인이 남을 배려하는 방법에 관한 이 모든 것 없이 지낼 수 있다면 독일인의 성격은 틀림없이 더 위대하고 정력적으로 될 것이다.

프랑스인은 유럽에서 가장 외교적이다. 그리고 불손하고 무례하다고 비난받는 이 사람들은 누구보다도 비밀을 잘 지키고, 자기에게 필요한 사람의 마음을 사로잡는 데 능숙하다. 그들이 남을 불쾌하게 하는 것은 그렇게 하고 싶을 때뿐이다. 다시 말하면 호의보다는 경멸 쪽이 이득이라고 그들의 허영심이 판단했을 때뿐이다. 대화의 재능이 프랑스인 안에서 정치적 교섭이라고 하는, 더 중요한 재능을 현저하게 발달시켰다. 아주 세련된 모든 방법을 제쳐놓고 자객처럼 문제에 단도직입적으로 달려드는 것이 외교관의 역할이 아닌 한, 이런 면에서 프랑스인을 능가할 외국의 외교관은 없다.

다양한 계층 사이의 관계 또한, 프랑스에서 지혜롭고 절제 있으며 알맞은 사교의 정신을 발달시키는 데 크게 한몫했다. 그곳에서 계급은 절대로 명시적으로 표시되지 않았다. 경계가 애매한 장소에서 여러 가지 주장이 끊임없이 문제가 되어 각자는 차례로 이길 수도 있고 질 수도 있었다. 제 3신분, 고등법원, 귀족의 권리, 심지어 왕의 권력까지 그 어느 것도 불변의 것으로 확정된 것이 없었다. 모든 것은 말하자면 대화의 교묘함으로써 추진되었다. 매우 심각한 어려움도 말과 매너의 미묘한 뉘앙스에 의해 교묘하게 피했고, 서로 충돌하는 일도, 또 스스로 양보하는 일도 드물었다. 그토록 서로서로 조심하고 피했던 것이다! 명문가 사이에서도 역시 절대로 입 밖에 내지 않는, 무언의 권리 주장이 항상 있었다. 그 애매한 상황은 계급 사이의 구분이 명확하게 정해져 있는 경우보다 훨씬 더 허영심을 자극했다. 어떤 남자나 여자에게 표현해야 하는 경의의 종류를 알기 위해서는 그 사람들의 생활을 구성하는 모든 것을 연구할 필요가 있었다. 모든 형식 아래 행해지는 횡포가 프랑스의 습관과 풍습, 법률에 있었다. 그 때문에 프랑스인은 이를테면 하찮은 일에도 그토록 학식 있는 체했다. 중요한 기반이 튼튼하지 못했기 때문에 아주 작은 세부에까지도 확실성을 부여하려고 했던 것이다. 영국에서는 개인에게 독창성을 허용한다. 그만큼 전체는 규율화가 잘 되어 있는 것이다! 프랑스에서는 모방의 정신이 사회의 끈과 같은 것이며, 그 끈이 제도의 불안정을 보완하지 않으면 모든 것은 무질서가 된다.

독일에서 모든 사람은 각자의 계급, 지위, 직업에 속해 있으며, 자신의 출신이나 칭호가 이웃보다 높다는 것을 표시하기 위해 교묘한 표현, 괄호, 완곡어법을 전혀 필요로 하지 않는다. 독일에서 상류계급이란 궁정을 말한다. 프랑스에서는 상류계급과 동등한 지위에 있는 사람 모두가 상류계급이었고, 누구나 그것을 바랄 수 있었고, 또 누구나 그곳에 도달할 수 없을까봐 걱정할 수 있었다. 그 결과 각자가 상류계급의 예의범절을 흉내내게 되었다. 독일에서는 공문서 한 장이면 거기에 들어갈 수가 있었다. 프랑스에서는 단 하나의 취향의 결점 때문에 거기에서 내쫓겼다. 자신의 고유한 가치에 의해 사교계에서 두각을 나타내기보다 상류사회의 사람들을 닮으려고 안달이었다.

귀족의 능력인 품위와 우아함은 정력이나 심오한 정신, 감수성, 심지어 정신보다도 좋은 것으로 간주되었다. 그 능력이 정력을 보고 말했다. "귀하는 인물이나 여러 가지 일에 지나치게 관심을 가지고 있습니다." 심오한 정신에게는, "당신은 저의 시간을 너무 많이 빼앗아가십니다." 감수성에게는, "당신은 너무 배타적이십니다." 마지막으로 정신에게는 "당신의 우수성은 너무 지나치게 개인적입니다"라고 말했다. 사상보다는 매너와 관계된 장점이 필요했고, 그 사람이 가진 장점보다 소속된 계급을 인정하는 쪽이 중요했다. 불평등 안의 그러한 종류의 평등은 하찮은 사람에게는 더없이 유리하다. 왜냐하면 그것은 견해나 표현방법에 있어서 모든 독창성을 필연적으로 파괴하게 마련이기 때문이다. 선택된 모델은 고상하고 상냥하며 좋은 취향을 갖고 있기는 한데, 누구에게나 똑같이 그렇다. 이 모델이 집합지점이다. 모든 사람은 그 모델을 모방함으로써 사교계에서 동료들과 함께한다는 느낌을 갖는다. 프랑스인은 자기 혼자만 다른 의견을 가지고 있으면 방에 홀로 있는 것같이 따분해 할 것이다.

프랑스인이 권력을 추종할 때, 이해관계에 따라 추종한다고 비난한다면 그것은 잘못이다. 그들은 모두가 가는 방향으로 간다. 총애를 잃든, 신용을 얻든 상관하지 않는다. 만약 어떤 사람들이 바로 자기들이 대중이라고 자칭(自稱)한다면, 그들은 대중이 실제로 거기에 올 것이라고 확신한다. 1789년의 대혁명은 전령을 이 마을에서 저 마을로 보내어, "여러분 무장하십시오. 이웃 마을에서는 무장했습니다"라고 외치게 함으로써 일어나게 된 것이다. 그러자 모두가 모두에게 항거하여 일어났다. 아니 오히려 존재하지 않은 적에 항거하여 일어났다. 만일 이러이러한 견해가 보편적으로 인정되고 있다는 소문을 널리 퍼지게 하면, 각 개인의 내면의 감정과는 관계없이 만장일치가 이루어질 것이다. 그런 경우에 사람들은 말하자면 이 연극의 비밀을 지킬 것이다. 왜냐하면 모두가 본심은 따로 갖고 있을 것이기 때문이다. 비밀투표에서 어떤 의원들은 자신의 의견과는 반대되는 표를 넣는 것이 보였는데, 그 이유는 단지 대다수의 의견이 자기네와는 반대라고 생각했기 때문에, 즉 자기의 표를 헛되게 하고 싶지 않았기 때문이었다.

대혁명 동안에 프랑스인이 보여준 전쟁에서의 용기와 시민생활에서의 소심함의 대조는, 모든 사람과 똑같이 생각해야 한다는 사회적 필요성에 의해 설명되었다. 군인의 용기에 대해서는 하나의 견해밖에 없다. 그러나 정치문제에서는 취해야 하는 행동에 따라 여론은 갈팡질팡할 수도 있다. 지배적 당파에 따르지 않으면 주위 사람들의 비난에 휩싸이고 동료로부터 따돌림당하거나 무시당할 위협이 있다. 죽음 또는 영광의 양자택일밖에 없는 군대는, 죽음을 두려워하지 않고 영광을 열애하는 프랑스인에게 매력적인 상황이다. 유행, 즉 박수갈채를 위험 쪽에 보내보라. 프랑스인이 온갖 형태로 그곳으로 몰리는 것을 볼 것이다. 프랑스는 위에서 아래까지 어느 계급에나 사교정신이 존재한다. 주변 사람들로부터 승인의 소리를 들어야 한다. 어떤 값을 치르더라도 비난의 대상이나 웃음거리가 되어서는 안 된다. 왜냐하면 수다가 그토록 큰 영향력을 갖는 나라에서는 말의 여운이 양심의 목소리를 종종 없애기도 하기 때문이다.

우리는 한 남자의 이야기를 알고 있다. 그는 방금 본 여배우를 열광적으로 칭찬했다. 그러자 그는 같이 있는 사람들의 입술에 옅은 웃음이 번지는 것을 보았고, 곧 그 칭찬을 수정했다. 끈질긴 웃음은 그치지 않았다. 비웃음을 당할 두려움에 그는 이렇게 말하고 말았다. "그렇고 말고요! 가련한 그 여자는 자기가 할 수 있는 만큼 한 거죠." 야유가 만연한 화제는 늘 바뀌고 있다. 어느 때는 종교적인 것이 좋다고 하다가 다른 때는 무종교가 좋다고 하고, 또 어느 시대에는 아내를 사랑하는 것이 좋다고 하다가 다른 시대에는 아내를 데리고 남 앞에 나가지 않는 것이 좋다고 한다. 남에게 인정(人情)을 보이면 멍청이라는 말을 들을까봐 걱정하던 시대도 있었다. 그리고 그 조롱에 대한 공포심은 최상층에서는 보통 허영심으로 표명될 뿐이며, 최하층에서는 잔인함으로 나타나고 있었다.

그 모방정신이 독일인들 사이에 어떤 해악인들 끼치지 않겠는가! 독일인의 우수성은 자립정신, 은둔주의, 개인적 독창성에 있다. 프랑스인은 단체로 있을 때에만 막강하다. 프랑스인은 천재라도 우선 공인된 의견을 근거로 하고, 거기에서 출발하여 그 의견을 앞서간다. 프랑스인의 성급함은 대화에서는 신랄한 어조가 되기 때문에 독일인의 본성이라고도 할 만한 상상력이나 그 조용한 몽상, 시간과 인내력을 다하여 모든 것을 탐구한 결과인 심오한 통찰 등의 매력을 빼앗아가고 말 것이다.

이와 같은 특질은 정신의 활력과는 거의 양립하지 않는다. 그런데 그 활력은 특히 대화를 즐겁게 해주는 것이다. 토론이 엄숙해지고 말이 장황해지면, 우리는 음악가가 템포 늦은 연주를 할 때처럼 뭐라 말할 수 없는 초조함을 느낀다. 그러나 지나치게 활발해도 역시 지나치게 느린 경우와 마찬가지로 피로해진다. 내가 아는 사람 중에 대단히 유능하지만 몹시 성질이 급한 남자가 있었다. 그와 이야기하면 누구나 불안을 느끼게 되는데, 마치 자기가 장황하게 이야기해서 상대를 지치게 한 것 같은 인상을 받는 것이었다. 남의 이야기를 듣는 도중에 그는 의자에서 일어나고, 상대의 말이 길어질까봐 자기가 그 말을 가로채어 끝맺었다. 그와 이야기하면 처음에는 불안해지고, 나중에는 머리가 멍해지며 지쳐버리고 만다. 왜냐하면 대화에서 아무리 빨리 끝낸다 해도 필요한 말 이외의 말을 죄다 잘라낼 수밖에 없게 되면, 사상도 감정도 표현할 공간이 없어져 숨막히게 되기 때문이다.

시간을 단축하는 그 어떤 방법도 시간을 절약해주지 않고, 또 단 하나의 문장이라도 내용이 담겨 있지 않으면 그것은 쓸데없이 긴 글이 되고 만다. 사교계에서 가장 성공을 거둘 수 있는 것은 훌륭하게 재빨리 생각을 정리하는 재능이다. 어느 누구도 쓸데없는 소리를 들을 시간은 없다. 어떠한 숙고도 어떠한 호의도, 재미없는 것을 가지고 남을 즐겁게 해줄 수는 없다. 그곳에서는 정복의 정신과 성공제일주의를 발휘하지 않으면 안 된다. 기반에도 목적에도 대단한 가치가 없기 때문에 동기의 순수성으로 스스로의 패배를 달랠 수는 없으며, 정신에 관해서도 좋은 의도는 아무런 의미를 지니지 않는다.

대화의 커다란 매력 중 하나인 말재주는 독일에서는 드물다. 청중이 매우 관대하고, 그다지 싫증을 느끼지 않기 때문에 화자는 청중의 인내를 믿고 자신의 이야기에 느긋하게 열중한다. 프랑스에서 화자는 질투가 많은 라이벌에 둘러싸인 것을 의식하면서 억지로 성공을 유지하려고 하는 침입자이다. 반면 독일에서는 인지된 권리를 평화롭게 행사하는 합법적 점유자인 것이다.

독일인은 풍자적 이야기보다는 시적 이야기로 성공할 수 있다. 상상력에 말을 걸 필요가 있을 때에는 세세한 부분까지 이야기하는 것이 바람직한데, 그것이 그림을 더욱 진실하게 해주기 때문이다. 그러나 재미있는 말을 할 때에는 서론은 되도록 생략하는 것이 좋다. 농담은 종종 인생의 중압감을 제거해준다. 당신과 비슷한 사람이 당신을 괴롭히는 무거운 짐을 가지고 노는 것을 보는 것은 상쾌한 일이다. 이윽고 그에게서 힘을 얻은 당신이 이번에는 그를 고무시켜준다. 그러나 즐거워해야 할 때에 힘들거나 울적해지면, 당신은 적어도 그 결과에 흥미가 있는 진지한 이야기를 할 때보다도 더 피곤해진다.

독일인의 고지식한 성격 또한 화술에는 아마 장애가 될 것이다. 독일인은 정신보다는 성격이 밝다. 스스로의 양심의 만족에 대해서는 솔직하고 떳떳하다. 그들은 남을 웃기려고 생각하기도 전에 자기가 웃고 만다.

반면 정신적이며 취향이 고상한 프랑스인이 하는 이야기의 매력에 견줄 만한 것은 없다. 모든 것을 예견하고, 모든 것을 지배하며 흥미를 돋울 만한 것은 무엇 하나 희생하지 않는다. 얼굴 모습은 이탈리아인의 얼굴 정도는 안 되지만 쾌활하고, 언행의 위엄을 절대 잃지 않는다. 말을 멈추어야 할 때 멈추고, 아무리 재미있는 이야기도 다 말해버리지 않는다. 흥분하는 일도 있지만, 마음의 고삐를 항상 손에서 놓지 않고 정확하고 재빨리 조종한다. 이야기를 듣던 사람이 말을 하게 되면 지금까지 자기를 칭찬했던 사람의 역할로 돌아간다. 멋진 표현을 건성으로 듣는 법이 없고, 심한 농담은 반드시 감지해서 그만둠으로써 마치 사교계에서는 모두가 편한 마음으로 하나가 되어 공감한다는 듯이, 적어도 한때나마 모두가 서로 의좋게 지내며 즐기는 것이다.

독일인은 근본적인 점에서 프랑스 사교정신의 이점을 다소 이용하면 좋을 것이다. 큰일을 겪을 경우에 대비해 힘을 아껴두려고 사소한 일에 신경질을 내지 않는 법을 프랑스인에게 배우도록 해야 할 것이다. 완고함과 기력을, 가혹함과 엄격함을 혼동하지 않는 법을 프랑스인에게 배우면 좋을 것이다. 또한 인생의 전부를 바칠 각오가 되어 있다면, 진정한 이기주의가 스스로 허용하지 않는 일종의 세심한 개성으로 사소한 부분을 되찾으려 하지 말아야 할 것이다. 요컨대, 많은 대중에게 영향을 주는 지혜를 책을 통해 퍼뜨리는 습관을 바로 대화의 기술에서 끌어와야 할 것이며, 일을 열심히 하는 국민보다는 즐기는 국민에 의해 고안된 요약의 재능과 타고난 천성을 희생할 정도는 아니더라도, 상상력을 잘 구사하는 어떤 매너들을 존중하는 법을 배워야 할 것이다. 말재주 있는 사람이 겸비한 관찰의 도움을 받는다면 글쓰는 방법도 완전해질 것이다. 그러나 그 재능을 프랑스인이 지닌 것과 똑같은 모습으로 가지려 하는 것은 잘못일 것이다.

연구의 수단을 집중시키고 예술의 자원을 늘리고 경쟁심을 부추기기 위해 독일에는 집합의 거점이 될 만한 대도시가 필요하다. 그러나 그 수도가 독일인들에게 온갖 우아함을 다 갖춘 사교계의 오락 취향을 자극하게 되면 문학과 철학의 분야에서 독일인을 돋보이게 하는 세심한 성실성, 고독한 노동, 대담한 자존심은 사라지고 말 것이다. 우아함도 능란함도 얻지 못한 채, 외면적 활동이 그들의 명상 습관을 대신하게 될 것이다.

대화의 정신과 독일어

특정 언어의 정신과 성격을 연구하면, 그 국민의 사고방식, 풍속, 습관의 역사를 알 수 있다. 더구나 언어의 추이를 알면 사고의 진행에 관하여 대단한 지식을 얻을 수 있음에 틀림없다. 그렇지만 그와 같은 연구는 필연적으로 지극히 형이상학적인 것이 될 것이다. 외국어의 경우에는 거의 항상 그럴 것이고, 모국어에서조차 종종 우리가 잘 모르는 막대한 지식을 요구할 것이다. 그러므로 여기서는 현재 사용되는 관용어의 일반적 인상을 말하는 데에 그칠 수밖에 없다.

유럽의 어떤 지역의 언어보다 많이 사용되었던 프랑스어는 사람들이 많이 사용함으로써 반짝반짝 윤이 났고, 또 목표의식을 갖고 언어를 갈고 닦았다. 어떤 언어도 그만큼 명확하고 템포가 빠르고 뜻하는 바를 그토록 쉽게 표현하고 확실하게 설명하지 못한다. 대화에서의 정확성과 신속함이라는 면에서 독일어는 훨씬 뒤떨어진다. 독일어의 문법구조 성격 그 자체 때문에 말뜻은 으레 문장의 맨 뒤에 가서야 알 수 있다. 프랑스에서는 남의 이야기에 끼어드는 즐거움 때문에 대화가 그토록 활발해지고, 들려주어야 하는 이야기를 그토록 빨리 말하는 일이 중요하지만, 그러한 즐거움은 독일에서는 있을 수 없다. 독일어에서는 문장의 시작은 끝을 모르면 의미가 통하지 않기 때문에 각자가 이야기하는 데에 필요한 여유를 가져야 한다. 모든 일의 근본을 위해서는 그러는 편이 더 좋고, 또 좀더 예의 바르다고 할 수 있으나 톡 쏘는 맛은 덜하다.

독일인의 예의는 프랑스인의 예의에 비해 좀더 정중하긴 한데 미묘하진 못하다. 상대의 지위를 염두에 두고 모든 일에 신경을 쓴다. 프랑스에서는 남을 배려하기보다는 아첨한다. 무엇이든지 확실하게 말하는 기술이 있기 때문에 극히 민감한 주제에 대해서도 매우 적극적으로 언급한다. 독일어는 시를 짓기에 매우 화려하고 형이상학을 논하기에 매우 풍부하지만 대화에서는 매우 현실적인 언어이다. 반면 프랑스어는 사회적 관계를 아주 예민하게 표현하는 어투만은 참으로 풍부하다. 상상력이나 철학에 관해서는 빈약하고 한계가 있다. 독일인은 남을 기쁘게 해주고 싶어하기보다는 남에게 폐를 끼치는 것을 두려워한다. 그 때문에 가능한 한 규율에 따른 예의를 지키고, 책에서는 그토록 대담하게 언어를 사용하면서 대화에서는 스스로 부과한 넘칠 정도로 많은 모든 법칙을 이상할 정도로 따른다.

작센에서 유명한 철학자의 형이상학 강의에 갔던 때의 일이 생각난다. 그는 언제나 라이프니츠 남작의 글을 인용했는데, 한 세기 전에 죽은 위인의 이름에 그런 칭호는 썩 어울리지 않는데도 강의가 계속되는 동안 쭉 그 남작의 칭호가 생략되는 일이 절대 없었다.

독일어는 산문보다 운문에, 그리고 낭송되는 산문보다는 쓰여지는 산문에 어울린다. 모든 것을 묘사하고, 모든 것을 말하고 싶을 때에는 대단히 유용한 도구인 것이다. 그러나 다양한 주제가 제시될 경우, 프랑스어와 같이 매끄럽게 진행되지 않는다. 프랑스어 대화의 흐름에 따라 독일어의 단어를 쓰면, 말의 매력과 품위가 모두 상실될 것이다. 독일인의 장점은 시간을 채우는 것이며, 프랑스인의 재능은 시간을 잊는 것이다.

독일어 문장의 의미는 끝에 가서야 설명이 되는데, 아무리 짜릿하게 끝을 내려고 해도 문장구조상 그렇게 할 수가 없다. 그런데 대화에서 제일 효과적인 방법 중 하나는 문장의 끝을 짜릿하게 하는 일이다. 독일인의 입에서 이른바 경구(警句)라고 하는 것을 듣기란 쉽지 않다. 경탄할 만한 것은 사상 바로 그 자체이지, 사상을 비추는 빛은 아닌 것이다.

독일인은 번드르르한 표현을 들으면 사기(詐欺)가 아닌가 하고 생각한다. 차라리 추상적 표현이 더 낫다고 생각하는데, 그쪽이 양심적이며 본질적 진실에 가깝기 때문이다. 그러나 대화에서는 듣는 쪽이나 이야기하는 쪽이나 모두 서로에게 수고를 끼쳐서는 안 된다. 대화가 일상적 관심사의 범위를 넘어서 사상의 영역으로 들어서자마자 독일에서의 대화는 지나치게 형이상학적이 된다. 속된 것과 숭고한 것의 중간지대가 없다. 그러나 화술이 효과를 발휘하는 것은 바로 그 중간지대이다.

독일어에는 그 자체의 고유한 명랑함이 있다. 사교계가 그것을 무기력하게 만드는 일이 없었고, 좋은 풍습이 그것을 순수하게 보존했다. 그러나 그것은 어느 계급에게도 가능한 국민적 명랑함이다. 낱말의 기묘한 여운, 예스러운 천진함이 농담에 뭔가 색다른 것을 부여해, 서민도 상류계급과 똑같이 그 농담을 재미있어 한다. 표현의 선택에서 독일인은 우리보다 까다롭지 않다. 그 이유는 독일어는 상류사회의 대화에서 프랑스어처럼 빈번하게 사용되지 않았기 때문에, 프랑스어와 같이 어떤 하나의 우연, 하나의 용법, 하나의 암시 등에 의해 익살스럽게 되는 말들, 요컨대 사교계의 온갖 연애담을 견뎌냈지만 부당하게도 금지되어 더 이상 용납되지 않는 말들로 구성되어 있지는 않기 때문이다. 독일어는 노여움을 표현하는 데 사용되는 일은 자주 있었으나 속임수의 무기로 사용된 일은 없었고, 사용되는 말은 아직 그 진실성과 힘을 잃지 않고 있다. 그것이 편한 점이기는 하다. 그러나 역시 프랑스어로는 매우 섬세한 수많은 관찰을 표현할 수 있고, 대단히 많은 교묘한 표현을 할 수 있는 데 반해 독일어로는 아직까지 불가능하다.

사상과 겨룰 때에는 독일어를, 사람과 겨룰 때에는 프랑스어를 사용해야 한다. 독일어의 도움을 빌려 깊이 파내려가고, 프랑스어로 목적에 도달해야 한다. 독일어로는 자연을 묘사하고, 프랑스어로는 사회를 묘사해야 한다. 괴테의 《빌헬름 마이스터》에 나오는 독일 여성은 연인이 자기를 떠나고 싶어하는 사실을 눈치챘다고 말하는데, 그 이유는 그가 그녀에게 프랑스어로 편지를 보냈기 때문이라고 한다.[69] 과

---

69) 괴테의 《빌헬름 마이스터의 수업시대》 제 5권 제 16장 중에서 따온 것이다. 배우들이 모여서 영국과 프랑스의 유명한 희곡을 통독하고 모방할 만한 작품을 고르려 하고 있을 때, 아우렐리에(Aurelie)라는 여배우만은 프랑스 희곡의 낭

연 프랑스어에는 말을 하면서 동시에 아무것도 말하지 않는 표현, 약속을 하지 않으면서 기대하게 하는 표현, 구속되지 않으면서 약속하는 표현이 많이 있다. 독일어에는 유연성이 적다. 그리고 그대로도 좋은 것이다. 왜냐하면 어떠한 성격의 것이든 거짓말할 때 게르만의 말을 사용하는 것보다 혐오스러운 일은 없기 때문이다. 긴 구문과 중복되는 자음, 어려운 문법은 유연성에 의한 우아함을 허락하지 않는다. 그 말은 진실을 배반하기 위해 사용되려는 순간, 사용자의 의도와는 반대로 스스로 뻣뻣하게 굳어진다고 말할 수 있다.

북부 독일

특히 한겨울에 북부 독일에 도착했을 때 받는 첫인상은 극도로 음울하다. 그리고 그 인상 때문에 망명한 대부분의 프랑스인들이 편견을 품고 그 나라를 보게 되는 것은 별로 놀라운 일이 아니다. 라인 강의 국경은 장엄하다. 그 강을 건널 때, "이제 너는 프랑스 밖에 있다"라는 끔찍한 말을 듣게 될까봐 두렵다. 아무리 지성적으로 우리가 태어난 나라를 공정하게 판단해봐도 소용없다. 우리의 애정은 고국에서 떨어질 줄 모른다. 그리고 조국을 떠나지 않으면 안 되게 되었을 때에는, 삶이 송두리째 뿌리뽑히는 듯하고 스스로가 낯설게 느껴진다. 가장 친밀한 관계는 물론, 가장 하잘것없는 습관과 가장 하찮은 오락도, 그리고 가장 중대한 이해관계까지 모두 조국과 결부된 것이었는데, 이 모든 것이 이제는 없는 것이다. 나에게 이야기를 걸어줄 사람을 만날 수도 없고, 옛날과 현재가 다르지 않다는 것을 증명해줄 만한 사람도 만날 수 없다. 인생은 다시 시작되지만, 초창기의 확신은 돌아오지 않

독이 시작되면 언제나 바로 자리를 박차고 나가버렸다. 언젠가 빌헬름이 그 이유를 묻자, 아우렐리에는 불성실한 남자친구의 떠올리기 싫은 추억을 이야기한다.

는다. 세상은 바뀌어도 마음은 바뀌지 않는다. 그러므로 추방의 형(刑)이란 계속 살아가야 한다는 것이다. 이별이나 별거는 모두 죽음의 순간과 흡사하긴 하다. 하지만 우리는 온전히 산 채로 거기에 임해야 하는 것이다.

6년 전,[70] 나는 건너편 기슭으로 나를 건네주기로 한 작은 배를 기다리며 라인 강가에 서 있었다. 날씨는 추웠고 하늘은 어두웠으므로 이 모두가 나에게는 불길한 징조로 느껴졌다. 우리의 마음이 고뇌로 몹시 흔들리고 있을 때에는, 자연을 무심히 쳐다볼 수가 없다. 인간이 자신의 고통을 어떤 힘에 결부시키는 행위는 용서받을 수 있다. 그것은 자부심이 아니라, 신의 자비에 대한 믿음인 것이다. 나의 아이들은 아직 외부의 모든 사물들이 공포스러운, 영혼의 동요를 느낄 나이는 아니었지만, 그래도 나는 아이들의 일이 걱정되었다. 프랑스인 하인들은[71] 독일인의 느림에 갑갑해 했고, 문명국에서 유일하게 허용되는 언어라고 믿었던 언어로 말해도 그들이 알아듣지 못하는 것에 놀라워 했다. 우리가 타고 있던 나룻배에는 독일의 노부인 하나가 짐수레 위에 걸터앉아 있었다. 강을 건너가는 동안에도 짐수레에서 내리려고 하지 않았다. "무척 조용하시네요" 하고 내가 그녀에게 말을 건네자, "네, 왜 소음을 냅니까?" 라고 그녀는 대답했다. 이 간단한 말이 나를 감동시켰다. 그렇다. 왜 소음을 내는가? 하긴 모든 세대가 인생을 조용히 살고 갔지만, 그때에도 불행과 죽음이 그들을 엿보지 않았던 것은 아니었고, 심지어 그들을 공격할 줄 모르는 것도 아니었다.

---

70) 1803년 10월 25일, 파리로부터 추방명령을 받은 마담 드 스탈은, 우선 파리로부터 312킬로미터 동쪽의 메스(Metz)에 11월 8일까지 체류하며 샤를 드 빌레르를 만났고, 그 뒤에 산 타볼(st. Avold), 옹부르(Hombourg), 포르바크(Forbach), 자르브뤼켄(Saarbrücken), 카이저슬라우테른(Kaiserslautern)을 경유하여 마인츠(Mainz) 근처에서 라인 강을 따라 프랑크푸르트(Frankfurt)에 11월 17일 도착했다.

71) 마담 드 스탈의 시중을 들고 있던 하인은, 조세프 위지네(Joseph Uginet)와 그의 아내이다.

건너편 강가에 도착하자 역마차의 마부가 부는 뿔피리 소리가 들렸다. 날카롭고 가락이 맞지 않는 그 소리는 슬픈 체류의 쓸쓸한 출발을 알리는 듯 느껴졌다. 대지는 눈으로 덮여 있었다. 집집마다 작은 창문들이 뚫려 있었는데, 마차소리에 잠시 일손을 멈춘 주민 몇몇이 그곳으로 얼굴을 내밀고 있었다. 울타리를 닫는 통나무를 움직이는 개폐장치 같은 것이 있어서, 여행자의 통행료를 징수하는 사람이 집에서 나오지 않아도 되게끔 되어 있다. 모든 것이 부동(不動)의 상태에서 진행될 수 있도록 계산되어 있으며, 사색하는 인간이나 물질적 생활밖에 하지 않는 인간 모두가 밖에서의 기분전환에는 똑같이 관심이 없다.

황량한 벌판, 연기로 거무스름해진 집들, 고딕식 교회는 마녀나 유령의 이야기를 위해 준비된 것처럼 보인다. 독일의 상업도시는 크고 건물도 훌륭하지만, 그 나라에 영광과 이득을 가져오는 것, 요컨대 문학정신이나 철학정신을 형성하는 것에 관해서는 아무런 생각도 없다. 돈벌이 제일주의에서 나온 이득으로 프랑스인의 지성을 발전시키기에 충분하다. 게다가 프랑스에서는 순수한 상업도시에서도 아직 약간의 사교계의 오락을 찾아볼 수 있다. 그러나 독일인이 가진 추상적 연구에 대한 탁월함, 일처리에 관한 능숙함과 중압감은 일반적 생각에는 잘 들어맞지 않는다. 그들은 특유의 성실한 성격으로 거래에 임하지만, 자기가 하는 일에 열중한 나머지 사교생활에서는 쾌활한 즐거움만을 찾게 되어서 때때로 상스러운 농담을 주고받는다. 그러한 농담을 들으면 프랑스인은 비애를 느끼며 고통스러워한다. 왜냐하면 육중하고 버릇없이 발이 어깨 위로 올라오는 듯한 익살맞은 권태보다는 차라리 중후하고 단조로운 권태 쪽이 더 낫기 때문이다.

독일인들은 문학이나 철학정신에서는 넓은 보편성을 지녔으나 일할 때에는 전혀 그렇지 못하다. 그들은 사건을 항상 부분적으로 보고 거의 기계적인 방법으로 용무를 본다. 프랑스에서는 그 반대다. 사건을 처리하는 능력은 대단히 포괄적인데, 문학이나 철학에 있어서는 보편성을 허락하지 않는다. 만약 어떤 학자가 시인이라든가, 어떤 시인이 학자라면, 프랑스에서 그 사람은 학자에게도 시인에게도 수상쩍은 사람이 될 것이다. 그러나 일개 상인이 자기 나라의 정치적·군사적 이해관계에 관하여 훌륭한 식견을 가지고 있는 것을 보게 되는 일은 드물지 않다. 그러므로 프랑스에는 재사(才士)가 많고 사상가는 적다고 할 수 있다. 프랑스에서는 인간을 연구하고 독일에서는 책을 연구한다. 인간에 대해 이야기하고 흥미를 갖는 데에는 보통의 능력으로 충분하지만, 책 안에서 정신과 움직임을 재발견하기 위해서는 진짜 재능 같은 것이 필요하다. 독일은 과거의 사건과 추상적 관념에 종사하는 사람들만을 중시할 수밖에 없다. 현재와 현실은 프랑스에 속한 것이며, 당분간 프랑스는 그것을 포기하지 않을 것 같다.

나는 독일의 결점을 숨기려 하지 않을 것이다. 고매한 식견의 소유자가 사는 북방의 소도시조차 그 어떤 종류의 오락도 없는 경우가 종종 있다. 공연도 전혀 없고, 사교계도 전혀 없다시피 하다. 그곳의 시간은 한 방울 한 방울 떨어지듯 지나가고 고독한 명상을 방해하는 어떤 소음도 들리지 않는다. 영국의 소도시들은 자유로운 지위를 유지하고 있으며, 의원을 보내어 국가의 이익을 논의하도록 한다. 프랑스의 소도시들은 온갖 좋은 것들이 집대성되어 있는 도시와 제휴하고 있다. 이탈리아의 소도시들은 그 광채가 나라 전체에 넘쳐흐르는 하늘과 미술품을 즐긴다. 북부 독일에서는 대의 정치제도도 없고 대도시도 없다. 만약 따분하고 옹색한 모든 조건으로부터 사상의 원동력이 해방되어 있지 않다면, 혹독한 기후, 빈곤한 자원, 고지식한 성격 탓으로 생활은 매우 힘들게 될 것이다. 독일인들은 활발하고 독립된 문예공화국을 만들어낼 줄 알았다. 그들은 사건보다 사상에 흥미를 느꼈다. 그들은 중심을 필요로 하지 않는다. 너나없이 같은 목표를 겨냥하고 있기 때문이며, 그들의 상상력이 예술이나 자연이 그들에게 베풀어주는 얼마 되지 않는 아름다움을 증폭시키기 때문이다.

이 이상적인 공화국의 시민들은 대부분 모든 종류의 공적·사적 업무로부터 해방되어 있으므로 갱부와 같이 암흑 속에서 일하며, 그들과 같이 땅속에 묻혀 있는 보물 가운데에 서서 묵묵히 인류의 지적 재화를 채굴하고 있는 것이다.

작 센

종교개혁 이래 작센 가문72)의 대공들은 언제나 문학에 독립성을 부여하여 가장 고귀한 형식으로 비호했다. 지상의 그 어떤 나라에도 작센이나 북부 독일에 필적할 만한 학식은 존재하지 않는다고 분명히 말할 수 있다. 신교가 태어난 것도 바로 그곳이며, 그 후 그곳에서는 검증정신이 활발한 지지를 얻었다.

지난 세기 동안 작센의 선거권을 가진 제후들은 가톨릭 교도였다. 그들은 백성들의 종교를 존중해주어야 한다는 서약에는 충실했지만, 민중과 지배자의 종교 차이는 국가의 정치적 통일을 이루지 못하게 했다. 폴란드의 선제후(選帝侯)들은 문학보다 미술을 사랑했다.73) 그들

72) 구동독의 남부, 엘베(Elbe) 강과 잘레(Saale) 강 사이에 끼어 있는 지역은 슬라브인의 정주지(定住地)였지만, 10세기에 독일 왕권이 군사점령하고 식민지로 삼아, 그 후 200년 좀 못 미치는 기간 동안 이 지역의 인구는 10배 이상이 되었다고 한다. 여기서 지배적 세력으로 급성장한 것이 베티너(Wettiner) 백작으로, 13세기 중엽에는 독일 제후 중에서 최대의 영토 지배자가 되었다. 그리고 1423년부터 그가 소유하는 지역 모두가 작센 선제후령(選帝侯領, Kürfürstentum Sachesen)의 이름으로 불리게 된다. 이 나라는 선제후 프리드리히 아우구스트 1세(Friedrich August Ⅰ, 재위 1694~1733) 시대에 전성기를 맞았고, 폴란드 왕도 겸했으며(재위 1697~1733), 이른바 드레스덴 바로크의 문화도 만개했다.

73) 미술을 살펴보면, 폴란드에서는 그리스도교의 수용과 함께 우선 교회의 건축 분야에서 예술활동이 시작됐다. 이미 9세기에는 남부에 성 마리아 교회 등이 세워졌으며, 모라비아로부터의 그리스도교 전도를 보여주고 있다. 10세기 후반, 독일과의 연계가 강화되자, 점차 독일·로마네스크 양식을 따른 교회나, 조각, 대화가 창작된다. 14세기에는 독일을 경유한 고딕양식으로 많은 성이나 교회가 지어졌다. 또한, 보헤미아의 국제 고딕양식의 영향을 받은 네덜란드 회화의 새로운 성과도 보이며, 헝가리를 경유하여 이탈리아로부터 들여온 판

은 문학을 귀찮아하지는 않았지만 낯설어했다. 작센에서는 음악이 널리 보급되고, 드레스덴의 미술관에는 예술가의 가슴을 설레게 할 만한 걸작이 수집되어 있다. 수도 주변의 경치는 그림같이 아름다우나 사교계는 활기찬 즐거움을 제공하지 않는다. 궁전의 우아한 풍습은 그곳에서 조금도 찾아볼 수 없고 예의범절만 잘 지켜지고 있다.

독일에서 얼마나 많은 책이 읽히는가는 라이프치히에서 팔리는 책의 양으로 판단할 수 있다.[74] 모든 계층의 노동자들이, 심지어 석공들까지도 한 손에 책을 든 채 일의 피로를 달랜다. 독일에서 지식이 보급되는 정도가 어느 정도인지 프랑스에서는 상상도 못한다. 나는 프랑스문학에 대해 알고 있는 여관 주인과 국경의 공무원을 보았다. 마을 단위로 그리스어와 라틴어 교사가 있다. 꽤 좋은 도서관이 없는 소

화도 있다. 15세기에는 비잔틴 · 러시아 양식의 프레스코화가 있다. 16세기 초엽, 지그문트 1세 부왕(Zygmund Stary, 1467~1548)은, 피렌체의 예술가들을 불러 바벨성의 왕궁을 르네상스 양식으로 재건시켰으며, 동구에 있어서의 현존하는 르네상스의 최고 걸작인 지그문트 교회를 만들게 했다. 17세기엔 경제의 정체와 끊임없는 전쟁으로 국력이 피폐하여, 중앙정부가 기능을 잃고 있었으며, 문화도 쇠퇴했다. 18세기 중엽 겨우 국가 재건의 기운이 높아져, 러시아의 예카테리나 2세(Ekaterina II Alekseevna, 1729~1796)의 지시를 따라 1764년에 국왕으로 선출된 스타니스와프 아우구스트 포냐토프스키(Stanislaw Auguste Poniatowski, 1732~1798, 재위 1764~1795)는 이탈리아나 프랑스로부터 예술가를 초청하여, 와젠키(Lazienki) 궁전 등을 신고전주의풍으로 개축시켰다.

다음으로 문학을 살펴보면, 16세기가 황금시대로, 라틴어뿐 아니라 폴란드어에 의한 훌륭한 문학이 생산되었다. 18세기의 작센 제후 지배하의 30년간 문화는 극도로 쇠퇴했다. 스타니스와프 아우구스트 왕은 계몽주의에 기반을 둔 정치개혁을 단행하여 르네상스기를 생각나게 하는 문화의 발전이 있었으나, 문학에서는 폴란드 근대소설의 창시자 크라시츠키(Ignacy Krasicki, 1735~1801)로 대표되는 계몽적 색채가 강한 고전주의가 주류가 되었고, 또한 19세기 초기에는 유사 고전주의의 시가 주류가 되어 바르샤바 고전파라 불렸다.

74) 1545년 출판사의 초기 형태가 라이프치히에 설립되었다. 1667년에는 프랑크푸르트의 서점이 지나친 검열을 피해 라이프치히로 줄줄이 이주했다. 17세기 말 라이프치히에는 이미 유력한 대학이 존재했고, 그곳은 독일에서 서점과 출판의 중심지가 되었다.

도시는 없고, 거의 모든 곳에서 추천할 만한 재능과 지식을 갖춘 몇 사람의 이름을 들 수 있다. 그러한 점에서 프랑스의 여러 지방과 독일을 비교하면 두 나라 사이에는 3세기의 차이가 있는 것 같다. 파리는 그 내부에 제국의 엘리트를 집결시킴으로써 나머지 다른 지방들로부터 모든 흥미를 앗아간다.

피카르[75]와 코체부[76]는 두 사람 모두 《소도시》라는 제목이 붙은 대단히 재미있는 희극 두 편을 창작했다. 피카르는 끊임없이 파리를 모방하려고 하는 지방의 주민을 묘사하고, 코체부는 자기가 살고 있는 곳을 비할 데 없는 곳으로 여겨 기뻐하고 자랑으로 여기는 어떤 한 작은 도시의 소시민을 묘사한다. 웃음의 차이는 언제나 풍습의 차이에 관한 아이디어를 제공한다. 독일에서는 각각의 거주지가 그곳에 살고 있는 사람들에게 제국이다. 자신의 상상력, 연구, 또는 단지 착한 성격만으로도 제국은 그의 눈에 위대해지고, 모든 사람은 그곳에서 자기 자신을 최대한으로 활용하는 방법을 알고 있다. 모든 일에 중요성을 부여함으로써 조롱의 여지를 남기지만, 그 중요성 자체는 적은 자원에 가치를 부여하게 한다. 프랑스에서는 파리에만 관심이 집중되어 있으며, 그것은 당연하다. 왜냐하면 파리는 프랑스의 전부이기 때문이다. 시골에서밖에 살아본 적이 없는 사람은 이 유명한 고장을 특징짓는 것

75) Louis Benoit Picard (1769~1828). 배우, 극작가. 루부아(Louvois) 극장, 오데옹(Odéon) 극장, 오페라좌 등의 지배인이 된다. 대표작은 5막 운문의 《작은 마을》(*La Petite Ville*) (1801). 나폴레옹의 총애를 받았다.

76) Auguste von Kotzebue (1761~1819). 기교가 뛰어난 극작가로 알려져 있다. 러시아의 관리였으나, 극작도 했고 독일에 돌아가 한때 빈의 궁정극장 전속 작가가 되었다. 그 후 고향 바이마르에 돌아갔지만, 괴테의 무시와 낭만파의 공격에 부딪혀 다시 러시아로 가 극장감독이 되었다. 200여 편의 각본을 썼고, 그중에서도 희극에서 재능을 발휘했다. 보수적인 《독일사》의 저술 등으로 인해 반동작가로 간주되어, 진보적 민족주의 학생에게 암살당했다. 《독일의 작은 마을 사람들》(*Die Deutschen Kleinstadter*) 은 1803년에 베를린에서 초연된 4막의 희극. 이 작품을 출판했을 때, 코체부 자신이 이것은 피카르의 《작은 마을》에서 힌트를 얻었다고 썼고, 그 번역에 《프랑스의 작은 마을 사람들》(*Die franzosischen Kleinstadter*) 이라는 제목을 붙였다.

이 어떤 것인지 조금도 알지 못할 것이다.

독일의 탁월한 인물들은 똑같은 도시에 모여 있지 않기 때문에 서로 만나는 일이 거의 없고, 저술을 통해서만 소통할 뿐이다. 각자가 스스로의 길을 열고 고대, 형이상학, 과학의 광대한 분야에서 끊임없이 새로운 영역을 개척한다. 독일에서 이른바 연구라고 하는 것은 정말로 경탄할 만한 일이다. 오랜 세월에 걸쳐 하루에 15시간씩 홀로 일하는 것이 극히 자연스러운 생활방식처럼 여겨진다. 지루한 사교계 그 자체도 은둔생활을 선호하게 만든다.

작센에서는 제한 없는 완전한 출판의 자유가 보장되었으나, 그것은 정부에게 아무런 위험도 되지 않았다. 문인들의 관심이 정치제도의 검토로 향하지 않았기 때문이다. 고독은 사람들로 하여금 추상적 사색이나 시로 쏠리게 하는 경향이 있다. 인간의 정열을 이용하거나 제어할 필요를 느끼기 위해서는 인간 정열의 도가니 속에서 살아봐야 한다. 독일의 작가들은 문학과 철학의 이론이나 전문지식의 탐구에만 열중한다. 그런데 세상의 권력자들은 이 모든 것을 전혀 두려워할 필요가 없다. 게다가 작센 정부는 법적으로 자유롭지 않았지만, 즉 대의제도는 아니었지만, 나라의 관습과 군주의 절제에 의해 사실상 자유로웠다.

주민들의 진실함은, 라이프치히의 어느 땅주인이 공공 산책로 옆에 심은 사과나무의 과일을 따지 말라는 팻말을 세워놓았더니 10년 동안 단 하나의 과일도 따는 사람이 없을 정도였다. 나는 존경의 마음을 갖고 그 사과나무를 바라보았다. 그 나무가 헤스페리데스[77]의 나무였다 해도, 사람들은 황금의 과일은 물론 꽃에도 손대지 않았을 것이다.

작센은 매우 조용한 나라였다. 때로는 약간의 사상 때문에 떠들썩할

77) Hesperides. '저녁의 딸들'이라는 뜻으로, 단수형은 헤스페리스(Hesperis)이다. 헤스페리아(Hesperia)는 이탈리아와 스페인을 뜻한다. 고대 그리스 전설에 의하면 헤스페리데스는 매우 먼 서쪽 끝의 정원에 사는 님프들로, 제우스와 헤라의 결혼을 축복하여 어머니 가이아가 내린 선물인 황금 사과나무를 지켰다. 그 인원수는 3명에서 7명이라고 한다.

때도 있었으나 그 기회를 이용하려고 하지 않았다. 생각과 행동 사이에 전혀 관계가 없다고 말할 수도 있을 것이고, 독일인들 사이에서는 진리가 헤르메스라고도 불리는 메르쿠리우스 상과 닮아서 무엇을 잡기 위한 손도, 또 앞으로 나가기 위한 발도 없다고 말할 수도 있을 것이다.[78] 그렇지만 부도 없고 권력도 없이 고립되어 있으면서, 사상의 숭배에 의해서만 결합되어 있는 사람들을 지배하는 사색의 평화로운 정복보다 더 존경할 만한 것은 없다.

프랑스에서는 실천과 관련된 경우 외에는 추상적 진리를 문제삼지 않았다. 현명한 정치경제학으로 행정을 완비하고 국민에게 용기를 주는 일, 그것이 전(前) 세기 철학자들의 중요한 테마였다. 이런 식으로 시간을 사용하는 것도 매우 중요하긴 하다. 하지만 사상의 체계 안에서는 인류의 행복, 특히 인류의 증가보다 인류의 존엄성이 더 중요하다. 인간의 운명을 고귀하게 만들지 않은 채 출생을 증가시키는 것은 오직 죽음을 위해 한층 더 호화로운 제전(祭典)을 마련하는 것에 지나지 않는다.

문학도시 작센에서는 최대한의 친절과 간소한 생활이 지배적임을 알 수 있다. 그 외의 다른 곳에서는 어디에서나 문학을 마치 사치의 전유물로 간주한다. 독일에서는 문학이 사치를 배제하는 것 같다. 문학의 영감을 받는 독일인의 취향은 가정생활을 소중히 하는 일종의 순진함과 조심스러움이 있다. 그것은 독일에서 작가의 허영심이 매우 튀지 않아서가 아니라, 사회적 성공에 조금도 집착하지 않기 때문이다.

---

78) 헤르메스(Hermes)는 그리스의 올림포스의 12신 중 하나다. 제우스의 막내아들로, 태어난 지 얼마 안 되어 요람에서 빠져나와 아폴로 신의 소를 훔쳤다. 메르쿠리우스(Mercurius)는 상업의 신으로, 헤르메스와 동일시된다. '손도 발도 없는 상'은, 헤르마이(Hermai)라고 불리는 '헤르메스 기둥'을 말한다. 그리스 모든 도시의 길모퉁이, 집집의 대문, 성역 등에 다수 세워진, 헤르메스 신의 흉상을 얹는 사각의 기둥이다. 그 중간쯤에 남근이 덧붙여져 있고, 또한 도덕적 교훈의 글이 새겨져 있을 때도 있다. 도표나 경계로서 사용되었다. 풍년 기원이라는 측면도 있었다고 생각된다.

아무리 하찮은 작가라도 후세에 평가받기를 바란다. 그리고 한없는 명상의 공간 속을 자유로이 활보하면서 사람에게서 상처받는 일도 없고 그들에게 까다롭게 굴 일도 없다. 그러나 작센에서는 문학자와 실업가가 너무 격리되어 있기 때문에 진정한 민심을 알아내기가 어렵다. 이러한 분리로 인해 한쪽은 사정에 너무 어두워 국가에 대해 어떤 영향력도 행사할 수 없고, 다른 쪽은 티내지 않는 일종의 마키아벨리즘을 칭찬하는데, 마치 어린아이를 향해 미소짓듯이 고귀한 감정에 미소지으면서 그 감정이 이 세상의 것이 아니라고 가르치는 듯하다.

바이마르

독일의 여러 공국(公國) 중에서 바이마르만큼 작은 나라의 힘을 느끼게 하는 나라는 없다. 그곳에서는 주권자[79]가 뛰어난 정신의 주인이며, 그에게 복종할 만반의 태세를 갖추고 있는 백성의 한가운데에서 그들을 위해 봉사한다. 그러한 나라야말로 특별한 사회라고 말할 수 있으며, 사람들은 서로 친밀한 관계로 결합되어 있다. 작센바이마르 공국의 루이제 공비[80]는 가장 유명한 지위에 오를 운명을 타고난 여성

79) 1572년 작센바이마르 공국의 수도가 된 바이마르는, 계몽절대군주인 카를 아우구스트(Karl Auguste, 1757~1828)의 친정하에 발발한 프랑스 대혁명의 영향도 있어서 독일 자유주의 문화의 중심이 되었다. 카를 아우구스트 공은 1772년에 바이마르에 온 빌란트에게서 교육을 받았다. 1775년 18세로 작센바이마르 아이제나흐의 통치자가 되자 바로 괴테를 초대해, 잠깐 머무를 요량이었던 괴테를 온갖 수단을 다해 정부의 요직에 앉혀 바이마르에 머물게 했다. 당시의 바이마르의 궁정은, 교양 있는 인사로 넘쳤으며, 예술적 분위기를 띠고 있었다. 공은 문학·미술·자연과학 등 넓은 교양을 소유하고 있었으며, 동시에 호쾌하고 정열적인 성격을 지녔다.

80) Louise(1757~1830). 카를 아우구스트 공의 비. 1806년 7월 12일 나폴레옹이 라인연방(바이에른 외 15연방)을 만들어 1806년 8월 4일 신성로마제국이 멸망했을 때, 주변의 모든 연방은 나폴레옹에게 저항을 시도했다. 카를 아우구스

의 참된 전형이다. 공작부인은 연약하지도 거만하지도 않으며, 신뢰와 존경을 한 몸에 받고 있다. 기사도 시대의 영웅주의가 그녀의 마음속에 깊이 스며들고 있으나 여성의 온화함도 잃지 않고 있다. 공작의 군사적 재능은 널리 알려져 있고, 그의 신랄하면서도 깊은 성찰이 담긴 대화는 그가 프리드리히 대왕[81]에게 양육된 일을 끊임없이 상기시킨다. 가장 탁월한 문인들을 바이마르로 오도록 한 것은 그와 그의 어머니[82]의 재기이다. 독일은 처음으로 문학의 수도를 갖게 되었다. 그러나 동시에 그 수도는 너무나 작은 도시였기 때문에 지적 자원만으로 명성을 유지했다. 왜냐하면 언제나 모든 것에 획일성을 가져오는 유행은 그와 같은 좁은 서클에서는 생겨날 수 없었기 때문이다.

내가 바이마르에 도착했을 때는[83] 헤르더[84]가 막 사망했을 때였다. 그러나 빌란트, 괴테와 실러는 아직 건재했다.[85] 그 인물들에 대해서

트는 프랑스군과 전쟁상태에 들어간 프로이센군에 가담했지만, 9월 14일 예나(Jena) 및 아우어슈테트(Auerstedt) 전쟁에서 프로이센군이 패배했다. 프랑스군은 바이마르에 진입해 약탈을 자행했다. 15일 나폴레옹이 바이마르에 들어갔을 때, 공비 루이제는 나폴레옹을 면회하여 관대한 처치와 시 전체를 파괴에서 구해주기를 호소했다. 11월 말, 카를 아우구스트 공은 어쩔 수 없이 라인연방에 가입한다.

81) Friedrich Ⅱ(1712~1786). 프로이센의 프리드리히 2세를 말한다('프로이센' 절 참조). 계몽적 전제군주의 모범으로 받들어져 주변 나라들에게 영향을 미쳤다.

82) Anna Amalia(1739~1807).

83) 1803년 2월 13일.

84) Johann Gottfried Herder(1744~1803). 독일의 저명한 학자, 평론가.

85) 에르푸르트대학에서 철학을 강의하던 빌란트(Christoph Martin Wieland, 1733~1813)는 1772년 이후 바이마르의 어린 왕자들의 개인교사로 초청되는 한편, 1773년부터 잡지 〈도이체 메르쿠르〉(*Deutsche Merkur*)를 발행하며 넓은 독자층을 확보했고, 독일에 그리스 열풍을 일으켰다. 그는 이 땅에서 평화로운 일생을 마쳤다. 괴테(Johann Wolfgang von Goethe, 1749~1832)는 1776년 초엽 27세의 나이로 카를 아우구스트 공의 설득에 응해 바이마르에 오래 머물 결심을 하고, 공적·사적 여행을 반복하며, 결국 82년 6개월의 생애를 이 땅에서 마치게 된다. 실러(Friedrich von Schiller, 1759~1805)는 독일 남서부 뷔르템베르크의 영주의 명령으로 슈투트가르트의 육군학교에서 공부하

는 제 2부에서 각각 나누어 묘사하겠다. 특히 그들의 작품을 통해 그들을 묘사할 작정인데, 왜냐하면 그들의 저서는 바로 그들의 성격이나 대화와 같기 때문이다. 그와 같이 보기 드문 일치는 성실성의 증거이다. 남의 눈에 띄는 글을 쓰는 것을 제일의 목표로 삼을 경우, 절대로 있는 그대로의 모습을 남에게 보일 수 없다. 그러나 영혼을 사로잡은 내적 영감을 발산하기 위해 글을 쓰는 경우, 비록 그렇게 하지 않으려고 해도 스스로의 삶과 생각을 사소한 뉘앙스에 이르기까지 글로 알리게 된다.

소도시에서의 체재(滯在)는 언제나 나에게 지루하기 짝이 없는 것으로 생각되었다. 그곳에서는 남성의 지성은 위축되어 있고, 여성의 마음은 얼어붙어 있다. 서로 너무 붙어서 활동하는 탓에 사람들로부터 압박감을 받게 된다. 그것은 우리를 활기차게 하고 영광의 소식과 같이 멀리서 울려오는 소문이 아니라, 우리가 생활하는 모든 행동에 대한 면밀한 검토이며, 모든 세부에 대한 관찰로 우리의 성격을 총체적으로 해석할 수 없게 만드는 것이다. 자주성과 진취성을 더 많이 지닌

던 1779년, 괴테와 카를 아우구스트 공을 처음으로 만났다. 두 사람이 이 학교에 시찰 온 것이다. 실러는 우연히 그들이 보는 앞에서 의학관계 3과목의 상을 받았다. 그러나 원래 문학에 대한 정열에 불타오르던 실러는 군의가 된 후에 익명으로 《군도》(*Räuber*)를 출판하여 대성공을 거두었으나, 영주로부터 집필을 금지당해서 1782년 고국을 탈주하고, 유랑생활 도중에 《피에스코의 반란》(*Die Verschworung des Fiesko*) (1783), 《음모와 사랑》(*Kabale und Liebe*) (1784), 《돈 카를로스》(*Don Carlos*) (1787)를 썼으며, 1787년에 바이마르로 옮겼다. 처음에는 헤르더, 빌란트를 찾아갔고, 그 후에 괴테의 추천으로 예나대학의 교수가 될 수 있었다. 그러나 괴테와 친밀한 관계가 된 것은, 문학잡지 〈디 호렌〉(*Die Horen*)을 발간하게 되어 괴테에게도 정중히 협력을 부탁한 후이다. 1794년 7월에 예나대학에서 열린 자연과학 학회 후에 우연히 말을 건넨 것이 계기가 된 것이었다. 괴테의 창작력은 실러의 영향으로 다시 한 번 풍요로워졌다. 철학 연구에 몰두하여 시작(詩作)에서 멀어져 있던 실러는, 다시 시작에 대한 열의가 불타올랐다. 잡지 〈디 호렌〉, 〈무젠알마나하〉(*Musenalmanach*)를 시작, 《발렌슈타인》 이후 훌륭한 희곡의 창작이 계속되는 10여 년 후, 실러는 1805년 5월 8일, 가난한 가운데 이상을 추구하며 싸우는 인생을 마쳤다.

사람일수록 그렇게 좁은 틈을 통해 숨쉬기 어렵다. 바이마르에는 이와 같은 고통스러운 거북함은 없었던 것이, 그곳은 소도시가 아니라 커다란 성이었다. 선택된 인사들은 새로운 예술작품 각각을 흥미진진하게 논했다. 탁월한 몇몇 인물들이 아끼는 여성 제자들이 가장 중대한 공적 사건이라도 되는 듯이 끊임없이 문학작품에 관심을 갖고 있었다. 인간은 독서와 연구로 우주를 호명했으며, 광활한 사상으로 상황의 한계를 벗어났다. 막상 모두에게 공통된 운명에서 발생하는 중요한 문제에 대해서는 종종 함께 생각하지만, 각 개인의 일화는 곧잘 잊곤 했다. 곧잘 모욕을 호의로 혼동하고, 젠체하는 것을 우아한 것으로 혼동하는 시골의 멋쟁이는 한 사람도 만나지 못했다.

같은 공국 안에는 독일에서 제일가는 문학적 회합이 있다는 것 외에 가장 주목할 만한 과학의 메카, 예나[86]가 있었다. 그와 같이 극히 좁은 공간이 온갖 장르의 놀라운 지식을 모으고 있었다.

바이마르에서 시인들의 환담에 끊임없이 자극받는 상상력은 외부의 기분전환을 그다지 필요로 하지 않았다. 그와 같은 기분전환은 생활의 피로를 덜어주기는 하나 종종 그 역량을 분산시킨다. 사람들은 도시라고 불리는 그 시골에서 규칙적이고 바쁘며 진지한 생활을 하고 있었다. 때로는 그러한 생활에 몹시 싫증날 수 있지만, 무익하고 속된 흥미로 정신을 타락시키는 일은 없었다. 그리고 비록 쾌락은 없어도 적어도 스스로의 재능이 상실된다고는 느끼지 않았다.

공작의 유일한 사치는 황홀할 정도로 아름다운 공원이다.[87] 그곳에서 공작이 모든 주민들과 함께 나누는 서민적 향락에 대해 사람들은 공작에게 감사한다. 이 책의 제 2부에서 언급할 예정인 연극은 독일의

86) 바이마르의 동남쪽 약 25킬로미터 떨어진 자르 강가의 마을. 1741년에 바이마르 공국의 영토가 되어, 카를 아우구스트 공 아래서 괴테가 활약하게 됨에 따라 독일문화의 중심 중 하나가 되었다. 18세기 후반부터 19세기 초엽의 독일의 대표적 사상가, 문학자들이 이곳의 대학에서 강연했다.

87) 1778년 봄, 괴테는 바이마르 공원의 조경을 감독했고, 또한 1794년에도 예나의 국립식물관 설립의 감독을 맡았다.

가장 위대한 시인, 괴테가 지도했다.[88] 연극 상연은 충분히 군중을 모을 정도로 사람들의 흥미를 끌었는데, 그것은 사람들이 얼마나 심심했는지 입증해주는 것이다. 바이마르는 독일의 아테네라고 불린다. 그곳에서는 조형미술에 대한 관심이 전 국민에게 보편화되었고, 여러 계급 사이에 우호적 관계가 성립되어 있는 유일한 장소였다. 자유주의적 궁정은 관례적으로 문인들과 사귀고자 했다. 궁정을 지배하는 좋은 취향의 영향으로 문학은 대단히 이득을 보고 있었다. 이 작은 그룹을 보면서, 그와 같은 융합이 만약 넓게 받아들여진다면 독일에 얼마나 좋은 영향을 미칠 것인가 알 수 있었다.

프로이센

프로이센[89]을 알고 싶다면 프리드리히 2세[90]의 성격을 연구해야

88) 바이마르 극장(Weimar Theatre)이 재건축되어 다시 문을 연 것은 1790년이었다. 괴테는 다른 어떤 감독보다도 더 강한 추진력으로 진두지휘했다. 성공 여부와는 무관하게 왕실에서 모든 비용을 지불했고, 그가 마음껏 실험할 수 있도록 무대를 비워주었다. 그에 관해 에드바르트 데브리엔트(Edward Devrient)는 독일의 연극무대를 다룬 자신의 역작《독일 연극 예술사》(*Geschichte der deutschen Schauspiel-Kunst*)에서 괴테의 연극은 모두 실패로 끝났다고 말했다.

89) 1618년 독일 북동부 브란덴부르크(Brandenburg) 백령(伯領)과 프로이센 공국(Preussen 公國)이 합체하여, 1701년에 선제후 프리드리히 3세가 황제로부터 프로이센 왕 프리드리히 1세(Friedrich Wilhelm Ⅰ, 1688~1740, 재위 1713~1740) 칭호를 받은 이래, 이 연방은 18세기 동안 프리드리히 빌헬름 1세, 프리드리히 대왕이라는 2대에 걸친 훌륭한 국왕 아래 번창했다. 뒤이어 프리드리히 빌헬름 2세(1744~1797, 재위 1786~1797)는 프랑스혁명에 간섭하여, 제 2 · 3차 폴란드 분할을 일으킨다. 정치적 식견과 반계몽주의적 종교 정책으로 불평을 샀지만, 학문과 예술에는 이해가 깊어서 그의 시대에 베를린은 독일의 중심적 문화도시로 발전했다. 그를 잇는 프리드리히 빌헬름 3세는 보수주의를 지침으로 하여, 빈회의 후에는 '신성동맹'의 신봉자로서 자유와 통일운동을 탄압했다.

한다. 자연으로부터 아무런 혜택도 받지 못했으나 군인이 지배자가 되어 강국이 될 수 있었던 이 제국을 한 남자가 창조했다. 프리드리히 2세 안에는 전혀 다른 두 인물이 존재한다. 즉, 본성 면에서는 독일인이, 교육 면에서는 프랑스인이 존재하는 것이다. 독일인으로서 그가 독일왕국에서 한 모든 일은 영구적 업적으로 남아 있는 반면, 프랑스인으로서 그가 시도한 것은 어느 것 하나 풍성하게 싹틔울 수 없었다.

프리드리히 2세는 18세기 프랑스철학에 의해 양육되었다. 철학이 국민에게 열광의 근원을 고갈시킬 때 그것은 국민에게 해가 된다. 그러나 절대군주와 같은 것이 존재하는 경우, 자유주의 원리가 군주의 전제적 행동을 약화시킨다고 기대해도 좋다. 프리드리히는 독일 북부에 사고의 자유를 도입했다. 종교개혁이 독일 북부에 검증의 정신은 도입했으나 관용의 정신은 도입하지 않았다. 그 때문에 기묘한 대비를 이루는 일이긴 하지만, 검증의 결과가 미리 강압적으로 규제되었을 때에만 검증이 허가되었다. 프리드리히는 그것이 왕으로부터 나왔을 때 사람들에게 크게 영향을 미치는 신랄하고 재치 있는 농담으로, 심지어는 자신을 예로 드는 더욱 강력한 방법으로, 말하고 쓰는 데에서 자유를 적극적으로 장려했다. 이를테면 그는 자신에 대해 언급하거나 욕하는 것을 절대로 처벌하지 않았고, 거의 모든 처신에서 그가 주장하는 철학을 몸소 실천했다.

그는 자연의 혜택을 받지 못한 프로이센의 내적 동력이 되어준 질서와 경제정책을 행정에 채용했다. 사생활에서나 궁정생활에서까지도 그토록 검소함을 보여준 왕은 한 명도 없었는데, 백성의 재산을 최선

---

90) 프리드리히 2세는 소년시절부터 프랑스풍의 문예나 음악을 좋아했지만, 왕좌에 오르자 마키아벨리스트로서의 본질을 드러낸다. 모든 국정을 스스로 다루는 독재적 군주로서, 밖으로는 침략전쟁, 안으로는 중상주의 정책을 통해 부국에 힘쓰는 한편, 종교의 자유를 용인하고 학교교육의 충실 등 계몽적 정치를 펼쳤으며, 또한 저명한 문인이나 예술가를 모아 사교를 즐기는 '철인왕'(哲人王)이기도 했다. 그는 1750년부터 약 2년간, 볼테르를 초청해 궁정에 체류시켰다. 대왕은 거의 모두가 프랑스어로 쓰인 방대한 저작을 남겼다.

을 다해서 관리하는 것이 자기의 책임이라고 그는 믿었다. 그는 젊은 시절에 체험한 여러 불행과 부친의 엄격한 교훈으로 마음에 깊이 새겨진 정의감을 매사에 발휘했다. 정복자로서 그와 같은 감정을 갖고 있다는 것은 매우 희귀한 일이다. 왜냐하면 정복자들은 정의롭기보다는 너그러워지고 싶어하는데, 그 이유는 정의란 타인과 모종의 평등을 전제로 하기 때문이다.

프리드리히는 사법권을 매우 독립적으로 만들어놓았다. 그 바람에, 그의 재위 중에, 또 후계자 시대에도 정치적 이해와 관련된 소송에서 왕의 이권보다도 백성의 이권에 유리한 판결이 자주 내려진 것을 볼 수 있다. 독일에서 재판에 부정(不正)이 개입될 여지는 거의 없는 것이 사실이다. 독일인은 정치를 독재에 일임하는 체제들을 허용할 태세는 충분히 되어 있지만, 누구도 법 해석이나 행정에서 그들의 머릿속에 정의 이외의 원리를 주입시키는 것은 불가능하다. 그들의 강직한 성격을 거론하지 않아도 체계적 정신은 모든 면에 질서를 부여함으로써 공평성을 요구한다. 그건 그렇다 치더라도 프리드리히의 내정(內政) 면에서의 성실성은 칭찬할 만하다. 그것은 후세에서 기릴 만한 명예 중 하나가 되었다.

프리드리히는 결코 감수성이 예민하지는 않았으나 선량했다. 도량 있는 군주로서 가장 걸맞은 사람이었다. 그렇지만 프리드리히의 그 선량함은 사자의 선량함과도 같이 어쩐지 기분이 나빴다. 그가 총애를 베풀거나 더할 나위 없이 사랑스러운 재치로 애교를 부릴 때에도 권력의 야심이 느껴졌다. 자존심 강한 사람들은 주인 스스로가 주고 있다고 믿는 자유나 허락하고 있다고 믿는 허물없는 태도에 말려 들어가는 것을 거북하게 여겼다. 모두가 그를 숭배하긴 했지만, 곁을 떠나면 안도의 한숨을 쉬었다.

프리드리히의 최대의 불행은 종교에도, 도덕에도 충분한 경의를 표하지 않았던 일이다. 그의 취향은 파렴치한 것이었다. 명예를 존중했으므로 사고방식은 고상했으나, 가장 성스러운 것에도 외설적 표현을 사용함으로써 그의 미덕마저도 의심받게 되었다. 국민은 그의 미덕을 기꺼이 받아들여 칭찬하긴 했으나, 거기에 타산이 작용한다고 보았다. 프리드리히에게는 모든 것이 정치적인 듯했다. 따라서 그의 선정(善政)은 국정을 개량하기는 했지만 국민의 정신을 개선하지는 못했다. 그는 무신론을 표방하고 여성의 덕을 비웃었다. 이와 같은 사고방식처럼 독일인의 성격과 어울리는 것도 없었다. 그가 편견이라고 불렀던 것으로부터 백성을 해방시킨 결과, 그들의 애국심은 사라지고 말았다. 왜냐하면 원래부터 음울하고 불모의 땅이었던 곳에 애착을 갖기 위해서는 대단히 엄격한 사고방식과 원칙이 그곳에 군림해야 하기 때문이다. 전나무와 히스밖에 나지 않는 모래땅으로 된 나라에서 인간은 오직 정신력에 의존하게 된다. 이러한 정신의 생명이 되어주는 것, 즉 종교적 신앙을 강제로 빼앗는다면 자신의 슬픈 조국에 대해서는 혐오만이 남을 뿐이다.

프리드리히의 호전적 경향은 중대한 정치 국면에서 해명될 수 있다. 그의 왕국은 아버지로부터 이어받은 상태 그대로는 존속할 수 없었다. 그가 영토를 확장한 것은 말하자면 그 유지를 위한 것이었다. 왕위에 올랐을 때 백성의 수가 250만이었으나 사후에는 600만을 남겼다. 군대를 보유해야 했기 때문에 그는 국민이 뜨거운 정열과 통일의 공공정신을 갖도록 북돋우지 못했다. 프리드리히의 정부는 군대의 힘과 시민의 정의 위에 세워졌다. 그의 지혜로 양립시키려 했다. 그러나 그토록 상반되는 두 개의 정신을 혼합시키는 일은 곤란했다. 프리드리히는 그의 병사들이 맹목적으로 복종하는 군사기계이기를 원했고, 백성들은 애국심을 품을 수 있는 계몽된 시민이기를 원했다. 그는 프로이센의 각 시내에 독일의 다른 지방에 있던 읍 단위의 이차 행정기관을 두지 않았다. 긴급시 군대동원이 저지되는 것이 두려워서였다. 그러면서도 그는 자발적으로 복종하는 자유로운 정신이 제국에 있기를 바랐다. 그는 군인계급이 제일 높은 것이기를 원했는데, 그것이 가장 필요했기 때문이다. 그러나 그는 시민계급 역시 군대와 나란히 독립적 자리를 차지하기 원했다. 요컨대 프리드리히는 도처에 지지자를 두기를, 그러나 방해자는 없기를 바란 것이었다.

사회 모든 계층의 멋진 결합은 만인에게 공평하게 적용되는 법을 갖는 국가 외에는 거의 달성할 수 없다. 한 사람의 힘으로 대립하는 요소들을 한데 어울리게 할 수는 있지만, 그러나 "그가 죽으면 분열이 생긴다."[91] 프리드리히의 영향력은 후계자들의 지혜에 의해 유지되어 얼마 동안 지탱되었다. 그러나 프로이센에는 하나가 될 수 없는 두 개의 국민의 존재가 항상 느껴졌는데, 군대와 시민이 그것이었다. 귀족적 편견과 걸출한 자유주의 원리가 나란히 함께 있었다. 요컨대 프로이센의 이미지는 야누스[92]와 같이 두 개의 얼굴을 가지고 있었다. 하나는 군인, 또 하나는 철학자이다.

프리드리히의 가장 큰 과오 중 하나는 폴란드 분할[93]에 가담한 일이다. 슐레지엔[94]은 군대에 의해 점령되었고, 폴란드는 권모술수에 의해 정복되었다. "그리고 그렇게 약탈당한 신민이 군주를 자칭하는 소매치기에게 충성을 다하는 일은 절대로 기대할 수 없었다."[95] 게다가 독일인과 슬라보니아인이 끊어질 수 없는 끈으로 결합되는 일은 불가능했다. 더구나 한 나라가 적의를 품고 있는 외국인을 종속국의 백

---

91) 〔원주〕 검열에 의해 삭제.

92) Janus. 라틴어로 '문'을 뜻한다. 일의 시작, 출입구, 문, 통로 등을 지키는 로마의 신이다. 전후에 얼굴을 지닌 쌍면신으로 그려지거나, 사방을 보는 네 개의 얼굴을 지닌 모습으로 표현되는 일도 있다.

93) 1772년, 1793년, 1795년의 세 차례에 걸쳐 러시아, 프로이센, 오스트리아가 행한 폴란드 분할. 다만 오스트리아는 두 번째 분할에는 참가하지 않았다. 유럽 내셔널리즘 운동이 등장했을 때와 겹쳤으므로, 중요한 의미를 지니는 사건으로 주목받았다. 또한 17세기의 폴란드는 유럽의 대국이었으며, 그것이 주변 국가에 의한 분할로 소멸되어버렸기 때문에, 폴란드 분할은 당시 유럽의 지식인에게 커다란 충격이었다.

94) 프리드리히 2세는 마리아 테레지아의 오스트리아 승계권에 이의를 제기하고, 슐레지엔(Schlesien, 폴란드 이름 Slak)을 획득했다(오스트리아 승계권전쟁).

95) 〔원주〕 검열에 의해 삭제.

성으로 받아들이고 있을 때에도, 그들을 지배자로서 받아들이고 있을 때나 거의 마찬가지로 스스로에게는 이롭지 않다. 국가의 상징이며 애국심을 조성하는 그 단결이 정치체제 내부에 없어지고 말기 때문이다.

프로이센에 관한 이상과 같은 고찰은 모두 그 나라의 유지, 방위를 위해 취해진 방침에 관한 것이다. 왜냐하면 내정과 관련해서는 아무것도 독립과 안전을 손상시키는 일이 없었기 때문이다. 그곳은 유럽에서도 가장 지식을 존중하는 나라 중 하나였다. 법적 자유가 아니라도 사실상의 자유는 극히 정성껏 존중되어 있었다. 나는 프로이센 전체에서 정부의 전제적 행위를 비난하는 사람은 단 한 명도 만나지 못했다. 그런데 비난한다고 해서 조금이나마 위험이 따르는 것도 전혀 아닌 것 같았다. 그러나 사회환경 안의 행복 그 자체가 말하자면 우연한 행운에 불과할 뿐 인간의 힘과 존엄성을 보장하는 영구적 제도에 의거한 것이 아니라면, 애국심은 견실하게 뿌리박지 못하고 사람들은 오직 애국심에 의해 얻을 수 있는 이익을 우연을 위해 포기하게 된다. 프로이센을 지켜주었던 우연의 가장 귀한 선물 중 하나인 프리드리히 2세는 조국에서 진심으로 사랑받는 법을 알고 있었고, 그 사후에도 생전과 같이 사모되고 있다. 그렇기는 하지만 위대한 인물이 그 치세 동안 관대한 마음으로 자신의 이용가치가 없어질 때를 대비해놓지 않으면, 그 위대한 인물의 영향은 과연 어떻게 되는가를 프로이센의 운명은 너무나 잘 가르쳐주었다. 국민 전체가 삶의 원칙을 국왕에게 의지해서 그와 함께 끝내지 않으면 안 되는 듯했다.

프리드리히 2세는 프랑스문학이 자기 나라에서 유일한 문학이기를 바랐다. 독일문학은 전혀 문제삼지 않았다. 확실히 그 시대의 독일문학은 현재보다 매우 뒤떨어졌다. 그러나 독일의 군주라면 독일적인 것을 모두 장려해야만 한다. 프리드리히는 베를린을 어느 정도 파리와 비슷하게 만들 계획을 갖고 있었다. 그리고 프랑스인 망명자 중에 프로이센으로 하여금 프랑스문학을 갖게끔 할 수 있는 저명한 작가가 몇 명 있는 것을 보고는 득의양양했다. 그런 종류의 희망은 필연적으로 기대에 어긋나게 마련이었다. 조작된 문화는 절대로 발전하지 못한다. 몇몇 개인은 여러 일이 제시하는 난관에 맞설 수 있다. 그러나 대중은 항상 자연의 흐름을 따른다. 프리드리히는 독일인의 재능에 대한 경멸을 노골적으로 드러냄으로써 조국에 정말 나쁜 짓을 했다. 그 결과 게르만 군대가 종종 프로이센에 대해 부당한 불신을 품게 되었다.

명성을 얻을 만한 몇몇 독일인 작가가 프리드리히 치세의 마지막 즈음에 이름을 드러냈다. 그러나 그 대군주가 청년 시절에 조국의 문학에 대해 품었던 비호의적 의견은 전혀 사라지지 않았고, 죽기 조금 전에 그는 작은 저술[96] 안에서 여러 가지 개혁의 하나로서 게르만의 언어를 부드럽게 하기 위해 각 동사 어미에 하나의 모음을 첨가할 것을 제안했다. 이탈리아어의 가면을 쓴 그 독일어는 실제로 쓰였다면 정말 우스웠을 것이다. 어떠한 군주도, 심지어 동양의 군주조차도 이처럼 자기 제국의 모든 단어의 뜻도 아닌 소리에 영향을 줄 만한 힘을 갖고 있지는 않을 것이다.

클롭슈토크는 프리드리히가 독일의 뮤즈들을 무시했다고 점잖게 꾸짖으며 프리드리히는 알지 못하지만 독일의 뮤즈들은 자기들의 영광을 주장하려 했다고 하였다.[97] 프리드리히는 독일인이 문학과 철학에서

---

96) 프랑스어로 쓰인 《독일문학에 대해서. 비난해야 할 결점은 무엇이며, 그 원인은 무엇인가, 어떻게 시정해야 하는가》(*De la littérature allemande, des défauts qu'on peut lui reprocher, quelle en sont les causes et par quel moyen on peut les corriger*)(1780). 프리드리히 대왕이 이중에서 인정하는 독일의 문학 작품은, 게라트(Christian Fürchtegot Gellert, 1715~1769)의 《우화와 이야기》(Fabeln und Erzahlungen, 1746~1748), 카니츠(Friedrich Rudolf von Canitz, 1654~1699)의 시, 게스너(Salomon Geßner)의 전원 연애시뿐이다. 대왕은 1740년부터 1780년까지의 독일문학을 거의 무시하고, 괴테의 《게츠》를 '영국의 졸렬한 작품을 엉터리로 모방한 작품'이라고 규정했다.

97) Friedrich Gottlieb Klopstock(1724~1803). 독일 중앙으로부터 동남쪽에 있는 크베들린부르크(Quedlinburg)에서 태어나, 그리스·라틴의 고전을 공부한 후, 예나 및 라이프치히의 대학에서 신학을 공부했으나, 일찍이 시인이 되고 싶어했다. 경애주의적 감정과 정신을 호메로스의 시형을 기본으로 한 서사시에 연결시켜서, 독특한 시의 세계를 만들어냈다. 클롭슈토크는 1752년 프랑스

어떠한 위치에 있는지 전혀 알아채지 못했다. 그는 독일인에게 독창성이 있다고 생각하지 못했다. 그는 문인을 자기의 군대처럼 규제하려 했다. 그는 학술원에 보내는 지침에서 "의학에서의 뵈르하베,[98] 형이상학에서의 로크, 박물학에서의 토마시우스[99]의 방법을 본받아야 한다"라고 서투른 독일어로 쓰고 있다. 그의 충고에 따르는 사람은 아무도 없었다. 모든 사람들 중에서 독일인처럼 문학과 철학의 인습에 따르도록 하기 어려운 사람들이 없다는 사실을 그는 거의 짐작조차 하지 못했다. 당시의 독일인의 모습에서 그 후에 추상의 세계에서 그들이 보여준 대담함을 예언할 수 있는 것을 찾기는 어려웠다.

프리드리히는 자신의 백성을 외국인처럼 생각했고, 프랑스의 재능 있는 인재를 동포처럼 생각했다. 그 시대의 프랑스 작가들이 지닌 화려하면서도 탄탄한 모든 것에 매력을 느낄 수밖에 없다는 점은 인정한다. 그러나 만일 프리드리히가 자신이 통치하는 국민의 고유한 능력을 이해하고 신장시켰다면 더욱 효과적으로 조국의 영광에 공헌할 수 있었을 것이다. 그러나 시대의 흐름에 어떻게 저항할 수 있으며, 자기가 지닌 재능 그 자체가 많은 점에서 그 시대의 산물이 아닐 수 있는 사람이 어디 있겠는가?

로코코문화를 동경하여 프리드리히를 숭배하는 독일의 시인 글라임(Johann Wilhelm Ludwig Gleim, 1719~1803)에 대한 송가 중에서, 프리드리히 대왕이 독일의 시를 이해하고 있지 않다는 사실을 다루었고, 또한 대왕의 《독일문학에 대해서》가 출판되었을 때에는, 독일인이 독일인에게 독일인에 대해 프랑스어로 말하는 것에 대한 놀라움을 〈꿈〉(*der Traum*)이라는 제목의 송가 안에서 노래했고, 그 외의 시에서도 저항감을 표시했다.

98) Hermann Boerhaave(1668~1738). 네덜란드의 의학자. 신학, 수학 등도 공부한 박사. 여기서 다루는, 프리드리히 대왕이 아카데미에 보내는 지침이라는 것은 《교육에 관한 서간》(*Lettre sur l'Education*) (1770)으로, 이것은 '서툰 독일어'가 아닌 프랑스어로 쓰여 있다.

99) Christian Thomasius(1655~1728). 독일의 법학자이자 철학자. 독일 계몽사상의 선구자 중 한 사람. 학문의 신학으로부터의 독립을 주장했고, 도덕은 내면을 구속하지만 법은 외면을 구속할 뿐이라며, 권력의 내면에 대한 개입을 부정했다.

베를린

베를린은 대도시로, 도로는 넓고 쭉 뻗어 있으며, 훌륭한 건물이 즐비하고 전체가 잘 정돈되어 있다. 그러나 재건되고 나서 얼마 안 되었기 때문에 옛날을 회상하게 하는 것은 아무것도 볼 수 없다.[100] 근대적 주택 가운데 고딕건축은 하나도 남아 있지 않다. 새로 만들어진 이 나라에는 어떤 종류를 막론하고 옛것 때문에 귀찮은 일이 없다. 건물이든, 제도이든 유적으로 인해 방해받지 않으니, 그처럼 좋은 일이 있을까 하고 생각할 수도 있다. 내 느낌에 미국에 가면 새 도시와 새 법률을 좋아할 것 같다. 그곳에서는 자연과 자유가 충분히 마음에 와닿아 사람들은 추억을 필요로 하지 않을 것이다. 그러나 우리의 옛 땅에서는 과거가 필요하다. 전적으로 근대적인 베를린이라고 하는 이 도시는 아무리 아름다워도 무게 있는 인상을 주지 않는다. 나라의 역사나 주민 성격의 흔적을 찾아볼 수 없고, 새로 지은 이 멋진 집들은 쾌락과 산업의 편리한 집합일 뿐인 것 같다. 베를린의 가장 훌륭한 저택은 벽돌집이며, 석조건물은 개선문에서나 겨우 찾아볼 수 있을 정도이다. 프로이센의 수도는 프로이센 자체와 비슷하다. 건물과 제도는 인간과 나이가 같고, 그 이상은 없다. 왜냐하면 그곳에는 인간의 작품만이 있기 때문이다.

아름답고 후덕한 왕비[101]가 군림하고 있는 궁정은 위엄이 있는 동시에 간소했다. 왕족은 스스로 사교계에 참석하면서 국민과 기품 있게

---

100) 슈프레 강가에 위치하여 교통의 요지인 베를린은, 14세기 중반부터는 한자동맹에 가담하여 브란덴부르크의 가장 중요한 도시가 되었다. 종교개혁, 페스트의 유행이나 30년전쟁의 영향으로 인한 오랜 침체기 후에, 베를린 태생의 대선제후 프리드리히 빌헬름이 1658년부터 1685년에 걸쳐 베를린을 재건하여, 1701년 프로이센 왕국 성립시에 수도가 되었다. 1800년 시점에서는 인구 17만의 문화수도로서의 성격을 지니고 있었다. 그러나 주민의 20퍼센트가 군인 및 그 가족이었다. 마담 드 스탈은 1804년 3월 8일 베를린에 도착했다.

101) 프로이센 왕비 루이제(Auguste Wilhelmine Amalie Luise, 1776~1810).

교류하는 법을 알고 있으며, 모두의 마음속에 왕족과 조국이 일체가 되게 했다. 왕은 요하네스 폰 뮐러,[102] 앙시용,[103] 피히테,[104] 훔볼트,[105] 후펠란트[106] 등 여러 분야의 많은 명사를 베를린에 거주하게 할 수 있었다. 요컨대 매력적 사교계와 막강한 나라를 구성하는 모든 요소들이 그곳에 있었다. 그러나 그 요소들은 아직 구성도, 결합도 되지 않았다. 그러나 재능은 빈보다 베를린에서 넓게 사랑받았다. 나라의 영웅 프리드리히는 놀라울 정도로 재기발랄한 사람이었으므로, 그 빛나는 명성 덕분에 그와 닮은 것은 무엇이나 여전히 사랑받고 있었다. 마리아 테레지아는 빈의 사람들에게 그 같은 자극을 주는 일이 없었고, 요세프[107]가 가진 재기 비슷한 것을 빈 사람들은 싫어했다.

독일의 어느 지방에도 베를린에 견줄 만한 연극의 흥행은 없었다. 이 도시는 북부 독일의 중앙에 있고, 지식의 중심으로 간주될 수 있다. 과학과 문학이 그곳에서 연구되고, 대신(大臣)의 저택이나 다른 곳에서 남자끼리의 만찬회가 있는 경우 독일에 그토록 이롭지 못한 신분차별에 구애받지 않고 모든 계층의 재능 있는 사람들을 모을 수 있

---

102) Johannes von Müller(1752~1809). 독일의 역사가, 저널리스트.

103) Jean Pierre Fréderic Ancillon(1767~1837). 낭트칙령 폐지 때, 베를린에 망명한 프랑스 메스(Metz) 지방의 목사의 자손. 1803년《유럽 정치체제의 개혁일람》(*Tableau des ré-volutions des systèmes politiques de l'Europe*)에 의해 역사가로 이름을 알렸고, 그해 마담 드 스탈을 만난 후, 평생 서신을 교환했다. 또한 베를린의 정계에서도 활약했다.

104) Johann Gottlieb Fichte(1762~1814). 칸트에게 재능을 보여 예나대학에 자리를 얻은 피히테는 '무신론 논쟁' 때문에 바이마르 정부로부터 파면당하여, 프로이센 정부가 그를 베를린으로 맞이했다.

105) Karl Wilhelm von Humboldt(1767~1835). 프로이센의 정치가, 언어학자. 동생은 자연학자, 과학탐험가인 알렉산더이다.

106) Christoph Wilhelm Hufeland(1762~1836). 프로이센 왕의 주치의. 베를린대학 의학교수. 국무평정관. 유럽에서 널리 읽힌《장수법》(Makrobiotik)(1796)이라는 저서가 있다. 괴테, 실러 등도 후펠란트의 환자였다. 그는 또한 제너의 종두법을 독일에 도입, 티푸스의 예방에도 힘썼다.

107) 제1부 '오스트리아' 절 주 32 참조.

다. 이와 같은 진취적 혼합은 여성사회에까지는 미치고 있지 않다. 유명인사들을 모을 만한 장점과 매력을 갖춘 여성은 약간 있으나, 베를린 역시 독일의 다른 지방과 마찬가지로 여성의 사회는 남성의 사회와 잘 융합되지 않는다. 프랑스 사교생활의 큰 매력은 여성의 재기와 남성의 재기가 하나가 되어 대화에 기여할 수 있는 장점을 최대한 살리는 요령에 있다. 베를린에서 남자들은 남자끼리 이야기하는 이외에 거의 말하지 않는다. 군인 신분은 남성들을 투박하게 만드는데, 이 때문에 그들은 여성으로 인해 스스로 거북해질 필요를 느끼지 못한다.

영국과 같이 논의할 만한 커다란 정치적 이해관계가 있는 경우, 남성사회는 고매한 공통적 이해관계로 활기를 띠지만, 대의제도가 없는 나라에서 여성의 존재는 섬세하고 순수한 감정을 유지하는 데 필요하고 그 감정이 상실되면 아름다운 것을 사랑하는 마음은 사라질 수밖에 없다. 여성의 영향은 시민보다도 군인에게 더 유리하다. 법이 지배하는 시절은 명예가 지배하는 시절보다 여성을 더 필요로 하지 않는다. 왜냐하면 순수하게 군정인 군주국에서 기사도 정신을 이어가고 있는 것은 여성뿐이기 때문이다. 옛 프랑스의 광채는 여성의 영향력을 근원으로 하는 여론의 위력에 힘입은 바 크다.

베를린의 사교계에는 극히 소수의 남성이 있을 뿐인데, 그 점이 거기에 있는 사람들을 못쓰게 만든다. 다른 사람의 마음에 들어야겠다는 염려도, 필요도 없기 때문이다. 휴가를 얻어서 몇 달을 도시에서 보내기 위해 베를린을 찾아온 장교들은 그곳에서 춤과 도박만을 하려고 했다. 두 개의 언어를 섞어 쓰는 것은 대화에 방해가 되었고, 대규모의 회합은 빈보다 베를린 쪽이 더 재미가 없었다. 행동거지의 모든 면에서도 베를린보다 빈 쪽이 더 예의가 바를 것이다. 그렇지만 출판의 자유, 재사들의 모임, 최근 일반에게 널리 알려진 독일문학과 독일어에 관한 지식은 베를린을 새 독일, 계몽된 독일의 참된 수도로 인식하게 만든다. 프랑스에서 온 망명자들은[108] 베를린에서 당연히 느껴져야 할 순전히 독일적인 자극을 약간 완화시키고 있었다. 그들은 아직도 루이 14세 시대에 대해 거의 미신적인 존경심을 품고 있었다. 그들의 문학관은 그 문학관을 낳은 땅을 떠남으로써 메말라 화석화되었다. 거듭 말하거니와 만일 프리드리히가 게르만 민족에게 보인 모욕에 대해 사람들이 원한을 품지 않았다면, 대체적으로 베를린은 독일의 공공정신에 큰 영향을 주었을 것이다.

철학적인 작가들은 프로이센에 대해 종종 부당한 편견을 품었다. 그들은 프로이센을 광대한 병영에 지나지 않는다고 생각했으나, 그 관점에서 보면 프로이센은 아무 가치도 없는 것이었다. 그 나라에 흥미를 느끼게 할 것임에 틀림없는 것은 지식이며 정의감이고, 모든 계층에 속한 한 무리의 개인에게서 볼 수 있는 독립심이다. 그러나 그러한 장점들의 결합은 미처 이루어지지 않았다. 새롭게 형성된 국가는 시간으로 보나 백성으로 보나 안정되지 않았다.

독일의 군대가 일반적으로 받아들이는 굴욕적 형벌은 병사들의 명예심을 상하게 했다. 군대의 관습은 프로이센 사람들의 용감한 정신에 도움이 되기는커녕 오히려 해가 되었다. 그 관습은 군인과 국민을 갈라놓는 낡은 수법에 기인한다. 그러나 오늘날 참된 힘은 국민적 기질 안에서만 나온다. 프로이센의 그 기질은 최근 일련의 사건들에서 가정될 수 있는 것보다 훨씬 고귀하고 세련된 것이다. "그런데 불행한 루이 공[109]의 열렬한 영웅적 행위는 아직까지 그의 군대 동료들에게 약간의 영광을 돌려주고 있음에 틀림없다."[110]

---

108) 낭트칙령에 의해 실현된 종교에 대한 관용의 규정은 17세기에 들어서면 절대왕정의 강화와 함께 형식화되었고, 결국 1685년 루이 14세에 의해 낭트칙령은 폐지되어 신교도의 대거 망명이 이루어졌다. 베를린에 망명한 사람들은 하나의 집락을 형성하여, 프랑스어를 쓰고 있었다.

109) Ludwig Friedrich Christian (1772~1806). 프리드리히 대왕의 조카. 통칭 루이 페르디낭 혹은 루이 공. 1806년 프랑스와의 싸움에서 가장 용감한 대장 중 한 사람이었으며, 전장에서 목숨을 잃었다.

110) 〔원주〕 검열에 의해 삭제된 부분. 나는 루이 공에게 경의를 표할 수 있는 자유를 얻기 위해 며칠 동안 싸웠다. 나는 프랑스인들이 자신들이 완전히 패배시킨 자들의 용기를 칭찬한 일은 프랑스인의 영예를 한층 더 위대하게 한다

독일의 대학

북부 독일은 유럽에서 가장 우수한 대학으로 가득 차 있다. 어떠한 나라에서도, 영국에서조차, 지식을 습득하고 능력을 연마하는 데에 그 정도로 많은 기관을 두지 않았다. 비록 소수일망정 유럽에서 둘째 가라면 서러울 정도로 지적인 인물들을 가진 국민이 활력이 없고 대체로 둔하고 편협하게 보이는 이유는 도대체 무엇일까? 이러한 특이한 대비는 교육의 탓으로 볼 수는 없고 정부의 체질 탓으로 간주해야 할 것이다. 독일의 지적 교육은 완벽하지만, 모든 교육이 이론적으로 진행된다. 실습은 오로지 실무에 의존한다. 인생 행로에서 자기를 이끄는 데 필요한 강인한 성격은 오직 행동에 의해서만 얻을 수 있다. 성격은 하나의 본능이며, 정신보다 자연에 더 많은 부분을 빚지고 있다. 그러나 성격을 펼치는 기회를 인간에게 부여하는 것은 상황뿐이다. 정부는 민중의 참된 교육자이다. 학교 교육 그 자체가 아무리 좋다고 해도, 문학자를 양성할 수는 있을지언정 시민이나 군인, 정치가를 양성할 수는 없다.

독일의 철학적 정신은 다른 어느 나라보다도 앞서 있다. 그 발전을 방해하는 것은 아무것도 없다. 대중에게는 대단히 치명적인 정치가의 부재(不在)조차도 사상가들에게는 보다 많은 자유를 준다. 그러나 일류와 이류의 정신 사이에는 대단한 격차가 있다. 가장 원대한 개념의 높이에 도달할 수 없는 인간에게는 흥미도, 활동의 대상도 존재하지 않기 때문이다. 독일에서 우주에 관심 없는 사람은 정말로 아무런 할 일이 없다.

독일의 대학[111]은 종교개혁 이전의 수세기 전부터 내려오는 옛 명

는 점을 지적했다. 그러나 검열관은 일절 그러한 일은 허가하지 않는 것이 편리하다고 생각한 모양이다.

111) 1365년, 빈에 대학이 만들어진 이래, 14세기 후반의 독일에서는 에르푸르트, 하이델베르크, 쾰른 등, 그리고 15세기에 들어서면 라이프치히, 마인츠, 튀

성을 지니고 있었다. 종교개혁 이후로 프로테스탄트 대학이 가톨릭의 대학보다 월등하게 우수했고, 독일의 문학적 영광은 모두 이러한 기관에 돌아갔다.[112] 영국의 대학은 고대언어와 문학지식을 영국인에게

빙겐, 프랑크푸르트 등 약 10개의 대학이 창설되었다. 종교개혁 아래서 로마 교황에 의한 유럽 대학의 일원적 지배는 무너지고, 마르부르크대학(1527년 창설), 예나대학(1558년 창설) 등 프로테스탄트의 대학이 만들어졌다. 지난 17세기에 독일에서 30년전쟁(1618~1648)을 '대학의 암흑시대'로 말했듯이, 대학은 학문의 신시대에 거의 기여하는 일이 없었다. 대학은 국가관료의 양성기관이기는 해도, 시대를 이끄는 학문의 구심점은 아니었던 것이다. 그러한 상황에서, 프로이센의 할레(Halle)대학(1693년 창설)은 당시의 합리주의 정신에 따라 학문의 자유를 중시하여 학문적 탐구와 교육을 일체화시켰다. 이것은 독일의 다른 대학에 강한 영향을 미쳤다. 작센의 괴팅겐에서는, 하노버의 선제후 게오르크 아우구스트(Georg August, 1683~1760, 후의 영국왕 조지 2세, 재위 1727~1760)가 뮌히하우젠(Gerlach Adolf Freiherr von Münchhausen, 1688~1770)의 계획을 기초로 하여 1736년에 대학을 창설했다. 독일어에 의한 수업, 실험에 기반을 둔 자연과학, 신인문주의적 고전연구로 명성을 얻었고, 할레대학과 함께 대학 사상의 한 시대를 열었다. 예나시가 1741년 바이마르 공국령이 되어 괴테가 활약하면서, 예나대학은 독일문화의 중심 중 하나가 되었다.

112) 〔원주〕 드 빌레르 씨의 작품 속에 이들 기관들에 대한 언급이 나오는데, 고상하고 관대한 여론을 이끌었던 그는 기품과 학문적 깊이를 두루 갖춘 인물로 독일에서는 프랑스를 대표하는 인물로, 프랑스에서는 독일을 대표하는 인물로 여겨진다.

〔역주〕 Charles de Villers(1765~1815). 철학자. 로렌 지역의 불레이(Boulay)에서 태어나, 혁명 발발시 포병대의 장교로 있었다. 반혁명의 소책자를 연달아 출판했으나, 일신의 위험을 느끼고 1792년 말 독일에 망명했다. 괴팅겐에서 프랑스문학을 강의했고, 또한 칸트의 해설(《칸트의 철학》(*La philosophie de Kant, ou Principes fondamentaux de la philosophie transcendante*)이나 루터를 연구하여 신교를 해명하는 등 여러 종류의 저작을 집필했다. 여기서 마담 드 스탈이 가톨릭계의 대학과 비교하여 프로테스탄트계의 대학 쪽을 칭찬하고 있는 것은 《루터의 종교개혁의 정신과 영향에 대한 시론》(*Essai sur l'esprit et l'influence de la Réformation de Luther*) (1804) 247쪽의 인용으로 볼 수 있지만, 모니카 보세는 《독일론》(*Anne Germaine de Stael: Über Deutschland, Herausgegeben und mit einem Nachwort versehen von Monika Bosse, Insel Verlag*) (1958) 독일어 완역의 주에서 '아마도 《프로테스탄트·독일의 대학과 공교육 별견(瞥見)》(*Coup d'oeil sur les universités et le mode d'instruction publique de l'Allemagne protestante, en particulier du*

보급하는 데 현저하게 공헌했는데, 그 지식은 영국의 웅변가나 정치가에게 그토록 자유스럽고 빛나는 교양을 부여했다. 실무 이외의 일을 안다는 것은, 그것을 잘 아는 경우에는 좋은 취향이 된다. 게다가 자유로운 국민의 웅변은 옛날 동포의 역사와 마찬가지로 그리스와 로마의 역사와 연결된다. 그러나 독일의 대학은 영국의 대학과 유사한 원칙에 의거해 설립되었음에도 불구하고 많은 점에서 영국의 대학과는 다르다. 괴팅겐, 할레, 예나 등에 모여드는 학생들은 나라 안에서 자유로운 단체를 만들 정도였다. 그들 사이에서 부자 학생과 가난한 학생은 차별받지 않고, 오직 개인적 능력의 차이에 의해서만 구분될 뿐이었다. 세계 각지에서 들어오는 외국인들도 천성의 우수함만이 변경할 수 있는 그 평등을 기꺼이 받아들였다.

학생들 사이에는 독립심과 군인정신마저 존재했다. 그들이 대학을 졸업하는 동시에 공익을 위해 헌신할 수가 있었더라면, 그들이 받은 교육은 활력에 넘친 성격을 육성하는 데에 도움이 되었을 것이다. 그러나 그들은 독일을 지배하는 단조롭고 자폐적인 습관으로 되돌아갔고, 대학생활로 터득한 약동과 결단력을 점점 잃어갔으며, 결국 그들에게는 막연한 교양만이 남았다.

독일의 각 대학에서는 각 교육 분야에서 몇 명의 교수가 경쟁한다. 이와 같이 교육자들조차 보다 많은 학생을 끌어와서 서로간에 치열한 경쟁을 벌인다. 의학, 법률 등 특히 어떠한 직업을 목표로 하는 사람은 당연히 다른 과목도 배우도록 되어 있었다. 그러므로 독일의 교육을 받은 사람들은 거의 전원이 지식의 보편성을 몸에 지니고 있다. 대학은 성직자와 마찬가지로 별도의 자산을 소유했고,[113] 독자적 권한을 지녔다. 교육기관에 완전한 자유를 준 것은 우리 조상의 훌륭한 생각이다. 성숙한 인간은 상황에 순응할 수 있다. 그러나 적어도 인생의

---

royaume de Westphalie, *Cassel*: *Imprimerie Royale*) (1808) 일 것이다' 라고 주장했다.

113) 유럽 대부분의 대학들은 이후 50년 안에 재산을 몰수당하게 된다.

출발점에 선 젊은이는 변질되지 않는 샘에서 스스로의 사상을 퍼올려야 한다.

유아기에 실력을 기르기 위해서는, 독일에서 교육의 기초가 되어 있는 언어를 배우는 것이 수학이나 물리를 배우는 것보다 훨씬 낫다. 자기가 특히 몰두한 학문뿐 아니라 다른 학문들까지도 두루 섭렵한 심오한 사상의 소유자인 위대한 기하학자 파스칼은 처음부터 수학교육만 받으며 자라난 인간이 지니는 필연적 결함을 스스로 인정했다.[114] 어린 시절의 수학공부는 지성의 구조를 익힐 뿐이다. 너무 일찍 계산하는 법을 배운 아이들은 아름답고 여유 있는 상상력의 원천을 모두 잃고 만다. 뿐만 아니라 그것으로 탁월한 지적 정확성을 획득할 수 있는 것도 아니다. 왜냐하면 산수나 대수는 수많은 방법으로 언제나 똑같은 명제를 우리에게 알려주는 데 그치기 때문이다. 인생의 과제는 더욱 복잡하다. 무엇 하나 확실한 것은 없고, 무엇 하나 절대적인 것도 없다. 적절한 판단과 가설에 의해 짐작해야 하고 선택해야 하는데, 이런 것들은 계산과는 필연적 관계가 전혀 없는 것들이다.

증명된 진리는 결코 우리를 있을 법한 진리로 인도할 수 없다. 그런데 예술이나 사회에서와 마찬가지로 실무에서 지침이 되는 것은 오직

---

114) Blaise Pascal(1623~1662). 파스칼의 아버지는 법복귀족으로, 1남 2녀를 남기고 아내가 도망간 후 아이들 교육에 전념했다. 아버지는 수학 및 물리학에 조예가 깊어, 당시 일류학자들과 교류가 있었다. 파스칼은 한 번도 학교에서 배운 적이 없으며, 교육은 모두 이 아버지의 손에서 이루어졌다. 어렸을 적부터 비범한 지능의 반짝임을 보였고, 12세에서 23세 사이에 이른바 파스칼의 정리를 시작으로 많은 물리학상의 위업을 달성했다. 또한, 23세 때부터 폴 루아얄파의 그리스도교에 마음을 빼앗기기 시작했고, 또한 사교계에 출입하며 인간심리의 관찰안(觀察眼)을 기르는 한편, 주력을 그리스도교 변증법의 저술에 쏟았다. 그러나 말년에 심한 병의 연속으로 39세의 젊은 나이에, 변증법의 완성도 보지 못한 채 이 세상을 떴다. 또한 그 초고집으로 쭉 출판되고 있는 《팡세》는 작품 연구의 진전에 따라 판이 개정되어, 19세기 초에 마담 드 스탈 부인이 읽은 것과 현재 간행되고 있는 것 사이에는 상당한 차이가 있으므로, 스탈 부인이 지적하는 점이 현행의 《팡세》의 어느 부분에 해당하는지 알 수 없다.

있을 법한 진리뿐이다. 어쩌면 수학 자체에도 자연의 신비 속으로 파고들어가는 데 불가결한, 빛나는 발명의 원동력을 이끌어내는 무엇인가가 있을 것이다. 사고력의 극치로 말하자면, 호메로스의 상상력과 뉴턴의 상상력에 공통점이 있는 것처럼 보인다. 그러나 수학에 재능이 없는 얼마나 많은 아이들이 그 과목에 자신의 시간을 모두 바치고 있단 말인가! 한 부분만을 강화했다가는 정신과 육체를 모두 아주 쉽게 손상시킬 수 있는 시대에는 일단 정신과 관련된 모든 것을 발달시켜야 하는데, 아이들에게 오직 하나의 능력만 단련시키는 것이다.

과학적 추론처럼 인생에 적용하기 어려운 것도 없다. 숫자에 관한 명제는 분명하게 맞거나 틀리거나 둘 중 하나다. 그 외의 모든 경우에는 진위(眞僞)가 극히 다양하게 뒤섞여 있어서, 때로는 가부간에 유력한 여러 가지 동기들 가운데 본능에만 의지해 결정하는 일이 자주 있다. 수학을 배우면 정확성에 익숙해져서 자기 의견과 대립되는 모든 의견에 초조해 한다. 이 세상에서 가장 중요한 것은 남을 안다는 것, 즉 무엇 때문에 그들이 나와는 다른 사고방식과 감정을 갖는가를 이해하는 일이다. 수학은 증명된 사항만을 고려하게끔 인도한다. 그런데 근원적 진리는 감정이나 천재로 파악되는 것이지, 증명될 수는 없는 것이다.

요컨대, 수학은 모든 것을 계산으로 풀려고 하기 때문에 지나치게 힘을 존중한다. 장애물을 문제삼지 않고 기꺼이 희생하는 숭고한 정신은 대수적 조합에 의해 발달되는 종류의 이성과는 쉽게 일치되지 않는다. 그러므로 도덕이나 정신의 이득을 위해서 수학공부는 학습 전반의 일부분으로서 적절한 시기에 하고, 교육의 근본으로 삼지는 말며, 성격이나 정신의 필수적 원칙으로 하지 않는 것이 좋을 듯하다.

교육방식 중에는 자연과학으로 교육을 시작하도록 권장하는 방식도 있다. 자연과학은 어린 시절에는 단순한 오락에 지나지 않는다. 그것은 학문적 장난감이며, 아이들은 그것을 가지고 체계적으로 즐기면서 피상적인 학습습관을 들인다. 사람들은 가능한 한 아이들한테서 힘든 일을 없애고, 모든 학습을 오락으로 바꾸고, 아이들에게 박물학의 표본을 노리개로 쥐어주고, 물리학 실험을 구경거리로 해주어야 한다고 생각했다. 나는 그것 역시 잘못된 방식이라고 생각한다. 아이들이 놀면서 무엇인가를 잘 배울 수 있다고 하더라도, 나는 더 많은 지식보다 훨씬 중요한 능력, 즉 주의력 발달이 손상되는 것이 아이에겐 훨씬 더 애석한 일이라고 생각한다. 사람들은 내게 수학이 주의력을 강화시키는 과목이라고 말할 것이다. 그러나 수학으로서는 종합하거나 평가하는 데 정신을 집중하는 습관을 익힐 수 없다. 수학이 요구하는 주의력은 말하자면 직선적인 것이다. 수학에서 인간의 지성은 항상 같은 방향을 좇아가는 용수철처럼 움직인다.

놀면서 받는 교육은 사고력을 산만하게 한다. 모든 종류의 노고는 자연의 위대한 비밀 중 하나이다. 우리의 마음이 고뇌에 익숙해져야 하듯이, 아이들의 지성은 공부에 익숙해져야 한다. 청년기의 향상이 고뇌의 성과인 것처럼, 어린 시절의 향상은 공부의 성과이다. 부모와 운명이 그 이중의 비밀을 지나치게 남용하지 않는 것이 아마도 바람직한 일일 것이다. 그러나 인생의 모든 시기에서 중요한 것은 존재의 바로 중심에 영향을 미치는 것뿐인데도 불구하고, 사람들은 너무 자주 정신적 존재를 국부적인 것으로 여긴다. 여러분은 도표나 카드를 사용해 많은 일들을 여러분의 자녀에게 가르치겠지만, 공부하는 법은 가르쳐주지 않을 것이다. 더구나 여러분이 자연과학으로 향하게 한 노는 습관은, 아이들이 여러분의 손아귀를 벗어난 순간 바로 다른 길을 모색할 것이다.

그러므로 고금의 언어학습이 유럽에서 가장 유능한 인물들을 육성한 모든 교육기관의 기초였다고 하는 것은 헛된 이야기가 아니다. 외국어로 된 글의 뜻은 문법적 문제인 동시에 지적 문제이기도 하다. 그 문제는 완전히 아이들의 지성과 비례한다. 아이들은 우선 단어만 이해하고, 그 다음에 문장의 이해에 이르며, 이윽고 표현의 매력과 힘의 조화, 인간의 말에서 찾을 수 있는 모든 것을 서서히 느끼며 해석하게 된다. 아이들은 두 개의 언어로 동시에 표현되는 어려움과 홀로 싸우고, 번갈아 각각의 관념 속에 들어가보고, 여러 종류의 유사함이나 진실함을 비교하고 결합한다. 사고력을 진정으로 계발시키는 유일한 매체인 정신의 자발적 활동은 그러한 학습으로 자극받는다. 동시에 많은 능력을 작동시키는 그 활동은 다른 어떤 공부보다 낫다. 또 지식의 한 분야를 모조리 기억하는 데에 아이들의 유연한 기억력을 사용할 수 있다는 것은 대단히 좋은 일이다. 만약 그러한 지식이 없다면 아이들은 자기 나라라고 하는, 다른 모든 배타적인 것과 마찬가지로 좁은 테두리에 전 생애를 가두게 될 것이다.

문법공부는 수학과 같은 연속성과 주의력을 요하지만, 훨씬 사고와 밀착된 관계에 있다. 마치 계산이 숫자를 잇듯이, 문법은 관념을 차례로 연결시킨다. 문법의 논리는 대수의 논리와 마찬가지로 정확하다. 그렇지만 그것은 우리의 정신 안에서 활동하는 모든 것에 들어맞는다. 단어는 숫자인 동시에 영상이기도 하다. 예속된 동시에 자유로운 것이며, 구문법의 규칙에 따르는 동시에 본래의 뜻에 따라 전능한 힘을 지닌다. 그러므로 문법의 형이상학 안에는 추론의 정확성과 사고의 독립성이 결합되어 있다. 모든 것은 낱말을 경유하고, 낱말이 음미될 수 있는 경우에는 모든 것이 낱말에 귀착된다. 언어는 아이들에게나 성인에게나 무궁무진한 것이며, 누구나 필요한 모든 것을 거기에서 끌어낼 수가 있다.

독일인은 선천적으로 정신의 공평성으로 인해 외국문학에 관심을 갖고 있다. 그리고 독일에서는 일반보다 조금 상위의 계급에 속하는 사람으로서 몇 개 국어로 된 독서를 즐기지 않는 사람을 찾아보기 어렵다. 학교를 졸업할 때에는 일반적으로 이미 라틴어를 대단히 잘 알고, 그리스어까지도 알고 있다. “독일의 대학교육은 유럽의 여러 나라의 대학교육이 끝나는 데에서 시작된다”라고, 어느 프랑스 작가는 말했다.[115] 교수진이 놀랄 만한 석학일 뿐만 아니라, 그들을 특히 돋보이게 하는 점은 매우 세심한 교수법이다. 독일에서는 모든 일을 양심적으로 하고, 사실상 그렇지 않고서는 아무것도 할 수 없다. 만약 인간의 운명이 어떻게 흐르는가를 검토한다면, 이 세상의 온갖 나쁜 것으로 이끄는 것은 겉치레임을 알 수 있을 것이다. 겉치레가 매력적으로 보이는 것은 소년기 때뿐이다. 그것은 아마도, 창조주가 아직 어린 아이의 손을 잡고 조용히 인생의 구름 위를 걷는 것을 도와주고 있기 때문이다. 그러나 시간이 인간을 자립시킬 때에 인간이 사상, 감정, 덕성을 발견하는 것은 성실한 정신 안에서 뿐이다.

교육과 자선의 특별제도

어학연구를 교육의 기초로 하는 옛날 방법을 찬양하는 것과, 페스탈로치[116]의 학교를 금세기 최고의 교육시설 중 하나로 생각하는 것은

---

115) 이 작가가 누구인지 추측할 수 없다.

116) 요한 하인리히 페스탈로치(Pestalozzi, Johann Heinrich, 1746~1827)는 1746년 1월 12일 스위스 취리히에서 태어났다. 개업의사였던 그의 아버지는 페스탈로치가 여섯 살 무렵에 세상을 떠났지만, 그의 어머니는 친척들의 도움을 얻어 그에게 좋은 교육을 시켰다. 신학을 공부하다가 법학을 공부했지만, 성직이나 법관직 대신에 생계수단으로 농사를 지었다. 23세에 취리히의 한 상인의 딸과 결혼하여 시골 땅을 조금 사서 노이호프(Neuhof)라 이름 짓고 거기에 정착해 경작했다. 루소의 《에밀》(*Emile*)에 깊은 영향을 받은 그는 농촌의 자녀와 빈민 자녀들을 대상으로 고아원과 학교를 운영하여 '빈민의 아버지'라는 칭호를 얻었다. 그 후, 이들 귀중한 체험을 바탕으로 오랜 사색과 저술의 시절에 들어간다. 《은자의 석양》(*Abendstunde eines Einsiedlers*)(1780), 《린하르트와 게르트루트》(*Lienhard und Gertrud*)(1781~1787), 《인류 발전에서 자연의 발걸음에 대한 나의 탐구》(*Meine Nachforschungen über den Gang der Natur in der Entwicklung des Menschen-Geschlechts*)(1797) 등이 이 시기에 집필되었다. 1798년에 혁명정부의 요청에 따라 전쟁고아들의 교육에 힘썼고, 그 이후에도 교육실적을 쌓아간다. 그 노력은 《게르트루트는 어떻게 그 아이를 가르치는가》(*Wie Gertrud ihre Kinder lehrt*)(1801)로 결실을 맺었다. 페스탈로치는 특히 독일에 커다란 영향을 미쳤다. 괴테의 《빌헬름 마이스터의 편력시대》에도 그의 영향이 보이는 것은 잘 알려

얼핏 일관성 없는 것으로 생각될 것이다. 그렇지만 나는 그 두 개의 견해는 양립할 수 있다고 생각한다. 페스탈로치의 학교에서 모든 학과 중 가장 훌륭한 성과를 올리는 것은 수학이다. 그러나 그의 방법은 다른 여러 교육 부문에도 적용될 수 있고, 거기에서도 확실하고 신속한 성과를 볼 수 있는 것 같다. 루소는 12~13세가 되기 전의 아이들은 그들에게 요구되는 학습에, 아니 오히려 순응해야 하는 교육과정에 필요한 지성을 갖추고 있지 않다고 느꼈다. 그들은 이해하지 못한 채로 반복했고, 배우는 것 없이 공부했다. 또 교육에서 이해함 없이 의무만 끝내는 버릇이나 학생 특유의 못된 꾀로 교사의 꾸짖음을 교묘하게 피하는 습관만을 종종 얻을 뿐이었다. 이와 같이 틀에 박힌 교육에 대해 루소가 말한 것은 모두 전적으로 옳다. 그러나 흔히 있는 일이지만, 해결책으로서 그가 제안한 것은 그 해악보다 더 나쁜 것이다.

루소의 학설대로[117] 아이들이 열두 살까지 아무것도 습득하지 않는다면 그 아이는 인생의 귀중한 6년을 잃은 셈이다. 그렇게 되면 그 두뇌는 유년시절부터 시작한 단련에 의해서만 획득할 수 있는 유연성을 영원히 얻을 수가 없을 것이다. 하는 일 없이 지내는 습관이 몸 안에 단단히 배어들기 때문에 열두 살이 되어 처음으로 공부를 시작한 아이는 태어난 때부터 공부를 인생의 필수조건으로 받아들인 아이보다 훨씬 불행하게 느낄 것이다. 그런데도 교육의 부족을 보충하기 위해, 또 필요에 따라 교육하기 위해 루소가 교사에게 요구한 배려의 종류를 보면, 모든 사람은 다른 사람의 교육을 위해 전 생애를 바치지 않으면

져 있다.

117) 《에밀, 혹은 교육에 대하여》(*Emile ou de l'Education*) (1762)에 표현되어 있는 루소의 교육론은, 새로운 인간 이념의 구축, 인간형성의 이론적 탐구의 시험으로, 거기에는 '자연인'을 전면적으로 실현하는 방법이 숙고되어 있다. 루소는 지성의 형성에서 감각적 경험의 중요성을 인정했고, 분별이 가능한 연령에 달할 때까지는 지식이나 도덕적 의무를 가르치지 않고, 오로지 육체의 훈련, 모든 기관의 훈련을 시켜야 한다고 말했다. 《에밀》은 개성존중의 근대 교육사상의 선구자로 높이 평가받고 있다.

안 되어서, 노인이 될 때까지 개인의 자유로운 생활을 영위할 수 없다. 그와 같은 계획은 공상에서나 가능한 반면, 페스탈로치의 방법은 현실적이며 융통성 있고, 인간정신의 발전에 대단한 영향을 줄 수 있는 것이다.

아이들이 자기가 배운 것을 이해하지 못한다는 루소의 말은 맞다. 그렇기 때문에 그는 아이들이 아무것도 배워선 안 된다는 결론을 내렸다. 페스탈로치는 아이들이 왜 깨닫지 못하는가를 깊이 연구했다. 그래서 그의 교육방식은 관념을 단순화하여 단계적으로 아이들이 이해할 수 있도록 하고, 그 연령의 지성이 손쉽게 가장 심오한 진리에 도달할 수 있게 한다. 페스탈로치는 추리의 모든 단계를 정확하게 거침으로써 어른들이 무엇을 가르치려고 하는가를 아이 스스로 발견할 수 있게끔 만든다.

페스탈로치의 법칙에는 적당주의가 없다. 정확하게 이해했느냐, 혹은 이해하지 못했느냐 둘 중 하나이다. 왜냐하면 모든 과제가 상호간에 극히 밀접한 관계에 있기 때문에, 제 2의 추리는 언제나 제 1의 추리의 직접적 결과이기 때문이다. 루소는 아이들에게 공부를 시킴으로써 아이들의 머리를 아프게 한다고 말했다. 페스탈로치는 항상 극히 쉽고 극히 명확한 길로 아이들을 인도하기 때문에, 그들에게는 가장 추상적인 학문을 배우기 시작하는 것도 가장 단순한 일을 시작하는 것 못지않게 힘이 들지 않는다. 그러한 학문으로 들어서는 모든 발걸음은 그 전의 발걸음과 비교해볼 때 아주 편안하다. 마치 지극히 예사로운 상황에서 지극히 자연스러운 결과가 나오는 것과 마찬가지이다. 아이들의 사기를 떨어뜨리는 것은 중간과정을 뛰어넘는 것, 또 배운 것을 알지 못한 채 앞으로 나아가는 것이다. 그렇게 되면 그들의 두뇌에는 일종의 혼란이 일어나서 시험이란 모두 두려운 것이 되고, 공부에 대하여 어쩔 수 없는 혐오감을 갖게 된다. 페스탈로치의 경우에는 그러한 결함의 흔적은 찾아볼 수 없다. 아이들은 공부를 좋아한다. 그 이유는 공부를 장난으로 하기 때문이 아니라—그것은 이미 말한 바와 같이 즐거움에 권태를, 공부에 변덕을 보태는 일이다—어려서부터 성인으로서의 기쁨, 즉 알고, 이해하고, 부과한 일을 완료하는 기쁨을 경험하기 때문이다.

페스탈로치의 학설은 참된 것이 모두 그러하듯이 완전히 새로운 발견이라 할 수 없고, 이미 알고 있는 사실에 대한 식견 있고 끈기 있는 응용이다. 인내와 관찰과 인간정신의 진행과정에 대한 철학적 연구로 그는 사고 안에 존재하는 기초적인 것과 그 발전 중에 존재하는 영구적인 것을 알게 되었다. 그리고 그는 교육의 단계적 이론과 실천에 대해 누구보다도 깊이 파고들었다. 그의 학습방법은 문법과 지리와 음악에 성공적으로 채택되었다. 그러나 그의 원칙을 채택한 우수한 교사들이 그 원칙을 모든 분야의 지식에 유용하게 적용하는 것이 매우 바람직할 것이다. 특히 역사에 관한 지식은 아직 충분히 인식되지 않았다. 과학에 관한 여러 문제와 마찬가지로 문학이 마음에 미치는 가지각색 인상의 점진적 악화도 아직 확인되지 않았다. 요컨대 교육을 최고도로 끌어올리기 위해 아직도 해야 할 많은 일, 즉 남에게 자기가 알고 있는 것을 이해시켜주기 위해서 스스로는 그 지식의 뒤에 서 있을 줄 아는 기술을 연마하는 일이 남아 있다.

페스탈로치는 기하학을 이용하여 아이들에게 산술을 가르친다. 그것도 옛사람의 방법이었다. 기하는 추상적인 수학보다 상상력에 더 많이 호소한다. 인간의 지성을 완전히 장악하려고 한다면 정확한 교육을 강렬한 인상에 가능한 한 결부시키는 것이 좋다. 왜냐하면 아이들이 과학적 지식을 파악하는 데에 방해가 되는 단 하나의 장애요소는 과학의 깊이 그 자체가 아니고, 그 과학에 관해 말하는 방법의 불확실성이기 때문이다. 그들은 점진적으로 모든 것을 이해한다. 중요한 것은 숙달의 속도를 어린 시절의 이성의 보조에 맞추는 일이다. 완만하기는 하나 확실한 걸음걸이는 그것을 절대로 앞당기려고 하지 않는 한, 가장 멀리 갈 수 있는 것이다.

페스탈로치의 교실에서 둥그스름한 얼굴을 한 아이들의 어렴풋하고 연약한 표정이 자연스럽게 깊은 생각에 빠지는 모습을 보는 것은 마음을 사로잡는 특이한 광경이다. 그들은 스스로 신중한 태도를 갖추고, 마치 성인이 자기 일에 몰두하는 것처럼 공부에 열중한다. 한 가지 주목할 만한 것은 그들을 공부에 열중하게 하는 데에 어느 상벌도 필요하지 않다는 것이다. 150여 명의 학생을 수용하는 학교가 경쟁심이나 공포심의 수법을 쓰지 않고 수업하는 것은 그곳이 아마 처음일 것이다. 사람의 마음에서 질투나 굴욕감을 추방할 수 있다면, 동급생을 경쟁상대로 보지 않고 교사를 재판관으로 보지 않아도 된다면, 얼마나 많은 악한 감정에서 벗어날 수 있단 말인가!

루소는 아이들을 운명의 법칙에 복종시키기를 원했다. 페스탈로치는 아이들을 교육하는 동안 그 운명을 스스로 창조하고, 운명의 법령을 아이들의 행복과 향상에 돌리도록 한다. 아이들은 자기들을 에워싼 일반적 질서 안에서 만족하고, 그곳의 완벽한 평등이 약간의 우수한 재능을 지닌 몇몇 사람에 의해 깨지지 않기 때문에 스스로 자유롭다고 느낀다. 그곳에서 중요한 것은 좋은 성적을 올리는 것이 아니라, 누구나 똑같이 성의를 다하여 하나의 목적을 향해 전진하는 일이다. 동료보다 많은 것을 알고 있을 때에 그 학생들은 교사가 된다. 방법에 약간의 결함을 발견했을 때에 교사들은 다시 학생으로 돌아가, 교육의 난점을 더 정확하게 파악하기 위해 자신의 공부를 다시 시작한다.

일반적으로 페스탈로치의 방법이 상상력을 억압하지 않는지, 또 지성의 독창성에 장애가 되지 않는지 우려하는 소리가 많다. 천재를 위한 교육은 존재할 수 없다. 천재에게 영감을 주거나 천재를 자극하는 것은 자연과 정부 이외에는 거의 있을 수가 없다. 그러나 완벽하게 명쾌하고 확실한 기본적 지식이 천재에게 장애가 될 수는 없다. 그것은 나중에 가장 수준 높은 온갖 연구를 용이하게 하는 일종의 공고한 힘을 정신에 부여한다. 페스탈로치의 학교는 현재로서는 유년기에 한정되어 있다고 보아야 한다. 그가 실시하는 교육은 일반 서민들에게만 결정적인 것이다. 그러나 바로 그 점 때문에 그의 교육은 국민의 정신에 지극히 유익한 영향을 미칠 수 있다. 부유한 사람들의 교육은 두 시기로 나누어져야 한다. 제 1기에 아이들은 교사의 지도를 받으며, 제 2기에 아이들은 자진해서 스스로 공부한다. 그리고 이와 같은 선택된 교육은 명문대학에서 행해져야 한다. 페스탈로치한테서 받는 교육은 어떠한 계층의 인간에게도 각자가 가난한 자의 초가집이든, 왕의 궁전이든 마음대로 지을 수 있는 토대를 제공한다.

페스탈로치의 학교에서 산술을 가르치는 신속한 비결 외에 좋은 점은 없다고 프랑스에 알려져 있다면 그것은 잘못된 것이다. 페스탈로치 자신은 수학자가 아니다. 어학 역시 잘 모른다. 그는 아이들의 지성의 내적 변화에 관한 천재적 본능을 갖고 있을 뿐이다. 그는 아이들의 생각이 어느 길을 따라 목적지에 도달하는지 알고 있다. 페스탈로치는 마음속의 애착에 지극히 고귀한 침착성을 부여하는 성실한 성격이 지성의 활동에도 필요하다고 판단했다. 그는 완벽한 학습에는 윤리적 기쁨이 있다고 생각한다. 아닌 게 아니라, 피상적 지식은 남을 깔보는 오만함 같은 마음을 갖게 하여, 자기가 모르는 모든 일을 소용없고 위험하며 우스꽝스러운 일로 치부해 배척하는 것을 우리는 끊임없이 목격한다. 우리는 또한 그 피상적 지식이 자신의 무지를 교묘히 숨기게 만드는 것도 알고 있다. 본래 마음을 행복하게 해야 하는 교육이 그러한 온갖 결함으로 인해 순진한 마음에 상처를 준다. 자기가 습득한 지식이 완벽하다면 그것은 양심이 만족할 때와 흡사한 마음의 평정을 준다. 페스탈로치의 성실성, 인간을 대하는 경우와 같이 정성껏 관념을 다루는 그 지성의 영역에 지대한 영향을 준 그 성실성은 그가 운영하는 학교의 중요한 장점이다. 그렇기 때문에 그의 주변에는 그야말로 완전히 무사무욕(無邪無慾)의 경지에서 아이들의 행복에 헌신하는 사람들이 모여든다. 지도자들의 사적 타산이 전혀 충족되지 않는 공공기관에서는 그 기관을 운영하는 동기를 미덕에 대한 그들의 애정에서 찾아야 한다. 미덕이 주는 기쁨만이 부나 권력 없이 지낼 수 있게 한다.

페스탈로치의 교육방법을 다른 곳으로 옮긴다고 해서, 그의 학교를 모방할 수는 없을 것이다. 그의 방법과 함께 확립해야 할 것은 교사의 인내력과 학생의 솔직한 자세, 또 규율 바른 생활양식이며, 마지막으로 특별히 이 학교를 활기차게 하는 신앙심이다. 그곳에서 종교적 생활이 다른 곳보다 엄격하게 이루어지는 것은 아니다. 그러나 모든 것이 거룩하신 신의 이름으로, 숭고하고 고귀하며 순수한 감정으로 이루어지는데, 이런 감정들이 마음속에 자리잡은 평소의 신앙심이다. 아이들은 진실과 선의와 신뢰와 애정에 둘러싸여 있다. 아이들은 그와 같은 환경 안에서 생활하고 적어도 당분간은 세상의 모든 증오할 만한 정열이나 오만한 편견을 모른 채 생활한다. 웅변가인 철학자 피히테는 "독일 국민의 재생을 페스탈로치의 학교에 기대한다"고 말했다.[118] 그와 같은 방법에 의한 혁신은 적어도 격렬할 수도, 신속할 수도 없을 것이라는 점은 인정해야 한다. 왜냐하면 교육은 비록 아무리 좋은 것이라고 할지라도 공적 사건이 주는 영향과 비교할 때에는 아무것도 아니기 때문이다. 교육은 한 방울씩 떨어져 바위를 뚫지만, 급류는 하루에 바위를 흘려보낸다.

페스탈로치가 최대한 기숙사비를 내려서 가난한 사람들이 그의 학교에서 공부할 수 있게 배려한 일에 대해서는 특히 그에게 경의를 표해야 한다. 그는 항상 가난한 계층에 관심을 기울였고, 그들에게 순수한 지식과 견실한 교육의 혜택을 보장하고 싶어했다. 페스탈로치의 저작을 읽어보는 것은 그런 점에서 매우 흥미 있다. 그는 몇 편의 소설을 썼는데, 거기에서 그는 철저한 관심을 지니고 진실하게, 도덕적으로 일반 서민의 생활을 묘사했다.[119] 그러한 저작에 표명된 감정은 말하자면 그의 교육방식의 원칙만큼이나 기본적이다. 사람들은 하찮고 평범하기 짝이 없는 한마디 말이나 세부적인 것에 놀라워하고 눈물 흘

---

118) 〈독일 국민에게 고한다〉(*Reden an die deutsche Nation*) (1807~1808) 가운데에서.

119) 《린하르트와 게르트루트》 및 《크리스토프와 엘리자베스》(*Christoph und Elisabeth*) (1782).

리는데, 오직 심금을 울리는 감동만이 그들의 흥미를 돋우는 것이다. 일반 서민은 야만인과 문명인의 중간에 위치하는 신분이다. 그들이 덕성을 갖추면 이 세상에서는 만날 수 없는 무구함과 선량함을 갖춘다. 사회가 그들 위에 덮치고 그들은 자연과 싸운다. 신에 대한 그들의 믿음은 부유한 사람들보다 열렬하고 확고하다. 끊임없이 불행에 위협받고 끊임없이 기도에 의지하며, 낮이 되면 불안하고 밤이 되면 구원받는 가난한 사람들은 인간이 내버린 것을 보호해주시는 분의 손에 직접 닿고 있는 것을 느끼는데, 그런 사람들의 성실성이야말로 특히 양심적인 것이다.

나는 페스탈로치의 소설에서 한 아이가 감자를 훔친 후 그것을 돌려주는 부분이 생각난다.[120] 빈사상태의 할머니가 감자밭 주인에게 감자를 돌려주라고 아이에게 명령하는 장면은 매우 감동적이다. 이런 표현을 너그럽게 허락해준다면, 그토록 심한 가책을 야기한 그 가련한 범죄, 인생의 가지각색의 비참함을 거쳐 맞게 되는 장엄한 죽음, 노인에게도 아이에게도 평등하게 말씀을 걸어오시는 신의 존엄하신 목소리로 하나가 된 두 사람, 이 모든 일이 가슴을 아프게 한다. 왜냐하면 우리의 시적 창작에서는 운명의 화려함이 불운이 일으키는 연민의 정을 다소 누그러뜨릴 수 있기 때문이다. 그러나 그와 같은 대중소설에서는 어슴푸레하게 보이는 램프의 빛이 작은 오두막집을 비추는 느낌을 받는다. 그리고 그 집에 시련을 안겨준 모든 고뇌의 한복판에서 선량한 영혼이 솟아나고 있다.

미술은 효용이라는 관점에서 고찰될 수 있는 것이므로, 예능 중에서 페스탈로치의 학교에서 채택된 유일한 것은 음악이다. 그리고 이 선택과 관련하여 그를 칭찬해주어야 한다. 음악에 관한 지식, 아니 적어도 음악의 취향에는 온갖 종류의 감정, 아니 모든 종류의 미덕이라고까지 말하고 싶은 감정이 결부되어 있다. 인류의 많은 사람들에게서 그와

---

120) 《린하르트와 게르트루트》 제 18장.

같은 감동을 빼앗는 것은 매우 야만적인 일이다. 고대인은 국민이 음악으로 문명인이 되었다고 주장했는데, 이러한 비유는 매우 심오한 의미를 지닌다. 왜냐하면 사회적 관계는 언제나 공감이나 이해타산에 의해 형성된다고 추정되어야 하기 때문이다. 그리고 물론 첫 번째 동기가 두 번째 동기보다 고상한 것은 사실이다.

독일어권 스위스에서 정성을 다해 민중의 정신교화에 몰두했던 사람은 페스탈로치뿐만이 아니다. 그 면에서 나는 펠렌베르그 씨[121]의 학교에 감동받았다. 많은 사람이 농업에 관한 새로운 지식을 찾아 그곳에 왔고, 그 점에서 그들은 만족했다고 한다. 그러나 인류애를 존중하는 사람들이 특히 경의를 표한 점은 펠렌베르그 씨가 일반 서민의 교육에 신경 쓴 일이다. 그는 페스탈로치의 방식을 써서 우선 마을 학교의 교사를 교육시키고, 그 다음에 그들에게 아이들의 교육을 맡게 했다. 땅을 가는 일꾼들이 성가(聖歌)를 배우면, 머지않아 들에서는 소박하지만 조화를 이룬 목소리로 자연과 더불어 자연의 창조주를 찬양하는 성가소리가 들려올 것이다. 즉, 펠렌베르그 씨는 가능한 온갖 수단을 다하여 하층계급과 우리들 계급 간에 자유로운 유대, 즉 가난한 자와 부자 사이에 오로지 금전적 이해관계에 의해서만 이루어진 것이 아닌 유대를 이룩하려고 한다.

우리는 영국과 미국의 실례에서 민중의 지성과 양식을 향상시키기 위해서는 사립학교로 충분하다는 것을 알고 있다. 그러나 교육에서 필요 이상을 주는 것은 한 걸음 더 앞으로 나아가는 것이다. 필요 이상의 것을 소유한 사람이 그렇게 생각하는 한, 필요성이란 그 어떤 종류의 것이라도 불쾌한 것이다. 효용의 측면에서 민중을 돌보는 것으로는 충분하지 않고, 그들로 하여금 신나는 상상이나 즐거운 마음에 참여하도록 해야 한다. 대단히 식견 높은 자선가가 함부르크의 거지를 도와준 것도 같은 정신에 의한 것이다. 그들은 그 자선시설에 전제주의도,

121) Philipp Emanuel von Felenberg(1771~1844). 스위스의 박애주의자로 농업 관련 저술이 다수 있다. 베른 근처에 유명한 농업연구소를 창설했다.

경제적 이론도 개입시키지 않았다. 그들은 불행한 인간들이 남한테 받는 은혜와 마찬가지로 자신에게 요구되는 노동을 자발적으로 하기를 원했다. 그들은 가난한 백성을 수단으로 하지 않고 목적으로 했기 때문에, 그들에게 일을 시키지 않았고 자진해서 일을 하게 만들었다. 그 자선시설의 여러 가지 보고서를 보면, 그 창설자로서는 쓸모 있는 인간을 만들기보다는 선량한 인간을 만드는 쪽이 중요했다는 것을 모든 점에서 알 수 있다.[122] 그리고 그 숭고한 철학적 견해야말로 그 한자동맹(Hansa 同盟)의 옛 도시의 지혜와 자유의 정신을 특징짓는다.

세상에서는 많은 자선이 이루어지고 있다. 동포에게 봉사하기 위해 스스로의 시간과 취향을 희생할 수 없는 사람은 자진해서 돈으로 자비를 베푼다. 돈은 언제나 대단한 것이지만, 어떤 덕행도 이에 못지않다. 그러나 대부분의 나라에서 막대한 액수의 개인적 헌금이 적절하게 운용되지 않고 있다. 포크트 남작[123]과 그의 훌륭한 동포들이 인류에게 행한 위대한 공헌은, 새로운 희생이나 국가의 개입 없이 개인적 선행으로 충분히 불행을 구제할 수 있다는 것을 보여준 일이다. 무슨 일이든지 개별적으로 대하는 것이 전체를 대하는 것보다 높이 평가되는 독일에서는 개인에 의해 이루어지는 일이 더 적합하다.

자선사업이 함부르크에서 번영하는 것은 당연하다. 시민 사이에서

---

122) 함부르크에 있는 자선기관들은 규모가 상당히 크다. 고아원(바이젠하우스: *Weisenhaus*)에는 약 600명의 어린이를 수용할 수 있는데 이 아이들은 유아기에 받아들여져 양육과 교육의 혜택을 누리며 직업훈련을 의무적으로 받는다. 세인트 조지(Saint George) 교외의 큰 병원(크랑켄하우스: *Krankenhaus*)은 4~5천 명의 환자를 수용할 수 있다. 이 훌륭한 시설을 유지하는 데 드는 연간 비용은 1만 7천 파운드에 육박한다. 빈민들뿐만 아니라 상류계층의 사람들도 탁월한 치료를 받기 위해 이 병원에 입원하기도 한다. 이런 환자들은 매일 8펜스에서 8실링에 이르는 비용을 지불해야 한다(Murray, *Hand-book of Northern Germany*, p. 322).

123) Gaspar von Voght. 덴마크의 국정참사관. 포크트 남작의 각서에 의하면, 함부르크에서 거지를 절멸시키기 위해 1788년에 세워진 시설에는 최초 3,903가족, 7,391명을 수용했다. 10년 만에 거지는 거의 없어졌다.

는 윤리관이 대단히 확고하고 오랫동안 세금을 일종의 헌금함에 넣어서 냈는데, 아무도 누가 얼마를 냈는지 감시하지 않았다. 세금은 각자의 재산에 비례하여 냈을 것이 분명한 것이, 계산해보면 언제나 정확하게 납부되고 있었다. 사유재산이나 공적 조세가 황금시대에는 없었겠지만, 마치 황금시대의 특징을 말하는 듯하지 않은가? 교육이나 행정 면에서 성실성이 얼마나 매사를 용이하게 하는지 아무리 칭찬해도 끝이 없을 것이다. 좋은 수법으로 거두게 된 영예는 모두 성실성에 돌려져야 할 것이다. 왜냐하면 결과적으로 성실성은 세상의 일들과 잘 어울리기 때문이다.

인터라켄의 축제 *

독일어권 스위스인의 미덕은 거의 게르만 정신에서 유래한다고 해야 한다. 그렇지만 스위스에서는 독일보다도 더한 공공정신, 애국심, 기백, 그리고 의견과 감정의 일치를 볼 수 있다. 그러나 역시 협소하고 가난한 나라에서는 재능이 어떤 자극도 받을 길이 없다. 북부 독일에 비하면 학자나 사상가가 훨씬 적다.[119] 북부 독일은 정치적 관계가

---

* 마담 드 스탈이 인터라켄(Interlaken)에서 본 목동들의 축제는 1808년 8월 17일에 행해진 것이다. 이 유명한 절은 나중에 삽입된 듯하며, 최초의 초고에는 절의 번호가 달려 있지 않았다. 아마도 마담 드 스탈은 독일어권 스위스를 '독일 국민'에 포함시키는 것을 주저한 것 같다. 한편, 빌헬름 슐레겔은 1807년 루체른에서 스탈 부인에게 보내는 편지에, '스위스의 훌륭하고 선량한 풍모의 베른 사람들은, 내게 있어서는, 옛날의 독일 국민, 그리고 이렇게 됐어야 했던 독일 국민의 전형과 같이 생각되었습니다'라고 쓰고 있다.

119) 30년전쟁 후, 전쟁의 타격에서 쉽게 회복할 수 없었던 독일에게 스위스는 문학적으로 중요한 역할을 했다. 보드머(Johann Jakob Bodmer, 1698~1783), 브라이팅거(Johann Jakob Breitinger, 1701~1776)는 독일 유사 고전주의적인 문학을 극복하게 된다. 할러(Albrecht von Haller, 1708~1777)는 《알프스》(*Die Alpen*) (1729)에서, 자연의 위대함과 거기에 사는 사람들의

느슨하여 그 자체가 고상한 몽상, 사물의 본성에는 전혀 구애받지 않는 대담한 사상체계를 개척해나가는 원동력이 되어준다. 스위스인은 시적인 국민은 아니다. 놀라운 경치 속에서 왜 더 상상력이 타오르지 않았는지 사람들이 놀라는 것도 당연하다. 그러나 종교적이며 자유스러운 국민은 언제나 일종의 정신적 고양을 수용할 수 있고, 그것이 생활상의 물질적 문제로 인해 완전히 억제될 수 없다. 그 일에 의심 가는 사람이 있다면, 호수들 가운데에서 베른 시의 창설자[120]를 기념하기 위해 작년에 열렸던 목자들의 축제를 보고 납득할 수 있을 것이다.

베른 시는 그 어느 때보다도 나그네의 존경과 관심을 받을 만했다. 근래 그 시가 당했던 불행[121] 이래 새로운 의욕으로 자신의 장점 모두

순박함을 노래하여 독일에서도 좋은 평가를 받았다. 게스너의 《전원시집》(*Idyllen*) (1756) 은 새로운 정신으로서 환영받았다. 이러한 방향에 더욱 강고한 기초를 부여한 것은, 페스탈로치 등의 그리스도교적 휴머니즘이었다. 문학자와 사회 사이의 긴장관계나 스위스인의 현실감각은 스위스문학에 슈트름 운트 드랑이나 낭만주의의 운명을 받아들이지 않았다. 스위스의 문학자들은 오히려 현실을 날카롭게 바라본 사실주의적 사회비판 문학에 소질을 발휘했다. 켈러(Gottfried Keller, 1819~1890) 나 고트헬프(Jeremias Gotthelf, 본명 Albert Bitzius, 1797~1854) 등의 사실적 작품이 연달아 나오는 것은 《독일론》이 간행되고 한참 후의 일이다.

120) 베른(Bern) 은 아레 강(Aare) 완곡부의 단구에 체링겐가(Zähringen) 의 마지막 대공 베르트홀트 5세(Berthold V, 재위 1186~1218) 에 의해 1191년 건설되었다. 1218년 체링겐가의 단절로 제국의 수도가 되어, 주변 영역을 구입해 도시국가를 형성했다.

121) 1291년의 뤼틀리의 맹약으로 시작된 스위스의 영구동맹은 15세기에는 스위스 모든 주를 포괄하는 것이었다. 그 주도권을 쥐고 있던 것은 튀리히였으나, 종교개혁에 의한 혼란을 거쳐서 베른에 그것이 계승되었다. 스위스의 동맹은, 구교파, 신교파를 품으면서, 16~17세기의 종교문제나 침략전쟁 등의 시련을 겪으면서도 유지되었다. 베른은 1600년에는 현재 스위스 영토의 3분의 1을 영유하는 강력한 도시국가가 되어 있었다. 스위스는 프랑스혁명 때도 이에 호의적인 층, 반항적인 층이 있기는 했으나 커다란 영향을 받지는 않았는데, 나폴레옹의 지배가 시작됐을 때 보(Vaud) 지방(브르고뉴 공국과 베른이 다툰 끝에, 1536년부터 베른의 영토가 된 레만 호반의 지역) 출신자가 베른으로부터의 분리를 주장하여, 이것을 구실로 자유의 이름 아래 프랑스군이 스위스에 침입했다. 베른 시는 이에 저항하여 싸웠지만, 스위스 동맹의회는

를 되찾은 것 같고, 잃었던 보물의 배나 되는 큰 자비를 불우한 이웃에게 베풀었다. 그 시의 복지시설은 아마 유럽에서 가장 완벽할 것이다. 도시에서 가장 훌륭하고 가장 호화스러운 건물이 병원이다. 문 위에는 'CHRISTO IN PAPERIBUS'(가난한 자와 함께하시는 그리스도)라는 글이 쓰여 있다. 이보다 더 멋진 말은 없다. 그리스도교는 우리에게 그리스도가 땅으로 내려오신 것은 고통받는 자들을 위해서라고 말하지 않았던가? 또한 우리 중 누가 평생 동안 행복하고 희망에 찬 가난한 사람, 그리하여 마침내는 신앙의 힘에 위로받는 불행한 사람이 되어본 적이 한 번도 없다고 할 수 있을까?

베른 시와 베른 주의 모든 일에는 엄격하고 온건한 질서, 당당하고 관대한 통치의 특징이 있다. 실제로 보는 모든 것에서 정직한 모습이 느껴진다. 귀족, 시민, 농민이라고 부르지만, 모두 동등하게 조국에 헌신하는 20만의 가족 가운데 있는 것 같은 생각이 든다.

축제에 가기 위해서는 호수 하나를 배로 건너야 했다. 호수에는 자연의 아름다움이 비쳤는데, 알프스의 황홀한 광경을 배가하기 위해 호수가 거기에 있는 것 같았다. 비바람이 몰아치는 날씨 때문에 확실한 모습을 드러내지 않는 산들은 구름과 뒤섞여 점점 더 무섭게 보였다. 폭풍은 더욱 심해지고 공포의 감정이 내 마음을 사로잡았으나, 인간의 오만함과 비슷한 하늘의 분노가 내 마음에 들었다.

험한 바위에 둘러싸인 툰(Thun) 호수의 일부를 용기내어 횡단하기 전에 우리는 동굴 같은 곳에서 잠시 휴식을 취했다. 빌헬름 텔[122]이

베른에 원군을 보내지 않았다. 1797년 3월 베른은 프랑스군에 의해 점령되었고, 프랑스군은 사유재산을 포함하여 거의 모든 베른의 재물을 가지고 떠났다. 다음 해, 보 지방 출신자는 중앙집권적인 헬베티아 공화국(République hélvetique)의 창설을 시도했으나, 각 주에 주권을 주장하는 주민봉기가 발생하여 나폴레옹이 1802년에 '조정법'을 공포했고 각 주의 경계는 다시 명확해졌으며, 이 시기의 주 경계선이 지금까지도 존속되어 있다. 마담 드 스탈이 여기서 묘사하는 축제는, 스위스의 각 주가 일체감을 회복하고, 또한 베른 시와 주변 지역의 융화를 부활시키기 위해 1805년 8월 12일, 그리고 그녀가 구경한 1808년 8월 7일에 개최되었다.

폭군의 손에서 벗어나기 위해 깊은 못을 뛰어넘어 암초에 도달한 곳은 그와 같은 장소였을 것이다. 멀리 '처녀'의 의미인 융프라우라는 이름을 가진 산[123]이 보였는데, 그 산 정상에는 아무도 올라가본 사람이 없기 때문에 붙여진 이름이었다. 몽블랑보다 높지는 않지만, 접근할 수 없다는 것을 잘 알고 있기 때문에 더욱 경외심을 느끼게 한다.

우리는 운터젠[124]에 도착했다. 아레 강의 물이 폭포가 되어 그 작은 마을 주위로 떨어지는 소리 때문에 마치 꿈을 꾸는 듯했다. 많은 수의 외국인들이 대단히 깨끗하지만 소박한 농가에 묵고 있었다. 돌연 스위스의 산골짜기에 몰려온 젊은 파리지엥들이 운터젠의 길거리를 산책하는 모습이 유달리 호기심을 자아냈다. 그들의 귀에는 물소리밖에 들리지 않았고, 눈에 보이는 것은 산뿐이었다. 이렇게 고독한 장소에서 그들은 너무 따분해질 수 있기 때문에 혹시 사람들이 북적이는 세상으로 돌아가고 싶지는 않을까 하는 의문이 들었다.

알프호른[125]으로 연주되는 어떤 곡이 자주 화제가 되고 있었다. 스위스인에게 그 곡은 매우 강한 인상을 준다. 병정이 그것을 들으면 부대를 몰래 빠져나가 조국으로 돌아가 버릴 정도였다. 이 산, 저 산에 그 곡이 메아리칠 때의 효과는 이해가 간다. 그러나 그 악기는 멀리서 메아리가 되어 울리도록 만들어진 것이며, 가까운 거리에서는 그다지 좋은 느낌을 주지 않는다. 혹시 이탈리아인의 목소리로 노래부르게 한다면 상상력은 완전히 황홀하고 좋은 기분으로 도취될 것이다. 그러나

---

122) 실러의 《빌헬름 텔》(*Wilhelm Tell*)의 제4막 제1장 참조.

123) 융프라우(Jungfrau) 산의 첫 등정은 1811년 8월 3일 마이어 형제(Rudolf, Hieronymus Meyer)가 성공했다.

124) Unterseen. 인터라켄은 툰(Thun) 호수와 브리엔츠(Brienz) 호수를 잇는 아레 강의 양쪽에 펼쳐져 있는데, 서안(西岸)의 구 시가지를 운터젠이라고 부른다.

125) Alphorn. 나무나 가죽으로 만들어진, 알프스 지방 목동들에게 애용되는 관악기 알프호른은, 2옥타브에 걸쳐 5음밖에 낼 수 없으나, 그것으로 매우 독특한 멜로디를 연주할 수 있다.

대개 그 쾌감은 그 나라의 소박한 국민성과는 이질적인 생각을 낳을 것이다. 거기에서는 휴식과 전원생활로 만족해야 하는데도, 예술이나 시나 사랑이 그리워질 것이다.

축제 전날 밤 이 산, 저 산 위에 불이 켜졌다. 옛날 스위스의 해방자들은 그와 같이 하여 그들의 성스러운 음모의 신호를 서로 주고받았다. 산꼭대기에 놓인 불은 산 뒤에서 올라오는, 빨갛게 타오르는 고요한 달과도 같았다. 우리의 세상이 아직 볼 수 있는 가장 감동적인 광경을 구경하러, 갓 태어난 별들이 와 있는 것 같았다. 이렇게 불타는 신호 중 하나가 하늘에 놓인 듯 보였고, 하늘에서 운슈퓐넨[126] 성의 폐허를 비추고 있었다. 그런데 그 성의 주인인 베른 시의 창설자 베르트홀트를 기념하여 축제가 벌어진다. 짙은 어둠이 그 빛나는 지점을 에워싸고 있었고, 밤에는 거대한 망령처럼 보이는 산들이 마치 사람들이 찬양하고 싶어하는 사자(死者)들의 거대한 그림자처럼 보였다.

축제 날, 폭풍은 가라앉았으나 날씨가 잔뜩 흐려 있었다. 자연은 모든 사람의 마음의 감동에 응해야 했다. 경기를 위해 선정된 성벽 주위에는 여기저기에 나무가 있는 언덕이 있고, 그 뒤에는 끝없이 산이 펼쳐져 있었다. 6천 명 가까운 관람객이 모두 경사진 언덕에 걸터앉아 있어서 가지각색의 옷이 멀리서 보면 목장 위에 핀 꽃들과도 같았다. 축제를 알리는 이토록 유쾌한 광경은 본 적이 없다. 그러나 눈을 위로 돌리면 우뚝 솟은 바위들은 한창 즐기고 있는 사람들을 위협하는 숙명과도 같이 느껴졌다. 그러나 순수한 안도의 기쁨이 있다면, 바로 그러한 일이 실제로 일어나지 않는 데 대한 기쁨을 말하는 것이리라.

구경꾼들이 모여들자, 멀리서 축제의 행렬이 다가오는 것이 들렸다. 과거를 기념하기 위한 축제인 만큼 정말로 장엄한 행렬이었다. 기분 좋은 반주가 뒤따랐다. 농민들의 선두에는 공무원들이 서고, 농촌의 젊은 아가씨들은 각 주의 화려한 옛 의상을 입고 있었다. 모든 골

---

126) 인터라켄 근교의 옛 성. 여기를 무대로 하여 1805년 이후 개최되는 축제를 운슈퓐넨페스트(Unspünnenfest)라고도 부른다.

짜기마다 행렬의 앞에는 500년 전 뤼틀리 맹약[127]이 이루어졌을 당시와 똑같은 복장을 한 백발노인이 미늘창과 깃발을 들고 서 있었다. 노인들이 수호하고 있는 그토록 평화적인 깃발들을 볼 때, 마음 깊이 감동하지 않을 수 없었다. 우리의 눈에는 연로해 보이지만, 수세기의 세월 앞에서는 여전히 젊기만 한 그들에 의해 과거가 재현되는 것이다! 약한 존재인 우리 모두가 지닌 자부심에 뭐라 말할 수 없는 감동을 받았다. 왜냐하면 그 자부심은 바로 다름 아닌 그들의 성실한 정신에서 유래하기 때문이다. 사랑하는 사람의 병이 회복되었을 때 행복하기도 하고 슬프기도 한 것처럼 축제가 한창일 때 눈물이 마구 흘러나왔다.

드디어 경기가 시작되었다. 산골짜기의 주민과 산꼭대기의 주민이 무거운 것을 들어올리고 서로 격투하면서 눈이 휘둥그레질 정도의 민첩성과 힘을 과시했다. 그와 같은 힘 때문에 예전에 그 국민은 호전적이었다. 이제는 전술과 대포가 군대의 운명을 좌우하기 때문에 이러한 운동은 농업사회의 게임으로 보일 뿐이다. 그 정도로 건장한 사람들의 힘이 있으면 땅은 더욱 잘 갈아질 것이다. 그러나 개인이 집단 속으로 모습을 감추고, 기계의 법칙에 생명을 빼앗긴 자연과 같이 인류 역시 주도권을 빼앗긴 이래 전쟁에는 규율과 숫자밖에 소용없게 되었고, 정신력마저도 인류의 운명에 이전의 영향력을 미치지 못하게 되었다.

경기가 끝나고 그 지역의 대법관이 승자에게 상을 수여하고 난 후, 천막 안에서 만찬이 벌어졌고 스위스인들의 평화로운 행복을 기리는 시가 낭송되었다. 식사하는 동안 빌헬름 텔과 헬베티아에 자유를 안겨준 세 사람을 조각한 나무술잔이 한 바퀴 돌았다. 사람들은 평화와 질

127) 뤼틀리(Rüttli)는 스위스 중부 우리(Uri) 주에 있는 초원. 피어발트슈테테 호수(Vierwaldstättensee)의 남서안. 이 토지에서 산악지대인 슈비츠(Schwitz) 주(스위스의 국명은 이 주의 이름인 슈비츠에서 유래한다), 우리 주, 운터발덴(Unterwalden) 주의 농촌 대표자들이 합스부르크가에 대항하여 자신들의 전통적 권리(재판권과 행정관리)를 지켜내기 위해 결성한 영구동맹이 현재의 스위스연방의 기원이 되었다. 전설에 의하면 그것은 1291년 8월 1일이었다고 하며, 현재도 8월 1일은 '건국의 날'이다.

서, 독립을 위해 감격적으로 술을 마셨다. 모든 사람들의 마음에 스며들어 번진 사랑과 더불어 행복에 넘친 애국심을 읽을 수 있었다.

"목장은 옛날처럼 꽃이 만발하고, 산도 여전히 푸르다. 자연이 온통 미소지을 때 인간의 마음만이 홀로 사막일 수 있을까."128)

아니, 사람들의 마음은 아마도 그렇지 않을 것이다. 이 아름다운 나라에서, 지극히 순수한 정신으로 모든 사람에게 활기를 불어넣은 이 대단한 사람들 앞에서 사람들의 마음은 자신감으로 무르익고 있었을 것이다. 사치도 화려함도 권력도 없는 매우 협소한 고장의 한 가난한 농부는, 마치 어둠 속에서 미덕을 감추어두었다가 자기를 사랑하는 사람들의 행복을 위해 그 미덕을 아낌없이 모두 내놓는 친구라도 되는 듯 주민들로부터 사랑받고 있다. 스위스의 번영이 이어지는 이 500년 동안 위대한 사람들보다는 같은 시대의 현명한 사람이 소중하게 여겨지고 있다. 모두가 그와 같이 행복하다면, 예외가 있을 수 없다. 마치 그 나라 국민의 조상이 아직 그들 안에서 그들을 다스리는 듯하다. 국민들은 그들을 항상 존경하며 모방하고 그들이 한 일을 되풀이한다. 소박한 풍습, 옛날의 풍습에 대한 집착, 생활방식의 현명함과 획일성은 우리로 하여금 과거와 가깝게 만들고, 미래를 살게 한다. 영원히 변치 않는 하나의 역사는 마치 몇 세기나 지속되는 한순간과도 같다.

그러한 골짜기에서 인생은 거기에 흐르는 강과 같이 흐른다. 그 강엔 새로운 파도가 다가오지만 그 파도는 똑같은 방향으로 나아간다.

---

128) 〔원주〕 이것은 그 축제를 위해 작시된, 재능이 넘치는 아름다운 노래의 후렴 부분이다. 그 노래의 작가는 아름 부인(Madame Harms)이다. 그녀는 독일에서 폰 베를레프슈 부인(Madame de Berlepsch)이라는 필명의 저작으로 대단히 유명하다.

〔역주〕 여기에 인용된 노래는 독일의 여류시인 에밀 폰 베를레프슈(Emile von Berlepsch, 1757~1830)의 〈기뻐하라, 사는 것을〉(*Freut euch des Lebens*)이라는 유명한 멜로디에 얹혀 불렸다. 그것은 후에 이탈리아로 건너가, '청춘이여, 젊음이여, 그것은 봄날의 아름다움'(*Giovinezza, giovinezza, primavera di bellezza*)이라는 가사가 마르첼로 만니(Marcello Manni)에 의해 붙여져 파시스트 당가가 되었다.

제발 그것이 멈추는 일이 없기를! 지금 이 산기슭에서 똑같은 축제가 자주 열리기를! 외국인은 이 산을 하나의 불가사의로서 추앙하고, 헬베티아의 사람들은 그것을 하나의 은둔처로서 소중히 여기는데, 그곳에서 위정자와 승려들은 함께 시인과 아이들을 보살펴주는 것이다.

제 2 부

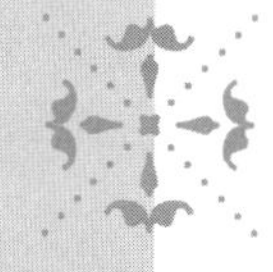

문학과 예술

프랑스인은 왜 독일문학을 정당하게 평가하지 않는가?

이 질문에는 매우 간단하게 대답할 수 있을 것이다. 프랑스에서는 독일어를 아는 사람이 매우 드물고, 또 그 언어의 매력, 특히 시에 나타난 독일어의 매력은 프랑스어로 번역할 수 없다고 말하면 된다. 튜튼계 언어끼리는 번역이 쉽다. 라틴계의 여러 언어의 경우도 마찬가지다. 그러나 게르만 민족의 시는 라틴계 언어로는 표현할 수 없다. 하나의 악기를 위해 만들어진 곡은 다른 악기로는 절대로 잘 연주될 수 없는 것이다. 게다가 독일문학이 그 독창성을 발휘하기 시작한 것은 겨우 40~50년 전부터인데 프랑스인은 20년 전부터 너무 정치적인 일에 마음을 빼앗기고 있는 바람에 모든 문학연구가 중단되었다.

그렇지만 프랑스인이 독일문학을 부당하게 취급하는 이유는 독일문학을 잘 모르기 때문이라고 말하며 끝내버리는 것은, 그야말로 문제를 피상적으로 다루는 일이 될 것이다. 프랑스인이 독일문학에 대해 편견을 갖고 있는 것은 사실이다. 그 편견은 두 나라 국민이 서로 사물을 바라보는 견해도, 느끼는 방식도 엄청 다를 것이라는 막연한 생각 때문에 생겼다.

독일에는 어떤 일에 관해서도 고정된 심미안이란 것이 없다. 모든 일이 독립적이며 개별적이다. 하나의 작품은 그 작품으로부터 받는 인상에 의해 판단될 뿐, 결코 규범에 의해 판단되지 않는다. 일반적으로 용인되는 규범이 없기 때문이다. 모든 작가가 자기 마음대로 새로운 영역을 창출할 수 있다. 프랑스에서 대부분의 독자는 자신의 문학적 신념을 희생하고서 감동받거나 즐기고자 하는 일이 결코 없다. 문학적 신념에 의해 철저히 구속된다. 독일의 작가는 스스로의 독자를 만들어낸다. 프랑스에서는 독자가 작가에게 명령한다. 독일에 비해 프랑스에는 매우 많은 재사(才士)들이 있기 때문에, 독자들이 훨씬 더 영향력을 지닌다. 한편 독일의 작가는 그들의 심판자보다 훨씬 탁월하여,

그들의 군림을 받아들이기는커녕 오히려 그들을 지배한다. 그래서 독일의 작가들은 비평에 의해서 향상되는 일이 거의 없다. 즉, 독자나 관객이 참지 못한다고 해서 그들이 쓰는 작품의 지루한 부분을 삭제해야 하는 일은 없으며, 적절한 시간 안에 끝내야 하는 일도 좀처럼 없다. 왜냐하면 작가란 자신의 구상에 싫증나는 법이 없기 때문에, 작가가 언제 그 구상을 그만두어야 하는지는 남이 알려줄 수밖에 없는 것이기 때문이다. 적어도 자존심이라는 관점에서 보면 프랑스인은 타인 안에서 생각하고 타인 안에서 살고 있다. 그리고 작가의 주된 목적이 어떤 대상을 다루느냐에 있는 것이 아니라, 어떤 효과를 창출하느냐에 있다는 것을 대부분의 작품들에서 느낄 수 있다. 프랑스의 작가는 창작 중에도 항상 사회와 접촉하고 있다. 왜냐하면 그렇게 해야만 비판이라든가 냉소, 유행감각 등, 요컨대 시대를 지배하는 이런저런 문학적 권위를 놓치지 않기 때문이다.

글쓰기의 첫째 조건은 생생하고 강렬하게 느끼는 방법이다. 자기가 느껴야 할 것을, 문학적 표현으로 자기 마음대로 말할 수 있는 것을 다른 사람에게서 배우는 사람은 없다. 아마도 프랑스의 천재적 작가들(프랑스보다 그런 천재들이 더 많이 있는 나라가 있을까!)은 자기의 독창성을 잃지 않을 정도에서만 구속받았음에 틀림없다. 그러나 무엇 때문에 서로 이해를 잘 못하는지 알기 위해서는 현 시점에서 거시적으로 양국을 비교해봐야 한다.

프랑스에서는 작품에 대해 이야기할 필요가 있을 때에만 책을 읽는다. 독일에서는 고독한 생활을 할 때 책을 읽는 경우가 많고, 작품이 벗이 되어주기를 바란다. 그 자체가 사회의 반영에 불과한 책과 더불어 어떤 심적 교류를 할 수 있을까! 은신처의 고요함 안에서는 사교계의 재기(才氣)보다 더 슬픈 것은 없는 것 같다. 고독한 인간은 자기에게 결여된 외적 생활보다는 내적 감동을 더 필요로 한다.

프랑스에서는 명쾌함이 작가의 가장 중요한 재능의 하나로 간주된다. 왜냐하면 저녁때 돋보일 수 있는 이야깃거리를 아침 독서에서 수고 없이 간파하는 것이 무엇보다도 필요하기 때문이다. 그러나 독일인은 명쾌함이란 상대적 장점에 불과하다는 사실을 잘 알고 있다. 책이 명쾌한지 아닌지는 주제 또는 독자에 달려 있다. 몽테스키외는 볼테르만큼 쉽게 이해되지 않는다. 그러나 몽테스키외는 그가 다루는 대상을 가능한 한 명쾌하게 성찰하고 있다. 분명히 심오한 데에 초점을 맞추어야 한다. 그러나 재능의 겉치레나 말장난만으로 때우는 작가들은 자기들이 이해받고 있다고 확신한다. 그들이 아무런 신비에도 접근하지 않으니 어떻게 난해할 수 있겠는가? 프랑스인과는 대조적인 결점을 지닌 독일인은 어둠을 좋아한다. 그들은 탄탄대로를 더듬기보다는 때때로 햇빛 아래 있는 것을 어둠 속으로 옮겨놓는다. 그들은 흔한 생각에 혐오감을 품고 있으며, 그것을 다시 묘사할 필요성을 느낄 때에는 그 흔해 빠진 사상을 추상적인 형이상학으로 무장하여 새로운 사상으로 만들고, 그러고 나서야 비로소 그것을 인정하는 것이다. 독일의 작가들은 독자에게 전혀 거리낌이 없다. 그들의 작품은 마치 신탁과 같이 받아들여지고 해석되기 때문에, 그들은 마음이 내키는 대로 많은 구름들로 작품을 겹겹이 둘러쌀 수 있다. 그 구름을 걷어내기 위한 인내는 결코 부족하지 않을 것이다. 그러나 그들은 결국 신의 모습을 보아야 한다. 왜냐하면 독일인으로서 가장 견딜 수 없는 일은 기대가 무산되는 일이기 때문이다. 그들의 바로 그런 노력과 끈기는 그들에게 불가결하고 훌륭한 결과를 가져다준다. 한 권의 책 속에 힘 있고 새로운 사상이 없으면 그 책은 당장 무시받는다. 재능은 만능이라고 평가되지만, 재능을 보충할 수 있는 다양한 기교는 그다지 평가되지 않는다.

독일인의 산문은 지나치게 무시받는 경향이 있다. 독일보다 프랑스 쪽이 훨씬 문체를 중요시한다. 그것은 말에 대해 사람들이 갖는 흥미를 볼 때, 또 사교계가 지배하는 나라에서 말이 갖는 비중을 볼 때 당연한 결과이다. 작품의 통일성이나 일관성을 통찰하기 위해서는 비상한 집중력이나 학식이 필요한데도, 프랑스에서는 아주 조금의 재기만 갖고도 누구나 할 것 없이 이런저런 글에 대해 맞다, 틀리다 평가를 내리는 심판자가 된다. 게다가 사상보다도 오히려 말의 표현 때문에 놀림감이 되는 경우가 훨씬 많다. 또 말과 관계될 때에는 무조건 깊이 생각해보기도 전에 웃어버린다. 그러나 문체의 아름다움이란 단지 외면적 장점에 그치는 것이 아니라는 점을 잊지 말아야 한다. 더할 나위 없이 고결하고 적확한 표현이란 대개 참된 감정에 의해 끌어낼 수 있는 것이며, 비록 철학적 저작에 허용될 수 있는 문체더라도 문학적 창작에 그것이 반드시 용납될 수 있다고 볼 수는 없기 때문이다. 미적 영역에서 형식이란 주제 그 자체와 마찬가지로 정신과 결부되어 있다.

극예술은 두 민족이 지닌 재능 사이의 명확한 차이를 보여주는 뚜렷한 실례이다. 연기, 줄거리, 사건의 흥미에 관한 것은 모두 프랑스인이 몇 배나 잘 정리하고 구상한다. 반면 내적 인상의 전개나 강렬한 정열 안에 숨긴 폭풍에 관한 것은 모두 독일인이 훨씬 깊이가 있다.

각 나라의 뛰어난 사람들이 최고의 완성지점에 도달하기 위해, 프랑스인은 종교적이 되어야 하고 독일인은 좀더 사교적이 되어야 한다. 신앙심은 프랑스 국민의 결점인 동시에 매력이기도 한 영혼의 소멸과 대립된다. 인간과 사교계를 이해하게 되면 독일인은 더 이상 문학에서 감식력과 재치가 부족하지 않게 될 것이다. 두 나라의 작가들은 서로에 대해 공평한 평가를 하지 않는다. 그러나 그 점에 관해서는 프랑스인 쪽이 독일인보다 더 죄가 많다. 프랑스인은 잘 모르고 판단하거나 편견만 가지고 검토한다. 독일인이 좀더 공평하다. 광범위한 지식은 매우 다양한 견해를 나타내므로 보편성에서 나오는 관용성을 정신에 부여한다.

독일인이 프랑스식의 좋은 감각을 받아들여서 얻는 득보다, 프랑스인이 독일식의 재능을 지닐 때 얻는 이득이 한결 많을 것이다. 요즘 프랑스식의 규칙성에 외국의 정기를 조금이라도 가미시킬 수 있는 경우에 프랑스인은 언제나 그것을 대단히 환영했다. 장 자크 루소, 베르나르뎅 드 생 피엘, 샤토브리앙 등은 비록 스스로 자각하지는 않았지만, 그들의 몇몇 작품에서는 독일파에 속한다. 즉, 그들은 자신의 재능을 오로지 영혼 깊숙한 곳에서 퍼올린다. 하지만 프랑스문학에서의 금기를 적용하여 독일의 작가들을 훈련시키려고 해도, 그들은 프랑스인들이 가르쳐주는 암초의 한복판에서 어떻게 항해해야 좋을지 모를 것이다. 그들은 먼바다로 나간 것을 후회할 것이며, 그 정신은 계몽되기보다는 혼란스러워질 것이다. 그렇다고 해서 무엇이든지 해보거나 느닷없이 한계를 부과하는 것도 옳지 않을 것이다. 그들에게는 그들의 견해에 따라 한계를 설정하는 것이 중요하다. 그들에게 어떤 불가결한 제약을 받아들이게 하기 위해선 그런 제약의 원리까지 소급해 설명해야 한다. 조소를 앞세워 설명하려고 했다가는 반발에 부딪힐 뿐이다.

모든 나라의 재사들은 서로 이해하고 평가하게끔 되어 있다. 그러나 독일과 프랑스의 일반적 작가나 독자는 라퐁텐의 우화를 상기시킨다. 황새는 접시 위의 음식을 먹을 수 없고, 여우는 병에 든 음식을 먹을 수 없다. 고독 속에서 발달한 정신과 사교로 형성된 정신 사이에서는 완벽한 대조가 발견된다. 외관의 인상과 정신의 사색, 인간에 대한 지식과 추상개념의 학습, 행동과 이론은 완전히 대조적인 결과를 낳는다. 두 민족의 문학, 예술, 철학, 종교는 그러한 차이를 증명한다. 그리고 영원한 장벽인 라인 강이 지리적으로 두 나라를 낯선 존재로 만들고 있듯이, 지적으로도 이 두 지역을 가로막고 있다.

독일문학에 대한 영국의 평가

독일문학은 프랑스보다 영국에 훨씬 잘 알려져 있다. 영국 쪽이 외국어공부에 더 열심이고, 성격적으로도 프랑스인보다 영국인이 독일인과 더 친근하다. 그렇지만 영국에도 독일의 철학과 문학에 대한 편견이 있다. 그 원인을 찾아보는 것은 흥미로운 일이라고 하겠다.

영국에서 정신을 형성하는 것은 사교의 취향이나 대화에 대해 가진 즐거움과 관심이 아니다. 사업, 의회, 행정이 모든 사람의 머릿속에 꽉 차 있고, 정치적 관심이 사색의 중요한 대상이다. 영국인은 모든 일에서 즉각 응용이 가능한 결과를 원한다. 따라서 실용보다 미(美)를 대상으로 하는 철학에 반감을 갖는 것이다.

영국인은 품위와 실익을 절대로 분리하지 않는 것이 사실이고, 필요한 경우에 그들은 명예를 위해 유용한 것을 희생할 채비가 항상 되어 있다. 그러나 《햄릿》에 나오는, 독일인이 엄청 열중하는 망령과의 대화[1]에 영국인은 그다지 동감하지 않는다. 영국인의 철학은 인류의 복지에 도움이 되는 결과를 얻는 것을 목표로 한다. 독일인의 철학은 진리를 위해 진리를 탐구하며, 사람들이 그것을 어떻게 활용하는가는 생각하지 않는다. 그들 정부의 체질로 인해 독일인은 영예에 빛나거나 조국에 도움이 될 수 있는 화려한 기회가 없기 때문에, 모든 분야에서 명상에 잠기고 그들의 냉엄한 운명이 지상에는 허락하지 않는 거처를 천상에서 구한다. 그들은 이상(理想)을 좋아하는데, 그 이유는 현 상태로서는 그들의 상상에 말을 건네오는 것이 없기 때문이다. 영국인이 자기들이 소유하는 것, 현재 상태로서의 자신들의 모든 모습과 앞으로 될 수 있는 모든 모습에 대해 긍지를 갖는 것은 당연하다. 그들은 스스로의 상상력과 사랑을 자기 나라의 법, 풍속, 신앙에 바친다. 이러한 고귀한 감정은 영혼에 더욱 많은 힘과 에너지를 준다. 그러나 사고는 한계도, 정해진 목적조차 없고, 광대한 것, 무한한 것과 끊임없이 관계되면서 이승의 일에 아무런 관심도 갖지 않을 때, 훨씬 심원해질 것이다.

하나의 구상(構想)이 굳혀질 때마다, 즉 제도로 될 때마다 그 결과나 영향을 주의 깊게 검증하고, 그 구상의 적용범위를 정확히 한정하고 정착시키는 것보다 더 좋은 일은 없다. 그러나 학문적 이론에 관해서는 이론 그 자체를 고찰해야 한다. 실용화나 유용성을 문제삼아서는

---

1) 셰익스피어의 《햄릿》(1600~1601) 제3막 제4장. 햄릿에게만 보이고 곁에 있는 어머니에게는 보이지 않는 망령과의 대화.

안 되며, 철학에서의 진리 탐구는 시에서의 상상력과 마찬가지로 어떠한 멍에에도 구애되어서는 안 된다.

독일인은 인간정신의 척후병(斥候兵)과도 같다. 그들은 새로운 길을 개척하려고 애쓰며, 미지의 방법을 시도해본다. 무한으로의 탐방에서 되돌아온 그들이 무엇을 말하는지 어찌 궁금하지 않겠는가? 영국인은 성격은 그토록 독창적인데, 대체적으로 새로운 체제에는 꽤 신중하다. 현명한 지성 덕분에 생활 면에서 많은 혜택을 받았기 때문에, 지적 연구 면에서도 같은 것을 기대한다. 그러나 지적 연구에서 대담함과 재능은 불가분한 것이다. 종교와 윤리를 존중하는 한에서, 재능은 자기가 원하는 만큼 멀리 나아가야 한다. 재능은 사고의 제국을 키워낸다.

독일에서는 지배적 철학사조가 문학에 강한 영향을 주기 때문에 어느 한쪽의 소원함은 다른 분야에까지 영향을 미친다. 그러나 영국인은 최근에 즐겨 독일의 시를 번역하고, 공통된 원천에서 유래했음이 분명한 유사성을 절대로 간과하지 않는다. 영국의 시에는 감수성이 더 풍부하고, 독일의 시에는 상상력이 더 많이 들어 있다. 영국인의 감정에는 가정적 애정이 지배적이며, 그들의 시에선 섬세하고 안정된 애정이 느껴진다. 모든 점에서 자유가 없기 때문에 독립심이 강한 독일인은 사상이나 감정을 묘사할 때 구름 속처럼 애매하게 한다. 그들의 눈앞에서 우주는 흔들리고, 그들 시선의 불안정성 그 자체로 인해 그들의 재능이 이용할 수 있는 대상의 수가 많아지는 것처럼 보인다.

독일 시의 중요한 표현법 중 하나인 공포의 원리는 요즘 영국의 상상력에 별로 영향력을 갖지 못한다. 영국인은 자연을 매력적으로 묘사한다. 그러나 영국인에게 자연은 더 이상 그 품안에 유령이나 전조를 숨긴 두려운 힘이 아니다. 자연은 현대인에게 더 이상 고대인이 겪었던 운명과 같은 자리를 차지하는 것이 아니다. 영국에서 상상력은 거의 항상 감수성에 의해 고취된다. 독일인의 상상력은 가끔은 거칠고 기묘한 데가 있다. 영국의 종교는 보다 엄격하고 독일은 보다 애매하다. 그리고 그 나라의 시에는 반드시 각자의 종교적 감정이 새겨져 있을 것이다. 영국에서는 프랑스에서처럼 예술에서 예절이 무엇보다도 중요하게 여겨지는 것은 아니지만, 독일에서보다는 일반 대중의 의견이 많이 반영되어 있는데, 그 이유는 영국이 통일된 국가이기 때문이다. 영국인은 모든 일에서 행동과 원리를 일치시키려고 한다. 현명하고 잘 조직된 국민으로, 현명함 안에서 영예를, 질서 안에서 자유를 이해했다. 독일인은 영예와 자유를 단지 꿈꾸어보았을 뿐이므로, 사상을 응용과는 별도로 검토했고, 따라서 이론에서 당연히 보다 높은 수준에 이르렀다.

현대 독일의 문학자들은 (이상하게 생각될 것이 틀림없으나) 시에 철학적 고찰을 도입하는 것을 영국인보다 더 싫어한다. 영국문학의 제일가는 천재 셰익스피어, 밀턴, 송가(頌歌)에서의 드라이덴은 추론의 정신에 몰두한 적이 없다. 그러나 포프나 그 외의 사람들은 교훈적이며, 모랄리스트로 간주해야 할 것이다. 독일인은 젊음을 되찾았고, 영국인은 성숙해졌다.[2] 독일인은 예술에서도, 철학에서도 열광을 소생시키는 경향이 있는 주장을 표명한다. 만약 그들이 이 주장을 변함없이 계속한다면, 그들을 칭찬해주어야 한다. 왜냐하면 시대의 흐름이 그들에게도 밀어닥치고 있기 때문이다. 바야흐로 단지 아름다울 뿐인 것은 점점 더 경멸당하게끔 되어가고 있다. 무슨 소용이 있나? 라고 하는 가장 속된 질문이 더욱더 빈번하게 나오게 되어 있는 것이다.

---

2) 현대의 영국 시인들은 독일인과 합의를 보지 않았는데도 동일한 사상체계를 채택했다. 교훈시는 중세의 이야기나 동양 왕의 이야기로 대신했다. 논리나 웅변마저도 본질적으로 창조적인 예술에서는 불충분할 것이다.

독일문학의 주된 시기

독일문학에는 이른바 황금시대, 즉 위정자들의 보호로 문예의 진보가 장려되었던 시대가 없었다. 이탈리아에서는 레오 10세, 프랑스에서는 루이 14세, 고대에서는 페리클레스[3]와 아우구스투스가 자신의 이름을 그 세기에 주었다. 또 앤 여왕의 치세는 영국문학의 가장 화려한 시대로 간주되고는 있으나, 그 국민은 자립하고 있었으므로 군주 덕분에 위대한 인물을 얻는 일은 없었다. 독일은 분할되어 있었다. 오스트리아에서는 문예에 대한 취향을 찾아볼 수 없었고, 또 프로이센 전체에 군림한 프리드리히 2세는 독일의 작가들에게 전혀 관심을 보이지 않았다. 따라서 독일문학은 하나의 중심으로 집중되는 일도 없었고, 또 국가의 지원을 받은 적도 없었다. 대개 문학이란 이와 같은 고독, 이와 같은 자립이 있으면 독창성과 기백을 더 많이 가질 수 있는 것 같다. 실러는 다음과 같이 말했다.

> 우리는 보았다. 조국의 자식들 중에서 가장 위대한 아들인 프리드리히에게 인정받지 못한 시가 자기를 보호해줄 것 같지도 않은 막강한 왕관으로부터 멀어져 가는 것을. 그러나 시는 스스로 독일의 시라고 감히 말하면서, 스스로의 힘으로 영광을 창출하는 것을 긍지로 느꼈다. 게르만의 음유시인의 노래는 이 산, 저 산에 울려 퍼지고, 폭포와 같이 산골짜기마다 흘러내렸다. 독립적인 시인은 자신의 마음이 느끼는 인상만을 법으로 삼았고, 자신이 지닌 재능만을 주인으로 섬겼다.[4]

독일의 문학자가 정부에 의해 격려받는 일이 전혀 없었던 결과, 오랫동안 그들은 서로 다른 방향을 향해 제각기 주력했고, 그들 문학의

3) Perikles(BC 495?~429). 고대 아테네의 정치가. 아테네 민주정과 아테네 제국이 최고도의 발전을 이룬 전성기에 중심 인물로 활약했다.

4) 《독일의 뮤즈》(1800) 제 3장 제 2절, 제 3절의 의역.

정말로 주목할 만한 시대를 맞이하는 것이 늦어지고 말았다.

천 년 전부터 독일어는 우선은 수도사, 이어서 기사, 그리고 종교개혁이 다가올 무렵에는 한스 자크스나 세바스찬 브란트와 같은 직인, 그리고 기타 사람들에 의해, 마침내 최근에 와서는 학자들에 의해 연마되었는데, 그들은 독일어를 사고의 미묘한 양상까지 표현할 수 있는 적합한 말로 승화시켰다.

독일문학을 구성하는 작품을 검토해보면 작가의 재능에 따라 각기 다른 교양의 흔적이 보인다. 마치 산 속에 지각변동에 따른 다양한 광물층이 보이는 것과도 같다. 문체는 작가에 따라 완전히 그 성격을 달리하고, 외국인은 그가 이해하고 싶은 새 책을 접할 때마다 새로 공부해야 한다.

기사도 시대에 유럽 대부분의 나라에 있었던 것처럼 독일에도 사랑과 전쟁을 노래한 트루바두르와 병사가 있었다. 《니벨룽겐의 노래》라고 하는 13세기에 창작된 서사시가 최근에 발견되었다. 모든 것이 원시 자연의 색깔처럼 진실하고 강하고 분명했던 당시 남성들의 특징인 영웅주의와 충성심을 거기에서 볼 수 있다. 그 시에 사용되는 독일어는 현대의 것보다 이해하기 쉽고 단순하며, 아직 총괄적 개념은 전혀 소개되지 않은 채로 성격의 특징만이 표현되어 있을 뿐이었다. 당시의 게르만 민족은 유럽의 여러 국민 중에서 가장 호전적으로 보였다. 오랜 전승으로는 굳건한 성과 사람들이 스스로 목숨을 바치게 되는 아름다운 여주인공의 이야기뿐이다. 후에 막시밀리안이 기사도 정신을 소생시키려고 했을 때, 인간정신은 이미 그 성향을 잃었고 이미 종교논쟁이 시작되고 있었는데, 종교논쟁이란 인간의 사고를 형이상학으로 돌리고 또 영혼의 힘을 무훈보다는 사고에다 두는 것이었다.

루터는 독일어를 신학 토론에 사용함으로써 독일어를 대단히 성공적으로 완성시켰다. 그의 〈시편〉과 《성경》의 번역은 지금까지도 훌륭한 본보기이다. 그의 문체에서 보이는 진실성과 시적 간결성은 독일어의 정수와 완전히 일치하고, 단어의 음 그 자체에 무언지 모를 정력적인 솔직함이 있어서 안심하고 그 말에 기대어 쉴 수 있다. 독일인끼리 서로 싸우는 불행을 맛보아야 했던 정치적·종교적 전쟁은 사람들로 하여금 문학을 외면하게 했다. 사람들이 다시 문학에 관심을 갖게 되었을 때는 마침 루이 14세의 비호 아래에 있었던 시대로, 유럽의 궁정인이나 작가들은 대부분 프랑스를 모방하려고만 했다.

하게도룬, 게라트 바이세 등의 작품은 활기를 잃은 프랑스 작품에 불과하다. 독창성도 없고, 그 나라의 타고난 재능과 합치되는 점이 전혀 없다. 프랑스인의 생활방식이나 습관에서 영감을 얻는 것도 아니면서, 프랑스적 우아함을 지향하고 있었다. 규칙에 따르기는 했지만, 이러한 구속 자체에 매력을 느낄 수 있는 우아함도, 감각도 느낄 수 없었다. 프랑스파에 이어 다른 유파가 곧 잇따라 일어났고, 그것은 독일어권 스위스에서 성장했다. 그 유파는 처음에 영국 작가의 모방에 그 기반을 두었다. 위대한 할러의 예에 힘을 얻은 보드마는 영국문학 쪽이 프랑스문학보다 독일의 정수에 적합하다는 것을 증명하려고 노력했다. 감식안도 재능도 없는 학자인 고트세트는 그 의견에 반대했다. 이 두 유파의 논쟁에서 커다란 빛이 뿜어져 나왔다. 그때 몇몇 사람들이 스스로의 길을 개척했다. 클롭슈토크는 영국파의 선두에 서고, 빌란트는 프랑스파의 선두에 섰다. 그러나 클롭슈토크가 후계자를 위해 새로운 길을 마련한 데 반해, 빌란트는 18세기의 프랑스학파의 최초이며 최후의 사람이 되었다. 최초인 이유는 그에 필적하는 사람이 그 분야에 없기 때문이며, 최후인 이유는 독일의 작가들이 전혀 다른 길로 갔기 때문이다.

튜튼계의 모든 국민 안에는 시간이 흘러 재로 덮인 성스러운 불의 반짝임이 있기 때문에, 클롭슈토크는 우선 영국인을 모방하고 독일인 특유의 상상력과 성격을 깨우치게 되었다. 거의 같은 무렵 빙켈만은 미술에서, 레싱은 비평에서, 괴테는 시에서 진정한 독일학파를 구축했다. 물론 이들 각자의 개성과 재능 사이에 존재하는 많은 차이에도 불구하고 일괄하여 독일학파라고 부를 수 있다면 말이다. 나는 시, 극예술, 소설, 역사를 따로따로 고찰하려고 한다. 그러나 독일에서는 각각의 천재가 이를테면 각기 다른 유파를 형성하고 있기 때문에, 그들의 작품을 분석하기 전에 우선 각 예술가마다 특히 뛰어난 주요 특징을 밝히는 것으로 시작하여 가장 유명한 작가들의 인간적 면모를 살펴보는 것이 필요할 것이다.

빌란트

프랑스식으로 쓴 독일의 모든 작가 중에서 재능이 보이는 사람은 빌란트[5] 뿐이다. 그는 거의 항상 외국문학을 모방했으나, 독일어를 잘 다듬어 보다 더 쉽고 듣기 좋은 작시법을 완성시킨 공로를 간과할 수 없다.

독일에는 루이 14세 시대의 프랑스문학을 추종하려는 일군의 작가가 있었다. 빌란트는 18세기 문학을 성공적으로 도입한 첫 번째 사람이다. 그의 산문으로 된 저작에는 볼테르와의 몇몇 유사점이, 시에는 아리스토텔레스와의 유사점이 있다. 그러나 의도적으로 이루어진 이러한 모방이 그가 본래 지닌 독일인다운 진면목을 손상시키지는 않았다. 빌란트는 볼테르보다 훨씬 학식이 깊다. 그의 고전연구에 대한 학문적 깊이는 프랑스의 어느 시인과도 비교되지 않는다. 이러한 빌란트의 단점이자 장점으로 인해 그는 프랑스식의 우아하고 가벼운 작품을 쓸 수는 없었다.

---

5) Christophe Martin Wieland(1733~1813). 독일의 소설가, 시인. 남부 독일 비버라흐 근교 태생. 독일 로코코문학의 대표자로, 젊어서는 경건주의 사상의 영향을 받고 종교적인 몽상적 시를 썼으나, 그 후 관리가 되어 이신론(理神論)과 그리스 사상을 접하고부터는 오직 현세적 생의 찬미를 위해 문필을 구상했다. 에르푸르트대학 철학교수, 바이마르 공국 공자들의 개인교사, 추밀고문관 등을 역임했고, 괴테와도 친교가 깊었다.

그의 철학적 소설 《아가톤》, 《페레그리누스》, 《프로토이스》에서는 처음부터 분석과 토론, 형이상학이 등장한다. 그는 거기에 이른바 미사여구를 섞는 것을 의무화했다. 그러나 그가 섭렵하고자 하는 모든 주제를 깊이 파내려가지 않고는 그의 직성이 풀리지 않음을 쉽게 짐작할 수 있다. 빌란트의 소설에서는 심각함과 경쾌함이 너무 노출되어 있어서 어울리지 않는다. 왜냐하면 어떤 일에서도 대비는 자극적이지만, 극단적 대조는 피곤하기 때문이다.

볼테르를 모방하기 위해서는 이 무관심을 표현하는 신랄한 방법 말고도, 모든 일에 눈 하나 깜짝하지 않는 냉소적이며 철학적인 무관심이 있어야 한다. 독일인은 절대 그러한 사치스러운 농담을 하는 경지에 다다르지 못한다. 독일인은 너무 진실에 집착하여 모든 일의 진상을 알기 원하고 설명하려고 한다. 그리고 지탄받을 만한 의견에 가담하게 되면 그 즉시 남모를 죄책감에 시달려 주저앉게 된다. 향락주의적 철학은 독일인의 철학에 어울리지 않는다. 그들은 이 철학에 교조주의적 성격을 부여하나, 향락주의는 가벼운 형식으로 표현될 때에만 매력이 있다. 향락주의 철학에 원칙이 부여되자마자 그 철학은 만인에게 불쾌한 것이 되고 만다.

빌란트의 운문작품은 산문작품보다 훨씬 우아하고 독창적이다. 《오베론》이나 그 밖의 시들은, 다른 절에서 언급할 예정이지만, 매력 있고 상상력이 풍부하다. 그러나 그는 사랑을 너무 진지하지 않게 다룬다고 비난받았는데, 그것은 여성을 아직도 그들 조상이 하던 식으로 존중하는 독일인다운 판단임에 틀림없다. 그가 아무리 분방하게 상상력을 구사했다손 치더라도, 그에게 참된 감수성이 있다는 사실은 누구도 부정하지 못한다. 그는 사랑에 관해서 선의로 혹은 악의로 마구 농담했으나, 진지한 성격은 그로 하여금 과감히 거기에 빠지지 못하게 한다. 그는 저주하는 대신 축복하는 예언자와도 같이 처음에는 야유로 시작했지만 마침내 측은하게 여기기 때문이다.

빌란트와의 대화는 대단히 매력적인데, 그 이유는 바로 그의 성격과 철학이 대조적이기 때문이다. 이러한 불균형은 작가로서의 그에게 득이 되지 못하나, 사교계에서는 그를 매우 두드러지게 만든다. 재능이 있는 사람들이 다 그렇듯이, 그는 생기가 넘치고 열광적인 만년(萬年) 청년이다. 그럼에도 그는 회의적이며, 남이 그의 멋진 상상력을 빌리면 상대는 그에게 자신감을 주기 위해서 그렇게 하는 것인데도 불구하고 화를 낸다. 천성은 호의적인데, 어떤 때에는 자신에 대한 불만 때문에, 또 어떤 때에는 남에 대한 불만 때문에 기분이 격해지기도 한다. 자신에게 불만인 이유는 사물이나 말로는 표현되지 않는 자신의 생각을 완벽하게 표현하고 싶기 때문이다. 그는 대화의 기술에서는 완벽함보다 더 어울리는 대략적 표현에 만족하지 않는다. 그가 어쩌다 남에게 불만을 품는 것은 그의 약간은 느슨한 주의주장과 고양된 감정이 서로 쉽게 용납되지 않기 때문이다. 그에게는 독일의 시인과 프랑스의 철학자가 동거하고 있어서 번갈아가며 서로 상대에게 화를 내지만, 그 화라는 것도 대단히 견디기 쉬운 것이다. 사상과 지식으로 차 있는 그와의 대화는 다양한 분야의 많은 지식인들이 대화의 원천으로 삼는 데 도움이 될 것이다.

독일문학에서 외국의 영향을 완전히 배제한 진보적 작가들은 빌란트에 대해 종종 공정하지 않았다. 비록 번역본이긴 하지만 저작으로 전 유럽에 관심을 불러일으킨 것도 그이며, 문학의 매력에 고전의 지식을 이용한 것도 그이다. 또 풍부하기는 하나 거친 독일어 시에 음악적이며 우아한 유연성을 준 것도 그이다. 그렇기는 하지만, 그의 저작을 누군가 모방한다면 그의 조국으로서는 이로울 것이 없는 게 사실이다. 즉, 국민적 독창성이 한결 낫다고 생각했기 때문에, 거장으로서 빌란트의 공적은 인정하면서도 국민들은 그가 제자를 갖지 않는 것을 바람직하게 여겼다.

클롭슈토크

독일에서는 프랑스학파보다 영국학파 안에 주목할 만한 인물이 훨씬 많이 있었다. 영국문학에 의해 육성된 작가 중에서는 찬탄할 만한 할러[6]를 우선 꼽지 않을 수 없다. 그의 시적 재능은 자연에 대해 보다 뜨거운 열광을 갖게 하고, 자연현상을 보다 넓은 안목으로 관찰하게 했다. 그것은 학자인 그에게 매우 효과적인 역할을 했다. 게스너[7]는 독일보다도 프랑스에서 훨씬 평가받고 있다. 또 글라임,[8] 라믈러 등이 있으며, 누구보다도 클롭슈토크[9]가 있다.

그의 천재성은 밀턴[10]과 영[11]을 읽음으로써 불붙었다. 그러나 진정한 독일학파는 클롭슈토크와 더불어 시작되었다. 그는 그가 지은 송가 중 하나에서 두 뮤즈의 경쟁심을 훌륭하게 노래로 표현한다.[12]

---

6) Albrecht von Haller(1708~1777). 스위스의 의학자, 식물학자, 시인. 베른 출생. 튀빙겐대학을 졸업한 후에 레이덴대학으로 옮겨 의학을 전공하고 런던, 파리, 베젤 등 각지에서 유학했다. 의학백과사전을 집필한 외에, 식물학자로서 스위스 지방의 식물을 연구했으며, 시인, 전기작가로서도 일가를 이루어 다채로운 재능을 발휘했다.

7) Johann Matthias Gesner(1691~1761). 독일의 언어학자. 1710년에 예나대학을 졸업한 뒤 김나지움의 교장 등을 거쳐 34년에 신설된 괴팅겐대학의 수사학 교수가 되었다.

8) Johann Wihelm Ludwig Gleim(1719~1803). 독일 시인. 할레대학에서 법률을 배웠으나 뒤에 문학으로 전향했다.

9) Friedrich Gottlieb Klopstock(1724~1803). 독일의 시인으로 크베들린부르크에서 출생. 예나대학과 라이프치히대학에서 신학을 공부하고, 당시 지배적이던 합리주의적 계몽문학에 대항하여 경건주의에 뿌리박은 서정 넘치는 작품을 썼다.

10) John Milton(1608~1674). 영국의 시인. 《실락원》의 저자로서 셰익스피어에 버금가는 대시인으로 평가된다.

11) Edward Young(1683~1765). 영국의 시인. 풍자시 *The Universal Passion; The Love of Fame*(1725~1728)으로 명성을 얻었으나 그를 유명하게 한 작품은 〈밤의 상념〉(*The Complaint of Night Thoughts*) (1742~1745)이다.

12) 《두 명의 뮤즈》(1752).

나는 보았다. … 오! 가르쳐다오, 그것은 그 순간 일어난 일이었던가, 아니면 미래의 일이었던가? 나는 게르마니아의 뮤즈가 영국의 뮤즈와 함께 원형경기장에 나타나 승리를 향해 힘껏 달리는 것을 보았다.

경기장 끝에 세워진 두 개의 골인지점은 잘 보이지 않았다. 하나는 떡갈나무의 그늘에, 또 하나는 종려나무에 둘러싸여 있었다.[13)]

그와 같은 싸움에 익숙한 모습으로 알비온의 뮤즈는 자랑스럽게 경기장으로 내려왔다. 그녀는 그 전장을 전부터 알고 있었다. 메온의 아들[14)]과 카피톨의 성가대와 숭고한 싸움이 있었을 때, 그녀는 이미 그 장소를 뛰어다녔던 것이다.

그녀는 라이벌을 보았다. 젊고 떨고 있었지만 그 떠는 모습은 훌륭했다. 승리에 대한 의욕은 그의 얼굴을 붉게 물들였고, 금발은 어깨에 나부끼고 있었다. 이미 몹시 감동한 가슴 벅참을 참을 수 없었던 그녀의 귀에는 승리의 나팔이 들려오는 것 같았다. 그녀는 경기장을 뚫어지게 바라보았고 골인지점을 향해 몸을 기울였다.

그런 라이벌을 가진 것이 자랑스럽고, 또 자신에 대해서는 더욱 자랑스러워진 고귀한 영국 여성은 한눈에 트위스콘의 딸을 알아보았다. '네, 기억하고 있습니다' 라고 그녀는 대답했다.

"떡갈나무 숲 속에서, 고대 음유시인의 곁에서 우리는 함께 태어났지요. 그러나 당신은 이미 이 세상에 없다고 들었습니다. 용서해주세요, 오, 뮤즈, 혹시 당신이 영원한 생명을 얻고 다시 태어났다면 여태껏 모르고 있었던 실례를 용서해주세요. … 골인지점에 가면 잘 알게 되겠지요. 저기예요. … 멀리 보이세요? 떡갈나무 저쪽에, 종려나무가 보이고, 또 월계관이 보이시지요? 그대는 말이 없군요. … 오! 그 기품 높은 침묵, 그 마음속 깊이 간직한 용기, 땅을 뚫어지게 바라보는 눈초리. … 익히 잘 알고 있어요. 그렇더라도 … 위

---

13) 〔원주〕 떡갈나무는 애국적 시의 상징이며, 종려나무는 동양에서 온 종교적 시의 상징이다.

14) 원문에서는 '메오니데' 라고 되어 있다. 이것은 호메로스의 별명인데, 그 유래가 호메로스가 태어난 토지에 있는 것인지 혹은 메온의 아들이라는 의미인지에 대해서 정설은 없다. 여기서는 마담 드 스탈의 해석대로 '메온의 아들'이라고 번역했다.

험신호가 나오기 전, 다시 한 번 생각해봐요. 자… 테르모피레스의 뮤즈와 일곱 개의 언덕에 사는 뮤즈와 이미 싸운 사람은 바로 나 아니었나요?"

그녀는 말했다.

"결정적인 순간이 다가왔군요. 전령이 달려옵니다."

"오, 알비온의 아가씨여."

하고 게르마니아의 뮤즈는 외쳤다.

"저는 당신을 사랑해요. 존경도 하지만 사랑도 한답니다. … 그러나 불멸이, 종려나무가, 저에게는 당신보다 중요한 걸요. 만일 당신의 재능이 그러길 원한다면 저 월계관을 가지세요. 그러나 그것을 저에게도 나누어주세요. 내 가슴이 왜 이렇게 두근거릴까… 불멸의 신들이여, 만일 제가 숭고한 골인지점에 좀더 빨리 닿는다면, … 오! 그제야 당신은 저를 가까이 따라오겠지요. 당신이 내뿜는 숨이 저의 나부끼는 머리카락을 흔들겠지요."

갑자기 나팔이 울려 퍼졌다. 그녀들은 독수리의 속도로 날았다. 넓은 경기장에 먼지의 구름이 솟아올랐다. 두 사람의 모습은 떡갈나무 곁에 보였다. 그러나 구름이 더욱더 두터워졌고, 이윽고 두 사람의 모습은 시야에서 사라졌다.

송가의 결말은 이상과 같은데, 승자가 어느 쪽인지를 밝히지 않은 점이 우아하다고 하겠다.

문학적 견지에서 클롭슈토크의 작품에 대해 검토하는 일은 독일의 시를 논하는 뒤의 절로 넘기고, 지금은 그가 일생의 위업으로서 쓴 작품들을 살펴보는 것으로 그치고자 한다. 그의 모든 작품에는 목표가 있는데, 애국심을 조국에 불러일으키거나 종교를 칭송하는 일 등이다. 만일 시의 분야에도 성인이 있다면, 클롭슈토크는 최초로 열거되는 사람 중 하나가 되어야 할 것이다.

그의 송가 대부분은 그리스도교의 〈시편〉과 같이 생각된다. 《신약성경》의 다윗과 같은 사람, 그가 바로 클롭슈토크이다. 그러나 그의 재능은 말할 것도 없고, 특히 그의 인품을 말해주는 것은 그가 20년을 바쳐 완성한 서사시 형태의 성가 《구세주》이다. 그리스도교는 두 개의 시, 단테의 《지옥》 편과 밀턴의 《실락원》을 갖고 있었다. 전자는 이탈리아인의 외면적 종교에 어울리게 이미지와 망령으로 가득 차 있다. 밀턴은 시민전쟁이 한참 진행 중일 때 살았기 때문에 성격묘사에 특히 뛰어났다. 그가 묘사하는 사탄은 하늘의 왕국에 반항해 무장한 거대한 반도(叛徒)이다. 클롭슈토크는 그리스도교 정신을 그 순수한 측면에서 파악했다. 그의 영혼은 인류의 성스러운 구세주께 바쳐졌다. 교회의 신부들은 단테에게, 성경은 밀턴에게 영감을 주었다. 클롭슈토크의 시 중 가장 아름다운 부분은 《신약성경》에서 따온 것이다. 그는 복음서의 성스러운 단순함에서 순수성을 전혀 손상시키지 않고 시적 매력을 끄집어낼 줄 안다.

그 시를 읽기 시작하면, 마치 커다란 교회 안으로 들어가는 것 같은 생각이 든다. 교회의 중앙에선 오르간이 울린다. 《구세주》를 읽다보면, 주님의 성전이 불러일으키는 감동과 명상이 영혼을 감싼다.

클롭슈토크는 젊은 시절부터 시를 생의 목표로 삼았다. 내 생각엔 어떤 분야에든 사람이 고귀한 목표, 위대한 사상의 발자취를 남긴다면, 자신의 인생에 대한 의무를 훌륭하게 다한 것 같다. 그리고 다방면으로 빛을 내고 있는 자기의 재능과 성과를 모아 단 하나의 사업으로 가게 하는 사람은, 그것으로 이미 훌륭한 성격을 증명하고 있는 것이다. 《구세주》의 장점, 단점이 어떻게 왈가왈부되더라도 그 몇몇 시구는 반드시 읽어봐야 할 것이다. 작품 전체를 끝까지 다 읽는 데에는 끈기가 필요하다. 그러나 《구세주》로 되돌아갈 때마다 성령께서 함께 하심을 느끼고 하늘의 섭리를 깨닫는 듯하다.

오랫동안의 노고와 긴 세월이 지난 후에 클롭슈토크는 드디어 그 시를 완성시켰다. 호라티우스,[15] 오비디우스 등은 다양한 방법으로 그

15) 호라티우스(BC 43~AD 17 혹은 18)의 《전신(轉身) 이야기》(AD 1 혹은 2) 제15권 876절에서 이 의미에 대한 노래가 불린다.

들 작품에 불멸의 생명을 보증하는 강한 긍지를 표현했다.

"나는 청동보다도 내구성이 강한 기념비를 쌓았다. 나의 이름은 영원히 사라지지 않을 것이다."

이것과는 전혀 다른 성질의 감회가 《구세주》를 완성하고 난 클롭슈토크의 영혼에 스며들었다. 그것을 그는 그 시의 마지막에 붙인 속죄주를 찬양하는 노래 안에서 다음과 같이 표현하고 있다.

> 오, 하늘에 계신 중개자. 저는 당신을 고대하고 있었습니다! 저는 새로운 계약을 맺는 찬송가를 불렀습니다. 무서운 길을 빠져나왔고, 당신은 저의 발걸음이 불안한 것을 용서했습니다.
>
> 감사드리는 마음, 끊임없고 불타는 고양된 감정이 제 하프의 화음을 울리게 합니다. 빨리 와주세요. 제 마음은 기쁨으로 넘쳐 있습니다. 저는 감동의 눈물로 목이 메어 있습니다.
>
> 저는 아무런 대가도 바라지 않습니다. 저는 저의 신을 노래했으므로, 이미 천사의 기쁨을 체험한 것이 아니겠습니까? 은총은 저의 마음 속 깊이 스며들어 저의 생명 가장 깊은 곳에 있는 것이 뒤흔들렸습니다.
>
> 하늘과 땅이 저의 눈에서 사라져 보이지 않게 되었습니다만, 곧 폭풍은 가라앉았습니다. 제 삶의 숨결은 봄날의 고요하고 맑은 공기와도 같았습니다.
>
> 아! 얼마나 저는 은총을 입었는지요! 저는 그리스도교인들의 눈물을 보지 않았던가요? 저세상에 가서도 역시, 저는 성스러운 눈물로 맞아들여질 것입니다!
>
> 저는 인간으로서의 기쁨도 느꼈습니다. 마음을 당신에게 감추려고 해도 소용없습니다만, 제 마음은 영광을 향한 야망에 흔들렸습니다. 젊은 시절에는 성공하기 위해 가슴이 설렜습니다. 지금도 아직 가슴이 뛰고 있습니다만, 움직임은 좀더 안정되어 있습니다.
>
> 당신의 제자는 신자에게 이렇게 말하지 않았습니까. "당신이 하는 생각이 언제나 덕이 있고 칭찬받을 만한 것이 되기를…!"이라고. 제가 인도자로서 택한 것은 그 하늘에 있는 불꽃입니다. 그것은 저의 눈앞에 나타나 저의 야심적인 눈에 더욱더 성스러운 길을 가르쳐

주는 것입니다.

이 불꽃에 의해 저는 이 세상의 쾌락에 대한 유혹 때문에 길을 잘못 가는 일은 없었습니다. 길을 잃고 유혹에 빠질 지경에 이르렀을 때, 저의 영혼이 가르침을 받았던 거룩한 시절의 추억, 천사들의 다정한 목소리, 그들의 하프, 그들의 합주로 저는 정신을 차릴 수 있었습니다.

저는 목표지점에 와 있습니다. 그렇습니다. 저는 드디어 해낸 것입니다. 저는 행복한 나머지 떨고 있습니다. 말하자면 (하늘에 관한 일을 좀더 인간적으로 표현한다면) 이와 같이 언젠가는 우리를 위해 죽으시고, 우리를 위해 부활하신 주님 곁에 가게 될 때에도 기쁨으로 몸둘 바를 모를 것입니다.

저의 주님이신 저의 하느님께서 많은 무덤을 넘어 이 목적지까지 인도해주셨습니다. 다가오는 죽음에 맞서는 힘과 용기를 주셨습니다. 예측할 수 없는, 그러나 엄청난 위험은 하늘의 방패가 보호해주는 시인으로부터 멀리 떨어지게 된 것입니다.

저는 새로운 계약의 노래를 완성시켰습니다. 두려움을 극복한 것입니다. 하늘에 계신 그리스도여, 저는 당신의 것입니다.

시적 열광과 신앙의 혼합은 찬탄과 동시에 감동을 불러일으킨다. 예전에 재능은 우화의 신격화에 바쳐졌다. 클롭슈토크는 재능을 신 그 자체에 봉헌했다. 그리고 그리스도교 신앙과 시의 행복한 결합에 의해서 그는 독일인들에게 예속적 모방자로서 고대인을 치켜세우는 것뿐 아니라, 그들 고유의 예술을 갖기 위해서는 어떻게 하면 좋은가를 보여주었다.

클롭슈토크를 알았던 사람은 그를 극구 칭찬하고 존경한다. 종교, 자유, 사랑이 그의 머리를 가득 채우고 있었다. 그는 스스로의 모든 의무를 다함으로써 종교를 몸소 보여주었다. 그는 순결한 피가 자유에 걸림돌이 되면, 자유의 원인 자체를 포기했다. 그가 마음에 집착하는 이유는 성실성 때문이었다. 어떤 일탈을 정당화하기 위해서도 자신의 상상력에 호소하는 일은 없었다. 상상력은 그의 마음을 달아오르게 하기는 했지만 결코 길을 잃게 하지는 않았다.

흔히 그와의 대화는 재치와 멋으로 가득 차 있다고 말한다. 또 그는 여성, 특히 프랑스 여성과의 대화를 좋아했고, 현학적인 사람이 배척하는 그런 종류의 즐거움에 대한 뛰어난 심판자였다고 한다. 나는 그 말이 맞을 거라고 생각한다. 왜냐하면 천재에게는 언제나 보편적인 그 무엇이 있기 때문이며, 또 어쩌면 천재는 은밀한 관련에 의해 우아함, 최소한 자연이 부여한 우아함과 관련이 있을지도 모르기 때문이다.

재능의 이름으로 그러한 결점을 묵인받으려고 하는 작가들도 많은 상황에서 그런 사람은 선망, 이기심, 강한 허영심과 얼마나 거리가 먼가! 만약 그들이 재능을 더 많이 지녔다면, 이 결점 중 어느 것도 그들을 동요시키지 않았을 것이다. 평범한 성격에 약간의 재치가 섞일 때, 사람들은 오만해지고 신경질적이 되고 자기도취에 빠진다. 진정한 재능은 감사와 겸손을 고취시킨다. 왜냐하면 누가 그 재능을 주었는지를 느끼는 동시에 그것을 주신 분이 그 재능에 어떤 한계를 두셨는지를 알기 때문이다.

《구세주》 제 2장에 마르타와 라자로의 여동생 마리아의 죽음을 그린 아름다운 장면이 있는데, 《성경》 안에서 명상적 덕의 표상으로 간주되는 곳이다. 라자로는 생애 두 번째로 그리스도의 방문을 받고, 누이동생에게 고통과 마음속 깊이 간직한 믿음으로 고별한다. 클롭슈토크는 마리아의 죽음을, 정의의 죽음 장면으로 묘사했다. 이제 그가 죽을 때가 되어 임상에 누워 있을 때, 그는 꺼져가는 목소리로 마리아에 관해 스스로 창작한 시의 구절을 되풀이해 낭송했다. 그는 관의 어두운 그림자 너머로 그 시구를 회상했고, 죽음을 헛되이 하지 않고 스스로 격려하기 위해 아주 작은 소리로 그 시를 중얼거렸던 것이다. 이렇듯 청년이 묘사한 감정은 노인의 마음을 위로하기에 충분히 순수했다.

아! 더럽혀진 적 없는 재능, 예술이라고 하는 매력적 형식을 가지고 너그러운 감정과 사람들의 마음 깊은 곳에 감춰진 종교적 희망을 드러내기 위해서만 쓰인 재능이란 얼마나 훌륭한 것일까!

마리아의 죽음을 노래한 바로 그 시가 클롭슈토크의 장례식에서 낭독되었다. 시인이 이 세상을 떠난 것은 늙어서였다. 그러나 덕이 있는 사람은 생명을 다시 젊어지게 하고 무덤에 꽃을 피게 하는 불멸의 종려나무 가지를 이미 손에 들고 있었다. 함부르크의 전 주민이 문학의 어르신에게 다른 곳에서라면 고위고관인 사람에게만 부여했을 유례없는 경의를 표했다. 이렇게 해서 클롭슈토크의 넋은 그 아름다운 인생에 어울리는 보답을 받았다.

레싱과 빙켈만

문학이 비평으로 시작된 나라는 아마 독일뿐일 것이다. 다른 나라에서는 비평은 걸작 다음에 나왔다. 그러나 독일에서는 비평이 많은 걸작을 낳았다. 이 차이로 인해 문예의 절정기에 도달한 시기가 달라진다. 근래의 몇 세기 동안 여러 나라가 문예에서 이름을 날렸으나, 독일인은 어느 다른 민족보다 뒤졌고, 다른 나라가 이미 걸어간 길을 뒤쫓아갈 수밖에 없다고 생각했다. 그러므로 비평은 독창성의 입지를 구축하기 위해 무엇보다도 모방을 멀리할 필요가 있었다. 레싱[16]은 참신한 명석함과 적확함으로 산문을 썼다. 신진 작가들의 문체는 사고의

16) Gotthold Ephraim Lessing(1729~1781). 독일의 계몽사상가. 극작 비평 문예이론, 고전학, 신학의 각 분야에서 활약하여 근대 독일문학의 성립에 공헌했다. 작센의 가난한 목사의 아들로 태어나 라이프치히대학에서 신학을 공부했으나, 일찍부터 독일의 몰리에르를 꿈꾸며 창작활동을 했다. 국민성의 관점에서 독일 연극의 모범을 프랑스 고전극에서보다 셰익스피어에서 구한 것은 역사적으로도 중요한 의미를 갖는다. 1760~1765년 브레슬라우에 주둔한 프로이센 사령관의 비서로 있으면서 스피노자 철학, 원시기독교, 교부신학, 고대미술 등 여러 방면의 교양을 쌓았다. 이것이 예술론《라오콘》(1766), 희극《미나 폰 바른헬름》(1767) 등의 결실로 나타났다.

깊이 때문에 흐트러지는 경우가 많다. 레싱의 성격은 심원할 뿐만 아니라, 약간 신경질적이기도 했으므로, 매우 정확하고 매우 신랄한 말을 생각해낼 수 있었다. 레싱의 문장은 그가 반박하는 의견에 대한 적개심에 의해 항상 생기가 넘쳐 있어, 불쾌감이 사상을 돋보이게 했다.

그는 연극, 철학, 고대, 신학 등에 차례로 관심을 보였는데, 그 모든 분야에서 사냥감 자체보다는 추적을 즐기는 사냥꾼처럼 진리를 탐구했다. 그의 문체는 프랑스인의 생생하고 재치 넘치는 간결함과 약간 비슷하다. 그는 독일어를 고전적으로 만들기 위해 노력했다. 신진 작가들이 더 많은 사고를 한꺼번에 포괄하지만, 틀림없이 레싱이 일반적으로 더 인기 있었을 것이다. 그의 정신은 새롭고 대담한데, 그럼에도 대중의 관심을 끈다. 그의 생각은 독일식이며 표현법은 유럽식이다. 논리에서는 기지가 풍부하고 치밀한 변증법론자이지만, 마음속은 아름다움을 향한 열광으로 가득 차 있다. 그는 불꽃 없는 열의와 언제나 활동적인 철학적 열정을 지니고 있었는데, 그것은 계속 되풀이되는 공격에 의해 영속적 효과를 산출하였다.

레싱은 당시 독일에서 유행하던 프랑스 연극을 분석하고, 독일인의 재능에는 영국의 연극이 더 친근하다고 했다. 《메로프》, 《자이르》, 《세미라미스》, 《로도귄느》의 비평에서, 그는 몇몇 부자연스러움은 문제가 아니라고 하면서 감정이나 성격의 성실성을 공격했고, 이들 가공 인물을 마치 실제 인물처럼 비난했다.[17] 그의 비평은 시법에 관한 것 못지않게 인간의 마음에 관한 논문이다. 일반적인 연극제도에 관한 레싱의 고찰을 올바르게 평가하기 위해서는 다음 절에서 시도하는 것처럼 독일인과 프랑스인의 연극관의 중요한 차이를 검증해보아야 한다. 그러나 문학사에서 중요한 것은 한 독일인이 프랑스의 위대한 작

---

17) 레싱, 《연극론》(1767~1769). 레싱은 여기에 열거된 볼테르의 고전주의 비극 《메로프》(1743년 초연), 사상극 《자이르》(1732년 초연), 당시의 문단에 도전해 쓴 비극 《세미라미스》(1748년 초연), 코르네이유(1606~1684)의 5막 운문비극 《로도귄느》(1644년 초연)를 번역했다.

가를 비판했다는 사실, 그것도 바로 다름 아닌 조소(嘲笑)의 왕자인 볼테르를 재치 있게 조소하는 용기를 가졌다는 사실이다.

취향도 기품도 없다고 해서 배척의 쓰라림을 당하는 국민으로서는, 모든 나라에는 그 나라 고유의 취향이 있고 천부적인 기품이 있기 때문에 문학적 영광은 다양한 방법으로 획득할 수 있다고 말하는 것을 듣는 것이 대단한 일이었다. 레싱의 저작은 새로운 충격을 주었다. 사람들은 셰익스피어를 읽었고, 자신은 독일에 있는 독일인이라고 자신 있게 말했을 뿐 아니라, 정확해야 한다는 멍에 대신에 독창성이 인정받게 되었다.

레싱은 극작품과 철학작품도 저술했는데, 그것들은 본서에서 따로 다루어볼 가치가 있다. 독일의 작가들은 항상 여러 관점에서 고찰해보아야 한다. 그들은 재능보다 사고력에서 훨씬 뛰어나기 때문에 어느 일정한 분야에만 열중하지 않는다. 그들은 그들의 사고를 서로 다른 영역 안으로 잇따라 끌고 간다.

레싱의 저작 중에 가장 주목할 만한 것은《라오콘》[18] 이다. 거기에서 그는 통찰력 있는 예와 철학적 이론 전개로 시와 회화 모두에 적합한 주제의 특징을 피력했다. 그러나 예술을 고찰하는 방식, 또 예술에 의해 문학을 고찰하는 방식과 관련하여 독일의 참다운 개혁자는 빙켈만[19] 이다. 그가 예술에 끼친 영향에 관해서는 다른 데에서 말하겠지

---

18) 레싱의 예술론. 1766년 작. 트로이의 신관인 라오콘의 비명(非命)의 죽음을 나타내는 대리석 군상과 이 사건을 노래한 베르길리우스의 시구와의 비교를 단서로 삼아 회화와 문학의 한계를 제시했다. 양자는 예로부터 알려진 근친관계에도 불구하고 모방의 대상, 제재, 기법을 달리하는데, 회화는 공간에 병존하는 물체를 형태와 색채에 의해, 문학은 시간과 함께 생기는 행위를 언어에 의해 그린다. 그러므로 회화가 행위를, 문학이 물체를 그려서 미적 효과를 올리려면 저마다 특수한 연구가 필요하다. 《라오콘》은 학술적 애용을 수상 형식으로 서술한 좋은 본보기이다. 《라오콘》의 우리말 번역은 《라오콘: 미술과 문학의 경계에 관하여》, 윤도중 역, 나남, 2008 참고.

19) Johann Joachim Wincklmann(1717~1768). 독일의 미학자, 미술사학자. 경제적으로 불우한 환경에서 자랐다. 주로 고대 그리스, 로마의 문화를 연구하

만, 문체의 아름다움은 독일의 작가 중에서 으뜸일 것이다.

처음에는 고대에 관해 책에서 얻은 지식밖에 없었던 그 사람은 고대의 고귀한 유산을 눈으로 확인하고자 했다. 그는 열정적으로 남방에 끌렸다. 태양에 대한 동경의 흔적, 북국의 사람들을 남국으로 몰아대는 북국생활에 대한 권태의 흔적은 독일인의 상상력 안에서 아직까지 발견된다. 아름다운 하늘은 애국심 비슷한 감정을 유발한다. 빙켈만이 이탈리아에서 오랫동안 머문 후 되돌아와서 보았던 눈과 눈 덮인 뾰족한 지붕, 연기로 칙칙해진 집의 광경은 그의 마음을 슬픔으로 가득 채웠다. 많은 예술품을 낳은 공기를 이제 들이마시지 못하게 된 이상, 예술도 더 이상 맛보지 못할 것같이 느껴졌다. 벨베데레의 아폴론이나 라오콘[20]에 관하여 쓴 글에서 그는 심오한 생각을 얼마나 훌륭하게 웅변으로 말하고 있는가![21] 그의 문체는 그가 관찰하는 대상만

여 《그리스 예술 모방론》(1755)을 출판했고, 당시 일어나고 있던 고전주의 사상의 선구자로 인정받게 되었다. 그 후 로마로 가서 고대유품과 각지의 유적을 조사 연구하고 저술에 몰두하여, 주요 저서 《고대예술사》(1764)를 간행했다. 그는 작품의 기술에 입각한 양식사의 방법을 창시함으로써 미술사학과 미학연구에 불멸의 공적을 남겼다. 레싱과 괴테, 헤겔의 고전관·조각관에도 큰 영향을 주었다.

20) 그리스·로마 신화에 나오는 트로이의 아폴론 신전의 신관. 안키세스(아에네아스의 아버지)의 형제. 트로이전쟁이 한창일 때 그리스인들은 트로이를 함락할 수 있는 계략으로, 거대한 목마를 만들어 아테네 여신에게 바치는 제물로 위장하고 그 안에 다수의 용사를 숨겼다. 라오콘은 이 목마를 성안으로 끌어들이는 데 반대했다. 결국 그는 아폴론 신과 아테네 여신의 분노를 사 바다 속에서 나온 두 마리의 큰 뱀에 의해 두 아들과 함께 감겨 죽는다. 이것이 트로이 함락의 직접적 원인이 되었다. 이 라오콘의 이야기는 없어진 아르크티노스의 서사시 《트로이 함락》에 이미 서술되어 있다. 비극시인 소포클레스도 《라오콘》을 썼는데 이 극도 역시 전해지지 않는다.

21) 빙켈만의 《그리스 예술 모방론》, 《고대예술사》. 〈바다뱀에게 습격당하는 라오콘과 아들들〉의 상은 아마도 기원전 1세기의 작품으로, 바티카노 미술관에 소장되어 있다. 또한, 그리스 예술을 온갖 예술의 모범으로 삼아야 한다는 빙켈만의 논술을 레싱은 《라오콘》에서 반박했다고 한다. 그는 예술과 문학의 다른 점을 상세하게 설명하고, 조형미술과 문학의 본질을 혼동하여 논해서는 안 된다고 말했다.

큼이나 고요하고 장엄하다. 그의 글쓰기 수법에는 기념비가 지닌 당당한 위엄이 묻어 있고, 그의 묘사는 조상(彫像)과 똑같은 감동을 낳는다. 그 이전의 누구도 그토록 생생한 경탄에 정확하고 심원한 관찰을 결합시키지 못했다. 그렇게 할 때에만 우리는 예술을 이해할 수 있다. 예술작품에 마음이 끌리는 것은 사랑하는 마음에서가 아니면 안 되며, 재능으로 창출된 걸작에서 찾아볼 만한 매력이란 마치 사랑하는 사람의 모습에서 느낄 수 있는 헤아릴 수 없이 많은 매력과도 같은 것이어야 한다.

빙켈만 이전의 시인들이 그리스 비극을 연구한 것은 그것을 현대의 연극에 응용하기 위해서였다. 살아있는 사전같이 석학인 사람은 있었지만, 고대를 깊이 연구하는 이교도라 말할 수 있는 사람은 없었다. 빙켈만은 예술애호가인 그리스인과 같은 단점과 장점을 지녔다. 게다가 그가 남긴 글에서는, 미(美)가 그토록 자주 신격화되는 영예를 획득한 민족 안에 존재했던 것과 같은 방식으로 미에 대한 숭배가 느껴진다.

상상력과 학식은 빙켈만에게 각기 다른 빛을 똑같이 제공했다. 빙켈만 이전에는 이 두 개가 서로 상극이라고 간주되었다. 그는 고대인의 수수께끼를 풀기 위해서 양쪽 모두가 필요하다는 것을 밝혔다. 예술작품이 존재했던 나라와 시대에 관해 깊이 알 때에만 예술작품에 생명을 줄 수 있다. 대략적 묘사로는 관심을 끌 수 없다. 과거 시대가 무대인 이야기나 허구를 생생하게 묘사하기 위해서는 학식 자체가 상상력을 돕고, 가능한 한 묘사해야 하는 것을 실제로 보는 것처럼, 또 그가 이야기하는 것이 그 시대에 일어나는 것처럼 만들어야 한다.

자디그[22]는 명료하지 않은 흔적이나 절반이 끊긴 단어에서 상황을 알아차렸다. 그는 매우 사소한 모든 징후들을 갖고 그 상황을 추론했던 것이다. 고대문명의 해명을 위한 지침으로 학식은 이와 같이 써야 한다. 유적을 발견해도 이지러져 있거나 사라져버려서 파악하기 어렵

22) 볼테르의 철학소설 《자디그, 부제, 운명》(*Zadig on la Destinée*) (1747)의 주인공인 바빌론의 유명한 현자.

다. 그러나 상상력과 연구의 도움으로 시간을 보완하고 생명을 되살아나게 하는 것이다.

어떤 사실의 존재여부에 대한 판정이 법원에 위탁되었을 때 가끔은 별것 아닌 정황이 결정적 단서가 되기도 한다. 그런 점에서 상상력은 판사와도 같다. 고대인의 작품 안에서 상상력이 포착한 하나의 낱말, 하나의 문법, 하나의 비유는 진실의 전모를 밝히는 빛이 되는 것이다.

빙켈만은 예술적 기념비를 검토할 때 인간의 연구에 사용하는 판단방식을 응용할 수 있었다. 조상의 얼굴을 살아있는 사람의 얼굴을 살피듯이 연구하고, 아무리 사소한 관찰도 철저히 정확하게 파악한다. 그렇게 하면 거기에서 놀라운 결론을 얻을 수 있다. 어떤 표정, 어떤 특징, 어떤 복장이 오랜 연구에 돌연 뜻밖의 빛을 던지는 수가 있다. 데메테르의 흐트러진 머리를 아무렇게나 올리는 방식은 아테나에게는 어울리지 않는다. 페르세포네의 죽음은 그 어머니의 마음을 언제까지나 괴롭혔다. 제우스의 아들이며 후계자인 미노스를 그린 메달에는 아버지의 모습과 같은 특징이 있으나, 아버지의 조용한 위엄과 아들의 엄숙한 표정의 차이에서 신들의 주인과 인간의 심판자와의 차이를 엿볼 수 있다. 상반신상은 헤베로부터 불사의 잔을 받은 신격화된 헤라클레스의 한 단편이다. 한편 파르네제의 헤라클레스상은 아직 인간의 속성밖에 지니고 있지 않다. 그 상반신상의 모든 윤곽은 매우 둥그스름하지만 정력은 마찬가지인 영웅의 힘을 더욱더 확실하게 보여주고 있다. 그러나 그 영웅은 하늘에 자리잡고 있기 때문에 이제부터는 지상의 고통스러운 노역을 하지 않아도 되는 영웅이다. 예술에서, 그리고 조각품, 그림, 시 안에 가지각색으로 나타나는 자연 안에서는 모든 것이 상징이다. 여기에서 불멸은 움직임을 암시해야 하며, 외면은 마음속을 밝혀야 하고, 한순간의 존재는 영원화되어야 한다.

빙켈만은 유럽의 예술에서 고전의 취향과 현대의 혼합을 배제했다. 독일에서 그의 영향은 미술보다 문학에서 많이 볼 수 있다. 우리는 이 책에서 고전의 면밀한 모방이 본래의 독창성과 양립할 수 있는 것인지, 또는 시나 회화에서 산 모델은 없는 채로 조각품을 묘사할 수밖에 없는 일정한 주제를 선택하기 위해서 독창성을 희생시켜야 하는지에 관해 고찰하게 될 것이다. 그러나 그러한 토의는 빙켈만의 공적과는 아무런 관계가 없다. 그는 미술에서 고전의 취향은 어떤 것인지 알려주었다. 그러한 면에서 무엇을 받아들이고 무엇을 물리쳐야 할 것인가는 현대인의 감각에 맡겨졌다. 어떤 재능 있는 사람이 고전적인 것이나 이국적인 것의 비밀을 밝힌다면, 그는 그가 준 충격으로 사회에 공헌한 것이다. 우리는 그에게서 감동받지만, 그 감동은 우리 안에서 변화된다. 그 감동이 진실한 것일수록 맹종적 모방은 줄어든다.

빙켈만은 이상(理想)에 관하여, 또 그 전형이 우리 외부에 있는 것이 아니라 우리들 상상력 안에 있는 더욱 완성된 자연에 관하여, 이제는 예술계에서 인정받게 된 참된 원리를 발전시켰다. 그 원리를 문학에 응용하면 대단히 풍족한 결실을 가져온다.

모든 예술의 시학은 빙켈만의 저작 안에서 하나의 똑같은 견해 아래 모아졌는데, 그것은 모든 예술에 도움이 되었다. 시는 조각에 의해, 조각은 시에 의해 한결 이해하기 쉬운 것이 되었다. 또한 그리스의 예술은 그리스철학으로의 길을 열었다. 독일에서도 그리스와 마찬가지로 관념론적 형이상학은 그 근원에 미에 대한 숭배를 지니는데, 그것은 오직 우리의 마음으로만 동감하고 인식할 수 있는 것이다. 이 경이적인 미란 바로 다름 아닌 인류의 조국인 하늘나라의 추억이다. 피디아스의 걸작, 소포클레스의 비극, 플라톤의 교훈 등이 하나가 되어 다양한 형태 아래 숨어 있는 하나의 이데아를 우리에게 내준다.

괴 테

클롭슈토크에게 결여되었던 것은 창조적 상상력이었다. 그는 고매한 사상, 고귀한 감정을 아름다운 시구를 빌어 나타냈다. 그러나 그는 예술가라고 할 수는 없었다. 그는 창의성이 부족하다. 게다가 그 창의성을 감싸는 색채에서는 우리가 흔히 시에서 기대하며 허구에 힘과 독창성을 부여해주는, 기타 다른 예술에서 기대하는 충만한 힘을 좀처럼 찾아볼 수 없다. 클롭슈토크는 이상 안에서 길을 잃는다. 괴테[23]는 더없이 숭고한 착상을 손에 넣어도 발은 언제나 땅에 닿아 있다. 그의 정신에는 감수성에 의해 약해지지 않은 힘이 있다. 괴테는 전(全) 독일문학의 대표자라고 말할 수 있을 것이다. 몇몇 점에서 그보다 우수한 작가가 없어서가 아니라 독일 정신의 특징 모두를 그가 한 몸에 지니고 있기 때문이며, 상상력의 면에서 그처럼 걸출한 사람이 없다는 점은 이탈리아인도, 영국인도, 프랑스인도 반박할 수 없기 때문이다.

괴테는 모든 장르의 창작을 했기 때문에 앞으로 남은 이 책에서는 그의 작품에 대한 검토가 가장 많은 부분을 차지할 것이다. 그러나 자기 나라 문학에 최대의 영향을 준 그 인물에 대한 개인적 이해는 그 나라 문학을 보다 잘 이해하는 데 도움이 된다고 생각한다.

괴테는 대화에 비범한 소질이 있는 사람이다. 남이 뭐라고 하든, 재능이 있는 사람은 이야기하는 방법을 알고 있을 수밖에 없다. 과묵한 천재의 예를 몇 사람 정도는 댈 수 있다. 대개는 수줍음, 불행, 거만함이나 근심이 그 원인이다. 그러나 일반적으로는 깊은 생각이나 따뜻한 마음은 타인과 소통하고 싶은 욕구를 일으키는 법이다. 자기가 이야기한 내용으로 판단받고 싶지 않은 사람들이 있다고 해서 그들의 생각이 그 이상의 흥미를 끌 수 있는 것도 아니다. 괴테에게 말을 시켜

---

23) Johann Wolfgang von Goethe(1749~1832). 독일의 문학자, 자연과학자, 정치가.

보면, 그는 굉장하다. 그의 웅변은 온갖 사상을 내포하고 있다. 농담은 우아함과 동시에 철학이 넘쳐흐른다. 상상력은 고대 예술가들처럼, 외부의 사물에 의해 자극된다. 그럼에도 불구하고 그의 이상은 놀랄 정도로 현대인다운 분별이 풍부하고, 아무것도 그의 판단력을 어지럽히는 것이 없다. 그리고 변덕스러움이나 걱정하는 버릇, 어색함 따위의 성격상의 결점조차도[24] 산기슭에 떠도는 구름처럼, 그의 천재가 군림하는 산꼭대기를 스쳐 지나간다.

우리에게 전해지는 디드로의 대화[25]는 괴테의 대화방식에 대한 약간의 힌트를 준다. 그러나 디드로의 글을 읽고 판단해보면, 그 두 사람의 차이는 무한했음에 틀림없다. 디드로는 스스로의 정신에 묶여 있다. 괴테는 자신의 재능마저 지배한다. 디드로는 인기를 얻기 위한 나머지 젠체하는 데가 보인다. 괴테는 우리가 그의 무관심에 신경질이 나면서도 이상하게 마음이 끌릴 정도로 남의 평판을 아예 무시한다. 디드로는 박애정신의 힘으로 그에게 결여된 종교적 감정을 보충할 필요를 느낀다. 괴테는 남에게 부드럽게 대하는 것보다 엄하게 하는 편이 나을 것이다. 그러나 무엇보다도 그의 특성은 자연스러운 것이다. 생각해보면, 이 특성 외에 한 인간이 다른 인간의 흥미를 끄는 장점이 무엇이 있단 말인가?

괴테에게서 《젊은 베르테르의 슬픔》을 쓰던 당시의 사람을 강하게 끄는 힘은 찾아볼 수 없다. 그러나 사고의 열기는 모두를 고무시키기에 아직 충분하다. 그는 인생에 굴복하지 않고 오직 화가로서 인생을 그리고 있을 뿐이라고 말할 수 있을 것이다. 현재 그는 자신이 느끼는 감동보다 우리에게 제시하는 그림에 더 가치를 둔다. 시간이 그로 하

---

24) 마담 드 스탈이 괴테와 처음 만났을 때에 괴테는 50세가 넘었는데, 그 무렵 괴테의 측근들은 그가 집에 틀어박혀 있는 것과 기분이 좋지 않은 점을 탄식하는 일이 많았다.

25) 디드로는 《달랑베르와 디드로의 대화》, 《원수 부인과의 대화》 등 대화형식의 작품을 많이 썼을 뿐 아니라, 그 외의 그의 거의 모든 글들 역시 대화형식으로 되어 있다.

여금 관찰자가 되게 했다. 정열적인 분야에서 자신이 아직 눈부신 활약을 하고 있었을 때, 그 자신의 마음이 고통스러웠을 때 그의 글은 더욱 강렬한 인상을 준다.

사람은 언제나 자신의 재능에 의해 시학(詩學)을 만드는 법이므로, 괴테는 다음과 같이 주장한다. 즉, 작가는 정열적인 작품을 창작할 때에도 평온해야 하며, 독자의 상상력을 더 자극하기 위해 예술가는 냉정함을 유지해야 한다는 것이다. 아마 그는 처음부터, 젊을 때부터 그런 의견을 갖고 있지는 않았을 것이다. 필경 그는 스스로의 재능을 통제하지 못하고, 그것에 휘둘리고 있었을 것이다. 아마도 그는 당시 숭고한 것, 신성한 것은 인간의 마음속에 순간적으로 머물며, 시인은 자신을 움직이는 영감보다 못한 존재이고 그것을 비판이라도 하면 잃어버리고 만다는 것을 느끼고 있었을 것이다.

우리는 처음에 《베르테르》의 작가에게서 차갑고 무언가 어색하기까지 한 것을 발견하고는 놀라게 된다. 그러나 그것이 허물없는 작가의 모습임을 알게 되면, 처음에 느꼈던 어색함은 완전히 사라지고 그 자리를 작가의 상상력이 대신하게 된다. 그는 보편적 정신의 소유자이다. 왜냐하면 그의 공평성에 전혀 치우침이 없기 때문이다. 그는 이중의 존재, 이중의 힘, 모든 것이 지닌 문제의 양면을 동시에 비추어 밝히는 이중의 빛이다. 시대도, 습관도, 인간관계도, 그의 사고력을 막는 것은 아무것도 없다. 그는 관찰하는 대상 위에 독수리와 같은 눈초리를 날카롭게 떨어뜨린다. 그가 만일 정치가의 길을 갔다면, 그의 정신이 행동에 의해 발전했다면 그의 성격은 더 결단력 있고, 더 견고하고, 더 애국적이 되었을 것이다. 그러나 그의 정신은 그 정도로 자유롭게 모든 견해 위를 활강하지는 않을 것이다. 정열이나 이해관계에 끌려 현실적인 길을 걷고 있을 것이다.

괴테는 책 안에서도, 담화에서도, 스스로 짜놓은 줄거리를 끊고, 그가 일으킨 감동을 얼버무리고, 찬탄하게 만든 조상(彫像)을 뒤집어엎고 좋아한다. 허구 안에서도 하나의 성격에 독자의 흥미를 끌어놓은 다음에 곧 그 성격의 모순을 밝혀 보인다. 그는 마치 현실세계를 정복하듯이 시의 세계를 다루고, 파괴력 있는 천재를 자신의 창작 안에 도입할 수 있을 정도로 자신이 자연처럼 강하다고 믿는다. 만약 그가 존경할 만한 사람이 아니라면, 사람들은 모든 것 위에 군림하는 우월감을 두려워할 수 있다. 말하자면 그는 헐뜯다가 치켜세우기도 하며, 감동시키다가 빈정거리기도 하고, 확언과 의심을 번갈아가며 하지만, 언제나 성공한다.

나는 괴테가 독일 정신의 중요한 특징을 한 몸에 지니며, 그 모든 특성이 그에게서 현저하게 나타난다고 말했다. 매우 심오한 사상, 상상력에서 나오는 우아함, 사교술에 의해 배우는 것보다 더 독창적인 우아함이 있다. 게다가 그의 감수성은 때때로 공상적이기는 하지만, 그럼으로써 단조로운 생활에 대한 변화를 책에서 구하며 현실의 일을 시와 바꾸고 싶어하는 독자의 흥미를 돋울 수 있다. 만약 괴테가 프랑스인이라면, 사람들은 그에게 아침부터 밤까지 말을 시킬 것이다. 디드로와 동시대의 모든 작가들은 디드로를 찾아와 그의 이야기를 듣고 그 이야기 속에 숨어 있는 사상을 퍼갔으며, 그의 이야기에 감화를 받은 그들은 디드로를 찬미함으로써 언제나 디드로를 흐뭇하게 했다. 독일에서 사람들은 대화하며 시간을 보낼 줄을 모른다. 가장 뛰어난 사람들 중에도 질문하거나 대답하는 습관을 지닌 사람은 드물기 때문에, 독일에서는 그것에 그리 가치를 부여하지 않는다. 그렇다고 해서 괴테의 뛰어난 영향력을 부정하는 것은 아니다. 독일에는 한 통의 편지 겉봉의 주소라도 만약 그것이 괴테가 쓴 것이라면 거기에 천재가 나타나 있다고 믿는 사람들이 많이 있다. 괴테를 향한 찬미는 종교단체에서 볼 수 있는 찬미와 비슷한 것이며, 신도들은 암호에 의해 서로 식별할 수 있다. 외국인들도 그를 찬미하고 싶을 때가 있다. 하지만 만약 그들이 찬미에 제동을 걸어 작품을 검토해봐야겠다는 기미를 보이면, 비록 그 검토로 작품이 많은 이득을 본다 해도, 그들은 경멸을 받으며 내쫓기게 된다. 한 사람이 선과 악에 대한 위대한 능력을 갖고 있지 않으면, 그와 같은 광신의 대상이 될 수 없다. 왜냐하면 사람들이 그 정도로 좋아하지 못하고 무서워하는 사람이라면, 그 사람은 권력밖에는 가지지 못한 것이기 때문이다.[26]

실러

실러는 보기 드문 재능과 완벽한 성실함을 지닌 사람이었다. 이 두 가지 특성은 적어도 문학자에게는 떼어놓을 수 없는 것이다. 생각이 행동에 필적할 수 있는 것은, 그 생각이 우리에게 진리의 모습을 깨워 줄 때뿐이다. 거짓은 행위로 보이는 것보다 글로 나타날 때 더욱 흉하다. 행동은 아무리 기만적인 행동일지라도 여전히 행동으로 남아 있기 때문에, 그것을 평가하거나 몹시 싫어하기 위해서 무엇을 근거로 삼아야 하는지 잘 알고 있지만, 작품은 성실한 확신을 가지고 쓰이지 않으면, 단순히 지루하고 공허한 언어의 나열에 지나지 않는다.

실러와 같은 인생을 보낼 것이라면, 문학의 길 이상 좋은 인생은 없다. 물론 독일 각지에는 근면하고 성실한 사람이 많이 있어서, 모든 직업에 딱 맞는 성격이나 의무감을 엿볼 수 있는 곳은 독일뿐임은 확실하다. 그러나 그중에서도 실러는 도덕성에서나 재능에서나 뛰어났다. 그에게는 양심이 시의 여신이었다. 양심은 한번 그 목소리를 들은 사람이라면 언제든지 들리는 것이기 때문에, 간청할 필요가 없다. 그는 시, 극예술, 역사, 문학을 그 자체로 사랑했다. 비록 그가 작품을 출판하지 않겠다고 마음먹고 있었더라도, 그는 그 일에 똑같은 수고를 들였을 것이다. 그는 성공이나 유행, 편견 등 요컨대 외적인 모든 요인에서 기인하는 그 어떤 배려 때문에 작품을 변경하는 일이 없었다.

---

26) 괴테는 1808년 8월, 몇 번씩 나폴레옹을 알현했고, 10월 14일 레지옹 도뇌르 기사 십자훈장을 받은 것으로 보아, 이 부분은 나폴레옹을 암시하는 것으로 추정된다.

왜냐하면, 그의 작품은 그 자신이고 정신의 표출이므로, 단 하나의 표현이라도 그것을 그에게 고취시킨 내적 감정이 변하지 않는 한, 그는 그것을 변경할 꿈도 꾸지 않았다. 아마 실러에게 자존심이 없다는 말은 할 수 없을 것이다. 영예를 추구하기 위해서도 자존심이 필요하지만, 어떤 종류의 일을 하기 위해서도 자존심은 필요하다. 그러나 자존심에서 파생되는 것들 중 허영심과 명예욕처럼 상반되는 것도 없다. 허영심은 성공을 감추려 하고, 명예욕은 성공을 쟁취하기 원한다. 허영심은 자기 자신을 불안하게 여기며, 평판을 조작하기 위해 속임수를 쓴다. 명예욕은 본성만을 기대하고 의지하여 모든 것을 복종시키려 한다. 명예욕보다 위에, 그보다 더 순수한 감정, 진리를 사랑하는 마음이 있는데, 이 마음이 문학자를 숭고한 목적을 위해 싸우는 성직자로 만드는 것이다. 이제부터 성화(聖火)를 지켜야 할 사람들은 문학자들이다. 왜냐하면 지금까지처럼 연약한 여성만으로는 성화를 지키기에 충분하지 않기 때문이다.

천재 안에 있는 무구성과 힘 안에 있는 순진함은 아름답다. 선량함에 대한 생각을 그르치는 것은 그것을 약함으로 믿는 일이다. 그러나 선량함이 최고 수준의 지식과 힘에 연결될 때, 어떻게 해서 《성경》이 우리에게 신이 그의 모습을 본떠 인간을 창조했다고 말해줄 수 있는지 이해가 된다. 초기의 실러는 상상력의 갈피를 잡지 못해 손해를 보았으나, 연륜을 쌓아가면서 숭고한 순수함을 되찾아 고도의 사고를 낳았다. 그는 나쁜 감정과 협상하는 일이 결코 없었다. 그는 마치 악인이 존재하지 않는 듯이 살고, 말하고, 행동했다. 그래서 그가 작품 안에서 악인을 그릴 때 보면, 만약 그가 실제로 그런 인물을 알고 있어서 묘사할 경우보다 훨씬 과장되고 깊이 없이 그렸다. 그는 악인을 마치 하나의 장애물이나 육체적 재앙 같은 것으로 상상했는데, 어쩌면 실제로 많은 면에서 악인들은 지성적 본성을 갖고 있지 않은지도 모르겠다. 악덕의 관습이 그들의 영혼을 비뚤어진 본능으로 바꾼 것이다.

친구로서, 아버지로서, 남편으로서 실러는 최고였다. 재능만으로 타오르는, 온화하고 침착한 성격을 지닌 이 사람에게는 결점이 없었다. 자유에 대한 애정, 여성에 대한 존경, 예술을 향한 열정, 신을 향한 숭배가 그의 천재성에 활력을 주었다. 작품을 분석해보면, 그의 걸작이 어떤 미덕으로 지탱되는지 간단하게 밝혀진다. 많은 사람들이 재능이 모든 결점을 덮을 수 있다고 말한다. 기량이 지배하는 작품의 경우에는 그럴 것이다. 그러나 폭풍우 속이나 심연 속의 인간성을 묘사하려고 한다면 상상력만으로도 안 되며, 비록 자신의 마음이 폭풍에 의해 흔들리더라도 그 마음속에 하늘이 내려와 평정을 되찾을 수 있는 영혼을 갖고 있어야 한다.

내가 처음으로 실러를 만난 것은 화려하고 장엄한 사교계가 열리는 바이마르 공 부부의 살롱에서였다. 그는 프랑스어를 매우 잘 읽을 수 있었으나, 말해본 적은 없었다. 나는 프랑스 극의 체계가 다른 어떤 나라의 것보다도 훌륭함을 역설했으나, 그는 거리낌없이 그에 대한 반론을 폈다. 그는 프랑스어로 의견을 표시하기가 어려워 시간이 걸림에도 불구하고, 또 자기의 의견에 반대하는 청중이 어떻게 생각할지 두려워하는 일없이, 자신이 마음속에 지닌 신념을 좇아 말했다. 나는 처음에 그에게 반박하기 위해 민첩함과 농담이라는 프랑스식 무기를 사용했으나, 얼마 지나지 않아 실러가 언어의 장애에도 불구하고 풍부한 사상을 담아 이야기하고 있음을 알아차렸다. 나는 재능 있는 사람이 자신의 생각에 미치지 못하는 단어를 사용해 논쟁에 끼어드는 이런 단순한 성격에 감동했다. 그리고 나는 그가 매우 겸손하다는 것을 알았다. 그는 자신이 어떻게 평가될 것인지 전혀 개의치 않았고, 자신이 진리라고 믿고 있는 것을 옹호하는 것에 대해 매우 자랑스러워했고 매우 열의를 보였기 때문에, 그때부터 나는 그에게 존경으로 가득 찬 우정을 바쳤다.

한참 일할 나이에 그는 불치의 병에 걸렸다. 그의 아이들과 수많은 감동적인 장점으로 남편의 사랑을 한 몸에 받던 그의 아내가 그의 마지막 가는 길에 위안이 되어주었다. 그를 이해하는 친구, 폰 볼초겐 부인[27]이 그의 죽음 몇 시간 전에 문안 와서 몸 상태를 물어보니, 그는 "점점 평안해지고 있습니다"라고 대답했다. 이 세상에 하느님의 나라가 오도록 도왔던 그가 신에게 몸을 맡기는 것은 당연한 일이 아닌가? 그는 정의의 나라에 다가가고 있는 것이 아니겠는가? 그는 지금 자신의 동료들 곁으로 가, 우리를 기다리고 있는 친구들을 만나지는 않았을까?

독일어의 문체와 작시법

특정 언어의 작시법을 배우게 되면, 다른 어떤 연구보다도 그 언어를 사용하는 민족정신에 깊이 들어가게 된다. 외국어의 단어를 발음하는 것이 즐거운 이유는 그 때문이다. 마치 다른 사람이 말을 하는 것처럼 들린다. 그렇다고는 해도, 악센트만큼 섬세하고 습득하기 어려운 것도 없다. 단 한 음절의 발음보다도 가장 복잡한 음악의 선율을 외우는 쪽이 쉽다. 이 발음을 오랜 기간 접했다거나 어릴 적에 습득한 것이 아니라면, 흉내낼 수는 없다. 발음은 민족의 상상력과 개성 중에서도 가장 미묘하고 형용하기 힘든 것이다.

게르만의 모든 언어에는 그 근원에 하나의 조어(祖語)가 있어, 거기에서 모든 것이 파생됐다. 그 공통적 원천이 모든 나라 사람들의 정신에 각각 걸맞은 방법으로 표현을 개량하고 증가시켰다. 라틴계 민족은 말하자면 외부로부터만 부를 축적할 수밖에 없다. 그들이 영토를 넓히기 위해서는 죽은 언어에, 곧 화석처럼 굳어진 부에 도움을 청해야 한다. 라틴 민족이 항상 살아있는 줄기에서부터 새싹을 틔우는 민족들보다 단어의 면에서 개혁을 선호하지 않는 것은 당연하다. 그러나 프랑

---

27) 폰 볼초겐 부인(1763~1847)은 실러의 처형으로, 그 남편과 실러는 친구였다. 편지에 기반을 둔 전설, 《실러의 삶》(*Schillers Leben*)(1830)을 출판했다.

스 작가들은 자연스런 감정이 고취시키는 가장 대담한 방식으로 자신들의 문체를 생생하게 하고 풍부한 색감을 갖게 하는 것이 필요한 반면, 독일인은 반대로 규제에 의해 이득을 얻을 수 있다. 조심성 있는 태도가 독창성을 파괴할 수 없다. 오히려 지나치게 풍부한 것이 독창성을 잃어버릴 위험이 있다.

마시는 공기는 발음에 커다란 영향을 준다. 토양과 기후의 다양성 때문에 같은 언어라도 발음이 완전히 달라진다. 바다에 가까워지면 말은 부드러워진다. 바닷가는 기후가 온화하다. 또 어쩌면, 그 무한한 모습을 보고 있으면 몽상에 사로잡혀 발음이 부드럽고 나른해지는 건지도 모른다. 산으로 올라가면 악센트는 더욱 강해진다. 고지에 사는 사람은 자연이 만들어준 연단에서 이 세상의 나머지 사람들에게 자기들의 이야기를 들려주려 하는 듯하다. 게르만 민족의 모든 언어에는 지금까지 언급한 다양한 영향의 흔적이 보인다.

독일어는 그리스어와 마찬가지로 본래의 모습을 간직하고 있으며 교묘한 구조를 지니고 있다. 국민이라는 대가족에 대해 조사한 사람은 이 유사성의 역사적 이유를 발견했다고 생각했다. 독일어에 그리스어와의 문법적 공통점이 보이는 것도 역시 사실이다. 독일어는 그리스어처럼 매력적이진 않지만 그리스어만큼 어렵다. 단어를 구성하는 자음이 너무 많아서 울림보다는 소란한 소리가 더 많이 들리기 때문이다. 말에 담긴 내용보다도 말 자체가 더 강하다고 할 수 있다. 그래서 문체가 하나의 음으로 이루어지는 에너지를 갖는 경우가 종종 있다. 그러나 독일어의 발음을 너무 부드럽게 해서도 안 된다. 지나치게 부드러울 때의 꾸며낸 듯한 얌전함은 너무나 불쾌하다. 상냥하게 보이려고 애쓰는데 기저에 껄끄러운 음이 들리면, 그런 꾸며낸 듯한 태도가 특히 거슬린다.

장 자크 루소는 "남방의 언어는 기쁨의 딸이고 북방의 언어는 필요의 딸이다"라고 했다.[28] 이탈리아어나 스페인어는 화음이 잘 맞는 노래처럼 조음되어 있다. 프랑스어는 특별히 회화에 적합하다. 영어는 의회의 토론과 국민 특유의 에너지가 표현의 풍부함을 제공해서 그것이 작시법을 보충한다. 독일어는 이탈리아어보다 훨씬 철학적이며, 그 독창성에서 프랑스어보다 시적이고, 영어보다 시의 운율에 더 유리하지만 어딘지 모르게 딱딱한 부분이 아직 남아 있다. 그 이유는 아마 독일어가 사교계에서도, 또 공공장소에서도 별로 사용되지 않기 때문일 것이다.

단순한 문법은 현대어의 큰 장점 중 하나다. 이 단순함은 모든 민족에게 공통된 원리에 기초하고 있어, 언어를 이해하기 쉽게 해준다. 이탈리아어나 영어는 조금만 공부해도 알 수 있지만, 독일어는 하나의 학문이다. 독일어의 복합문은 물건을 붙잡기 위해 열렸다 닫혔다 하는 클립처럼 사상을 감싸안는다. 고대언어에 있었던 것과 유사한 구절의 구조를 독일어에 도입하는 일은 다른 유럽 언어들에서보다 쉽다. 그러나 도치법은 현대어에 어울리지 않는다. 그리스어나 라틴어는 어미가 분명하므로, 단어와 단어의 연결은 비록 떨어진 곳에 놓여 있어도 느낄 수 있다. 독일인이 어미를 변화시키는 것은 굉장히 알아듣기 힘들어서, 그와 비슷한 색채를 지닌 말의 상관관계를 찾아내기가 곤란하다.

외국인이 독일어 공부에 들이는 노력에 대해 불평하면, 프랑스어의 단순한 문법을 갖고 독일어로 작문하기는 아주 쉽다는 대답을 듣는다. 반대로 프랑스어에 독일어의 복합문을 도입하는 것은 불가능한데, 그렇기 때문에 이 복합문은 여분의 수단으로 봐야 한다는 것이다. 그러나 이 수단은 작가들을 유혹하고, 그들은 그 수단을 남용한다. 독일어

---

28) 《언어기원론》(쓰인 연대는 확실하지 않고, 작가의 사후 《음악논집》 안에 실려 있던 것이 초판)의 제9장 '남쪽 언어의 형성'의 마지막에, "그러니까, 온화한 풍토나 비옥한 토지에서는 주거인들이 이야기를 시작하기 위해서는 통쾌한 정열이 활발하게 발견되는 것과 같은 상태가 되지 않으면 안 되었다. 필요한 것은 아니지만, 기쁨의 딸인 최초의 말은 오랫동안 그 낳아준 부모의 흔적을 몸에 지니고 있었다. …"고 되어 있으며, 또한 제10장 '북쪽 언어의 형성'의 첫머리에 "… 자연이 가난하고 추운 지방에서는, 필요성 때문에 정열이 생겨난다. 그리고 그 언어도 궁핍하고 아름다운 딸이며, 거기에는 가혹한 생애의 흔적이 느껴진다"고 되어 있다.

는 아마 운문이 산문보다 이해하기 쉬운 유일한 언어일 것이다. 시는 시구의 운율 자체에 의해 필연적으로 구분되므로, 더 이상 길어질 수 없기 때문이다.

전체가 하나로 구성되고, 하나의 견해 아래 같은 주제와 관련된 다양한 사항을 종합하는 이들 복합문에는 아마도 뉘앙스와 사상 간의 더 많은 연계가 있을 것이다. 그러나 만약 다양한 사상을 서로 자연스럽게 연결되도록 내버려둔다면, 결국에는 온갖 것을 하나의 구절에 집어넣고 싶어질 것이다. 인간정신을 이해하는 데는 세분화가 필요하다. 언어의 형식 자체가 명료하지 않다면, 약간의 빛을 진실이라고 착각할 위험이 있다.

독일에서 번역의 기술은 유럽의 다른 어떤 언어에서보다도 발전되어 있다. 보스는 그리스와 라틴의 시를 놀랄 만한 정확함으로, 또 빌헬름 슐레겔은 영국, 이탈리아, 스페인의 시를 전례 없이 채색 넘치는 진실함으로, 독일어로 번역했다. 영어를 독일어로 번역할 때, 이 두 언어는 모두 게르만계 언어이므로 본래 독일어의 특징이 번역에 의해 사라지지는 않는다. 그러나 보스에 의한 호메로스의 번역이 아무리 훌륭해도, 그의 《일리아드》와 《오디세이》 번역을 보면 독일어 단어를 사용해도 문체는 그리스풍임을 알 수 있다. 거기에서는 고전에 대한 지식이 압권이다. 그러나 각 민족의 관용어에 나타난 고유한 독창성은 당연히 사라지고 없다. 독일어의 지나치게 유연한 부분과 지나치게 거친 부분을 동시에 비난하는 것은 모순된 것처럼 보인다. 그러나 인간의 성격에 모순되는 것이 양립하는 것과 마찬가지로, 언어에서도 모순이 존재한다. 같은 인물 안에서 거침과 유연함의 결점이 동시에 발견되는 경우가 종종 있다.

이러한 결점들은 산문보다 운문에서, 또 번역보다 창작에서 훨씬 덜 느껴진다. 그러므로 나는 오늘날 독일인의 시만큼 감동적이고 다양한 시는 없다고 생각한다.

작시법은 끝없이 검토되는 독특한 기술이다. 일상생활에서는 그저 관념의 표상이라는 역할밖에 하지 않는 말이 듣기 좋은 소리의 리듬에 의해 우리 영혼에 도달하여, 감각과 성찰의 합체에서 생겨나는 이중의 기쁨을 불러일으킨다. 그러나 아무리 모든 언어가 생각을 표현하기에 적합하다 하더라도 모든 언어가 느끼는 바를 공유하기에 똑같이 적합하지는 않으므로, 시의 효과는 말이 표현하는 사상보다는 단어의 선율에 훨씬 좌우된다.

독일어는 그리스어나 라틴어와 같이 장음과 단음의 음절을 가진 유일한 현대어이다. 다른 유럽 언어는 많건 적건 악센트는 있어도, 고대의 언어처럼 음절의 길이에 의해 시구의 운을 세는 것은 불가능하다. 악센트는 단어와 마찬가지로 문장에도 통일성을 부여하며, 말하고자 하는 내용과 관련을 갖는다. 또한 독일어에서는 의미를 결정짓는 것이 강조되며, 발음에 의해 이런저런 단어가 발생되고 모든 것이 주된 관념에 연결된다. 언어에서 소리의 음악적 길이는 그렇지 않다. 그것은 악센트보다 시에 훨씬 유리하다. 실제적 목적이 없으므로, 목적 없는 즐거움이 모두 그렇듯 고귀하고 막연한 쾌락만을 전해준다. 고대인은 음절을 모음의 성질과 음의 상관관계에 의해 또박또박 발음했는데, 조화만으로 그것을 결정했다. 독일어에서는 모든 부수적 단어들이 간결하고, 문법적 요청, 곧 어근 음절의 중요성이 소리의 길이를 정한다. 이러한 시법은 고대언어보다 매력이 떨어진다. 의도되지 않은 감각보다 추상적 조합에 기초하는 부분이 많기 때문이다. 그렇다고는 해도 하나의 언어가 시법에 각운까지 가졌다는 것은 매우 유리한 조건임에 틀림없다.

각운은 현대의 발견으로 현대예술 전반에 걸쳐 있으며, 그것을 이용하지 않는 것은 커다란 손실일 것이다. 그것은 희망과 추억의 형상이다. 하나의 음을 들으면 그에 호응하는 다음 음을 듣고 싶어진다. 두 번째 음이 울리면 방금 사라진 음이 되살아난다. 그러나 이 기분 좋은 규칙성은 연극에서는 자연스러움을, 서사시에서는 독창성을 해칠 수밖에 없다. 시법이 명확하게 제시되어 있지 않은 관용어는 각운 없이 사용될 수 없다. 그러나 어떤 언어는 그 구성이 너무 답답하게 되어 있어, 대담하고 사색적인 시인이라면 각운에 예속되지 않고도 조화로운 시구를 만들어낼 필요성을 느낄 것이다. 클롭슈토크는 독일 시에서 알렉산드랭 시구[29]를 추방했다. 그 대신에 12음절시와 영시에서 사용되는, 운을 맞추지 않는 단장시[30]의 시구를 사용했는데, 후자가 훨씬 상상력이 자유로워진다. 알렉산드랭 시구는 독일어에 전혀 맞지 않다. 아무리 할러의 시가 훌륭하다 해도, 그 위대한 할러의 시를 읽어보면 그 점을 공감할 수 있다. 그토록 강한 발음으로 반구가 몇 번씩 똑같이 되풀이되면 머리가 이상해진다. 게다가 이런 시 형식은 격언이나 대비에 사용되기 쉽지만, 독일 정신의 꼼꼼함과 성실함은 이런 대비에 어울리지 않는다. 대비란 관념이나 형상의 완벽한 진실한 모습도, 가장 정확한 뉘앙스도 표현하지 못하는 것이다. 12음절시와 특히 운을 맞추지 않는 단장시의 조화는 감정에서 영감을 받은 자연의 조화 이외의 아무것도 아니다. 이것은 표시된 낭독인 데 반해 알렉산드랭 시구는 좀처럼 벗어나기 힘든 어떤 종류의 표현이나 어법을 강요한다. 이런 종류의 시작은 시적 재능과는 전혀 별개의 기술이다. 시적 재능이 없어도 시를 짓는 기술을 가질 수 있고, 또 반대로 이 형식에 따르지 못한다고 느껴도, 위대한 시인이 될 수 있다.

프랑스 제일의 서정시인은 아마도 위대한 산문작가인 보쉬에, 파스칼, 페늘롱, 뷔퐁, 루소 등일 것이다. 전제적인 알렉산드랭 시구는 실로 시적일 수밖에 없는 것을 시의 형식으로 표현하지 않는 경우가 많다. 반면, 외국에서의 작시법은 훨씬 용이하고 자연스러우므로 시적인 생각은 무엇이든 시의 형식을 띨 수 있다. 산문으로 쓰이는 것은 대개는 논리적인 글뿐이다. 핀다로스, 페트라르카, 혹은 클롭슈토크를 그들의 특성을 전혀 손상시키지 않고 프랑스 시로 번역하는 일은

29) 강약약 시구.

30) 강약 시구.

라신도 할 수 없을 것이다. 이들 시인에게는 어떤 종류의 대담함이 있는데, 이것은 프랑스어에서는 산문으로밖에 표현할 수 없는 독창성에다가 시가 가진 모든 매력을 결부시킬 수 있는 언어로 쓰였을 때에만 발견되는 것이다.

게르만의 언어가 갖춘, 시에 대한 이점 중 하나는 형용사의 다양함과 아름다움이다. 독일어는 이런 점에서 그리스어에 비견할 수 있다. 화음 중 기본음에서 화음을 구성하는 다른 음이 들리듯, 혹은 어떤 종류의 색이 그 색의 성분이 되는 다른 색을 감지하게 하는 것처럼, 단 하나의 단어가 여러 이미지를 느끼게 한다. 프랑스어에서는 말하려고 하는 것밖에 표현할 수가 없다. 언어 주변에 떠다니는 여러 형태의 구름을 볼 수가 없다. 북방의 언어로 쓰인 시는 그런 구름에 둘러싸여, 수많은 기억을 불러일으킨다. 두세 개의 형용사로부터 하나의 형용사를 만들 수 있는 자유로움에, 동사에서 명사를 만들어 언어를 활성화하는 자유로움이 추가된다. 산다는 것, 바라는 것, 느끼는 것은, 생, 의지, 감정보다 덜 추상적인 표현이다. 사고를 행동으로 바꾸려고 하는 모든 것은 언제나 문체에 움직임을 부여한다. 또한 문장의 구성을 생각하는 대로 바꾸기 쉬운 점은 시에서 또한 유리한 점이 되고, 작시의 여러 수법에 의해 회화나 음악의 수법과 닮은 인상을 줄 수 있게 한다. 결국 튜튼계 언어의 일반적 정신은 자립성이다. 작가는 무엇보다도 느낌을 전달하려고 한다. 엘로이즈가 연인에게 말한 것과 같은 것을 시에 대해 말하고 싶을 것이다.

> 내가 느끼는 것을 표현하기 위한 더욱 진실한, 더욱 상냥한, 더욱 심오한 언어가 있다면, 나는 그 말을 고르고 싶습니다.[31)]

---

31) 박식함과 재능으로 저명한 중세의 수녀 엘로이즈(1101~1155)가 자신의 연애 상대였던 철학자 겸 신학자 아벨라르(1079~1142)와 교환했던 유명한 서간 중 일부. 이 인용은 정확하지는 않다. 원문은 다음과 같다. "그렇습니다. 좀더 상냥하게 좀더 깨끗한 이름을 생각해낼 수 없다면, 적어도 이것이 우리에게 어울리는 이름입니다."

프랑스에서는 재능 있는 사람이 느끼는 가장 심오한 감동에까지 사교계의 예의범절에 대한 기억이 따라붙는다. 또한 우습게 보이지 않을까 하는 두려움은 다모클레스의 검[32]으로, 어떤 즐거운 상상도 그 두려움을 쫓아내지 못한다.

우리는 예술에서 흔히 극복된 괴로움의 가치에 대해 말한다. 그러나 "이 괴로움을 느낄 수 없다면, 그 괴로움은 없는 것이나 마찬가지이다. 느낄 수 있다면, 그 괴로움은 극복된 것이 아니다"[33]라는 너무나 지당한 말이 있지 않은가. 속박은 민첩한 정신을 낳는다. 그러나 종종 진짜 천재에게서는 어떤 점에서 아름다운 영혼의 기만과 비슷한, 일종의 서투름이 발견되는데, 그들을 강제로 노예로 삼아서는 안 된다. 왜냐하면 그들이 아무리 재능이 많아도 이를 강제로 부려먹으려고 하면 얻을 수 있는 것이 적기 때문이다.

시에 대하여

사람의 마음속에 있는 진정으로 신성한 것은 정의할 수 없다. 그 특징 중 몇몇을 일컫는 단어는 있을지 몰라도 그 전체를, 특히 온갖 종류의 진정한 아름다움의 신비를 표현하는 단어는 없는 것이다. 무엇이 시적(詩的)이지 않은지를 말하기는 쉽다. 그러나 무엇이 시적인가를 이해하려면 아름다운 지방, 듣기 좋은 음악, 사랑하는 사람의 눈짓, 그리고 특히 우리들 자신 속에 신성함이 현존함을 느끼게 해주는 종교

32) BC 4세기 전반 이탈리아 시라쿠사 사람으로 시칠리아의 참주 디오니시우스 1세의 신하. 디오니시우스에게 아첨하며 그가 누리는 행복을 찬양하자, 디오니시우스는 그를 호화 연회에 초대하여 머리 위에 한 개의 말총으로 칼을 매단 자리에 그를 앉혀 참주의 행복이 항상 위기와 불안과 함께 있다는 것을 가르쳐 주었다. 이 이야기는 키케로에 의해 전해져, 행복의 절정에 있을 때에도 생명을 위협하는 위험이 있다는 것을 뜻하는 다모클레스의 검이라는 말이 생겼다.

33) 확실치 않으나, 빌헬름 슐레겔의 인용으로 본다.

적 감정이 불러일으키는 인상에 도움을 청해야 한다. 시란 모든 종류의 숭배로부터 자연스럽게 우러나오는 언어이다. 성경은 시로 가득 차 있으며, 호메로스의 시는 종교로 가득하다. 이것은 성경 안에 꾸며진 이야기가 있고 호메로스 안에 교리가 있다는 뜻이 아니라, 열광이 다양한 감정을 하나의 중심으로 모은다는 뜻이다. 열광은 땅으로부터 하늘을 향해 올라가는 향(香)이어서, 그것이 땅과 하늘을 결합시킨다.

마음속 깊은 곳에서 느끼는 것을 말로 드러낼 수 있는 자질은 매우 드물다. 그렇지만 생생하고 깊은 애호의 감정을 느낄 수 있는 사람이라면 누구나 마음속에 시적인 것을 지니고 있다. 그러나 그것을 찾아내는 훈련이 되어 있지 않으면 그것을 표현할 수 없다. 시인은 영혼 깊숙이 갇혀 있는 감정을 말하자면 풀어놓기만 할 뿐이며, 시적 자질이란 아낌없이 자신을 희생할 수 있는 것과 같은 성질의 정신적 경향을 의미한다. 아름다운 송가(頌歌)를 짓는다는 것은 이와 같은 영웅적 행위를 꿈꾸는 일이다. 재능 있는 사람이 변덕스럽지만 않다면, 감명 깊은 말뿐 아니라 종종 멋진 행동도 고취시킬 것이다. 왜냐하면 감명 깊은 말이나 멋진 행동은 우리가 마음속에서 느끼는 아름다움을 향한 의식에서 나오기 때문이다.

고매한 정신을 가진 어떤 사람은, "산문은 작위적이며, 시는 본성적이다"라고 말했다.[34] 아닌 게 아니라, 미개한 민족은 누구나 시로써 시작한다. 또 영혼이 강렬한 정열에 의해 동요되면, 아무리 배우지 못한 사람이라도 자기도 모르는 사이에 형상과 비유를 사용하게 되고, 그들 마음속에 스쳐 지나가는 표현할 수 없는 그 무엇을 표현하기 위해 외부의 자연에 도움을 요청한다. 일반 대중이 유복한 사람들보다 훨씬 시인이 되기 쉬운데, 그 이유는 예절이나 빈정댐은 구속하는 데 소용이 될 뿐, 영감을 불러일으킬 수 없기 때문이다.

---

34) 이 말을 한 사람은 포크트 남작이라는 매우 부유한 함부르크의 시민으로, 그는 마담 드 스탈의 《독일론》, 특히 그 1부의 내용이 되는 상당히 중요한 지식을 제공했다.

이 세상에서 시와 산문은 끝없이 다투고 있는데, 재담은 두말할 것 없이 산문에 속해야 한다. 재담이란 깎아내리는 것이기 때문이다. 그러나 아리오스토[35]나 라퐁텐이나 볼테르에서 가장 훌륭한 예를 찾아볼 수 있듯이, 사교적 재질은 우아하고 명랑한 시를 창작하는 데 매우 큰 도움을 준다. 우리나라 제 1급 작가들의 극시(劇詩)는 훌륭하며, 서술적인 시, 특히 교훈시는 프랑스에서 최고로 완성된 경지에 이르렀다. 그러나 지금까지 서정시나 서사시에서는 고대인이나 외국인들처럼 뛰어난 것 같지는 않다.

서정시는 작가 자신의 이름으로 자기를 표현하는 것이다. 그가 다양한 마음의 움직임을 인식하고 또 그것으로 활기를 얻는 것은 바로 자기 자신 안에서이지, 그가 만들어낸 작중인물에게서가 아니다. 장 밥티스트 루소[36]는 그의 종교적 송가에서, 라신은 《아탈리》[37]에서 자신이 서정시인임을 보여주었다. 그들은 〈시편〉을 읽고 자랐고, 생생한 신앙에 젖어 있었다. 그렇지만 프랑스어와 프랑스 작시법의 어려움으로 거의 모든 경우 열광에 자신을 통째로 내맡기지 못했다. 경탄할 만한 구절을 인용할 수 있는 프랑스 송가가 몇 있기는 하다. 그러나 시 전체를 통해 신이 시인을 버리지 않은 시가 단 한 편이라도 있는가? 아름다운 구절이 있는 것만으로는 시라고 할 수 없다. 예술에서의 영감이란 시의 첫마디부터 마지막 한 단어까지 생명력을 부여하는 고갈되지 않는 샘이다. 송가에서는 사랑, 조국, 신앙, 이 모든 것이 신

---

35) Ludovico Ariosto(1474~1533). 이탈리아 르네상스기의 대표적 시인.

36) Jean-Baptiste Rousseau(1671~1741). 프랑스의 시인. 그는 신화와 성경에서 영감을 얻은 송가를 지었다. 그는 1712년 프랑스의 문인들을 중상하는 시를 지은 죄로 추방되기도 했다.

37) *Athalie*(1691). 라신의 12편의 극작 중 마지막 작품. 그는 10편의 극작품을 쓴 뒤 결정적으로 그것에서 손을 뗐으나 12년 후에 맹트농 부인의 간청으로 다시 《에스테르》(1689)와 《아탈리》를 집필했다. 맹트농 부인은 생시르(Saint-Cyr)의 소녀들을 위해 "연애가 전혀 들어 있지 않은 도덕적인 또는 역사적인 시"를 써달라고 간청했다.

적(神的)인 것이 되어야 한다. 즉, 감정의 신격화가 이루어져야 한다. 진정으로 위대한 서정시를 착상하려면, 신비에 찬 영역을 몽상 속에서 거닐고, 땅의 소음을 잊고 하늘의 화음을 들으며, 우주 전체를 영혼이 느끼는 감정들의 상징으로 여겨야 한다.

대부분의 사람들은 인간 운명의 수수께끼에 관심이 없지만, 시인은 언제나 자신의 상상력으로 하여금 그것에 대면하게 한다. 죽음에 대한 생각은 범속한 사람들의 기를 꺾지만, 천재는 더욱 대담하게 만든다. 자연의 아름다움과 파괴에 대한 공포를 동시에 느끼면 행복과 두려움의 묘한 착란을 일으키는데, 그런 것을 느껴보지 않고서는 이 세상의 모습을 이해할 수도, 묘사할 수도 없다. 서정시는 아무것도 이야기하지 않으며, 시간의 흐름에 대해서도 또 공간의 제약에 대해서도 아무 말도 하지 않는다. 서정시는 여러 나라들과 여러 시대 위를 날아다닌다. 그것은 인간이 삶의 고통과 환희를 초월하는 저 숭고한 순간을 지속시킨다. 인간은 이 경이로운 세상 한가운데에서 자신이 창조주이면서 동시에 피조물이라는 것, 죽을 수밖에 없지만 영원히 사라지지 않는 존재라는 것, 또 떨고 있으면서도 동시에 강인한 마음은 자신에게는 의기양양해 하지만 신 앞에서는 무릎을 꿇는다는 것을 느낀다.

독일인들은 상상력과 관조적 명상의 능력을 한꺼번에 지닌 매우 드문 민족이어서, 대부분의 다른 민족에 비해서 서정시를 짓는 능력이 뛰어나다. 정신주의적 종교가 몸에 밴 현대인은 어떤 심오한 이념 없이 살 수 없다. 그러나 이러한 심오함이 형상의 옷을 입지 않는다면, 그것은 시가 되지 못할 것이다. 따라서 자연을 인간이 지닌 사상의 상징으로 사용할 수 있도록 하려면, 인간은 자연에 크게 눈을 떠야 한다. 이교(異敎)의 시인에게는 나무덤불이나 꽃, 시냇물로도 충분할 것이다. 그러나 그리스도교인들의 마음을 가득 채우고 있는 영원과 무한은 적어도 고독한 산림이나 끝없이 펼쳐진 대양(大洋), 별이 쏟아지는 밤하늘이 있어야만 가까스로 표현이 가능하다.

프랑스인도 그렇지만 독일인에게도 서사시를 쓰는 시인은 많지 않다. 이 훌륭한 창작방식은 현대인에게 적합하지 않은 듯하며, 이러한 종류의 작품에 대해 품은 이념에 전적으로 부합되는 것은 어쩌면 《일리아드》뿐일 것이다. 서사시는 그리스인들에게서나 볼 수 있는 우연한 상황의 일치, 즉 영웅시대의 상상력과 문명화된 시대의 완성된 언어의 일치가 필요하다. 중세에는 상상력은 우수했지만 언어가 불완전했다. 우리 시대에는 언어는 흠잡을 데 없으나 상상력이 부족하다. 독일인들은 사상과 문체에서는 매우 대담하지만, 기본적으로 주제에 신선미가 없다. 그들의 서사적 작품은 거의 언제나 서정적 장르에 가깝다. 프랑스 사람들의 글은 차라리 극처럼 되고 말아서, 장대함보다는 재미가 느껴진다! 극의 재미가 문제가 된다면, 주어진 틀에 맞추어 관객의 기호를 미리 알아채서 솜씨 좋게 거기에 맞추는 기술이 성공의 관건을 쥐고 있다. 그러나 서사시를 창작할 때엔 외면적이며 일시적인 상황에 집착하는 일이 있어서는 안 된다. 서사시에는 절대적 아름다움, 보다 자연스러운 감정과 보다 대담한 상상력을 가진 고독한 독자를 감동시키는 아름다움이 요구된다. 서사시를 지으면서 지나친 대담함을 과시하려는 사람은 프랑스의 고상한 취향에 비추어 혹독한 비난을 받을 것이다. 그러나 아무것도 감행하지 않는 사람 역시 멸시를 면하기는 어려울 것이다.

브왈로[38]는 취향과 언어를 완벽하게 하면서 시에 매우 불리한 경향을 프랑스 정신에 불러일으켰다는 것을 부인할 수 없다. 그는 피해야 할 것만 언급했고, 또 이성과 지혜의 규율만 강조함으로써 숭고한 예술적 도약에 매우 해로운 일종의 현학성을 문학에 도입했다. 우리에게는 프랑스어로 쓰인 작시법의 걸작들이 있다. 그러나 어떻게 작시법을 시라고 부를 수 있을 것인가! 애당초 산문인 채로 두어도 좋은 것을 시로 바꾸고, 포프[39]처럼 카드놀이 하는 법에 대한 상세한 설명[40]을

---

38) Nicolas Boileau (Boileau-Despréaux) (1636~1711). 프랑스의 시인, 비평가. 그는 《시학》(1674)에서 몰리에르, 라퐁텐, 라신의 대변자가 되어, 그들의 작품에서 고전주의 문학의 이론을 추출하고자 했다.

시로 쓴다던가, 혹은 우리나라에서 최근에 나온 시들처럼 주사위 놀이나 체스, 화학을 10음절로 표현하는 일은 언어를 가지고 하는 마술이며, 음표를 가지고 소나타를 작곡하듯이 단어를 가지고 시라고 일컫는 것을 꾸며내는 일이다.

그러나 상상력에 그처럼 호소하지 않는 대상을 그토록 고상하게 묘사하기 위해서는 시적 언어에 대해 상당한 지식이 있어야 한다. 이들 화랑에서 뽑힌 몇 개의 작품은 당연히 칭찬받을 만하다. 그러나 각 작품간의 관련성은, 작자가 생각하는 방식과 마찬가지로 산문적일 수밖에 없다. 그는 이렇게 혼잣말한다. "나는 이 주제에 대해 시를 쓸 것이다. 또 이 주제에 대해, 또 이 주제에 대해." 그리고 자기도 모르는 사이에 작업방식의 비밀을 독자에게 들켜버리고 만다. 진정한 시인은 그의 시 전체를 영혼 깊은 곳에서 순간적으로 착상한다. 그는 천부적 재능에서 우러나오는 성스러운 찬가를 언어의 장애를 겪지 않고 고대의 무녀나 예언자처럼 즉흥적으로 읊을 것이다. 시인은 시상이 떠오르면 마치 일생일대의 사건이 일어난 것처럼 동요한다. 새로운 세계가 그의 앞에서 펼쳐진다. 각각의 장면, 각각의 인물, 그리고 온갖 종류의 자연의 아름다움에 대한 숭고한 형상이 눈앞에 어른거리고, 운명의

39) Alexander Pope (1688~1744). 영국의 시인, 비평가. 보편적 진리는 이미 그리스나 로마의 고전을 통해 알 수 있으므로, 근대 시인은 그에 대한 완벽한 표현을 가하는 일이 과제라고 역설했다.

40) 이는 알렉산더 포프의 《머리카락 도둑》(*The Rape of the Lock*) (1712)의 제 3가에 나오는 것을 가리킨다. 유럽 각지에서 매우 유명했던 이 시는, 어느 귀족이 벨린다라는 이름을 가진 아가씨의 머리를 한 움큼 가위로 잘라낸 사건을 주제로 하여, 아름답게 과장된 시구로 귀족의 우아한 생활을 노래한다. 뱃놀이가 끝난 다음에 카드놀이를 하는 장면에서 놀이의 규칙을 묘사하고 있는데, 여기에 왕실 사람들의 모습이 감춰져 있다. 그에게는 시의 본래 재료가 아닌 것 같은 것을 운문으로 쓴 작품이 많아서 철학적 시인인 체하면서 내용은 천박하다고 비판받지만, 그 자신은 '원래대로라면 산문으로 써도 좋았겠지만, … 운문의 형식을 취하는 편이 독자의 감명도 깊고, 기억도 용이하기 때문이다. … 또한 … 이렇게 쓰는 건, 짧은 말로 표현할 수 있다는 것을 알았기 때문이다' 라고 《인간론》 안에서 말하고 있다.

어둠 속을 스치는 섬광처럼 천상의 행복에 가슴이 뛴다. 시는 우리의 영혼이 기원하는 모든 것을 순간적으로 손에 넣는 일이다. 시적 재능이 실존의 한계를 사라지게 하며, 죽을 운명을 지닌 인간의 막연한 희망을 빛나는 이미지로 바꾸어놓는다.

시적 재능에 규율을 과하기보다는 그것의 징후를 서술하는 편이 훨씬 수월할 것이다. 천재는 마치 사랑처럼 천재성을 부여받은 사람 스스로 느끼는 감정의 심오함에 의해 감지된다. 천성만을 유일한 안내자로 삼을 천재에게 감히 충고한다면, 그에게 줄 충고가 순전히 문학적인 것이어서는 안 될 것이다. 시민이나 영웅에게 말하는 것과 마찬가지로, 시인에게도 다음과 같이 말해야 한다.

> 덕을 지니십시오. 믿음을 가지십시오. 무엇에 속박되지 마십시오. 그대가 사랑하는 것을 존중하십시오. 사랑에서 불멸을, 자연에서 신성함을 찾으십시오. 그대의 영혼을 신전처럼 성스러운 곳으로 만드십시오. 그러면 고귀한 생각의 천사들이 서슴없이 그곳에 나타날 것입니다.

고전시와 낭만시

독일에 낭만적이라는 말이 새로이 소개된 것은, 음유시인이 부르던 노래에 기원을 두고 기사도와 그리스도교 신앙에서 생겨난 시를 지칭하기 위해서였다. 문학의 영토에 이교와 그리스도교, 북방과 남방, 고대와 중세, 기사도와 그리스·로마의 여러 제도들이 공존했다는 사실을 인정하지 않는다면, 우리는 결코 고대적 기호와 현대적 기호 중 어느 것이 더 좋은지 철학적 시각에서 판단을 내릴 수 없을 것이다.

'고전적'이라는 말이 완전함과 동의어로 쓰이는 일이 가끔 있다. 나는 여기에서 이 말을 다른 뜻으로 사용할 것이다. 즉, 고전시는 고대인의 시를, 낭만시는 어떤 식으로든 기사도의 전통을 잇는 시로 볼 것이다. 또한 이러한 분류는 세계의 역사를 두 시기로 나누는 것, 즉 그리스도교가 성립하기 전과 후로 나누는 것과도 관련된다.

또한 독일의 여러 작품들 안에서 고대의 시는 조각에, 낭만주의의 시는 회화에 비견되었다. 그리하여 그들은 모든 수단을 동원하여, 인간정신의 발자취가 유물론적 종교로부터 유심론적 종교로, 또 자연으로부터 신성으로 나아간 특징을 규명했다.

라틴 민족 중 가장 문명화된 프랑스 민족은 그리스와 로마를 모방한 고전시에 기울어진다. 게르만 민족 중에서 가장 계몽된 영국 민족은 낭만적이고 기사도적인 시를 사랑하고, 이 분야에서 그들이 가진 걸작을 자랑스럽게 여긴다. 나는 여기에서 이 두 장르의 시 중 어느 쪽이 더 선호할 가치가 있는지를 검토할 생각은 없다. 이 점에서 취향의 다양성은 우연적 요인에 의해서만 생기는 것이 아니라, 상상력과 사고의 근원에서도 유래함을 보여주는 것으로 충분하다.

고대인의 서사시와 비극에는 일종의 단순함이 있다. 그 시대에 인간은 자연과 동일시되어서, 자연이 필연성에 의존하듯 운명에 달려 있다고 믿었기 때문이다. 인간은 별로 깊이 생각하지 않았고 영혼의 움직임을 언제나 외부로 내보였다. 의식조차도 외부적 물체의 모습을 지녔다. 죄를 진 사람의 머리 위로 분노의 불길이 그의 회한을 쫓아냈다. 고대에는 사건만이 전부였으나 오늘날에는 성격이 큰 비중을 차지한다. 그래서 우리를 프로메테우스의 독수리처럼 갉아먹곤 하는 불안에 찬 고뇌는, 시민적 · 사회적 지위 안에 존재하는 고대인의 명확하고 공개적인 관계들의 환경에서 보면 광기(狂氣)로밖에 보이지 않을 것이다.

그리스에서 예술의 초창기에는 개인 조각상만이 있었다. 군상(群像)은 좀더 후에 제작되었다. 마찬가지로 모든 예술에서 집단적 요소는 없었다고 말해도 틀림없을 것이다. 표현되는 대상은 저부조(底浮彫)에서와 같이 다른 어떤 장르의 것과도 결합되거나 얽히는 일 없이 나열되었다. 인간은 자연을 의인화했다. 그래서 님프들은 물에 살고 수목의 요정 하마드리아데스는 숲에 살았다. 그러나 이번에는 자연이 인간을 지배하게 되었고, 인간을 가리켜 격류와 벼락과 화산과 닮았다고 말하게 되었다. 그만큼 인간은 의지의 지배를 받지 않는 충동에 의해 행동했고, 또 자신의 행동의 동기도 결과도 반성에 의해 바꿀 수 없었다. 고대인은 말하자면 육신 있는 영혼을 갖고 있어서, 그 모든 움직임은 강하고 직접적이며 일관되었다. 이는 그리스도교에 의해 양성된 인간의 마음과는 다른 것이다. 현대인은 그리스도교적 참회를 통해 끊임없이 자신의 내면을 되돌아보는 습관을 지니게 되었다.

그러나 이렇듯이 매우 내면적인 존재를 표출하기 위해서는, 영혼 안에서 일어나는 무한한 뉘앙스를 엄청 다양한 사실에 의해 갖가지의 형식으로 제시해야 한다. 만약 오늘날에도 조형예술이 고대인의 단순성을 좇도록 강요당한다면, 우리는 고대인의 특징을 이루는 원시적 힘에 이르지 못할 뿐만 아니라, 우리의 영혼이 느낄 수 있는 내적이고 풍부한 감동도 잃게 될 것이다. 고대인의 단순성은 생동감으로 가득 차 있었지만, 현대인에게 예술의 단순함이란 차가움과 추상성으로 바뀌기 쉽다. 기사도적인 그리스도교를 특징짓는 감정은 명예와 사랑, 용기와 연민이다. 그리고 이러한 마음의 성향은 위험과 수훈, 사랑, 불행, 요컨대 그림을 끊임없이 바꾸는 낭만적 관심에 의해서만 드러나게 된다. 결국 예술의 효과를 내는 원천은 고전시와 낭만시의 여러 점에서 다르다. 고전시에서는 운명이 지배하고, 낭만시에서는 신의 섭리가 지배한다. 운명은 인간의 감정에 개의치 않으며, 섭리는 인간의 행동을 심판할 때 그의 감정만을 기준으로 한다. 죽어야 하는 존재와의 싸움을 늘 반복하는 눈멀고 귀먹은 운명을 그려야 할 때에도, 혹은 우리의 마음에 질문을 던지고 또 그 마음에 응답해주는 지고(至高)한 존재가 주재하는 저 현명한 질서를 그려야 할 때에도, 시는 자신과 전혀 다른 별개의 본성을 지닌 세계를 창조하지는 않는다!

이교도의 시는 외부의 물체처럼 단순하고 뚜렷해야 한다. 그리스도교의 시는 무지개와 같이 다채롭지 않으면 구름 속에서 사라져버릴 것이다. 고대인의 시는 예술이라기엔 단순하며, 현대인의 시는 보다 많은 눈물을 자아낸다. 그러나 우리에게 문제되는 것은 고전시와 낭만시 중 어느 것을 택할 것인가가 아니고, 고전시의 모방과 낭만시의 영감 중 무엇을 택할 것인가이다. 현대인에게 고대인의 문학은 이식(移植)된 문학인 데 반해, 낭만주의 문학 또는 기사도 문학은 우리의 자생적 문학으로서 우리의 종교와 제도가 꽃피운 것이다. 고대인을 모방하는 작가는 엄격하기 짝이 없는 기호의 규칙에 복종했다. 왜냐하면 그는 자기의 고유한 성질이나 역사에 의존할 수 없었으므로, 걸작품이 쓰인 고대의 모든 정치적·종교적 상황이 아무리 변했어도, 그 걸작품을 우리의 기호에 적용시키는 규칙에 자신을 맡기지 않을 수 없었기 때문이다. 그러나 고대를 본뜬 이러한 시들은 아무리 완전하더라도 사람들의 호응을 얻기는 어렵다. 왜냐하면 그것은 요즘 시대에 민족적인 것과는 아무런 상관도 없기 때문이다.

프랑스의 시는 현대시 중에서 가장 고전적이어서 대중 사이에 널리 읽히지 않는 유일한 것이다. 베네치아의 곤돌라 뱃사공은 타소[41]의 서정시를 노래하고, 스페인 사람과 포르투갈 사람은 계층을 막론하고 칼데론[42]과 카몽이스[43]의 시를 외운다. 셰익스피어 역시 영국에서 상류의 사람들뿐만 아니라 서민에게도 사랑받는다. 괴테와 뷔르거[44]의 시에는 곡조가 붙여져서, 그 노랫소리는 라인 강가로부터 발틱 해안까

41) Torquato Tasso(1544~1595). 이탈리아 르네상스 최후의 시인. 그의 작품은 바로크적 요소를 담고 있으며, 모든 계층의 사람들에게 애독되었고 다른 나라의 문단에도 커다란 영향을 주었다.

42) Pedro Calderon de la Barca(1600~1681). 스페인문학의 황금시기가 낳은 대극작가.

43) Luís Vaz de Camões(1524~1580). 포르투갈의 시인. 그의 이름을 불후의 시인으로 만든 것은 《우스 루지아다스》(*Os Lusíadas*)로서, 포르투갈의 역사적 신화를 곁들여 그 국민의 영웅적 업적을 찬양한 대서사시이다. 그는 서사시인으로서는 로마의 베르길리우스와 비견되고, 서정시인으로서는 이탈리아의 페트라르카에 비견된다.

44) Gottefried August Bürger(1747~1794). 독일의 시인. 괴팅겐파의 시인들과 가까웠으며, 헤르더의 영향을 받았다.

지 울려 퍼진다. 우리 프랑스의 시인은 우리나라나 다른 유럽 나라들의 교양 있는 사람들로부터는 사랑받지만, 서민과 도시의 소시민들조차도 이를 전혀 알지 못한다. 프랑스의 예술은 다른 나라의 예술과는 달리 프랑스에서 아름다움이 완성되었을망정, 자국에서 발생한 것이 아니기 때문이다.

몇몇 프랑스 비평가들은 독일 민족의 문학이 아직 유아기에 머물러 있다고 주장했는데, 이 주장은 전적으로 틀린 것이다. 고대의 언어와 작품에 관해 해박한 지식을 가진 사람들이 자신이 받아들이거나 거부한 장르의 장단점을 모른다는 일은 결코 있을 수 없다. 그들은 자신의 성격이나 습관, 그리고 사고를 좇아서 그리스 신화에 토대를 둔 문학이 아니라, 기사도의 전설이나 중세의 경이로운 일에 근거한 문학을 택했다. 낭만주의 문학은 아직 완성될 가능성이 있는 유일한 문학이다. 그것은 우리 자신의 토양에 뿌리내리고 있어서 더욱 성장하고 생명력을 더할 수 있는 유일한 문학이기 때문이다. 그것은 우리의 종교를 표현하고, 우리의 역사를 상기시킨다. 그것의 기원은 오래되었지만 고대의 것은 아니다.

고전시가 우리에게 도달하여 이해를 얻으려면, 이교도 시에 대한 기억을 유지하지 않으면 안 된다. 게르만 민족의 시는 조형예술에 있어서 그리스도교 시대에 비견된다. 그 시는 우리를 감동시키기 위해 개인이 느끼는 인상을 이용한다. 그 시에 활기를 주는 천재는 우리의 마음에 직접 말을 걸어오고, 가장 힘세며 가장 무서운 유령과도 같이 우리의 삶 자체를 보여주는 듯하다.

독일의 운문들

이전 절에서 살펴본 각종 고찰로부터, 고전시가 고대의 모방으로 간주되어서이든 혹은 고전시라는 말이 단지 완성의 가능한 가장 높은 단계로 이해되어서이든 간에, 독일에는 고전시가 별로 존재하지 않는다는 결론을 내릴 수 있을 것이다. 독일인은 상상력이 풍부하므로 수정보다는 창조 쪽으로 기울어지기 마련이다. 그러므로 그들의 문학 중에서 모범으로서 일반적으로 인정되는 작품을 인용하기는 어렵다. 언어는 고정되지 않았고, 취향은 재능 있는 사람의 새로운 작품이 나올 때마다 바뀐다. 모든 것이 진보하고 모든 것이 걸음을 멈추지 않으므로 정지된 완성지점에 아직 도달하지 않았다. 그러나 그것이 나쁜 일일까? 완성의 경지에 도달했다고 자부하는 나라들을 살펴보면 어느 나라나 곧 쇠퇴가 시작되어, 고전의 모방이 마치 고전에 싫증내기 위해 따라 하는 것같이 되었다.

독일에는 이탈리아와 마찬가지로 많은 시인이 있다. 어떤 장르건 간에 시도가 많으면 국민의 선천적 경향을 알 수 있다. 예술에 대한 애호가 일반적일 때에는 우수한 사람들이 자연히 시를 짓게 된다. 마치 다른 나라에서 그런 사람들이 정치나 상업으로 기울어지는 것과 마찬가지이다. 그리스에는 시인이 많이 있었다. 천재에게는, 같은 길을 걷는 다수의 사람들에게 둘러싸여 있는 것보다 더 유리한 것은 없다. 예술가는 어려움을 잘 알기 때문에 잘못에 대해서 너그러운 심사위원이다. 그러나 그들은 또한 까다로운 검열관이기도 하다. 그들이 끊임없이 염두에 두는 걸작들과 어깨를 나란히 하기 위해서는 위대한 아름다움, 새로운 아름다움이 요구된다. 독일인은 글을 쓸 때, 말하자면 즉흥적으로 쓴다. 이렇듯 실로 쉽게 글을 쓸 수 있다는 것은, 예술분야에서 진정한 재능을 가졌다는 증거이다. 왜냐하면 예술은 남국의 꽃처럼 재배하지 않아도 자라는 것임에 틀림없기 때문이다. 작업은 예술을 완성시킨다. 그러나 상상력은 너그러운 자연으로부터 선물로 받을 때에 풍부하다. 찬사받을 만한 독일 시인을 모두 개별적으로 꼽는 것은 불가능하다. 독일문학의 역사적 행보를 지적하면서 이미 언급한 세 가지 유파에 대해 일반적 방법으로 고찰하는 정도에 그치도록 하겠다.

빌란트[45]는 소설에서 볼테르를 모방했다. 또 철학적인 면에서 고대의 볼테르라고 말할 수 있는 루키아노스를 자주 모방하기도 했다. 가끔은 아리오스토, 그리고 유감스럽게도 크레비용도 모방했다. 빌란트는 기사도 이야기들인 《간다린》, 《궁정인 게리온》, 《오베론》 등을 운문으로 썼다. 이들 작품은 아리오스토의 작품보다 감수성은 풍부하고, 우아함과 활달함은 부족하다. 독일어는 어떤 주제에 대해 얘기하더라도 이탈리아와 같은 경쾌함이 없다. 자음이 너무 많은 편인 독일어에 어울리는 농담은 얼렁뚱땅 얼버무리는 것이 아닌, 특징을 잘 강조하는 것이다. 《이드리스》와 《신 아마디스》는 동화지만 각 페이지마다 여성의 정조가 끈질기게 농담의 대상이 되는데, 지루한 나머지 외설스러움을 잃고 있다. 내게는 그리스문학을 모방한 《무자리온》,[46] 《엔디미온》, 《가니메드》, 《파리스의 심판》 등의 작품보다는 기사도 이야기 쪽이 훨씬 낫다고 여겨진다. 독일에서는 기사도 이야기가 국민적인 것이다. 독일의 언어와 시인의 타고난 재능은 그 감정이 강하면서도 순진하고 또 온화하면서도 단호한 기사와 미녀들의 무용담과 사랑이야기

45) Wieland, Christoph Martin (1733~1813). 그가 청년시대의 경건주의적 유심론에서 로코코의 위트와 유희를 거쳐, 바이마르의 고전주의 영역으로 나아간 발전의 발자취는 클롭슈토크, 빙켈만, 레싱, 리히텐베르크와 유사한 점이 많이 있다.

46) *Musarion* (1768). 진정한 고대 그리스, 로마로의 복귀로서 많은 갈채를 받았다. 플라톤적인 이상주의 철학자와 근엄하고 금욕적인 철학자가 애교가 넘쳐흐르는 그리스의 여인인 무자리온 때문에 타락한다. 지나친 향락생활을 한 후에 인간을 기피하게 된 그녀의 연인 파니아스를 무자리온은 즐거움과 절제, 미와 이성, 우아와 만족이 융합된 인생과 사랑의 행복으로 인도한다. 그것은 평화로운 어느 시대의 밝은 목가이다. 이 작품은 평생 동안 빌란트의 도덕적 이상이었다.

에 적합하다. 그러나 빌란트는 그리스의 주제에 현대적 매력을 가미함으로써 필연적으로 그 주제를 너무 부자연스럽게 만들었다. 고대의 취향을 현대의 취향에, 혹은 현대의 취향을 고대의 취향에 맞추고자 한 시인들은 거의 언제나 부자연스럽게 꾸민 티가 난다. 이 위험을 피하기 위해서는 각각을 완전히 그 본래의 모습으로부터 취해야 한다.

《오베론》[47] 은 독일에서는 거의 서사시로 받아들여지고 있으나, 트레상 씨가 요약 번안을 쓴 프랑스의 기사도 이야기인 《보르도의 위옹》에 기초한 것이다. 셰익스피어가 《한여름 밤의 꿈》이라는 제목의 희곡에서도 묘사한, 요정의 왕 오베론과 왕비 티타니아가 이 시의 신화적 부분에 쓰인다. 주제는 프랑스의 고대 소설가에게 빌린 것이지만, 빌란트가 그것에 살을 붙인 시는 아무리 칭찬해도 부족할 정도이다. 빌란트는 초자연적인 것에서 끌어온 우스꽝스러움을 품위 있게 독창적으로 다루고 있다. 휘온은 여러 경위를 통해 팔레스타인에 보내져, 술탄의 딸에게 구혼한다. 그때, 그가 가진 마법의 뿔피리 소리가 들리자 결혼에 반대하던 모든 과묵한 사람들이 춤추기 시작한다. 치밀하게 반복되는 이 희극적 효과는 전혀 지루하지 않다. 회교의 도사나 술탄의 궁정대신들의 근엄한 거드름이 교묘하게 그려지면 그려질수록, 그 인물들이 본의 아니게 춤추게 되는 모습은 독자들을 재미있게 한다. 오베론이 서로 사랑하는 두 사람을 날개가 달린 마차에 태워 하늘로 데려갈 때, 이 초자연적 사건에 대한 공포감은 두 사람의 확고한 사랑에 의해 지워진다. 시인은 다음과 같이 읊고 있다.

> 대지가 두 사람의 눈에서 자취를 감추어도, 칠흑 같은 밤이 어두운 날개로 하늘을 덮어도, 사랑으로 가득 찬 그들의 눈길에는 한 가닥 하늘로부터의 빛

---

47) *Oberon*(1780). 로맨틱 서사시 《오베론》을 가리켜 괴테는 "시가 시이고, 황금이 황금이며, 수정이 수정인 이상, 이 시는 시예술의 걸작으로서 애호받고 칭송받을 것이다" 라고 라바터에게 보낸 편지에서 말하고 있다. 빌란트는 이 시의 소재를 세계문학, 즉 고대 프랑스의 기사소설과 동양, 셰익스피어, 초서, 그리고 스턴 등에게서 수집했다.

이 반짝인다. 두 사람의 영혼은 서로를 비추어, 밤도 밤이 아니다. 천국이 그들을 싸안아, 마음 깊은 곳에 태양의 빛이 닿는다. 그리고 사랑이, 항상 진귀하고 항상 새로운 것을 차례차례 펼쳐 보여준다.

일반적으로 감수성은 초자연적인 것과 어울리지 않는다. 영혼의 움직임에는 무언가 너무 심각한 부분이 있어, 사람들은 그것이 상상력 놀이로 위태롭게 되는 것을 원치 않는다. 그러나 빌란트는 이런 종류의 환상 이야기를 진실한 감정과 결부시키는, 자기만의 고유의 수법을 갖고 있다.

술탄의 딸이 휘온과 결혼하기 위해 그리스도교로 개종하는 세례식은 여전히 가장 아름다운 장면이다. 사랑 때문에 종교를 바꾸는 것은 좀 세속적이기는 하지만, 그리스도교는 마음의 종교이므로 진지하고 순수하게 사랑한다는 자체가 이미 개종한 것이나 마찬가지다. 오베론은 젊은 두 사람에게서 로마에 닿을 때까지는 상대방에게 몸을 맡기지 않겠다는 약속을 받아두었다. 그들은 같은 배에 탔고, 세상으로부터 떨어지자 사랑하는 두 사람은 자기들이 한 약속을 지키지 않았다. 그러자 곧바로 태풍이 일고 바람이 불며, 파도가 몰아치고 돛이 찢어졌다. 번개가 돛대를 갈랐다. 승객들은 통곡했고, 선원들은 큰 소리로 도움을 요청했다. 결국 선체는 반쯤 갈라져, 파도가 모든 것을 집어삼킬 위험에 처했다. 그러나 눈앞의 죽음도 사랑하는 두 연인으로부터 이 세상의 행복한 감정을 빼앗아가지는 않았다. 그들은 날렵하게 바다에 몸을 던졌고, 눈에 보이지 않는 힘에 의해 구조되어 무인도에 표류한다. 그들은 그곳에서 불행과 신앙에 의해 이 은신처에 살게 된, 한 사람의 은자(隱者)를 만난다.

휘온의 아내, 아만다는 오랜 난관 끝에 사내아이 하나를 낳았다. 이 외딴곳에서 그려지는 모성보다 더 아름다운 것은 없다. 고독한 생활에 생기를 불어넣는 이 새로운 존재, 두리번거리는 아이의 눈, 아이와 눈을 맞추려는 어머니의 상냥함, 모든 것은 감정과 진실로 가득 차 있다. 오베론과 티타니아가 부부에게 내리는 시련은 계속되지만, 결국 그들의 변함없는 사랑은 보답받는다. 이 시는 장황하긴 해도 매력적인 작품임에는 틀림없다. 프랑스어의 운문으로 잘 번역되었더라도 그런 평가를 받았을 것이다.

빌란트 전후에 프랑스와 이탈리아풍의 작품을 시험한 시인들은 있었으나, 그들의 창작은 별로 인용할 가치가 없다. 만약 독일문학이 독자적 특색을 가지고 있지 않았다면, 분명 독일문학이 예술사에서 한 시대를 풍미하는 일은 없었을 것이다. 클롭슈토크의 《구세주》로 독일의 시는 새로운 시대를 고하게 된다.

이 시의 주인공은 우리 인간의 영원하지 않은 언어에 의거해 경탄과 연민을 똑같은 정도로 환기하는데, 이 두 감정 중 어느 것도 다른 것에 의해 약해지지 않는다. 관대한 어떤 시인이 루이 16세에 대해 다음과 같이 말했다.

"이 정도의 존경과 이 정도의 연민이 양립하는 선례는 없었다."[48]

이토록 감동적이고 섬세한 시구라면 클롭슈토크가 묘사하는 구세주가 전달하는 감동을 전할 수 있을 것이다. 이 주제는 천재의 어떠한 번뜩임으로도 다 그려내지 못하는 것일지도 모른다. 그럼에도 불구하고 신성한 존재 안에 있는 인간성을 그 정도의 감수성으로, 또 죽을 수밖에 없는 인간 안에 있는 신적인 것을 그 정도로 힘차게 그려내기 위해서는 천재의 번뜩임이 많이 필요하다. 동시에, 전능한 의사에 의해 미리 정해져 있는 일 안에 흥미와 불안을 일으키기 위해서도 역시 많은 재능이 필요하다. 클롭슈토크는 고대인의 숙명론과 그리스도교 신자의 섭리가 공포와 희망을 한꺼번에 불러일으키는 모든 것을 통합

48) 마담 드 스탈은 이 시인을 사브랑 씨라고 원주를 통해 밝힌다. M. de Sabran (1774~1846)은 시인이며 스탈 부인과 가까이 지내고 있었다. 여기에 인용된 시구는 *Le Repentir*(1817) Chant 4 Ver. 74이다.

할 줄 알았다.

다른 곳에서, 나는 인간에게 선을 베풀고 싶어하는 회개한 악마 아바도나[49]의 성격에 대해 언급한 바 있다. 영원히 죽지 않는 그의 목숨에는 몸을 갉아먹는 회한이 따라붙어 있다. 그는 과거에 알던, 그의 주거지였던 천상의 세계인 하늘을 버린 것 자체를 후회하고 있다. 운명을 돌이킬 수 없을 때 이렇게 미덕으로 회귀하다니, 이 무슨 난처한 처지인가. 무감각해져 있던 영혼이 감각을 되찾았을 때의 괴로움은 지옥의 괴로움보다도 더한 것이다! 현대의 종교가 시의 형태를 취하는 것은 보기 드문 일이다. 클롭슈토크는 그리스도교의 정신을, 그것의 본질에 필적하는 정경과 장면에 의해 가장 잘 구현할 줄 알았던 현대 시인 중 한 사람이다.

작품 전체를 통틀어 사랑이야기는 하나뿐인데, 부활한 두 인물, 치들리와 제미다의 사랑이 그것이다. 예수 그리스도가 이 두 사람을 살려냈고, 그들은 새로운 삶에 걸맞은 순수한 사랑, 천상의 사랑으로 서로를 사랑한다. 그들은 이제 자기들에게 더 이상 죽음은 없다고 믿는다. 그들의 소원은 둘 중 어느 하나라도 명백한 이별의 뼈저린 고통을 맛보는 일 없이 함께 지상에서 하늘로 올라가는 일이다. 종교시에서 이러한 사랑을 구상하다니 감동적이지 않은가! 그것만이 작품 전체와 조화를 이룰 수 있다. 그럼에도 불구하고 굳이 말하자면, 항상 고양되는 한 가지 주제에는 약간의 단조로움이 동반된다. 영혼은 지나친 명상에 의해 지치고, 작가는 가끔 치들리와 제미다처럼 부활한 독자들을 상대할 필요가 있을 것이다.

세속적인 것을 《구세주》에 전혀 끌어들이지 않고도 이러한 결점을

49) 클롭슈토크의 《구세주》에 등장하는 악마. 신에게 반항하고 최후의 심판에서 용서받는다. 마담 드 스탈은 《문학론》 제 1부 제 17장 '독일문학에 대해' 중에서, 클롭슈토크의 《구세주》가 지니는 최고의 미학 중 하나로 아바도나의 성격을 들어, '천사의 특징과 지옥의 고통의 조합이 신기한 아이디어이다' 라고 말했다.

피할 수 있었을 것이다. 그의 적들이 그의 죽음을 요구하는 시점에서 시작하는 것보다 예수 그리스도의 생애 전체를 주제로 하는 편이 어쩌면 더 나았는지도 모른다. 시리아를 그리기 위해 솜씨 좋게 동양의 색채를 사용할 수도 있었을 테고, 로마제국하의 인류상태를 좀더 강력하게 그려낼 수도 있었을 것이다. 《구세주》에는 연설, 그것도 너무 긴 연설이 지나치게 많다. 우리에게 무언가 고찰의 여지를 제공하는 장면이나 성격이나 정경이 웅변 그 자체보다 더 상상력을 자극한다. 말씀, 곧 신의 말씀은 천지창조 이전에 있었다. 그러나 시인들에게는 창조가 말보다 선행되어야 한다.

클롭슈토크는 또한 천사의 초상을 다양하게 그리지 않았다고 비판받았다. 완벽한 것에서는 차이점을 발견하기가 어렵고, 대개는 결점이 인간의 특징을 이루는 것이 사실이다. 그렇지만 그 긴 대화에 조금 더 풍부한 변화를 줄 수 있었을 것이다. 특히 구세주의 죽음이라는 클라이맥스 후에 10개의 노래를 덧붙일 필요가 없었다고 생각한다. 이 10개의 노래에는 서정적 아름다움이 많이 있지만, 어떠한 것이든 한 작품이 극적 흥미가 있다면 그 흥미가 끝나는 지점에서 작품도 끝나야 한다. 다른 데에서 읽는다면 매우 재미있을 여러 고찰이나 감상도, 그보다 강렬한 감동이 선행되고 나면 언제나 지루해지는 법이다. 책도 인간과 마찬가지이다. 우리는 그들로부터 관습적으로 기대하는 것 이상을 요구하지 않는다.

클롭슈토크의 작품 전체에는 고양된, 감수성이 풍부한 영혼이 넘쳐흐른다. 그러나 그가 주는 인상은 너무나 한결같은 반면, 불길한 이미지가 지나치게 다양하다. 우리가 생을 영위할 수 있는 것은 오직 죽음을 잊고 있기 때문이다. 죽음의 관념이 머리에 떠오르면 그만큼 무서운 전율이 일어나는 것은 아마도 이런 이유에서일 것이다. 《구세주》 안에는 영의 작품과 마찬가지로 독자가 무덤 가운데로 끌려가는 일이 너무 많다. 항상 이러한 종류의 명상에 빠져 있다면, 예술은 끝장일 것이다. 왜냐하면 시에서 생명을 준 세계를 느끼기 위해서는 매우 격동적인 생존감이 필요하기 때문이다. 이교도들은 무덤의 부조에서와 마찬가지로 시에서도 항상 다양한 정경을 묘사했고, 이렇게 함으로써 죽음을 생의 일부로 삼았다. 그러나 그리스도교 신자들의 임종 장면의 분위기를 이루는 희미하고 심오한 사상은 상상력의 선명한 색채보다는 오히려 감동으로 사람을 이끈다.

클롭슈토크는 종교적 송가, 애국적 송가, 그 밖에 각종 주제에 관한 기품 넘치는 송가를 창작했다. 자신의 종교적 송가 안에서 그는 영원의 관념에다 눈에 보이는 옷을 입힐 줄 알았다. 그러나 가끔 이러한 종류의 무한함 안에서 자신의 모습을 잃어버리고 만다.

그의 종교적 송가 가운데서, 금언으로서 떼어내 되풀이해 읊을 수 있는 시구를 골라내기는 어렵다. 이들 시의 아름다움은 그 전체에서 풍기는 인상에 있다. 쉬지 않고 움직이며 퍼내도 퍼내도 끝이 없을 것 같은 광대한 바다, 온갖 시간이 동시에 현존하는 듯하고 계속해서 파도가 일제히 밀려오는 광대한 바다를 바라보는 사람에게, 해변에서 생각에 잠기면서 느끼는 기쁨을 파도가 몰아칠 때마다 세어보라고 할 수 있겠는가? 시에 의해 미화된 종교적 명상에 대해서도 같은 말을 할 수 있다. 만약 그것이 항상 더 높은 삶을 향해 새로운 충동을 일으키고, 그 속에 빠져들고 난 후에 향상된 자신을 느낄 수 있다면, 경탄할 만하다. 바로 이 점이 이런 책에 내려야 하는 문학적 평가인 것이다.

클롭슈토크의 송가 중 프랑스혁명을 소재로 한 것은 인용할 만한 가치가 없다.[50] 현재의 시간이 시적 영감을 불러일으키는 것은 드문 일이다. 잘 판단하기 위해, 또 잘 그리기 위해서라도 몇 세기에 걸친 시간의 간격이 필요하다. 클롭슈토크의 위대한 공적은 독일인의 애국심

---

50) 프랑스혁명을 제재로 한 작품으로 송가 《삼부회》(1788), 《나의 착각》(1792), 《라 로슈푸코의 그늘에》(1789)가 있다. 자유와 평등을 요구하는 그의 정신은 프랑스에까지 알려져, 실러 등과 함께 1782년 '프랑스 시민'이라는 칭호를 받았다. 그러나 혁명이 피비린내 나는 공포정치의 양상을 띠게 되면서 그 비인간적 경향에 혐오감을 가지게 된 것은 그 역시 괴테, 실러 등과 마찬가지였다.

을 자극하기 위한 노력에 있다. 이 대단한 목적을 위해 지어진 시 가운데, 로마인이 아르미니우스라고 부르는 헤르만의 죽음 후에 음유시인들이 부른 노래를 소개하도록 하겠다. 그는 그의 성공과 권력을 질투하는 게르만 족장들에 의해 암살당했다.

베르도말(W), 켈팅(K), 달몬트(D)가 노래한 헤르만의 죽음

W: 이끼 낀 바위에 걸터앉자, 시인들이여! 그리고 장송곡을 부르자. 아무도 저쪽에 가지 말라. 조국의 가장 고귀한 아들이 쉬고 있으니, 저 나무 밑에는 아무도 가지 말라. 전사들의 춤과 승리의 노래 중간에 로마인들이 그의 투스넬다를 잡아갔을 때조차 로마인들의 은밀한 공포의 표적이었던 그, 그가 스스로의 피에 젖어 그곳에 누워 있다. 아니, 쳐다보지 말라! 그 누가 눈물 없이 그를 볼 수 있겠는가! 또 리라는 탄식의 곡을 연주해서는 안 되고, 영원히 사는 사람을 위한 영광의 노래를 들려줘야 한다.

K: 어릴 적의 금발이 아직 남아 있는 나는, 오늘에서야 막 칼을 찼다. 처음 손에 쥔 검이나 악기를 가지고, 어떻게 헤르만의 노래를 불러야 할까? 아버지들이여, 젊은이에게 너무 기대하지 마십시오. 마나[51]의 가장 위대한 아들을 찬미하는 노래를 부르기 전에, 저는 눈물로 홍건한 볼을 금발로 닦고 싶습니다.

D: 내게도 분노의 눈물이 흐른다. 아니, 눈물을 참지 않겠다. 흘러라, 뜨거운 눈물이여. 분개의 눈물이여. 너희들은 벙어리가 아니며, 너희는 복수의 부르짖음을 외치고 있다. 동료들이여! 내 저주의 말을 들어라. 영웅들을 죽이는 조국의 배신자들이 아무도 전장에서 죽지 않기를!

W: 산에서 솟아나 바위에서 낙하하는 폭포가 보이는가. 그것이 뿌

51) 〔원주〕 게르만 민족의 수호신 중 하나.

리째 뽑힌 전나무를 밀어낸다. 전나무는 흘러가 헤르만의 화형대가 된다. 머지않아 영웅은 먼지가 되어 점토무덤에서 쉬게 될 것이다. 그러나 이 신성한 먼지 위에 그가 정복자를 죽이겠다고 맹세한 검을 두어라. 기다려라, 죽음의 정령이여. 너의 아비 지크마르에게로 돌아가기 전에! 가던 발을 멈추어 네게 열광하는 민심에 눈을 돌려라.

K: 입을 다물자. 헤르만이 피투성이로 이곳에 있다는 사실을 투스넬다에게는 감추어두자. 그 고결한 부인에게, 그 절망한 어머니에게 투메리코의 아버지가 목숨을 다했다는 사실을 알리지 마라. 교만한 승리자의 무시무시한 전차 앞을 철쇄에 묶여 걸어간 여성에게, 로마인의 심정을 지닌 불행한 여성에게 누가 그 이야기를 할 수 있을까.

D: 불행한 딸이여, 너에게 생명을 준 아비는 어떤 사람인가? 그늘에 숨어 살인의 칼을 갈던 배신자 세게스테스[52]이다. 오! 그를 저주하지 말라. 헤라[53]가 이미 그에게 낙인을 찍었다.

W: 세게스테스의 죄가 우리의 노래를 더럽히지 않기를, 또 오히려 그의 유골 위에 영원의 망각이 무거운 날개를 펼치기 바란다. 헤르만의 이름을 찬미하며 울리는 리라의 현이 만약 죄인을 비난하며 떨린다면, 그 현은 저주받을 것이다. 헤르만이여! 헤르만이여! 고귀한 마음을 가진 사람들의 총아, 가장 용감한 이들의 수장, 고국의 구원자여, 그대를 향한 찬가를 우리들 음유시인은 신비스러운 숲의 어두운 메아리로 되풀이한다.

오! 빈펠트의 전투[54]여! 칸네의 승리의 피에 젖은 여동생이여, 발할라의 하프들 가운데에서 나는 너의 흐트러진 머리와 피투성이의 두 손을 보았다. 드루수스의 아들이 너의 발자국을 지우려고

52) 〔원주〕 헤르만을 살해한 음모의 주모자.

53) 〔원주〕 지옥의 여신.

54) 〔원주〕 게르만인이 와루스를 상대로 승리를 거둔 전투를 게르만인들은 이렇게 부른다.

죽음의 골짜기에 패자의 백골을 감추어봤자 소용없는 짓이다. 우리는 용서하지 않았고, 이 시대 저 시대에 걸쳐 열리는 봄의 제전 때에 흩뿌려진 유골들이 승자의 기쁨의 함성을 들을 수 있도록 그들의 무덤을 파냈다. 우리의 영웅은 와루스에게 죽음의 동료들을 주고 싶어했다. 장군들의 질투에 의한 지체도 없이 카에키나가 주인의 뒤를 따랐다.

헤르만의 뜨거운 마음속에는 더욱 숭고한 생각이 있었다. 한밤중 토르의 신[55] 제단 곁에서, 제물 한가운데서 그는 아무도 모르게 말했다 — 나는 하고야 말겠다. 젊은 병사들이 춤을 추듯이 진짜 칼을 휘두르며 위험한 놀이로 흥을 돋울 때, 그의 계략은 놀이에까지 영향을 미친다.

물길 안내인, 폭풍의 정복자가 말하기를, 어떤 한 외딴섬[56]에서는 검은 연기의 소용돌이를 올리며 불타는 산은 산기슭에 분출되는 무서운 불꽃과 바위를 예고한다고 한다. 마찬가지로 헤르만의 초창기 싸움들은 그가 언젠가 알프스를 넘어 로마의 평야에 내려갈 것을 예고하고 있었다. 그러므로 영웅은 무너져야만 하거나, 아니면 카피톨의 언덕에 올라 운명의 저울을 든 제우스의 옥좌에 다가가 티베리우스와 그의 선조의 영령들에게 그들 싸움의 정의에 대해서 물어봤어야 했다. 그러나 이런 무모한 계략을 달성하기 위해서는 전투에 참가하는 모든 장군들 가운데 대장의 검을 갖고 있지 않으면 안 되었다. 그때 경쟁자가 그의 죽음을 획책했다. 이제 그는 없다. 위대하고 애국적인 생각을 마음에 품은 이는.

D: 너는 나의 뜨거운 눈물을 받아주었는가? 오, 나의 분개한 목소리를 들었는가! 벌을 내리는 여신, 헬라여.

K: 보라, 발할라에서는, 성스러운 나무그늘에서 영웅들에 둘러싸여 승리의 종려나무 잎을 손에 쥔 지크마르는 그의 헤르만을 맞이하러 나온다. 회춘한 노인은 젊은 영웅에게 인사한다. 그러나 이 영

55) 〔원주〕 싸움의 신.

56) 〔원주〕 아이슬란드.

> 접에 슬픔의 구름이 낀다. 왜냐하면 헤르만은 가지 않을 것이기 때문이다. 그는 신의 재판정 앞에서 티베리우스에게 묻기 위해 카피톨 언덕에 가는 일은 없을 것이다.

클롭슈토크에게는 이것과 마찬가지로 독일인들에게 선조 게르만인들의 위업을 생각하게 하는 몇몇 다른 운문작품들이 있다. 그러나 이런 생각은 현대의 국민과는 거의 관계가 없다. 이 시들에서는 어렴풋한 열광, 채워지지 않는 갈망이 느껴진다. 자유로운 민중이 노래하는 매우 보잘것없는 노래가 더욱 진실한 감동을 불러일으킨다. 게르만 민족의 고대사의 흔적은 별로 남아 있지 않다. 현대사회는 지나치게 분단되어 있고 지나치게 혼란스러우므로, 국민감정이라고 하는 것을 불러일으킬 수 없다. 독일인들이 실로 애국적인 노래의 원천을 찾을 수 있는 것은 유일하게 마음속뿐이다.

이보다 딱딱하지 않은 주제에 관해서라면 클롭슈토크의 작품은 훨씬 우아한 경우가 많다. 그의 우아함은 상상력과 감수성에서 나온다. 왜냐하면 그의 시에는 이른바 재치라는 것이 별로 없기 때문이다. 서정시 분야에는 재치가 포함되지 않는다. 나이팅게일을 노래한 송가에서 독일 시인은 새에게 자연과 인간에 대한 실로 상냥하고 생동감 있는 감정을 갖게 하여, 새가 자연으로부터 인간에게 찬사와 애정의 조공을 바치는 날개 달린 중개자라도 되는 듯 그림으로써 낡아빠진 주제를 새롭게 했다. 라인 강의 와인에 관한 송가는 매우 독창적이다. 독일인들에게 라인 강 연안은 실로 민족적 이미지를 갖는다. 이 나라 전체에서 이곳만큼 아름다운 곳은 없다. 그토록 많은 전투가 일어난 바로 그곳에 포도나무가 자라, 100년 전 가장 영광에 가득 찬 시대의 산증인인 와인이 옛 시절의 훈훈한 열기를 아직까지 간직하는 듯하다.

클롭슈토크는 그의 종교적 작품이 지닌 최고의 아름다움을 그리스도교 정신에서 길어냈을 뿐만 아니라, 자국의 문학을 고대문학으로부터 완전히 독립시키려 했고, 독일 시에 스칸디나비아에서 빌려온 완전히 새로운 신화를 도입하려고 했다. 북구 신화의 도입방법은 너무나 학문적인 경우도 있었지만 훌륭하게 활용된 경우도 있어서, 그의 상상력이 북구의 신들과 그 지배하의 자연의 모습 사이에 존재하는 관계를 감지했음을 알 수 있었다.

클롭슈토크의 송가 중에서 《티알프의 기술》이라는 제목의 귀여운 노래가 있다. 거인인 티알프가 발명했다고 하는 빙상 스케이트 기술에 대한 것이다. 그는 흰 담비 모피를 몸에 두른 아름다운 젊은 여성이 이륜마차 모양의 썰매에 타고 있는 모습을 그렸다. 주위의 젊은이들이 살짝 썰매를 밀자, 마치 번개처럼 앞으로 나간다. 통로로 선택된 곳은 얼어붙은 급류, 겨우내 가장 안전한 길이다. 젊은이들의 머리카락에는 반짝이는 얼음 가루들이 뿌려져 있고, 젊은 아가씨들은 썰매를 따라 작은 발로 눈 깜짝할 사이에 미끄러져 지나가는 강철 날개에 보조를 맞춘다. 음유시인들의 노래는 이 북국의 춤곡을 반주한다. 유쾌한 행진은 눈꽃을 단 느릅나무 묘목의 가로수를 지난다. 그들의 발 밑에서 얼음이 깨지는 소리가 들린다. 한순간 축제는 공포에 싸인다. 그러나 곧 환희의 목소리가 울리고, 경기는 점점 열기가 오르며, 뜨거운 피는 냉기에도 식는 일이 없다. 마침내 기후와의 싸움은 모든 사람을 활기차게 하고, 사람들은 골인 지점에 도착한다. 조명이 켜진 커다란 실내에는 불과 춤과 진수성찬이 마련되어 있어서, 혹독한 자연에 승리를 거둔 기쁨 뒤에 평온한 즐거움을 준다.

지금은 세상을 떠난 친구들을 노래한 에베르트에게 바치는 송가도 이에 뒤떨어지지 않는 작품이다. 사랑을 제재로 작품을 쓰면, 클롭슈토크는 이 정도로 행복하지 않다. 그도 도라처럼 미래의 연인에게 시를 적어 보냈으나, 일부러 꾸민 듯한 이 주제는 그의 시적 영감을 불러일으킬 수 없었다. 그는 감정과 장난치는 것을 괴로워하지 말았어야 한다. 진지한 사람이 이렇게 장난치려고 하면, 은밀한 거북함 때문에 부자연스럽게 되어버린다. 클롭슈토크 학파 중에서 우리는 제자로서가 아니라 시에서의 동료로서 존경 없이는 그 이름을 입에 담을 수 없는 위대한 할러, 게스너, 그리고 성실한 감정으로 영국 정신에 근접했으나 미처 독일문학의 진실한 특징을 지니지 못한 그 밖의 몇몇 사람들을 언급해야 할 것이다.

클롭슈토크 자신은 서사시가 취해야 할 모습인 숭고하면서도 대중적인 작품을 독일에 주는 데 완전히 성공하지 못했다. 보스의 《일리아드》와 《오디세이》 번역은 원문에 충실한 번역으로서, 호메로스를 알게 해주었다. 비록 남방의 가장 아름다운 말인 그리스어의 모든 매력을 독일어가 전하는 것은 불가능하더라도, 모든 형용사를 그대로 두고 모든 단어를 똑같은 위치에 놓아, 전체의 인상이 매우 강하다. 새로운 장르를 탐욕스럽게 도입한 독일문학은 호메로스 색채를 띤 시의 창작에 힘썼다. 《오디세이》에는 일상생활의 작은 일들이 많이 그려져 있으므로, 《일리아드》보다 모방하기 쉬워 보였다.

이 장르의 최초의 실험은, 보스 자신에 의한 《루이제》라는 제목의 3개의 장으로 이루어진 전원시이다. 모두가 이구동성으로 훌륭하다고 하는 6각시로 쓰여 있다. 그러나 6각시의 시구 자체의 장중함은 종종 극도로 천진난만한 주제와 어울리지 않는다. 만약 시 전체를 생생하게 하는 순수하고 경건한 감동이 없다면, **그뤼나우의 존경받는 목사** 딸의 매우 평온한 결혼식에 누구도 그다지 관심을 보이지 않을 것이다. 이름에 꼼꼼하게 수식어를 붙인 호메로스는 아테나에 대해 언제나 **푸른 눈의 제우스의 딸**이라고 말하고 있으며, 보스도 마찬가지로 **그뤼나우의 존경받는 목사**라고 부르고 있다. 그러나 호메로스의 간결함은 그가 그리는 영웅들과 그 운명의 당당한 장대함과 숭고한 대조를 이루기 때문에 비로소 그토록 큰 효과를 발휘한다. 그러나 딸을 그녀가 사랑하는 상대에게 시집보내는 시골의 목사와 실로 상냥한 주부인 그의 부인을 그리는 데서 나타나는 간결함은 그 정도로 효과적이지 않다. 독일에서는 보스의 《루이제》에 있는 것과 같이, 커피를 끓이거나 파이프에 불을 붙이는 방법에 관한 묘사가 인기가 높다. 이렇게 세세한 일이 비상한 재능과 진실성으로 제시된다. 그것은 잘 그려진 플랑드르파의 그림이다. 그러나 내가 보기에 현대시에 고대와 같은 일상다반사를 끌어들이는 것은 어려울 것 같다. 현대의 일상사는 시적이지 않고, 우리의 문명에는 부르주아의 냄새가 난다. 고대인은 항상 넓은 곳에서, 항상 자연과 함께 살았고, 그들의 생활은 전원풍이었지만 세속적이지 않았다.

독일인들은 시의 주제를 지나치게 경시하여, 모든 것은 그 취급방법에 있다고 생각한다. 우선, 시에 의해 부여되는 형식은 다른 언어로 옮기는 일이 거의 불가능하며, 그렇다고 해서 유럽적인 목소리도 무시할 수 없다. 게다가, 아무리 흥미를 불러일으키는 세부의 기억이라도 상상력으로 파악할 수 있는 허구에 연결되지 않으면 사라지고 만다. 보스 시의 주된 매력인 마음에 와닿는 순수함이 느껴지는 것은 특히 딸을 시집보낼 때 목사가 벌이는 결혼 축복의 장면이라고 생각한다. 감격한 목소리로 그는 말한다.

> 딸아, 너에게 신의 축복이 있기를. 상냥하고 깨끗한 마음을 지닌 아들이여. 땅에서도 하늘에서도, 신의 은혜가 너와 함께하기를. 나도 한때는 젊었으나, 이제는 나이를 먹었다. 이 정처 없는 세상에서 전지전능한 신은 나에게 많은 기쁨과 고통을 보내주었다. 기쁨도 괴로움도 신이 축복해주시기를! 곧 선조들이 잠든 무덤에 이 백발의 머리를 눕히겠지만, 나의 딸이 행복하므로 후회는 없다. 그녀가 행복한 이유는 하느님 아버지께서 괴로울 때나 즐거울 때나 우리의 영혼을 지켜주신다는 것을 알기 때문이다. 이 젊고 아름다운 약혼녀를 보는 것만큼이나 감동적인 일이 있을 것인가! 그녀는 단순한 마음으로 인생의 길에서 그녀를 이끌어줄 친구의 손에 몸을 맡기고 있다. 그녀는 그와 함께 성스러운 친밀함 속에서 행복도 불행도 나누어 가질 것이다. 신의 뜻이라면, 죽음에 임하는 남편의 이마에 맺힌 마지막 땀방울을 닦을 사람은 그녀이다. 나의 결혼식 날, 수줍어하는 반려자를 데려와 이 땅에 섰을 때 나의 영혼에도 이러함 예감이 있었다. 만족하여, 그러나 진지하게, 나는 그녀에게 멀리서 우리 밭의

경계와, 교회의 탑과, 목사의 집을 보여주었다. 그런데 우리는 그 집에서 그렇게나 많은 좋은 일과 나쁜 일을 체험했다. 나에게는 이제 너밖에 남아 있지 않고, 내가 생명을 준 다른 아이들은 모두 저기 묘지의 풀 아래에서 잠들어 있으므로, 나의 유일한 자식인 너는 지금부터 내가 온 길을 통해 걸어나간다. 내 딸의 방은 빌 것이다. 우리 집의 식탁에 그녀의 자리도 비게 될 것이다. 그녀의 발소리, 그녀의 목소리에 귀를 기울여봐도 소용없다. 그렇다. 반려자가 너를 멀리 데려갈 때 내 입에서는 흐느낌이 흘러나오고, 눈물에 젖은 눈은 언제까지나 너를 좇을 것이다. 왜냐하면 나는 인간이고, 아버지이며, 또 마음으로부터 나를 사랑하는 이 딸을 다정하게 사랑하기 때문이다. 그러나 곧 나는 눈물을 참고, 애원하는 양손을 하늘로 뻗어, 여자에게 어머니와 아버지를 떠나 남편을 따라가라고 명하시는 신의 뜻 앞에 절할 것이다. 마음놓고 가거라, 내 딸아. 가족도, 친정집도 버려라. 이제 너에게 생명을 준 부모를 대신해줄 젊은이를 따라가거라. 그의 집 안에 들어가 풍성한 포도나무처럼 그의 집을 훌륭한 새싹으로 둘러싸라. 종교적인 결혼보다 이 세상에서 기쁜 일은 없다. 주 예수가 인간의 집에 스스로 기초를 다져주시지 않는다면, 인간의 허무한 작업에 무슨 중요성이 있을까?

이것이야말로 진정한 솔직함이고, 민중과 왕에게, 가난한 이와 부유한 이에게, 신의 모든 피조물에 어울리는 영혼의 솔직함이다. 시적 묘사는 그 자체로 위대함을 가지지 않을 때 바로 질리게 된다. 그러나 감정은 하늘로부터 받은 것으로, 그것의 광채는 아무리 초라한 집에 머물 때에도 아름다움을 잃지 않는다.

괴테에 대한 칭찬이 독일에서 절정에 달한 무렵, 그의《헤르만과 도로테아》라는 시에 서사시의 이름이 붙여졌다. 그리고 전국에서 가장 재능 있는 이들 중 하나인, 그 유명한 여행가의 형 훔볼트 씨가 이 시에 대해 실로 철학적이고 날카로운 고찰을 써냈다. 《헤르만과 도로테아》는 불어와 영어로 번역되었다. 그러나 번역으로는 이 작품에 넘치는 매력을 머릿속에 그릴 수 없다. 시구의 첫 줄부터 마지막 줄까지, 온화한, 그러나 계속적인 감동이 느껴진다. 호메로스의 영웅들을 그릴 때도 상응하는 자연스러운 품격이 극히 세부에까지 존재한다. 그럼에도 불구하고, 인물과 사건에 너무도 중량감이 없음은 인정해야 한다. 원문으로 읽으면 주제는 충분히 흥미를 불러일으키지만, 번역에서는 그 흥미가 사라진다. 서사시에서는 어떤 종류의 문학적 귀족성을 요구해도 좋을 것 같다. 서로 밀접하게 연결된 인물과 엄숙한 역사적 사실만이 이 장르의 작품의 고결함에까지 상상력을 고무시킬 수 있다.

이미 언급한 13세기의 시 《니벨룽겐의 노래》는 당시의 진짜 서사시의 특성 모두를 가지고 있다고 생각된다. 브르고뉴의 왕에게 살해되는 북부 독일의 영웅 지크프리트의 대활약, 그 일족이 아틸라의 주둔지에서 벌이는 복수와 브르고뉴 첫 왕국의 멸망이 이 서사시의 주제이다. 서사시가 어떤 한 인물의 작품인 경우는 거의 없고, 말하자면 몇 세기가 거기에 참가한다. 애국심, 종교, 곧 한 민족의 존립의 총체는 시인이 창조하는 것이 아니라, 시인에게 오랜 어두운 시간을 지나는 동안 성장하는 것같이 여겨지는 몇몇 거대한 사건에 의해서만 실천에 옮겨진다. 서사시의 등장인물은 국민의 원초적 성격을 표현해야 한다. 서사시에서 전체 역사에서 태어난 확고한 틀을 발견할 수 있어야 한다.

독일에서 아름다웠던 것은 고대의 기사도, 그것의 힘, 그것의 충성심, 그것의 선량함과 숭고한 감수성에 연결되는 북방의 무뚝뚝함이었다. 또한 북구 신화에 접목된 그리스도교 정신, 뜨거운 신앙에 의해 순화되어, 성스러운 것으로 치환된 순박한 명예심이었다. 또한 모든 약한 것을 지킴으로써 한층 감동적인 것이 된 여성을 향한 경의, 죽음을 향한 열광과 가장 인간적인 종교가 자리를 잡은 전사자들의 천국, 이상의 것들이 독일 서사시의 정수이다. 천재가 지배자가 되어, 메데이아처럼 낡은 기억을 새로운 피로 환생시켜야 한다.

독일의 시

나는 독일 시의 소품들이 서사시보다 훨씬 멋지다고 생각한다. 특히 이 분야에는 독창적인 각인이 새겨져 있다. 또한 확실히 이런 면에서 가장 화제가 되는 괴테, 실러, 뷔르거 등은 현대 유파에 속하며, 이 유파만이 진실로 국민적 성격을 지닌다. 괴테에게는 상상력이, 실러에게는 감수성이 보다 많이 있고, 뷔르거는 이들 중 가장 서민적인 재능을 지닌 작가이다. 이 세 작가의 몇몇 시를 차례로 살펴가다 보면, 각각의 차이를 보다 잘 알게 될 것이다. 실러에게는 프랑스 취향과 유사한 점이 있으나, 그의 소품들은 볼테르의 단시와는 전혀 닮은 부분이 없다. 시에 옮겨진 대화와 매너의 고상함은 프랑스만의 것으로, 볼테르는 우아함에서 프랑스 작가 중 으뜸이다. 실러의 시 《이상》[57] 에 나오는, 상실해가는 젊음에 대한 구절들을 볼테르의 것과 비교해보면 흥미로울 것이다.

> 제가 계속 사랑하길 원하신다면,
> 사랑에 어울리는 나이를 저에게 돌려주십시오.

프랑스 시 안에는 사랑의 기쁨과 인생의 즐거움이 주제인 상냥한 원한의 표현이 있다. 독일 시인은 젊은 날의 열광과 죄를 모르는 순수함의 상실을 슬퍼한다. 그리고 인생의 황혼은 시와 사고에 의해 미화될 수 있다고 자위한다. 만인에게 이해되기 쉬운 정신에서 기대할 수 있는, 알기 쉽고 화려한 명쾌함은 실러의 시 구절에는 없다. 그러나 거기에서는 내면적으로 영혼을 움직이는 위안을 길어낼 수 있다. 실러는 반드시 고귀한 이미지의 옷을 입혀서 가장 깊은 사색을 남들 앞에 내

---

57) 여기서 지적하고 있는 실러의 시구는 Die Ideale 제 1권(1795)과 제 2권(1800)의 첫머리의 네 줄. 볼테르의 것은 샤트레 부인에게 보낸 스탕스로, 《서간집》 1741년 7월 11일에 인용되어 있다.

놓는다. 그는 마치 자연 그 자체에 이야기하듯이 인간에게 이야기한다. 왜냐하면 자연은 사색가인 동시에 시인이기 때문이다. 시간의 관념을 보여줄 때, 자연은 우리의 눈앞에 고갈되지 않는 대해(大海)의 파도가 넘실거리는 모습을 보여준다. 자연의 영원한 젊음을 보고 우리의 잠깐뿐인 목숨을 생각나게 하기 위해, 자연은 언젠가는 지게 마련인 꽃에게 옷을 입히고, 봄에 무성했던 나뭇잎을 가을에 떨군다. 시는 신의 모습을 보여주는 지상의 거울이어야 하며, 색채와 소리와 리듬에 의해 우주 만상의 아름다움을 비춰야 한다.

《종》이라고 제목을 붙인 운문작품은, 두 개의 완전히 다른 부분으로 되어 있다. 반복되는 절은 대장간에서 행해지는 노동을 표현하고, 이 각 절의 사이에는 종에 의해 알려지는 엄숙하고도 비일상적인 사건, 예컨대 탄생, 결혼, 죽음, 화재, 폭동 등이 뛰어난 시구로 그려진다. 인생의 중대한 시기가 실러에게 불어넣은 강력한 사상, 아름답고 감동적인 이미지는 불어로 옮길 수 있을 것이다. 그러나 뜨거운 불에 녹인 청동을 운반하는 직인의 탕탕 두드리는 소리나 바쁜 발소리처럼 들리는, 기묘하고도 성급한 소리를 가진 단어로 구성된 작은 시구로 이루어진 시 구절을 고상하게 모방하는 것은 불가능하다. 이런 종류의 시가 산문으로 번역되는 상상을 할 수 있을까? 그것은 음악을 듣지 않고 읽는 격이다. 모르는 리듬, 모르는 언어의 화음과 대비보다는 잘 아는 악기의 연주효과를 상상력에 의해 머릿속에 그리는 일이 훨씬 손쉽다. 어떤 때에는 규칙적으로 짧게 끊는 운율이 대장간의 활동, 육체노동에 수반되는, 지속적으로 사용하지만 한정된 힘을 느끼게 하고, 또 어떤 때에는 이 거칠고 강한 소리 옆에서 열광과 우수의 노랫소리가 공중에 떠도는 것이 들려오기도 한다.

이 시에서 받는 인상은 솜씨 좋게 선택된 시구와 사고에 의해 조정되는 지적 반향같이 서로 화답하는 운율로 만들어진 시구가 만들어내는 것으로, 그 인상에서 시를 분리하면 이 시의 독창성은 상실된다. 그렇다고 이러한 소리에 의한 회화적 효과를 프랑스어로 번역할 때에는 매우 큰 위험이 따른다. 언제나 품위를 잃을 우려가 있는 것이다. 대부분의 다른 국민들과 같이, 우리도 산문과 시의 언어를 따로 갖고 있지 않다. 그리고 단어도 사람 같아서 등급이 복잡해지면 친밀성이 사라질 우려가 있다.

실러의 다른 작품 《카산드라》에서는 시적 언어가 상당히 대담하게 사용되었음에도 불구하고, 프랑스어로 옮기는 일이 훨씬 쉬울 것이다. 폴릭세네와 아킬레우스의 결혼 축하연이 시작되려고 할 때, 카산드라는 이 축하연으로 불행하게 될 것이라는 예감에 사로잡힌다. 그녀는 슬프고 우울하게 아폴론의 숲을 방황하며, 모든 기쁨을 흩뜨리는 미래를 알고 있는 자신을 한탄한다. 이 송가에서는 신과 같은 예지능력이 필사(必死)의 존재에게 느끼게 하는 괴로움을 볼 수 있다. 예언의 고통은 뛰어난 정신과 정열적인 성격의 사람이라면 누구나 느끼는 것이 아닐까? 실러는 정신적으로 위대한 사상을 온통 시적인 형식으로 표현할 수 있었다. 진정한 천재인 감정의 천재는 자신이 타인의 희생양이 되지 않을 때는, 자신의 희생양이 된다. 카산드라를 위한 찬가는 하나도 없다. 그녀가 둔감해서도 아니고, 멸시받아서도 아니다. 모든 것을 꿰뚫어보는 그녀의 마음은 눈 깜짝할 사이에 삶도 죽음도 넘어, 하늘에서밖에는 쉴 곳을 찾지 못할 것이다.

새로운 사상이나 미를 간직한 실러의 시 전부를 언급하려고 하면 끝이 없을 것이다. 그는 트로이 점령 후의 그리스인이 출발하는 모습을 찬가로 만들었는데,[58] 당시 시인의 작품 같아 보인다. 그만큼 시대색이 충실하게 지켜지고 있다. 나는 후에 극작의 기술과 관련하여, 그들과 전혀 다른 시대, 나라, 성격으로 이동하는 독일인의 훌륭한 재능을 검토할 것이다. 이것들은 뛰어난 능력으로, 이것 없이는 무대에 등장하는 인물들은 똑같이 하나의 줄에 매달려 한 사람의 작가의 목소리로 말하는 꼭두각시와 같은 것이 된다. 실러는 극시인으로서 특히 공적이

---

58) 《전승축하회》(1803). 실러는 이 시를 괴테에게 선물했고, 마담 드 스탈은 이 시를 번역했다.

있었다. 괴테는 엘레지(悲歌), 로망스, 스탕스[59] 등의 기술에서 필적할 사람이 없는 일류작가이고, 그의 소품들은 볼테르의 소품들과는 매우 다른 장점 하나가 있다. 프랑스 시인은 매우 훌륭한 사교의 재주를 시로 옮겨놓을 줄 알았다. 독일의 시인은 재빨리 몇몇 특징을 간파하여, 영혼 안에서 잠자는 고독하고 심오한 감명을 불러서 깨운다.

괴테는 이 분야의 작품에서는 최고로 자연스럽다. 자신의 인상에 근거해 말할 때만이 아니라, 완전히 새로운 풍속이나 상황을 지닌 여러 나라로 이동할 때에도, 그의 시는 쉽게 이국의 색깔을 지닌다. 그는 독특한 재능으로, 각국에서 불리는 국민적 노래 안에서 마음에 드는 부분을 포착할 줄 안다. 그는 원하기만 하면 언제라도 그리스인, 인도인, 몰라크인이 된다. 우리는 북방 시인들의 특징인 우울과 명상에 대해 여러 차례 언급했다. 괴테 역시 천재들이 모두 그렇듯이, 자신 안에서 놀랄 만한 대조를 결합시킨다. 그의 시에서는 남프랑스 주민들의 성격의 흔적이 발견된다. 그는 북방의 주민들보다 인생을 즐긴다. 그는 자연을 좀더 힘차고 청정하게 느낀다. 그렇다고 해서 그의 정신에 깊이가 없다는 것이 아니라, 그의 재능은 보다 생명력으로 가득하다는 것이다. 그의 재능은 일종의 소박함이 있고, 고대인의 단순함과 중세인의 단순함을 동시에 생각나게 한다. 즉, 순결한 소박함이 아닌, 힘을 지닌 소박함이다. 그의 시를 보면 많은 장애물, 인습, 비판, 자신에게 이의를 가할 수도 있는 관찰을 무시하는 것을 알 수 있다. 그는 상상력이 이끄는 대로 따라가며, 일종의 큰 긍지로 인해 이기적 집착에 사로잡히지 않는다. 시의 창작에서 괴테는 자연을 지배하는 힘찬 예술가라는 것을 보여주고, 미완성의 묘사도 여전히 훌륭하다. 왜냐하면 그의 소묘 안에는 훌륭한 작품의 모든 씨앗이 들어 있기 때문이다. 그러나 완성된 작품 안에 항상 만족스러운 소묘가 포함되어 있다고 가정할 수는 없다.

---

59) 동형의 시절로 이루어진 종교적·윤리적·비극적 서정시.

로마에서 창작된 비가(悲歌)들 안에서 이탈리아에 대한 여러 가지 묘사를 찾으려고 해서는 안 된다. 괴테는 독자가 기대하는 것을 거의 절대로 만들지 않고, 화려한 사상은 그의 취향이 아니다. 그는 마치 작자도, 독자도 모르게 우회적 방법으로 효과를 만들어내길 원하는 것 같다. 그의 비가는 이탈리아가 그의 전반적 삶에 끼친 영향과 아름다운 하늘이 그에게 맛보여준 행복의 도취감을 그린다. 그는 자신의 즐거움을, 그것이 아무리 평범한 것일지라도, 프로페르티우스의 말투로 이야기한다. 그리고 가끔은, 세상의 연인과도 같은 도시의 어떤 아름다운 추억들은 예기치 않았던 것이니 만큼 더욱 생생한 충동을 상상력에게 부여한다.

한번은, 그가 로마의 전원에서 고대의 돌기둥 잔해 위에 앉아 아이에게 젖을 물리던 젊은 여자와 만났던 이야기를 한다.[60] 그는 그녀의 집 주변의 유적들에 대해 물어보려고 했다. 그녀는 그가 이야기하는 내용을 이해할 수 없었다. 그녀는 자신의 영혼을 가득 채우는 애정만 자기의 전부를 바쳐 사랑했고, 현재만이 그녀에게 존재했다.

어느 그리스 작가의 작품 안에서 꽃을 엮는 기술이 뛰어난 처녀가 꽃을 그릴 줄 아는 그녀의 연인 파우시어스와 다투는 내용을 읽을 수 있다.[61] 괴테는 이를 주제로 매력적인 목가를 지었다. 이 목가의 작자가 또한 《젊은 베르테르의 슬픔》의 작자이기도 하다. 우아함에서 촉발된 감정에서 천재를 찬양하는 절망감까지, 괴테는 사랑의 온갖 뉘앙스를 편력했다.

---

60) 《나그네》(1772년경의 작품으로 추정)라는 제목의 시로, 나그네의 장중한 모놀로그와 다른 이야기를 하는 소박한 농촌여인과의 대화형식으로 되어 있는데, 무대는 이탈리아 남부이다. 대화형식은 그리스·로마의 전원시의 전통을 따른 것으로, 이 시는 튀빙겐 판 괴테 시집 *Vermischte Gedichte*(1806)에 들어 있다.

61) 《신 파우시어스》(1797)의 서문에 의하면, 이 이야기는 대 플리니우스(AD 23~79)의 《박물지》의 제 35권에 있다. 파우시어스는 기원전 4세기에 펠로폰네소스 반도의 시큐온에서 활약한 훌륭한 화공이다.

《파우시어스》로 그리스인이 된 괴테는 《무희(舞姬)》라는 매력 넘치는 로망스로 독자를 아시아로 안내한다. 인도의 신(마하데에)은 환희와 고통을 맛보고 인간의 고락에 대해서 판단해보기 위해 인간의 모습이 된다. 그는 아시아를 두루 여행하며 부귀한 사람들과 민중을 관찰한다. 어느 날 저녁, 어느 마을 어귀에서 갠지스 강 부근을 걷고 있는데 무희 하나가 그를 불러 세워, 그녀의 집에 들어가 쉬라고 권했다. 이 무희의 춤과 그녀를 감싼 향수와 꽃의 묘사에는 많은 시와 상당히 동양적인 색채가 있기 때문에, 우리들의 것과는 완전히 다른 풍속의 묘사를 우리들의 기준으로 판단할 수 없다. 인도의 신은 이 방황하는 여인에게 진실한 사랑을 불러일으킨다. 그리고 이 여인이 진지한 애정이 품게 마련인 선한 마음으로 돌아오는 것을 보고 감동받은 그는 불행의 시련에 의해 그녀의 영혼을 정화하고 싶다고 생각한다.

그녀가 잠에서 깨어보니, 그녀의 연인이 옆에 죽어 있다. 바라몬의 승려들이 죽은 몸을 나른다. 장작이 그를 태우게 될 것이다. 무희는 사랑하는 사람의 뒤를 좇으려 한다. 그러나 승려들은 말린다. 그의 아내가 아닌 사람은 함께 죽을 수 있는 권리가 없기 때문이다. 사랑과 치욕의 고통을 전부 맛본 무희는 승려들의 제지를 뿌리치고 타는 장작에 몸을 던진다. 신은 그녀를 두 팔로 붙든다. 불꽃에서 빠져나온 신은 자비를 베풀어, 그의 선택을 받을 만했던 상대를 하늘 높은 곳에 데리고 간다.

독창적인 음악가 첼터가 이 로망스에 곡을 붙였는데, 때로는 관능적이고 때로는 장중한 곡은 가사와 매우 절묘하게 어울린다.[62] 그 곡을 듣노라면, 마치 인도와 그 불가사의의 세계의 한가운데에 있는 느낌이다. 그런 효과를 내기 위해서는 로망스가 너무 짧은 시형이라고는 말

62) 괴테와 친한 친구 사이였던 카를 프리드리히 첼터(Karl Friedrich Zelter, 1758~1832)의 가곡집 *Samtliche Lieder*(1812)에 《바야델》이란 곡이 있다. 그러나 괴테의 《무희》에 곡을 붙인 사람은 괴테와 친했던 J. F. 라이하르트(J. F. Reichardt, 1752~1814)이다.

하지 않기를 바란다. 곡의 첫 소절과 시의 첫 구절이 그리고자 하는 장소와 시대로 상상력을 옮겨간다. 그러나 이러한 힘을 가진 말이 있다면, 환희를 부수는 말도 있다. 옛날에는 마법사가 몇몇 주문들을 사용하여 기적을 일으키거나 기적을 방해했다. 시인도 마찬가지이다. 그가 노래하는 시간과 장소에 어울리는 표현을 사용하느냐 아니냐에 따라, 작품에서도 마치 현실에서처럼 정신을 넌지시 진실의 발견으로 이끄는 지방색이나 교묘히 고안된 세밀한 상황을 준수하느냐 무시하느냐에 따라, 시인은 과거를 불러내기도 하고 현재를 재현하기도 한다.

괴테의 다른 로망스 중 가장 단순한 방법으로 감미로운 효과를 내는 것이 있는데, 그것은 《어부》이다. 어느 여름밤, 가난한 한 남자가 해변에 앉아 낚싯줄을 드리우며, 그의 맨발을 부드럽게 담근 채 맑고 투명한 물을 바라보고 있다. 이 바다의 요정이 그를 물 속으로 이끌어, 더위 속에서의 파도의 상쾌함, 밤바다 속에서 서늘하게 쉬면서 느끼는 태양의 기쁨, 파도가 치는 가운데 휴식하며 잠드는 달의 편안함을 그려 보여준다. 결국 어부는 솔깃해지고, 유혹을 받아 마음이 이끌려 물의 요정 쪽으로 다가가, 영원히 모습을 감춘다. 이 로망스 속에는 대단한 것이 없다. 그러나 매혹적인 것은 자연현상이 발휘하는 신비한 힘을 느끼게 하는 기술이다. 신경의 작용에 의해 땅 밑에 숨겨진 원천을 발견하는 사람이 있다는 말이 있다. 우리는 종종 독일의 시에서 인간과 이런 요소들과의 교감의 기적을 볼 수 있다고 생각한다. 독일의 시인은 자연을 시인으로뿐만 아니라, 형제로 이해한다. 이런 친밀함 때문에 그는 공기, 물, 꽃, 나무, 즉 창조의 근원에 있는 모든 아름다움과 이야기를 나눈다고 말할 수 있을 것이다.

파도를 보면서 뭐라 형언할 수 없는 매력을 느껴보지 못한 사람은 없을 것이다. 그것은 상쾌함의 매력일 수도 있고, 형태가 일정한 채 언제까지나 이어지는 움직임이 가진 찰나적이고 덧없는 것에 대한 우월감일 수도 있다. 괴테의 로망스는 바다의 맑은 파도를 바라볼 때 느껴지는, 점점 더 커지는 희열을 훌륭하게 표현한다. 리듬과 하모니의 균형은 파도의 그것을 흉내내어, 상상력에 유사한 효과를 낳는다. 자연의 넋이 온갖 곳에서, 수많은 다양한 형태로 우리에게 느껴진다. 버려진 사막과 마찬가지로 비옥한 전원도, 별들과 마찬가지로 바다도 모두 같은 법칙에 따르고, 인간은 자기 자신 안에 낮과 밤, 뇌우 등과 통하는 감각과 신비로운 힘을 간직하고 있다. 인간 존재와 우주의 경이가 비밀스러운 관계를 맺게 됨에 따라 비로소 시인에게 진정한 위대함이 부여된다. 시인은 물질계와 정신계의 통일을 구축할 수 있다. 그의 상상력은 이 둘을 결합시킨다.

괴테의 시 중에는 활달함으로 가득 찬 것이 몇 개 있다. 그러나 우리 프랑스인에게 익숙한 농담 같은 것은 거의 찾아볼 수 없다. 그의 눈길을 끄는 것은 익살스러움보다는 이미지이다. 그는 특이한 본능으로 언제 보아도 새로운 동물들이 지닌 기행을 포착한다. 《리리의 동물원》, 《고성에서의 결혼축가》는 이런 동물들을 라퐁텐 식으로 의인화하지 않고, 자연을 명랑하게 해주는 기묘한 생물로 그리고 있다. 괴테 역시 경이로움 안에서 농담의 씨앗을 찾을 줄 아는데, 그것에 호감을 느끼는 이유는 거기에 심각한 목적이 전혀 없기 때문이다.

《마법사의 제자》라는 제목의 노래는 이 점에서 인용할 가치가 있다. 어떤 마법사의 제자가 선생이 주문을 읊는 것을 들었다. 그 주문으로 선생은 빗자루를 하인으로 쓸 수 있다. 제자는 그것을 기억해두었다가, 집을 청소하기 위해 물을 퍼오라고 빗자루를 강으로 보낸다. 빗자루는 왔다 갔다 하며 물병을 날라오고, 이어 다른 물병을, 또 다른 물병을 날라오기를 멈추지 않는다. 제자는 그만 멈추고 싶지만, 그렇게 하기 위해 해야 할 말을 잊어버리고 말았다. 역할에 충실한 하인이 된 빗자루는 변함없이 강으로 가서 물을 길어 집에 뿌리는 바람에 집은 곧 수몰될 지경이 되었다. 화가 난 제자는 도끼를 들어 빗자루를 둘로 쪼갠다. 그러자 둘로 쪼개진 막대기는 하나가 아닌 두 사람의 하인이 되어 경쟁적으로 물을 나르고, 점점 열심히 각 방에 물을 뿌린다. 이 바보 같은 막대기들은 제자가 하는 욕에도 아랑곳없이, 쉬지 않고 일한다. 하마터면 집이 침몰할 지경에 이르렀을 때 선생이 돌아와서는, 제자의 어리석은 행동을 혼내며 그를 구해준다. 중대한 기술의 비밀에 대한 서투른 모방이 이 작은 장면에 매우 잘 묘사되어 있다.

독일 시의 마르지 않는 원천에 대해서 아직 할 이야기가 남아 있는데, 다름 아닌 공포이다. 유령과 마법사는 민중에게도 지식층에게도 사랑받는다. 그것은 북방 신화의 흔적이다. 북방 풍토의 기나긴 밤이 너무도 자연스럽게 환기시키는 경향이라 할 수 있다. 게다가 그리스도교 정신에 의해 근거 없는 공포심이 모두 억눌려 있어도, 민중의 미신은 항상 지배적 종교와 비슷한 어떤 종류의 유사성을 지닌다. 거의 모든 타당한 의견에는 뒤에 오류가 따라붙게 마련이다. 그것은 현실에 따라붙는 그림자처럼 상상 안에 자리를 잡는다. 역사와 마찬가지로 종교에 통상적으로 따라붙는 것은 과장된 신앙이다. 나는 사람들이 왜 이것을 이용하려고 하지 않는지 모르겠다. 셰익스피어는 망령이나 마술로부터 놀라운 효과를 끌어냈다. 무의식적 지배력이 상상에 작용하는 것을 경시할 때, 시는 대중적인 것이 되지 못한다. 천재와 취향이 있다면, 이런 옛날이야기를 자유롭게 다룰 수 있다. 통속적인 것에 근거하는 만큼, 다루는 방법에는 재능이 필요하다. 그러나 아마도 시의 위대한 힘은 바로 이 결합에 있을 것이다. 《일리아드》나 《오디세이》에서 말하는 사건은 호메로스가 예술의 걸작품으로 만들기 이전에 유모들이 부르고 있었는지도 모른다.

뷔르거는 모든 독일인 중에서 사람 마음의 깊은 곳으로 이끄는 이런 미신의 광맥을 가장 잘 포착한 사람이다. 그러므로 독일에서 모든 사람들이 그의 로망스를 알고 있다. 그중에서도 가장 유명한 《레노레》는 프랑스어로 번역할 수 없다고 생각한다. 만약 번역되더라도 프랑스어의 산문으로도, 시로도 이 세부를 표현하는 것은 매우 어려울 것이다. 한 아가씨가 전쟁에 나간 연인으로부터 소식이 없는 것을 걱정한다. 평화가 성립되어 병사들은 모두 가정으로 돌아간다. 어머니가 아들을 만나고, 여동생은 오빠를 만나며, 남편은 아내를 만난다. 전투

나팔의 반주로 평화의 노래가 울려 퍼지고, 모두의 마음에는 기쁨이 돌아온다. 레노레는 병사의 대열을 뛰어다니며 살펴보지만 연인은 보이지 않는다. 그가 어떻게 되었는지 그녀에게 말해줄 수 있는 사람은 없다. 그녀는 실망하고, 어머니가 그녀의 마음을 달래주려 한다. 그러나 레노레의 어린 마음은 고통에 못 이겨, 착란 속에서 신을 부인한다. 모독의 말이 내뱉어진 순간 이야기에는 무언가 불길한 감이 흐르고, 그 순간 이후 마음은 계속 흔들린다.

한밤중, 한 기사가 레노레의 문 앞에 선다. 말의 울음소리와 박차 소리가 들린다. 기사가 문을 노크하고, 레노레가 내려가자 그곳에는 연인이 있다. 그는 바로 그녀에게 따라오도록 부탁한다. 한시라도 빨리 그는 군대에 돌아가야 하기 때문이다. 여자는 남자가 있는 곳으로 뛰어가고, 남자는 여자를 말에 태워 자기 뒤에 앉히고 번개처럼 달리기 시작한다. 한밤중에 건조하고 인기척이 없는 나라들을 쏜살같이 지나간다. 처녀는 겁에 질려, 왜 그렇게 빨리 달리는지 쉬지 않고 묻는다. 기사는 어둡고 둔탁한 외침으로 말을 더욱 빨리 몰면서, 조그만 소리로 이렇게 말한다.

"죽은 사람들은 빨리 달리지, 죽은 사람들은 빨리 달리지."

처녀가 대답한다.

"아! 죽은 사람 이야기는 그만해!"

그러나 그녀가 걱정하며 그에게 물을 때마다, 그는 똑같이 불길한 말로 대답한다.

그녀가 결혼하기로 했던 교회에 가까워지자, 겨울 날씨가 되고 짙은 안개가 끼어 자연 자체가 무서운 예언의 모습으로 변하는 것처럼 보인다. 예복을 입은 수도승들이 관 하나를 가져온다. 그들의 검은 옷은 흰 수의(壽衣) 같은 지면의 눈 위를 미끄러지듯 천천히 나아간다. 처녀는 점점 더 무서워지고, 연인은 변함없이 오싹한, 빈정거림과 무관심이 섞인 말로 그녀를 달랜다. 그의 말은 모두 단조롭고 빠른 말투로, 이미 생기가 느껴지지 않는다. 그는 그녀에게 좁고 조용한 곳에 데려다주겠다고 약속한다. 그곳에서 결혼식은 끝나는 것이다. 멀리, 교회의 문 옆에 묘지가 보인다. 기사는 그 문을 두드리고, 문이 열린다. 그는 말을 재촉하여, 묘석 사이를 지나게 한다. 거기에서 기사는 점점 살아있는 인간의 모습을 잃고, 해골이 된다. 지면이 입을 열고, 연인과 그를 집어삼킨다.

분명히 말하지만, 이상의 요약된 이야기로 이 로망스의 놀라운 장점을 소개했다고 자신할 수 없다. 모든 형상, 모든 소리가 마음의 상태와 관계되고, 시에 의해 훌륭하게 표현되어 있다. 음절, 운율, 단어와 음의 온갖 기교가 공포를 환기하기 위해 사용되고 있다. 말의 빠른 발걸음이 장례행렬의 그 느림보다도 훨씬 장엄하고 더욱 음울하게 생각된다. 기사가 말을 재촉하는 기세와 죽음의 충동적 격정은 뭐라고 표현할 수 없는 불안감을 야기한다. 독자는 망령에 의해 나락으로 이끌리는 불행한 처녀와 함께 망령에 이끌려가는 듯한 기분이 든다.

로망스 《레노레》의 영어 번역은 네 종류가 있다.[63] 그중에서도 가장 좋은 것은 단연, 스펜서 씨에 의한 것이다. 그는 영국의 시인으로, 외국어의 참된 정신을 가장 잘 이해하고 있다. 영어는 독일어와 닮았으므로, 뷔르거의 문체와 시작(詩作)의 특성을 남김없이 느낄 수 있다. 번역에는 원작과 같은 사상뿐 아니라 같은 감각이 있다. 그런데 예술작품을 이해하는 데에 그보다 더 필요한 것은 없다. 프랑스어로 같은 결과를 내는 일은 불가능할 것이다. 프랑스어로 기이한 것을 표현하는 것은 모두 부자연스럽기 때문이다.

뷔르거는 이 밖에도, 이만큼 유명하지는 않지만 마찬가지로 매우 독창적인 로망스인 《난폭한 사냥꾼》을 썼다. 사냥꾼은 어느 일요일 아

63) 마담 드 스탈은 《레노레》의 영역을 4종류 알고 있었다. 윌리엄 테일러(William Taylor)의 것, 매슈 그레고리(Matthew Gregory)의 것, 월터 스콧(Walter Scott)의 것, 그리고 여기서 명시한 윌리엄 스펜서(William Robert Spencer)의 것이다. 다양한 언어를 자유자재로 구사한 스펜서는 1811년에 나온 이 번역을 스탈 부인에게 바쳤다.

침 마을의 종이 교회예배 시간을 알릴 때, 하인들과 사냥개 무리를 데리고 사냥을 나선다. 흰 갑옷을 입은 기사 한 사람이 그 앞에 나타나 주님의 날을 모독하지 않기를 간청한다. 검은 갑옷을 입은 또 다른 기사가, 그것은 늙은이와 아이에게나 먹히는 편견에 귀 기울이는 것이라면서 창피를 준다. 사냥꾼은 나쁜 권유를 따른다. 그는 출발하고, 가난한 미망인의 밭 근처에 다다른다. 미망인은 그의 발치에 몸을 던져, 무리를 이끌고 밀밭을 지나서 수확에 피해를 주는 일이 없도록 해달라고 애원한다. 흰색의 기사는 사냥꾼에게 자비에 귀 기울이라고 부탁하지만, 검은색의 기사는 유치한 감정을 조롱한다. 사냥꾼은 잔혹함을 용기로 착각하고, 그의 말발굽으로 가난한 사람과 고아의 희망을 짓밟는다. 마지막으로 사냥꾼에게 쫓긴 사슴이 나이 먹은 은자(隱者)의 오두막으로 도망친다. 사냥꾼은 그의 먹이를 그 집에서 나오게 하려고 오두막에 불을 지르려고 한다. 은자는 그의 무릎에 매달려, 자신의 보잘것없는 집을 위협하는 광폭한 남자의 마음을 누그러뜨리려 한다. 흰 기사의 모습을 한 선한 영은 이것이 마지막이라고 입을 열지만, 검은 기사의 모습을 한 악령이 승리를 거둔다. 사냥꾼이 은자를 죽이자 그는 바로 유령으로 변하고, 자신의 사냥개 무리는 그를 물어 죽이려고 한다. 이 로망스가 원인이 된 민중의 미신도 있는데, 사람들은 1년 중 어느 일정한 시기가 되면 한밤중에 이 사건이 일어났다고 추정되는 숲 위에서 한 사냥꾼이 해가 뜰 때까지 미쳐버린 자신의 개에게 쫓기는 모습을 구름 속에서 봤다고 주장하는 것이다.

뷔르거의 이 시에서 정말로 아름다운 부분은 사냥꾼의 강렬한 의지를 묘사한 부분이다. 그것은 영혼의 모든 능력과 마찬가지로, 처음에는 죄가 없었다. 그러나 양심에 반항하고 자신의 정열을 따를 때마다 점점 타락해간다. 처음에는 힘에 대한 도취만이 있었다. 그것이 결국은 죄에 대한 도취가 되어, 대지는 더 이상 그를 떠받치고 있을 수 없게 된다. 인간의 좋은 쪽과 나쁜 쪽에 대한 경향이 백과 흑의 기사에 의해 잘 인격화되어 있다. 흰 기사가 사냥꾼을 멈추게 하기 위해 하는 말은 항상 같은데, 매우 잘 조합되어 있다. 고대인들이나 중세의 시인은 어떤 상황에서 같은 말의 반복이 가져오는 공포감을 꿰뚫고 있었다. 융통성이 전혀 없는 필연성의 느낌을 일깨우기 위함일 것이다. 망령들, 신탁, 초자연적인 모든 힘은 단조로울 것임에 틀림없다. 변하지 않는 것은 한결같다. 어둠과 죽음의 세계에 들어갔을 때 상상되는 장엄한 부동성을 어떤 작품 안에 말로 옮기는 것은 대단한 재주이다.

또한 뷔르거에게서는 어떤 종류의 친근함이 느껴지는데, 그 점이 시의 품위를 결코 손상시키지 않고 상당히 효과를 높인다. 공포이건, 찬탄이건 우리에게 접근하면 이들 감정은 어느 쪽도 약해지지 않고 필연적으로 훨씬 강해진다. 묘사의 기법에서 이것은 매일 우리 눈이 보는 것을 한 번도 본 적이 없는 것과 혼합하는 것이며, 우리에게 친숙한 것으로써 놀라운 사실을 믿게 만드는 것이다.

괴테 역시, 아이 어른 할 것 없이 모두 무서워하는 이 주제를 갖고 글을 썼다. 그러나 그는 거기에다 오랫동안 머리에서 떠나지 않을 깊은 통찰을 더했다. 독일에서 가장 호평받는 유령에 대한 그의 시 《코린트의 신부》에 대해 살펴보도록 하자. 나는 이 작품의 목적이나 작품 자체에 대해 옹호할 생각이 추호도 없지만, 이 작품에서 측량할 수 있는 그의 상상력에 감명받지 않을 수 없다.

아테네 출신의 한 친구와 코린트 출신의 한 친구가 각자의 아들과 딸을 짝지어주기로 결정했다. 청년은 아직 본 적 없는 약혼녀를 만나기 위해 코린트로 떠난다. 때는 그리스도교가 전파되기 시작할 무렵이었다. 아테네의 가족은 그들의 오랜 종교를 지켰지만, 코린트의 가족은 새로운 종교를 받아들인다. 모친은 긴 투병 중에 딸을 신에게 바쳤다. 여동생이 수녀가 된 언니를 대신해 봉헌되기로 결정되었다.

청년은 밤늦게 그 집에 도착하고, 가족 모두는 잠들어 있다. 하인이 그의 방으로 야식을 날라다주고, 그를 혼자 두고 간다. 곧 그의 방에 묘한 손님 하나가 들어온다. 딸 중의 한 명이 흰 베일에 흰옷을 입고 이마에 검은색과 금색의 리본을 두르고, 방 가운데로 걸어온다. 그녀는 청년을 알아보고 겁을 내며 뒷걸음질 치고는, 흰 팔을 하늘을 향해 뻗으며 외친다.

> 아! 좁은 방에 갇혀 손님이 와 계시다는 것도 모르고 있다니, 이 정도로 나는 이 집에서 벌써 남이 되어버린 것일까?

그녀는 도망치려 하고, 청년은 그녀를 붙잡는다. 그는 그녀가 자신의 아내가 되기로 결정되어 있다고 알려준다. 아버지들끼리 둘을 짝지어주자고 맹세했으니, 그에게는 다른 어떤 맹세도 없는 것과 마찬가지였다.

> 가지 마. 가면 안 돼. 그렇게 무서워하며 놀랄 것 없어. 나와 함께 데메테르와 디오니소스의 선물을 나누자. 너는 사랑을 가져왔어. 곧 우리는 우리의 신이 얼마나 쾌락을 좋아하는지 알게 될 거야.

젊은이는 처녀에게 몸을 맡겨달라고 애원한다. 그녀는 그에게 대답한다.

> 기쁨은 이미 제 것이 아닙니다. 마지막 발자국을 넘어버렸습니다. 화려한 신들의 군상은 사라지고, 이제 조용한 집 안에는 하늘에 계신, 눈에 보이지 않는, 십자가에서 돌아가신 단 한 분의 신만을 모시고 있습니다. 이미 소나 새끼 양을 제물로 바치지 않습니다. 소나 새끼 양 대신 인간인 제가 제물로 선택되었습니다. 저의 젊음과 이 몸이 제단에 바쳐진 것입니다. 제게서 떨어지세요, 젊은이시여, 떨어져주세요. 당신의 마음이 짝으로 정한 불행한 여자는 눈처럼 희고, 눈처럼 차갑습니다.

자정, 마의 시간이라고 불리는 시각이 되자 처녀는 마음이 좀더 편해진 듯, 마치 《오디세이》에서 유령들이 추억을 돌이키기 위해 마신 것과 같은 핏빛 포도주를 탐욕스레 마신다. 그러나 처녀는 아주 작은 빵 한 조각도 완강하게 거절한다. 그녀는 자신의 남편이 되었을 뻔한 남자에게 황금사슬을 주고, 그의 머리카락 한 움큼을 달라고 한다. 처녀의 아름다움에 황홀해진 청년은 흥분한 나머지 그녀를 팔로 안지만, 그녀의 심장고동 소리를 느낄 수 없다. 그녀의 손발은 얼음같이 차갑다. 그는 큰 소리로 외친다.

> 상관없어. 내가 너를 다시 살려내겠어. 설령 무덤에서 네가 나에게 온 것이라 하더라도.

그리고 그때부터 착란상태의 상상력이 생각해낼 수 있는, 이를 데 없이 괴이한 광경이 시작된다. 사랑과 공포의 혼합, 죽음과 생명의 가공할 만한 결합이다. 이 그림에는 사랑이 무덤과 결합하고, 아름다움마저도 무시무시한 유령으로 보이는 불길한 애욕 같은 것이 있다.

드디어 어머니가 온다. 그녀는 여자 노예가 손님방에 들었다고 생각하여, 당연히 분노한다. 그러나 돌연히 딸의 몸은 유령처럼 천장에 닿을 만큼 커지고, 그녀에게 베일을 씌워 죽게 만든 어머니를 힐책한다. 어두운 목소리로 그녀는 외친다.

> 어머니, 어머니, 왜 이 아름다운 결혼 첫날밤을 방해하세요? 젊디젊은 제게 수의를 입혀 무덤에 묻어도 충분하지 않으세요? 불길한 숙명이 저를 차가운 곳에서 빼내주었어요. 당신이 모시는 사제들의 중얼거리는 노랫소리는 제 마음을 달래주지 못했고, 소금과 물은 저의 젊음을 진정시키지 못했습니다. 아! 땅조차도 사랑을 식히지 못했어요.
>
> 이 젊은 분이 제 남편으로 정해졌을 때, 아직 비너스의 정결한 신전은 뒤집혀지지 않았어요. 어머니, 당신은 비상식적인 맹세를 지키기 위해 스스로의 약속을 어기셨지요? 당신이 딸을 결혼시키지 않겠다고 맹세했을 때, 어느 신도 당신의 맹세를 듣지 않았어요. 그리고 당신, 아름다운 청년이여, 당신은 더 이상 살 수 없습니다. 당신이

> 저의 사슬을 받고, 제가 당신의 머리칼을 한 움큼 가진 이 장소에서, 당신은 쇠잔해갈 것입니다. 내일이 되면 당신의 머리칼은 하얗게 변하고, 젊음은 황천에서나 되돌려받을 수 있습니다.
>
> 어머니, 최소한 제가 간청하는 마지막 소원이라도 들어주세요. 장작을 준비하라고 시키세요. 저를 가둔 좁은 관을 열어주세요. 서로 사랑하는 두 사람을 불꽃 안에서 쉬도록 해주세요. 불꽃이 반짝일 때, 또 재가 환하게 불탈 때 우리는 서둘러 우리의 옛 신들이 계신 곳으로 갈 것입니다.

아마도 이 작품은 순수하고 엄격한 취향에서 보자면 비난할 부분이 많을 것이다. 그러나 원작으로 읽어보면 한 마디 한 마디가 공포감을 더하는 기술에 찬탄하지 않을 수 없다. 각각의 말이 이 상황의 소름이 돋는 불가사의를 설명하지 않고도 알려준다. 어디에서도 유례를 찾아볼 수 없는 이야기를, 충격적이면서도 자연스러운 세부를 사용하여, 마치 실제로 일어난 일인 것처럼 그리고 있다. 또한 호기심은 끊임없이 자극되지만, 한시바삐 그 다음을 알기 위해 어떤 한 부분도 넘어가고 싶지는 않다.

그러나 독일의 저명한 시인의 소품 중에서 이 작품만이 프랑스의 취향이 반박할 여지가 있는 유일한 작품이다. 다른 모든 작품에서 두 나라는 일치하는 것처럼 보인다. 시인 야고비의 시구에는 그르세의 신랄함과 경쾌함이 거의 모두 들어 있다. 표현방법이 흐릿해지기 마련이었던 서경시(敍景詩)에 마티슨이 색조에서나 유사성에서 놀라운 그림의 특징을 부여했다. 읽는 이의 마음을 파고드는 자리스의 시의 매력에 의해, 그 시를 지은 작가에게 우정 비슷한 감정을 느끼게 된다. 티드게는 순수하고 도덕적인 작가로, 그의 작품은 사람의 영혼을 가장 종교적인 감정으로 이끈다. 이렇게 예를 들 만한 시인은 아직 많이 남아 있다. 그러나 교양 있는 사람은 누구나 본성은 시인이라고 말할 수 있는 나라에서, 칭찬할 만한 이름을 모두 열거하는 것은 불가능하다.

문학론으로 독일에서 그토록 소문이 자자했던 빌헬름 슐레겔은 자신의 시에 가장 엄격한 심미론으로부터 공격당할 수 있는 그 어떤 표현이나 뉘앙스를 손톱만큼도 허용하지 않았다. 젊은 여성의 죽음에 바친 비가(悲歌),[64] 교회와 예술의 결합에 대한 스탕스, 로마에 관한 엘레지는 섬세하고 극도로 고상하게 쓰여 있다. 이하의 두 개의 예만 보고서는 매우 불완전하게 그 점을 판단할 수 있겠지만, 적어도 이 시인의 특성을 아는 데에는 도움이 될 것이다. 나는 《현세에의 집착》이라고 하는 소네트의 사상이 매우 매력적이라고 생각한다.

> 성스러운 일을 명상하여 강해진 영혼은 자주 하늘을 향해 날개를 펼치고 싶어한다. 인간이 돌리는 인생이라고 하는 좁다란 바퀴 속에서 어느 활동도 허무하지 않은 것이 없고, 학문은 망상처럼 생각된다. 따라서 더 높은 곳, 더욱 자유로운 영역으로 도약하고 싶은, 억제하기 힘든 동경이 영혼을 부추긴다. 영혼은 인생의 마지막에 커튼이 올라가, 찬란한 광명의 세계를 보게 될 것이라고 믿고 있다. 그러나 소멸하게 되어 있는 육체에 죽음이 닿으면, 영혼은 뒤돌아서 이 세상의 쾌락과 머지않아 죽게 될 동행인들에게 시선을 던진다. 옛날 멀리 떨어진 시칠리아 섬의 초원에서 페르세포네[65]가 플루토스의 팔에 붙잡혀 유괴되어 아이들처럼 슬퍼했을 때, 자신의 가슴에서 도망간 꽃 때문에 슬피 울었던 것과 마찬가지로.

다음 시는 소네트로 읽을 때보다 번역했을 때, 더욱 많은 것을 잃는다. 《생의 멜로디》라는 제목이 붙어 있으며, 백조는 독수리의 대비로 쓰이는데, 백조는 명상적 존재의 표징으로, 또 독수리는 활동적 존재

---

64) 《아우구스타 뵈머에게 바치는 제물》. 아우구스타 뵈머는, 빌헬름 슐레겔의 아내가 데려온 딸이다. 슐레겔은 아우구스타를 귀여워했다. 그녀는 1800년에 어린 나이로 죽었고, 슐레겔은 오랫동안 그 죽음을 애석히 여겼다.

65) 제우스와 곡물의 여왕 데메테르의 딸로 나사의 꽃밭에서 꽃을 따고 있다가 저승의 왕 하데스에게 납치되어 그의 아내가 되었다. 마담 드 스탈은 여기에서 페르세포네를 납치한 하데스를 플루토스와 혼동하는 듯하다.

의 형상이 된다. 백조가 말하고 독수리가 대답할 때, 각 시구의 리듬이 변한다. 그러나 두 노래 모두 하나의 운으로 결합되는 동일한 스탕스 안에 포함된다. 이 작품에서는 진정한 하모니의 아름다움도 발견되는데, 그 하모니는 외부의 소리를 모방하는 하모니가 아니라 영혼의 내면에서 울려나오는 음악이다. 하모니란 생각되는 것이 아니라 감동이 발견하는 것이며, 생각하는 재주는 그 하모니를 시로 만든다.

백조: 내 조용한 생활은 파도 속에서 지나간단다. 수면에 얕게 선이 그어지고, 그 선은 멀리서 사라져가지. 잔물결은 맑은 거울처럼 내 모습을 같은 모습으로 계속 비춰.

독수리: 깎아지른 바위가 내 거처야. 뇌우 속에서도 나는 바람 속을 활공하지. 사냥할 때에도, 싸울 때에도, 위험할 때에도 나는 자신 있게 날 수 있어.

백조: 맑은 창공이 나의 즐거움이야. 나는 석양에 붉게 물드는 물결 위에서 하얀 날개를 천천히 흔들며, 향기로운 풀에 이끌려 조용히 해안으로 돌아와.

독수리: 폭풍우가 숲 속의 떡갈나무를 뿌리째 뽑아내더라도, 나는 그 폭풍우를 물리쳐. 나는 천둥에 대고, 꺼져버리면 어떻겠느냐고 물어보지.

백조: 아폴론의 시선에 이끌려, 나도 감히 즐거운 가락의 물결에 목욕한단다. 그리고 그의 발치에서 쉬며, 템페 계곡에 메아리치는 노랫소리를 들어.

독수리: 제우스의 옥좌 위야말로 나의 거처야. 그가 나에게 신호를 보내면 나는 천둥을 부르러 가지. 내가 잠자는 동안에 내 무거운 날개는 우주의 지배자의 왕홀을 덮고 있어.

백조: 예언하는 나의 눈빛은 별과 푸른 하늘을 자주 쳐다봐. 하늘은 물결에 모습을 비추고, 마음의 가장 깊은 곳의 애석한 상념이 나를 조국인 하늘의 나라로 부른단다.

독수리: 젊은 시절부터 나는 날아다니는 힘으로 태양을 멈출 수 있었던 것이 기뻤어. 나는 지면의 먼지에까지 나를 낮출 수 없어. 나

는 신과 유대감을 느끼거든.

백조: 조용한 생활은 기꺼이 죽음에 굴복하지. 죽음이 다가와 나를 묶은 끈을 풀고 나의 목소리에 원래 갖고 있던 멜로디를 돌려준다면, 나의 노래는 숨을 거둘 때까지 장중한 순간을 찬양할 거야.

독수리: 번뜩이는 피닉스와 같은 영혼은 자유로워져서, 베일을 벗고 장작 위를 높이 날아올라. 영혼은 그의 신성한 운명 앞에 인사하지. 죽음의 불꽃은 영혼을 회춘시켜.

국민의 취향은 일반적으로 문학의 다른 어떤 분야에서보다 연극에서 달라진다는 점에 대해서 살펴볼 필요가 있다. 이 차이의 원인에 대해서는 다음 절에서 분석해보도록 하겠다. 그러나 독일 연극의 검토에 들어가기 전에, 취향에 대한 일반적 관찰이 필요하다고 생각된다. 취향을 하나의 지적 능력으로 간주하고 추상적으로 고찰하지는 않을 것이다. 몇몇 작가, 특히 몽테스키외가 이 주제를 깊이 연구했다. 나는 단지, 왜 문학에서의 취향이 프랑스인과 게르만계 국민 사이에서 이토록 다르게 이해되는지 지적하도록 하겠다.

취향에 대하여

자신의 재능에 자신 있는 사람보다, 취향에 자신 있는 사람이 그것을 더욱 자랑스럽게 여긴다. 문학에서 취향이라는 것은 사교계에서 품위 있는 거동 같은 것으로, 재산이나 출신, 혹은 적어도 이 둘 모두가 원인이 되는 습관의 증거로 간주된다. 그러나 재능은 좋은 교육을 받은 사람들과 사귀어본 적 없는 장인의 머릿속에도 생길 수 있다. 허영심이 있는 나라라면 그 어느 나라에서도 취향은 가장 중요하게 취급될 것이다. 왜냐하면 그것은 계급을 가르는 기준이 되고, 일류에 속하는 개개인 모두를 묶어주는 표징이 되기 때문이다. 농담이 힘을 발휘하는 모든 나라에서는 취향이 최대의 장점으로 여겨질 것이다. 왜냐하면 무엇보다도 무엇을 피해야 하는지 아는 데 취향이 쓸모 있기 때문이다. 예의범절의 감각은 취향의 한 부분이며, 또 그것은 여러 자존심 가운데 공격을 피하기 위한 훌륭한 무기가 된다. 마침내 한 국민 전체가 다른 국민과 비교해 좋은 취향을 가진 귀족계급이 되어, 유럽에서 유일하게 좋은 교육을 받은 국민이 된다거나 혹은 그렇다고 확신하는 일도 일어난다. 그리고 이 이야기는 변명의 여지없이 사교의 정신이 지배적인 프랑스에 적용될 수 있다.

그러나 취향이 예술에 적용될 때와 사교적인 예의범절에 적용될 때는 대단히 다르다. 우리네의 인생처럼 덧없는 것에 대한 고찰을 우리에게 보여주도록 강요하는 경우에, 사람들이 하지 않는 행위는 적어도 그들이 하는 행위와 마찬가지로 필요에 의한 것이다. 왜냐하면 넓은 세상에서는 너무도 쉽게 적대감이 일어나므로, 아무에게도 말꼬투리를 잡히지 않는다는 이점을 보상할 수 있는 매우 기이한 즐거움이 필요하기 때문이다. 그러나 시에서 취향은 자연과 연결되어 있어, 자연처럼 창조적인 것임에 틀림없다. 이 취향의 원리는 사회관계에 의존하는 원리와는 전혀 다르다.

이 두 영역의 혼동이 바로 문학상으로 대립되는 판단의 원인이다. 프랑스인은 예술을 예의범절과 같은 척도로 판단하고, 독일인은 예의범절을 예술과 같은 기준으로 판단한다. 사회와의 관계에서는 자신을 방어해야 하지만, 시와의 관계에서는 스스로를 내맡겨야 한다. 모든 것을 사교적 사고로 접하게 되면 자연을 느끼지 못할 것이며, 모든 것을 예술가의 사고방식으로 바라보면 사회만이 가르쳐줄 수 있는 요령을 잃게 된다. 예술에 상류계급의 모방밖에 도입할 수 없다면, 그것을 정말로 할 수 있는 사람은 프랑스 사람뿐이다. 그러나 상상력과 영혼을 강하게 움직이기 위해서는 창작에서 좀더 자유가 필요하다. 이렇게 말하면, 사람들은 나에게 프랑스의 3대 비극작가는 확고한 규칙을 지키면서도 최고도의 탁월함에 도달했노라고 반박할 것이며, 또 그들의 반론이 옳다는 것을 나는 알고 있다. 전혀 새로운 밭에서 수확해야 했던 몇몇 천재들은 그들이 타개해야 했던 곤란함에도 불구하고 이름을 떨칠 줄 알았다. 그러나 그들 이래 예술의 진보가 정체된 것은, 그들이 따라간 길에 장애가 너무 많았음을 보여주는 증거가 아니겠는가?

"문학에서의 좋은 취향은 몇 가지 면에서 전제정치하의 질서와 같은 것으로, 어떤 값을 치르고 샀는지 반드시 검토해보아야 한다."[66] 정치에 대해 네케르 씨는 "모든 자유는 질서와 양립해야 한다"[67]고 말했다. 나는 이것에 빗대어 이렇게 말하겠다. 즉, 문학에서 모든 취향은 재능과 양립해야 한다. 왜냐하면 사회로 이루어진 국가에 무엇보다도 중요한 것이 평화라면, 문학에서 중요한 것은 흥미, 생동감, 감동이며, 취향은 그 자체만으로는 적이 되는 경우가 많기 때문이다.

예술과 사교에 대한 비판방식에 대해, 독일인과 프랑스인 사이에 하나의 평화조약을 제안할 수 있을 것이다. 비록 예의범절이 빠져 있더라도 그 대신 강력한 사상이나 진실한 감정이 있다면, 프랑스인은 비난의 창끝을 무디게 했으면 한다. 독일인은 자연스러운 취향을 일부러 거스르는 모든 것, 감각이 거절반응을 일으키는 표상을 재현하는 모든 것을 피해야 할 것이다. 철학이론이 아무리 독창적이어도, 감각적 혐오를 무시해서는 받아들여질 수 없다. 마찬가지로, 예의범절을 중요시한 시라고 하더라도 무의식적 감동을 억제할 수는 없다. 리어왕의 딸들이 아버지에게 한 짓을 이해하기 위해 그녀들이 산 시대가 얼마나 야만적이었나를 보여주려고, 콘월 공이 리건에게 부추김당해 무대 위에서 글로스터의 눈을 구둣발로 으깨는 것도 허용해야 한다고 아무리 머리 좋은 독일의 작가들이 주장해도 소용없다. 우리의 상상력은 어떻게 해도 이 광경에 대해 거부반응을 보일 것이며, 이 방법에 의하지 않고서 위대한 아름다움에 도달할 길이 없는지 의문을 가질 것이다.

---

66) 〔원주〕 이상은 검열에 의해 삭제되었다.

67) 《대국가에서의 행정권》(1792)의 제 17장 중에 이런 의미의 문장이 있다.

하지만 또한, 프랑스인들이 맥베스의 마녀들의 예언이나 뱅코의 망령 출현 등에 대해 모든 문학적 비판을 총동원하더라도, 우리의 마음 깊은 곳에서부터 움직이는 무시무시한 극적 효과를 멈추게 하는 것은 불가능하다.

사교계에서 예절을 가르치듯이, 예술에서 좋은 취향을 가르칠 수는 없을 것이다. 왜냐하면 예절은 우리의 결점을 감추기 위한 역할을 하지만, 예술에는 무엇보다도 창조적 정신이 필요하기 때문이다. 문학에서 좋은 취향이 재능의 대체물이 될 수 없다. 왜냐하면 가장 훌륭한 취향은 재능이 없을 때는 전혀 쓰지 않는 것이기 때문이다. 감히 말하자면, 지금의 프랑스에서는 혈기가 부족한 준마에게 지나친 재갈을 물리고 있는 격이며, 독일에서는 풍부한 문학적 자립이 아직 화려한 성과를 내지 않고 있는 셈이다.

극예술에 대하여

연극은 사람들에게 많은 영향을 미친다. 영혼을 고양시키는 비극, 풍속과 성격을 묘사하는 희극은 한 국민의 정신에 거의 실제로 일어난 하나의 사건처럼 작용한다. 다만, 무대에서 큰 성공을 거두기 위해서는 우선 대상으로 삼을 관객과 관객의 의견을 만들어내는 온갖 종류의 동기를 연구해두어야 한다. 극작가에게는 상상력만큼이나 인간에 대한 지식이 필요하다. 관객에게 영향을 미치는 개인적인 모든 관계를 간과하지 않도록 하면서, 일반적인 흥미가 어떤 감정에 근거하는지 파악해야 한다. 연극작품은 행위의 문학이다. 이것이 필요로 하는 천재성을 겸비한 사람이 거의 없는 이유는 이 천재성은 상황에 대한 직감과 시적 영감을 겸비하는 것이기 때문이다. 이 점과 관련해 모든 나라의 국민에게 똑같은 이론을 강요하고 싶어하는 것만큼 불합리한 일도 없다. 각기 다른 나라의 취향에 보편적 기법을, 각 시대의 풍속에 영원한 기법을 적용하려고 하면 매우 중대한 수정이 불가피하다. 그래서 극적 재능이 무엇으로 구성되느냐 하는 점에 대해서 그렇게 여러 의견이 있는 것이다. 문학 이외의 영역에서는 의견의 일치를 보기가 좀더 수월하다.

이 세상에서 프랑스인이 연극의 효과를 조합하는 데에 가장 능란한 국민임은 부정할 수 없는 것 같다. 또한 그들의 비극에서는 장면도, 문체도 품위를 지닌다는 점에서 다른 어떤 국민의 것보다도 뛰어나다. 그러나 위의 두 가지 우월성을 인정하지만, 우리는 그만큼 정돈이 잘되지 않은 작품에 의해서도 더욱 깊은 감명을 받을 수 있다. 가끔은 외국 작품의 구상이 더욱 인상적이며 더욱 대담하고, 또 거기에는 종종 무언지 모를 힘이 숨어 있어서 우리의 마음에 더욱 친밀하게 다가오고, 우리를 개인적으로 움직이는 감정에 더욱 가깝게 느껴지게 한다.

프랑스인은 쉽게 싫증을 내기 때문에, 무슨 일이건 길게 하지 않으려고 한다. 독일인이 극장에 가기 위해 희생하는 것은, 기회가 오는 방법의 변화가 거의 없어서 불과 몇 시간밖에 계속하지 못하는 게임의 별 볼일 없는 한 부분일 뿐이다. 조용히 연극을 감상하는 일보다 더 좋은 일은 없으며, 따라서 작가는 사건을 준비하거나 등장인물의 성격을 만들어나가는 데 마음대로 시간을 쓸 수 있다. 성급한 프랑스인은 그런 더딘 면을 용서하지 않는다.

독일의 희곡은 통상적으로 고대 화가의 그림과 비슷하다. 얼굴은 아름답고, 표정이 풍부하며, 내성적이다. 그러나 모든 얼굴이 같은 평면에 늘어서 있다. 구경꾼 입장에서 보면 한 묶음으로 묶여 있는 것이 아니라, 어수선할 때도 있고 얕은 부조처럼 나란히 늘어선 경우도 있다. 프랑스인의 지당한 생각에 의하면 연극은 회화와 마찬가지로 원근법을 지켜야 한다. 만약 독일인이 연극의 기술에 뛰어났다면, 다른 모든 면에서도 뛰어났을 것이다. 그러나 그들은 어떤 분야에서도, 단 하나의 요령도 부릴 줄 모른다. 그들의 정신은 직선 위를 전진한다. 절대적 아름다움에는 본령을 발휘하지만, 사람들 사이의 관계를 잘 알아야 하고 수단이 좋아야 하는 상대적 아름다움에는, 그들의 능력이 미치지 않는 것이 보통이다.

양 국민을 비교했을 때, 비극의 어조에 굉장히 두드러진 중후함을 요구하는 쪽이 프랑스인이라는 점은 기묘하다. 그러나 그 이유는, 실로 프랑스인이 농담에 맞장구치기 쉽기 때문에 그 여지를 주지 않기 위해서이다. 한편 독일인의 동요되지 않는 진지함은 어떤 일에도 흐트러질 염려가 없다. 독일인은 항상 한 편의 연극을 그 전체로 판단하기 때문에, 그것을 비난하거나 칭찬하기 위해서 연극이 끝나기를 기다린다. 프랑스인의 감상은 좀더 신속하다. 그들에게 희극적 장면은 비극적 장면을 유도하는 것이라고 예고해봤자 소용없다. 그들은 비극적 장면을 기다리지도 않고 희극적 장면을 조소한다. 프랑스인에게는 각 세부도 전체와 똑같이 재미있어야 한다. 그들은 예술가에게 기대하는 즐거움에서 한순간의 유예도 허용하지 않는다.

프랑스 연극과 독일 연극의 차이점은 두 나라 국민의 성격의 차이점으로 설명될 수 있다. 그러나 이 본성의 차이에는 체계적 이론이 따라붙는데, 이 이론의 근거를 아는 것이 중요하다. 내가 이미 고전주의의 시와 낭만주의의 시에 대해서 언급했던 점이 연극작품에도 해당된다. 신화에서 소재를 따온 비극은 역사비극과는 전혀 다른 성질을 지닌다. 옛날이야기에서 취한 주제는 너무 잘 알려져 있고, 모두가 흥미를 갖고 있으므로, 상상력을 미리 깨우기 위해서는 그것을 언급하는 것으로 충분하다. 그리스 비극 안에서 현저하게 시적인 부분, 곧 신들의 개입이나 운명의 힘은 비극의 진행을 훨씬 쉽게 만든다. 사건이 초자연적 힘으로 설명되면, 세부적 동기, 성격의 발전, 다양한 사실 등의 필요성은 적어진다. 기적이 모든 것을 요약한다. 따라서 그리스인의 비극에서 줄거리는 놀랄 만큼 간단하다. 거의 모든 사건은 처음부터 예견되고, 예언되어 있다. 그리스 비극은 종교의식이다. 공연은 신들에게 경의를 표하기 위해 이루어졌고, 대화나 이야기에 의해 중단되는 찬가는 때로는 관대한 신을, 또 때로는 무서운 신을 그리곤 했지만, 항상 인간의 생 위에는 운명이 감돌고 있었다. 이와 똑같은 주제가 프랑스 연극에 도입되었을 때, 프랑스의 위대한 시인들은 그 주제에 더 많은 변화를 주었다. 사건의 수를 늘리고, 놀라운 일을 곁들이고, 사태의 급변을 강화시켰다. 실제로 그리스인이 이들 희곡에서 얻었던 국민적·종교적 흥미가 우리에게는 느껴지지 않았으므로, 무슨 방법으로든 보충해야 했다. 그러나 그리스의 희곡에 생명을 불어넣는 것만으로는 성에 차지 않아서, 우리는 등장인물에 우리의 풍속이나 감정, 정치나 현대적인 연애사건을 제공했다. 그 때문에 상당히 많은 외국인들은 우리만큼 프랑스의 걸작에 감탄하지 않는다. 사실 외국어로 그것들을 들을 때, 즉 문체의 마술적 아름다움이 벗겨졌을 때 걸작에서 느껴지는 감동이 감소하고 부적절한 부분이 눈에 띄어 놀라게 된다. 하긴 시대와 일치하지 않고, 또 등장인물이 상연되는 곳의 국민적 풍속과도 일치하지 않는 것 자체가 부적절한 것이 아닐까? 그렇다면 우리와 닮지 않았다는 것이 우스운 일은 아니지 않는가?

그리스를 소재로 하는 희곡은 프랑스 연극의 엄격한 법칙에 의해 잃는 것이 없다. 그러나 만약 우리가 영국인처럼 역사극을 가지고 있고 우리의 추억으로 흥미를 느끼고 싶고 우리 자신의 종교에 의해 감동되는 기쁨을 맛보고 싶다면, 프랑스 비극의 법칙으로 간주되는 삼일치의 법칙과 양식적인 호화찬란함에 엄밀한 의미에서 맞추는 일이 어떻게 가능할 것인가?

삼일치의 법칙[68] 문제는 너무나 오래되어서 그 이야기를 다시 꺼내려는 사람은 거의 없다. 그러나 이 세 개의 법칙 중에서 중시되는 것은 단 하나, 줄거리의 일치뿐으로, 나머지 둘은 이것에 종속하는 것으로밖에 여겨지지 않는다. 그런데 만약 줄거리의 진실성이 같은 장소에

---

68) 브왈로(Boileau)가 아리스토텔레스를 쇄신하여 쓴 《시학》의 내용으로, 연극은 한 장소에서, 하루 동안에, 단 하나의 사건이 완결되도록 만들어져야 한다는 법칙이다.

서 일어난 24시간 이내의 사건에 한정해야 한다는 유치한 필수조건에 양보한다면, 그것은 연극적 재능을 이합체(離合體)의 구차한 형식에 옭아매는 것이고, 예술의 본질을 형식을 위해 희생하는 거북함을 야기한다.

볼테르는 우리나라의 위대한 비극시인 중에서 현대의 주제를 가장 많이 다뤘다. 그는 감동을 주기 위해 그리스도교 정신이나 기사도 정신을 사용했다. 그리고 솔직하게 말하자면, 프랑스 연극 중에 있는 그리스·로마의 모든 걸작보다 《알지르》, 《자이르》, 《탕크레드》 쪽이 더 많은 눈물을 흘리게 한다고 나는 생각한다. 뒤베로아의 재능은 이류이지만, 프랑스 무대 위에서 프랑스의 기억을 일깨우는 데 성공했다. 그는 쓰는 법은 모르지만, 우리는 그의 희곡에 의해 그리스인이 눈앞에 자신들의 역사상의 사실이 상연되는 것을 보았을 때와 비슷한 흥미를 느낀다. 사람 마음의 이러한 경향을 천재라면 어떻게든 이용하려고 하지 않을까? 그러나 지금 시대의 사건은 하루에, 혹은 같은 장소에서 일어날 수 없다. 복잡해진 사회적 질서는 모든 사건을 다양하게 만들고, 온화해진 종교의 영향으로 감정은 섬세해진다. 따라서 우리들을 좀더 가깝게 그려내는 장면 안에서 관찰되는 풍속의 진면목은 연극으로 구성되기 위해 커다란 자유를 필요로 한다.

현대사에서 따온 제재를 프랑스의 정통적 연극작법에 맞추기 위해 어떤 대가를 치르게 되는지에 대해서, 최근의 다음과 같은 예를 들 수 있다. 르누아르 씨의 《성당 기사단》은 확실히 오랫동안 볼 수 없었던, 매우 칭찬할 만한 희곡 중 하나이다. 그러나 성당 기사단이 고발당하고, 재판받고, 유죄선고를 받고, 화형에 처해지는 이 모든 이야기가 24시간 이내에 이루어지는 줄거리를 작가가 써서 상연해야 한다고 생각하는 것만큼 더 기이한 일이 있을까? 혁명재판소는 판결을 내리는 것이 빨랐다. 그러나 그들의 잔혹한 열의가 어떤 것이었건 간에, 프랑스 비극만큼 신속하게 재판을 진행할 수는 없었을 것이다. 현대사를 취재한 거의 모든 프랑스 비극에서 시간의 일치 법칙의 불편함을 이에 못지않게 명료하게 볼 수 있다. 그러나 나는 이 불편함을 지적하는 데에 가장 두드러지게 유리한 예를 선택하였다.

극장에서 들을 수 있는 가장 숭고한 대사 중 하나가 이 고귀한 비극에 있다. 마지막 장면은, 성당 기사단 사람들이 장작더미 위에서 시편을 읊는 것을 보여준다. 왕의 사자가 왕이 그들에게 내려준 은총의 편지를 들고 온다.

그러나 이미 너무 늦었습니다. 노래는 멈춰 있었습니다.69)

시인은 화염 속에서 용감한 순교자들의 숨이 끊어지는 것을 이렇게 객관적으로 알린다. 어떤 이교도의 비극 중에서 이런 감정의 표현을 찾아볼 수 있을 것인가? 또한 프랑스인들이 극장에서 자신들과 진정 어울리는 것, 그들의 조상과 자기네의 신앙과 어울리는 것을 상연하지 않는 이유는 무엇일까?

프랑스인은 연극적 환상을 위해서는 시간과 장소의 일치가 꼭 필요하다고 생각한다. 외국인들은 연극적 환상을 성격묘사, 진실한 언어, 묘사하려는 시대나 나라의 풍속의 정확한 관찰 안에서 찾는다. 예술에서 환상이라고 하는 말에 대해 견해의 통일이 필요하다. 무대에 의해 우리들로부터 격리되어 있는 배우가 3천 년 전에 죽은 그리스의 영웅

69) 《성당 기사단》 제 5막 제 9장, 원수가 왕비에게 하는 말. 이 인용구 조금 전의 대사는 다음과 같다. "그들의 모습은 보이지 않게 되었습니다. 그러나 용감한 목소리는, 계속 숭고한 찬가를 부르고 있었습니다. 더더욱 불길은 높아지고, 경건한 합창은 화염과 함께 하늘로 올라갔습니다. 당신의 사자(使者)가 나타나 소리치고, 많은 민중이 돌연 사자의 목소리에 맞춰 왕비의 허가라고 외치며, 처형대 밑으로 몰려들었습니다. 그러나 이미 너무 늦었습니다. 노래는 멈춰 있었습니다." 이 작품의 작가인 극작가이자 프로방스 어문학 연구가 레이누아르(François-Juste-Marie Raynouard, 1761~1836)는 지롱드 당원으로 투옥되었다. 1805년 초연된 《성당 기사단》은 대성공을 거두었으나 호된 비판을 받았고, 《블루아의 의회》(*Les Etats de Blois*) (1810)는 나폴레옹에 의해 상연이 금지되었다.

이라고 믿는 것에 우리가 동의하고 있는 이상, 이른바 환상이라고 하는 것이 지금 우리가 보고 있는 것을 진짜로 존재한다고 상상하는 것이 아님은 분명하다. 비극은 그것이 일으키는 감동에 의해서만 진실로 보인다. 그런데 만약 상연되는 상황의 성질에 따라 이 감동과 더불어 장소가 바뀌고 시간도 연장이 가능하다면, 극적 환상은 더 강해진다.

볼테르의 가장 아름다운 비극, 《자이르》와 《탕크레드》의 줄거리는 오해를 모티브로 한다는 점이 불만스럽다. 그러나 이야기의 전개가 그 정도 짧은 공간에서 일어날 수밖에 없다면, 줄거리라는 수단에 기대는 수밖에 없지 않겠는가! 그쯤 되면 극작의 기술은 육체노동이며, 그 정도의 제한을 극복하고 커다란 사건을 일으키기 위해서는 마술사가 구경꾼들에게 물건을 보여주고 그것을 눈앞에서 감추는 것과 같은 교묘함이 필요하다.

역사물은 창작물보다 프랑스의 극작가에게 부과된 조건에 더욱 적합하지 않다. 우리의 극장에 엄격하게 요구하는 비극적인 예의범절은, 현대사를 소재로 한 희곡에 적합한 새로운 아름다움과 자주 대립된다.

기사도의 풍습에는 언어의 간결함, 매력 넘치는 감정의 소박함이 있다. 이 매력도, 혹은 흔해 빠진 상황과 강한 인상의 대조에 의해 느껴지는 비장미도 프랑스 비극에서는 용인되지 않는다. 프랑스 비극은 모든 사람에게 왕의 신분을 요구한다. 그러나 중세의 생동감 넘치는 흥미는 장면이나 성격의 이 모든 다양성에서 유래하고, 음유시인들의 이야기는 감동적인 효과로 그것을 부각시킨다.

알렉산드랭의 장엄함은 좋은 취향이라는 인습 그 자체보다도 더욱 프랑스 비극의 형식과 내용의 전반적 변화에 커다란 장애물이 된다. '들어가다', '나오다', '자다', '일어나 있다' 등을 말하는 데도 알렉산드랭에서는 시적 표현을 찾지 않으면 안 된다. 또한 감정이나 사실의 대부분이 극장에서 비극의 규칙에 의해서가 아니라, 작시법의 요구에 의해 추방되었다. 프랑스의 극작가 중에서 오직 한 사람, 라신만이 딱 한 번 아탈리와 조아스가 함께 등장하는 장면에서 이 곤란을 극복했다. 그는 아이의 말에 고상하면서도 자연스러운 단순함을 부여할 줄 알았다. 그러나 보기 드문 천재의 칭찬받을 만한 노력도, 너무 많은 기술적 곤란이 가끔 지극히 행복한 착상에 방해되는 것을 막지 못한다.

뱅자맹 콩스탕 씨는 그의 비극 《발랑스탱》의 괄목할 만한 서문에서, 독일인은 희곡에서 인간의 성격만을, 프랑스인은 정열만을 그린다고 지적했다. 성격을 묘사하기 위해서는 프랑스 비극에만 전적으로 용인되는 장중한 어조를 반드시 피해야 한다. 왜냐하면 인간의 결점이나 장점은, 그것을 여러 가지 관련하에 제시하지 않는 한 알려줄 수 없는 것이기 때문이다. 세속적 본성은 숭고한 것과 섞여 있는 경우가 많아, 가끔은 그것의 좋은 점을 뽑아낼 수 있다. 말하자면 성격의 영향은 어느 정도의 시간을 들이지 않으면 보이지 않으므로, 24시간으로는 정말로 하나의 파국밖에 문제삼을 수 없다. 아마 사람들은 파국이 풍부한 뉘앙스의 묘사보다 연극에 적합하며, 인간의 마음을 관찰하는 데 필요한 주의력보다 강한 정열에 의해 일어나는 충동이 관객을 기쁘게 한다고 주장할 것이다. 이처럼 서로 다른 연극이론으로부터 결론을 낼 수 있는 것은 국민의 취향뿐이다. 외국인이 우리와 다른 극의 기술을 생각해냈다고 하더라도, 그것은 무지하거나 미개하기 때문이 아니라 깊이 생각한 결과이며, 그 생각에 대해 검토해볼 만한 가치가 있다는 점은 틀림없는 사실이다.

셰익스피어에 대해 사람들은 야만적이라고 부르고 싶어하겠지만, 그는 아마도 지나치게 철학적이고 지나치게 날카로운 통찰력을 지닌 극작가였을 것이다. 훌륭한 사람 특유의 공평함으로 그는 성격을 판단하고, 거의 마키아벨리즘에 가까운 아이러니로 그것을 표현한다. 그가 쓴 것은 매우 심오해서, 무대 위의 동작의 속도로는 그것에 담긴 사상의 많은 부분이 보이지 않게 된다. 이런 의미에서 그의 희곡은 보는 것보다 읽는 편이 낫다. 셰익스피어 극에서는 정신 때문에 배우의 움직임이 식어버리는 일이 가끔 있다. 프랑스인들은 인물이나 무대장치를 묘사할 때 멀리서 봐도 효과가 있을 만큼 큰 윤곽을 훨씬 잘 포착한다. 사람들은 “뭐라고요! 그렇게 무서운 장면을 만든 셰익스피어의 묘사가 지나치게 섬세하다고요?” 라고 말할 것이다. 셰익스피어는 가끔 정반대의 장점이나 결점마저도 결합했다. 그는 예술의 영역 안에서 가끔은 이쪽, 가끔은 저쪽으로 모습을 드러낸다. 그러나 그는 연극적 지식보다는 인간의 마음에 관한 지식을 더 많이 갖고 있다.

드라마, 희가극, 희극에서 프랑스인은 타의 추종을 불허할 정도로 총명함과 우아함을 발휘한다. 유럽의 끝에서 끝까지, 프랑스 연극의 번역만이 상연되고 있다. 그러나 비극은 그렇지 않다. 규제가 엄격하기 때문에, 비극은 다들 많건 적건 같은 하나의 틀 안에 갇혀 있어서, 칭찬받기 위한 문체의 완전함을 필수조건으로 삼고 있다. 프랑스 비극에 어떤 변화를 감행하려고 한다면, 바로 멜로드라마가 그렇다고 외칠 것이다. 그러나 왜 멜로드라마가 그토록 사람들의 마음을 기쁘게 하는지 아는 게 중요하지 않을까? 영국에서는 모든 계층의 사람들이 똑같이 셰익스피어의 희곡에 이끌린다. 프랑스에서는 가장 훌륭한 희곡이라도 민중의 흥미를 끌지 않는다. 지나치게 순수한 취향과 어떤 종류의 감동을 받아들이는 데에 지나치게 섬세한 감정을 구실로, 사람들은 예술을 둘로 나눈다. 나쁜 작품에도 감동적 장면이 있지만 표현이 좋지 않다. 좋은 작품의 표현은 훌륭하지만, 장면은 위엄이 지나쳐서 차갑다. 프랑스에는 모든 계층의 사람들의 상상력을 똑같이 흔들 수 있는 비극이 거의 없다.

이상의 견해는 절대로 우리나라의 대가들을 조금이라도 비난하려는 목적을 갖고 있지 않다. 외국 작품 안에서 몇 장면은 더욱 생생한 인상을 풍기지만, 우리나라의 연극 걸작품처럼 당당하고 잘 짜인 전체에 비교될 만한 것이 없다. 다만 문제는 현재 이루어지는 것처럼 걸작의 모방에 한정시킨다면, 결코 새로운 것이 나타나지 않을 것이라는 점이다. 인생에서 어느 것도 정지해 있어서는 안 되며, 예술은 변화하지 않으면 화석처럼 굳어진다. 20년 동안 혁명을 겪은 후 상상력은 크레비용이 당시의 사랑과 사회를 그려냈을 때 필요했던 것과는 다른 필요를 느끼게 되었다. 그리스의 소재는 고갈되었다. 다만 단 한 명, 르메르시에만이 고대에서 취재한 소재 《아가멤논》에 의해 새로운 영광을 더 얻을 줄 알았다. 그러나 시대의 자연스러운 추세는 역사비극이다.

국민의 흥미를 끄는 사건에서는 모든 것이 비극이다. 인류가 6천 년 동안 펼친 장대한 드라마는 극작의 기술에 더욱 자유가 주어진다면, 연극에 무진장의 소재를 제공할 것이다. 규칙은 천재의 이정표에 지나지 않는다. 코르네이유, 라신, 볼테르가 그곳을 지나갔다는 사실을 가르쳐줄 뿐이다. 목적지에 도착했는데, 왜 지나온 길에 트집을 잡는가? 영혼을 고양시키면서 감동을 주는 것이 목적이 아닌가?

호기심은 연극의 커다란 원동력 중 하나이다. 그렇지만 깊은 정이 일으키는 흥미야말로 유일하게 고갈되지 않는 것이다. 사람이 시에 집착하는 것은 그것이 인간에게 인간을 드러내주기 때문이다. 우리는 우리와 닮은 존재가 고통과 싸우고 고통에 패배하고 고통을 물리치고 운명의 힘에 굴하고 또다시 일어나는 모습을 보는 것을 좋아한다. 프랑스 비극에는 영국이나 독일의 비극처럼 격렬한 장면이 있는 것도 있다. 그러나 이 장면은 힘차게 표현되어 있지 않고, 가끔 사람들은 부자연스럽게 효과를 누그러뜨리거나 혹은 지우려고 한다. 오랜 풍속을 새로운 것처럼, 범죄를 미덕처럼, 살인을 친절처럼 제멋대로 색칠하는, 일종의 틀에 박힌 성질에서 빠져나오기는 힘들다. 이 성질은 아름답게, 정성스럽게 치장하고 있지만, 조만간 싫증이 난다. 천재는 어쩔 수 없이 더욱 심오한 비밀에 뛰어들어야 하는 부담을 떠안는다.

반구(半句)나 각운이 예술의 주위에 쳐놓은 울타리로부터 벗어나는 것이 바람직하다. 더욱 많은 대담함이 허용되고, 더욱 많은 역사적 지식이 요구되어야 할 것이다. 똑같은 걸작품의 더욱 빛이 바랜 복제물에만 매달려 있으면 결국 극장에서 우리가 보게 되는 것은 영웅의 꼭두각시 인형뿐으로, 그 인형은 의무를 위해 사랑을 희생하고, 노예의 신분보다는 죽음을 택하며, 행동에서나 언행에서 반대명제에 의해 영감을 받기는 하지만, 이른바 인간이라고 하는 피조물과도, 또 번갈아 그를 지배하기도 하고 그의 지배를 받기도 하는 무시무시한 운명과도 인연이 없다.

독일 연극의 결점은 지적하기 쉽다. 사회와 마찬가지로 예술에서도 세상의 관습과 거리가 먼 이 모든 점은 가장 천박한 사람들이 제일 먼저 놀라는 점이다. 그러나 영혼에서 발산하는 아름다움을 느끼기 위해서는, 눈앞에 제시된 작품을 평가할 때 고도의 우월성과 완전히 합치하는 일종의 착함을 도입해야 한다. 조소는 무례함의 형태를 띤 비속한 감정에 지나지 않는 경우가 가끔 있다. 일상생활에서 서투른 행동을 대할 때와 마찬가지로, 문학에서 취향의 결점을 보고도 진정한 위대함을 칭찬할 수 있는 능력, 바로 이 능력이야말로 유일하게 심판자를 명예롭게 하는 것이다.

나는 프랑스와는 전혀 다른 원리에 기초한 연극을 소개하면서, 그 원리가 가장 좋다거나 혹은 그것을 프랑스에서 차용해야 한다고 주장하는 것이 결코 아니다. 이국적인 것과의 결합은 새로운 사상을 자극할 수 있다. 그리고 우리의 문학이 어떠한 불모의 위험에 처해 있는지를 알게 되면, 프랑스 작가들이 안고 있는 한계를 조금만 후퇴시키기를 바라지 않을 수 없을 것이다. 이번에는 외국인들이, 상상력의 세계에서 정복자의 입장이 되는 것도 괜찮지 않은가? 프랑스인이 이런 충고를 따른다고 해서 그다지 손해를 보지는 않을 것이다.

레싱의 시민비극

레싱 이전에 독일 연극은 존재하지 않았고, 외국 작품의 번역 혹은 모방만이 상연되었다. 문학의 어떤 분야보다도 특히 연극은 부와 예술의 자원이 결집되어 있는 중심지가 필요하다. 그런데 독일에서는 모든 것이 분산되어 있다. 어떤 도시에는 배우가, 다른 도시에는 작가가,

그리고 관객은 또 다른 도시에 있는 형편이어서, 이 모든 것이 같은 장소에서 만나는 중심은 아무 데도 없다. 레싱은 그의 타고난 성격인 활동력으로 그의 동포에게 국민연극을 만들어주었고, 또 〈연극론〉이라는 제목의 간행물을 집필하여, 독일에서 번역되고 상연된 프랑스 연극의 거의 전부를 검토했다. 이들 비평에서 그가 보여준 나무랄 데 없는 공평함을 보면, 그는 예술적 지식보다 철학에 더 깊은 조예가 있는 것 같다. 레싱은 전반적으로 극예술에 관해서 디드로와 같은 생각을 갖고 있었다. 그는 프랑스 고전비극의 엄격한 규율 아래에서는 단순하고 감동을 주는 수많은 소재를 그릴 수 없으므로, 이것을 보충하기 위해서 시민극을 만들 필요성이 있다고 생각했다. 그러나 디드로가 그의 작품 안에 가식적 관습 대신 너무 꾸민 듯한 자연스러움을 도입한 반면, 레싱의 재능은 실로 솔직하고 진지하다. 그는 독일인의 재능에 맞는 연극을 만들겠다는 고귀한 충동을 독일인 사이에 고취시킨 최초의 사람이었다. 그의 극작품에는 그 특유의 독창성이 보인다. 그러나 그것들은 프랑스의 극작품과 같은 원리에 의해 만들어진 것이다. 형식에 새로운 부분이 전혀 보이지 않고, 시간과 공간의 일치에 거의 구애받지 않지만, 새로운 체계에 대해 괴테나 실러만큼 정통하지 않다. 레싱의 작품 중에서 《민나 폰 바른헬름》, 《에밀리 가로티》, 《현자 나탄》이라는 세 개의 시민극이 인용하기에 적합하다.

군대에서 부상을 입은 고귀한 성격의 사관이 갑자기 누명을 쓰고, 명예에 상처를 입는다. 그에게는 서로 사랑하는 여성이 있지만, 결혼하여 그녀에게 불행을 나누어주게 될 일을 꺼려 그녀에 대한 사랑을 감추려 한다. 이상이 《민나 폰 바른헬름》 전체의 줄거리이다. 레싱은 이렇게 단순한 소재를 가지고 큰 흥미를 불러일으킬 수 있었다. 대화는 재기와 매력이 넘치고, 문체는 지극히 순수하며, 각 등장인물에 대한 묘사가 너무도 명확해서 아무리 사소한 그들의 인상도, 친구의 고백만큼 강한 관심을 불러일으킨다. 박해받고 있는 젊은 장교에게 마음을 다해 헌신하는 늙은 중사는 쾌활함과 다정다감의 행복한 조화를 보여준다. 무대에서 이런 종류의 역은 반드시 성공한다. 대범하지 못할 때 쾌활함을 지니고 있다면 더욱 좋은 일이고, 다정다감은 가끔씩만 보이는 편이 자연스럽다. 이 작품에는 전적으로 실패한 프랑스인 협잡꾼이 등장한다. 프랑스인의 해학적인 면을 그려내기 위해서는 경묘(輕妙)한 필치가 필요하다. 그런데 그것을 외국인이 그리게 되면, 대부분 그 필치가 무겁고 그 유사성은 섬세하지도 인상적이지도 않다.

《에밀리 가로티》는 《버지니아의 이야기》[70]를 현대의 개별적 상황으로 옮긴 것이 아니다. 그 이야기는 그 틀 안에 가두기에는 지나치게 격한 감정, 사람들에게 알려지지 않은 이름에게 부여하기에는 너무도 강렬한 줄거리를 갖고 있다. 레싱은 궁정인에 대해 꽤나 공화주의적 반감을 지니고 있었던 듯하다. 왜냐하면 순진한 처녀를 능욕하는 주인을 도우려는 인물을 그리는 것을 기뻐하고 있기 때문이다. 이 궁정인 마티넬리는 너무 비겁해서 진짜라고는 생각할 수 없을 정도이고, 그의 상스러운 행위 묘사는 독창성이 떨어진다. 레싱이 의도적인 적의를 가지고 이렇게 그려냈다는 느낌이다. 아름다움 자체를 대상으로 하지 않는 의도보다 작품의 아름다움에 해로운 것은 없다. 공작의 인간 됨됨이에 대해서는 좀더 상세하게 다루어진다. 권력을 쥔 사람이 파란 많은 욕정과 경박한 성질을 함께 지닌 것은 굉장히 불길한 일인데, 그것이 그의 일거수일투족에서 느껴진다. 한 사람의 늙은 대신이 공작에게 서류다발을 가지고 오는데, 그 가운데에는 사형 판결문이 섞여 있다. 조금이라도 빨리 사랑하는 여자를 만나고 싶은 조급함에, 공작은 판결문에 눈길도 주지 않고 서명하려 한다. 그 정도의 권력을 아무 생각 없이 행사하는 것을 보고 전율을 느낀 대신은, 구실을 붙여서 서류를 주지 않는다. 에밀리 때문에 공작이 버린 젊은 애인인 오르시나 백작

---

70) 고대 로마의 역사가 리비우스(Titus Livius Patavinus, BC 59~AD 17)의 《로마 건국사》에 있는 버지니아(?~BC 449 혹은 441)라는 로마인 여성의 실화. 지배자 클라우디우스(Appius Claudius)의 무법적 압박에 대해, 한 시민이 목숨을 걸고 반항하여 시민의 자유를 얻었다고 전해진다.

부인의 역할은 최고급 재능에 의해 창조되었다. 그녀는 궁녀로 있는 이탈리아 여자에게서 아주 흔히 볼 수 있는 경솔함과 격정의 혼합이다. 이 여성을 보면 사교계가 낳은 것은 무엇이며, 그 사교계가 말살할 수 없었던 것은 무엇인지 알 수 있다. 상류사회의 풍속 중 가장 작위적인 것과 결합된 남방의 자연, 악덕이 지닌 자부심과 감수성이 지닌 허영심의 기묘한 집합이 그것이다. 프랑스어의 시구나 프랑스가 인정하는 형식 안에는 이러한 정경을 담을 수 없을 것이다. 그렇다고 그것이 덜 비극적인 것은 아니다.

오르시나 백작부인이 에밀리의 아버지에게, 공작에게 받은 굴욕으로 협박받는 딸을 구해내기 위해 공작을 죽이라고 부추기는 장면은 최고의 걸작이다. 거기에서는 악덕이 미덕으로 무장되어 있으며, 명예를 견지하는 노인을 흥분시키기 위해 정욕은 지극히 엄격한 사람이나 하는 말들을 늘어놓는다. 그것은 새로운 상황 아래 제시된 인간의 마음이며, 이 점에 진정한 극적 재능이 있는 것이다. 노인은 단도를 손에 쥐는데, 공작을 암살하지 못하고 자기 딸을 죽이는 데 그것을 사용한다. 오르시나는 의도하지는 않았지만, 이 무서운 행위의 장본인이다. 그녀는 자신의 한순간의 격노를 영혼 깊이 파고들게 했고, 그녀의 사악한 사랑에 대한 무분별한 불평은 무고한 피를 흐르게 만들었다.

레싱 작품의 주요 등장인물에는 뭔가 가정적 분위기가 흐르는 것이 눈에 띄는데, 그 인물들을 통해 레싱은 자기 자신을 그려내고 있는 것 같다. 《민나》의 텔하임 소령, 에밀리의 아버지 오도아르드, 《나탄》의 성당기사, 이 세 사람 모두 염세적 기미를 지닌 자존심을 갖고 있다.

레싱의 작품 중에서도 가장 아름다운 것은 《현자 나탄》[71]이다. 이만큼 자연스럽고 고매하게 종교적 관용이 줄거리가 된 작품은 없었다. 주인공은 터키인과 성당기사와 유대인 세 사람으로, 최초의 착상은 보카치오의 세 개의 반지에 대한 이야기[72]부터 시작되었지만, 배치는

71) 1779년의 작품으로 레싱은 이 작품 안에서 자기의 신념을 형상화했다.

완전히 레싱의 독자적인 것이다. 터키인은 술탄 살라딘으로, 위엄이 넘치는 인물로 묘사되어 있다. 젊은 성당기사는 굳건한 신념을 가지고 자신의 종교적 의무를 지킨다. 유대인 나탄은 상인이며 대부호가 된 노인인데, 지식과 자비로운 마음을 지닌 느긋한 인물이다. 그는 어떤 종교라도 마음으로부터 우러나오는 신앙심을 이해하며, 덕이 높은 사람들의 마음 안에서 신을 만난다. 그 성격은 놀라울 정도로 솔직하다. 정념이나 힘든 상황에 휘둘리는 것도 아닌데, 이 인물에게는 감동을 주는 힘이 있다는 점이 놀랍다. 그런데 한번은 그가 아버지의 역할을 하면서 태어날 때부터 알뜰히 보살피며 기른 젊은 딸을 누군가가 나탄의 손에서 빼앗아가려는 일이 일어난다. 이별의 고통은 견디기 힘들다. 그에게서 딸을 강탈하는 부당한 처사에서 벗어나기 위해, 그는 딸이 어떻게 자신에게 오게 되었는지 말해준다.

그리스도교 신자들이 가자지구에 있는 유대인을 모두 죽여버린 일이 있었는데, 바로 그날 밤 나탄은 아내와 일곱 명의 아이들이 죽는 것을 목격했다. 나탄은 꼬박 사흘 동안 가족이 화형당한 곳에서 무릎 꿇고, 아무리 미워해도 끝나지 않을 증오로 그리스도교인들을 저주했다. 조금씩 이성을 되찾은 그는, "그래도 하느님은 계시며, 그분의 뜻은 이루어지신다!"고 외쳤다. 그때 성직자 한 명이 그에게 다가와, 그리스도교 신자이며 고아인 갓난아기 하나를 그에게 맡겼다. 유대인 노인은 그 아이를 양녀로 삼았다. 나탄은 기분을 억제하고, 노인답게 자신의 감정에서 진노를 감추려 하기 때문에, 말할 때 그가 주는 감동은 듣는 이의 마음을 더욱 움직인다. 딸 레히야를 유대교도로 길러냈다고 책망받고, 신앙과 자부심 모두에 상처를 입어도, 그의 숭고한 인내심은 흔들리지 않는다. 변명하는 것은 오직 양녀를 더욱 행복하게 할 권리를 획득하기 위해서일 뿐이다.

---

72) Giovanni Boccaccio (1313~1375)의 《데카메론》(*Decamerone*) (1348~1353) 안에 있는 하나의 삽화. 《현자 나탄》에서는 제3막 제7장에서 나탄이 살라딘에게 이야기한다.

희곡 《현자 나탄》은 상황보다는 성격묘사에 그 매력이 있다. 성당기사의 마음에는 정에 얽매이는 것을 두려워하기 때문에 오는 뭔가 완강한 부분이 있다. 살라딘의 동양적 낭비벽은 나탄의 관대한 경제관념과 대조적이다. 술탄의 재무관인 엄격한 이슬람교 노승이 살라딘에게, 그의 자선으로 말미암아 재산이 바닥을 보이려고 한다고 진언한다. 그러자 그는 이렇게 말한다.

> 선물을 절약해야 하다니, 그것참 걱정이로군. 나는 옷 한 벌, 검 한 자루, 그리고 단 하나의 신, 그렇게만 있다면 충분해.

나탄은 누구에게나 우호적이다. 그러나 사람들이 싫어하는 유대인이라는 이름을 달고 세상에서 살지 않으면 안 되었기에, 호의를 표현하는 데에도 인간성에 대한 일종의 경멸이 섞여 있다. 각 장면마다 이런 여러 인물의 전개에 신랄하고 재치 있는 특징이 덧붙여진다. 그러나 인물 사이의 전체 연결은 강한 감동을 일으킬 만큼 생생하지 않다.

성당기사와 유대인의 양녀는 오누이지간이며, 술탄이 그들의 큰아버지였다는 사실이 마지막 장면에서 밝혀진다. 작자의 의도는 명확히, 이 희곡 안의 한 가족에 의해 더욱 넓혀지는 종교적 화합을 예시하는 데 있었다. 작품 전체가 철학적 목표를 지향하면, 극적 흥미가 떨어진다. 그 사상이 아무리 멋진 것이라도 하나의 일반적 사상을 전개하는 것을 목표로 하는 희곡에는, 어떤 종류의 차가움이 있을 수밖에 없다. 훈화와 마찬가지로 등장인물은 자신을 위해 존재하는 것이 아니라, 계몽의 진보를 위해 존재한다고도 말할 수 있다. 어떤 작품도, 설령 실제로 일어난 일이라도, 거기서 하나의 사상을 이끌어낼 수 없는 것은 없다. 그러나 사건이 심사숙고를 유도하는 것이지, 심사숙고가 사건을 만들어서는 안 된다. 예술에서는 항상 상상력이 선행되어야 한다.

레싱 이후에 독일에서는 수많은 시민극이 출현했다. 이제는 지겨워질 정도다. 시민극이라는 혼합 장르[73]가 나오게 된 이유는 비극의 구속 외에는 별로 없다. 그것은 예술에 몰래 수입된 밀수품 같은 것이다. 만약에 완전한 자유가 허용된다면, 단순하고 자연스러운 상황을 그리기 위해서 시민극을 수단으로 삼을 필요성을 느끼지 않게 될 것이다. 시민극이 가질 수 있는 이점은 단 하나, 소설에서와 같이 우리의 생활환경과 우리가 사는 시대의 풍속을 그리는 것뿐이다. 그럼에도 불구하고 들어본 적도 없는 이름만 극장에서 듣게 된다면, 비극을 보는 커다란 즐거움 중 하나인 역사를 무대 위에서 되짚어가는 즐거움을 잃는다. 시민극은 우리가 매일 보는 것을 우리에게 보여주므로 그만큼 흥미가 더 있을 것이라고 생각되지만, 사람들이 예술에서 찾는 것은 실제에 너무 밀착된 모방은 아니다. 비극에 대한 시민극은 조각품에 대한 밀랍인형과 같다. 넘쳐날 정도의 진실은 있지만, 이상이 부족하다. 예술이라기엔 지나치고, 자연으로 보기엔 충분치 않은 것이다.

레싱을 일류 극작가로 볼 수는 없다. 그는 너무 많은 것에 관여하는 바람에, 어떤 장르에서도 위대한 하나의 재능을 지닐 수 없었다. 정신은 보편적인 것이다. 그러나 타고난 예술적 적성은 반드시 하나의 장르에 한정된다. 레싱은 무엇보다도 매우 힘 있는 변증법론자였으며, 그것은 극적 웅변에서 장애물이었다. 왜냐하면 감정은 변화, 점증, 동기 같은 것들을 받아들이지 않는다. 그것은 자신을 설명할 수 없는, 계속적이고 자발적인 영감이다. 레싱은 아마도 철학의 무미건조함과는 거리가 멀었던 것 같다. 그러나 그의 성격은 감수성보다는 활기가 있는 편이었다. 인생의 대부분을 추론에 쓴 사람은, 천재적 극작가처럼 변덕스럽고 음침하며 예측이 불가능한 사람이 될 수 없다.

---

73) 비극의 주인공은 귀족이어야 하며, 서민은 희극의 주인공밖에 될 수 없다는 전통적 비극과 희극 장르의 구분을 넘어선, 새로운 경향의 연극작품. 독일에는 1740년대의 겔라트(Christian Fürchtegott Gellert, 1715~1769)에 의한 일련의 '감동희극'의 계보를 잇는 것과, 레싱이 1755년에 '시민비극'이라는 부제를 달아 발표한 《미스 사라 샘슨》(*Miss Sara Samoson*) (1755)에서 출발하는 새로운 유형의 비극이 있다.

실러의 《군도》와 《돈 카를로스》

청소년기의 실러[74]는 자신의 재능에 대한 기쁨과 사상에 대한 일종의 도취감을 갖고 있었는데, 그것이 나쁜 결과를 낳았다. 《피에스코의 반란》,[75] 《간계와 사랑》,[76] 그리고 《군도(群盜)》는 프랑스 극장에서 상연되었지만, 예술적으로도 도덕적으로도 비난의 여지가 있는 작품이다. 그러나 25세 이후의 실러의 작품은 모두 순수하며 엄격하다. 인생경험을 쌓으면 경솔한 인간은 타락하고, 생각이 깊은 사람은 온숙해진다.

《군도》는 프랑스어로 번역되었는데, 이상하게 변질되었다.[77] 우선 이 연극에 역사적 흥미를 더하는 시대상황을 이용하지 않았다. 이 희곡은 15세기, 신성로마제국에 모든 개별적 결투를 금지하는 영구평화 칙령이 공포된 시대를 무대로 한다. 이 칙령은 독일의 평화를 위해서는 매우 바람직한 것이었지만, 위험 가운데에서 각자 자신의 힘에 의

---

74) Friedrich von Schiller(1759~1805). 그리스도교 신앙이 두터운 부모 밑에서 자라 어려서부터 성직자가 될 것을 꿈꾸었으나, 사관학교에 입학하게 되어 법학과 의학을 공부한 후, 1780년 12월 "인간의 동물적 본성과 정신적 본성과의 연관에 관하여"라는 제목의 졸업논문으로 졸업하고, 즉시 연대의 의무관에 임명되었다. 이미 사관학교 재학 중에 몰래 들여온 문학작품들, 특히 괴테의 《젊은 베르테르의 슬픔》과 셰익스피어의 《오셀로》에 자극되어 희극을 습작하고 있던 실러는, 이 무렵에 격렬한 자아의 주장과 깊은 종교감정이 뒤얽힌 처녀작 《군도》를 거의 완성했다. 1781년 초여름에 이것을 자비 출판했고, 이듬해 1월에는 만하임 국민극장에서 초연되어 호평받았다. 그러나 이것을 중상하는 자가 있어 영주의 노여움을 사게 되었고, 1782년 9월 망명, 그 후 1년 동안 어려움을 겪는다.

75) 1783년의 작품으로 정치적 야심가와 공화제의 비극을 그린 것이다.

76) 1784년에 완성된 작품으로 궁정에서의 전제왕후의 부패를 그린 시민극이다.

77) 《군도》(*Die Räuber*) (1781)의 초판본을 보면 무대가 '현대의 독일'로 되어 있는데, 정치적 이유에서 상연본에서는 중세의 끝 무렵으로 변경되었다. 프랑스에선 라마르테이에르 부인(Madame Lamartellière)이 번안하여 마레(Marais)의 극장에서 1793년에 상연되어 대성공을 거두었다.

존하는 데 익숙해진 젊은 귀족들은 자신이 법의 지배에 굴복해야 하는 것을 부끄러운 무위의 생활 속에 빠지는 것처럼 생각했다. 이런 사고방식처럼 터무니없는 것도 없다. 그러나 대개 인간은 오직 관습에 의해 지배당할 뿐이므로, 최선의 것이라도 변경되었다는 이유만으로 반항하는 것은 당연하다.

실러의 《군도》의 수장은 현대를 사는 우리 눈에 비치는 것만큼 가증스러운 존재는 아니다. 왜냐하면 그가 살아간 시대의 봉건적 무정부 상태와 강도라는 삶의 방식 사이에 별 큰 차이가 없었기 때문이다. 그러나 작가가 그에게 부여하는 구실 자체가 작품을 더욱 위태롭게 한다. 그것이 독일에 나쁜 영향을 끼쳤다는 사실은 인정해야 한다. 군도 수장의 성격과 생활에 열광한 젊은이들이 그를 흉내내려고 했다. 그들은 자유에 대한 사랑이라는 이름 아래 자신들의 방종한 생활에 대한 기호를 자랑스럽게 여기고, 자신의 개인적 처지에 질려 있을 뿐인데도 사회질서의 악폐에 분노하는 것이라고 스스로 믿었다. 그들의 반란 시도는 우스울 뿐이다. 그러나 비극과 소설은 다른 어떤 나라보다도 독일에서 훨씬 중요한 의미를 지닌다. 사람들은 거기에 그려진 모든 것을 진지하게 받아들이고, 그들이 읽고 본 작품과 연극이 인생에 운명적 영향을 미친다. 예술로서 찬탄하는 것을 현실생활에 도입하고 싶어 한다. 베르테르는 절세미녀보다도 더 많이 자살의 원인이 되었다. 시와 철학, 곧 이상(理想)은 자연과 정열마저 능가할 정도의 지배력을 독일인에게 행사하는 경우가 가끔 있다.

《군도》의 주제는, 많은 작품에서 자주 보이듯 방탕한 아들의 우화이다. 위선적인 아들은 표면상으로는 좋은 행동을 한다. 죄를 짓는 아들은 잘못은 있지만, 너그러운 감정의 소유자이다. 이 대비는 종교적 견지에서 보면 매우 아름답다. 왜냐하면 신이 인간의 마음을 꿰뚫어보고 있다는 증거이기 때문이다. 그러나 부모의 집을 떠난 아들에게 과도한 흥미를 불러일으키려고 하면, 이 대비는 큰 지장을 초래한다. 나쁜 생각을 하는 젊은이는 모두 선량한 마음을 지녔다는 결론이 된다.

자신에게 여러 가지 결점이 있으므로 자신이 훌륭하다고 생각하는 것만큼 상식 밖의 일은 없다. 이 부정적 보증에는 거의 확실성이 없다. 왜냐하면 이성이 부족하다고 해서 반드시 감수성이 있다는 법은 없기 때문이다. 종종 광기는 과격한 이기주의일 뿐이다.

실러가 묘사한 위선적 아들 역할은 너무도 가증스럽다. 인물을 지나치게 거친 특징으로 그리는 것은 매우 젊은 작가가 지니는 결점 중 하나이다. 그림을 보면 겹이 많은 성격을 나타내는 뉘앙스를 감지할 수 있는데, 그것은 화가가 성숙한 재능을 지녔음을 보여주는 것이다. 실러의 작품 중 단역인물에 대한 묘사에는 충분한 사실성이 없지만, 군도 수장의 정열 묘사는 훌륭하다. 이 성격의 에너지는 차차 의심, 종교심, 사랑, 난폭함인 것으로 밝혀진다. 이 에너지는 질서 안에 몸을 두는 방법을 찾지 못하고, 죄를 통해 표면에 나타난다. 그에게 삶이란 일종의 정신착란 같은 것으로서, 어떤 때는 때로는 분노로, 때로는 후회로 흥분한다.

군도 수장과 약혼자 아가씨의 사랑의 장면은 놀랍도록 열광적이며 감성적이다. 완벽한 미덕을 지닌 이 여성이 놓인 처지만큼 감동적인 것은 없을 것이다. 그녀는 죄인이 된 후로는 관계를 끊은 예전 연인의 마음을 항상 신경 쓴다. 사랑하는 남자에게 품었던 존경은 일종의 공포와 연민으로 바뀐다. 불행한 여자는 이 세상에서 행복한 배우자는 될 수 없지만, 적어도 천국에서는 죄인이 된 연인의 수호천사가 될 수 있을 것이라고 위안을 하는 듯하다.

실러의 희곡은 프랑스어 번역으로 평가될 수 없다. 번역본에는 말하자면 행동만 있는 무언극만 남고, 독창적 성격은 사라져버렸다. 그런데 그것만이 픽션에 생명을 가져다줄 수 있는 것이다. 감정이나 정열의 생생한 묘사가 없으면, 가장 아름다운 비극도 멜로드라마가 된다. 관객과 등장인물을 연결짓기 위해서는, 사건만으로는 불충분하다. 작가가 등장인물에 대한 공감을 이끌어내지 못한다면, 그들이 서로 사랑하건 서로 죽이건, 우리가 알 바 아니다.

《돈 카를로스》[78] 도 실러의 청년기 작품인데, 최고급 작품으로 간주된다. 이것의 주제는 역사가 제공할 수 있는 소재 중에서도 가장 드라마틱한 것이다.[79] 앙리 2세의 젊은 공주가 프랑스와 부왕의 화려하면서도 기사도적인 궁정을 떠나, 매우 어둡고 엄격한 늙은 폭군과 결혼한다. 이 폭군의 통치에 의해 스페인 국민은 그 성격까지 바뀌고, 긴 세월 동안 국민은 그 주인의 흔적을 지니게 되었다. 처음에 엘리자베스와 약혼했던 돈 카를로스는, 그녀가 의붓어머니가 된 후에도 계속 그녀를 사모한다. 종교개혁이나 네덜란드의 반란 등 정치적인 큰 사건들이 아들에 대한 아버지의 단죄라는 비극적 파국과 섞여 있다. 이 비극에는 사적 이해와 공적 이해가 최고도로 결합되어 있다.

프랑스에서 몇몇 작가가 이 주제를 다뤘으나, 앙시앵 레짐 밑에서는 극장에서 상연할 수 없었다. 이러한 스페인의 역사적 사실을 상연하는 것은 이 나라에 대한 배려가 결여된 것이라고 믿었다.[80] 《돈 카를로스》의 비극이 완성되어 작가는 커다란 영광을 기대하고 있었다. 완고한 성격과 편협한 정신을 증명하는 많은 특징으로 유명한 스페인 대사 아란다 씨에게 이 작품의 상연을 허가해줄 것을 요구하자, 대사는 대답했다.

---

78) 1787년 완성된 이 작품은 그때까지의 거칠고 파괴적이었던 격렬한 산문작품 대신 운문으로 쓰였다. 실러가 슈투룸 운트 드랑에서 결별하여 고전주의적 문학양식으로 나아가려 함을 단적으로 나타내는 작품이다.

79) 스페인 왕 펠리페 2세의 장남 카를로스 왕자(1545~1568)의 불행한 생애와 수수께끼에 휩싸인 죽음은 예로부터 반스페인 캠페인의 주제가 되었다. 돈 카를로스는 프로테스탄트나 플랑드르의 독립파 등 펠리페의 적대세력의 음모에 휘말렸다고 생각된다. 그는 1568년 아버지의 명령으로 방에 감금되어 6개월 후에 죽었다. 프랑스에서는 시인이자 극작가인 장 갈베르 드 캉피스트롱(Jean Galbert de Campistron, 1656~1723)이 1685년에 《앙드로니크》(*Andronic*)라는 제목의 희곡으로 성공을 거두었다. '돈 카를로스'라는 본명으로는 무대에 올릴 수 없었다.

80) 이 이야기는 마리 조세프 셰니에의 비극 《스페인 왕자 돈 카를로스》가 작가의 생전에 인쇄도, 상연도 불가능했음을 암시한다.

―다른 주제를 쓸 수는 없습니까?
―대사 각하, 작품은 완성된 상태이고, 작가는 3년이라는 세월을 바쳤다는 점을 참작해주십시오.
―그렇지만, 대체 역사에 이런 사건밖에 없는 것입니까? 다른 것을 골라줬으면 합니다.

강한 의지로 뒷받침된 정교한 논리에서 결코 그를 빠져나오게 할 수 없었다.

역사적 주제는 재능을 발휘하는 방법에 있어서 창작한 주제와는 사뭇 다르다. 그러나 아마도 비극 안에 역사를 재현하는 것이 자기 멋대로 장면이나 인물을 만들어내는 것보다 훨씬 더 상상력을 필요로 할 것이다. 무대에 올리기 위해 사실을 근본적으로 비틀어버리면 분명히 유쾌하지 못한 인상을 주게 마련이다. 관객은 진실을 보기 기대하는데, 작가가 진실 대신 자기 마음에 드는 허구를 집어넣으면 불쾌한 심정으로 놀라게 된다. 하지만 역사가 극장에서 성공하기 위해서는 예술적 구성이 필요하다. 비극에서는 진실을 그리는 재능과 그것을 시적으로 만드는 재능 모두를 동시에 결합해야 한다. 극예술이 창작이라는 넓은 벌판을 내달릴 때는 또 다른 여러 가지 난제가 튀어나온다. 더 자유로운지는 모르겠지만, 이미 잘 알려진 이름과 비슷한 정도의 비중을 미지의 인물이 지닐 수 있도록 성격을 만드는 것보다 더 어려운 일은 없다. 리어왕, 오셀로, 오로스만,[81] 탕클레드는 생을 향유하지 않고도 셰익스피어와 볼테르로부터 불멸의 목숨을 받았다. 그럼에도 창작한 주제는 바로 어떤 것에도 의존하지 않는다는 점 때문에 대개 시인에게 암초가 된다. 역사적 주제는 답답해 보인다. 그러나 어떤 종류의 제한이 만들어내는 근거, 그 제한이 보여주는 절차와 허용하는 기세를 잘 포착하면 이 제한 자체가 재능에 유리한 것이 된다. 성실한 시는 마치 햇빛이 색을 보여주는 것과 마찬가지로 진실을 보여준다.

81) 볼테르의 《자이르》의 주인공. 질투심이 많다는 점에서 오셀로와 비교된다.

그리고 암흑에 의해 빼앗겼던 빛을 시가 재현하는 사건에 되돌려준다.

독일에서는 과거의 예언자[82]와 같은 기술이 나타나는 경우에 역사 비극 쪽을 선호한다. 이러한 작품을 창작하려고 하는 작자는 그가 그리는 인물의 시대와 풍속 안에 완전히 몰입해야 한다. 또 시간적 시대착오보다는, 감정·사고 면에서의 시대착오가 더 엄격하게 비판받는 것은 당연한 일이다.

이상의 이론에 기초하여, 자유주의자이며 종교의 자유를 신봉했고 당시 유럽에서 분출되기 시작한 온갖 새로운 사상에 열중했던 스페인 귀족 포사 후작의 성격을 고안해낸 실러를 비판한 사람이 몇 명 있었다. 나는 실러가 포사 후작을 통해 자신의 개인적 의견을 개진한 점에 대해서는 실러가 비난받아 마땅하지만, 흔히 사람들이 말하듯이, 작가가 포사에게 18세기의 철학을 부여했다고 생각하지 않는다. 실러가 묘사한 포사 후작은 독일적 광신자이다. 이런 성격은 현대에 엄청 이상한 것이므로, 이 사람이 지금 시대의 사람이 아닌 16세기의 사람이라고 쉽게 믿게 된다. 아마도 가장 큰 실수는 펠리페 2세가 그런 남자의 말에 오랫동안 흔쾌히 귀를 기울일 수 있었다고 상정한 것이며, 또한 한순간일망정 그를 신뢰하기도 했다고 가정한 것일 것이다. 포사가 펠리페 2세에 대해 다음과 같이 말한 것도 그렇다고 할 수 있다.

> 폐하의 마음을 뜨겁게 해드리기 위해 제가 어떤 노력을 해도 아무런 도움이 되지 않겠지요. 제 사상의 장미는 폐하의 식은 대지 위에서는 피어나지 않습니다.

펠리페 2세는 포사 후작과 같은 젊은이와 대화를 나눈 적이 한 번도 없다. 카를 5세의 늙은 아들의 눈에는 젊음과 열광이 자연의 실수와 종교개혁의 범죄로만 보일 뿐이다. 만약 그가 너그러운 마음을 가진 사람과 한 번이라도 속내를 털어놓는 일이 있었다면, 그는 자신의 성

82) 〔원주〕 위대한 역사가의 투시력에 대한 프리드리히 슐레겔의 표현.

격과는 모순되는 일을 해서 후세의 사람들에게도 용서받을 수 있었을 것이다.

모든 인간에게, 심지어 폭군에게도 모순은 있다. 그러나 모순은 그의 본성과 보이지 않는 실로 연결되어 있다. 실러의 희곡에서는, 그러한 모순 중 하나가 특별히 잘 파악된다. 무적함대 아르마다의 지휘를 맡고 있던 늙은 장군 메디나·시도니아 공작[83]은, 영국 함대와 태풍 때문에 패주했다가 돌아온다. 모든 사람들은 그가 펠리페 2세의 분노 때문에 처형당할 것이라고 믿는다. 궁정인들은 그를 피하고, 어느 누구도 감히 그에게 다가가지 못한다. 그는 펠리페 2세 앞에 꿇어앉아 이렇게 말한다.

> 폐하, 내려주신 함대와 폐하의 용감한 군대에서 이 몸뚱이만을 가지고 돌아왔습니다.

펠리페 2세는 대답한다.

> 신도 보고 계실 것이다. 나는 그대를 인간을 쳐부수라고 보냈지, 태풍을 상대로 보내지는 않았다. 자네가 신하로서의 직책을 더럽히지 않은 것에 감사한다.

이상의 관대함은, 그렇지만, 어디에서 오는 것일까? 그것은 자연이 장군을 늙게 만든 것을 보고 놀란 제왕의 마음속에 일어난 노령(老齡)에 대한 일종의 경의에서 유래한다. 또한 펠리페의 오만함에서도 유래한다. 그는 선택을 잘못했음을 자신의 탓으로 돌리면서도, 실책의 책임이 자신에게 있다는 것을 인정할 수 없다. 또 관대함도 있다. 그는

83) 스페인의 무적함대 아르마다의 사령관. 펠리페 2세는 엘리자베스 여왕이 구교 측의 메리 스튜어트를 처형한 것을 빌미로, 영국 제압을 위해 메디나·시도니아 공작을 파견했다. 영국해군에게 패한 것은 1588년이지만, 실러는 이 사건을 약 2년 앞당겼다.

자신의 자부심 이외의 모든 자부심을 하나의 굴레 안에 복종시키고 싶어하지만, 운명에 의해 고개를 떨군 남자를 보자 용서해주고 싶어진 것이다. 게다가 전제군주의 성격 자체에서도 유래한다. 그는 자연의 장애에 대해, 지극히 허약한 의지가 하는 반항보다도 덜 저항한다. 이 장면은 펠리페 2세의 성격 깊은 곳에 빛을 던지고 있다.

포사 후작은 확실히, 젊은 시인이 자기가 좋아하는 인물에게 자신의 마음을 주고 싶은 필요성에 의해 만든 인물로 간주될 수 있다. 그러나 침묵과 공포가 넘쳐흐르고, 그것을 어지럽히는 것은 지하로부터 들려오는 음모의 목소리뿐인 궁정 안에서 이 순수한, 고양된 성격의 존재는 그 자체로 아름답다. 돈 카를로스는 위대한 인물이 될 수 없다. 아버지가 유아기부터 억압했음이 분명하다. 포사 후작은 펠리페 2세와 아들 사이에 필요한 중개자이다. 돈 카를로스는 가슴에 많은 열광을 갖고 있으며, 포사는 공적 미덕을 지녔다. 한쪽은 왕이 되기로 되어 있었고, 다른 한쪽은 그 친구가 되기로 되어 있었다. 양쪽의 성격을 서로 바꾸는 것은 창의적인 생각이다. 음울하고 잔혹한 전제군주의 아들이 시민의 영웅이었을 가능성이 있을까? 그가 사람들을 존중하는 법을 어디에서 배웠겠는가? 사람들을 경멸하는 아버지에게, 혹은 그 경멸을 받아 마땅한 아버지의 궁정인에게 배웠을 것이다. 돈 카를로스가 너그러워지려면 약해져야 한다. 또한 그의 사랑이 인생에서 차지하는 장소 자체가 그의 마음에서 정치적 사고를 모두 내쫓는다. 반복해서 말하지만, 작품 안에서 국가의 중대 관심사와 시대의 지성에 의해 돌연 자유에 대한 사랑으로 변신한 저 기사도적인 힘을 표현하기 위해서 포사 후작이라는 인물의 발상이 필요하다고 나는 생각한다. 이들 감정을 어떻게 수정했다고 해도, 왕자에게는 걸맞지 않다. 이들 감정은 왕자에게 부여되면서 관대함을 빼앗는다. 자유는 권력의 선물로 표현되면 안 된다.

펠리페 2세 궁정의 의식적 장중함의 특징은, 엘리자베스가 시녀들과 함께 있는 장면에서 매우 인상적으로 그려져 있다. 그녀는 시녀 중한 명에게, 아랑페스와 마드리드 중 어느 곳에 머무는 것이 좋으냐고 묻는다. 그 시녀는 스페인의 왕비는 아주 오랜 옛적부터 세 달은 마드리드에서, 또 다른 세 달은 아랑페스에서 보내는 것이 관습이라고 대답한다. 그녀는 이중 어느 곳에 대해서도 자신의 의견을 조금도 내색하지 않는다. 자신은 명령받은 것 이외에는, 어떤 분야에 대해서도 아무것도 느껴서는 안 되는 입장이라고 생각한다. 엘리자베스는 딸을 데려오고 싶다고 말한다. 그러나 그녀가 딸과 만나는 시간은 아직 오지 않았다는 말을 듣는다. 마지막에 왕이 나타나, 이토록 인종(忍從)을 보이는 이 시녀에게 30분간 왕비를 혼자 두었다는 혐의로 10년간의 추방을 명령한다.

펠리페 2세는 한순간 돈 카를로스와 화해하고, 상냥한 말로 아버지의 지배권을 되찾는다. 돈 카를로스는 그에게 "아버지와 아들이 화해하는 자리에 함께하기 위해 하늘이 내려오십니다"라고 말한다.

포사 후작이 펠리페 2세의 복수를 면하려는 희망을 단념하고, 엘리자베스에게 스페인 민중의 명예와 행복을 위해 함께 세운 계획을 돈 카를로스가 실행해줄 것을 청해달라고 애원하는 부분은 아름다운 순간이다.

> 아무쪼록 전하께, 후일 나이가 드셔서도 청춘의 꿈을 섬기는 마음을 버리시지 않도록, 말씀드려 주십시오.

실제로, 사람은 나이를 먹으면 진중함이 다른 모든 미덕을 부당하게 눌러버린다. 마음을 불태우며 하는 일은 모두 바보스러운 짓이라는 말을 들을지도 모르겠지만, 경험을 쌓아도 그 열기를 간직할 수 있고 또 시간의 무거움에 굴하지 않고 시간에서 부를 이어받으려는 인물은 고양된 미덕, 곧 항상 가장 먼저 자기희생을 권유하는 미덕을 모독하는 일은 결코 없을 것이다.

상황은 복잡하게 꼬여, 포사 후작은 아버지의 격노의 희생양이 돈 카를로스처럼 보이게 함으로써, 펠리페 2세와의 관계에서 돈 카를로스를 이용하려고 생각한다. 그러나 이 계획은 성공하지 못한다. 왕자는 투옥되었다. 포사는 옥중의 왕자를 면회하여, 자신의 행동의 동기를 설명한다. 그가 변명하고 있는 중에 펠리페 2세가 보낸 첩자인 자객이 쏜 탄환에 맞아, 포사 후작은 친구의 발치에 쓰러진다. 돈 카를로스의 고통은 감동적이다. 마치 살인자가 자신의 희생양에게 목숨을 돌려줄 힘을 여전히 갖고 있다는 것처럼, 그는 아버지에게 옛 친구를 돌려달라고 요구한다. 돈 카를로스는 일찍이 그렇게 많은 생각에 약동하고 있었지만 지금은 뻣뻣하게 굳어버린 육체에 시선을 고정하며, 자신도 죽을 몸이라는 것을 상기하면서 친구의 모습에서 죽음에 관한 모든 것을 배운다.

이 비극에는 성격도, 삶의 방식도 대조적인 승려 두 사람이 등장한다. 한 사람은 왕의 고해신부인 도밍고이고, 또 한 사람은 마드리드 성문 근처의 고적한 수도원에 틀어박혀 있는 승려이다. 도밍고는 알바 공작의 친구이자 책략가, 배신자 궁정인에 지나지 않는다. 알바 공의 성격이 펠리페 2세 곁에서 별로 두드러지지 않는 것이 당연한 이유는, 펠리페 2세가 무서운 인물의 모든 특징을 한 몸에 지니고 있기 때문이다. 고독한 승려는 돈 카를로스와 포사 후작을 영문도 모른 채 수도원으로 맞아들인다. 그 두 사람은 매우 괴로운 번민 속에서 살다가 이 수도원에서 만나게 된다. 그들을 맞는 수도원장의 침착함과 인종은 감동적으로 표현되어 있다. "이 수도원 벽에서 속세는 끝납니다"라고 고독한 수도원장은 말한다.

그러나 작품 전체로 보면 제5막의 결말 직전 장면에 가장 독창성이 있다. 등장인물은 왕과 종교재판장 두 사람이다. 자신의 아들에 대한 질투로 가득 찬 미움과 지금부터 저지르려 하는 죄에 대한 두려움에 사로잡힌 펠리페는, 그의 침대 발치에서 조용히 잠들어 있는 시동들이 부럽다. 그에 반해 자기 마음속의 지옥은 자신에게서 모든 휴식을 빼앗아버렸다. 그는 돈 카를로스에 대한 죄의 선고를 상담하기 위해 종교재판장을 찾는다. 이 추기경은 90세이다. 그는 카를 5세의 가정교사였으므로, 카를 5세가 살아있었다고 하더라도 그 나이는 아직 되지 않았을 것이다. 그의 눈은 보이지 않고, 절대적 고독 속에 살고 있다. 종교재판소의 첩자들만이 그에게 와서 세상에서 일어나고 있는 일들을 알려준다. 그는 단지 죄와 과오, 또 벌받아야 할 사상이 있는지 물어본다. 그의 눈에 60세의 펠리페 2세는 아직 애송이일 뿐이다. 가장 음울하고 가장 신중한 전제군주도 그에게는 다행스럽게 유럽에 종교개혁을 불러일으키고 있는 경솔한 군주로 보인다. 그는 성실한 인간이다. 그러나 시간이 너무나 풍화시켜 버려서, 이미 오래전에 무덤에 들어가 있다고 착각한 사신이 건드리는 것을 잊어버린 산송장같이 보인다.

그는 포사 후작의 죽음에 대해 펠리페 2세에게 질문한다. 그리고 포사를 죽인 것에 대해 펠리페 2세를 비난하지만, 그 이유는 종교재판소가 그를 죽여야 했기 때문이다. 그가 희생자의 죽음을 아쉬워하는 것도, 그를 산 제물로 바칠 권리를 빼앗겼기 때문이다. 펠리페 2세는 아들의 사형선고에 대해 상담한다.

안심하고 아들을 죽일 수 있는 새로운 신앙을 만들어주지 않겠는가?

그가 재판장에게 말하자, 재판장은 대답한다.

영원의 정의를 이루기 위해서, 신의 아들도 십자가에 매달리셨죠.

도대체 무슨 말인가! 가장 감동적인 가르침에 대한, 말도 안 되는 피비린내 나는 해석 아닌가!

이 앞 못 보는 노인은 한 세기 전체를 구현하고 있다. 이 세대의 종교재판과 광신의 뿌리깊은 공포는 스페인 전역에 걸쳐 있었을 것이다. 이 간결하고 빨리 진행되는 장면에 의해 모든 것이 묘사되어 있다. 어떤 웅변술도 이만큼 많은 사상을 이렇게 솜씨 좋게 구체적으로 표현할 수 없다.

《돈 카를로스》 안에서 결점을 많이 지적할 수 있다는 것을 나는 안다. 그러나 많은 경쟁자가 있는 이 일에 나는 끼어들지 않겠다.[84] 아무리 평범한 문학자라도 셰익스피어, 실러, 괴테와 같은 작가의 취향에서 단점을 발견할 수 있다. 예술작품에서 결점을 없애는 것만이 문제라면, 그것은 어렵지 않다. 영혼과 재능을 부여하는 것이야말로 어떤 비평가도 할 수 없는 일이다. 이들 하늘로부터의 빛은, 어떤 구름에 가려져 있더라도, 발견하는 대로 소중히 다루지 않으면 안 된다. 우리는 천재의 실수를 기뻐하기는커녕, 그러한 결점이 인류의 유산, 인류가 자랑스러워하는 영광스러운 칭호의 가치를 떨어뜨렸다고 느낀다. 스턴이 그토록 우아하게 그려낸 수호신이 멋진 인생 가운데 실수의 기억을 지우기 위해 그렇게 했듯이, 아름다운 작품의 결점 위에 눈물 한 방울을 떨굴 수는 없을 것인가?

실러의 청년기 작품에 대해서는 이쯤에서 그치도록 하겠다. 그 이유는 우선, 이것들이 프랑스어로 번역되어 있기 때문이며, 두 번째로, 중년기의 비극에서는 그토록 당연히 평가받는 역사에 관한 천재성이 아직 청년기의 작품에는 나타나지 않기 때문이다. 《돈 카를로스》도 비록 소재는 역사적 사실에서 가져왔다고 하지만 거의 창작된 작품이다. 줄거리는 지나치게 뒤얽혀 있다. 순수하게 가공의 인물인 포사 후작의 역할이 지나치게 크다. 이 비극은 역사와 시의 중간적 존재로, 그 어느 쪽도 완전하게 만족시키고 있지 않다고 말할 수 있다. 이제부터 살펴보려는 작품은 분명히 이렇지 않다.

---

84) 라마르테이에르 부인(Madame Lamartellière)이 쓴 기사를 암시한다. 그녀는 실러의 연극에 적의를 지니고 있는데, 《피에스코의 반란》과 《돈 카를로스》를 특히 비판했다.

《 발렌슈타인 》* 과 《 마리아 스튜아르트 》**

독일 극장에서 상연된 적이 있는 비극 중에서 《발렌슈타인》은 가장 국민적인 것이다. 초연이 공연된 바이마르의 전 관객은 시구의 아름다움과 주제의 거대함에 매료되어, 독일에도 셰익스피어가 있다고 자랑스러워했다. 그 이전에는 프랑스적 취향을 좋게 보지 않으면서 연극이론에서는 디드로와 한패가 되었던 레싱이 운문연극을 배제해버려서 극장에서는 대화체의 소설밖에 볼 수 없게 되었고, 무대는 일상생활의 연장선상에 있었으며, 그것도 현실에서는 그렇게 잘 일어날 것 같지 않은 사건들이 더 자주 무대 위에 올려질 뿐이었다.

실러는 30년전쟁이라는, 독일에서 구교와 신교 양 진영의 힘의 균형을 100년 이상에 걸쳐 고정시킨 시민적 종교전쟁 중의 유명한 실화를 무대에 올리려고 마음먹고 있었다. 독일 국민은 완전히 분할되어 있으므로, 국민 절반의 쾌거가 그들의 명예라고 해야 할지, 나머지 절반의 불행이라고 해야 할지 모르겠다. 그럼에도 불구하고 실러의 《발렌슈타인》은 누구에게나 동등하게 정신의 고양을 느끼게 해주었다. 하나의 주제가 세 가지 부분으로 나뉘어 상연된다. 제 1부는 “발렌슈타인의 진영”으로, 군중과 군대에 미치는 전쟁의 영향이 나타나 있다. 제 2부 “피콜로미니 부자”는 수장들 사이의 대립을 불러일으키는 정치적 원인을 보여준다. 제 3부는 “대단원”으로, 발렌슈타인의 인기에 대한 열광과 질투의 결말이다.

나는 “발렌슈타인의 진영”이라는 제목의 프롤로그 공연을 보았다.

---

* Albrecht Wenzel Eusebius von Wallenstein(1583~1634). 우트라키스트(보헤미아의 온건한 후스 신도)의 귀족 출신인 그의 이름은 정확히는 Waldstein, 체코어로는 Valdstyn이지만, 여기서는 우리나라에서 일반화하고 있는 실러의 표기법을 따라 발렌슈타인으로 쓰기로 한다. 또한 뱅자맹 콩스탕의 작품에 대해서는, 프랑스어 발음인 《발랑스탱》을 쓴다.

** 메리 스튜어트를 말하나 실러의 작품에 한해서는 원어의 발음을 그대로 따 《마리아 스튜아르트》(*Maria Stuart*) 라고 표기했다.

마치 내가 군대 속에 들어와 있는 기분이었는데, 그것은 정규군보다 훨씬 활기가 넘치지만 통제되지 않는 유격대와 같았다. 농민들, 신병들, 종군상인들, 병사들이 경쟁하듯 이 장면의 효과를 올리고 있다. 호전적 인상이 매우 강하므로, 베를린에서 출전 전의 장교들이 공연을 봤을 때는 열광의 고함이 여기저기서 올라왔다. 문인이 야영생활, 독립심, 위험 때문에 오히려 자극받는 광란적 기쁨 등을 이렇게 생각해 내기 위해서는 상당한 상상력이 필요하다. 온갖 굴레에서 벗어나 과거나 미래에 대한 생각을 버리는 인간에게는 한 해 한 해가 하루처럼, 또 하루하루가 한순간처럼 느껴진다. 그는 자신이 가진 실력을 모두 발휘하여 연기하고, 장군이라는 형태 아래 나타나는 우연에 순종한다. 항상 그와 함께 있는 죽음은 생의 괴로움으로부터 그를 씩씩하게 해방시킨다. 압권은 카푸틴회의 사제가 가톨릭 교의를 설교하려는 양 술렁거리는 병사들을 뚫고 발렌슈타인의 막사로 찾아오는 장면이다. 그는 라틴어를 몇 마디 써서 잘난 척하는 것 외에는 병사들의 언어와 전혀 차이가 없는 농담과 말장난으로 가득 찬 언어를 사용하여 절제와 정의를 설명한다. 사제의 기묘한, 군대조의 웅변, 듣는 사람의 조야하고 저급한 신심, 이 모든 것이 실로 볼 만한 혼란한 광경을 만들어내고 있다. 흥분상태인 사회는 인간의 이상한 면을 보여주는 야만적인 부분만이 표면에 나와, 문명 이외의 부분은 거친 파도에 부서진 선박처럼 떠돈다.

"발렌슈타인의 진영"은 뒤에 나오는 두 개의 다른 작품에 대한 창의적인 도입부이다. 그 안에는 놀 때나 위기에 직면했을 때나 끊임없이 장군에 대한 이야기를 화제로 삼으며 그를 찬탄하는 병사들의 말이 넘친다. 이 프롤로그의 인상은 흡사 관객 자신이 체험하고 시에 의해 미화되는 역사적 장면처럼, 비극이 시작된 후에도 관객의 마음에 여운이 되어 남는다.

"피콜로미니 부자"라는 제목의 제 2부 내용은, 군대의 장수가 자신의 지위의 권위 및 그 권위의 근거를 개인적 야심으로 바꾸려고 했을 때 황제와 장군, 장군과 전우들 사이에서 일어난 불화이다. 발렌슈타인은 독일에 종교개혁을 도입하려고 한 나라들로부터 오스트리아를 지키기 위해 싸웠지만, 스스로 독립적 권력을 지니려는 욕심에 공적 이익을 위해 써야 할 모든 수단을 자신의 이익을 위해 쓰려고 한다. 장군들이 그에게 반발하는 것은 정의가 아니라 질투 때문이다. 이러한 잔혹한 싸움에는 확실한 생각을 갖고 양심을 위해 싸우는 인간은 없지만, 그 외에는 무엇이든 존재한다. '누구에게 주목해야 하지?' 하고 묻는 사람이 있을 것이다. 진실의 묘사에 주목하면 된다. 아마도 극적 효과를 위해 기술적으로 이 묘사를 변형시켜야 했을 것이다. 그러나 무대 위에 역사를 재현시키는 것은 멋진 일이다.

그럼에도 불구하고 실러는 이야기를 재미있게 하기 위한 인물을 창조할 줄 알았다. 그는 정치적 야심의 태풍 속을 지나가도 마음속에 사랑과 진실을 잃지 않는, 막스 피콜로미니와 테클라라는 깨끗한 인물을 그려냈다. 테클라는 발렌슈타인의 딸이며, 막스는 그를 배신하는 불성실한 친구의 아들이다. 아버지들, 운명, 그리고 그 밖의 모든 것의 반대에도 불구하고, 이 두 연인은 서로의 마음에만 기대어 이승에서도 저승에서도 서로 사랑하고 서로를 원하며 서로를 확인한다. 두 사람은 그것이 그들의 숙명이기라도 한 것처럼, 야망의 도가니 안에 던져진다. 그들은 하늘에서 고른 애처로운 제물이다. 순수하기 짝이 없는 헌신과 세상사에만 마음을 빼앗긴 인간들의 정열 대비만큼 아름다운 것은 없다.

"피콜로미니 부자"에는 결말이 없다. 도중에 끊겨버린 대화처럼 끝을 맺는다. 발렌슈타인의 죽음이라는 진짜 비극을 준비하는, 하나는 우스꽝스럽고 또 하나는 심각한 두 개의 프롤로그에 대해 프랑스인은 참을 수 없어할 것이다.

매우 재능 있는 작가 한 명이 실러의 3부작을 줄여서 프랑스의 삼일치 법칙을 따른 하나의 비극을 만들었다.[85] 이 희곡에 대한 칭찬과 비판은, 독일과 프랑스의 연극이론을 각각 특징짓는 차이점을 이해하는 데에 자연스럽게 결론 역할을 해줄 것이다. 프랑스 작가는 시구에 충분한 시정(詩情)을 담지 못했다고 비난받았다. 신화적 주제는 아무리 화려한 이미지나 서정적인 표현도 허용한다. 그러나 어떻게 테라멘느의 이야기 같은 시적 효과를 현대사의 소재로 삼을 수 있겠는가? 그런 고대의 장중함은 모두 미노스나 아가멤논의 일족에게 어울리는 것이다. 다른 장르의 희곡에는 꾸며낸 티가 나서 우스울 뿐이다. 역사를 주제로 하는 비극에서는 영혼이 고양되면 시도 따라서 당연히 고양되는 경우가 종종 있다. 예를 들면, 발렌슈타인의 몽상,[86] 모반 후의

---

85) 콩스탕의 《발랑스탱》의 이야기. 이것에 대해서는 호된 비판이 있었다. *le Journal de Paris*에는 1809년 2월 12일, 13일, 21일, 23일자에 실러의 《발렌슈타인》과 콩스탕의 《발랑스탱》을 모두 공격하는 4개의 기사가 게재되었다. 마담 드 스탈은 반론의 편지를 썼다.

86) [원주] 인간에게는 신비스러운 날들이 있다.
영혼은 육체의 속박으로부터 벗어나,
바로 미래의 품에 안긴다.
그리고 무언가 행복한 힘에 의해,
운명에게 물음을 던지는 권리가 생각지도 않게 주어진다.
북국의 영웅의 운명을 정한,
피투성이가 된 그날의 전야,
나는 잠든 병사들 사이에서 깨어 있었다.
나는 나도 모르게 마음이 어지러워져,
진지를 여기저기 돌아다녔다. 평원 저기 멀리에,
깜빡깜빡 빛나는 불빛이 보였다.
우주의 평화를 깨는 것은,
보초의 목소리와 말발굽의 희미한 소리뿐.
바람은 소리를 내며 계곡 사이를 건너고,
우리 진영의 텐트를 천천히 흔들었다.
안타깝게도 별빛이 어둠 속에서 새어나와,
우리 군기에 엷은 빛을 쏟아붓고 있었다.
나는 혼잣말을 했다, 사람들이여, 나의 목소리를 들어주오!
나의 명령에 흔쾌히 따라주오!
그들은 나의 성공에 모든 희망을 걸었다.
그러나 질투심 강한 운명이 나의 힘을 앗아간다면,
곧 그들의 열의도 사라지겠지!
한 사람만이라도 나에게 충성을 지킬까!

연설, 죽음 전의 독백 등이 그러하다. 그러나 프랑스어로 쓰이건 독일어로 쓰이건 구성이나 전개를 중시하면 문체는 단순해지지 않을 수 없다. 그렇게 되면 언어의 순박함은 느낄 수 있지만, 화려함은 거의 얻을 수 없다. 프랑스에서는 각 장면뿐 아니라, 각 시구마다 인상적 효과가 요구된다. 그것은 진실함과는 양립되지 않는다. 이른바 빛나는 시구를 만드는 것만큼 간단한 것은 없다. 그것을 만들기 위한 이미 만들어진 패턴이 있는 것이다. 어려운 것은 각 세부를 전체 안에 위치시키는 것, 전체 안에 각 부분이 보이게 하는 것, 그리고 각 부분 안에 전체가 반영되도록 하는 것이다. 프랑스어의 빠른 템포는 희곡의 진행에 굉장히 기분 좋은 움직임을 가져다주지만, 또한 그것을 무기로 즉흥적 성공을 지나치게 노린 결과, 전체의 인상을 희생해버리면 예술적 아름다움을 버리게 된다.

한시도 기다릴 수 없는 이러한 성급함 한편에, 예의범절에 맞추기 위해서는 어떤 일이든 할 수 있는 기묘한 참을성도 있다. 조금이라도 더디면 짜증내는 똑같은 프랑스인이, 예술상의 예의범절에 뭔가 귀찮은 것이 있을 때에는 그 예의범절을 존중하여 무슨 일이든 견디어내는 것이다. 예를 들면 프랑스 비극은 도입부에 내레이션이 없으면 안 된다. 이런 도입부는, 확실히 줄거리로 된 도입부보다 재미가 없다. 언젠가 전쟁상황에 대한 내레이션 도중에, 이탈리아 관객들이 큰 소리로 싸움 자체가 보고 싶으니 무대 뒤의 막을 올리라고 소리친 적이 있다고 한다. 프랑스 비극에서 그러고 싶을 때가 많이 있다. 이야기를 듣기보다는 그 일에 참가하고 싶은 것이다. 프랑스의 《발랑스탱》 작자는 하는 수 없이, 진영에서 일어나는 일은 프롤로그로 처리하여 도입부를 작품 안에 녹여 넣는다는, 매우 독창적인 방법을 쓰지 않으면 안

아, 만일 한 사람밖에 남지 않는다면, 운명이여, 부탁한다!
확실한 표시로 그가 누구인지 가르쳐다오.

뱅자맹 콩스탕, 《발랑스탱》 제 2막 제 1장 43항

되었다. 첫 장면의 위엄은 프랑스 비극의 당당한 어조와 완벽하게 어울린다. 그러나 독일식의 불규칙성에는 특정한 움직임이 있어서, 아무것도 그것을 대신할 수 없다.

프랑스의 《발랑스탱》 작자가 비난받은 또 다른 부분은, 작자가 알프레드(피콜로미니)의 테클라에 대한 사랑과 발렌슈타인의 음모, 이 둘 모두에 흥미를 지니고 있다는 점이다. 프랑스에서는 하나의 작품에는 사랑만이 있든지 아니면 정치만이 있어야 한다고 여겨지며, 주제의 혼합은 좋아하지 않는다. 또한 얼마 전부터 특히 국사(國事)가 문제됐을 때에는, 머릿속에서 다른 생각을 할 여지가 없어진다고 여기고 있다. 그럼에도 불구하고 발렌슈타인의 음모라는 커다란 그림은 그 음모의 결말로서 가족에게 일어나는 비극이 없다면 완성되지 않는다. 공적 사건이 어떻게 사적 사랑을 깨뜨리는지 상기시키는 것은 중요한 일로, 정치를 감정이 추방된 별세계로서 제시하는 것은 교훈적이지 않고 딱딱할 뿐 아니라 극적 효과를 높이지도 않는다.

프랑스의 작품에서 세부적 상황 하나가 비난받았다. 알프레드(막스 피콜로미니)가 발렌슈타인과 테클라의 곁을 떠나는 이별의 장면이 지닌 최대의 아름다움을 부정하는 사람은 없었다. 그러나 이때, 비극임에도 불구하고 음악을 흘려보낸 일에 사람들은 눈살을 찌푸렸다. 이것을 생략해버리는 것은 매우 간단하다. 그러나 음악의 효과를 왜 써서는 안 되는가? 관객은 전쟁터로 소집하는 군가를 들으면서, 이제 두 번 다시 볼 수 없다는 걸 알게 되는 연인들의 기분을 절실하게 느낄 수 있다. 음악에 의해 장면의 확실한 윤곽이 잡힌다. 하나의 새로운 예술이, 다른 예술이 준비한 인상을 배가시킨다. 음과 대사가 번갈아 우리의 상상력과 마음을 동요시킨다.

프랑스 작품에 전혀 생소한 두 개의 장면이 프랑스의 독자들을 놀라게 했다. 알프레드(막스)가 죽임을 당했을 때, 테클라는 죽음의 통보를 가지고 온 작센의 장교에게 이 무서운 죽음에 대해 자세히, 남김없이 물어본다. 그리고 그녀가 괴로움을 딛고 다시 일어섰을 때, 그녀는 연인의 묘소 곁에서 살다가 죽기로 결심했다고 공언한다. 이 두 개의 장면에서 표현 하나하나, 한 마디 한 마디에는 깊이 느낄 수 있는 무언가가 있다. 그러나 모든 것이 밝혀진 단계에서는 극적 흥미는 있을 수 없다는 말이 있다. 프랑스에서는 어떤 장르도 결정적 사태가 발생한 부분에서 서둘러 결말을 낸다. 독일인은 그 반대로, 등장인물에게 일어난 사건보다는 그들이 느끼는 감정을 알고 싶어한다. 사건으로서는 끝난 상태지만, 괴로움은 남아 있는 장면에 두려워하지 않고 멈추어 있다. 줄거리가 점점 불안을 더해갈 때보다도, 정지하고 있을 때 감동을 불러일으키는 편이 더 많은 감정, 감수성, 표현의 적확함을 필요로 한다. 관객은 미해결의 사건에 정신을 빼앗겼을 때는 말에 신경 쓰지 않지만, 괴로움 이외의 모든 것이 침묵하고 외면적으로 아무런 변화가 일어나지 않고 마음속에서 일어나는 일에만 흥미를 집중시켰을 때는, 잘난 척하는 기색이나 어울리지 않는 말이 한마디라도 들리면 간단하고 애조 띤 가락 안에 섞인 틀린 음처럼 거슬릴 것이다. 잡음이라고 흘려듣는 법은 절대 없으며, 모든 말이 마음에 직접 와닿는다.

마지막으로, 프랑스의 《발랑스탱》에 대해 가장 광범위하게 되풀이된 비판은 발랑스탱의 성격이 미신적이며 줏대 없고 우유부단하므로, 이런 종류의 역할에 어울린다고 생각되는 영웅의 타입과 일치하지 않는다는 점이다. 프랑스인은 비극적 성격을 음표나 프리즘의 색처럼 항상 일정한, 눈에 띄는 몇몇 특징들로 환원해버림으로써 효과와 감동의 무한한 원천을 잃어버렸다. 각각의 인물은 잘 알려진 주된 전형 중 한 가지에 해당되어야 한다. 프랑스에서는 논리가 예술의 기본으로, 몽테뉴가 말하는 변덕스러운 성격[87]은 비극에서 추방됐다고 말할 수 있을 정도다. 완전히 좋거나 완전히 나쁜 감정밖에 인정되지 않는다. 하지만 인간의 마음만큼 많은 것이 뒤얽힌 것은 없다.

---

87) Michel Eyquem de Montaigne(1533~1592)의 《에세》(1580~1588) 제 1권 제 1장, "실로 인간이라는 것은 놀랄 정도로 빈, 변하기 쉬운, 부정(不定)한 존재이다."

프랑스에서는 비극의 등장인물에 대해, 국가의 대신을 대하듯 논한다. 마치 판단의 기준으로 삼기 위한 신문을 한 손에 쥐고 있는 듯한 모습으로, 그가 하는 일에 대해서도 하지 않는 일에 대해서도 불평한다. 프랑스 연극에서는 정열의 모순은 허용되지만, 성격의 모순은 용납되지 않는다. 정열은 어떤 마음의 소유자에게도 많든 적든 경험이 있으므로, 그 변덕스러운 움직임도 예상할 수 있고 모순조차도 말하자면 예상 안에 둘 수 있다. 그러나 성격은 항상 어떤 척도 안에도 들어맞지 않는 부분이 있다. 어떨 때는 목표를 향하고, 어떨 때는 목표에서 멀어진다. 프랑스에서 어떤 등장인물에 대해 '그는 자신이 무엇을 하고 싶은지 알지 못한다'라고 말하면, 이제 아무도 그에게 관심을 보이지 않는다. 그러나 본성이 실로 비극적 힘과 자립성을 가지고 모습을 나타내는 것은 자신이 무엇을 하고 싶은지 모르는 사람에게서이다.

셰익스피어의 인물은 가끔 한 작품 안에서 완전히 다른 몇 가지의 인상을 관객에게 전달하는 경우가 있다. 《리처드 2세》의 처음 3막에서, 리처드 2세는 혐오와 경멸을 느끼게 한다. 그러나 불행에 휩싸여, 의회에서 왕위를 적에게 이양하도록 강요당할 때의 그의 입장과 용기에는 눈물을 흘리게 된다. 역경 속에서 다시 모습을 보이는 왕의 위엄은 사랑받을 만하며, 왕관은 빼앗긴 후에도 오히려 그의 머리 위에서 방황하는 듯하다. 셰익스피어의 몇 개 대사만으로 관객의 마음은 증오에서 연민으로 옮겨가기에 충분하다. 재능이 퍼내는 샘의 물은 인간 마음의 수많은 다양함에 의해 끊임없이 새로워진다.

현실에서 그렇다고 말할 수 있겠지만, 인간은 일관성이 없고 기묘하여 극히 아름다운 성질이 비참한 결함과 섞여 있는 경우도 많다. 그러나 이러한 성질은 연극에는 적합하지 않다. 극예술에서는 빠른 줄거리 진행이 요구된다. 이런 틀 안에서는 강한 특징과 충격적 상황에 의해서만 인간을 그려낼 수 있다. 그러나 그렇다고 해서, 대부분의 프랑스 비극에서는 언제나 선과 악이 불변하는 요소로 굳어져 완연히 구분되는 인물에 한정해야 하는 것일까? 완전히 정해져버린 성질밖에 보여줄 수 없는 상태에서 연극은 어떤 영향을 사람들의 덕성에 미칠 수 있을 것인가! 확실히 이 인위적 상황에서 미덕은 항상 승리를 취하고, 악덕은 벌을 받는다. 그러나 무대 위의 인간이 현실의 인간과는 닮지 않았는데, 어떻게 그 인위적 상황이 인생에서 일어나는 일들에 응용될 수 있단 말인가?

《발랑스탱》의 희곡이 프랑스의 극장에서 상연된 것은 특기할 만한 일이었다. 더욱이 프랑스 작가가 프랑스적 규칙을 그토록 엄격하게 따르지 않는 것도 매우 드문 일이었다. 그러나 개혁에 대해서 공평하게 판단을 내리기 위해서는, 예술에 새로운 즐거움을 추구하는 영혼의 젊음을 가져오는 것이 필요하다. 낡은 걸작을 고집하는 것은 취향을 위해서는 훌륭한 체제이나, 재능을 위해서는 그렇지 않다. 재능을 자극하기 위해서는 예기치 못한 인상이 필요하다. 어린 시절부터 외우고 있는 작품은 이미 친숙하므로, 더 이상 상상력을 강하게 움직이지는 않는다.

《마리아 스튜아르트》는 독일의 비극 중에서도 가장 감동적이고 가장 잘 구상된 것이라고 나는 생각한다. 그토록 많은 행운으로 인생을 시작하여, 그토록 많은 과오로 행운을 잃고, 유폐 19년 후에 교수대에서 사라진 이 여왕의 운명은[88] 오이디푸스나 오레스테스나 니오베에 필적하는 공포와 번민을 불러일으킨다. 천재라면 그토록 탐을 낼 만한 이 이야기의 아름다움도 범인(凡人)에게는 너무 압도적이다.

막이 오르면 무대는 메리 스튜어트가 유폐되어 있는 런던 탑의 성안이다. 옥중의 19년은 이미 지났고, 엘리자베스가 세운 법정은 불행한 스코틀랜드 여왕의 운명을 정하려고 한다. 메리의 유모는 성의 지휘관에게, 수인(囚人)이 견뎌내야 하는 처우에 대해 불평한다. 엘리자베스와의 관계가 돈독한 지휘관은 메리에 대해 굉장히 잔혹하게 말한다. 그는 성실한 사람이지만, 메리를 적의 입장에서 판단하고 있음을 알

88) 메리 스튜어트(1542~1587)가 사형에 처해졌을 때의 나이는 45세, 엘리자베스는 54세였다.

수 있다. 그는 그녀의 죽음이 임박했으며, 그녀가 엘리자베스에 대한 반역의 음모를 꾀했으므로 죽음은 당연한 일이라고 말한다.

《발렌슈타인》에 대해서 말하면서, 나는 줄거리의 움직임을 도입부로 했을 경우의 커다란 이점을 지적한 바 있다. 서두, 합창, 고백 등 지루하지 않게 설명하기 위한 온갖 가능성이 실험되었지만, 역시 가장 좋다고 여겨지는 것은 처음부터 줄거리 속으로 들어가는 것, 그리고 주인공이 주변인물들에 끼치는 작용을 보여주면서 주인공을 소개하는 것이다. 이렇게 하면 지금부터 눈앞에서 전개되는 일을 어떤 각도에서 바라보면 좋을지 관객에게 알려주게 된다. 말하지 않고도 알려주는 것이다. 왜냐하면 극작품 안에서는, 관객에게 설명하는 듯한 말이 하나라도 나오면 환상이 깨져버린다. 메리 스튜어트가 등장할 때, 관객의 마음은 이미 호기심으로 설레고 있다. 관객은 그녀를 초상화가 아닌, 아군과 적에게 미치고 있는 그녀의 영향에 의해 알게 된다. 이야기를 들어서가 아니라, 사실에 의해 관객은 그 시대의 사람이 되어 있다.

메리 스튜어트의 성격은 훌륭할 만큼 일관적이며, 전편을 통틀어 흥미를 끈다. 나약하고 정열적이며 용모에 자신감을 지닌, 또 자신의 인생에 대해서 후회하는 그녀를 사람들은 좋아하기도 하고 비난하기도 한다. 그녀의 회한과 과오는 동정심을 일으킨다. 그녀를 구원하려는 한 남자가 그녀에게 몸을 바치는 이유는 오직 그녀의 매력에 이끌려서라고 고백한다. 엘리자베스는 그것에 질투한다. 결국 엘리자베스의 애인 레스터 백작[89]이 메리를 사랑하고, 몰래 그녀의 지지자가 되어줄 것을 약속한다. 불행한 여자의 황홀한 아름다움이 만들어내는 매력과 질투가 그녀의 죽음을 천 배나 감동적으로 만든다.

그녀는 레스터를 사랑한다. 이 불행한 여자는, 지금까지 그녀의 운

---

89) 레스터(Leicester)는 엘리자베스의 총신(寵臣). 과부가 되어 스코틀랜드로 돌아간 메리에게 엘리자베스는 그를 재혼 상대로 추천했지만, 메리는 잉글랜드의 신하와 옥좌를 나누는 것에 미련을 두지 않았다. 이 작품에서의 메리와 레스터의 관계는 실러의 창작이다.

명에 그토록 많은 괴로움을 뿌려댄 감정을 또 한 번 느낀다. 거의 초자연적이라고 말할 수 있는 그녀의 아름다움은, 그녀의 인생에서 숙명이라고 할 수 있는 습관적으로 도취에 빠지는 마음에 대한 원인이며 변명인 것 같다.

엘리자베스의 성격은 이것과는 정반대의 의미에서 주목할 만하다. 여성 폭군의 묘사는 완전히 새로운 실험이다. 일반적인 여성의 좁은 도량, 허영심, 아첨, 결국 여성의 예속에서 유래하는 것 모두가 엘리자베스의 전제주의에 이용된다. 나약하기에 취하는 위장(僞裝)은 절대권력을 행사하는 도구가 된다. 분명, 모든 폭군이 위장하고 있다. 복종시키기 위해서는 속이지 않으면 안 된다. 그 경우 그들에게는 적어도 거짓 예의가 필요해진다. 그러나 엘리자베스에게 특징적인 것은, 가장 전제적인 의지와 결합된 호감을 끌고 싶은 갈망이며, 또한 군주적 권위의 극히 과격한 행위에 의해 나타나는 여자의 자존심 중에서도 온갖 섬세한 것들이다. 궁정인도 여왕에 대해 연애사건과 관련된, 일종의 비열함을 지니고 있다. 그녀에 대한 복종을 좀더 귀족답게 보이기 위해 그들은 자신이 여왕을 사랑한다고 믿고 싶어하고, 신하의 비굴한 공포감을 기사도적 예속 아래 감추려고 한다.

엘리자베스는 위대한 재능의 소유자였다. 그녀 치세의 번영이 그 증거이다. 그러나 메리의 죽음이라는 비극에서 엘리자베스는 상대를 체포해 사형에 처하는 단순한 연적(戀敵)으로밖에 보이지 않는다. 그녀가 저지르는 죄는 너무나 잔혹하여, 그녀의 정치적 재능에 대해 평가할 수 있는 업적도 모두 지워져버린다. 메리 스튜어트에 대한 흥미는 흥미대로 유지하면서 엘리자베스를 이 정도로 불쾌하게 만들지 않는 재주가 있었다면, 실러의 성공은 좀더 완벽했을 것이다. 왜냐하면 극단적 대조보다 미묘한 대조 안에 진짜 재능이 있으며, 등장인물 중 어느 누구도 희생되지 않을 때 주인공이 돋보이기 때문이다.

레스터는 엘리자베스더러 메리를 만나보라고 간청한다. 그는 엘리자베스에게 사냥 도중 런던 탑 성의 정원에서 잠시 머무를 것을, 또 메리가 그곳을 산책하도록 허가해줄 것을 제안한다. 엘리자베스는 이 제안에 응하고, 제 3막은 19년의 옥중생활 끝에 자유로운 공기를 마시는 메리의 감동적 기쁨의 장면으로 시작한다. 자신에게 밀려오는 모든 위험은 그녀의 눈에서 사라졌다. 그녀의 어찌할 줄 모르는 기쁨을 억제하기 위해 유모가 위험을 상기시키려고 해도 소용없다. 메리는 태양과 자연을 다시 보았다는 것 외에는 모든 것을 잊었다. 그녀는 그녀에게 신선한 광경으로 다가오는 꽃들, 나무들, 새들을 보고 어릴 때의 행복감을 다시 맛본다. 오랫동안 접하지 못한 문밖 세계의 경이로움에 대한 표현할 수 없는 인상이, 불행한 수인의 흥분된 감동 안에 그려져 있다.

프랑스에서의 추억이 돌아와서 그녀를 매혹한다. 북풍에 밀려 그녀가 좋아하는 그 행복의 나라로 갈 것처럼 보이는 구름에게 말을 건넨다. 그녀는 구름에게 그녀의 애착과 소망을 친구에게 가져다달라고 부탁한다. 그녀는 말한다.

"가세요. 당신 말고는 그 말을 전달해줄 이가 없어요. 당신은 하늘을 자유자재로 날 수 있고, 엘리자베스의 부하가 아니니까요."

그녀는 멀리 한 척의 초라한 배를 젓는 어부를 발견하고는, 그 어부에게서라도 도움을 받을 수 없을까 하고 기대한다. 하늘을 다시 보게 됐을 때, 그녀에게는 모든 것이 희망으로 보인다.

밖으로 나올 수 있었던 것은 엘리자베스와 만나기 위해서라는 사실을 아직 그녀는 전혀 모르고 있다. 그녀의 귀에 사냥을 알리는 음악소리가 들려오고 젊은 시절의 즐거움이 마음속에 되살아난다. 그녀는 용감한 말에 올라타서 번개같은 속도로 야산을 내달리고 싶다고 생각한다. 아무런 이유도 동기도 없이, 그저 행복감이 물밀듯 밀려온다. 왜냐하면 돌연 최대의 불행이 다가왔을 때에도 심장은 숨쉴 필요가 있고 다시 살아날 필요가 있기 때문이다. 언제나 고뇌 이전에 최상의 순간이 있는 법이다.

메리는 엘리자베스가 올 것이라는 전갈을 듣는다. 그녀는 이 회견을 고대했다. 그러나 그 순간이 다가오자, 그녀는 전신이 떨린다. 레스터가 엘리자베스와 함께 있다. 그 때문에 메리는 순간 피가 솟구치는 느낌을 받는다. 그녀는 잠시 자제한다. 그러나 거만한 엘리자베스가 경멸하는 태도로 그녀를 자극한다. 서로 원수인 두 여왕은 상대방에게 지닌 증오에 결국 몸을 맡기고 만다. 엘리자베스는 메리의 과오를 비난한다. 메리는 엘리자베스에게 헨리 8세가 그녀의 어머니에게 씌운 혐의, 또 그녀가 적출자가 아니라는 소문을 입에 담는다. 이 장면이 특히 아름다운 것은, 분노 때문에 두 여왕이 권위의 한계를 넘고 있기 때문이다. 그녀들은 이제 두 명의 여자, 권력이 아닌 미모에서의 라이벌에 지나지 않는다. 이제 더 이상 군주도, 수인도 없다. 한쪽은 상대를 교수대로 보낼 수 있겠지만, 둘 중 더 아름다운 여자, 남자의 마음을 끌기에 자신의 용모가 더 낫다고 여기는 여자는 레스터 앞, 두 사람 모두 비할 데 없이 사랑하는 남자의 눈앞에서 전능의 엘리자베스에게 수치를 주는 즐거움을 맛보고 있다.

이 장면의 효과를 더욱 높이는 것은 메리의 입에서 튀어나오는 말 하나하나에 대해 듣는 이가 느끼는 불안이다. 그녀가 분노에 몸을 맡길 때 결과를 장담할 수 없는 무례한 말은, 듣는 이로 하여금 마치 메리의 죽음을 목격하는 듯한 전율을 일으킨다.

가톨릭의 밀사가 런던으로 돌아오는 엘리자베스를 습격한다. 그녀의 친구 중에서도 가장 충실한 탈보트가 암살자의 손에서 칼을 빼앗는다. 민중은 목소리를 높여 메리를 죽이라고 외친다. 법무대신 발레이가 엘리자베스에게 메리의 사형선고에 서명할 것을 요구하는 반면, 여왕의 목숨을 건진 탈보트가 원수에게 자비를 베풀라고 여왕의 발치에 엎드려 애원하는 장면은 훌륭하다.

그는 엘리자베스에게 말한다.

> 국민은 메리 님의 죽음을 바란다고, 계속해서 말씀드리는 자가 있습니다. 이 허울뿐인 격론은 폐하의 뜻에 맞추려고 생각하기 때문입니

다. 그러나 메리 님의 목숨을 구한다는 뜻을 천명해주십시오. 그렇게 하신다면 바로, 메리 님의 죽음을 원하는 목소리는 사라질 것입니다. 정의로 통했던 것이 부정함으로 간주되겠지요. 그리고 메리 님을 죄인 취급하는 당사자들이, 큰 목소리로 변호를 시작할 것입니다. 폐하는 저 살아있는 메리 님을 두려워하고 계십니다.

아! 목숨을 빼긴 메리 님이야말로 두려워하십시오. 그분이 정말로 무서워질 때는 그때입니다. 그분은 묘지 안에서 일어나, 불화의 여신, 복수의 정령이 되어, 신하의 마음을 폐하로부터 등 돌리게 할 것입니다. 저들은 메리 님을 더 이상 국민의 신앙의 적으로 보는 것이 아니라 단지 왕가의 공주로만 보게 될 것입니다. 민중은 피비린내 나는 결단을 내려달라고 격렬하게 외치고 있습니다. 하지만, 판단을 내리는 것은 사건이 끝난 다음일 것입니다. 잔혹한 처형이 집행된 뒤에, 런던의 거리를 돌아보십시오. 공포로 인한 침묵이 여기저기 넘쳐날 것입니다. 폐하께서는 마치 다른 나라의 국민, 다른 영국인을 보시는 것 같으실 것입니다. 폐하의 왕좌를 둘러싼 성스러운 공정(公政)이 기념하는 환호는 이미 존재하지 않습니다. 그러나 학정(虐政)의 가공할 친구인 공포가 폐하 주위를 맴돌 것입니다. 지나가실 거리에서는 인기척도 느끼지 못하실 것입니다. 폐하께서는 유례없이 강하고 무서운 분이 되실 것입니다. 메리 님의 위엄 있는 목이 떨어지는데, 어떤 사람이 자기의 목이 안전하다고 할 수 있겠습니까!

이상의 말에 대한 엘리자베스의 대답은 훌륭하고 교묘한 것이다. 이런 입장에서 남자라면 부정함을 변명하기 위한 거짓말을 할 것이다. 그러나 엘리자베스는 그 이상의 짓을 했다. 그녀는 복수에 몸을 맡기면서도 사람의 마음을 끌고 싶어한다. 즉, 가장 잔혹한 행동을 일으키면서도 동정심을 얻고 싶어한다. 이런 표현이 가능하다면, 그녀는 피비린내 나는 교태를 지녔다. 폭군의 성격을 통해 여자의 성격이 비쳐 보이는 것이다.

엘리자베스는 소리친다.

아, 탈보트, 당신은 오늘 나의 목숨을 구하고, 자객의 칼을 이 몸에서 치워주었지요! 왜 그 칼이 내 심장을 찌르게 놔두지 않았습니까? 그렇게 하면 분쟁이 멈추고, 모든 의혹이 풀리고 죄가 씻겨 깨끗해진 나는 나의 평화로운 묘지 안에 묻힐 수 있었습니다. 정말이지, 나는 왕관과 인생에 질려버렸습니다. 두 여왕 중에서 한 사람이 살기 위해 다른 사람이 쓰러져야 한다면(그것이 운명이라고 나는 믿고 있습니다), 왜 내가 그 물러서는 여왕이 되면 안 되겠습니까?

내 국민이 선택할 것입니다. 나는 국민에게 그 주권을 돌려주겠습니다. 내가 내 몸을 위해서가 아닌, 오로지 우리 국민의 행복을 위해 살았다는 점은 신께서도 아십니다. 만약 국민이 나보다도 젊은 매력적인 스튜어트를 여왕으로 세우고 지금보다도 더욱 행복한 세월을 보내고 싶다면, 나는 흔쾌히 왕위를 떠나 조용한 우드스톡으로 은퇴할 것입니다. 그곳은 내가 검소한 소녀시절을 보냈던 곳이며, 이 세상의 허영과는 멀리 떨어져 내 마음속의 귀중함을 발견한 곳입니다. 아니, 나는 군주가 될 재목이 못 됩니다. 군주란 냉혹해야 하는데, 내 마음은 약합니다. 국민을 행복하게 만드는 것만이 문제인 이상, 나는 이 섬나라를 잘 다스릴 수 있었습니다. 그러나 이제 국왕에게 부과된 잔인한 의무가 생겼고, 나는 그것을 수행하지 못하겠습니다.

이 말에 버레이가 끼어들며, 엘리자베스가 자신의 결점이라고 하는 약한 성격, 관대함, 연민의 정을 비난한다. 그에게는 용기가 있는 것처럼 보인다. 왜냐하면 그가 군주에게 강한 어조로 요구하고 있는 것은, 실은 그 자신보다도 여왕이 은근히 바라는 것이기 때문이다. 일반적으로 퉁명스러운 아첨이, 비굴한 아첨보다 더 성과가 있는 법이다. 심사숙고해서 말하는 것인데 마치 그 순간에 이끌려 말하는 것처럼 보일 수 있다면, 궁정인으로서 성공한 것이다.

엘리자베스는 사형선고에 서명한다. 그리고 사령관의 비서와 단 둘이 되자, 전제군주의 강한 인내에 섞인 여자의 수줍음으로 자신이 한 행동의 책임을 이 부하에게 떠넘기려 한다. 그는 이 사형선고를 교부하기 위한 확실한 명령을 요구한다. 그녀는 이를 거부하며, 그에게 자신의 의무를 다하라고 반복하여 말한다. 그녀는 이 불행한 남자를 무시무시한 혼란 속에 남겨둔 채 떠난다. 버레이가 와서, 엘리자베스가 그의 손에 쥐어준 서장을 뺏음으로써 이 남자를 혼란에서 구출한다.

레스터는 스코틀랜드 여왕 편에 깊이 연루되어 있다. 그들은 레스터를 찾아와 메리의 목숨을 구하는 데 협조해달라고 한다. 그는 자신의 일이 엘리자베스에게 밀고된 것을 알고, 별안간 메리를 버리겠다는 무서운 결단을 내린다. 그리고 잉글랜드 여왕에게 용감하고 교활하게, 불행한 연인으로부터 고백받은 비밀을 폭로한다. 이 모든 비열한 희생에도 불구하고, 그는 엘리자베스의 신용을 아직 절반밖에 회복할 수 없다. 그녀는 그가 메리를 사랑하고 있지 않다는 증거로 메리를 교수대에 연행하는 역을 그에게 맡긴다. 군주로서 엘리자베스가 명령한 형벌을 통해 표현된 여자의 질투가 레스터의 마음에 그녀를 향한 깊은 증오를 불러일으켰다. 여왕으로서의 그녀는 그를 떨게 만든다. 사랑이라는 자연의 법칙에서는, 그가 그녀의 주인이 됨이 자명하다. 이 절묘한 대비는 매우 독창적인 상황을 만들어내고 있다. 그러나 제5막에 필적하는 것은 없다. 나는 바이마르에서 《마리아 스튜아르트》가 상연되는 것을 보았다. 마지막 장면에서 받은 인상을 떠올리면, 지금까지도 깊은 감동이 되살아난다.

우선 메리의 시녀들이 검은 옷을 입고, 침울한 고통 속에 등장한다. 그중에서도 가장 마음에 상처를 입은 늙은 유모는, 손에 다이아몬드를 들고 있다. 여왕은 시녀들에게 나누어주기 위해 다이아몬드를 모으도록 명령해둔 것이다. 감옥의 지휘관과 그를 따르는 여왕의 신하들이 모두 검은 옷을 입고 등장하고, 초상(初喪)의 무대는 만원이 된다. 과거 메리의 궁정에서 귀족이었던 멜빌이 마침 이때 로마에서 도착한다. 여왕의 유모 한나는 기뻐하며 그를 맞는다. 그녀는 그에게 메리의 용기를 들려준다. 여왕은 곧바로 운명에 순종하고, 영혼의 구원만을 신경 쓰며, 자신이 지은 죄의 사면과 성체를 받아 모시기 위해 자기가 믿는 종교의 사제가 오지 못하는 것에 대해서만 걱정했다는 것이다.

유모는 여왕과 그녀가 한밤중에 계속해서 무언가를 두드리는 소리를 들었다는 것, 두 사람 모두 그 소리가 그녀들을 구하러 온 같은 편 사람들이 내는 소리라고 생각했다는 것, 그러나 그녀들은 결국 그 소리가 아래층 방 안에 처형대를 만들고 있는 목수들이 내는 소리라는 것을 알아낸 사실을 말한다. 멜빌은 메리가 어떻게 이 무서운 소식을 견뎌냈는지 묻는다. 한나는 메리에게 가장 힘든 시련은 레스터 백작의 배신을 알았을 때였다는 것, 그러나 이 고통이 멀어져가자 그녀는 여왕답게 냉정함과 위엄을 되찾았다는 것을 이야기한다.

메리의 시녀들은 여주인의 명령을 실행하기 위해 들락날락한다. 그 중 한 명이 와인 한 잔을 들고 오는데, 그것은 교수대까지 똑바로 걸어가기 위해 메리가 요구한 것이다. 또 한 사람이 비틀거리며 무대에 나타나는데, 형을 집행하기로 되어 있는 넓은 방의 문 너머로, 검은 천으로 싸인 사방의 벽과 교수대와 통나무와 도끼가 보였기 때문이다. 관객의 공포심은 점점 심해져, 거의 절정에 도달한다. 이때 메리는 왕가의 휘황찬란한 드레스로 몸을 감싸고 나타난다. 상복을 입은 하인들 가운데 유일하게 흰옷을 입은 그녀는 손에는 십자가상, 머리 위에는 관을 썼으며, 그녀가 겪은 불행을 보고 하늘도 용서한 듯 후광에 싸여 있다.

시녀들의 흐느끼는 소리에 감동된 메리가 그녀들을 위로한다.

> 내가 들어가야 할 지하 독방의 문이 열렸는데, 여러분은 왜 슬퍼합니까? 이제 엄한 친구인 죽음이 내게 다가와, 그 검은 날개로 나의 잘못을 덮어줍니다. 운명의 마지막 판결은 고통당한 이 몸에 힘을 줍니다. 나는 내 머리 위에 다시 왕관이 놓이는 것을 느낍니다. 깨끗해진 내 영혼 안으로 정당한 자부심이 돌아왔습니다.

메리는 멜빌을 발견하고, 이 장엄한 순간에 그를 만나게 된 것을 기뻐한다. 그에게 프랑스의 친척들과 옛 신하의 안부를 묻고, 가까웠던 사람들에게 마지막 인사를 해달라고 부탁한다.

> 나는 나의 시동생인 독실한 그리스도교 신자인 국왕과 프랑스 왕가의 모든 구성원의 축복을 빕니다. 또한 큰아버지 되시는 추기경과 고귀한 사촌동생인 기즈 공 앙리를 축복합니다. 그 다음에 저를 축복해주시는 교황과 관대하게도 저를 구명하시고 저를 위해 복수해주시는 가톨릭의 왕[90]을 위해 축복을 보냅니다. 이분들은 모두 나의 유언장에 쓰여 있습니다. 제가 보내드리는 보잘것없는 사랑의 선물이지만, 너무 초라하다고 경멸하지 않으시리라 믿습니다.

그녀는 시녀들을 향해 이렇게 말한다.

> 여러분의 신세를 내 형제인 프랑스 왕에게 부탁해두었습니다. 그분께서 여러분을 돌봐주시고, 새 조국을 주실 것입니다. 여러분이 내 마지막 부탁을 신성하게 여긴다면, 결코 이대로 영국에 있어서는 안 됩니다. 영국의 거만한 마음이 여러분의 불행한 모습에 기뻐하게 두어서도 안 되고, 나를 섬기던 이들이 먼지에 뒤덮여서도 안 됩니다. 이 십자가 성상을 두고 맹세해주오. 내가 저세상으로 떠나면 곧바로 이 불길한 나라를 떠나겠다고.
> (멜빌이 일동의 대표로서 맹세한다.)

여왕은 시녀들에게 다이아몬드를 나누어준다. 여왕이 그녀들 한 사람 한 사람의 미세한 성격까지 파악하여, 미래에 대해 조언해주는 모습은 더 이상 감동적일 수 없다. 특히, 그녀는 엘리자베스 앞에서 메리에게 죄가 있다고 결정적으로 증언하여 그녀를 배반한 남자의 아내인 시녀에게 관대한 태도를 보인다. 여왕은 그 불행에 대해 그녀를 위로하고, 원한을 전혀 가지고 있지 않다는 증거를 보인다.

---

90) 스페인 국왕 펠리페 2세를 말한다.

그녀는 유모에게 말한다.

나의 충실한 한나, 유모는 황금에도 다이아몬드에도 마음을 빼앗기는 일이 없지. 내가 유모에게 줄 수 있는 가장 소중한 선물은 나와의 추억이야. 내가 슬플 때 유모를 생각하며 수놓은 이 손수건을 받아. 여기엔 내 뜨거운 눈물이 흠뻑 젖어 있어. 때가 되면 당신이 이 손수건으로 내 눈을 가려주어요. 나는 유모가 이 마지막 일을 해주었으면 좋겠어.

시녀들에게 손을 뻗치며 그녀는 말한다.

다들, 이리 와요. 자, 내 마지막 인사를 받아줘요. 자, 마가레트, 알리스, 로자문트. 그리고 너, 게르트루트. 내 손에 입맞추는 너의 입술은 뜨겁게 불타는구나. 나는 미움도 많이 받았지만, 그 대신 충분히 사랑도 받았어! 누군가 멋진 남자가 우리 게르트루트를 행복하게 해주기를, 이토록 다정한 마음은 사랑을 필요로 하고 있으니까! 베르타여, 너는 가장 좋은 길을 선택했어. 너는 정결한 수녀가 될 작정이었지. 서둘러 그 맹세를 실행해요. 이 세상의 보화는 기만적인 것이야. 여왕의 운명이 그걸 말해주잖아. 자 이제 됐어요. 안녕, 영원히. 안녕.

메리와 멜빌만이 무대에 남는다. 몇 가지 점에서 비난받을 수 있겠지만, 연극 효과가 매우 큰 장면이 시작되는 것은 그때다. 이 세상에 미련이 없는 듯 모든 것을 정리한 후 메리에게 남은 단 하나의 고통은, 그녀의 마지막 순간에 자리를 같이해줄 자신의 종교 사제를 부를 수 없다는 점이다. 그녀의 신심에 가득 찬 아쉬움의 고백을 들은 멜빌은 자신이 로마에 가 있었으며, 그녀의 죄를 용서하고 위로하는 자격을 교회로부터 받고 왔다는 사실을 알려준다. 그는 모자를 벗어서 성스러운 삭발을 보여준다. 또한 품속에서 교황이 직접 그녀를 위해 축성한 성체의 빵을 꺼낸다. 여왕은 큰 소리로 말한다.

그렇다면 죽음의 문턱에 있어도, 나를 위해 하늘의 지복(至福)의 준비가 되어 있었군요. 푸른 하늘에 떠 있는 구름 위에 계신 불사의 존재처럼, 신의 사절이 제가 있는 곳에 와주었군요. 옛날의 사도들도 이렇게 감옥의 자물쇠에서 해방되었습니다. 이 세상의 온갖 구원의 손길이 나를 실망시킨 지금 문의 빗장도, 파수꾼의 검도 신의 구원을 막지 못했습니다. 당신은 예전에 나의 신하였지만, 이제는 하느님의 신하, 그 신성한 대변자가 되어주십시오. 그리고 당신이 내 앞에 무릎을 꿇었던 것처럼, 이제 내가 당신 앞에 먼지투성이가 되어 엎드리겠습니다.

아름다운 메리 여왕은, 멜빌의 무릎 밑에 몸을 던진다. 교회의 온갖 위엄을 몸에 두른 신하는 그녀를 그대로 둔 채 그녀에게 질문한다.

(멜빌 자신은 메리가 엘리자베스의 암살계획에 죄가 있다고 생각하고 있었다는 사실을 잊어서는 안 된다. 또한 다음 장면은 단순히 읽기 위해서만 쓰인 것으로, 독일의 거의 모든 극장에서는 비극《마리아 스튜아르트》가 상연될 때 영성체의 장면을 생략했다는 사실도 아울러 말해두어야겠다.)

멜빌: 성부와 성자와 성령의 이름으로, 메리 여왕님, 당신은 당신의 마음속을 면밀히 살펴보았습니까? 또한 진실한 신 앞에 진실만을 고백할 것을 맹세합니까?

메리: 제 마음은 당신과 신 앞에 한 점 의혹도 없이 열릴 것입니다.

멜빌: 말해주십시오. 당신이 마지막으로 고백성사를 본 이후, 어떤 죄로 양심의 가책을 느끼고 있습니까?

메리: 제 마음은 질투의 증오로 가득 차서, 가슴속에는 복수할 생각이 난무합니다. 죄 많은 이 몸은 신의 용서를 바라면서도, 내 원수를 용서할 수 없었습니다.

멜빌: 지금은 죄를 후회하고, 이 세상을 떠나기 전에 용서하려는 굳

은 결심을 합니까?

메리: 신의 용서를 바라는 절실한 마음만큼이나 진실한 결심입니다.

멜빌: 그 외의 죄 중에 마음에 걸리는 것은 없습니까?

메리: 아! 저의 죄는 증오뿐이 아닙니다. 나는 죄 많은 사랑으로 하느님의 마음을 더욱 아프게 했습니다. 너무도 경박한 이 마음은 신실하지 못하게 저를 속이고 버린 한 남자에게 이끌렸습니다.

멜빌: 당신은 그 죄를 참회하고, 당신의 마음은 그 허약한 우상을 떠나 당신의 신을 향해 돌아섰습니까?

메리: 그것은 매우 치열한 싸움이었습니다만, 결국 저는 이 세상의 마지막 인연을 끊었습니다.

멜빌: 그 외에 양심의 가책이 되는 죄는?

메리: 아! 오래전에 고백한 살인죄가 있습니다. 내 마음은 저를 기다리는 장엄한 심판의 순간에 다가가며 떨리는데, 내 눈앞에 천국의 문은 죽음으로 가려져 있는 것 같습니다. 저는 남편인 왕을 죽인 데다, 남편을 살해한 유혹자에게 몸도 마음도 맡겼습니다. 저는 교회가 명령하는 온갖 속죄를 했습니다. 그러나 회한을 갉아먹는 벌레는 쉽게 잠들려 하지 않습니다.

멜빌: 그 외에, 아직 참회와 속죄를 하지 않은 죄 중에 마음의 가책이 되는 것은 없습니까?

메리: 없습니다. 내 마음을 괴롭히는 것은, 이것으로 남김없이 말씀드렸습니다.

멜빌: 당신의 생각을 모두 알고 계시는 분에 대해, 교회가 불완전한 참회에 대해 내리는 파문에 대해 생각하십시오. 그것은 영원한 죽음을 주는 벌이며, 성령에 대해 저지르는 죄이니까요.

메리: 당신에게 무엇 하나 감추지 않은 이 거룩한 순간만큼이나 진실한 마지막 고투에 대해 신의 자비가 내리기를.

멜빌: 세상에! 당신은 지금 벌을 받는 이유인, 그 범죄를 감추고 계시네요. 엘리자베스의 암살이라는 대역죄에 가담하셨다는 것에 대해서는, 한마디도 하고 계시지 않습니다. 이 소행으로 당신은 지상의 죽음을 감내하면서, 그 때문에 영혼도 타락하길 바랍니까?

메리: 저는 이미 영원한 여로로 떠날 준비를 하고 있습니다. 시곗바

늘이 한 바퀴 돌기 전에, 저는 재판하는 분 앞에 서 있을 겁니다. 그래도 저는 되풀이하겠습니다. 저의 참회는 이것뿐입니다.

멜빌: 잘 생각해보십시오. 마음은 종종 우리를 속입니다. 당신은 확실히 범죄의 의지를 갖고 계시면서, 무섭도록 교묘하게 말을 돌려 죄를 입을 만한 말은 피하셨습니다. 그렇지만 인간이 부리는 어떤 재주도 마음속을 투시하는 불꽃의 눈을 속일 수는 없음을 알아두십시오.

메리: 저는 포승으로부터 풀려나기 위해 모든 국왕들이 힘을 모으도록 부탁했습니다. 그러나 저는 적의 목숨을 노리는 계획을 세워본 적도 없으며, 그런 일을 도모하지도 않았습니다.

멜빌: 뭐라고요! 당신의 비서가 위증했다는 말입니까?

메리: 신의 재판에 맡기겠습니다! 제가 드린 말씀에 틀린 부분은 없습니다.

멜빌: 그렇다면 당신은 자신의 결백함을 확신하면서도 교수대에 올라가시겠다는 겁니까?

메리: 신은 이 부당한 죽음에 의해, 제가 옛날에 저지른 무거운 살인죄를 면하게 해주실 생각이신 것입니다.

멜빌: (그녀의 머리 위에 십자를 긋는다.) 그대로 이루어지기를, 그리고 죽음이 당신을 속죄해주기를 바랍니다! 경건한 제물로서, 제단에 올라가십시오. 피가 저지른 죄는 피로써 씻을 수 있습니다. 당신은 그저 여성으로서의 약점 때문에 잘못을 저질렀고, 약점을 지닌 인간은 도저히 성령을 따라 하늘나라에 들어갈 수 없습니다. 나는 지상에서 맺고 풀 수 있도록 부여받은 힘의 권한으로, 당신의 죄가 사하여졌음을 선고합니다. 당신이 믿은 대로 이루어지기를! (그녀에게 성체를 건넨다.) 성체를 받으십시오. 이것은 당신을 위해 희생한 그리스도의 몸입니다. (그는 탁자 위에 있던 잔을 들어 조용히 기도하여 축성한 후, 여왕에게 건넨다. 그녀는 주저하며 차마 받지 못한다.) 당신을 위해 흘리신 피로 가득한 이 잔을 받으십시오. 받으세요. 교황께서는 당신의 죽음의 순간에 이 은혜를 베푸십니다. (메리는 잔을 받아든다.) 이제 당신은 이 지상에서 당신이 믿는 하느님과 신비롭게 결합되었으므로, 마찬가지

로 죄도 고통도 존재하지 않는 저 천상의 낙원에 가서도 역시 천사의 후광으로 영원히 주와 하나가 되실 것입니다. (그는 잔을 내려놓는다. 밖에서 소리가 들리자 그는 모자를 쓰고, 문 쪽으로 간다. 메리는 조용히 기도하며 무릎 꿇고 있다.)

멜빌: 당신에겐 아직 한 개의 괴로운 시련이 남아 있습니다. 온갖 고통과 증오의 충동을 이길 수 있는 충분한 힘이 있습니까?

메리: (메리는 일어선다.) 저는 어떤 충동의 재발도 두렵지 않습니다. 저는 저의 증오도, 저의 사랑도 신에게 바쳤습니다.

멜빌: 그렇다면, 레스터 경과 버레이 경을 맞을 준비를 하십시오. 저기에 와 계십니다. (레스터는 멀리서 눈을 내리깔고 있다. 버레이가 멜빌과 메리에게 다가온다.)

버레이: 스튜어트님, 당신의 마지막 명을 받들러 왔습니다.

메리: 고마워요.

버레이: 정당한 것이라면 무엇이든 들어드리라는 여왕님의 뜻이옵니다.

메리: 내 마지막 바람은 유언장에 적어두었습니다. 그것은 폴렛에게 맡겨두었으니, 그것을 빠짐없이 실행해주셨으면 합니다.

폴렛: 그 일은 걱정하지 마십시오.

메리: 나의 유해는 성스러운 나라의 흙은 될 수 없으니까, 적어도 심장만이라도 이 충실한 신하에게 들려줘서, 프랑스의 가족에게 보내도록 허락해주십시오. 아아, 나의 심장은 언제나 프랑스를 동경하고 있었으니까요.

버레이: 그렇게 하도록 하겠습니다. 그 외에 원하시는 것은?

메리: 영국 여왕에게 내가 자매로서 보내는 인사를 전해주세요. 내가 사형에 처한 원한을 깨끗이 잊었다고 말해주세요. 나는 어제 그분을 만났을 때 너무 흥분했던 것을 후회하고 있습니다. 신께서 그분을 지켜주시고 평온한 치세를 허락하시기를! (이때 집행관이 들어온다. 그의 뒤에 한나와 메리의 시녀들 등장.) 한나, 진정해, 시간이 없어. 나를 형장에 데려가려고 집행관이 왔어. 이제 헤어져야 해. 안녕. 안녕. (버레이에게) 나의 충실한 유모가 교수대까지 함께 가주었으면 좋겠어요. 내게 이 호의를 베풀어줘요.

버레이: 제게 그럴 수 있는 힘이 없습니다.

메리: 뭐라고요! 이 정도의 부탁을 들어줄 수 없다고요! 그럼 누가 나의 마지막 수반을 들어준다는 말입니까? 한 여자로서 당연히 받아야 할 존중을 인격적으로 모욕하는 일은, 결코 언니의 뜻에 맞을 리가 없습니다.

버레이: 어떤 여자도 당신과 함께 교수대의 계단을 오르는 일은 허용되지 않습니다. 울고 슬퍼하는 일은….

메리: 이 사람은 결코 울거나 하지 않을 거예요. 우리 한나의 단단한 마음에 대해서는 내가 보증하지요. 내게 호의를 베풀어줘요. 죽는 순간에 나를 충실한 유모와 떼어놓지 말아주세요. 나는 이 여자의 팔에 안겨서 이 세상에 나왔어요. 그녀의 부드러운 손이 나를 죽음의 나라로 이끌도록 해줘요.

폴렛: 허락해주시지요.

버레이: 좋습니다.

메리: 부탁은 이것으로 끝입니다. (그녀는 십자가를 들고 거기에 입맞춘다.) 저의 구세주시여, 저를 구원해주시는 주여, 당신의 팔로 저를 받아주소서! (그녀는 몸을 돌려 출발한다. 그 순간 그녀의 눈은 레스터 백작의 눈과 마주친다. 그녀는 비틀거리고, 발이 말을 듣지 않으며, 거의 쓰러질 듯한다. 레스터 백작이 그녀를 잡아준다. 이어 그는 얼굴을 돌리고, 그녀의 시선을 견디지 못한다.) 레스터 백작, 당신은 약속을 지켰어요. 당신은 나를 도와 이 감옥에서 꺼내주겠다고 약속하셨는데, 지금 그 팔을 빌려주고 있잖아요. (레스터 백작은 망연자실해 있다. 그녀는 부드럽게 말을 계속한다.) 그래요. 레스터, 내가 당신에게 원한 것은 단순한 자유만이 아니라, 그 자유를 당신에게서 얻어냄으로써 나를 더욱 소중한 존재로 만들어줄 그런 자유였죠. 이제 나는 곧 이 세상을 떠나 하늘나라로 갈 것이며, 또 머지않아 정령의 몸으로 바뀔 것이므로, 지상의 애착에서 벗어나 어떤 수치심도 없이, 이미 극복한 내 약점을 고백할 수 있어요. 안녕히 계십시오. 그리고 가능하다면, 행복하게 사세요. 당신은 두 여왕에게 사랑을 요구했고, 교만한 사람의 마음을 얻기 위해 사랑하는 사람의 마음을 배신했어요. 엘리자베스의 발치에 무릎을 꿇으세요. 당신이 받아야 할 보상이 형벌

> 로 바뀌는 일이 없기를! 안녕, 이제는 이 세상에 아무 미련이 없어요.

레스터는 메리가 떠난 후 홀로 남아 있다. 그의 마음을 괴롭히는 절망과 수치심은 표현할 길이 없다. 처형이 이루어지는 방에서 소리가 들리고, 그는 귀를 기울인다. 처형이 끝나자 그는 실신한다. 다음에 그가 프랑스로 떠난 사실이 알려진다. 사랑하는 사람을 잃은 엘리자베스의 괴로움은 그녀의 죄를 알리는 시작이다.

모든 종류의 가치에 시의 매력이 덧붙여진 작품에 대한 이상의 불완전한 분석에 약간의 고찰을 덧붙이겠다. 특정 상황 하나로 1막 전체를 만드는 것이 프랑스에서 허용되는지 여부는 모르겠다. 그러나 희망을 빼앗겼기 때문에 일어나는 고통의 휴식은 매우 진실하고 깊은 감동을 자아낸다. 이 장엄한 휴식은 관객에게도 희생자에게도, 자신의 마음 깊숙이 들어가, 거기에서 불행이 드러내주는 모든 것을 느끼게 한다.

고해와 특히 영성체의 장면은, 당연히 비난받아 마땅할 것이다. 그러나 극적 효과가 없기 때문에 비난받는 것은 분명히 아니다. 국교에 입각한 비장미는 너무도 마음에 가까이 와닿으므로, 이 이상의 감동을 주는 것은 없을 것이다. 가장 가톨릭이 강한 스페인에서 가장 종교적인 시인이며, 그 자신 성직에 입문한 칼데론[91]은 극장에서 그리스도교의 주제와 의식을 다루는 것을 허락했다.

그리스도교에 대한 당연한 경의를 잃지 않으면, 시, 미술, 그 밖에

---

91) 스페인의 '황금시대'를 대표하는 3대 작가의 한 사람 칼데론(Pedro Calderon de la Barca, 1600~1681)은 50세 때 사제서품을 받고, 국왕 펠리페 4세의 명예사제가 된다. 국왕에 대한 충성, 가톨릭 교회에 대한 절대적 귀의, 명예 혹은 체면, 감정의 세 가지를 기본적 주제로 삼아 120편에 달하는 희곡을 썼다. 또한 성체의 신비에 관한 주제를 다룬 1막짜리 성찬신비극(*auto sacramental*)의 제1인자이기도 했다. 성체의 축일에 야외에서 공연하기 위해 쓰인 이런 우의극은 76편이 현존한다. 《주의 포도원》(1674), 《상선(商船)》(1674), 《새로운 구빈원(救貧院)》(1675), 《가장 위대했던 날》(1678), 《충실한 양치기》(1678) 등.

영혼을 향상시키고 인생을 아름답게 하는 모든 것에 그리스도교를 끌어들여도 괜찮지 않을까 싶다. 이것을 배제하는 것은, 부모님의 집에서는 중대한 일이나 슬픈 일 외에는 아무것도 할 수 없다고 생각하는 아이를 흉내내는 것과 같다. 우리에게 사리사욕이 없는 마음의 움직임을 일으키는 모든 것 안에 종교가 있다. 시, 사랑, 자연, 신성은 우리의 마음 안에서 아무리 갈라놓기 위해 애를 써도 결합된다. 천재에게 모든 현을 한 번에 울리지 못하게 하면, 영혼의 완벽한 조화는 결코 느낄 수 없을 것이다.

프랑스에서 그토록 빛나고, 영국에서는 그토록 불행했던 메리 여왕은 그 매력과 불행을 찬양한 갖가지 수많은 시의 소재가 되었다. 역사는 그녀를 비교적 가볍게 묘사했다. 실러는 그녀의 성격에 진지함을 더했다. 이렇듯 바뀐 것은 그가 그녀를 묘사하는 데 걸린 시간 탓이다. 20년의 옥중생활, 아니 보통 생활이라도 20년은, 어떻게 보내든지 간에 거의 언제나 엄한 교훈이 된다.

메리와 레스터의 이별 장면은 연극 안에서도 가장 아름다운 장면 중 하나라고 생각한다. 이 순간 메리에게는 무언가 부드러움이 감돈다. 그녀는 아무리 레스터에게 죄가 있어도 그를 가련하게 여긴다. 그녀는 자신이 그에게 어떤 추억을 남기게 될지 감지하는데, 이 마음의 복수는 용서된다. 그녀는 죽는 순간에, 그것도 그가 그녀를 구하려고 하지 않았으므로 죽게 된 그 순간에, 아직 그를 사랑하고 있다고 말한다. 죽음이 우리를 갈라놓는 무서운 이별을 위로할 수 있는 것이 있다면, 그것은 우리의 마지막 말의 장엄함이다. 목적도 희망도 섞이지 않은, 순수하기 짝이 없는 진실이 우리의 마음에서 생명과 함께 나온다.

《잔 다르크》와 《메시나의 신부》

실러는 매력으로 가득 찬 시에서, 프랑스인이 잔 다르크에게 감사의 뜻을 보이지 않은 점을 비난한다.92) 프랑스 역사상 가장 태평했던, 프랑스와 국왕 샤를 7세가 외국의 속박에서 해방된 시대는 아직 볼테르 시의 기억을 지울 만한 작가에 의해 찬양된 일이 없었다. 이 프랑스 처녀 영웅의 명예회복을 시도한 것은 한 외국인이다. 이 처녀 영웅의 업적이 열광을 불러일으킬 만한 것이 아니라고 하더라도, 그 불행한 운명은 그녀에 대한 흥미를 불러일으킬 것이다. 셰익스피어는 영국인이므로 잔 다르크에게 편파적 판단을 내릴 수밖에 없었다. 그럼에도 불구하고 그는 《헨리 6세》라는 역사극에서 그녀를, 처음에는 하늘의 계시를 받았으나 후에 야심의 악마에 의해 타락한 여자로 그렸다. 따지고 보면 프랑스인만이 그녀에 대한 기억을 훼손하고 있다. 그녀가 신랄한 문장으로 국민에게 소개되었을 때 조소에 저항하지 않은 것은,

---

92) 《'볼테르의 처녀'와 '오를레앙의 처녀'》(*Voltaires Pucelle und die Junffrau von Orleans*) (1801)와 같은 시가 1803년의 시집에 다시 한 번 *Das Mädchen von Orleans*이라고 표제를 바꾸어 실렸다. 볼테르의 《처녀》(*La Pucelle*) (1762)는 브왈로의 《보면대》 등의 흐름을 이어받는 영웅희극으로 분류되므로, 조소적인 묘사로 되어 있다. 실러는 그의 시에서 잔 다르크가 조소의 대상이 되어 있는 것을 비난하고, 아무리 조소하는 사람이 있더라도 숭고한 그녀를 향한 사람들의 칭찬은 끊이지 않을 것이라고 말한다. 잔 다르크의 위업을 칭송하는 시는 중세에서는 프랑수아 비용(Francois Villon, 1431/2~1463)의 《옛날 미희의 노래》(*Ballade des Dames de temps jadis*)가 뛰어나다. 또한 16세기 파키에(Etienne Pasquier, 1529~1615)의 《프랑스 고(考)》(*Recherches de la France*) (1560~1621)에서는 잔 다르크가 실로 '신의 기적'으로 받아들여지고, 그것이 거의 지금까지 전해지고 있다. 17세기에는 브왈로가 '지루해 죽겠다'고 평가해 미완으로 끝난 샤플랭(Jean Chaplain, 1595~1674)의 시 《오를레앙의 처녀》(*La Pucelle ou la France délivrée*)가 있다. 18세기에는 볼테르의, 기적에 대한 조소가 사람들에게 강한 인상을 남겼다. 19세기 중반이 되어 잔의 재판기록이 키슈라(Jules-Etienne-Joseph Quichrat, 1814~1882)에 의해 간행되었다. 그것이 샹피옹(Pierre-Honoré-Champion, 1880~1942)에 의해 교정된 1920년경부터, 본격적 연구와 문학작품이 나타나기 시작했다.

우리 국민의 커다란 잘못이다. 그렇지만 진면목을 위해서도, 또 즐거움을 위해서도 이 세상은 엄청 넓으므로, 농담할 수 있는 자유를 빼앗지 않으면서도 존경받을 만한 것을 조소하지 못하게 하는 법을 만들 수도 있을 것이다.

잔 다르크라는 주제는 역사적이면서도 동시에 초자연적이므로 실러는 희곡에 서정성을 삽입했고, 이 혼합은 상연하는 경우에도 매우 훌륭한 효과를 발휘한다. 프랑스어로는 폴뤽트의 독백이나 아타리와 에스테르의 합창에서만 그 예를 찾아볼 수 있다. 극중의 시는 그것이 묘사하는 상황과 따로 떼어놓을 수 없다. 그것은 줄거리로 된 이야기이며, 인간과 운명의 논쟁이다. 서정시는 거의 언제나 종교적 주제와 어울린다. 그것은 영혼을 하늘로 향하게 하고, 무언가 알지 못할 숭고한 체념을 표현해주는데, 그 체념은 우리를 종종 가장 격렬한 정열 가운데 잡아두었다가 우리를 개인적 불안에서 해방시켜 신의 평화를 한순간만이라도 맛보게 해준다.

확실히 흥미가 점점 더해가는 것을 서정시가 방해하지 않도록 신경써야 할 것이다. 그러나 극예술의 목적은 주인공이 죽임을 당하거나 결혼하는 것만이 아니다. 그려지는 사건의 주된 목적은 주로 감정이나 성격의 발전에 도움을 주는 것이다. 따라서 시인이 가끔 극의 줄거리를 중단하고 영혼에게 천상의 음악을 들려주는 것은 잘못이 아니다. 인생과 마찬가지로 예술 안에서도 사람은 명상에 잠기며, 우리들 마음속이나 우리 주변에서 일어나는 모든 것 위를 날아다니는 시간이 있는 것도 좋다.

역사적으로 잔 다르크가 산 시대는 모든 아름다움 중에서 특히 프랑스인의 성격이 드러나게 한 시대로, 불변의 신앙, 여성에 대한 끝없는 존경, 경솔하다고도 할 수 있을 정도의 전장에서의 호전성이 프랑스인을 유럽에서 두드러지게 했다.

16세의 소녀를 떠올려줬으면 한다. 체격은 당당하지만, 얼굴 생김새는 아직 아이 같고, 섬세해 보이며, 하늘에서 부여받은 힘밖에 지니고 있지 않다. 신의 영이 그녀에게 활기를 불어넣으면, 그녀는 종교적 영감에 의해 행동에서도, 말에서도 시인이 된다. 어떤 때에는 깜짝 놀랄 천재처럼 말하는가 하면, 또 어떤 때에는 하늘로부터의 계시를 얻지 못한 것에 대해 완전히 무식함을 보이기도 한다. 실러가 이해한 잔 다르크의 역할은 이러했다. 그는 처음에 보쿠뢰르에 있는 부친의 시골집을 보여준다. 그녀는 프랑스의 형세가 기울었다는 말을 듣고 흥분한다. 나이 든 아버지는 그녀의 슬픔, 공상, 그녀의 열광을 못마땅해 한다. 그는 초자연의 신비를 이해하지 못하고, 통상적으로 볼 수 없는 것에는 모두 악이 숨어 있다고 믿는다. 한 농부가 집시 여자에게 굉장히 의미심장한 방법으로 건네받은 투구를 가지고 온다. 잔 다르크는 그것을 빼앗아 머리에 쓰는데, 그녀의 가족조차 그녀의 눈길을 보고 놀란다.

그녀는 프랑스의 승리, 적의 패배를 예언한다. 어떤 똑똑한 농민이 이제 이 세상에 더 이상의 기적은 일어나지 않는다고 말한다. 그녀는 소리친다.

> 아니오. 아직 한 개 남아 있어요. 흰 비둘기가 나타나 독수리처럼 강하게 이 나라를 잡아 찢는 대머리독수리에게 달려들 거예요. 프랑스를 배반한 거만한 브르고뉴 공, 백 개의 손을 가진 저 탈보트, 골칫거리 섬나라의 살리스베리는 타도될 것이며, 저 섬나라 녀석들은 남김없이 양의 무리처럼 흩어질 것입니다. 주께서, 싸움의 신께서 항상 이 작은 비둘기와 함께 계실 것입니다. 신은 약한 자를 골라, 가냘픈 처녀를 통해 영광을 드러내실 것입니다. 그분은 전능하시니까요.

잔 다르크의 언니들도 멀어져가고, 그녀의 아버지는 그녀에게 밭일에 힘쓰고, 가난한 양치기 여자가 끼어들 일이 아닌 나라의 대사(大事) 같은 데는 상관하지 말라고 분부한다. 아버지는 나가고, 잔 다르크는 홀로 남는다. 어린 시절을 보낸 집을 영원히 떠나겠다고 마음먹자, 회한의 감정이 그녀를 사로잡는다. 그녀는 말한다.

안녕, 그리운 목장이여, 산이여, 사이좋게 지낸 조용한 계곡이여, 잘 있어! 잔 다르크는 이제 너희들의 즐거운 초원 위를 달릴 수 없을 거야. 너희들, 내가 심은 꽃들아, 내가 없어도 피어야 해. 어두운 동굴아, 차가운 샘물아, 잘 있어. 메아리야, 내 노래에 항상 대답해 주었던 계곡의 상냥한 산울림아. 난 떠나서, 다시는 돌아오지 않아. 내게 모든 청명한 즐거움을 전해준 너희들, 나는 너희들로부터 영원히 떠나간다. 새끼 양들아, 히스의 초원으로 흩어지거라. 나는 다른 무리에게 풀을 먹여야 한단다. 성령이 피비린내 나는 위험한 일에 나를 부르고 있어.

나를 부르는 것은 허영이나 세속적 욕망이 아니고 호렙 산의 불타는 떨기의 모습으로 모세에게 나타나, 파라오와 싸우라고 명령하신 분의 목소리야. 언제나 상냥하게 양치기 편을 들어주시는 그 신께서는, 젊은 다윗을 거인과 싸우는 용사로 부르셨어. 그분께서는 내게 이렇게 말씀하셨어 — 떠나라. 그리고 이 세상에 내 이름을 증명하여라. 너의 팔다리는 투박한 청동으로 감고, 부드러운 가슴을 갑옷으로 싸라. 어떤 남자도 네 가슴에 사랑의 불꽃을 쏘아서는 안 된다. 네 머리를 신부가 쓰는 관이 장식하는 일은 없을 것이다. 사랑스러운 아기가 네 가슴에 안기는 일도 없을 것이다. 그러나 이 세상의 모든 여인들 중에서 너만이 싸움터의 영광에 참여하게 될 것이다. 용맹스러운 자들도 풀이 죽어 있을 때, 프랑스의 숙명의 시간이 가까워질 때, 프랑스 국왕의 깃발을 높이 드는 것은 너다. 너는 수확하는 날 밀 이삭을 자르듯이, 교만한 정복자를 넘어뜨릴 것이다. 너의 혁혁한 공이 행운의 톱니바퀴를 거꾸로 돌려서 프랑스의 영웅들에게 구원을 가져다주고, 랭스의 포위를 뚫고 프랑스 왕에게 관을 씌워줄 것이다.

하늘은 내게 이런 소리를 들려주었어. 그분은 당신 의지의 징표로서 내게 투구를 주셨어. 기적의 담금질을 가한 이 철이 내 몸에 닿으

> 면 신성한 힘이 넘치고, 싸움의 천사의 용기가 내 몸 안에 퍼져서 나는 전쟁의 소용돌이 속으로 뛰어들어가 태풍처럼 격렬하게 내 몸을 움직이게 돼. 영웅들이 나를 부르는 소리가 들려. 군마가 몸부림치고, 나팔소리가 울려 퍼져.

이상의 제 1장은 프롤로그이다. 그러나 작품과 따로 떨어뜨릴 수 없다. 잔 다르크가 엄숙한 결심을 하는 순간을 연기해야 한다. 이 부분을 배우가 연기하지 않고 독백으로 끝낸다면, 관객으로 하여금 초자연적인 것을 믿도록 하기 위한 충동과 자극을 빼앗게 될 것이다.

랭스의 대관식까지 잔 다르크의 희곡은 역사와 동떨어지는 일 없이 진행된다. 아녜스 소렐의 성격은 고귀함과 섬세함으로 그려지며, 그것은 잔 다르크의 순수함을 두드러지게 한다. 왜냐하면 이 세상의 모든 장점은 실로 종교적 미덕 앞에 꺼내놓으면 사라져버리기 때문이다. 세 번째 여성이 있는데, 그녀는 애당초 등장하지 않는 편이 나았을 것으로, 이자보 드 바비에르이다. 이 인물상은 조야하고, 효과를 내기에는 대비가 지나치게 강하다. 잔 다르크를 아녜스 소렐에게, 신성의 사랑을 지상의 사랑에 대비시켜야 한다. 여성의 마음에 있는 증오와 배덕은 예술에서 다룰 만한 가치가 없다. 이런 것을 그리는 예술은 타락한다.

잔 다르크가 브르고뉴 공으로 하여금 프랑스 국왕에게 마땅히 바쳐야 하는 충성을 바치도록 이끄는 장면의 착상은 원래 셰익스피어의 것이었는데, 실러는 이를 멋진 방법으로 응용했다. 오를레앙의 처녀는 공의 영혼이 프랑스에 대한 사랑, 당시 이 아름다운 나라의 고귀한 백성이라면 한결같이 마음속에 그토록 강하게 갖고 있던 사랑의 마음에 눈뜨게 해주고 싶어한다.

그녀는 말한다.

> 무슨 말씀이세요? 당신이 살기 어린 두 눈으로 찾고 계신 적이 도대

체 어떤 사람입니까? 당신이 공격하시는 분도 당신처럼 프랑스의 아들이며 왕족이십니다. 당신은 그분의 전우이십니다. 그분의 나라는 당신의 나라이기도 합니다. 이런 말씀을 드리는 저도 당신 조국의 딸이 아닌가요? 당신이 죽이려고 하는 우리는 모두 당신의 동포가 아닌가요? 우리는 양손을 벌리고 당신을 환영할 준비가 되어 있습니다. 우리는 당신 앞에 겸손하게 무릎을 꿇을 것입니다. 우리는 당신에게 향하는 검을 지니고 있지 않습니다. 아무리 당신이 적의 투구를 쓰고 있다고 하더라도 우리는 왕과 닮은 얼굴을 하신 당신의 얼굴을 존경으로 올려다보는 것입니다.

브르고뉴 공은 잔 다르크의 애원을 거절한다. 그는 초자연적 이끌림을 두려워한다.

잔 다르크: 우리는 더 이상 방도가 없어서 당신 발치에 몸을 던지는 것은 아닙니다. 자비에 매달리기 위해 전하 앞에 나타난 것은 아닙니다. 주위를 둘러보십시오, 영국의 진영은 재가 되어, 전하 편의 시체가 전장을 덮고 있습니다. 사방팔방에서 프랑스의 나팔소리가 들립니다. 신의 뜻으로 우리가 이긴 것입니다. 우리는 우리가 쟁취한 승리의 월계수를 우리의 동포와 나누고 싶습니다. 존귀하신 변절자 공작님, 우리에게 오세요. 정의와 승리는 이쪽에 있습니다. 신의 사절인 저는 당신께 형제의 손길을 보내겠습니다. 어떻게든 도와드려서, 저희들 쪽으로 모셔오고 싶은 것입니다. 신께서는 프랑스 편이십니다. 눈에는 보이지 않으시겠지만, 천사들이 프랑스 국왕을 위해 싸우고 계십니다. 그들은 백합꽃으로 온몸을 장식하고 있습니다. 저희들의 숭고한 의지를 보여주는 깃발은 백합과 마찬가지로 순백색이며, 성모님의 깨끗한 모습은 깃발이 상징하는 순결한 상징입니다.

브르고뉴 공: 사람의 마음을 녹이는 듯한 기만에 찬 말들을 늘어놓지만, 이 여자가 말하는 것은 마치 어린애 같다. 악령들이 이 말을 시키는 것이라면, 천진난만한 척을 잘도 하고 있구나. 됐어, 더

이상 들을 필요도 없어. 무기를 들어라. 저 이야기를 듣느니 싸우는 편이 낫겠다.

잔 다르크: 당신은 저를 마녀다, 지옥의 마법사다 하십니다! 평화를 세우고, 증오를 누그러뜨리는 것이 지옥의 일일까요? 화목이 저주받은 곳에서 나오는 것입니까? 조국에 몸을 바치기 위한 싸움이 아니라면, 어떻게 깨끗하고 거룩하며 인간미가 넘칠 수 있을까요? 언제부터 자연이 거꾸로 되어 신께서 정의를 버리고, 악마가 정의를 지키게 된 것입니까? 제가 말하는 것이 진실이라면, 그것은 어디에서 넘치는 말인 것입니까? 양떼 안에 있는 저를 찾아서 양치기 소녀에게 왕실의 이야기를 해주시는 분은 도대체 누구이십니까? 저는 존귀한 분들의 앞에 나온 일이 없고, 말재주도 변변치 않습니다. 그렇지만, 당신의 마음을 움직여야 하는 지금 이 순간에 깊은 직관력이 저를 밝혀줍니다. 지극히 높은 사고에까지 도달할 수 있고, 나라나 국왕의 운명이 제 눈앞에 완연히 보이는 것입니다. 저는 아직 어린애 티를 벗지 못했습니다만, 벼락이 당신의 심장을 비켜가도록 지켜드릴 수 있습니다.

이 말에 브르고뉴 공은 감동하여 동요한다. 잔 다르크는 그것을 눈치채고 "눈물을 흘리셨다. 드디어 져주셨다. 이제 우리 편이다" 라고 외친다.

프랑스인들은 그 앞에 검과 기를 버린다. 샤를 7세가 등장하고, 브르고뉴 공은 그의 발치로 급히 달려간다.

나는 우리를 위해 이 장면을 구상한 것이 프랑스인이 아니었음을 유감스럽게 생각한다. 그러나 어느 나라나 어느 시대에 다같이 통용되는 모든 아름다움과 진실한 것에 이렇듯 자신을 일체화하기 위해서는 천재성과, 특히 소질이 얼마나 필요한 것인가!

무신론자 장군으로 실러가 그리는 탈보트, 하늘에 대해서도 뻔뻔스럽고 죽음을 두려워하면서도 경멸하는 탈보트는, 잔 다르크의 검에 상처를 입고 모독적 언사를 내뱉으면서 무대 위에서 죽는다. 어쩌면 잔 다르크는 인간의 피를 결코 흘리지 않고, 살인하지 않고 이겼다는 전설을 따르는 쪽이 더 나았을지도 모른다. 또한 어느 순수하고 엄격한 취향을 지닌 비평가는, 잔 다르크를 어떤 감정에 의해서건 신에게 부여받은 사명에서 결코 눈을 떼지 않고 죽은 순교자로서가 아니라, 사랑에 민감한 사람으로 그렸다고 실러를 비난했다. 시에서는 그렇게 그려야 했을 것이다. 그러나 완전히 신성한 영혼은 극작품 안에서 초자연적 존재나 우의적 존재와 같은 효과를 낼 수 없는 것은 아닌지 모르겠다. 이러한 존재의 행동은 모두 예전부터 예상된 것이고, 인간적 정열에 의해 움직이지 않으므로 싸움도, 극적 흥미도 우리에게 제공하지 않는다.

프랑스 궁정의 귀족무사들 중에서 용감한 뒤누아가 가장 먼저 잔 다르크에게 결혼을 요청한다. 그녀는 맹세를 지키며 거절한다. 젊은 몽고메리는 싸움 도중에 잔 다르크에게 목숨을 구걸하고, 그의 죽음이 나이 많은 아버지에게 안겨줄 고통을 묘사한다. 잔 다르크는 그의 애원을 거절한다. 이번 일에서 그녀는 의무 이상으로 완강함을 보인다. 그러나 젊은 영국인 라이오넬[93]을 찌르려는 순간, 돌연 그의 얼굴이 그녀의 눈에 들어와 마음이 누그러지고 사랑이 그녀의 마음에 찾아온다. 그때 그녀는 모든 능력을 잃어버린다. 운명의 신과 같은 검은 기사가 싸움 도중 그녀에게 나타나, 랭스에 가지 않도록 충고한다. 하지만 그녀는 그곳에 간다. 대관식의 성대한 의식이 무대에 펼쳐진다. 잔 다르크는 가장 앞줄에서 걷는다. 그러나 그녀의 발걸음은 불안하다. 그녀는 떨면서도 성스러운 깃발을 가지고 있다. 성령이 이제 그녀를 지켜주고 있지 않음이 엿보인다.

교회에 들어가기 전에 멈춰선 그녀는 무대 위에 홀로 남는다. 멀리서 성스러운 예식의 반주를 하는 축제의 악기소리가 들린다. 플루트와 오보에의 곡이 조용히 흐르는 가운데, 잔 다르크는 아름다운 탄식을

93) 몽고메리와 라이오넬은 실러가 창작한 인물이다.

내뱉는다.

무기는 버려지고, 싸움의 폭풍도 잦아들었다. 피의 파도가 지나간 전쟁 후에 노래와 춤이 찾아온다. 거리에는 쾌활한 무용곡이 울려 퍼졌다. 제단도, 교회도 온통 축제의 광채에 휩싸여 있다. 기둥에는 아름다운 화환이 걸려 있다. 국민의 기뻐하는 모습을 서둘러 구경하러 온 외국인들로 이 넓은 마을은 터질 것 같다. 사람들은 모두 같은 생각으로 마음이 부푼다. 어제까지 격렬하게 증오하여 멀어졌던 사람도, 오늘은 같은 기쁨 안에 결합된다. 스스로 프랑스인이라고 말할 수 있는 사람은 그 사실이 자랑스럽다. 낡은 왕관의 반짝임은 한층 빛나며, 프랑스라는 왕실의 손자에게 예의를 갖추어 복종한다.

나 때문에 이런 멋진 날이 왔건만, 함께 기뻐할 마음이 들지 않아. 내 마음은 변했어. 이 죄 많은 마음은 성스러운 축제에서 멀어져가고, 내 모든 생각은 영국의 진영을, 우리의 적병을 향하는구나. 이 마음의 무거운 죄를 모든 사람이 보지 못하도록 나를 둘러싼 기쁨의 무리에서 빠져나오는 수밖에 없다. 네가 누군가? 나 아닌가! 내 나라를 해방시키고, 신의 광채에 둘러싸였던 내가 세속적 사랑의 불꽃을 느껴도 되는 것인가? 지극히 높으신 분의 전사인 내가 프랑스의 적에게 마음을 빼앗기다니! 내가 여전히 태양의 깨끗한 빛을 볼 수 있을까?

아, 이 음악은 얼마나 나를 도취시키는가! 더할 나위 없이 달콤한 음색은, 그 사람의 목소리를 떠올리고, 매력적인 그의 모습을 보여주는 듯하다. 차라리 싸움의 폭풍이 다시 한 번 몰아쳐서 창끝이 부딪히는 소리가 내 주변에서 울려 퍼졌으면. 치열한 싸움 안에서라면 나의 용기도 돌아올 텐데. 이 듣기 좋은 화음은 내 가슴에 스며들어, 내 마음속에 있는 힘을 모조리 서글픈 눈물로 바꿔버리는구나.

아! 나는 왜 그 고귀한 얼굴을 보았던가! 그 순간부터 나는 죄인이 된 거야. 불행한 여자! 신께서는 눈먼 도구를 원하시며, 너는 눈을 감고 신을 따라야 했어. 너는 그를 보았고, 그것으로 다 끝났어, 신의 가호가 너에게서 사라지고 너는 지옥의 올가미에 빠져버렸어. 아! 순박한 양치기의 지팡이여, 왜 나는 너를 검으로 바꾸었던가?

하늘의 여왕이시여, 왜 저에게 나타나셨습니까? 떡갈나무 숲에서, 왜 당신의 목소리를 들었던가? 당신의 관을 거두어주세요. 저는 그것을 받을 자격이 없습니다. 그래요, 저는 천국이 열리는 것을 보고 지복을 받은 사람들의 모습도 보았는데, 저의 소망은 땅을 향하고 있습니다! 오, 성모 마리아님! 당신은 저에게 잔혹한 임무를 맡기셨군요. 신께서 사랑하라고 만드신 이 마음을 제가 무감각하게 할 수 있을까요? 마리아님, 당신의 권능을 보여주고 싶으시면, 그 도구로 당신의 영원한 집에 살 수 있는, 죄를 모르는 자들을 골라주십시오. 정열도, 눈물도 없는 불멸의 순수한 당신의 정령들을 보내주십시오. 감정에 흔들리기 쉬운 처녀, 양을 치는 나약한 마음을 고르지 마십시오. 싸움에서 어느 쪽이 이기건, 그리고 왕들의 다툼이 저에게 무슨 상관이 있을까요! 당신은 저의 인생을 어지럽히셨습니다. 저를 왕의 궁궐로 데려오셨습니다. 그런데 저는 이곳에서 유혹당하고, 잘못을 저질렀습니다. 아! 진정코 저는 이 길을 바라지 않았습니다.

이 독백은 시의 걸작이다. 똑같은 감정은 당연히 똑같은 말로 표현되어야 한다. 시가 심정과 그토록 잘 조화되는 것은 이 때문이다. 왜냐하면 단순한 산문의 언어로는 단조롭게 느껴질 수 있는 것을 시는 듣기 편안한 화음으로 바꾸기 때문이다. 잔 다르크의 불안은 점점 더해진다. 그녀를 높은 곳으로 끌어올린 전능한 손으로부터 버림받았다고 느끼자, 사람들이 그녀에게 경의를 표해도, 감사의 뜻을 보여도 전혀 안심할 수 없다. 결국 이 불안한 예감은 현실이 된다. 그것도 얼마나 엄청난 방식으로인가!

마녀사냥이 얼마나 무서운 결과를 불러일으키는지를 이해하기 위해서는, 온갖 기이한 일들로 이 불가해한 죄의 혐의를 뒤집어씌우던 시대로 옮겨가야 한다. 당시 악이 실제로 존재한다는 믿음은 무시무시한 지옥숭배를 가능하게 했다. 자연의 두려운 대상은 악의 상징이었고, 기묘한 신호는 말이었다. 이유 모르게 이 세상의 일이 잘 풀리는 것은 악마와 결탁했기 때문이라고 생각했다. 마치 신이 무한한 행복의 지배를 의미하듯이, 마법의 말은 제한 없는 악의 제국을 의미했다. **그녀는 마법사다, 그는 마법사다** 라는 저주는 요즘에는 우스꽝스러운 것이지만, 몇 세기 전에는 전율을 불러일으켰다. 이 단어가 입 밖에 나오면, 아무리 신성한 수단으로 묶여 있던 것도 끊어졌다. 아무리 용기가 있어도 그에 도전하는 사람은 없었으며, 이 말이 사람들의 마음에 일으키는 혼란은 너무나 굉장해서 지옥의 악마가 출현하는 것을 보았다고 생각하는 것만으로도 진짜 나타났다고 말해도 좋을 것이다.

잔 다르크의 아버지는 불행한 광신도로, 그 시대의 미신에 사로잡혀 있었다. 그는 딸의 영광을 자랑스럽게 생각하기는커녕, 기사나 영주가 있는 곳까지 나와서 잔 다르크가 마녀라고 고소했다. 그 순간 모든 사람들의 마음은 공포심으로 얼어붙었다. 전우인 기사들은 그녀에게 변명을 요구했으나, 그녀는 침묵했다. 왕이 그녀를 심문했는데, 그녀는 입을 열지 않았다. 주교가 그녀에게 십자가에 대고 그녀의 결백을 맹세하라고 간청했으나, 그녀는 아무 말도 하지 않았다. 스스로 마음에 용서할 수 없는 또 하나의 죄를 느끼고 있었으므로 그녀는 무고한 죄에서 자신을 보호하고 싶지 않았다. 천둥소리가 들렸고, 백성은 두려워했다. 잔 다르크는 그녀가 구한 나라에서 추방되었다. 아무도 감히 그녀에게 가까이 올 엄두를 내지 못했다. 사람들은 뿔뿔이 흩어졌고, 불행한 여자는 마을을 떠난다. 그녀는 황야를 방황한다. 피곤에 지쳐서 목을 축일 음료를 받아드는데, 그녀를 아는 아이들이 그녀의 손에서 이 얼마 안 되는 위안마저 빼앗아간다. 그녀를 감싸고 있다고 믿는 지옥의 공기가 그녀의 손이 닿는 모든 것을 더럽혀서 그녀를 도우려고 하는 사람을 모두 영원한 나락에 빠뜨리기라도 하는 것 같다. 이 은신처에서 저 은신처로 쫓겨난 프랑스의 구원자는 결국 적의 손아귀에 떨어진다.

실러가 **낭만적 비극**이라고 명명한[94] 이 작품은 최상급의 아름다움

94) 실러는《오를레앙의 처녀》의 부제로 이 말을 붙였다. 여기서 '낭만적'이라고 하는 것은, 기적이나 성령의 힘을 믿는 중세풍의 사고방식에 기반을 둔다는

으로 가득 차 있다. 조금 긴 경향은 확실히 있다(독일의 작가는 결코 이 결점에서 벗어날 수 없다). 그러나 너무나 훌륭한 사건이 연달아 눈앞을 통과하기 때문에 상상력은 높은 곳까지 고양되고, 사람들은 이것이 예술작품임을 잊고 그 안에 포함된 경이에 대한 묘사를 여자 주인공의 성스러운 영감을 새롭게 재현한 것이라고 생각한다. 이 서정적 희곡의 유일한 중대한 결점은 결말 부분이다. 실러는 역사적 사실대로 결말을 삼는 대신, 잔 다르크가 영국군의 포로가 되었다가 기적적으로 사슬을 끊고 프랑스 진지에 합류하여 승리를 결정적으로 만든 후 치명적 중상을 입는다고 가상했다. 역사에 전해지는 경이에 견줄 만한 창작상의 경이는 이 주제로부터 약간의 무게감을 빼앗는다. 그런데 루앙에서 영국 귀족들과 노르망디의 주교들에 의해 유죄선고를 받았을 때, 잔 다르크의 태도와 대답보다 멋진 것이 어디 있을까?

역사적 사실에 의하면, 이 소녀는 가장 괴로운 고통을 겪고 있을 때, 가장 흔들림 없는 용기를 낼 줄 알았다. 그녀는 여성스럽게 울었지만, 행동은 영웅적이었다. 그녀는 마법을 사용했다고 힐책받았다. 그녀는 그 혐의를 반박했는데, 그 논법은 현대의 지식인이 쓸 수 있는 정도의 논법이었다. 그러나 그녀는 자신의 인생의 길을 결정한 것은, 그녀가 받은 내적 계시 덕분이라고 끈질기게 주장했다. 그녀를 위협하는 형벌의 공포 앞에서도, 그녀는 영국인 앞에서 일관되게 프랑스인의 힘, 프랑스 왕의 미덕을 증언했다. 하지만 프랑스 왕은 그녀를 저버렸다. 그녀의 죽음은 병사답지도, 순교자답지도 않았다. 대신 여성다운 부드러움과 수줍음 사이로, 마지막에는 마술을 사용한다는 말을 들어도 될 만큼 놀라운 영감의 힘을 발휘했다. 어쨌든, 그녀의 최후는 실제 이야기가 실러의 결말보다 훨씬 감동적이다. 시가 역사상의 인물에게 반짝임을 더하고 싶을 때, 적어도 그 인물을 특징짓는 인상을 주의깊게 남겨두어야 한다. 왜냐하면 위대함은 자연스럽게 보일 때만 진정

의미이다.

감동적인 것이 되기 때문이다. 그런데 잔 다르크라는 주제는 실화가 허구보다 자연스러울 뿐 아니라, 위대함도 더욱 많이 가지고 있다.

《메시나의 신부》는 실러가 그 전까지 썼던, 그리고 다행히도 그 후에 다시 돌아간 것과는 전혀 다른 체계에 의해 창작되었다. 이름 이외에는 새로울 것이 없는 주제를 고른 것은 합창의 장면을 집어넣기 위해서이다. 왜냐하면 근본적으로는 《적대적 형제》[95]와 마찬가지기 때문이다. 다만 실러는 여동생을 하나 더 집어넣었다. 두 형제가 여동생인 걸 모른 채 똑같이 사랑하며, 질투 때문에 한 사람이 다른 사람을 죽인다. 이 자체만으로도 섬뜩한 상황에, 희곡의 일부인 합창이 삽입된다. 두 형제의 하인들의 대화는 흥미를 중단시키고 식게 만든다. 그들 모두가 함께 낭송하는 서정시는 훌륭하다. 그러나 그들이 뭐라고 말을 하건 간에, 결국 시종들의 합창일 뿐이다. 독립적 권위를 갖는 것은 오직 전체 국민뿐으로, 그들은 공평한 구경꾼이 될 자격이 있다. 합창은 후손들의 목소리를 대변해야 한다. 사사로운 정 때문에 부르는 노래는 당연히 우스꽝스러운 것이 된다. 왜냐하면 그들의 목소리가 영원한 진실을 냉정하게 전해준다고 여겨지지 않으면, 동시에 몇 사람이 어떻게 같은 것을 말할 수 있는지 이해할 수 없기 때문이다.

실러는 《메시나의 신부》에 붙인 서문에서, 고대인들의 작품을 그토록 시적으로 만든 인기 있는 이 형식을 현대에 와서 더 이상 사용하지 않는 사실에 대해 당연히 개탄한다. 그는 이렇게 말한다.

> 성은 닫히고, 재판은 도시의 문 앞에서 더 이상 열리지 않는다. 글이 살아있는 말을 대신했다. 그토록 강하고, 그토록 눈에 띄는 민중은 이제 추상적 개념에 지나지 않고, 사람들의 신성은 마음속에만 존재할 뿐이다. 시인은 다시 왕궁을 열고, 노천에서 재판을 행하며, 신들의 상을 나열해야 한다. 결국, 온갖 곳에서 관념을 대치하는 실상에 숨을 불어넣어야 한다.

95) *Racine La Thébaide ou les Frères Ennemis* (1664). 라신의 처녀희곡.

다른 시대, 다른 나라에 대한 갈망은 시적 감정이다. 종교인에게는 하늘이 필요하다. 시인에게는 다른 땅이 필요하다. 그러나 《메시나의 신부》가 무슨 종교예식과 어떤 시대를 표현하는 것인지 모르겠다. 그것은 현대의 생활양식과 다른데, 그렇다고 고대의 것도 아니다. 시인은 온갖 종교를 뒤섞어놓고 있다. 이 혼란이 비극의 고도의 통일성, 모두를 이끄는 운명의 통일을 무너뜨린다. 사건은 잔혹하지만, 그 때문에 일어나는 공포는 온화한 것이다. 대화가 매우 길고 설명적이다. 따라서 모두의 역할이 사건을 아름다운 시구로 말하는 것인 양, 사랑하고 질투하고 형제를 증오하고 죽여도 일반적 사색과 철학적 감정의 영역을 일탈하는 일이 없다.

그러나 《메시나의 신부》에서는 실러의 훌륭한 천재성의 흔적이 보인다. 형이 그를 질투한 동생에게 죽임을 당하자, 유해는 어머니의 궁전으로 운구된다. 그녀는 아들이 죽었다는 사실을 아직 모른다. 관에 앞서 합창이 그녀에게 다음과 같이 그 사실을 알린다.

> 사방에서 불행이 찾아와 마을 전체에 퍼진다. 불행은 사람들이 사는 집 주위를 살금살금 걸어다닌다. 오늘은 이 집 문을, 또 내일은 저 집 문을 두드린다. 어느 집도 예외일 수 없다. 슬프고 불길한 사자는 이르건 늦건 무릇 살아있는 것이 사는 모든 문지방을 넘을 것이다. 나뭇잎이 정해진 계절에 떨어질 때, 힘없는 노인이 무덤 안으로 내려갈 때 자연은 예로부터 내려오는 법칙과 영원한 관습에 유유히 따를 뿐이며, 사람들은 이것을 두려워하지는 않는다. 그러나 이 세상에서 두려워해야 하는 것은 예기치 않은 불행이다. 살인은 폭력에 의해 가장 신성한 인연을 끊어버리고, 또 죽음은 꽃피는 청춘을 스틱스 강가의 배로 납치해간다. 겹겹이 쌓인 구름이 검은 하늘을 덮고 천둥이 심연 속에서 울려 퍼질 때, 사람들은 모두 두려운 운명의 힘을 느낀다. 그러나 구름 없는 하늘에서도 번개가 번쩍이는 일이 있고, 불행은 교활한 적처럼 연회가 한창일 때 접근한다.
>
> 그러니 덧없는 생을 장식하는 재물에 네 마음을 빼앗기지 말라.

소유하는 자는 잃을 것을 생각하고, 행복한 자는 슬픔을 배워라.

자신이 사랑하는 여자, 또 형을 죽인 원인이 된 여자가 실은 자신들의 여동생이었다는 사실을 알았을 때, 동생의 절망은 극에 달하며 자살을 결심한다. 어머니는 그를 용서하고, 여동생은 그에게 살아남아 달라고 부탁한다. 그러나 그의 가책에는 질투가 섞여 있어, 이미 세상에 없는 자를 시샘한다. 그는 말한다.

어머니, 하나의 무덤이 죽인 자와 죽임을 당한 자를 하나로 감쌀 때, 똑같은 궁륭(穹窿)이 우리의 합쳐진 유골을 덮을 때 당신의 저주도 풀리겠지요. 어머니의 눈에서 흐르는 눈물은 당신의 두 자식 위에 똑같이 떨어지겠지요. 죽음보다 강한 중재자는 없으니까요! 죽음은 분노의 불꽃을 끄고, 원수를 화해시킵니다. 또한 연민이 상냥한 여동생처럼 죽음을 싸안은 유골단지 위에 다가와주겠지요.

어머니는 자살을 단념하도록 더욱 아들을 압박한다. 그녀에게 그는 말한다.

어머니, 갈기갈기 찢어진 심장을 갖고 살아갈 수는 없어요. 저는 다시 기쁨을 찾아야 합니다. 그리고 자유로운 정신을 지니고 공기와 합쳐져야 합니다. 어머니는 올바르게도 저희 두 사람에게 당신의 사랑을 똑같이 나누어주셨음에도 질투심이 저의 젊음을 망쳤습니다. 당신은 저보다 형을 더 사랑하고 계시는 어머니의 시선을 제가 견딜 수 있다고 생각하십니까? 죽음은 인간을 신성하게 만들어줍니다. 그 영원한 궁궐 안에서는 죽고 더러워지는 것이 빛나는 깨끗한 수정으로 변하지요. 비참한 인간의 흠도 사라집니다. 어머니의 마음속에서 형님은 저보다 위에 있겠지요. 마치 별들이 땅 위에 있듯이. 그리고 살아있는 동안 우리를 갈라놓은 오래된 경쟁심이 다시 생겨나 끊이지 않고 저의 가슴을 아프게 할 것입니다. 형님은 저보다 먼저 이 세상을 떠나, 당신의 기억 속에서 사랑스러운 영원한 아들이 될 테니까요.

죽음에 대해 느끼는 질투는 섬세하며 진실이 가득 담긴 감정이다. 실제로 그 누가 후회의 감정을 이길 수 있을까? 이제 이 세상에 있지 않은 친구가 우리의 마음에 남긴 천상의 아름다운 모습을 대적할 수 있는 사람이 과연 존재할까? 그는 우리에게 "나를 잊지 마세요"라고 말하지 않았을까? ─ 그는 아무도 보호해주지 않는 저세상에 있는 것이 아닌가? ─ 이 세상에 그가 살아있다면, 우리들 마음속의 성역이 아니고 어디란 말인가? 그리고 이 세상의 행복한 사람들 중 누가, 그에 대한 추억만큼 밀접하게 우리와 묶일 것인가?

《빌헬름 텔》

실러의 《빌헬름 텔》은 생생하게 빛나는 색채에 싸여 있다. 덕분에 우리는 상상의 날개를 타고 존경할 가치가 있는 뤼틀리의 음모가 행해지는 아름다운 풍경 속으로 이동한다. 시의 첫 줄부터, 알프스호른에 울려 퍼지는 소리가 들려오는 것 같다. 산들을 가르고, 저 아래 산기슭부터 하늘까지 닿는 산꼭대기까지 감추는 저 구름들. 골짜기를 넘어 가벼운 사냥감을 쫓는 샤무아 사냥꾼들. 자연과 싸우며, 사람들과는 사이좋게 지내는 목가적이면서도 전투적이기도 한 생활. 이 모든 것은 스위스를 향한 생생한 흥미를 불러일으킨다. 이 비극 안에서는 극중인물로 국민을 등장시킬 수 있었던 기술이야말로 줄거리의 통일에 기여하고 있다.

제 1막에서는 텔의 담력[96]이 화려하게 펼쳐진다. 스위스의 말단 압

96) 추디(Agidius Tschudi, 1505~1572)의 《스위스 연대기》(*Chronicon helvitium*)

제자 한 사람에 의해 제물로 바쳐진 한 불행한 추방자가 은신처가 있는 건너편 기슭으로 도망치려 하고 있다. 폭풍이 심해 선장 중 어느 누구도 호수 맞은편까지 그를 태워줄 용기가 없다. 그가 비탄해 하는 것을 보고, 텔은 위험을 무릅쓰고 그와 함께 파도 위에 나가 성공적으로 상륙시킨다. 게슬러의 횡포가 원인이 된 모의에 텔은 가담하지 않았다. 슈타우하하, 발터 퓌르스트, 그리고 멜키탈의 아놀트가 반란을 계획하고 있다. 텔은 그 반란에서 영웅이긴 하지만 주모자는 아니다. 그는 정치에 대해서 생각하지 않는다. 그가 압정에 대해 생각하는 것은, 자신의 평화로운 생활이 어지럽혀졌을 때뿐이다. 압정에 의한 침해를 느끼면 자신의 팔로 물리친다. 그는 독자적 법정에서 판결을 내리지만, 음모는 세우지 않는다.

공모자의 한 사람인 멜키탈의 아놀트는 발터의 집에 숨어 있다. 게슬러의 손아귀에서 도망치기 위해 아버지의 집을 떠나야만 했다. 그는 아버지를 홀로 두고 온 것을 걱정한다. 그가 아버지의 안부를 근심하여 수소문했는데, 마침 그때 아들인 자신이 영주의 명령에 따르지 않고 도망쳐버려서, 그의 늙은 아버지를 벌하기 위해 잔인한 관리들이 달군 쇠로 아버지의 두 눈을 멀게 했다는 소식을 듣게 된다. 그가 느낀 절망과 분노를 그 무엇에 비길 수 있겠는가! 그는 복수하지 않을 수 없다. 그가 조국을 해방시킨 것은 아버지를 눈멀게 한 폭군들을 죽이기 위해서이다. 3명의 공모자는, 게슬러의 무시무시한 굴레에서 시민들을 해방시키거나 아니면 죽음을 택하겠다는 엄숙한 맹세로 맺어진다. 그때 아놀트는 외친다.

(1734)에 의하면, 텔은 뤼틀리 동맹의 일원이지만, 중요한 인물은 아니다. 또한 사과 표적의 이야기도 북구 게르만의 전설이나, 인도, 페르시아, 그리스 등에서도 보인다. 텔이 실재했는지 여부에 대해서는 15세기 이전의 기록이 없다. 15세기 후반에 쓰였다고 생각되는 노래에서 텔과 사과의 이야기를 연결시키는 것이 보이며, 시대가 내려감에 따라 텔이 영웅시되고 있다.

> 오! 눈먼 늙은 아버지. 자유의 날이 온다고 하더라도 당신은 그것을 볼 수 없어요. 하지만 우리가 모여 외치는 함성이 아버지 귀에도 들리겠지요. 봉우리에서 봉우리로 싸움의 신호인 봉화가 불타오르면, 폭군의 견고한 성채가 무너지는 소리가 당신의 귀에 들리겠지요. 그때는 스위스인들이 당신의 집에 달려가서 기쁜 소식을 당신의 귀에 속삭여줄 겁니다. 그리고 당신을 감싸는 어둠 속에도 축제의 불빛이 스며들 겁니다.

제3막은 역사의 면에서도, 또 희곡의 면에서도 줄거리의 주요 부분을 점한다. 게슬러는 광장의 한가운데 창 위에 모자를 꽂아놓고는 모든 농민들이 그 모자에 인사해야 한다고 명령한다. 텔은 그 모자 앞을 오스트리아 총독의 의사에 따르지 않고 지나친다. 그러나 따르지 않는 것은 단순히 부주의했기 때문이다. 왜냐하면, 텔의 성격에는, 적어도 실러가 그려내는 데에 따르면, 어떤 정치적 의견도 표명하는 부분이 없기 때문이다. 산노루처럼 야성적이고 자유롭게 살아가지만, 자유를 위한 권리에는 관심이 없었다. 텔이 인사하지 않은 것에 대해 힐책당하고 있을 때, 마침 게슬러가 매를 손에 얹은 채 등장한다. 이 상황은 이미 회화적이고 중세 같다. 게슬러의 두려운 권력과 스위스의 매우 소박한 풍속은 두드러진 대조를 보인다. 계곡과 산이 둘러싼 고적한 야외에 이런 독재가 있다는 사실에 사람들은 놀란다.

텔이 명령을 지키지 않은 것이 게슬러에게 보고된다. 텔은 명령에 따라 인사하지 않은 것은 일부러 그런 것이 아니며, 몰랐기 때문이라고 변명한다. 화가 난 게슬러는 잠시 침묵하더니 이렇게 말한다.

"이보게 텔, 너는 활의 명인이었지. 너의 활은 과녁을 벗어나지 않는다지?"

텔의 12세 된 아들이 부친의 실력을 자랑하며 큰 소리로 말한다.

"그건 진짜예요. 영주님, 우리 아빠는요, 나무에서 100걸음 떨어져서도 사과를 쏴서 떨어뜨릴 수 있어요."

게슬러: 이 아이가 네 자식인가?

텔: 예, 그렇습니다.

게슬러: 다른 자식이 또 있나?

텔: 예. 아들이 둘 있습니다.

게슬러: 어느 아들이 더 귀여운가?

텔: 두 명 모두 제 자식입니다.

게슬러: 그렇다면, 텔, 너는 100걸음 떨어져서 나무에서 사과를 떨어뜨릴 수 있으니, 그 실력을 눈앞에서 보여줬으면 하네. 자, 활을 들어라. 마침 거기 들고 있군. 자, 준비해라. 이 아이의 머리에서 사과를 맞춰 떨어뜨리는 것이다. 하지만 잘라 말해두겠는데, 잘 노려라. 사과에도 아이에도 맞지 않는다면, 네 놈의 목은 없는 걸로 생각해라.

텔: 영주님, 저더러 무슨 일을 하라고 하시는 겁니까? 누구를 쏘라고요? 저더러 제 아들을 향해 활을 쏘라니요! 아니오, 못합니다, 그것은 영주님 뜻이 아닐 것입니다. 신께서 영주님을 지켜주시기를! 자식의 아비에게 영주님이 그런 것을 원하실 리가 없습니다.

게슬러: 네 아들 머리 위에 사과를 놓고 쏘아라. 내가 그렇게 하라고 말하고 있으며, 네가 그렇게 하길 원한다.

텔: 저더러 제 아이의 귀여운 머리를 노리라는 말씀이십니까! 차라리 죽여주십시오.

게슬러: 활을 쏘든지, 아니면 자식과 함께 이 자리에서 죽든지.

텔: 저더러 제 자식을 죽이라고요! 영주님, 당신은 자식이 없으시지요. 부모의 마음이 얼마나 아픈지, 아실 리가 없습니다.

게슬러: 뭐라고? 텔, 갑자기 분별력을 잃었구나. 원래 너는 몽상가로, 기발한 일을 좋아한다는 소문을 들었다. 그러므로, 나는 너에게 기회를 주는 것이다. 네 일이다. 한번 해보아라.

게슬러를 둘러싼 사람들은 텔을 불쌍하게 생각하고, 말할 수 없이 잔인한 형벌을 선고하는 폭군의 마음을 누그러뜨리려고 한다. 아이의 할아버지인 노인이 게슬러의 발치에 몸을 던진다. 머리에 사과를 얹고

활이 당겨지길 기다리던 아이가 할아버지에게 말한다.

그 사람에게 무릎 꿇지 마세요. 자, 내가 어디에 서 있어야 하는지 말해줘요. 이까짓 것 무섭지 않아. 우리 아빠는 나는 새도 맞추는 분인데, 빗나가서 자기 자식의 심장을 맞히거나 하는 일은 없어.

슈타우하하가 나서서 말한다.
"영주님, 죄 없는 이 아이가 가엽지 않으십니까?"

게슬러: 아이를 저 보리수에 묶어라.
아이: 묶는다고? 묶는 것은 싫어. 나는 새끼 양처럼 가만히 있을 거야. 하지만 만약 나를 묶는다면, 나는 마음대로 날뛸 거야.

게슬러의 마구간지기 루돌프가 아이에게 말한다.

루돌프: 눈가리개만 하면 되겠지.
아이: 싫어. 아빠가 쏘는 화살을 내가 무서워할 줄 알고? 나는 눈썹 하나 까딱하지 않고 기다리고 있을 거야. 자, 아빠, 아빠가 얼마나 활을 잘 쏘는지 보여줘. 저 사람은 아빠의 실력을 의심해서 우리들을 죽일 수 있다고 우쭐거리나 봐. 못된 저 사람들을 실망시켜줘. 어서 활을 쏘아서 과녁을 맞춰, 자.

아이는 보리수 밑에 선다. 사과가 그의 머리 위에 놓인다. 스위스인들은 아직 게슬러 주위에 모여서, 텔의 용서를 빈다. 게슬러는 텔을 향해 이렇게 말한다.

게슬러: 너는 사람을 죽일 수 있는 무기를 사용해도 벌을 받지 않는다고 생각했는가? 무기는 가진 것만으로도 위험한 것이다. 농민이 부당하게 무기를 갖고 있는 것은 무엄한 일로서 이 지방을 모독하

는 일이다. 명령하는 사람 이외에는 아무도 무기를 지니지 않는 것이다. 활을 지니는 것이 그렇게 좋다면, 그것을 사용하는 목표는 내가 정해주겠다.

텔: 길을 비키시오, 비켜주시오.

텔이 외친다. 구경꾼들은 모두 떨고 있다. 그는 활을 당기려고 하지만 힘이 빠지고 현기증이 난다. 그는 게슬러에게 자신을 죽여달라고 애원한다. 게슬러는 완고하다. 텔은 오랫동안 주저하며, 무시무시한 고통과 싸운다. 게슬러를 바라봤다가, 하늘을 올려봤다가 한다. 갑자기, 화살통에 손을 넣고, 두 번째 화살을 꺼내 들어, 허리춤에 찌른다. 쏘아버린 화살의 뒤를 쫓아가듯 그는 고꾸라진다. 화살은 날고, 사람들은 소리친다.

"아이는 살아있다!"

아들은 아버지의 품안으로 달려 들어와 말한다.

"아빠, 화살이 박힌 사과는 여기 있어. 난 알고 있었어. 아빠는 내게 상처 따위 입히지 않는다는 걸."

아버지는 아이를 안은 채, 힘없이 쓰러진다. 텔의 동료들이 그를 부축해 일으키고, 축하한다. 게슬러가 다가와 무슨 생각으로 두 번째 화살을 준비했는지 묻는다. 텔은 말하고 싶어하지 않지만, 게슬러는 고집한다. 진실을 말한다면 목숨을 살려줄 수 있는지 텔은 묻는다. 게슬러는 승낙한다. 그러자 텔은 복수의 눈으로 영주를 바라보며 말한다.

만일 제가 첫 번째 쏜 화살이 저의 귀여운 아들을 맞혔다면, 두 번째 화살로 당신을 쏠 생각이었습니다. 이 화살은 당신을 비껴나가지 않았을 겁니다.

이 말에 격노한 게슬러는 텔을 감옥에 데려가도록 명령한다.

이 장면은 이상에서 알 수 있듯, 오래된 연대기 중에서 이야기되는 옛날이야기와 마찬가지로 단순하다. 텔은 비극에 등장하는 영웅처럼 그려져 있지 않다. 그는 게슬러에게 전혀 맞서려고 생각하지 않았다. 그는 여러 점에서 보통의 헬베티[97] 농민들과 같은 특성을 지녔다. 일상적으로는 온화하며 평화를 좋아하지만, 그들의 마음에 전원생활이 잠재워놓은 감정이 뒤섞일 때에는, 무서운 사람이 된다. 알토르프 근처에 사과를 맞춘 후의 텔 부자의 모습을 조야하게 조각한 석상이 있다.[98] 텔은 한 손에 아들을 안고, 다른 한 손으로는 훌륭한 역할을 해준 것을 감사하기라도 하는 것처럼 화살을 가슴에 대고 있다.

텔은 사슬에 묶여 게슬러와 같은 배로 루체른 호수를 건넌다. 도중에 뇌우가 습격한다. 잔인한 남자는 두려움에 자신이 희생시킨 남자에게 도움을 청한다. 텔의 사슬이 풀린다. 폭풍 속에서 텔이 키를 잡는다. 암초에 가까워지자, 그는 깎아지른 벼랑에 매달린다. 이상의 일이 제4장의 처음 부분에 나오는 이야기이다. 텔은 그 나라에서 아내와 아이들과 함께 평화롭게 살 수 없음을 알게 된다. 그때 그는 게슬러를 죽여야겠다고 마음을 굳힌다. 그의 목적은 외국인의 속박으로부터 조국을 해방시키는 것이 아니다. 그는 오스트리아가 스위스를 통치해야 하는지 어떤지 모른다. 그가 알고 있는 것은, 한 남자가 한 남자를 정당하지 않게 대했다는 것이다. 그는 한 아버지가 자기 자식의 심장 곁을 과녁으로 하여 활을 당기도록 강요당했다는 사실을 알고 있으며, 그러한 중죄를 저지른 자는 죽어야 한다고 생각한다.

그의 독백은 훌륭하다. 그는 살인을 생각하며 몸을 떨지만, 그래도 그의 결심의 합리성을 티끌만큼도 의심하지 않는다. 이날까지 그는 화살을 이용했지만, 그것은 사냥이나 경기에서 죄 없이 사용하는 방식이었다. 그에 비해, 이제 하려는 일은 얼마나 어려운 행동인가. 그는 바

97) 헬베티는 지금의 스위스 지역이다. 철기시대에 켈트인이 이주해왔고 기원전 1세기에는 그중의 한 부족인 헬베티 민족이 거주했다.

98) 마담 드 스탈이 말하고 있는 텔의 상은 1786년 작으로, 현재는 텔의 고향으로 일컬어지는 뷔르그렌의 교회 앞 광장에 설치되어 있다. 알토르프(Altdorf) 광장에는 1891년 작인 좀더 멋진 것이 설치되어 있다.

위에 걸터앉아, 그 우회로를 지나갈 것이 분명한 게슬러를 숨어 기다린다. 그는 말한다.

> 여기서 순례자는 한 번 잠깐 쉬고, 다시 여행을 시작한다. 경건한 수도승은 숭고한 사명을 이루기 위함이며, 먼 나라에서 온 상인이 이 길을 지나는 것은, 세상 저편의 끝까지 가기 위함이다. 모두가 나름대로 일을 마치기 위해 길을 지나간다. 그리고 내가 해야 할 일은 살인인 것이다! 옛날에 아버지는 집에 돌아올 때는 항상 아이가 기뻐할 만한 것을 가지고 돌아오셨다. 알프스의 산 속에서 발견한 꽃, 희귀한 새, 조개 화석. 하지만 지금 그 아버지는 바위 위에 앉아, 죽음의 생각으로 꽉 차서 적의 목숨을 노리고 있다. 그것은 너희 아이들, 너희들을 보호하고 너희들을 적의 공격으로부터 막기 위한 것이다. 복수의 활을 당겨서 너희들의 목숨과 죄 없는 너희들의 천진함을 구해주기 위한 것이다.

잠시 후 멀리 게슬러가 산을 내려오는 것이 보인다. 남편이 감옥에 있어 애통해 하는 불행한 여자가 게슬러의 발치에 몸을 던져 남편을 풀어달라고 애원한다. 그는 그녀를 무시하고 밀어낸다. 그녀는 다시 한 번 간청한다. 말의 고삐를 잡고, 자기를 말발굽으로 밟아 죽여주거나 남편을 돌려달라고 애걸한다. 게슬러는 이 애원에 화를 내며, 스위스 국민에게 아직 자유를 너무 많이 남겨둔 자신의 잘못이라고 말한다. "나는 그 고집 센 저항을 부수어버릴 것이다. 그 뻔뻔한 독립정신을 굽힐 것이다. 나라 안에 완전히 새로운 법률을 공포할 것이다. 나는 또…"

이 말을 내뱉은 순간, 화살이 날아와 그를 관통한다. 그는 쓰러지며 외친다.

"이것은 텔의 화살이다."

"알고 있었구나."

바위 위에서 텔이 소리지른다. 곧 국민의 환호성이 들린다. 이렇게 스위스의 해방자들은, 오스트리아의 속박에서 벗어나자는 맹세를 지켜낸 것이었다.

《마리아 스튜아르트》가 그녀의 죽음으로 끝났어야 하는 것처럼, 당연히 이 희곡도 여기서 마쳐야 했을 것이다. 그러나 실러는 두 작품 모두에 일종의 부록 혹은 설명을 덧붙였다. 주된 대단원이 끝난 다음에는 이미 귀를 기울이기가 힘들다. 엘리자베스는 메리의 처형 후에도 다시 등장한다. 우리는 레스터가 프랑스로 출발하는 것을 알았을 때, 그녀의 낭패감과 고통의 입회인이 된다. 이 시적 판결은 상상되어야 할 부분이지 실제로 연기될 부분은 아니다. 관객은 메리의 마지막 모습을 본 후에 엘리자베스를 보는 것을 견딜 수 없다. 《빌헬름 텔》의 제 5막에서, 요한 파리치다[99]가 수도승으로 변장하여 텔에게 숨겨달라고 부탁한다. 그는 상속권을 거절당해서 큰아버지인 황제 알브레히트를 암살한 것이다. 그의 확신에 의하면, 텔과 그는 동일한 죄를 저질렀다. 텔은 혐오감을 느껴서 거절하고, 두 사람의 살인동기는 전혀 다르다는 것을 설명한다. 이 두 사람을 대비시키는 것은 정당하며 천재적인 발상이다. 그러나 이 대비는 읽기에는 재미있지만, 연극으로는 성공할 수 없다. 지능은 극적 효과를 내는 데 별로 쓸모없고, 극적 효과를 준비하는 데 필요하다. 그러나 만약 그것을 느끼기 위해서도 지능이 필요하다면, 가장 지적인 관중조차도 좋아하지 않을 것이다.

요한 파리치다의 부록은 연극에서는 생략되었고, 화살이 게슬러의 심장을 뚫을 때 막이 내린다. 《빌헬름 텔》의 초연 직후, 이 아름다운 작품의 존경할 만한 작가에게 치명적 화살이 날아왔다. 게슬러는 가장 잔혹한 계획을 세우고 있을 때 죽었다. 실러는 너그러운 마음밖에 가지고 있지 않았다. 이 인간이 세우는 모든 계획의 적인 죽음이 상반된

99) 존속살인자 요한(Johann Parricida, 1290~1313)은 합스부르크가 루돌프 1세의 손자이다. 백부 알브레히트 1세가 권력을 한 몸에 모을 수 있도록 요한이 받을 권리가 있는 상속 재산을 주지 않은 것에 대해 원한을 품고 백부를 암살했다.

두 개의 의지를 똑같이 분쇄해버린 것이다.

《괴츠 폰 베를리힝겐》과 《에그몬트 백작》

괴테의 극작 활동은 두 개의 다른 관점에서 고찰될 수 있다. 상연할 목적으로 쓰인 그의 희곡에는 우아함과 기지가 넘치지만, 그 이상은 없다. 반대로, 상연하기가 매우 어려운 극작품에서는 비범한 재능이 보인다. 괴테의 천재성은 연극이라는 제한 안에 가두어두기엔 불가능해 보인다. 그를 그 틀 안에 머물게 하면, 그는 독창성의 일부를 잃어버린다. 그가 독창성을 완전히 되찾는 것은 자유롭게 온갖 장르를 섞을 수 있을 때뿐이다. 어떤 예술이라도 제한이 없을 수는 없을 것이다. 회화, 조각, 건축은 각자 특유의 법칙을 따르며, 마찬가지로 무대 예술도 몇 가지의 조건 아래에서만 효과를 낼 뿐이다. 이들 조건이 가끔 감정이나 사고를 제한한다. 그러나 연극은 인간 집단에 어찌나 지대한 영향을 미치는지, 상상을 초월하는 희생을 강요당해도 연극의 위력은 발휘되게 마련이다. 독일에는 필요한 것 모두가 갖춰져 있다고 할 만한 멋진 극장이 있는 도시는 한 군데도 없으므로, 희곡은 상연되기보다는 읽히는 쪽이 훨씬 많다. 그 때문에 작자는 무대의 관점보다는 독서의 관점에 따라 작품을 창작하게 된다.

문학에 있어서, 괴테는 거의 항상 새로운 시도를 한다. 독일의 취향이 무언가 과격한 쪽으로 기울어져 있다는 생각이 들면, 바로 그 반대 방향을 취하려고 한다. 말하자면 그는 마치 황제와 같이 동시대인의 정신을 관리하고, 그의 저작은 예술 안에 침입하는 악폐(惡弊)를 번갈아 승인하고 추방하는 법령과 같다고 말할 수 있을 것이다.

괴테는 독일의 프랑스 희곡 모방에 질려 있었으며, 그의 주장은 타당했다. 왜냐하면 프랑스인도 마찬가지로 질려 있었으니까. 그래서 괴테는 역사극 《괴츠 폰 베를리힝겐》을 셰익스피어 식으로 구성했다. 이 희곡은 상연을 목적으로 한 것은 아니었다. 그러나 같은 양식의 모든 셰익스피어 극과 마찬가지로, 이 작품도 상연이 가능했다. 괴테는 실러의 《군도》와 같은 역사상의 시대를 골랐다. 그러나 도덕적으로도 사회적으로도 온갖 속박에서 해방된 인간을 등장시키는 대신에, 그들의 개인적 가치에 커다란 영향을 미치는, 황제 막시밀리안의 치세하의 영주들의 기사도 인생이나 봉건적 생활을 여전히 옹호하는 한 노기사의 모습을 그렸다.

괴츠 폰 베를리힝겐은 전쟁에서 오른손을 잃고 용수철을 의수(義手)로 삼아 훌륭하게 창을 잡았기 때문에 철의 손이라는 별명이 붙어 있었다. 그는 당시 용기와 충성심으로 이름을 떨친 기사였다. 정부의 권위가 모든 것을 짓누르기 이전의 귀족들의 자립성이라는 것이 어떤 것이었는지 표현하기 위해 선택된 모델로는 훌륭한 모델이었다. 중세에는 모든 성이 요새였으며, 모든 영주가 군주였다. 전투부대의 설립이나 대포의 발명이 사회질서를 완전히 바꿨다. 국가 혹은 국민이라 칭해진 일종의 추상적 권력이 도입되지만, 개인은 점점 그 중요성을 잃어갔다. 괴츠와 같은 성격의 사람들은 이러한 시대의 변화에 고통스러워했음에 틀림없다.

독일에서 군인 기질은 다른 어느 곳에서보다도 조야하다. 그렇기 때문에 제국의 병기창에서 볼 수 있는 그 철의 남자들을 아직까지도 실제로 그릴 수 있는 것이다. 그러나 소박한 기사도적 습관은 괴테 희곡에서 매력 넘치게 그려진다. 싸움 안에 살고 갑옷을 입은 채 잠이 들며 끊임없이 말에 올라타 포위되었을 때를 빼놓고는 쉬는 일도 없이 자신의 모든 것을 전쟁을 위해 쓰고 전쟁만을 바라보는 이 늙은 괴츠, 그는 인생이 줄 수 있는 이해와 활동에 대한 가장 높은 이상을 제공한다고 할 수 있다. 그의 장점이나 단점 모두가 선명하게 표현되어 있다. 과거에 친구였던 바이스링겐에 대한 그의 우정은, 바이스링겐이 적이 되어 몇 번이나 그를 배신한 뒤에도 더할 수 없이 관대한 것이었다. 용감한 전사가 보여주는 배려는 완전히 새로운 방식으로 사람의 마음을 감동시킨다. 우리의 한가로운 삶 안에는 사랑하기 위한 시간이 있다. 그러나 파란만장한 인생 가운데 마음 깊은 곳에서 느끼는 이러한 감정의 섬광은 깊은 감동을 준다. 이 비할 데 없이 아름다운 하늘의 선물이나 배려는 꾸민 듯 보여서 공포스러울 정도인데, 그래서 가끔은 진실함의 보증으로 조야함이 필요하기도 하다.

괴츠의 아내는 옛날 플랑드르파의 초상화 같은 분위기를 내뿜는다. 복장, 눈빛, 차분한 언동 자체가 남편밖에 모르고, 남편만을 찬미하며, 남편이 아내를 지키는 것과 마찬가지로 아내가 남편을 섬기는 것은 숙명이라고 믿는 순종적 아내의 모습을 나타낸다. 이 여성과 현저히 대조적이며, 더할 나위 없이 사악한 인물로 아델하이트가 등장한다. 그녀는 바이스링겐을 유혹하여 친구와의 약속을 깨뜨리게 만든다. 그녀는 그와 결혼한 후 머지않아 부정(不貞)을 저지르려 한다. 그녀는 그의 시동(侍童)으로 하여금 자신을 열렬히 사랑하게 만들어서, 이 불행한 젊은이의 심기를 불편하게 하여 결국에는 주인의 잔에 독을 타게 만든다. 인물의 묘사가 강하긴 하지만, 일반적으로 관습이 매우 순수한 경우에 거기서 벗어나는 여성은 곧바로 완전히 타락하는 것도 어쩌면 사실일 것이다. 사람들에게 사랑받고 싶은 욕망은 현대에는 그저 애정이나 호의의 유대일 뿐이지만, 옛날의 엄격한 가족적 삶에서는 다른 모든 것으로 파급될 수 있는 일탈이었다. 이 죄 많은 아델하이트는 희곡 가운데서 가장 아름다운 장면 중 하나인 비밀재판의 장을 만들 수 있는 여지를 제공한다.

서로 상대를 모르는 수수께끼의 재판관들이 계속 가면을 쓴 채, 한밤중에 모여 조용히 벌을 주고는, 죄인의 가슴을 찌른 단도 위에 비밀재판이라는 무시무시한 말을 새길 뿐이었다. 그들은 유죄선고를 받을 사람의 창문 아래에서 "불행, 불행, 불행"이라고 세 번 외침으로써 그가 처형될 것을 미리 알려주었다. 그러자 그 불행한 인간은 가는 곳마다, 외국인 중에서도, 동향인 중에서도, 심지어 친척 중에서도 자신을 죽일 수 있는 인간이 있다는 사실을 알게 되었다. 고독, 군중, 도시, 시골, 모든 것이 죄인들을 쫓는, 무장한 의식의 눈에 보이지 않는 존재로 가득 찼다. 전체가 개인보다 강할 것이 당연한데도 개인이 전체보다 강했던 시대에는, 이러한 두려운 제도가 얼마나 필요했는지 알 수 있다. 범죄자에게 변론의 여지를 주기 전에 정의는 범죄자를 꼼짝 못하게 해야 했다. 그러나 마치 복수의 그림자처럼 공중에 떠 있는 이러한 벌, 같은 편의 마음마저 숨기게 하는 이러한 죽음의 판결은 저항하기 어려운 공포의 마음을 불러일으켰다.

또한 괴츠가 성내에서 방어하기 위해, 성의 창문에서 납을 벗겨내 폭약을 만들도록 명령하는 장면도 훌륭하다. 이 남자에게는 미래에 대한 경멸과 현재의 강렬한 힘이 있는데, 이는 정말로 칭찬할 만하다. 마지막으로 괴츠는 그의 전우들이 모두 죽는 것을 목격한다. 그도 상처받고 잡히며, 곁에는 아내와 여동생만이 남는다. 남자들, 그것도 야성적인 남자들 사이에 살면서 그들과 함께 자신의 성격이나 완력을 행사하기 원했던 그가 이제 여자들에게만 둘러싸여 있다. 그는 자신의 사후에 남겨야 할 이름을 생각한다. 죽음을 눈앞에 두고 깊이 생각한다. 다시 한 번 태양을 보고 싶다고 요구하고, 그때까지 마음을 차지한 적은 없으나 결코 의심한 적도 없는 신에 대해 생각하며, 생명보다도 전쟁을 아쉬워하면서, 용감하고 쓸쓸하게 죽음을 맞는다.

이 희곡은 독일에서 매우 사랑받고 있다. 옛 시대의 독일 풍습이나 의상이 충실하게 재현되어 있으며, 옛날 기사도에 관한 모든 것이 독일인의 마음을 감동시킨다. 누구보다도 관객을 개의치 않는 괴테는, 관객의 마음을 끌어당길 수 있으리라 확신했기 때문에 희곡을 운문으로 쓰는 노력을 기울이지 않았다. 이것은 대작을 의도한 것이지만, 그 의도는 겨우 완성되었을 뿐이다. 꾸며낸 듯하다고 생각되는 모든 것에 대해 작자가 엄청난 짜증을 내고 있으며, 작품에 안정된 표현을 부여하는 데 필요한 기교마저도 싫어하는 것을 느낄 수 있다. 희곡 여기저기에 미켈란젤로의 붓 터치와 같은 천재적 반짝임은 있지만, 많은 것을 남겨두었다고나 할까, 많은 것을 기대하게 만드는 작품이다. 중요한 사건이 일어나는 황제 막시밀리안 치세의 특징은 충분히 그려져 있지 않다. 결국 괴테의 작품을 굳이 비난하자면, 이 희곡의 형식이나 언어에서 상상력이 충분히 구사되지 않은 점을 지적할 수 있을 것이다. 그는 일부러, 의도적으로 그것을 거부했다. 그는 이 극이 그 자체이기를 바랐다. 극작품 안에서는 이상적 인물의 매력이 모든 것을 주재해야 한다. 비극의 등장인물들은 비속하거나 부자연스러워질 위험성이 항상 있으며, 천재는 이들 중 어느 한쪽의 결점으로부터도 인물들을 지키지 않으면 안 된다. 셰익스피어는 사극을 쓰면서도 끊임없이 시인이었으며, 라신은 서정성이 풍부한 비극 《아타리》 안에서 헤브라이인의 풍습을 끊임없이 면밀하게 관찰했다. 극작가로서의 재능에는 자연도, 기교도 불가결한 요소이다. 기교는 꾸며낸 듯한 것과는 아무런 관계가 없다. 그것은 완벽하게 진실하며 자연발생적인 영감으로, 특정 상황에 보편적 조화를, 지나쳐가는 순간에 지속적인 추억의 위엄을 부여하는 것이다.

《에그몬트 백작》은 괴테 비극 중에서 가장 아름다운 작품으로 생각된다. 이것은 분명 괴테가 《젊은 베르테르의 슬픔》의 집필과 동시에 쓴 것일 것이다. 이들 두 개의 작품에는 똑같이 영혼의 정열이 보인다. 이 작품은 파르마의 공비 마가리타의 물러터진 네덜란드 통치에 질린 펠리페 2세가 알바 공을 보내 그녀와 교대시키려는 시기에 시작된다. 왕은 오렌지 공과 에그몬트 백작이 지닌 인기에 불안해 한다. 그들이 개혁의 동지들을 은밀히 지원하고 있는 것은 아닌지 의심한다. 모든 것이 결집되어 더할 나위 없는 매력을 지닌 에그몬트 백작상이 만들어진다. 그는 부하 병사들로부터 숭배되며, 그들을 이끌고 많은 승리를 거뒀다. 스페인 공녀는, 프로테스탄트에 대해 행사되는 엄격함을 그가 몇 번이나 비난하는 것을 그에게 듣고는 있지만, 그의 충성심은 믿는다. 브뤼셀의 주민들은 그를 옥좌 가까이에서 그들의 자유를 지켜주는 인물이라고 생각한다. 마지막으로, 역사적으로 상당한 명성을 지닌 오렌지 공의 사려 깊은 정책이나 말 없는 신중함은 에그몬트 백작의 고결한 무모함을 한층 돋보이게 한다. 그는 알바 공의 도착 이전에 자기와 함께 도망가자고 간청하지만, 에그몬트 백작은 귀담아듣지 않는다. 오렌지 공은 고결하고 현명한 인물로, 그의 충고를 거절할 수 있는 것은 영웅적이긴 하지만 사려가 결여된 헌신일 뿐이다. 에그몬트 백작은 브뤼셀의 주민들을 저버리고 싶지는 않다. 그는 숙명에 몸을 맡긴다. 왜냐하면 그가 거둔 많은 승리가 그로 하여금 행운을 기대하게 했고, 또 그가 군인으로서 그토록 빛나는 인생을 살게 해준 여러 장점을 공무에서도 여전히 지니고 있었기 때문이다. 이 아름답고도 위험한 장점은 그의 인생에서 중요한 요소이다. 대담무쌍한 그의 마음은 결코 공포를 실감하지 않지만, 사람들은 그에게서 공포심을 느낀다. 그의 전체적 인물상은, 그 주위의 여러 인물들에게 부여하는 바로 그 인상에 의해 매우 능란하게 그려져 있다. 희곡 주인공의 마음의 초상을 그리기는 쉽다. 이 초상에 따라 이 인물을 움직이거나 말하게 하기 위해서는 그 이상의 재능이 필요하다. 주인공이 병사나 국민이나 영주 등 그와 관련되는 모든 사람들에게 바치는 찬미에 의해 그를 알게 만드는 데는 더 많은 재능이 필요하다.

에그몬트 백작은 젊은 아가씨, 클레르히엔을 사랑하고 있다. 그녀는 브뤼셀의 시민계급 출신의 딸이다. 그는 어두운 은신처로 그녀를 만나러 간다. 이 사랑은 그의 마음보다 그녀의 마음에 더 넓은 부분을 차지한다. 에그몬트 백작의 영광과 그 영웅적 가치의 눈부신 특권, 빛나는 명성은 클레르히엔의 상상력을 완전히 지배한다. 에그몬트의 사랑은 선량함과 상냥함으로 넘친다. 그는 근심거리와 정무를 이 젊은 아가씨 곁에서 달랜다. 그가 그녀에게 말한다.

> 세간의 소문으로 듣는 에그몬트는 말이 없고, 엄격하고, 위엄으로 가득 차 있다. 그것은 여러 사건들이나 사람들과 싸우지 않으면 안 되는 에그몬트이지. 하지만 소박하고 애정이 많은, 신뢰할 수 있는

행복한 이 에그몬트, 클레르히엔, 이것이 너의 에그몬트야.

클레르히엔에 대한 에그몬트의 사랑만으로는 이 희곡의 재미를 다 설명할 수 없을 것이다. 그러나 불행이 끼어들자, 멀리서밖에 그려지지 않던 감정은 놀랄 만큼 뚜렷해진다.

알바 공이 이끄는 스페인 사람들의 도착이 알려진다. 이 혹독한 민족이 해맑은 브뤼셀 사람들 사이에 뿌리는 공포의 묘사는 볼 만하다. 큰 뇌우가 접근하자 남자들은 집에 돌아가고, 동물들은 몸을 떨며, 새들은 지면 가까이 날면서 그곳에 피난처를 구하는 듯하다. 자연 전체가 대재해의 위협에 대비하고 있다. 이렇듯 플랑드르 지방의 불행한 주민들의 마음은 공포로 가득 차 있다. 알바 공은 에그몬트 백작을 브뤼셀 시내에서 체포하고 싶지 않다. 그는 민중의 봉기를 두려워하고 있으며, 도시를 한눈에 볼 수 있고 요새와 인접한 자신의 거처로 희생제물을 유인하고 싶어한다. 죽이려는 남자를 그의 거처에 오도록 결심시키기 위해, 그는 젊은 아들 페르디난트를 이용한다. 페르디난트는 이 플랑드르의 영웅에게 끝없는 존경의 마음을 안고 있다. 그는 부친의 무시무시한 의도에 조금도 의심을 품지 않고, 에그몬트 백작에 대한 뜨거운 열정을 표명하여, 이 열광은 솔직한 기사로 하여금 이러한 아들의 부친은 적이 될 수 없다고 납득하게 만든다. 에그몬트는 알바 공의 거처에 머무는 데 동의한다. 사악한 충복, 펠리페 2세의 대사는 몸이 달아 초조하게 기다리다가, 창가에 서서 멋진 말에 올라탄 그의 모습을 멀리서 알아본다. 그것은 에그몬트가 승리자가 된 전장 중에서 획득한 말이다. 알바 공은 에그몬트 백작이 그의 거처 쪽으로 한 걸음씩 가까워질 때마다 잔혹한 기쁨으로 가득 찬다. 말이 멈추자 그는 불안해진다. 그의 가련한 마음은 범죄 때문에 두근거린다. 에그몬트가 마당에 들어서자, 그는 외친다.

한쪽 발이 묘지에 들어왔다. 두 발 다 들어왔다. 철문이 닫힌다. 내

수중에 들어왔다!

에그몬트 백작이 나타난다. 알바 공은 상당한 시간을 들여 네덜란드의 통치에 대해 그와 이야기를 나눈다. 새로운 의견을 억누르기 위해 엄격함을 이용할 필요가 있다는 이야기도 한다. 그에게는 이미 에그몬트를 속일 마음이 없다. 그러면서도 자신의 책략에 만족하고, 당분간 그것을 천천히 음미하려 한다. 마지막으로 에그몬트 백작의 너그러운 마음을 분개하게 만들고, 토론에 끌어들여 짜증나게 만들어서 그로부터 격렬한 말을 이끌어낸다. 순간적 충동에 의해 도발적 행동을 하는 것처럼 보이려 하지만, 그것은 전부터 계획된 행동이다. 지금은 자신의 손안에 들어와 있으며, 몇 시간 후에는 제거하게 될 남자에 대한 이 정도의 신중함은 도대체 어디에서 오는 것일까? 정치적 암살에는 항상, 그 희생물을 앞에 뒀을 때조차 자신을 정당화하고 싶다는 막연한 바람이 있기 때문이다. 그가 하는 말이 자기 자신이나 다른 사람을 설득할 수 없다고 하더라도, 스스로의 변명을 위해 무슨 말인가를 하고 싶어한다. 아마 어떤 사람도 범죄로 손을 더럽힐 때에는 반드시 핑계를 만들지 않으면 못 견딜 것이다. 그러므로 극작품의 진정한 윤리성은 작가가 마음대로 할 수 있으며 많은 경우에 역사에 의해 부정되었던 시적 정의에 존재하는 것이 아니라, 악덕을 혐오하고 미덕을 사랑하도록 만드는, 악덕과 미덕의 묘사방법에 존재하는 것이다.

에그몬트 백작의 유폐에 대한 소문이 브뤼셀에 퍼져 나가자마자, 사람들은 그가 죽게 될 것임을 안다. 아무도 이미 정의 따위를 문제삼지 않는다. 공포에 사로잡힌 그의 신봉자들은 그를 옹호하기 위한 한마디도 감히 내뱉지 못한다. 한때 같은 이해관계로 결속되어 있던 사람들을 의심이 갈라놓는다. 각자가 느낌과 동시에 상대방에게 전달되는 공포에서 확실한 복종이 생겨난다. 모든 인간이 모든 인간에게 안기는 공포, 열광 후에 금세 생기는 그 민중의 비열함이 이 상황에서 훌륭하게 그려진다.

다만 저 클레르히엔, 자신의 집에서 결코 나가는 일이 없었던 수줍은 처녀만이 브뤼셀의 공공광장에 나와, 뿔뿔이 흩어진 시민들을 큰 소리로 불러모으고, 그들이 지녔던 에그몬트를 향한 열정, 그를 위해서라면 죽을 수도 있다고 말한 그들의 맹세를 상기시킨다. 그녀의 목소리를 들은 사람들은 모두 전율한다. 브뤼셀 시민 중 한 사람이 그녀에게 말한다. "아가씨, 에그몬트에 대한 이야기를 입에 올려서는 안 돼. 그 이름을 말하면 목숨이 날아가."

그녀는 외친다.

클레르히엔: 내가, 내가 그분의 이름을 입에 올려서는 안 된다고요! 당신들은 모두 수천 번 그 이름을 인용하지 않았던가요? 온갖 곳에 그분의 이름이 쓰여 있지 않았나요? 하늘의 별들조차도 그 반짝이는 글자를 쓰는 걸 내가 본 적이 없다고요? 제가 그분의 이름을 어찌 입에 올리지 않을 수 있겠어요! 어떻게 된 거죠, 선량한 여러분? 여러분의 정신이 혼미해진 건가요, 여러분은 이성을 잃으신 건가요? 그렇게 불안하고 두려워하는 모습으로 나를 쳐다보지 마세요. 공포에 떨며 눈을 내리깔지 마세요. 내가 요구하는 것은, 여러분이 바라는 것입니다. 내 목소리가 여러분 마음의 목소리가 아닌가요? 오늘밤 신 앞에 엎드려 에그몬트의 목숨을 구해달라고 기도하지 않을 사람이 이중에 누가 있어요? 서로 물어보세요. 여러분 중 누가 '에그몬트의 석방 아니면 죽음을 달라'고 집에서 말하지 않을 건가요?

브뤼셀 시민: 아아, 신이시여, 더 이상은 당신의 말씀을 듣지 않게 해주십시오! 분명 무서운 일이 일어날 겁니다.

클레르히엔: 아무쪼록 여기에 계셔주세요! 제가 그분에 대해 말한다고 해서 멀리 가지 말아주세요. 전에는 군중의 웅성거림으로 그분이 나오셨다는 걸 알 수 있었고, 다들 "에그몬트 님이 나오셨다, 행차하신다"라는 외침이 들리면, 열렬한 열정으로 그분이 계신 곳에 모여들지 않았습니까. 그러면 그분이 지나가시는 길목에 사는 사람들은 자신이 행복하다고 느꼈지요. 그분의 말발굽소리를 듣자

마자 모두가 일손을 멈추고 그분을 맞이하러 달려갔고, 그분의 눈길에서 뿜어 나오는 빛은 여러분의 풀 죽은 얼굴을 희망과 기쁨으로 물들였습니다. 여러분 가운데는 문가에까지 아이를 데리고 와서, 팔로 번쩍 들어 외치던 사람들도 있었어요. "보렴, 그 훌륭한 에그몬트 님이야. 그분이다. 너희들의 불쌍한 아버지들이 견뎌낸 것보다 훨씬 행복한 시절을 너희들에게 안겨주실 분이야." 아이들은 여러분이 약속했던 시대가 어떻게 되었느냐고 묻지 않을까요? 그런데 어떻게 된 겁니까! 이런 말을 할 여유가 없군요, 여러분은 아무것도 하고 있지 않고, 그분을 배신하고 있습니다!

클레르히엔을 연모하는 친구 브라켄부르크는 그녀에게 떠나도록 애원한다. 그는 부르짖는다.

"당신의 어머님이 뭐라고 말씀하실까?"

클레르히엔: 내가 어린아이나 미친 사람이라도 된다고 생각해? 아니, 그들에게 내 말을 들려줘야 해. 시민 여러분, 내 말에 귀를 기울여주세요. 여러분은 동요하고 있습니다. 여러분을 위협하는 위험 때문에 스스로 귀를 막고 있는 것입니다. 아, 옛날 일을, 바로 하루 전의 일을 생각해보세요! 장래를 생각하세요. 그분이 죽으면 여러분은 살아갈 수 있습니까. 살아가게 해줄까요? 그분과 함께 여러분의 자유의 마지막 입김이 사라지는 겁니다. 여러분에게 그분이 전부가 아니고 무엇입니까! 그분이 수없이 위험에 몸을 맡긴 것은 누구를 위해서입니까. 그분은 여러분을 위해 상처를 입었습니다. 여러분 생각으로 가득 차 있던 그 위대한 영혼이 지금 독방에 갇혀 살해의 덫에 둘러싸여 있습니다. 그분은 여러분을 생각하며, 아마도 여러분에게 희망을 걸고 있을 것입니다. 오늘까지 여러분에게 넉넉히 나눠주기만 했던 그분이 처음으로 여러분의 도움을 필요로 하는 것입니다.

브뤼셀 시민: (브라켄부르크에게) 그녀를 데려가라. 그녀는 우리를 괴롭힌다.

클레르히엔: 뭐라고요! 내게는 아무런 힘도 없습니다. 여러분처럼 무기를 잘 다룰 줄 몰라요. 하지만, 여러분에게 없는 것이 내게는 있습니다. 용기와 위험을 두려워하지 않는 마음입니다. 내 마음은 여러분을 강하게 감동시킬 수 없을까요? 나는 여러분 가운데 들어가고 싶어요. 아무런 방어도 하지 않는 군기가 사기 높은 군대를 결집시키는 일은 자주 있었습니다. 내 정신은 불꽃처럼 여러분 앞을 지나갈 것입니다. 열광이나 사랑이 동요하여 분산된 이 사람들을 결집시킬 것입니다.

브라켄부르크는 클레르히엔에게, 가까이에 스페인 병사들이 있어서 그녀의 말을 들을 수 있다고 주의를 준다.

브라켄부르크: 자, 우리가 어떤 곳에 있는지 알겠지.

클레르히엔: 어떤 곳! 에그몬트 님이 나타나면 그분의 머리 위로 훌륭한 돔이 친절하게 인사를 하는 것처럼 보이던 하늘 밑이지. 나를 그분의 감옥으로 데려가줘. 그 낡은 성으로 가는 길을 너는 알고 있지. 나를 안내해줘. 따라갈게.

브라켄부르크는 클레르히엔을 그녀의 집으로 데려가고, 에그몬트 백작에 관한 정보를 얻기 위해 다시 나간다. 그가 돌아온다. 마지막 결심을 굳힌 클레르히엔은 그가 알 수 있었던 정보를 말해달라고 조른다. 그녀가 외친다.

클레르히엔: 판결은 내려졌어?

브라켄부르크: 내려졌어. 틀림없어.

클레르히엔: 그분은 아직 살아계신 거야?

브라켄부르크: 응.

클레르히엔: 어떻게 그걸 확신할 수 있어! 독재정치에서는 고결한 남자의 처형은 그날 밤에 이루어지고, 그 피는 사람들이 볼 수 없는 곳에 감춰지지. 그 충격받은 민중은 잠들어서, 자신들이 그를 구

해내는 꿈을 꾸어. 그런데 그러는 동안 분개한 그의 영혼은 이미 이 세상을 떠나버린 거야. 그분은 이미 살아계시지 않아. 나를 속이지 말아줘. 그분은 이미 이 세상에 없어.

브라켄부르크: 아니야, 다시 말하지만, 아! 그분은 살아계셔. 그 이유는 스페인 사람들이 압정을 가하려는 민중에게 두려운 광경을 준비하고 있기 때문이야. 아직까지 자유가 살아 숨쉬는 마음들을 모두 분쇄해버릴 수 있는 광경을.

클레르히엔: 이제 말해줘. 나 역시 나의 사형선고를 조용히 들을게. 나는 이미 지복을 받은 분들이 살고 계시는 지역에 가깝게 왔는걸. 벌써 평화의 나라로부터 내게 위로가 오고 있어. 자, 말해.

브라켄부르크: 떠도는 소문을 들어봐도 그렇고, 경호원이 늘어난 점을 보아도, 오늘밤 공공광장에서 무언가 무서운 일이 일어날 것이라는 의심이 들어. 난 몇 번이나 돌아서 창문이 광장을 향한 어떤 집에 닿았어. 스페인 병사들이 손에 횃불을 들고 빙 둘러싸고 있었는데, 그 횃불이 바람에 흔들리고 있었어. 이 희미한 불빛 너머로 시선을 집중하니, 놀랍게도 높은 교수대가 보였어. 몇 사람이 열심히 널빤지를 검은 천으로 덮고 있었지. 그리고 계단은 이미 장례식 천으로 덮여 있는 거야. 마치 끔찍한 제물의 봉헌식을 거행할 것 같은 분위기였어. 하얀 십자가가 교수대 한쪽에 세워져서, 밤하늘에 마치 은처럼 빛나고 있었어. 두려운 확증이 그곳, 내 눈앞에 펼쳐지고 있었어. 하지만 횃불이 하나둘씩 꺼졌고, 이윽고 모든 것이 모습을 감추었어. 그러자 밤의 범죄행각은 어둠 속에 묻혀버렸지.

알바 공의 아들은 에그몬트를 죽이기 위해 자신이 이용당한 것을 알고, 무슨 수를 써서라도 그의 목숨을 구하고 싶어한다. 에그몬트는 그에게 단 하나, 즉 자신이 죽은 후 클레르히엔을 보살펴줄 것만을 부탁한다. 그러나 그는 그녀가 사랑하는 사람에 뒤처지지 않도록 스스로 죽음을 택한 것을 알게 된다. 에그몬트는 죽는다. 아버지에 대한 페르디난트의 통렬한 원한은, 이 세상에서 아들 이외에는 아무것도 사랑할 수 없는 알바 공이 받는 벌이다.

몇 가지만 변경하면 이 줄거리를 프랑스풍으로 번안하는 것이 가능하다고 생각한다. 프랑스 연극에 도입할 수 없는 장면은 언급하지 않고 지나간다. 우선 첫 번째로 비극을 시작하는 장면. 에그몬트의 병사들과 브뤼셀 시민들이 모여서 에그몬트의 공적에 대해 이야기를 나누고 있다. 자연스러우면서도 자극적인 방법으로 그의 공적이 이야기되고, 그들의 말이나 이야기에서는 에그몬트가 그들에게 갖게 한 높은 신뢰감이 느껴진다. 셰익스피어가 율리우스 시저의 등장을 꾸며낸 것과 같은 방식이며, 같은 목적으로 발렌슈타인의 부대가 그려진다. 그러나 우리 프랑스에서는, 비극의 위엄과 통속적 어조가 섞이는 것은 견딜 수 없는 일일 것이다. 프랑스의 2류 비극은 그 때문에 자주 단조로워진다. 거드름 피우는 말이나 항상 영웅적인 상황은 필연적으로 그 수가 적어진다. 게다가 프랑스에서 감동은, 단순하나 진실한 세부, 가장 사소한 상황에도 생명을 부여하는 세부에 의해 상상력이 매료되지 않는 한, 영혼 깊숙이 들어오는 법이 거의 없다.

클레르히엔은 무척이나 부르주아적인 환경 속에서 등장한다. 어머니는 엄청난 속물이고, 클레르히엔과 결혼하기로 한 남자는 그녀에 대해 격렬한 감정을 품고 있다. 그러나 에그몬트가 서민 남자의 라이벌로 그려지는 점은 바람직하지 않다. 클레르히엔을 둘러싼 모든 것이 그녀의 영혼의 순수함을 부각시키는 역할을 하는 것은 사실이다. 그럼에도 불구하고, 회화예술의 원칙 중 하나인 빛을 부각시키는 그림자는 프랑스 연극에서 받아들여지지 않는다. 한 장의 그림 속에서 빛과 그림자를 동시에 보게 되는 경우에는, 쌍방의 효과를 동시에 받아들이는 일이 가능하다. 한 편의 희곡에서는 그렇게 되지 않는다. 희곡에서는 줄거리가 연속되어 있고, 다음 장면에서 효과적으로 반영될 것을 고려해 불쾌감을 주는 장면이 허용되지 않는다. 대조는 다양한 아름다움, 그러나 항상 아름다운 것 중에 있지 않으면 안 되는 것이다.

괴테 비극의 결말은 전체와 어울리지 않는다. 에그몬트 백작은 교수대에 걸음을 옮기기 전에 잠시 잠이 든다. 잠결에, 이미 이 세상에는 없는 클레르히엔이 천국의 빛에 둘러싸여 나타나, 그가 실현한 자유의 원리가 언젠가 승리를 얻게 될 것이라고 말한다. 그 훌륭한 대단원은 역사극으로 적합하지 않다. 독일인들은 일반적으로, 끝이 문제라고 곤혹스러워한다. 그들에게는 "10걸음 나아가야 할 때, 9걸음 간 것은 여정의 절반을 간 것이다"라는 중국인들의 격언이 딱 맞아떨어진다. 어떤 식으로든 결말을 보기 위해 필요한 지성에는 일종의 노련함과 계산이 요구되는데, 그것은 온갖 작품에서 독일인이 보이는 막연하고 두서없는 상상력과는 조화되지 않는 것이다. 대체로 결말을 보기 위해서는 기교가, 그것도 다량으로 필요하다. 왜냐하면 실생활에서는 거의 결말이 나지 않으며, 사실이란 서로 얽혀서 시간의 흐름 속에서 사라지게 마련이기 때문이다. 주된 사건의 윤곽을 명확하게 하고 모든 부수적 사건을 동일 목표를 향해 수렴할 수 있게 하려면, 단지 연극이 무엇인지 알면 된다. 그러나 독일인은 효과를 꾀하는 것을 거의 위선이라고 생각하며, 계산은 영감과 양립할 수 없는 정도로 생각한다.

그럼에도 괴테는 독일의 모든 극작가 중에서 지성의 노련함과 대담함을 조화시키기 위한 수단을 가장 많이 가진 작가라고 할 수 있다. 그러나 극적 상황을 꼼꼼히 들춰내어 연극에 어울리는 것으로 만드는 노력은 기울이지 않는다. 상황 자체가 아름다우면, 그는 그 밖의 것에는 신경 쓰지 않는다. 바이마르에 사는 그의 관객들은 그의 작품을 기다리고, 그의 작품이라고 아는 것만으로도 충분하다. 그리스인 합창대처럼 인내심이 많으며 총명하다. 대개의 지배자나 민중이나 왕들이 그렇게 하는 것처럼 단지 자기를 즐겁게 해주면 좋겠다고 요구하는 것이 아니라, 우선 무엇이 자신들을 감동시킬 수 없는지를 분석하고 설명하면서 스스로 즐기려고 몸을 맡긴다. 이러한 관객은 판단력에서도 스스로 예술가인 셈이다.

《타우리스 섬의 이피게니에》, 《토르쿠아토 타소》 등

독일에서는 시민비극, 멜로드라마, 많은 말이나 기사가 등장하는 대 스펙터클의 극이 상연되고 있었다. 괴테는 문학을 엄격한 고전형식으로 돌리자는 생각을 하고 《타우리스 섬의 이피게니에》를 지었는데, 이것은 독일인들에게 고전시의 걸작이다. 이 비극은 그리스 조각과 같은 인상을 준다. 비극의 줄거리는 매우 중후하고 차분하므로, 등장인물은 상황이 바뀌어도 항상 변하지 않는 품위를 지니고, 그 때문에 매 순간은 언제까지나 기억에 남는다.

《타우리스 섬의 이피게니에》의 소재는 너무나 유명하므로, 새로운 방법으로 다루기가 곤란했다. 그러나 괴테는 여자 주인공에게 실로 훌륭한 개성을 부여함으로써 그렇게 하는 데 성공했다. 소포클레스가 그린 안티고네는 고대의 종교보다도 순수한 종교라도 등장시킬 것 같은 성녀이다. 괴테의 이피게니에는 안티고네와 마찬가지로 진실을 존중하지만, 철학자의 냉정함과 무녀의 열정을 겸비하고 있다. 아르테미스에 대한 순진한 신앙과 은신처인 신전은 멀리 떨어진 그리스를 그리워하는 그녀의 몽상적 삶을 보여주기에 충분하다. 그녀는 자기가 살고 있는 이 야만적인 지방의 풍습을 온화하게 하고 싶어한다. 사람들은 그녀의 이름을 알지 못하지만, 그녀는 왕중왕의 딸로서 주위에 은혜를 베푼다. 그러나 그녀는 어린 시절을 보낸 아름다운 나라를 잊을 수가 없다. 그녀의 마음은 스토이시즘(*Stoicism*)과 그리스도교 정신의 중간 심정이라고 말할 수 있는, 강하고 온화한 체념으로 가득 차 있다. 이피게니에는 그녀가 모시는 신과 조금 닮았다. 그녀의 모습은 그녀에게서 조국을 앗아간 구름에 둘러싸여 있는 것으로 나타난다. 실제로 추방된 몸, 그것도 그리스로부터 멀리 추방된 몸은 자기 자신의 마음 이외에서는 기쁨을 허락받지 못한다. 오비디우스[100] 역시 타우리스에서

100) Publius Ovidius Nasō(BC 43~AD 18?). 로마의 시인으로 대표작은 《변신

멀리 떨어진 땅으로 유배 갔을 때, 황량한 해안의 주민들에게 헛되이 그의 멋진 말을 들려주었다. 그는 예술이나 아름다운 하늘, 또한 둔감한 사람들에게조차 우정의 기쁨을 얼마간 맛보게 하는 생각의 공유를 추구하려고 헛수고를 했다. 그의 재능은 자신을 설명하기 위해 발휘되었고, 쓸 곳이 없는 수금은 음침한 북풍을 반주로 구슬픈 가락을 연주할 뿐이었다.

탄탈로스[101]의 후예를 짓누르는 운명, 어찌할 수 없는 숙명에 의해 일어나는 이러한 몇몇 불행의 위력을 괴테의 《타우리스 섬의 이피게니에》보다 더 잘 그려낸 작품은 현대에서 따로 찾을 수 없다고 나는 생각한다. 이 이야기 전체를 통해서 종교적 두려움을 느낄 수 있으며, 등장인물 자신이 예언자처럼 말하고, 신들의 권능의 손에 의해서만 움직이는 것 같다.

괴테는 토아스를 이피게니에의 은인으로 삼고 있다. 다른 많은 작가들이 그려내는 것처럼 토아스를 맹렬한 남자로 그렸다면, 작품의 너그러운 색조와 어울리지 않았을 것이며 조화를 흩뜨렸을 것이다. 여러 비극에서 모든 악의 근원이 되는 도구로 폭군이 놓인다. 그러나 괴테 정도의 사색가가 개성을 전개하지 않고 인물을 등장시키지는 않았을 것이다. 그런데 죄를 저지르는 사람의 마음은 항상 복잡하기 때문에, 이 정도로 단순한 수법으로 다뤄지는 주제에는 넣을 수 없었다. 토아스는 이피게니에를 사랑하고 있다. 그는 그녀와 이별하며 동생인 오레스토와 함께 그리스에 돌아올 결심을 하지 못한다. 이피게니에는 토아스가 모르는 사이에 출발할 수도 있을 것이다. 그녀는 그런 거짓을 스

이야기》(*Metamorphoses*)이다.

101) Tantalos. 그리스 신화에 나오는 탄탈로스 일족의 조상으로 제우스의 아들이라고 함. 부유한 왕이었으나 천상계에서 신들의 음식물을 훔쳐서 인간에게 주었기 때문에 지옥에 떨어져 영원한 가책을 받게 되었다. 늪 속에 목까지 잠겨 있는 탄탈로스의 머리 위에는 익은 과일이 열려 있는 나뭇가지가 늘어져 있는데, 탄탈로스는 과일을 딸 수 없고 물도 마실 수 없어 영원한 굶주림과 갈증으로 고통받고 있다고 한다.

스로에게 용납할 것인지, 동생에게 또 자기 자신에게 물어본다. 그것이 작품 후반부의 중심이다. 결국 이피게니에는 모든 것을 토아스에게 밝히고, 그의 저항과 싸우며, 그에게서 "안녕"이라는 말을 얻어내고, 여기에서 막이 내린다.

이렇게 구상된 주제는 확실히 순수하고 고급이다. 섬세하고 정성이 들어간 묘사만으로 관객을 감동시킬 수 있다면 바람직하겠지만, 아마도 그것은 극장에서는 무리일 것이다. 이 희곡은 볼 때보다 읽을 때가 더 재미있다. 이러한 비극이 본질로 삼는 것은 비장미가 아닌 감탄이다. 서사시의 노래를 듣는 것과 같은 기분이 들고, 전체에 넘치는 냉정함은 오레스토에게마저 전달될 정도다. 이피게니에와 오레스토가 서로 남매라는 사실을 알게 되는 장면은 극히 생생하다고는 할 수 없지만, 아마도 매우 시적이라고 할 수 있을 것이다. 거기에서 아가멤논의 가족에 대한 기억이 훌륭한 솜씨로 환기된다. 역사나 우화에 그려짐으로 해서 풍부해진 고대세계의 모습이 뚜렷이 눈에 보이는 듯하다. 또한 가장 아름다운 언어, 가장 고양된 감정도 흥미롭다. 이 정도로 고상한 시는 영혼을 고귀한 명상에 빠지게 하므로, 극적 움직임이나 다양성은 더욱 필요하지 않게 된다.

이 작품 안에는 인용할 거리가 많이 있으나, 그중에서도 다른 데 견줄 수 없는 것이 하나 있다. 고통의 한가운데에서 이피게니에는 가족 누구나 알고 있는, 어린 시절 유모가 불러준 오래된 노래를 떠올린다. 이것은 지옥에서 파르카에[102]들이 탄탈로스에게 들려주는 노래이다. 파르카에들은 탄탈로스에게 지난날 황금으로 된 식탁에서 신들과 식사를 함께했던 과거의 그의 영화를 되돌려 보여준다. 그가 옥좌를 쫓겨나는 무시무시한 순간 신들이 그에게 내린 벌, 그리고 지옥에 있는 사람들의 한탄에 움직이는 일 없이 조용히 세상 사람들 위로 걸음을 옮기는 신들을 그려서 보여준다. 불길한 소식을 전하는 파르카에들은 탄

102) Parcae. 로마 신화에 나오는 운명의 여신들로 그리스 신화에 등장하는 모이라에 해당된다.

탈로스의 손자들에게 그들의 모습이 부친의 모습을 닮았기 때문에 신들이 그들에게서 등을 돌리려 한다고 알려준다. 늙은 탄탈로스는 이 비통한 노래를 영원한 밤중에 듣고, 아이들을 떠올리며 죄 많은 머리를 수그린다. 매우 충격적인 이미지, 감정과 썩 잘 어울리는 리듬이 이 시에 민족적 색채를 부여한다. 재능을 최고도로 발휘했기에 비로소 이 정도로 고대를 친근하게 느낄 수 있으며, 또한 그리스인들에게 인기가 있었음은 물론이려니와 시대를 뛰어넘어서도 이 정도로 장중한 인상을 부여한 것을 한 번에 파악할 수 있다.

괴테의《타우리스 섬의 이피게니에》에서 느끼지 않을 수 없는 찬탄의 심정은, 내가 앞서 현대의 주제에서 느끼는 더욱 생생한 흥미, 더욱 친근한 공감에 대해 논한 것과 모순되는 점이 전혀 없다. 긴 세월이 그 흔적을 지워버린 풍속이나 종교는 이상적 존재로서의 인간, 마치 두 발을 땅에 디디고 서 있지 않은 듯한 인간을 보여준다. 그러나 아직 영향이 남아 있는 시대와 역사적 사실 안에서, 우리는 우리 자신의 생활의 열기를 느끼고 우리를 움직이는 감정과 비슷한 관심을 촉구한다.

따라서 나는 괴테가《타우리스 섬의 이피게니에》에게 어울리는 단순한 줄거리와 조용한 독백과 같은 것을《토르쿠아토 타소》에서는 사용하지 말았어야 한다고 생각한다. 타소의 개인적 성격과 페라라 궁정의 음모라고 하는, 모든 면에서 근대적인 주제에서의 냉혹함, 단순함은 차가움과 부자연스러움처럼 보일 뿐이다.

괴테는 이 희곡에서 시와 사회관습 사이의 대비, 시인의 개성과 사교계 인간의 개성 사이의 대비를 그리고 싶었다. 문필가의 섬세한 상상력에 군주의 보호가 미치는 해악을 묘사했다. 군주가 자신을 문예애호가라고 생각하거나, 혹은 적어도 그와 같이 사람들에게 보여지는 것을 자랑스럽게 생각하는 경우에도 마찬가지다. 시에 의해 고양되고 단련되는 천성과, 정치에 의해 차가워지고 유도되는 천성의 대조는 수많은 착상의 보고이다.

궁정에 출입하는 것이 가능했던 문학자는 처음에는 그것이 행운이라고 생각하지만, 조만간 타소를 그토록 불행하게 만든 얼마간의 고통을 느끼지 않을 수 없다. 재능은 일단 길들여지면, 재능이 아닐 것이다. 그러나 상상력의 권리를 인정하고, 그것을 중시하면서도 관리할 수 있는 군주는 거의 없다. 세계를 휘저을 정도의 격렬한 이기심으로 가득 찬 작은 집단에서 움직이는 시인, 궁정인, 공녀의 제각기 다른 성격을 분명히 드러내기 위해서 페라라의 타소보다 더 다행스러운 주제를 고를 수는 없었다. 궁정시인 타소의 병적인 감수성, 보호자 알폰소의 예의 바른 야만은 잘 알려져 있다. 알폰소는 타소의 작품을 최고로 칭찬하면서도, 그를 정신병원에 가둬버렸다. 그것은 마치 영혼에서 나오는 천재성을 기계적 재능과 똑같이 취급하는 것과 같다. 그것은 작품을 존중하면서도, 작가를 업신여기고 재능을 이용하는 것이다. 괴테는 은밀히 사랑하고 있는 페라라 공의 여동생 레오노레 데스테를 열광적 소망을 지니고 신중한 나약함을 지닌 여성으로 그리고 있다. 시류에 편승한 똑똑한 궁정인도 등장한다. 그는 자신은 실무에 뛰어나므로 시인보다 우월하다는 태도로 타소를 대한다. 구체적으로 잘못한 일은 아무것도 없는데, 상대를 상처입힐 수 있는 냉혹함과 교묘함으로 그는 타소를 짜증나게 한다. 트집 잡을 만한 부분은 없지만 무뚝뚝하면서도 은근히 신경 쓰이게 하는 무례한 태도로 이 냉혈한은 적을 도발하고 자신의 우위를 점한다. 어떤 종류의 처세술이 범하는 커다란 악인 것이다. 그런 의미에서, 웅변과 화술은 크게 차이가 난다. 왜냐하면 웅변적이 되려면 진실을 온갖 질곡으로부터 해방하지 않으면 안되고, 또한 신념이 존재하는 영혼의 깊숙한 곳까지 통찰해야 한다. 그에 반해 능란한 화술은 상대방에게 잘 맞서고, 몇 가지 말을 사용해 듣고 싶지 않은 말로부터 잘 빠져나오고, 그와 같은 무기를 사용해 상대가 무언가 말했다고 증명할 수 없어도 들었다고 말할 수 있다.

이런 종류의 논쟁은 활발하고 성실한 영혼을 상당히 괴롭힌다. 이 수단을 사용할 수 있는 사람은 상대보다 우월해 보인다. 상대를 휘두르고, 그러면서도 자신은 평정하게 있을 수 있기 때문이다. 그러나 이렇게 부정적인 태도만을 견지해서는 안 된다. 자신의 고통을 견딜 수 있는 힘에서 우러나오는 냉정함은 아름답다. 그러나 타인의 고통에 대한 무관심에서 생기는 냉정함은, 거만한 성격 이외의 그 무엇도 아니다. 궁정이나 수도에 1년간 머무르는 것만으로도 이기심에다 약삭빠름과 고상함을 덧씌우는 일이 가능하다. 그러나 실로 존경할 만한 가치를 지니기 위해서는, 훌륭한 작품에서와 같이 상반되는 특징을 나란히 지녀야 한다. 즉, 실무적 지식과 아름다움에 대한 사랑, 인간관계의 처리에 요구되는 지식과 예술적 감정이 고취시키는 비상(飛上)이 그것이다. 그것들을 겸비한 사람도 있는 것은 확실하다. 괴테가 작품 안에서 말한 것처럼 그가 대조적으로 놓은 두 사람의 인물, 정치가와 시인은 한 인간의 양면이다. 그러나 이 양자 사이의 공명은 있을 수 없다. 타소의 성격에는 신중함이 없으며, 경쟁자에게는 감수성이 없기 때문이다.

문학자의 상처입기 쉬운 감수성은 루소, 타소, 그리고 더 빈번하게 독일의 작가들에게서 보인다. 프랑스의 작가들은 거의 이런 것에 상처받지 않는다. 밖의 공기를 참을 수 없는 것은 혼자 고독 속에서 사는 일이 많기 때문이다. 사회는 어릴 때부터 적응되지 않으면 많은 점에서 벅찬 곳이다. 세간의 비아냥거림은 다른 모든 사람보다, 재능 있는 사람에게 더 해롭다. 정신 혼자서는 오히려 그렁저렁 해나간다. 있는 그대로의 사회와 시인의 머릿속에 있는 사회 혹은 시인이 바라는 사회와의 투쟁의 예로, 괴테는 루소의 생애를 고를 수도 있었을 것이다. 그러나 루소의 개인적 상황은 타소에 비해 상상력을 자극하는 일이 현저하게 적었다. 루소는 매우 평범한 인간관계 안에 엄청난 천재성을 끌고 들어갔다. 기사와 같이 용감했고 사랑했으며 사랑받았고 박해당했고 칭송받다가 승리 전야에 젊은 나이로 죽은 타소는 멋진 재능의 흥망성쇠의 전모를 보여주는 훌륭한 예이다.

타소라는 작품에는 남국의 지방색이 충분히 우러나 있지 않다는 생각이 든다. 독일어로 이탈리아어 같은 느낌을 내는 것은 어려울 것이다. 그러나 특히 성격은 이탈리아적 특징이 아니라 독일적 특징이 보인다. 레오노레 데스테는 독일 공녀라고 할 수 있다. 그녀가 끊임없이 몰두하는 성격이나 감정의 자기분석은 남방인의 것이 아니다. 남국에서는 상상력이 자신의 내면을 향하는 일은 없다. 뒤를 보지 않고 전진한다. 사건의 근원을 조사하는 일은 없다. 원인을 생각하지 않고 사건에 날을 세우거나 그리로 쳐들어가버린다.

타소도 또한 독일 시인이다. 괴테는 타소가 일상생활에 따르는 온갖 상황에서 일을 해결할 능력이 없는 것처럼 그리는데, 이것은 북국 작가들의 명상적이고 닫힌 생활의 특징이다. 남국의 시인들은 보통 그런 점에서 무능하지 않다. 그들은 더욱 빈번히 집 밖, 공동광장에서 생활했다. 그리고 세상사, 특히 인간에게 더욱 친근하다.

괴테의 작품 안에서의 타소의 말은 너무나 형이상학적인 경우가 많다. 《예루살렘》의 작가가 지닌 광기는 과도한 철학적 사색 때문이 아니며, 깊은 성찰 때문도 아니다. 오히려 외부 사물의 너무나 강한 인상, 자존심과 연애에 대한 도취 때문이었다. 그는 거의 모든 경우 말을 단순히 듣기 좋은 노래로 사용했다. 그의 담론에도, 글에도 영혼의 비밀은 보이지 않는다. 그는 전혀 자기고찰을 하지 않았는데, 어떻게 타인에게 자신의 내면을 보여줄 수 있는가? 더구나 그는 시를 화려한 예술로 간주할 뿐, 심정의 내밀한 고백으로는 보지 않았다. 그의 이탈리아인다운 본성, 또 그의 인생, 그가 쓴 편지나 유폐 중에 쓴 시들조차도, 그의 우울증의 원인이 깊은 생각보다는 격렬한 정열이라는 점이 확실하다고 말해주는 듯하다. 독일의 시인들에게는 사색과 활동, 분석, 특히 생활을 뒤흔드는 열광이 항상 혼재되어 있지만, 타소의 성격에 그런 것은 없다.

《토르쿠아토 타소》의 시적 문체는 유례없이 우아하고 위엄이 있다. 이 작품에서 괴테는 독일의 라신으로서의 모습을 보였다. 그러나 라신의 《베레니스》가 재미없다고 비난받는다면, 괴테의 《토르쿠아토 타소》는 연극으로서 그보다 훨씬 더 차갑다고 비난받아 마땅하다. 작가는 그저 상황을 묘사함으로써 성격을 깊이 파내려가려고 했다. 그러나 그것이 가능한 일일까? 여러 인물들이 차례로 각기 취하는 재치와 상상력으로 가득 찬 장광설은 어떤 성질에서 취한 것일까? 자신의 일이나 온갖 일에 대하여 이렇게 떠드는 사람은 누구일까? 행동이 전혀 문제되지 않으면서 이야깃거리를 이 정도로까지 퍼담을 수 있는 사람은 누구일까? 이 희곡 안에서 조금이라도 움직임이 있으면, 여러 사상에 집중된 주의력이 느슨해져서 안심이 된다. 시인과 궁정인의 결투장면은 매우 강한 흥미를 유발한다. 한쪽의 분노와 다른 쪽의 농간질에 의해 상황은 생생해진다. 이미지나 사상에만 주목하기 위해, 상황의 흥미를 희생으로 삼는 일을 독자나 관객에게 요구하는 것은 지나친 짓이다. 그렇게 되면 고유명사를 입에 올리거나 장면이나 행동, 처음이나 끝 등 줄거리의 움직임을 필요로 하는 모든 것을 가정해서는 안 된다. 명상은 휴식을 취할 때는 바람직하다. 그러나 걸어갈 때, 느림은 피곤한 법이다.

취향의 기묘한 변천에 의해, 독일인들은 처음에 프랑스의 극작가가 작중의 주요 인물을 모두 프랑스인으로 바꾼 것을 공격했다. 색채를 살리고 시를 생생하게 만들기 위해 역사적 진실이 필요하다고 말한 것은 바람직하다. 그로부터 돌연, 이 장르에서의 자신들의 성공에 질려서 추상적 작품이라고도 말할 수 있는 것을 만들었다. 거기에서 인간관계는 일반적인 것으로 나타나고, 시간, 장소, 개인은 무시된다. 예를 들어 《서출의 딸》이라는 괴테의 희곡이 그런 것이다. 작가는 등장인물을 공작, 왕, 아버지, 딸 등으로 부를 뿐 다른 명칭은 없다. 스토리의 시대배경이나 나라나 개인의 이름은 가정적 관심사이며, 시는 관계되어서는 안 된다고 보고 있다.

이러한 비극은 실로 오딘[103]의 궁전에서의 상연용이라고 말할 수

103) 오딘은 북구 신화에 등장하는 주신이다. 바르하라 궁전에 사는 워단과 동일시된다.

있겠다. 그곳에서는 죽은 사람이 살아있던 시절의 직업을 계속하는 풍습이 있었다. 자신의 그림자인 사냥꾼은 필사적으로 사슴의 그림자를 쫓고, 전사의 유령은 구름의 전장에서 싸운다. 괴테는 얼마 동안 재미있는 희곡을 혐오한 것 같다. 재미란 나쁜 작품 안에 있는 것이다. 괴테는 좋은 작품에서 재미를 추방해야 한다고 생각했다. 그러나 우수한 사람이라고 해서, 모든 사람이 보편적으로 좋아하는 것을 경멸하는 것은 잘못된 일이다. 자신의 우월성에 가치를 부여하고 싶다면, 모든 사람의 본성과 자신의 유사성을 부인해서는 안 된다. 아르키메데스가 말했던 세계를 들어올리기 위한 지점이라는 것은,[104] 월등하게 뛰어난 한 천재가 그것을 통해 평범한 사람들에게 다가간 점이다. 이 접점이 천재를 다른 사람들 이상의 존재로 만드는 것이다. 우리 모두가 느끼는 것으로부터 출발하여 그만이 알아본 것을 느끼게 해야 한다. 또한 프랑스의 더할 나위 없이 아름다운 비극에 절대적인 규정이 곧잘 약간의 작위성을 가미시키는 것이 사실이라고 해서, 교조주의적 정신의 별난 이론 안에 진리가 더 있는 것은 아니다. 과장만 억지로 꾸며낸 것이 아니라, 어느 면에서는 냉정함도 부자연스러운 것이다. 이 냉정함은 영혼의 감동을 사람이 부당하게 가로챈 우월성으로, 그것은 철학에는 상응하지만 극예술에는 전혀 어울리지 않는다.

괴테에게는 이러한 비판을 서슴없이 할 수 있다. 왜냐하면 그의 작품은 거의 모두, 각각 별개의 방법으로 창작되었기 때문이다. 《젊은 베르테르의 슬픔》이나 《에그몬트 백작》에서처럼 정열에 몸을 맡기는가 하면, 짧은 시에 의해 상상의 현 모두를 진동시키는 경우도 있다.

---

104) 시칠리아 섬의 도시국가 시라쿠사에서 태어난 수리과학자이자 기계학자인 아르키메데스(BC 287년경~BC 212)는 시라쿠사의 왕 히에론 2세(BC 306년경~BC 215) 앞에서, "내게 어딘가 (지옥 이외의) 발붙일 곳을 준다면, 지구를 움직여보겠다"고 호언장담했다. 왕은 모래사장에 있던 돛대 세 개의 군함에 무장병력을 가득 채워, "저것을 움직여보라"고 명했다. 아르키메데스는 겹도르래를 이용해 혼자 배를 해안으로 이끌었다. 이것은 그가 이 원리에 정통했기 때문이며, 이 해설은 그의 저서 《평면판의 평형》에 쓰여 있다.

혹은《괴츠 폰 베를리힝겐》처럼 세심하게 역사를 기술하기도 한다. 《헤르만과 도로테아》에서는 고대인처럼 순진하다. 결국 그는《파우스트》와 함께 생명의 소용돌이에 뛰어든다. 그러다가 돌연, 《타소》, 《서출의 딸》, 혹은《이피게니에》에 와서는 극예술을 무덤 옆에 세워진 기념비 정도로 간주한다. 그때부터 그의 작품은 훌륭한 형식, 대리석의 화려함과 반짝임을 지니지만, 그 차가운 부동성 역시 지니게 된다. 괴테를 이 장르에서는 뛰어나고 다른 장르에서는 형편없다고 비판할 수는 없을 것이다. 그는 차라리 자연과 비슷해서, 모든 것을 창작하고 또 모든 것으로부터 창작한다. 그리고 그의 남방적 기질을 북방적인 것보다 좋아한다면, 그것은 그의 영혼의 다양한 영역을 다 소화해내는 그의 재능을 오해하는 것이다.

《 파우스트 》*

인형극 중에《파우스트 박사》혹은《불길한 학문》이라는 제목의 인형극이 하나 있는데,[105] 그것은 독일에서 매번 큰 인기를 누렸다. 괴

---

* 괴테가 슈트라스부르크의 대학생이었던 24세경에 썼다고 하는 초고《파우스트》는 1871년에 발견되어 그로부터 17년 후에 출판되었다. 1790년에 간행된 《파우스트》는 제 2고라고 해야 하며,《파우스트 단편》이다. 그 후 실러에게 추천받아 현행의《파우스트》제 1부가 1808년에 출판되었다. 제 2부는 1832년, 괴테의 사후에 출판되었다. 괴테는 죽기 2개월 전에도 이 작품에 손을 대고 있었다. 여기서 마담 드 스탈이 해설하는 것은 당연히 제 1부뿐이다. 이 작품의 프랑스어 번역은 마담 드 스탈이 1808년 후반에《파우스트》를 연구하여 번역했다고 추측된다.

105) 전설적인 파우스트 이야기는, 뷔르템베르크(Württemberg)의 크니트링겐(Knittlingen)이라는 마을에 1480년부터 1540년까지 실재한 요한 파우스트 박사(Doktor Johann Faust)라는 연금술사의 이야기가 점점 발전하여 여러 가지 내용이 덧붙여져 16~17세기경에 세상에 유포된 것이다. 처음으로 책의 형태가 된 것은 1587년, 프랑크푸르트의 서점 슈피스(Johann Spies)에서 나온 민중본이다. 그 후에 영국에서 상연된 마로우의 극이 유랑극단에 의해 독

테 전에는 레싱이 이 작품을 다루었다.[106] 이 기묘한 이야기는 널리 퍼져 있는 전설이다. 영국의 몇몇 작가가 이 파우스트 박사의 생애를 그렸다. 이중 몇 명은 그가 인쇄술을 발명했다고까지 했다. 매우 깊은 학식도 그를 인생의 권태로부터 지켜낼 수는 없었다. 그는 권태에서 벗어나기 위해 악마와 계약을 맺고, 악마는 결국 그를 독차지한다. 내가 지금부터 개설하려 하는 괴테의 놀라운 작품의 근간이 된 소재는 여기까지이다.

확실히 이런 작품에서 취향이라든가 절제, 혹은 소재를 선택하고 결론을 맺는 기술을 찾으려 해서는 안 된다. 그러나 가끔 그려지는 물질적 혼돈과 마찬가지로 우리의 상상력이 정신적 혼돈을 그릴 수 있다면, 그러한 시대에 괴테의 《파우스트》는 창작되고도 남았을 것이다. 사고의 대담성이라는 점에서 볼 때 이 이상의 작품은 있을 수 없고, 이 작품을 떠올릴 때마다 현기증 비슷한 것을 느낀다. 악마가 이 희곡의 주인공이다. 작가는 악마를 아이들 이야기에 으레 나오는 불길한 귀신으로 표현하지 않았다. 이런 표현이 가능하다면, 최고로 사악하게 그렸는데, 그와 견주어본다면 다른 모든 사악한 이들, 특히 그레세의 심술궂은 남자 따위는 메피스토펠레스(이것이 파우스트의 친구가 되는 악마의 이름이다)의 하인이 될 자격도 없는, 풋내기일 뿐이다. 괴테는 사실적이면서도 환상적인 이 인물 안에서 경멸이 뱉어낼 수 있는 매우 신랄한 농담과 더불어 동시에 재미있고 쾌활한 뻔뻔함을 보여주려고 했다. 메피스토펠레스의 말은 만물에 대한 악마다운 빈정거림이

일에 역수입되어 민중극을 낳고, 또 그것이 인형극으로서 상연되기도 했다. 프랑크푸르트의 제실(帝室) 고문관을 아버지로 두어 유복하고 교양을 중시하는 집에서 자라난 괴테는, 네 살 때쯤 할아버지 덕분에 가까이하던 인형극에서 많은 영향을 받았다. 파우스트의 주제를 작품화하는 데, 괴테는 80년 이상의 체험과 지혜를 기울였다고 할 수 있다.

106) 레싱은 괴테와 마찬가지로 파우스트의 죽음을 결말로 삼은 연극이나 민화(民話)의 《파우스트》가 아닌 결말에서 구원받는 파우스트를 그려내려 했다. 레싱의 희곡은 미완이지만, 《문학서간》(1759~1765) 제 17서에 기록돼 있다.

있으며, 이 세상을 악마가 검열하는 나쁜 책이라고 단정한다.

정신이 우리에게 이 세상에 대해 무언가 진지한 관심을 갖게 할 때, 특히 자신의 힘에 자신을 갖게 해줄 때, 메피스토펠레스는 정신 그 자체를 최대로 우스꽝스러운 것 중 하나로 좌절시킨다. 최고의 악의와 신의 지혜가 이 점에서 일치하고 있다는 사실은 기묘하다. 이들 모두가 각각 이 세상에 있는 모든 것의 공허함과 나약함을 똑같이 인정한다. 그러나 악의는 선을 혐오하게 만들기 위해 이 진실을 주장할 뿐이지만, 신은 악을 초월하게 한다.

희곡 《파우스트》에 신랄하고 철학적인 비웃음밖에 없다면, 볼테르의 몇몇 저작 중에서도 이와 유사한 정신을 발견할 수 있을 것이다. 그러나 《파우스트》에는 볼테르와는 전혀 다른 성질의 상상력이 느껴진다. 여기에서는 현존하는 도덕세계가 단지 소멸했을 뿐 아니라, 그것이 있을 장소에 지옥이 놓여 있다. 거기에는 마법의 힘, 악의 원리의 시, 악에 대한 도취, 방황하는 사고가 있어서 두려움에 떨게 하고, 웃기고 울린다. 지상의 지배권은 일시적으로 악마의 수중에 있는 것처럼 보인다. 사람들은 악마의 비정함에 떨고, 스스로 만족하는 온갖 자만심이 모욕당하는 것을 보고 웃으며, 지옥의 바닥에 떨어진 인간이 바라보는 인간성이 너무 애처로워 눈물을 흘린다.

밀턴은 사탄을 인간보다 크게 그렸다. 미켈란젤로와 단테는 사탄에게 인간과 동물이 조합된 추한 얼굴을 부여했다. 괴테의 메피스토펠레스는 문명화된 악마이다. 그가 아무렇지 않은 척하면서 교묘하게 구사하는 조소는 매우 심오한 배덕과 실로 잘 맞아떨어진다. 정에 약한 것을 바보 같은 일이라거나 꾸민 태도라고 한다. 그의 얼굴은 심술궂으며 천박하고 교활하다. 그는 수줍음 없는 서투름, 자부심 없는 경멸을 지니고, 여성에 대해서 자못 상냥하게 군다. 이 경우에만은 유혹하기 위해 속이지 않으면 안 되기 때문이다. 그가 유혹한다는 의미는, 타인의 정열을 조작하는 것이다. 왜냐하면 그 자신은 사랑하는 시늉조차 할 수 없기 때문이다. 그는 모든 위장을 다 할 수 있지만, 사랑하는 척만은 할 수 없다.

메피스토펠레스의 성격을 보면 마치 그가 사회, 자연, 초자연에 대해 고갈되지 않는 지식을 가진 것처럼 보인다. 이 희곡《파우스트》는 정신의 악몽, 그러나 정신의 힘을 배가시키는 악몽이다. 불신의 악마적 표명이 그 작품에 나타난다. 이 세상에 넘치는 선에 대한 불신이다. 만약 메피스토펠레스의 배덕적 의도에 의해 생겨난 상황이 그의 오만한 말에 대한 두려움을 일으키지 않고, 그 말에 포함된 흉악함마저 가르쳐주지 않았다면, 아마도 이 표명은 위험했을 것이다.

파우스트라는 인물에는 지식에 대한 욕구와 일에 대한 피로, 성공에 대한 열망과 쾌락에 대한 포만 등 인간의 모든 나약한 성질이 집약되어 있다. 인생은 짧다고 한탄하면서, 그 인생보다도 더욱 덧없는 감정을 지닌 변하기 쉬운 불안정한 존재의 완벽한 정형이다. 파우스트는 자신의 능력을 넘어서는 야심을 지니고, 이 내면의 동요 때문에 자연에 반항하며, 생명에 한계가 있는 사람에게 부과된 고통스럽지만 필요한 조건으로부터 도망치기 위해 온갖 종류의 마술을 향해 달린다. 제 1장에서 그는 책과 엄청난 수의 물리실험용 기구와 화학실험용 플라스크에 둘러싸여 있다. 그의 아버지도 과학에 종사하여, 아들에게 그 취향과 습관을 전해주었다. 단 하나의 램프가 이 어슴푸레한 은신처를 비춰주고 있다. 파우스트는 자연, 특히 마법을 끊임없이 연구하여, 그 비밀을 이미 몇 개인가 손에 쥐고 있다.

그는 제 2계급의 창조의 영[107] 중 하나를 출현시키려고 한다. 영이 나타나서 그에게 인간정신의 영역을 결코 넘어서는 안 된다고 충고한다. 그는 말한다.

---

107) 16세기 자연철학자의 설에 의하면, 별에는 각각의 영(零)이 살고 있다. 땅의 영은 지구의 광물이나 식물을 관리한다고 생각되었지만, 괴테는 자연뿐 아니라 인간의 행동도 관리한다고 생각했던 것 같다. 파우스트는 마술을 이용해 노스트라다무스의 대우주 도감(천지의 본체를 상징적으로 문자나 부호로 표시한 도감)으로 땅의 영을 불러낸다.

> 행위의 소용돌이에, 인생의 영원한 파도 안에 몸을 담그는 것은 우리가 할 일이다. 태어남과 죽음이 이 인생의 파도를 들어올렸다 떨어뜨리고, 떠밀고 끌어당긴다. 우리는 신이 우리에게 명령한 작업을 하기 위해 만들어졌고, 그 일에 걸리는 시간이 인생의 씨실을 이루는 것이다. 그러나 너, 자신밖에 이해할 수 없는 너는, 자신의 숙명을 끝까지 탐구해보고는 두려워하고, 내가 내뱉는 숨에 접촉한 것만으로 떨고 있지 않은가. 내게 신경 쓰지 마라. 나를 부르지 마라.

영이 모습을 감추자, 깊은 실망이 파우스트를 덮치고 그는 독을 들이키려 한다. 그는 말한다.

> 신의 초상이라고 자부하던 나는, 천상의 반짝이는 빛에 둘러싸여 영원의 진리를 당장이라도 맛볼 수 있다고 생각하고 있었구나! 난 이미 더 이상 대지의 아들이 아니었다. 스스로 창조자가 되어 신들의 기쁨을 향유하고 있는 케루빔(cherubim)과 동등한 지위에 있는 듯이 생각했다. 아! 예감만으로 얼마나 우쭐했던가! 갑작스런 말 한마디가 그 예감들을 영원히 괴멸시켰다. 신의 영이여, 너를 불러낼 힘은 있었지만, 너를 붙잡아둘 힘은 없었다. 내가 너를 만난 그 행복한 순간에 나는 나의 하찮음과 위대함을 동시에 느꼈다! 그러나 너는 가차없이 나를 인간의 불확실한 운명 속으로 쫓아내었다.
>
> 이제 누가 나에게 가르쳐줄 것인가? 무엇을 피해야 하는가? 나를 재촉하는 충동에 무엇을 양보해야 하나? 아아! 우리의 행위가 우리의 고뇌와 마찬가지로 사고의 흐름을 막는다. 아무리 우리의 정신이 더할 나위 없이 훌륭한 것을 향유한다고 하더라도, 시원찮은 것이 차례차례 엉겨붙는다. 이 세상의 어떤 행복과 접촉하고 나면, 이 행복보다 더 가치 있는 모든 것이 환상이나 거짓으로 보이게 된다. 신이 우리에게 주신 여러 가지 아름다운 감정도 속세의 북새통에서 잊게 된다. 먼저, 우리의 상상은 대담하게 날갯짓을 하여 영원을 갈망한다. 곧이어, 우리의 모든 희망이 무너져내린 잔해를 받아들이기에 작은 공간만으로 충분하다. 근심이 마음속에 스며든다. 그것은 마음

속에서 은밀한 고통을 자아내고 휴식과 기쁨을 방해한다. 그것은 우리에게 수많은 모습으로 나타난다. 어떤 때는 재산이 되고 어떤 때는 부인과 아이가 된다. 또 비수나 독약으로도 모습을 바꾸며, 불이 되고 바다가 되어 우리를 뒤흔든다. 인간은 일어나지 않을 모든 일을 걱정하며, 잃어버리지 않은 것을 끊임없이 아까워한다.

아니, 난 전혀 신과 닮지 않았다. 어림도 없다, 난 나의 불행을 알고 있다. 내가 닮은 것은 먼지 속을 기어다니는 버러지다. 그것은 먼지를 먹고 목숨을 유지하다가, 지나가는 사람에게 밟혀 죽는다.

나를 둘러싼 이 책들이 결국은 먼지더미가 아닐까? 나는 과학이라는 독방에 유폐되어 있는 것이 아닐까? 나를 둘러싼 이들 벽과 유리는 밖의 빛을 바꾸지 않고 내가 있는 곳에 가져다주기는 하는 것일까? 이 셀 수 없는 수북한 책들과 내 머릿속을 끝없이 채운 헛소리를 어떻게 한단 말인가? 내가 추구하는 것이 여기에 있을까? 페이지를 넘기면 무엇을 읽게 된단 말인가? 곳곳에서 인간은 자신의 운명을 탄식했고, 가끔은 행복한 사람이 나타나서, 지상의 나머지 존재에게 절망의 씨앗이 되었다.

(책상 위에 해골이 하나 있다.) 이봐! 너, 기분 나쁘게 나를 보고 히죽 웃고 있는 것 같은데, 예전에 네 뇌수에 깃들어 있던 정신은 나와 마찬가지로 방황하고, 빛을 추구하고, 어둠의 무게에 짓눌려 있지 않았나? 아버지가 쓸데없는 일 때문에 모은 온갖 종류의 도구, 바퀴나 실린더나 레버가 내게 자연의 비밀을 보여줄까? 아니, 낮에는 그 모습을 보여주는 것 같아도, 자연은 수수께끼이다. 그리고 감추려고 하는 것은, 과학이 어떤 노력을 기울여도 그 품에서 꺼내지 못할 것이다.

독을 지닌 액체여, 이리하여 시선은 자연히 네 쪽으로 가는구나! 죽음을 권유하는 너, 어슴푸레한 숲 안의 희미한 불빛에 하는 것처럼, 나는 네게 인사하련다. 네게 깃든 인간의 지혜와 기술에 경의를 표한다. 너는 고이 잠들게 하는 가장 달콤한 정수이다. 너에게는 인간을 죽일 수 있는 모든 힘이 모여 있다. 와서 나를 도와다오. 벌써 요동치는 내 정신이 고요해진다. 나는 깊은 바다에 몸을 던지려고 한다. 발치에는 맑은 물결이 거울과 같이 빛난다. 새로운 날이 나를 새로운 해안으로 유혹하는구나. 불수레 하나가 내 머리 위로 날아온다. 자, 올라타자. 푸른 창공을 뚫고, 천상의 기쁨을 맛보는 것이다.

그러나 이 비천한 내가 어떻게 그럴 수 있을까? 오냐, 난 할 수 있다. 해보자. 모두들 살금살금 피해가는 묘지의 문을 과감히 박차고 나가자. 지금이야말로 인간의 존엄성을 보여줄 수 있는 시기다. 공상이 스스로 그린 고뇌로 나를 괴롭히고, 지옥의 불길이 가까이 오지 못하게 하는 저 심연 곁에서 더 이상 떨고 있어서는 안 된다. 이 깨끗한 수정잔 안에 나는 독약을 붓겠다. 아아! 옛날에 이 잔은 다른 용도로 사용되었지. 우리 조상들의 쾌활한 축제에서는 손에서 손으로 전달되어, 손님들은 이 잔을 손에 쥐고 이것의 아름다움을 시로 읊었다. 금빛의 잔이여! 너는 내 젊은 날의 홍청망청하던 수많은 밤을 생각나게 한다. 그러나 오늘은 너를 옆 사람에게 돌리려는 게 아니다. 너의 아름다움을 갖고 나의 시재(詩才)를 발휘하려는 것도 아니다. 검은빛을 띤 액체로 너를 가득 채워주겠다. 내가 마련했다가 이제 내가 그것을 선택하노라. 아아! 이것이 새로운 삶의 아침에 봉헌하는 엄숙한 해방이 되기를!

파우스트가 독을 마시려고 하는 순간, 거리에서 부활절을 알리는 종소리가 울리고, 인근에 있는 교회에서 이 성스러운 축일을 찬미하며 합창이 울려 퍼진다. "그리스도께서 부활하셨네. 타락한 인간들아. 약하여 두려움에 떠는 인간들아, 기뻐하라."

파우스트: 내 마음속 깊이 울려 퍼지는 육중한 종소리여! 저 맑은 노랫소리는 기어이 내 손에서 독배를 떨어뜨리는가? 사방에 울려 퍼지는 종소리는 부활절의 시작을 알리는 것일까? 너희 합창대는 벌써 위안의 노래를 부르느냐, 그날 밤,[108] 천사들이 하늘에서 내려와 무덤에 나타나 새로운 결속을 다지려고 들려주던 그 노래를?

---

108) 예수의 수난 다음 주 첫날을 가리킨다. 〈마태오복음〉(28장 6절)에 의하면, 새벽에 막달라 마리아가 예수의 무덤에 갔을 때, 천사가 나타나서 예수의 부활을 알려주었다(《파우스트 1》, 정서웅 옮김, 민음사 참조).

(다시 '그리스도는…'의 합창이 반복된다.)

파우스트: 너희 하늘의 노랫소리여. 힘차고 부드럽게 울리는 너희들은 어째서 쓰레기더미에 처박힌 나를 찾는가? 위로에 귀를 기울이는 사람들이 있는 곳에서나 울려 퍼지려무나. 복음은 내 귀에도 들리지만, 나에겐 신앙이 없다. 기적은 신앙의 귀염둥이. 기쁜 소식 들려오는 저 영역으로 들어갈 엄두가 나지 않는다. 하지만 어린 시절부터 귀에 익은 저 노랫소리는 나를 삶으로 다시 불러주는구나. 예전엔 엄숙하고 조용한 안식일에 하늘의 사랑을 담은 광채가 내 위에 내렸다. 은은하게 울리는 종소리는 내 마음을 미래에 대한 예감으로 가득 채워주고, 내 기도는 열렬한 기쁨이었다. 바로 이 종소리가 젊은이들의 유희와 봄의 축제를 예고해주었지. 추억이 나를 동심으로 이끌어, 나는 죽음의 문턱에서 되돌아서는구나. 오! 언제까지나 울려 퍼져라, 천상의 노랫소리여! 이 땅이 다시 나를 받아들이는구나.

이 열광의 상태는 지속되지 않는다. 파우스트의 성격은 변하기 쉬우며, 다시 세속의 정열에 사로잡힌다. 그는 그것을 만족시키려 하고, 그것에 몸을 맡기려고 한다. 메피스토펠레스라는 이름의 악마가 나타나, 이 세상의 향락을 모두 손에 넣게 해주겠다고 약속한다. 그러나 그와 동시에 그는 파우스트로 하여금 그 모두에 대해 질리게 만들 수도 있다. 왜냐하면 진짜로 사악한 것은 영혼을 너무도 고갈시켜서, 미덕과 마찬가지로 쾌락에 대해서도 결국은 뿌리깊은 무관심을 일으키고 말기 때문이다. 메피스토펠레스는 파우스트를 한 악녀에게 데리고가는데, 그녀는 절반은 원숭이, 절반은 고양이인 동물(꼬리 긴 원숭이의 일종)들을 시동으로 부리고 있다. 이 장면은 어떤 의미에서는 《맥베스》의 마녀들의 패러디로 간주할 수 있다. 《맥베스》의 마녀들은 신비스러운 노래를 부르지만, 그 별난 소리는 그것만으로 마력을 발휘한다. 괴테의 마녀도 기묘한 말을 하는데, 그 울림은 기교적으로 반복된다. 이들 말은 그 구조의 특이성 자체에 의해 상상력을 유쾌한 쪽으로 자극한다. 또한 이 장면의 대화는 산문으로 하면 우스울 뿐이지만, 시적 매력에 의해서는 한층 돋보인다.

이들 꼬리 긴 원숭이의 우스운 말을 들으면, 만약 동물이 말할 수 있다면 그들이 생각하는 것이 어떤 것인지, 자연이나 인간에 대해 얼마나 거칠고 우스꽝스러운 이미지를 가지고 있는지 알 것 같다.

마법, 기적, 마녀, 변신 등에 기초하는 이와 같은 농담은, 프랑스의 희곡에는 별로 예가 없다. 풍속희극은 인간을 갖고 놀지만, 이것은 자연을 갖고 논다. 그러나 이 희극을 좋아하기 위해서는 이성적으로 따져서는 안 되고, 상상의 기쁨을 자유롭고 목적이 없는 놀이로 생각해야 한다. 그렇다고 해서 이 놀이가 쉬운 것은 아니다. 왜냐하면 장애물에 의해 가끔 방해받기 때문이다. 문학에서는 무엇에도 속박당하지 않는 착상을 실행에 옮길 경우, 넘쳐나는 재능의 도취만으로 그 착상에 무언가 공적을 안겨줄 수 있다. 이상함과 평범함의 합체는 허용하기 어려울 것이다.

메피스토펠레스는 파우스트를 온갖 계급의 젊은이들의 모임으로 이끌어, 그곳에 있는 여러 정신의 주인들을 여러 가지 방법으로 매료시킨다. 찬탄에 의해서가 아닌 경이로움에 의해서이다. 그는 언제나 뭔가의 의표를 찌르는, 경멸적인 언동으로 사람의 마음을 사로잡는다. 왜냐하면 대부분의 평범한 사람들은 자신들의 일에 대해 신경 쓰지 않을수록 훌륭한 인물이라고 생각하게 마련이기 때문이다. 숨은 본능에 의해 자신들의 일을 경멸하는 자의 판단이 옳다고 생각하는 것이다.

부모의 슬하를 떠난 지 얼마 안 된 라이프치히의 학생, 독일의 어느 도시에서나 볼 수 있는 이 또래의 세상물정 모르는 청년이 파우스트에게 학문에 대한 상담을 하러 왔다. 파우스트는 그 학생에게 대답해주는 일을 메피스토펠레스에게 맡긴다. 메피스토펠레스는 박사 가운을 입고 학생이 오는 것을 기다리는 동안 혼잣말로 파우스트를 경멸한다.

그 남자는 반밖에 배덕자가 될 수 없어. 제아무리 완전한 배덕자가 되겠다고 큰소리쳐도 그럴 수는 없을 걸.

사실 정직한 사람이 본래의 길에서 벗어났을 때, 그는 어떻게도 할 수 없는 후회 때문에 정신을 못 차린다. 악을 행하려는 의욕은 충분하지만 해낼 만한 재능을 지니지 않은 이러한 악인 후보자를, 뼛속부터 악인인 사람은 바보 취급한다.

학생이 결국 모습을 드러내는데, 이 독일 청년의 서투르고 쉽게 믿어버리는 열의만큼 천진난만한 것은 없다. 대도시에 처음으로 나온 그는 어떤 일에건 의욕이 넘치고, 아무것도 알지 못하며, 그가 보는 모든 것에 두려움과 선망을 안고 있다. 공부하고 싶은 기분과 놀고 싶은 강한 욕망을 지니고 있으며, 상냥한 미소로 메피스토펠레스에게 접근한다. 메피스토펠레스는 그를 차갑게 조롱하는 듯한 태도로 맞는다. 한쪽의 전혀 거리낌없는 호의와 다른 쪽의 억누른 오만함의 대조는 멋진 재치로 가득 차 있다.

학생이 익히고 싶지 않은 지식은 하나도 없지만, 그가 배우기로 결정한 것은 과학과 자연이다. 메피스토펠레스는 그의 학습계획의 적확성을 칭찬한다. 그는 재미있어 하며 법학, 의학, 형이상학, 신학의 네 과목에 대해 설명하는데, 그 설명은 학생의 머리를 한층 더 복잡하게 할 뿐이다. 메피스토펠레스는 매우 많은 다양한 의견을 전개하고, 학생은 하나씩 그 의견에 동의한다. 그러나 결론에는 놀란다. 왜냐하면 그는 진지한 대답을 기대했는데, 악마는 놀리고 있을 뿐이기 때문이다. 열성적인 학생은 찬탄할 준비가 되어 있는데도, 그가 듣게 되는 모든 결론은 온갖 것에 대한 경멸에 지나지 않는다. 메피스토펠레스 자신은, 의심은 지옥에서 오는 것이고 악마는 부정하는 자임을 인정하고 있다. 그러나 그는 단호한 어조로 의심을 표명한다. 그는 거만한 태도로 이치에 맞지 않는 논리를 들어가며, 일관성 있게 사람을 나쁜 방향으로만 향하게 하는 것이다. 메피스토펠레스의 말을 들은 뒤에는 어떤 신념도, 어떤 의견도 확실하게 머리에 남지 않는다. 그리고 이 세상에 진실한 것이 있기는 한 것인지, 아니면 사고의 목적은 사고를 믿는 모든 사람을 비웃기 위한 것인지, 스스로 자문해보게 되는 것이다. 학생은 말한다.

"하지만, 말에는 항상 개념이 있게 마련 아닌가요?"

메피스토펠레스는 대답한다.

"그렇다고 볼 수 있지. 그래도 너무 끙끙 고민할 것 없어. 왜냐하면 개념이 부족하게 되면, 시기적절하게 말이 와서 그것을 보충해주거든."

학생은 가끔 메피스토펠레스가 무엇을 말하고 있는지 이해하지 못한다. 그러나 그렇기 때문에 더욱 스승의 재능을 존경하는 것이다. 작별인사를 하기 전에 앨범을 꺼내들고, 한 말씀 적어달라고 부탁한다. 이 앨범이라는 것은 독일의 흐뭇한 습관으로, 각자 친구에게 기념의 징표를 남기게 한다. 메피스토펠레스는 사탄이 생명의 나무열매를 이브에게 먹도록 권할 때의 말을 적는다. "네가 선악을 알게 되어 신과 같이 될 것이다." 그는 혼잣말을 한다. "이 오랜 금언을 나의 사촌인 뱀에게서 끌어와도 되겠지. 내 가족이 이 말을 사용한 것은 오래되었지 않은가."

학생은 앨범을 받아들고, 기쁨에 넘쳐서 자리를 뜬다.

파우스트는 지루해 하고, 메피스토펠레스는 그에게 사랑을 해보라고 조언한다. 그 말대로, 파우스트는 어떤 서민계급의 아가씨를 사랑하게 된다. 너무나도 때묻지 않고 순진한 그녀는 나이 먹은 어머니와 둘이서 가난하게 살고 있다. 메피스토펠레스는 파우스트를 그녀 곁으로 데려가기 위해 마르가레테와 이웃 마르테를 아는 사이로 만들어, 마르가레테가 가끔 마르테를 찾아가게 한다. 이 여자는 외국에 있는 남편으로부터 연락이 없는 것을 한탄하고 있다. 그가 죽었다면 슬프기는 하겠지만, 적어도 그녀는 그 확실한 증거라도 갖고 싶어한다. 메피스토펠레스는 별나게 위안을 해서 그녀의 고통을 누그러뜨린다. 규정대로 사망증명서를 가져와 줄 테니, 관습에 따라 그녀는 남편의 사망광고를 신문에 내면 된다는 것이다.

가련한 마르가레테는 악의 권력에 노출되어 있다. 지옥의 영은 그녀를 격렬하게 습격하여 죄를 범하게 하지만, 미덕 안에서밖에 안주할 수 없는 올바른 마음을 앗아가지 못한다. 교묘한 악의는 자기가 지배하고 싶은 정직한 사람이 완전히 타락하지 않도록 조심한다. 왜냐하면, 악이 정직한 사람에게 미치는 영향은 과실과 가책으로 되어 있는데, 그 두 가지가 번갈아 그들을 괴롭히기 때문이다. 파우스트는 메피스토펠레스에게 도움을 받아 정신과 영혼이 모두 뛰어나게 순박한 이 아가씨를 유혹한다. 그녀는 죄를 범해도 신심을 잃지 않는다. 파우스트와 단둘이 되면 그녀는 그에게 신앙심이 있는지 묻는다. 그는 그녀에게 말한다.

파우스트: 내 사랑, 내가 당신을 사랑한다는 사실은 잘 알고 있겠지. 나는 당신을 위해서라면 피도 목숨도 내놓겠어. 나는 어느 누구의 신앙도 강요하고 싶진 않소. 그럼 된 것 아니야?

마르가레테: 그것으로는 안 돼요. 믿음을 가져야 해요.

파우스트: 꼭 그래야 할까?

마르가레테: 아! 당신을 도와드릴 수만 있다면! 당신은 교회의 성사(聖事)도 존중하지 않아요.

파우스트: 존중하지.

마르가레테: 하지만 마음에서 우러나온 게 아니겠지요. 미사나 고해에도 오랫동안 나가지 않으셨지요. 신을 믿으시나요?

파우스트: 이봐요, 누가 감히 나는 신을 믿는다고 말할 수 있을까? 성직자나 현자에게 물어보구려. 그들의 대답은 마치 묻는 사람을 조롱하는 듯 여겨질 것이오.

마르가레테: 그래서 당신은 믿지 않으시는 건가요?

파우스트: 날 오해하지 말아요, 사랑하는 사람이여! 누가 신의 이름을 부를 수 있고, 나는 신을 믿는다고 말할 수 있겠소? 누가 마음속으로 느끼면서, 신을 믿지 않는다고 감히 말할 수 있겠소? 만물이 의지하는 자, 그가 당신과 나, 자연 전체를 다 끌어안고 있지

않소? 하늘은 우리의 머리 위에 둥글게 덮여 있지 않소? 대지는 우리의 발 아래 굳건히 놓여 있지 않소? 그리고 높은 창공의 영원한 별들은 다정한 눈으로 우리를 지켜보지 않소? 나의 황홀한 눈 안에 당신의 눈이 비치고 있지 않소? 보일 듯하면서 보이지 않는 영원의 비밀이 내 마음을 당신의 마음 쪽으로 끌어당기지 않소? 당신의 마음을 이 신비로 가득 채우구려. 그리하여 당신이 온통 행복감에 젖게 되다면, 그것에 행복, 진심, 사랑, 신, 아무 이름이나 붙이구려! 감정이 전부이지, 이름은, 공허한 울림, 밝은 하늘을 어둡게 만드는 연기에 지나지 않아.

만약 이 순간 그가 사랑하기 때문에 더 나은 인간이 되는 것이 아니라면, 또한 만약 작자의 의도가 아마도 견고하고 적극적인 신앙이 얼마나 필요한가를 보여주기 위한 것이 아니라면, 이 시구, 영감을 받은 이 웅변은 파우스트의 마음상태에 적합한 것은 아니었을 것이다. 왜냐하면 감수성이 예민하고 선량한 본성을 지녔다고 하더라도, 신앙이라는 구제가 없으면 극히 불길한 미신에 빠질 가능성이 있기 때문이다.

파우스트는 인생의 온갖 향락과 마찬가지로 마르가레테에 대한 사랑에도 싫증이 난다. 그가 학문에 의해 얻을 수 있는 열광과 행복의 포화상태를 동시에 표현하는 시는, 독일에서 가장 아름다운 것이다.

파우스트: (혼자서) 숭고한 정령이여! 그대는 내가 바라던 모든 것을 선사해주었다. 그대가 불꽃 속에서 내게 얼굴을 보여준 것은 헛된 일이 아니었다. 그대는 나에게 아름다운 자연을 왕국으로 주었고, 그것을 느끼고 즐길 수 있는 힘도 주었다. 놀랍지만 냉정한 마음으로 찾아보도록 할 뿐만 아니라, 친구의 품인 양 그윽한 자연의 품속을 들여다볼 수 있게 해주었다. 그대는 생명 있는 존재들의 대열을 인도해 내 곁을 지나가고, 고요한 숲과 바람과 물에 사는 내 형제들을 만나게 해주었다. 폭풍우가 숲에서 울부짖고, 커다란 전나무들이 쓰러지는 둔탁한 굉음이 울려 퍼질 때, 그대는

나를 안전한 은신처로 이끌어, 거기에서 내 가슴속 신비의 경이를 보여준다. 내 눈앞에 해맑은 달이 떠오르고 부드러운 빛을 던져, 여기저기 바위 위에서, 숲 속에서, 태고의 사람들의 그을린 은과 같은 영혼들이 내 쪽을 보고 표류하듯 모습을 나타내고, 엄격한 관찰을 바라보려 하는 마음을 누그러뜨린다.

오, 인간에겐 완전함이 부여되지 않음을 이제 나는 느끼노라! 나를 신 가까이로 이끌어가는 이 환희와 함께, 내게 떼어낼 수 없는 동반자 하나를 붙여주었다. 녀석은 냉혹하고 뻔뻔스러워, 나 자신의 자존심을 짓밟고, 이 녀석이 내뱉는 말 하나로 그대가 베푼 은혜도 무의미해져 버린다. 녀석은 내 가슴속에 열심히 부채질하여 저 아름다운 자태를 연모하는 거친 불길을 타오르게 한다. 그리하여 나는 욕망에서 향락을 향해 비틀거리며 간다. 그러나 향락은 곧 시들해지고 또다시 새로운 욕망을 그리워하고 있다.

마르가레테의 이야기는 답답하다. 하층계급의 딸인 점, 좁은 시야, 그녀로 하여금 불행에 저항하지 못하고 복종하게 하는 점 등이 그녀에 대한 연민을 더욱 불러일으킨다. 괴테는 소설에서도 희곡에서도, 여성에게 훌륭한 자질을 부여하는 일이 좀처럼 없지만, 너무나 보호해주어야 할 필요를 느끼게 하는 나약함을 잘 그리고 있다. 마르가레테는 어머니 몰래 파우스트를 집에 데려오고 싶어한다. 메피스토펠레스의 충고에 따라 이 불쌍한 부인에게 너무 많지 않은 분량의 수면제를 먹이는데, 그 때문에 그 여자는 죽는다. 죄를 범한 마르가레테는 임신하고, 치욕이 널리 알려지며, 이웃사람들 모두에게 손가락질을 받게 된다. 불명예는 상류계급 사람에게 타격이 클 것 같지만, 서민계급의 사람들에게 더욱 무서운 결과를 가져온다. 간접적 표현을 할 줄 모르는 사람들 사이에서는 모든 것이 단호하고, 직접적이며, 돌이킬 수 없는 것이 된다. 괴테는 우리에게 그토록 가까우면서도 멀게 느껴지는 이 관습을 훌륭하게 포착하고 있다. 수많은 다양한 본성 안에 완벽하게 자연스러운 묘사기법을 최고도로 갖고 있다.

마르가레테의 오빠이며 군인인 발렌틴이 전쟁터에서 돌아와 그녀와 만난다. 그가 누이동생의 치욕을 알게 되었을 때, 가슴속에서 치밀어 오르는 분노로 얼굴을 붉힌다. 그의 이런 마음은 신랄하지만 감동적인 말에 나타나 있다. 표면적으로는 강해 보이지만 마음속에는 예민한 감수성을 지닌 남자는, 생각지도 못하게 가슴을 찌르는 듯한 감동을 불러일으킨다. 병사가 정신적 고통에 대해서 보이는 용기, 자신의 심중에 있으면서 무기로는 무찌를 수 없는 새로운 적에 대해 보이는 용기를 괴테는 놀라운 진실성을 갖고 그려냈다. 결국 그는 복수의 욕구에 사로잡혀 마음을 괴롭히던 모든 감정을 행동에 옮긴다. 발렌틴은 여동생의 창가에서 세레나데를 부르러 온 메피스토펠레스와 파우스트를 만나, 파우스트를 선동하여 결투를 벌인 후 치명상을 입는다. 적들은 군중의 분노에서 빠져나가기 위해 모습을 감춘다.

마르가레테가 와서, 피투성이가 되어 땅에 쓰러져 있는 사람이 누구냐고 묻고, 군중이 대답한다. "네 어머니의 아들이다."

빈사상태의 오빠는 끔찍하고 간담이 서늘해지는 욕을 동생에게 퍼붓는다. 이 욕은 문명화된 언어로는 도저히 표현될 수 없는 것들이다. 품위 있는 비극이라면 마음속의 본성의 특질을 이렇게까지 깊이 파고 들어가는 것을 허락할 수 없었을 것이다.

메피스토펠레스는 파우스트로 하여금 그 도시를 뜨게 한다. 마르가레테의 운명에 절망한 파우스트는 다시 그녀에게 관심을 갖는다.

> 아! 그 아가씨는 너무나 쉽게 행복할 수 있었는데. 알프스 산기슭의 아담한 오두막에서 둘이 오순도순 살았다면, 그녀의 소박한 바람은 그것으로 충분히 만족되었을 테고 그녀의 조용한 생활은 충만했을 것이다. 그러나 신의 미움을 받는 나는, 그녀의 마음을 갈기갈기 찢어놓고 가련한 운명을 산산이 부서지게 하지 않고서는 편치 않았다. 이렇게 하여 그녀는 영원히 평화를 빼앗겼다. 그녀는 지옥의 먹이가 되어야 했다. 아! 악마여, 나의 고통을 줄여다오. 어차피 일어날 일

이라면 빠른 쪽이 좋다. 이 불행한 아가씨의 운명이 완성되어, 어서 나도 그녀와 함께 파멸의 연못에 빠져버리기를.

메피스토펠레스의 답변의 신랄함과 냉정함은 진짜 악마적이다.

뭐라고 당신은 흥분해서 불타오르고 있는 것인가! 당신을 어떻게 달래주어야 할지 모르겠군. 내 명예를 걸고 맹세하는데, 나라면 나 자신이 악마가 될 수 없을 바에야 재빨리 악마에게 몸을 팔겠어, 생각해봐, 정신 나간 사람아, 얼간이의 머리로 출구가 보이지 않는다고, 정말로 출구가 없는 걸까? 용기를 갖고 모든 걸 버티는 사람이 이기는 거야! 당신도 이미 나와 꽤 닮아가고 있어. 어쨌든 이 세상에서 악마가 절망에 빠진 꼴보다 더 볼썽사나운 것은 없다는 것만 알아둬.

마르가레테는 혼자서 교회에 간다. 그녀에게 남은 유일한 도피처이다. 수많은 사람들이 성전에 넘치고, 죽은 자들을 위한 미사가 이 엄숙한 장소에서 거행되고 있다. 마르가레테는 베일을 쓰고 열심히 기도한다. 그녀가 신의 자비에 기대려고 할 때, 악령이 낮은 목소리로 그녀에게 말을 건넨다.

악령: 기억하고 있느냐, 마르가레테. 네가 제단 앞에 엎드리려 이곳에 왔던 때를? 그때 너는 천진무구했고, 수줍게 〈시편〉을 더듬거리고 읽었지. 그리고 네 마음속은 온통 하느님뿐이었어. 마르가레테, 도대체 무슨 짓을 한 것이냐? 네가 저지른 죄를 보아라! 너는 어머니의 죽음이 네 머리를 무겁게 짓누르고 있어서 어머니의 영혼을 위해 기도하러 왔니? 네 집 문지방에는 누구의 피가 흘렀더냐? 네 오빠의 피다. 게다가 네 배 안에는 이미 새로운 불행을 예고하는 불행한 생명체가 꿈틀거리고 있는 게 느껴지지 않느냐?

마르가레테: 괴로워! 아아, 괴로워! 마음속에서 솟아나와 나를 질책하는 이 생각에서 벗어날 수 없을까?

합창: (교회 안에서 노래한다.) 진노의 날이 오면, 세상은 재로 변

하리라.

악령: 신의 노여움이 너를 덮치리라. 마르가레테, 부활의 나팔소리 울려 퍼지리라. 무덤들이 진동하리라. 그리고 네 마음은 잠에서 깨어나 영원히 꺼지지 않는 불길을 느끼리라.

마르가레테: 아! 여기에서 나가고 싶어! 오르간 소리는 내 숨통을 틀어막고, 신부님의 노랫소리는 내 마음을 깊은 회한으로 갈가리 찢어놓는구나.

합창: 그리하여 최후의 심판관이 나타나면, 숨겨진 일 모두 밝혀지고, 벌받지 않는 일 하나도 없으리라.

마르가레테: 벽의 기둥이 다가와 내 숨을 끊어놓는 것만 같아. 성당의 둥근 천장이 나를 짓눌러. 아, 숨막혀! 숨막혀!

악령: 숨어보아라. 그러나 죄와 치욕은 감출 수 없을 것이다. 숨이 막히고 눈이 깜깜하겠지, 불쌍한 것아! 공기와 빛이 있으면 뭘 할 건데?

합창: 가련한 나, 그때 무어라고 말할까? 어느 보호자에게 기대야 하나! 올바른 사람들도 구원받을 수 없는 날에.

악령: 성자들은 너에게서 얼굴을 돌리리라. 그들은 깨끗한 손을 너에게 내밀기를 꺼리리라.

합창: 가련한 나, 그때 무어라고 말할까?

(마르가레테는 살려달라고 외치다가 실신한다.)

대단한 장면이다! 이 불행한 여자는 위안을 받아야 할 은신처에서 절망에 빠진다. 이 많은 사람들은 모두 신에게 믿음으로 기도하며 모여 있는데, 불행한 한 여자는 하느님의 성전 안에 있으면서도 지옥의 영혼을 만난다. 찬송가의 근엄한 가사들이 악령의 요지부동한 악의로 번역된다. 마음속은 얼마나 불안한가! 약하고 가련한 머리 위에 얼마나 많은 고통이 쌓여 있는가! 그리고 생이 우리 안에서 불길한 불꽃이 되어 타오르며, 우리의 스쳐가는 일상에 영원한 징벌의 무시무시한 섬광을 던지는 순간을 상상력으로 이렇게 그려낼 수 있다는 것은 얼마나 굉장한 재능일까!

메피스토펠레스는 파우스트의 고통을 덜어주기 위해, 마녀들의 집회에 데리고갈 생각을 한다. 여기엔 아무리 마음에 와닿는 사상이 많더라도 요약하기가 불가능한 장면이 하나 있다. 이 마녀들의 집회는 실로 정신의 크로노스의 축제이다. 이 막간의 촌극에 의해 극의 진행은 중단된다. 이렇듯 흥미가 중단된 경우, 상황이 강렬하면 강렬할수록, 그것이 아무리 천재의 생각이라고 하더라도 따라가는 것은 불가능하다. 생각이 미치는 만큼, 입에 담는 만큼의 소용돌이, 이미지와 사상이 서둘러 서로 섞이고, 이성에 의해 빠져나오게 되더라도 다시 나락에 떨어지게 되는 소용돌이 속에서, 무서운 모습으로 이 혼잡하게 얽힌 장면이 나타난다. 마법의 저주가 여러 정경을 표출하고 있을 때, 돌연 파우스트는 메피스토펠레스에게 다가가 말한다.

파우스트: 저 멀리 창백하고 아름다운 아이가 홀로 서 있는 것이 보이지 않아? 천천히 움직이는 것으로 보아, 두 발이 묶인 채 걸어가고 있는 것 같아. 그런데 마르가레테와 닮지 않았어?

메피스토펠레스: 마술 때문이죠. 그저 환상일 뿐이에요. 너무 골똘히 바라보지 않는 편이 나아요. 뚫어지듯 바라보는 시선에 인간의 피가 굳어버려요. 옛날, 메두사의 머리를 바라본 자가 돌로 변해버린 건 이런 식이었지요.

파우스트: 정말로, 저건 사랑하는 손길로 감겨주지 못한 죽은 여자의 눈동자야. 저건 내가 머리를 파묻었던 젖가슴이야. 내가 탐닉했던 매력들이다.

메피스토펠레스: 바보같이! 저건 모두 마술일 뿐이에요. 누구나 저 유령을 보고 자신의 연인이라고 믿지요.

파우스트: 얼마나 기쁜 일인가! 얼마나 괴로운 일인가! 나는 저 시선을 피할 수가 없구나. 그런데 왜 저 아름다운 목덜미에 마치 칼이 지나간 듯한 넓이로 빨간 끈이 매여 있을까?

메피스토펠레스: 맞네요! 그러나 당신은 그걸 어쩌시게요? 망상에 빠져버리면 안 돼요. 어쨌건 이 언덕을 올라갑시다. 당신을 위해

서 축제 준비를 해놨어요, 자.

파우스트는 태어난 아이를 그녀가 죽인 사실을 알게 된다. 그렇게 함으로 해서 그녀는 부끄러움을 면할 수 있다고 생각한 것이다. 죄는 발각되었다. 그녀는 수감되어, 다음날 단두대의 이슬로 사라질 것이다. 파우스트는 사납게 날뛰면서 메피스토펠레스를 저주한다. 메피스토펠레스는 차갑게 파우스트를 비난한다. 악을 원한 것은 파우스트 본인이며, 자기는 부름받았기 때문에 와서 도와준 것뿐이라고 말한다. 파우스트는 마르가레테의 오빠를 죽인 까닭으로, 사형선고를 받은 상태다. 그러나 그는 비밀스럽게 마을에 들어가 그녀를 구해낼 수단을 메피스토펠레스로부터 전해 받아, 밤에 열쇠를 훔쳐 독방에 침입한다.

멀리서 그녀가 실성했음을 증명하는 중얼거리는 듯한 노랫소리가 파우스트 귓가에 들린다. 노랫말은 매우 통속적인데, 마르가레테의 천성은 순수하고 섬세하다. 보통 미친 여자를 묘사할 때에는 마치 그렇게 해야 하는 법이라도 있는 듯, 미친 여자는 당연히 시작된 말을 끝까지 하지도 않고 생각의 끈을 마음대로 도중에 끊기도 한다. 그러나 실제는 그렇지 않다. 진짜 정신착란은 거의 항상, 광기 그 자체가 원인이 되어 이상한 형태로 나타난다. 불행한 사람의 즐거움은 그들의 고뇌보다도 더욱 비통한 것이다.

파우스트는 감옥에 들어간다. 마르가레테는 사형을 집행하기 위해 사람이 왔다고 생각한다.

마르가레테: (짚으로 엮은 침상에서 일어나서 외친다.) 그 사람들이 오네! 그들이 와! 오, 드디어 죽는구나!

파우스트: (작은 목소리로) 쉿, 조용히, 당신을 도우러 왔소.

(그는 사슬을 풀기 위해 그녀에게 다가간다.)

마르가레테: 당신도 인간이라면, 저의 고통을 헤아려주세요.

파우스트: 쉿, 쉿, 간수가 잠에서 깨어나겠소.

마르가레테: (무릎을 꿇고) 너무하신 분이군요. 누가 당신에게 이럴 권리를 주신 거죠? 아직 한밤중이에요. 왜 벌써 나를 데리러 왔어요? 제발 불쌍히 여겨 절 살려주세요. 내일 아침이라도 시간은 충분하지 않겠어요? (마르가레테는 일어선다.) 전 아직 이렇게 젊은데, 이렇게 젊은데! 그런데 벌써 죽어야 하나요? 예쁘기도 했답니다. 그게 제 파멸의 원인이 되었지요. 그때는 다정한 분이 곁에 있었지만, 지금은 멀리 떠나버렸어요. 화관은 찢어져 꽃들은 흩어져버렸어요. 그렇게 우악스럽게 절 붙잡지 마세요. 온정을 베풀어주세요. 쓸데없는 눈물을 흘리지 않게 해주세요. 지금껏 한 번도 당신을 뵌 적이 없었잖아요!

파우스트: 그녀의 고통을 차마 두고볼 수 없구나!

마르가레테: 이제 제 목숨은 완전히 당신 손에 달렸어요. 우선 아기에게 젖이나 먹이게 해주세요. 밤새도록 그 아이를 껴안고 있었는데, 나를 괴롭히려고 그들이 아이를 빼앗아갔어요. 그들은 내가 이 아이를 죽였다는 말을 퍼뜨리지 않았던가요? 이제 다시는 예전의 나로 돌아갈 수 없어요. 모두들 절 빈정대는 노래를 부르고 있어요. 심술궂은 사람들! 무슨 말이 하고 싶은 걸까요?

파우스트: (몸을 던지며) 사랑하는 사람이 이렇게 발치에 엎드려 있소! 이 무서운 감옥으로부터 당신을 구하러 왔어요.

마르가레테: 네, 함께 무릎을 꿇고, 성자님들께 매달려봐요. 지옥에서 외침소리가 들려요. 그리고 이 감옥의 문턱에서 악령이 우리를 기다리고 있어요.

파우스트: 마르가레테! 마르가레테!

마르가레테: (귀를 기울이고) 이건 그분의 목소리야. (그녀는 파우스트 쪽으로 다가온다. 사슬이 풀려서 떨어진다.) 어디 계실까? 나를 부르는 소리가 들렸는데. 난 자유야. 이제 아무도 나를 감옥에 다시 처넣을 수 없을 거야. 그분의 팔에 기대고, 그분의 가슴에 안기고 싶어. "마르가레테" 하고 부르셨어. 그분은 저기, 문 앞에 서 계셨지. 가차없는 사신의 으르렁거림 가운데, 그이의 달콤하고 정다운 목소리가 들렸어!

파우스트: 그래, 나요, 마르가레테!

마르가레테: 당신이군요, 다시 한 번만 말해주세요. (그녀는 그를 끌어안는다.) 그이야! 그이! 쇠사슬의 공포도, 처형대의 공포도, 어떻게 된 거지? 당신이군요! 이제 전 살았어요! 처음으로 당신과 만난 그 길, 마르테 아주머니와 함께 당신을 기다리던 그 즐거운 정원도 보여요.

파우스트: 이리 와요, 이리 와.

마르가레테: 당신이 계신 곳에 머물러 있는 게 이렇게 달콤한 걸요! 아! 가지 마세요!

파우스트: 자, 서둘러! 조금만 지체해도 큰일 나요.

마르가레테: 어째서죠? 당신은 키스할 줄도 모르시나요? 내 사랑, 잠시 떨어져 있었을 뿐이에요! 벌써 저를 가슴에 안는 것까지 잊어버리셨나요? 전에는 당신의 말씀, 당신의 눈길 한 번에도 천국 전체가 내게 내려왔죠! 키스해주세요, 제발, 키스해줘요! 당신의 마음은 싸늘하게 식었나요? 당신의 사랑은 어디로 가버렸나요? 누가 내 사랑을 빼앗아갔나요?

파우스트: 어서 와요, 날 따라와요, 착하지. 용기를 내요. 나는 당신을 열렬히 사랑해요. 제발 날 따라와요. 그것만이 내 부탁이야.

마르가레테: 틀림없이 당신, 파우스트죠? 정말 당신인가요?

파우스트: 정말 나요. 자 따라와요.

마르가레테: 당신은 사슬을 풀어주시고, 저를 다시 품안에 안아주시는군요. 왜 마르가레테를 기분 나빠하지 않으시지요? 이보세요, 대체 누굴 구하고 계신 건지 알기나 하세요?

파우스트: 이리 와요, 이리 와. 벌써 날이 새고 있단 말이오.

마르가레테: 어머니! 제가 어머니를 죽였어요! 아가! 내가 그 아이를 물 속에 빠뜨렸어요. 그 아이는 내 아이이고, 또 당신의 아이 아닌가요? 내가 보고 있는 사람이 정말 당신인가요, 파우스트? 꿈은 아니겠지요? 당신의 손을 줘봐요, 그리운 이 손. 오, 맙소사! 손이 젖어 있어요. 그것 닦아버리세요! 피가 묻어 있는 것 같아요! 칼은 내게 보이지 말아요. 내 오빠는 어디에 있나요? 제발 부탁이에요. 내게 칼을 보이지 말아요!

파우스트: 과거의 일은 잊읍시다. 당신의 말을 들으니 죽고 싶구려.

마르가레테: 아니에요, 당신은 살아남아야 해요. 당신에게 무덤에 대해 얘기해둘게요. 내일이라도 곧 살펴봐주셔야 해요. 어머니를 제일 좋은 자리에 모시고, 바로 옆에 오빠를, 좀 떨어진 곳에 저를 묻어주세요. 하지만 너무 떨어져서는 안 돼요. 그리고 아기는 제 오른편 가슴 쪽이에요. 그 밖엔 제 곁에 아무도 묻어선 안 돼요! 당신 곁에 있고 싶었는데, 그런 감미롭고 아름다웠던 행복은 이제 다시는 나에게 이루어질 수 없어요. 뭐랄까, 내가 당신에게 무리하게 다가가는 것 같고, 당신은 나를 격렬하게 밀어내는 것 같아요. 그래도 당신은 다정하고 사려 깊은 눈빛으로 바라보시는군요.

파우스트: 아! 나를 알아보았으면, 어서 갑시다.

마르가레테: 그런데 어디로 가죠?

파우스트: 당신은 자유의 몸이 될 거요.

마르가레테: 밖에는 무덤이 있어요. 내 발걸음을 죽음이 지켜보고 있어요. 가요. 영원한 거처로 나를 데려가줘요. 거기까지만 나는 갈 수 있어요. 당신은 떠나시나요? 오! 내 사랑, 나도 갈 수만 있다면….

파우스트: 갈 수 있고 말고, 당신에게 그럴 마음만 있다면. 문은 열려 있소.

마르가레테: 차마 못 가겠어요. 제겐 아무 희망도 없는 걸요. 도망간들 무슨 소용이 있을까요? 저를 괴롭히는 사람들이 절 노리고 있어요. 구걸한다는 건 정말 비참한 일이에요. 게다가 양심의 가책은 어떡하고요! 낯선 고장을 떠돌아다니는 건 또 얼마나 비참한 일인가요. 결국 그들이 저를 붙잡아버릴 거예요!

파우스트: 내가 당신 곁에 있겠소.

마르가레테: 빨리, 서둘러요, 불쌍한 당신의 아이를 구해주세요. 떠나세요, 시냇물을 따라 난 길을 끝까지 가세요. 징검다리를 건너 숲으로 들어가면 왼쪽에 수문이 나와요. 연못 안에서 아이를 빨리 건져줘요. 위로 떠오르려고 허우적대고 있어요. 아이를 구해주세요! 구해주세요!

파우스트: 정신 차려요. 한 발짝만 더 움직이면 자유롭단 말이요!

마르가레테: 이 산만 넘는다면…. 샘 근처는 공기가 차요. 그곳에, 어머니가 바위 위에 늙은 머리를 흔들고 앉아 계세요. 어머니는 나를 부르지도 않고, 오라는 신호를 보내지도 않아요. 너무 오래 주무셔서 깨어나질 못하세요. 우리가 재미보도록 주무시고 계셨던 거예요. 그땐 참 행복한 시절이었는데!

파우스트: 아무리 부탁해도 내 말을 듣지 않으니 당신을 안아 옮기겠소.

마르가레테: 절 놔두세요! 안 돼요. 억지로 그러시는 건 싫어요. 그렇게 거칠게 나를 붙잡지 말아요. 아! 이제까지 당신이 원하시면 무슨 일이든 했잖아요.

파우스트: 날이 새는구려, 내 사랑! 제발!

마르가레테: 네, 곧 날이 밝을 거예요! 마지막 태양이 이 독방에도 찾아오겠죠. 내 영원한 결혼식을 축복해주는 거예요. 당신이 마르가레테와 밤을 보냈다고, 아무한테도 말하지 말아주세요. 화관이 시들다니. 슬프네요. 우린 또 만날 거예요. 하지만 춤추는 곳에선 싫어요. 사람들이 많이 몰려와요. 소리가 섞여 무슨 말을 하는지 들리지 않아요. 광장도, 길거리도 전부 발 디딜 틈 없이 사람들로 가득 차 있어요. 종이 울리고, 신호가 와요. 그들이 내 손을 묶고, 눈을 가리네요. 나는 피투성이의 단두대에 올라가고, 이어 시퍼런 칼날이 내 머리에 떨어지겠죠…. 아! 세상은 무덤처럼 고요하군요.

파우스트: 맙소사! 왜 세상에 태어났던가?

메피스토펠레스: (문 밖에 나타난다.) 서둘러요, 그렇지 않으면 당신들은 끝장이오. 꾸물대고 망설이는 동안 목숨은 없어져버려요. 내 말들이 떨고 있어요. 아침의 냉기가 느껴진단 말이요.

마르가레테: 땅바닥에서 솟아나온 게 무언가요? 저 자예요. 저 자, 저 사람을 쫓아버리세요. 이 성스러운 곳에서 무얼 하겠다는 건가요? 절 잡아가려나 봐요.

파우스트: 당신은 살아야 해.

마르가레테: 심판자이신 하느님, 당신 손에 맡기나이다!

메피스토펠레스: (파우스트에게) 갑시다, 가요. 그러지 않으면 이 계집과 함께 저승사자에게 넘겨버릴 겁니다.

마르가레테: 하늘에 계신 아버지, 저는 당신의 것입니다. 천사들이 시여, 저를 구원해주소서. 성스러운 무리여, 저를 에워싸고 지켜 주소서. 파우스트, 저는 당신의 운명이 걱정이에요….

메피스토펠레스: 그녀는 심판받았소.

(천상에서 목소리가 외친다.) 그녀는 구원받았노라.

메피스토펠레스: (파우스트에게) 나를 따라오시오.

(메피스토펠레스는 파우스트와 함께 모습을 감춘다. 감옥 안에서 허무하게 연인을 부르는 마르가레테의 목소리가 들린다.)

마르가레테: 파우스트! 파우스트!

작품은 이 말과 함께 제 1부가 끝난다. 작가의 의도는 아마도, 마르가레테는 죽지만 신이 그녀를 용서하는데, 파우스트는 목숨은 건지지만 영혼은 파멸한다는 것 같다.

내가 번역을 시도한 이들 장면에 매우 아름다운 시구가 덧붙여진다면 그 매력이 어떠할지 상상해보기 바란다. 항상 작시법에는, 모든 사람에게 인정받는 장점, 주제에 의존하지 않는 장점이 있다. 《파우스트》에서는 리듬이 상황에 의해 변하고, 그 결과 훌륭하게 다채로운 변화가 일어난다. 독일어로는 프랑스어보다도 훨씬 많은 리듬의 조합이 가능하지만, 괴테는 그들을 전부 활용하여 소리에 의해서도 이미지에 의해서도 그에게 이 작품을 만들게 한 아이러니와 열정, 비애와 명랑함의 독특한 흥분을 표현하고 있는 것 같다. 이 작품 안에서 타인에게 비난받을 만한 취향상의 결점을 괴테 정도의 사람이 전부 알지 못할 것이라고 추측하는 것은, 정말 너무 순진한 생각일 것이다. 그러나 그가 그 결점들을 작품 안에 남겨두는 것, 아니 오히려 일부러 넣기로 결심하게 된 동기를 아는 것은 흥미로운 일이다.

괴테는 이 작품에서, 어떤 장르에도 스스로 구속되지 않았다. 이것은 비극도 소설도 아니다. 작가는 이 이야기를 창작하면서 생각하는 방식이나 쓰는 방식에서 모든 종류의 간결함을 버리려고 했다. 만약 셰익스피어 류의 비장함이 전혀 다른 종류의 아름다움을 혼합하는 것이 아니라면, 이 작품은 아리스토파네스[109]와 무슨 관련이 있어 보일지도 모른다. 《파우스트》는 사람을 놀래고, 감동시키고, 눈물을 머금게 한다. 그러나 마음에 달콤한 인상을 전혀 남기지 않는다. 자만과 악덕이 잔혹하게 벌을 받지만, 이 벌에서는 자비로운 손길이 조금도 느껴지지 않는다. 죄를 범하게 한 악의 원리 그 자체가, 그 죄에 대한 복수를 지휘하는 것처럼 보이고, 여기서 그려진 가책 역시 과실(過失)과 마찬가지로 지옥에서 온 것처럼 보인다.

독일의 수많은 시에는 악령에 대한 신앙이 보인다. 북국의 자연은 이 공포감과 매우 잘 어울린다. 그렇기 때문에 허구 작품에 악마를 써도, 프랑스처럼 우스꽝스럽지 않다. 이들 사상을 순전히 문학과의 관련하에 한정해서 생각한다면, 우리의 상상력은 그것이 인간의 심중에 있건 자연 안에 있건, 악령이라는 개념에 부합하는 무언가를 그리고 있음에 틀림없다. 사람은 때때로, 이를테면 아무 관심도 없이 나쁜 짓을 한다. 아무 목적도 없이, 심지어 목적에 반하면서조차, 그저 사람에게 상처를 입히고 싶다는 내면적인 일종의 잔혹함을 만족시키기 위해서 나쁜 짓을 하는 것이다. 고대 그리스에는 이교도 신들 외에도 티탄 민족의 신들이 있었는데, 그들은 자연의 반항적 힘을 연상시켰다. 또한 그리스도교에는 마음의 악한 경향이 악마의 모습으로 의인화되어 있다고 할 수도 있겠다.

《파우스트》를 읽고, 사고를 다양한 방법으로 자극시키지 않을 수 없다. 독자는 작가와 논쟁을 벌이고, 작가를 비난하거나 정당화한다. 그러나 작가는 모든 것에 대해 깊이 생각하게 하고, 중세의 소박한 학자의 말을 빌리자면, 모든 것보다도 많은 무언가에 대해[110] 생각하게

---

109) 고대 그리스의 대표적 희극 시인.

110) 마담 드 스탈은 "De omnibus rebus et quibusdam aliis"라고 주를 달고 있다. 'De omnibus rebus'는 정확하게는 'De Omni Re scibili'로, 지오반니 피코 데라 미란돌라 백작(Giovanni della Mirandola, 1463~1494, 르네상스기

한다. 이러한 작품을 대상으로 해야 하는 비판은 예측하기 쉽다. 아니, 오히려 그것이 다뤄지는 방법보다도 이러한 작품의 장르야말로 더 많은 비난을 받을 가능성이 있다. 왜냐하면 이러한 창작은 하나의 꿈으로서 평가되어야 하기 때문이다. 만약 좋은 취향이 항상 꿈의 상아문에서 지켜보며 판에 박힌 형식을 강제한다면, 꿈은 절대로 상상력을 자극할 수 없을 것이다.

《파우스트》는 확실히 좋은 본보기는 아니다. 이것이 정신착란의 창작으로 간주되든 또는 이성의 포화상태로 간주되든, 이런 작품은 계속해서 창작되지 않는 것이 바람직하다. 그러나 괴테와 같은 천재가 모든 속박을 넘어섰을 때, 그의 사고의 덩치는 너무나 거대해서, 어떤 방향으로든 예술의 한계를 넘어 삐져나오게 된다.

베르너의 《마르틴 루터》, 《아틸라, 훈족의 왕》, 《계곡의 아들들》, 《발틱 해의 십자가》, 《2월 24일》

실러가 죽고, 괴테가 극작을 그만둔 후, 독일의 극작가 중 제1인자는 베르너이다. 그 이상으로 비극에 서정시의 매력과 위엄을 넘치게 할 수 있는 사람은 없었다. 그러나 시인으로서의 그를 그 정도로 멋지게 만든 것이, 무대에서의 성공에는 방해가 되었다. 그의 극작품 안에서 사람들은 오직 희귀한 아름다움을 지닌 노래나 송가, 종교적·철학적 사상을 구할 뿐이지만, 무대 위에서 상연될 연극으로서 판단하자면 공격당할 여지가 실로 많다. 베르너에게 극작의 재능이 없는 것도 아

이탈리아의 인문학자. 피렌체의 플라톤학원에서 철학을 강연하고, 메디치가의 로렌초와 교류하며, 그 보호를 받았다.)이 1486년에 출판한, 90개의 명제를 지닌 사상서, 《철학, 카발라, 신학의 론(論)》(*Conclusiones philosophicae et theologiae*)이 출간되기 이전의 표제이다. 또한, 'et quibusdam aliis'는 후에 볼테르가 덧붙인 것이라고 한다.

니고, 그렇다고 해서 독일의 다른 여느 극작가보다도 극적 효과를 내는 방법을 훨씬 잘 알고 있는 것도 아니다. 그는 종교와 사랑에 관한 신비적인 이론을 극예술의 도움을 받아 퍼뜨리려 했다고 말할 수 있으며, 그의 비극은 목적이 아닌 수단이라고 말할 수 있다.

이러한 비밀스런 의도 아래 《마르틴 루터》는 창작되었는데, 베를린의 극장에서 흥행에 대성공했다. 종교개혁은 세계에서 일어난 매우 중대한 사건이며, 그 발상지 독일에서는 특히 중요하다. 루터의 타고난 용기와 숙고된 영웅주의는 사고가 생활의 모든 것인 듯한 나라에서 깊은 인상을 남긴다. 독일인이 이 정도로 주목한 주제는 이외에는 없다.

정신에 대한 새로운 사고방식의 영향에 관한 것이 모두, 베르너의 이 작품에 매우 잘 그려져 있다. 무대는 작센의, 루터가 살던 비텐베르크에서 멀지 않은 탄광에서 시작된다. 광부들의 노래가 상상의 날개를 펴게 한다. 노래의 후렴은 외부 세계, 자유로운 공기, 태양에 대한 호소이다. 이미 루터의 교의에 마음을 사로잡힌 이들 하층계급 사람들은 자기 자신과 개혁에 대해 서로 이야기를 나누며, 어두운 지하에서 양심의 자유와 진리탐구, 결국은 어두운 무지를 파고들게 될 어떤 날과 그 태양 빛에 열중하고 있다.

제2막에서는 작센의 선제후의 하인이 수녀원을 해방하러 온다. 이 장면은 희극적일 수도 있지만, 감동적인 장엄함을 갖고 그려진다. 베르너는 그리스도교의 모든 예식을 마음으로 이해한다. 그는 프로테스탄트 교의의 숭고한 단순함을 잘 이해하고 있으나, 또한 십자가 앞에 꿇어앉아 행하는 맹서의 엄숙함, 신성함도 잘 알고 있다. 젊은 시절에는 검은 머리를 싸고 있었으며 지금은 백발을 감추고 있는 베일을 버릴 때의 수녀원 원장의 공포감은 감동적이면서 자연스럽다. 종교적 고독과도 같은 아름답고 순수한 시는 그녀의 감동을 표현한다. 이들 수녀들 중에서, 후에 루터와 맺어지는 여성이 있다. 그녀는 그 당시 루터의 영향력에 가장 강하게 반항하는 여성이다.

이 막에서 보이는 여러 아름다움 중에서도, 세상의 지배에 질린 영혼을 지닌 절대군주, 카를 5세의 초상을 고려해보지 않을 수 없다. 그를 섬기는 작센의 어느 귀족이 그에 대해 다음과 같이 표현한다.

> 이 거대한 인물의 무시무시한 가슴속에는 전혀 마음이라는 것이 없습니다. 전능한 천둥은 그의 손안에 있지만, 그는 그것과 사랑의 신을 연결시킬 줄 모릅니다. 그는 한쪽 발톱으로 지구 전체를 쥐고, 그것을 통째로 삼켜서 먹을 수밖에 없는 어린 매와 닮았습니다.

이 정도의 언급으로 카를 5세를 꾸짖듯 표현한다. 그러나 이러한 인물을 그리는 것은, 스스로 말하게 하는 것보다 쉬운 일이다.

100년 전에 콘스탄츠의 공회 때, 얀 후스와 프라하의 히에로니무스[111]는, 지기스문트 황제가 발행한 안전통행권을 가지고 있었음에도 화형에 처해졌다. 루터는 그 사실을 알았음에도 불구하고 카를 5세의 말을 믿는다. 그러나 제국의회가 개최되고 있는 보름스에 가기 전날, 루터의 용기는 잠시 사그라진다. 그는 자신이 공포와 실망에 사로잡혀 있음을 느낀다. 어린 제자가 그의 플루트를 가지고 온다. 그는 의기소침해졌을 때, 플루트를 연주하며 기운을 되찾는 버릇이 있었다. 그는 플루트를 손에 든다. 조화로운 화음은 그의 마음에 신에 대한 전폭적 신뢰를 회복시킨다. 정신적 삶을 사는 사람에게 이것은 불가사의한 힘이 된다. 이 장면은 베를린의 극장에서 대성공을 거두었다고 들었는데, 그것은 넉넉히 짐작할 수 있는 일이다. 아무리 아름다운 대사라도 말은 음악만큼 신속하게 마음상태를 변화시킬 수 없다. 루터는 음악을 신학에 속하는 예술이라고 간주했고, 사람의 마음에 종교적 감정을 발전시키는 데에 이것을 적극 활용했다.

보름스의 제국의회에서 카를 5세의 역은 억지로 꾸민 티가 역력하고, 따라서 위대함이 부족하다. 작가는 스페인인의 거만함과 독일인의 투박한 솔직함을 대비시키려 했다. 그러나 카를 5세가 어떤 한 나

---

111) 가톨릭 성인이며 라틴 4대 교부 중 한 명인 히에로니무스와는 별개 인물이다.

라만을 통치하기에 넘치는 재능을 가졌음은 사실이지만, 베르너는 스스로 지닌 강한 의지를 드러내지 말았어야 함에도 불구하고 자신이 그런 의지를 지녔다고 공공연하게 주장하는 남자를 그리는 것을 삼가야 했다. 의지는 표명된 후에는, 이를테면 확산된다. 전제군주는 보여주는 것보다는 감추는 것에 의해서 사람을 두렵게 만드는 것이다.

베르너는 아득한 상상력의 배후에 매우 섬세하고 날카로운 관찰력을 지닌 정신을 가지고 있었다. 그러나 그는, 카를 5세의 역에 자연스러운 뉘앙스가 없는 색의 배합을 가한 것 같다.

《마르틴 루터》에서 아름다운 장면 중 하나는, 제국의회에서 한편으로는 가톨릭 사제와 추기경의 화려한 행렬, 다른 한편은 루터, 멜라히톤, 그 외에 그들의 제자들인 개혁파 사람들의 행렬이 검은 옷을 입고, 독일어로 '신은 나의 성채'[112] 로 시작하는 찬송가를 부르며 등장하는 부분이다. 외면적 장엄함은 상상력을 움직일 수 있는 수단으로서 많이 칭찬받았다. 그러나 그리스도교 정신이 그 순수하고 진실한 간결함으로 모습을 드러내면, 어느 무엇보다도 훌륭한 시정이 영혼의 깊숙한 곳으로부터 끓어오른다.

루터의 변론이 이루어지는 장면은, 카를 5세나 제국 각지의 군주들, 보름스 의회를 구성하는 의원들 앞에서의 루터의 연설로 시작된다. 그러나 그들은 결론밖에 듣지 않는다. 왜냐하면 교의에 관해서는 모두 진술이 끝났다고 간주되었기 때문이다. 발언이 끝나자, 군주나 의원들에게는 그의 소송에 대한 의견이 요구된다. 사람들을 움직이는 여러 관심사, 공포, 광기, 야심 등의 특징이 이들 의견에 빠짐없이 나타난다. 그중에서도 투표자의 한 사람은 루터와 그의 교의에 대해 많은 장점을 지적하지만, "모든 분들께서 그것이 제국의 혼란의 불씨가 된다고 확신하고 계시므로, 유감스럽지만 루터를 화형에 처하는 데 찬성합니다" 라는 말도 동시에 덧붙인다. 베르너가 인간에 대해 완벽하게 이

---

112) 1529년, 마르틴 루터 작. *Eine feste Burg ist unser Gott,* 〈시편〉 46편.

해하고 있는 점이 작품 안에 나타나서, 찬탄을 금할 수 없으며, 따라서 그의 관찰의 정신을 극작품 안에서 발휘하기 위해, 그가 몽상을 그만두고 두 발을 더욱 땅에 디뎠으면 좋겠다는 생각이다.

루터는 카를 5세에 의해 추방당하고, 얼마간 발트부르크의 성채에 숨어 지내게 된다. 작센 선거후를 수장으로 삼은 그의 친구들은 그곳이 가장 안전하다고 생각했기 때문이다. 그는 비텐베르크에 다시 모습을 나타내고, 그곳과 북부 독일 전역에서 교의를 확립했다.

제 5막의 마지막 부근에서, 루터는 한밤중 과거의 잘못에 대해 설교한다. 그는 그들 잘못은 조만간 사라질 것이며, 이성의 새로운 해가 뜰 것이라고 예고한다. 베를린 극장에서는 이때 촛불이 하나둘씩 꺼지며, 밝아오는 아침해가 고딕식 성당의 스테인드글라스를 통해 비친다.

《마르틴 루터》는 매우 생생하고 변화무쌍하므로, 그것이 얼마나 모든 관객의 마음을 사로잡는지 쉽게 알 수 있다. 그러나 역사적 소재에도, 특히 극장에도 어울리지 않는 기발함과 비유에 의해 중심사상에서 관심이 빗나가는 경우가 많다. 카트린느는 몹시 싫어하던 루터의 모습을 보고는 소리친다.

"저 사람은 저의 이상형이에요!"

그러자 순간적으로 더할 나위 없이 격정적인 사랑이 그녀를 덮친다. 베르너는 사랑에는 숙명적인 부분이 있어서, 서로 예정되어 있는 두 사람은 첫눈에 서로를 알아보게 되어 있다고 믿는다. 이것은 형이상학적이며, 또한 마드리갈 풍이기도 한 유쾌한 학설이긴 하지만, 무대 위에서는 이해되기 어렵다. 또한 마르틴 루터를 향해 발설한 이 이상형이라는 말보다 생소한 말도 없다. 왜냐하면 그는 학자풍의 딱딱한 뚱뚱이 수도승으로 나타나 있어서, 최신 미술이론에서나 빌려옴직한 기이하기 짝이 없는 표현에는 어울리지 않는다.

루터의 제자인 젊은이와 카트린느의 친구인 처녀의 모습을 한 두 명의 천사가 나타나, 순결과 신앙의 상징처럼 히아신스와 종려나무를 손에 들고 무대를 지나가는 듯하다가 결국은 사라진다. 관객의 상상력은 공중에서 그 모습을 찾아 헤맨다. 그러나 장면을 아름답게 하기 위해 환상적인 광경을 사용하면, 비장감은 덜 절실해진다. 이것은 다른 종류의 즐거움으로, 영혼의 감동에서 생기는 것은 아니다. 왜냐하면 감동이란 공통점 없이 존재할 수 없기 때문이다. 사람들은 등장인물을 현실의 인물인 것처럼 비판하고 싶어한다. 그들의 행동을 비난하거나 인정하고, 추측하며 이해한다. 또 그들의 입장이 되어 현실의 재미를, 위험을 무릅쓰지 않고도 체험한다.

베르너의 사랑과 종교에 관한 의견은 가볍게 비판받아야 하는 것은 아니다. 그가 느끼는 것은 그에게는 확실히 진실이다. 그러나 이 분야에서 각 사람의 견해나 느끼는 방법은 특히 가지각색이므로, 작가는 개인적인 생각을 공표하기 위해 본질적으로 보편적이며 대중적인 예술을 이용해서는 안 된다.

베르너의 매우 아름답고 독창적인 또 하나의 작품은《아틸라, 훈족의 왕》이다. 이 천벌의 이야기는 아틸라가 로마 앞에 도착했을 때의 일을 소재로 삼고 있다. 제 1막은 재가 된 아킬레이아에서 도망쳐 나오는 여자들과 아이들의 비명소리로 시작된다. 동작과 함께 제시되는 이 도입부는, 최초의 시구부터 흥미를 자극하는 것뿐 아니라, 아틸라의 힘에 대한 무서운 생각을 보여준다. 아무리 인물을 인상적으로 묘사했더라도, 그 초상화에 의해서보다는 그 인물이 다른 사람에게 미치는 영향력에 의해 주요 인물을 판단하게 하는 기술이 연극에서는 필요하다. 추종인들이 날로 늘어가는 사람 하나가 아시아와 유럽을 격한 공포로 몰아넣는다. 이 정경은 절대적인 의지의 실로 거대한 이미지를 제시하지 않는가?

아틸라의 곁에는 브르고뉴의 공주 일디코가 있다. 그녀는 그와 결혼하기로 되어 있으며, 그는 자신이 사랑받고 있다고 생각한다. 이 공주는 마음 깊숙이 그에 대한 복수심을 키우고 있다. 그가 그녀의 아버지와 연인을 죽였기 때문이다. 그녀가 그와 결혼하려는 것은 오직 그를 죽이기 위함이다. 그리고 극도로 기묘한 증오로 그녀는 그가 다쳤을 때 간호해주었다. 그가 군인다운 명예로운 죽음을 맞이하게 될까봐 두려워서였다. 그녀는 싸움의 여신처럼 그려져 있다. 그녀의 금발과 진홍색 상의는 마치 그녀에게 결합된 약함과 분노의 이미지처럼 생각된다. 매우 신비적인 성격이며, 처음부터 상상력을 강하게 자극한다. 그러나 이 신비성이 점점 증가하면서, 지옥의 힘이 그녀를 사로잡고 있음을 시인이 넌지시 내비칠 때, 또 이 작품의 마지막에서 그녀가 결혼식날 밤에 아틸라를 죽일 뿐 아니라 그 옆에 누운 열네 살의 아들까지 찔러 살해하는 데 이르면, 이미 이 인물에게서는 여성의 면모는 사라지고 공포보다도 혐오감을 불러일으킨다. 하지만 일디코 역은 전적으로 작가의 창작이다. 우의적(寓意的) 인물이 인정받던 서사시에서라면 온화함 밑에 숨겨진, 거짓된 아첨의 모습으로 폭군의 발치에 연결되는 격정은 틀림없이 커다란 효과를 낼 것이다.

아킬레이아의 도시 전체를 태워버린 불길의 한가운데에서, 공포의 인물 아틸라가 결국 모습을 드러낸다.[113] 방금 무너뜨린 궁전의 잔해 위에 누운 그는 수세기에 걸쳐 이루어진 일을 하루 만에 완성시키는 책무를 혼자 떠맡고 있는 것처럼 보인다. 그는 자신에 대한 미신 같은 것을 가지고 있다. 그는 스스로 신앙의 대상이며, 자신을 믿고, 자신을 하늘의 명령을 받드는 도구로 간주한다. 이러한 확신이 있기 때문에, 그가 저지른 죄에는 일종의 공정성이 섞여 있다. 그는 마치 자신은 누구보다도 죄를 범하지 않는 듯, 적의 잘못을 힐책한다. 그는 잔혹하지만 관대한 야만인이며, 폭군이기는 하나 약속은 지킨다. 또한 세상의 부를 모으면서도 병사와 같은 생활을 하며, 그에게 땅은 정복의 즐거움을 주는 대상에 지나지 않는 듯하다.

아틸라는 공공장소에서 재판관의 역할을 하고 있다. 거기서 그는 법정에 끌려온 불법행위에 대해 자연의 본능에 따라 판결을 내린다. 이

113) 이 부분은 '아틸라의 초상(肖像)'이라는 이름으로 유명한 부분이다. 베르너의 희곡에는, 이른바 아틸라의 초상은 그려져 있지 않다. 마담 드 스탈은 그 행동과 대사에서, 가능한 한 나폴레옹을 상상시키는 부분을 추출하려고 했다.

판결의 방법은 모든 경우에 같은 결정을 내리는 추상적 법률보다도 행위의 깊숙한 곳까지 전달된다. 그는 위증죄로 친구에게 유죄판결을 내린 후, 그에게 울며 입을 맞추고, 그 자리에서 말〔馬〕에 의한 사열형(四裂刑)을 내린다. 그는 엄정한 필연성의 관념에 이끌리며, 그 자신에게는 스스로의 의지가 그 필연성인 것처럼 느껴진다. 그의 영혼의 움직임에는, 온갖 뉘앙스가 제외되는 일종의 신속성과 결단이 있다. 이 영혼은 마치 물질적 힘과 같이 불가항력적이며, 또한 전력을 다해 한 방향을 추구하는 듯 보인다. 마지막으로 그의 법정에 형제를 죽인 범인이 끌려나온다. 아틸라 자신이 형제를 죽였기 때문에, 그는 망설이고, 심판을 거부한다. 그는 중죄를 범했지만, 이 세상에서 신의 정의를 달성하는 사명을 자신이 맡았다고 믿고 있다. 그 자신의 인생에 얼룩져 있는 오점과도 비슷한 죄악 때문에 한 인간에게 유죄를 선고하며, 그의 마음 깊은 곳에는 가책과도 같은 무엇인가가 파고든다.

제 2막은 로마의 발렌티니아누스 궁정을 실로 멋지게 묘사한다. 작가는 날카롭고 정확한 눈으로, 제국이 존망 위기에 처해도 유흥의 습관을 버리지 않는 젊은 발렌티니아누스 황제의 경박한 성격, 제국의 행복을 위해 개인적 증오감을 티끌만큼도 억제하지 못하며, 일신의 위험을 회피하기 위해서는 온갖 비열한 수단을 서슴지 않는 거만한 황태후 등을 그린다. 권모술수에 몰두하는 신하들은 멸망 전야에도 내분을 멈추지 않는다. 늙은 로마는 세계를 향해 그토록 포악했던 자신들의 야만적 행위에 의해 벌을 받는다. 이 광경은 타키투스에 필적하는 역사 시인이 그린 것이다.

매우 진실하게 묘사된 인물 중에, 숭고한 인물로서 역사에 전해지는 레오 교황과 왕녀 오노리아가 나타난다. 아틸라는 오노리아 소유의 유산을 그녀에게 돌려줄 것을 요구한다. 오노리아는 아직 본 적이 없는 고고한 정복자를 향한 열렬한 사랑을 마음속에 은밀하게 품고 있어서 그의 영광이 그녀를 흥분시킨다. 작가의 의도는 일디코와 오노리아를 각각 아틸라의 선한 재능과 악한 재능의 표상으로 만드는 데 있는 듯하다. 이들 인물에서 엿보이는 비유는, 그들이 고조시킬 수도 있었을 극적 효과에 찬물을 끼얹는다. 그러나 이 흥미는 몇몇 장면에서는 훌륭하게 되살아난다. 특히 발렌티니아누스 황제의 군대를 쳐부순 후 아틸라가 로마를 향해 행진하는 도중, 가마를 타고 성직자들의 화려한 행차에 나선 레오 교황을 만나는 장면이 그것이다.

레오는 신의 이름으로 아틸라가 영원의 도시에 들어오지 못하도록 경고한다. 아틸라는 돌연, 과거에 느낀 적 없는 종교적 공포심에 사로잡힌다. 그는 성 베드로가 칼을 빼들고 그의 앞길을 막는 모습을 하늘에서 보는 것 같다. 이 장면은 라파엘로의 훌륭한 회화의 주제이다. 한편에서는 아무 방어도 없는 노인의 얼굴에 넘치는 더할 나위 없는 평안함이, 그 노인과 똑같이 신의 가호를 믿는 다른 노인들에게 둘러싸여 있다. 다른 쪽에서는 훈족 왕의 두려운 듯한 얼굴에 공포가 어려 있다. 그의 말조차도 하늘의 빛에 놀라 뒷다리로 서 있다. 무적의 병사들은 당당하게 그들의 행렬 가운데를 지나가는 성인의 흰말 앞에 눈을 내리깐다. 시인의 말은 화가의 숭고한 의도를 매우 잘 전달하고 있다. 레오 교황의 말은 찬송가이다. 북국 병사의 개종방식도 무척이나 아름답게 그려져 있다고 생각한다. 아틸라는 하늘을 올려다보며 눈에 비치는 것처럼 생각되는 환영을 응시하면서 대장의 한 사람인 에데콘을 불러 말한다.

아틸라: 에데콘, 너에게는 보이지 않는가, 저 위쪽의 무서운 거인이? 태양 빛에 비쳐 보이는 저 노인 위로 저것이 보이지 않는가?

에데콘: 제게는 먹이로 삼을 주검들 위로 떼지어 몰려오는 까마귀 무리밖에 보이지 않습니다.

아틸라: 아니, 저것은 환영이다. 저것은 아마, 유일하게 죄를 용서하거나 벌을 줄 수 있는 분의 상(像)인 것 같다. 노인이 예언하지 않았던가? 저 거인은 머리는 하늘 위, 발은 지상에 있는 거인이다. 그는 우리가 있는 장소를 불로 태우려고 협박하고 있다. 그는

우리 앞에 가만히 서 있다. 그는 심판자처럼, 불의 검을 우리에게 겨냥하고 있다.

에데콘: 저 불은 지금 로마의 많은 사원의 둥근 천장을 금빛으로 빛나게 하는 하늘의 불입니다.

아틸라: 그렇다, 거인이 그의 백발에 이고 있는 진주로 장식된 금의 사원이다. 그는 한 손에 불의 검을 들고, 다른 한 손에 꽃과 빛이 휘감긴 두 개의 열쇠를 갖고 있다. 그 열쇠는 아마, 거인이 바르하라[114]의 문의 개폐를 위해 보단의 손에서 받아낸 것일 게다.

이 순간, 조상신을 믿는 아틸라의 마음에, 그리스도교가 작용한다. 그리고 그는 그의 군대에게 로마에서 멀어지라고 명령한다.

비극은 여기서 끝나는 게 나을 것이다. 아름다움은 이미 잘 배치된 몇 개의 장면으로 충분하다. 그러나 제 5막이 이어지며, 거기에서는 사랑의 비의(秘儀)에 매우 밝은 교황 레오가, 일디코가 아틸라와 결혼해서 그를 살해한 날 밤, 오노리아를 데리고 아틸라의 야영지에 온다. 그는 이 사건을 미리 알고 예언하지만 막지 않는다. 그 이유는 아틸라의 운명이 완수되어야 한다고 생각하기 때문이다. 오노리아와 교황은 무대 위에서 아틸라를 위해 기도한다. 연극은 알렐루야로 끝을 맺는다. 마치 공중을 향해 올라가는 시의 향기처럼, 연극은 끝난다기보다는 사라진다.

베르너의 시작법에는 화성법의 훌륭한 비밀이 많이 숨어 있다. 이 점에서의 그의 재능을 프랑스어로 설명하는 것은 불가능할 것이다. 특히 내 기억에 남는 것은 폴란드 역사에서 취재한 비극 중 하나로, 공중에 나타난 젊은이의 망령이 부르는 합창의 훌륭한 효과이다. 시인은 지칠 대로 지치고 무기력한 이들 망령들로 하여금 어눌하게 말하게 하여 독일어를 부드럽고 상냥한 언어로 바꿀 줄 안다. 발음되는 모든 말들, 모든 시구의 운은 말하자면 안개와 같다. 가사의 내용도 훌륭하게

114) 〔원주〕 스칸디나비아의 천국.

상황과 맞아떨어진다. 그것은 차가운 휴식과 생기 없는 눈빛을 매우 잘 그리고 있다. 생명의 소리는 멀리서 울려 퍼지고, 지워진 느낌의 희미한 그림자가 자연 전체에 구름의 베일을 던져 씌운다.

베르너의 희곡에는 살아있던 망령도 있고, 이 세상의 생을 아직 받지 못한 환상적 존재도 가끔 나타난다. 보마르셰의《타라르》의 프롤로그 중에서, 어떤 영 하나가 이런 상상의 존재에게 생을 받고 싶은지 묻는다. 그중 하나가 대답한다.

"조금도 서둘고 싶진 않은데요."

이 재치 있는 대답은, 독일의 극장에 도입하고 싶은 이들 비유적 인물의 대부분에 어울릴 것이다.

베르너는 성당 기사단에 대해《계곡의 아들들》이라는, 두 권으로 된 희곡 한 편을 창작했는데, 이 희곡은 비밀조직의 교리에 정통한 사람에게 매우 흥미를 끌었다. 왜냐하면 그 작품에서 눈에 띄는 것은 역사적 색채라기보다는 이들 조직의 정신이기 때문이다. 시인은 프리메이슨을 성당 기사단과 연결지으려 하며, 이 둘에게서 같은 전통, 같은 정신이 보존되어왔음을 보여주려고 열심이다. 무언가 초자연적인 부분이 있는 이들 단체는 베르너의 상상력이 매우 좋아할 만한 것이다. 왜냐하면 이들 단체는 전원에게 유사한 성향을 갖게 함으로써 각자의 힘을 독특한 방법으로 배가시키기 때문이다. 희곡이라기보다는 시인《계곡의 아들들》은 독일에서 커다란 센세이션을 불러일으켰다. 하지만 프랑스에서는 독일과 마찬가지의 성공을 장담할 수 없다.

매우 주목할 만한 베르너의 또 하나의 창작은, 프로이센과 리보니아에서의 그리스도교 선교를 소재로 한다. 이 극적인 소설은《발틱 해의 십자가》라는 제목을 가지고 있다. 호박 채집, 얼어붙은 뾰족한 산들, 혹독한 기후, 좋은 계절이 지나가버리는 속도, 자연의 적의, 이러한 싸움이 인간에게 불어넣는 투박한 성격 등 북국을 특징짓는 것의 생생한 감정이 넘친다. 이들 정경에서는 자기 고유의 감각 속에서 표현과 묘사를 끌어다 쓴 시인의 필치가 느껴진다.

나는 사교계의 무대에서 《2월 24일》[115] 이라고 제목을 붙인 베르너의 연극을 보았다. 이 작품에 대한 의견은 확실히 둘로 나뉠 것이다. 작가에 의하면 스위스의 어떤 인적 없는 장소에 농민 한 가족이 살고 있었는데, 이 가족은 최대의 범죄를 저질렀다. 부친의 저주는 아버지에서 아들로 전승되고 있었다. 저주받은 3대째는 부친을 모욕하고 죽이게 되는 한 남자의 참상을 보여준다. 이 불행한 남자의 아들은 어린 시절, 자신이 무엇을 하고 있는지도 모르면서 잔혹한 놀이를 하다가 여동생을 죽여버렸다. 이 끔찍한 사고 이후, 그는 종적을 감추었다. 이때부터 이 아버지를 살해한 남자는 되는 일이 없다. 들에는 곡식이 열리지 않았고, 가축들은 모두 죽어버렸다. 극단적 빈곤이 그를 괴롭힌다. 채권자가 그의 오두막집을 빼앗으려고 위협하며 그를 감옥에 처넣으려고 한다. 아내는 외롭게 알프스의 눈 속을 헤맨다.

20년간 소식이 없던 아들이 돌연 돌아온다. 그는 따뜻하고 신심 깊은 감정에 싸여 있다. 그는 의도적으로 죄를 짓지는 않았지만 후회의 마음으로 가득하다. 그는 아버지의 집으로 돌아온다. 아버지는 자신을 알아보지 못하므로, 아들이라고 말하기 전에 아버지의 애정을 얻기 위해 우선 이름을 숨기고 싶어한다. 그러나 아버지는 빈곤 때문에 탐욕스러워져서, 그의 눈에는 의심스러운 떠돌이 이방인에 지나지 않는 이 손님이 가진 금전을 질투한다. 2월 24일, 가족 전체가 아버지의 저주에 걸린 바로 그날, 시계가 자정을 알리자 아버지는 아들의 가슴을 부엌칼로 찌른다. 숨이 꺼져갈 때, 아들은 눈을 뜨고 부친과 아들을

115) 희곡 《2월 24일》은 그 표제의 날을 운명의 담당자로 표현하고 있다. 그 저주받은 날에 차례로 사건은 일어나고, 부모는 돈을 목적으로 스스로의 자식을 죽인다는 줄거리. 1809년 베르너가 코페에 체재 중일 때 막 완성된 이 희곡을 낭독했다. 빌헬름 슐레겔이 감동하여 그것을 코페의 무대에서 상연하게 했고, 슐레겔 자신은 살인을 저지르는 아들의 역을 연기했다. 이날은 낭만파의 연극사에서 매우 중요한 날이다. 이 작품은 '운명극'의 원형으로 치부된다. 베르너 자신은 1804년 2월 24일에 어머니와 친구를 잃었다. 프롤로그를 덧붙여 간행한 것은 1815년이다.

죽인 이 이중의 범죄자에게 비밀을 털어놓고, 가련한 남자는 재판에 회부되어 사형을 언도받는다.

이러한 상황은 끔찍하다. 이것이 대성공을 거두었음엔 틀림없다. 그러나 희곡의 근간이 되는 소재 자체보다도 오히려 이 희곡의 시적 색채, 정열에 의해 점증적으로 가중되는 동기야말로 칭찬받을 만한 것이다.

아트리데스 일가의 불행한 숙명을 보통 사람들에게 옮겨놓는 일은, 관객에게 범죄의 광경을 너무 가깝게 접근시키는 것이다. 지위가 높고 시대도 좀 떨어져 있으면, 흉악한 행동조차 이상적 예술에 더 잘 부합되는, 일종의 위대함이 갖추어진다. 그러나 단도가 아닌 부엌칼을 보고, 경치도 풍속도 인물도 익숙할 경우, 관객은 암실에 있는 것과 같은 공포를 느끼게 된다. 하지만 이것은 아마도 비극이 유발하게 되는 고상한 두려움은 아닌 것이다.

그러나 지상에 출현한 신의 섭리처럼 보이는 이 부계의 저주는 강하게 영혼을 동요시킨다. 고대인의 불운은 운명의 장난이었다. 그러나 그리스도교에서의 불운은 두려운 모습으로 나타나는 도덕적 진실이다. 사람이 가책의 마음에 길을 양보하지 않으면, 이 가책 때문에 느끼는 동요 그 자체에 의해 새로운 범죄로 달려간다. 거절당한 양심은 이성을 곤란하게 하는 유령으로 변하고 만다.

죄를 저지른 농민의 아내는 부친을 죽인 사람을 노래하는 로망스[116]의 기억이 머리에서 떠나지 않는다. 혼자서 잠이 들면 나지막한

---

116) 《2월 24일》 제1장에서 주인공의 아내가 부르는 오래된 민요. 영국의 퍼시(Thomas Percy, 1729~1811)가 수집하여, 낭만주의에 커다란 영향을 미친 《영국 고민요집》(*Percy's Request of Ancient English Poetry*)(1765)의 제1권의 제5장 〈에드워드, 에드워드〉(*Edward, Edward*)의 일부를 베르너가 희곡 안에 넣었다. 이 민요의 내용은, 검의 날이 빨갛게 물들어 있는 것을 어머니에게 들킨 아들이 매를 죽였기 때문이라거나 말을 죽였기 때문이라고 핑계를 대며 거짓말을 하려고 해도, 어머니를 완전히 속일 수 없어서 결국은 '아버지를 죽였으므로 집을 나가겠다'고 고백하는 것. 헤르더가 《민요집》 안에 번역해두었다.

목소리로, 무의식 속의 혼미한 사고처럼 그 노래를 따라 부르지 않고는 못 배긴다. 그렇게 되면 불길한 후렴은 운명의 내밀한 예언이라도 되는 것처럼 느껴지는 것이다.

알프스와 그 정적의 묘사는 매우 아름답다. 죄인이 사는 집, 곧 이 장면이 전개되는 초가집은 다른 모든 집으로부터 멀리 떨어져 있다. 어떤 교회의 종소리도 들리지 않고, 시간을 알리는 것은 촌스러운 괘종시계뿐이다. 이것만은 아무리 가난해도 떠나보낼 수 없는, 마지막 가구이다. 세상의 소음이 들려오지 않는 깊은 산중에서, 이 괘종시계의 획일적인 소리는 기묘한 전율을 일으킨다. 이런 장소에 왜 시간이 필요한 것인지 의문이 드는 것이다. 이 장소에 변화를 일으키는 재미있는 일이 아무것도 없는데, 시간의 구분이 왜 필요하단 말인가? 그리고 죄의 시각을 알리는 괘종시계의 울림이 들리면, 어느 선교사[117]가 훌륭하게 생각해낸 다음과 같은 이야기가 떠오른다. 즉, 지옥에 가면 죄인들은 끊임없이 묻는다고 한다. "지금, 몇 시입니까?"

그럼 이런 답이 들려온다. "영원이다!"

베르너는 자신의 비극 안에 극적 정열을 발전시키지 않고, 서정시의 아름다움을 도입했다는 비난을 받았다. 《2월 24일》이라는 연극에서는 반대의 결점을 지적할 수 있다. 이 희곡의 주제와 그것이 표현하는 풍속은 너무나도 진실에 가깝고, 또한 그 진실은 예술의 범주에 도저히 넣을 수 없을 정도로 잔혹하다. 예술은 하늘과 땅 사이에 위치한다. 베르너의 훌륭한 재능은 때로는 허구의 작품이 있어야 할 장소보다도 더 높이, 또 때로는 더 낮게 내려간다.

---

117) 자크 브리댄느 신부(Jacque Bridaine, 1701~1767). 아비뇽 십자가 왕립전도단 수도회의 유명한 선교사. 힘 있는 목소리와 설득력 있는 웅변으로 많은 청중을 모았다. 대성당에서 작은 시골 마을에 이르기까지 250회 이상의 설교를 했다. 그가 파리의 생쉴피스 교회에서 1751년에 행한 영원에 대한 유명한 설교는 마담 드 스탈의 어머니인 네케르 부인의 글에서 접할 수 있다.

독일과 덴마크의 다양한 극작품들

코체부의 연극작품은 여러 나라의 말로 번역되었다. 그러므로 이들을 따로 설명할 필요는 없을 것이다. 단지 내가 말하고자 하는 것은, 공정한 심판자라면 그가 연극의 효과를 완벽하게 인식하고 있었음을 부인할 수 없을 것이라는 점이다. 《두 형제》, 《인간혐오와 후회》, 《후스파 교도》, 《십자군 전사(戰士)》, 《후고 그로티우스》, 《요한나 폰 몬트파우콘》, 《로라의 죽음》 등은 이들이 공연된 곳이라면 어디에서나 열렬한 관심을 불러일으켰다. 그러나 코체부는 그 등장인물들에게 그들이 사는 시대의 특징이나 민족적 특성 또는 역사적 성격을 부여하지 않았음을 인정하지 않을 수 없다. 그 등장인물들은 어떤 특정 지역이나 어떤 특정 시대에 속하고 있음에도 불구하고, 항상 같은 시대의 사람이고 같은 나라의 사람인 것과 같은 언행을 보여서, 동일한 철학적 견해를 피력하고 동일한 근대적 풍속을 체현(體現)한다. 그가 오늘날의 사람이든 태양신의 딸이든 상관없이, 그는 현대의 모습을 자연스럽고 열정적으로 드러낼 뿐이다. 만일 독일에서는 드문 코체부의 연극적 재능이 인물들을 역사가 전하는 바대로 그려낼 수 있는 소질을 아울러 구비했더라면, 그리고 그의 시적 문체가 그가 창출해낸 제반 상황의 교묘함과 같은 높이로 드높여질 수 있었더라면, 그의 작품들의 성공은 휘황찬란한 것만큼 지속적일 수 있을 것이다.

하긴 위대한 극작가의 요소인 두 개의 능력을 한 사람이 모두 지니는 경우처럼 희귀한 경우도 드물다. 그 능력 중 첫째는, 만약 이런 표현이 가능하다면, 직업상의 숙달이고, 둘째는 보편적 관점을 겸비한 재능이다. 이 문제는 인간성 전체가 관련된 어려운 문제이다. 여러 사람들 중에 누가 구상의 재능이 돋보이고 실행능력이 있는지, 누가 모든 시대에 정통하며, 특히 자신의 시대에 어울리는지는 항상 지적이 가능하다. 그러나 모든 종류의 현상은 상반되는 여러 자질의 결합에 의해 생겨난다.

코체부의 거의 모든 희곡에는 매우 아름다운 몇몇 상황들이 포함되어 있다. 《후스파 교도》에서는 지스카의 후계자인 프로코프가 나움부르크 바로 앞에 주둔하게 되자, 관료들은 마을의 모든 아이들을 적의 주둔지에 보내 주민들에게 은혜를 베풀어달라고 빌게 하자는 결의를 한다. 이 가련한 아이들은 성별도, 연령도 참작하지 않는 과격한 병사들이 있는 곳에 단독으로 애원하러 가야 한다. 시장은 솔선하여 12세가 제일 맏이인 자신의 아들 4명을 이 위험한 파견단에 집어넣는다. 어머니는 적어도 한 명은 그녀 곁에 남아 있게 해달라고 부탁한다. 아버지는 그 말을 들어줄 태세이다. 그리고는 어머니로 하여금 가장 관심이 가지 않는 아이가 누구인지 말하게 하기 위해, 각 아들의 결점을 차례로 떠올린다. 그러나 아버지가 한 아이씩 비난할 때마다 어머니는 그 아이가 가장 좋다고 단언한다. 결국 불행한 어머니는 이 가혹한 선택이 불가능하며, 네 명이 같은 운명을 나누어 갖는 편이 낫다는 점을 인정하지 않을 수 없게 된다.

제 2막은 후스 교도의 야영지이다. 무서운 얼굴을 한 모든 병사들이 텐트 밑에서 쉬고 있다. 희미한 소리가 그들의 주의를 끈다. 떡갈나무 가지를 손에 쥔 아이들의 무리가 평원을 걸어오는 것이 보인다. 병사들은 그것이 무슨 의미인지 몰라, 창을 쥔 채 아이들이 가까이 오는 것을 막기 위해 야영지 입구에 서 있다. 아이들은 눈앞의 창을 겁내지 않고 전진한다. 후스 교도 자신은 어찌 된 영문인지 알지 못한 채, 연민의 정에 조바심을 내면서, 본의 아니게 계속 후퇴한다. 프로코프가 텐트에서 나온다. 아이들보다 훨씬 뒤에 따라온 시장을 데려오게 하고, 자신의 아들들이 누구인지 가리키도록 명한다. 그가 거절하자 프로코프의 병사가 그를 묶는다. 그 순간 네 명의 아이들이 무리에서 빠져나와 아버지 팔 안에 몸을 던진다. "이제 알았겠지"라고 시장은 프로코프에게 말한다. 아이들은 스스로 이름을 밝혔다. 희곡은 행복한 결말을 맺는다. 제 3막은 모두가 축하하는 분위기에서 진행된다. 그러나 제 2막이 극적 흥미를 가장 많이 갖고 있다.

희곡 《십자군 전사》의 장점은 전적으로 소설적인 장면에 있다. 자신이 사랑하는 남성이 전쟁에서 목숨을 잃었다고 생각한 젊은 아가씨가 예루살렘에서 병자의 간호에 헌신하기로 서원하고 수녀가 된다. 그 수녀원에 중상을 입은 기사가 실려온다. 그녀는 베일을 쓰고 다가와, 그에게는 눈길도 주지 않은 채 무릎을 꿇고는 붕대를 감는다. 기사는 고통의 순간에 사랑하는 여인의 이름을 부른다. 불행한 여인은 이렇게 그녀의 애인을 알아본다. 기사는 그녀를 데리고 떠나려고 한다. 수녀원장이 그의 계획과 그녀도 그의 계획에 동의했다는 사실을 알게 된다. 수녀원장은 매우 화가 나서, 그녀에게 생매장의 형벌을 선고한다. 교회 주위를 허무하게 배회하는 불행한 기사의 귓가에 지하에서 그녀의 장례예식을 치르는 오르간 소리와 사람의 목소리가 들려온다. 하지만 그녀는 아직 살아있으며 그를 사랑하고 있다. 이 장면은 비통하다. 그러나 모든 것은 행복하게 끝난다. 이 젊은 기사를 따르는 투르크인들이 그 수녀를 구하러 온다. 13세기 아시아의 수녀원이 프랑스혁명 중의 《수도원의 희생자들》118) 처럼 취급된다. 그리고 희곡은 온화하지만 조금 안이한 격언에 의해 모든 사람을 만족시키고 끝을 맺는다.

코체부는 오렌지 공에 의해 유폐당했다가 친구들의 손에 구출된 그로티우스의 일화를 드라마로 만들었다. 친구들은 그로티우스를 책 상자 안에 숨겨서 오렌지 공의 요새에서 옮기는 방법을 생각해낸다. 이 희곡에는 매우 주목할 만한 장면들이 있다. 그로티우스의 딸의 연인인 젊은 장교는 그녀로부터 부친의 탈출계획을 듣고, 이 계획을 지원하기로 약속한다. 그러나 그의 친구인 지휘관이 24시간 동안 현장을 떠나 있어야 되자, 그에게 성채의 열쇠를 맡긴다. 만약 그가 자리를 비운 사이에 수인이 도망치면, 지휘관 자신은 사형을 당한다. 친구의 목숨

---

118) *Victimes cloîtrées* (1791년 초연). 프랑스의 배우 겸 극작가 몽벨(J. M. Boutet de Monvel, 1745~1812)에게 똑같은 제목의 작품이 있다. 혁명 중 매우 자주 상연되었다.

을 받아든 젊은 보좌관은 연인의 아버지가 탈출용으로 준비된 작은 배에 막 타려고 하는 순간에, 그의 구출을 막고 무리하게 감옥에 돌려보낸다. 연인의 분개에 몸을 맡기면서도 이렇게 희생하는 젊은 보좌관의 행위는 실로 영웅적이다. 지휘관이 돌아오고 친구의 대행을 더 이상 하지 않아도 되자, 그는 숭고한 거짓말을 하여 다시 한 번 그로티우스의 구출을 시도하고, 결국에는 성공한 사람들에게 내려지는 사형판결을 자신 쪽으로 끌어들이는 방법을 찾아낸다. 자신에 대한 사형판결이 그에게 다시 연인의 존경을 돌려주었을 때 이 젊은이의 기쁨에는 극히 감동적인 아름다움이 있다. 그러나 젊은이를 구하기 위해 스스로 수인으로 지내는 그로티우스에게도, 오렌지 공에게도, 딸에게도, 그리고 작가 자신에게도 너무도 아량이 많아서 모두에 대해 '아멘'이라는 말밖에는 할 말이 없다. 이 희곡의 몇 장면들이 프랑스의 어떤 드라마에 도입되었지만, 미지의 등장인물로 구성되었다. 그로티우스라는 이름도, 오렌지 공이라는 이름도 사용되지 않았다. 이는 실로 현명한 방법이다. 역사상에 나타나는 대로 이 두 인물의 성격에 특히 어울리는 부분이 독일어판에서는 전혀 보이지 않기 때문이다.

《요한나 폰 몬트파우콘》은 코체부가 창조한 기사의 모험이야기인데, 다른 어느 작품에서보다도 자기식대로 주제를 다루고 있다. 매혹적인 여배우, 운제르만 양이 주인공 역할을 하고 있었다. 무례한 기사를 상대로 자신의 마음과 성을 지키는 그녀의 연기는 매우 쾌적한 인상을 연극에 부여했다. 어떤 때는 호전적으로, 또 어떤 때는 절망적으로 투구를 뒤집어쓰거나 머리카락을 흔들어 흐트러뜨리는 모습은 그녀를 아름답게 보이게 한다. 그러나 이런 종류의 장면은 대사보다 팬터마임 쪽이 훨씬 많다. 그 상황에서 말은 오로지 동작을 완성시키기 위해서 있을 뿐이다.

《로라의 죽음》은 방금 인용한 모든 것보다 우수한 장점을 지녔다. 저명한 셰리든은 이것을 《피자르》라는 제목의 희곡으로 각색하여, 영국에서 대단한 성공을 거두었다. 희곡의 마지막 장면에서의 한마디는 훌륭한 효과를 발휘하고 있다. 페루인의 수장인 로라는 오랫동안 스페인 사람들과 싸웠다. 그는 태양신의 딸 코라를 사랑하지만, 알론조와 그녀를 가르는 장애물을 극복하기 위해 헌신적으로 애썼다. 그들의 결혼 후 1년이 지나고, 스페인 사람들은 갓 태어난 코라의 아들을 유괴한다. 로라는 아들을 되찾아오기 위해 온갖 위험에 몸을 맡기고, 결국 요람 안에서 피투성이가 되어 있는 아들을 데려온다. 로라는 이 광경을 본 모친이 공포에 떠는 것을 본다.

"안심하시오, 이 피는 내 피이니!"

그는 이렇게 말하고 숨을 거둔다.

독일에서는 코체부의 극작가적 재능에 대해 올바르게 평가하지 않은 작가들이 몇 명 있는 것 같다. 그러나 이 편견에는 나름대로의 이유가 있음을 인정하지 않을 수 없다. 코체부는 그 희곡에서 엄격한 미덕이나 현실적 종교에 반드시 경의를 표하지 않았다. 그가 그런 잘못을 저지른 것은 의도한 바가 아니며, 경우에 따라 그렇게 하는 것이 좀더 많은 연극적 효과를 낼 수 있기 때문이라고 나는 생각한다. 아무리 그렇다고 해도, 준엄한 비평가들이 그 점 때문에 그를 비난할 수밖에 없는 점 또한 사실이다. 그 자신은 몇 년 전부터 규칙적인 원칙을 잘 따르는 것처럼 보인다. 그의 재능은 그것으로 잃기는커녕 많은 것을 얻었다. 사고의 고매함과 정확함은 항상 보이지 않는 끈에 의해서 도덕의 순수함과 연결되어 있다.

코체부 및 거의 모든 독일 작가들은 레싱의 의견을 받아들여, 산문으로 희곡을 써야 하며, 비극과 드라마를 가능한 한 가깝게 접근시켜야 한다고 생각했다. 괴테나 실러의 최근 작품 및 새로운 유파의 작가들은 이 방법을 뒤엎었다. 이들 작가들의 역방향에 대한 지나친 경도, 즉 지나치게 열광한 시정은 오히려 비난받을 만한 것으로서, 상상력을 극적 효과로부터 멀리 떨어뜨린다. 코체부와 마찬가지로 레싱의 원칙을 채용한 극작가들에게는 거의 언제나 간결함과 재미가 공존한다. 《아그네스 베르나우에린》, 《율리우스 폰 타렌트》, 《돈 디에고와 레오노레》는 당연한 일이지만 상당한 성공을 거두며 상연되었다.[119] 이들 희곡은 프리델이 엮은 선집[120]에 번역이 들어가 있으므로, 어느 것도 인용할 필요는 없을 것이다. 그중에서도 《돈 디에고와 레오노레》는 몇몇 군데 수정을 가하면 프랑스의 극장에서도 성공할 수 있을 것으로 생각한다. 그 경우에는, 불운이 고해지기 전에 먼저 불행을 예감하는, 심오한 우수를 머금은 저 사랑의 감동적인 묘사를 남겨야 할 것이다. 스코틀랜드인들은 이 마음의 예감을 인간의 두 번째 시력이라고 부른다. 그들이 두 번째라고 부르는 것은 틀린 것이다. 그것은 첫 번째 것이며, 어쩌면 유일하게 진실한 것일 것이다.

드라마의 장르를 능가하는 산문으로 된 비극 중에서 게르슈텐베르크의 몇몇 수필을 빠뜨릴 수 없다. 그는 우고리노의 죽음을, 어느 비극의 주제로 택하자는 데 생각이 미쳤다. 이 작품은 우고리노와 세 명의 아들이 목숨을 잃는 정원에서 시작하고 끝나므로, 장소의 단일성이 필연적으로 지켜진다. 시간의 단일성으로 말하자면, 굶어죽기 위해서는 24시간 이상이 필요하다. 그러나 적어도 시종일관 동일한 사건에 커지는 분노만이 진행의 지표가 되어준다. 단테의 작품 중에서 부친의

---

119) 《아그네스 베르나우에린》(*Agnes Bernauerin*) (1780)은 퇴링(Josephe August Graf von Törring-Cronsfeld) 작. 《율리우스 폰 타렌트》(*Julius von Tarent*) (1776)는 라이제비츠(Leisewitz, 1752~1806) 작으로 성격이 다른 형제의 싸움을 다룬 작품. 레싱은 이것을 괴테의 것이라고 착각했다. 실러는 이것을 청년시대에 암송하고 있었다. 두 형제 사이의 적의라는 테마는 《군도》, 《메시나의 신부》에서도 다뤄지고 있다. 라이제비츠는 이 작품으로 함부르크 극장의 현상에 응모했지만, 어쩌다가 똑같은 소재로 같은 현상에 응모한 클링거(Friedrich Maximilian Klinger, 1752~1831)의 《쌍둥이》(*Die Zwillinge*)에 승리를 빼앗겼다. 클링거는 루소의 영향을 받아 사회에 대한 반항을 괴테나 렌츠에 가까운 방법으로 표현했다. 1776년에는 희곡 《슈트름 운트 드랑》(*Sturm und Drang*)을 발표하여, 이 운동에 이름을 부여하게 되었다. 《돈 디에고와 레오노레》(*Don Diego und Leonore*)는 코체부의 작품이다.

120) M. Friedel, 《신 독일 연극—독일권의 수도에서 성공을 거둔 희곡집》(*Nouveau Théâtre allemand, ou Recueil des pièces qui ont paru avec succès sur les théâtres des capitales de l'Allemagne*), 12 volumes, 1782~1785.

비운에 관한 유례없이 숭고한 묘사가 있다. 그 부친은 자기 곁에서 세 명의 아들들이 목숨을 잃는 것을 목격하고, 자신을 산 제물로 삼은 잔인한 적의 두개골을 지옥까지 악착스레 추격한다. 그러나 이 일화는 드라마의 주제는 될 수 없을 것이다. 비극을 구성하는 데는 하나의 파국만으로는 충분하지 않다. 게르슈텐베르크의 희곡에는 힘이 넘치는 아름다움이 있으며, 감옥을 막는 소리가 들려오는 순간은 영혼이 느낄 수 있는 가장 무서운 인상을 불러일으킨다. 그것은 살아있으면서 겪는 죽음이다. 그러나 절망이 5막 내내 지속될 수는 없다. 관객은 절망으로 죽을 것같이 되었다가 다시 위로를 받아야 한다. 재기발랄한 미국인 모리스[121]가 1790년에 프랑스인에 대해 그들은 자유를 넘어섰다고 말한 것을 이 비극에도 적용할 수 있을 것이다. 비장함을 넘어서는 것, 결국 영혼이 지탱할 수 있는 감동의 한도를 넘어서는 것, 그것은 감동의 효과를 잃는 짓이다.

깊이와 치밀한 통찰력으로 가득 찬 다른 저작들로 유명한 클링거가 《쌍둥이》라는 제목을 붙인, 매우 흥미 있는 비극을 창작했다. 두 형제 중에 쌍둥이의 동생으로 알려진 쪽이 느끼는 분노, 장자 상속권에 대한 그의 저항, 한순간의 효과가 이 희곡 안에 매우 잘 그려져 있다. 이런 종류의 질투 때문에 철가면의 운명이 생겨난다고 주장하는 작가들이 몇 명 있다. 어차피 장자 상속권에 의해 부추겨지는 혐오는 쌍둥이 사이에서라면 더욱 격렬할 것이 틀림없다. 두 형제는 나란히 말을 타고 외출을 한다. 사람들은 그들의 귀환을 기다린다. 점심때가 지나갔지만 그들은 돌아오지 않는다. 그러나 저녁, 멀리 형의 말이 보인다. 형만이 아버지의 집에 돌아온다. 이렇게 단순한 상황은 프랑스 비

121) Morris, Gouverneur (1752~1816). 미국의 외교관, 정치가. 1792년 프랑스 대사. 혁명을 승인하지 않는 태도를 공연히 내비쳐서 루이 16세의 도주를 획책하고, 1794년 소환된다. 마담 드 스탈이 아버지와 함께 미국에 토지를 살 때 모리스가 중계했고, 이 일 또는 더욱 문학적인 일을 화제로 삼은 편지를 스탈 부인과 나눴다.

극에서는 별로 취급되지 않을 것이다. 하지만 이 장면은 혈관의 피를 얼어붙게 만든다. 형이 동생을 죽인 것이다. 분노한 아버지는 동생의 죽음에 대한 원한을, 마지막 남은 아들을 통해 푼다. 열정과 웅변으로 가득 찬 이 비극은, 만약 저명한 인물들의 이야기라면 놀라운 효과를 거둘 것 같지만, 테베레 강가의 성의 상속에 대한 이 정도의 격렬한 정열은 이해하기 힘들다. 아무리 반복해도 지나치지 않을 텐데, 비극에는 역사적 주제 혹은 종교적 전통이 필요하다. 그것들은 관중의 마음에 커다란 기억을 불러일으킨다. 왜냐하면 실제 인생에서와 같이 허구의 작품에서도, 상상력은 아무리 미래를 갈망하고 있어도 과거를 추구하기 때문이다.

독일의 새로운 문학유파의 작가들에게는 예술을 이해하는 방법에서 다른 작가들 이상으로 웅대함이 있다. 그들의 모든 작품은 무대 위에서의 성공 여하에 관계없이 분석하고 싶어지는 성찰이나 사고에 기반을 두고 짜여 있다. 그러나 극장에서 분석은 하지 않는다. 이런 희곡은 성공하기 마련이라고 어떻게 증명해도 소용없는 일이다. 만약 관객이 냉담하다면, 연극상의 싸움은 지는 것이다. 몇몇 예외를 별도로 하면, 예술상의 성공은 재능의 증명이다. 일시적 상황이 의견을 변화시키지 않는 한, 관객은 거의 항상 기지에 넘친 심판관들이다.

작가 자신도 상연을 예정하지 않는 이들 독일 비극의 대부분은, 그럼에도 매우 아름다운 시작품들이다. 가장 주목할 만한 작품 중 하나가 티크 작의 《브라방의 제노베파》이다. 10년간 사막에서 초목과 과일로 연명했고, 그녀의 아이를 위해서는 충실한 암사슴의 젖밖에 없었던 성녀의 인생을 그리는 오래된 전설이 이 대화체의 소설 안에서 훌륭하게 다뤄지고 있다. 제노베파의 경건한 달관은 성스러운 시정으로 그려진다. 그리고 그녀를 유혹하려고 했다가 실패한 후 그녀를 힐책하는 남성의 성격묘사는 거장의 필치이다. 이 부끄러운 남자는 죄를 저지르면서도 일종의 시적 상상력을 지니고 있어서, 그 상상력이 그의 행위와 그 후회에 어두운 독창성을 부여한다. 이 희곡의 도입부에 보면 성 보니파시우스가 나와 자신이 나온 이유를 설명하는데, 다음과 같은 말로 시작한다.

"나는 성 보니파시우스입니다. 여러분에게 이야기하기 위해 여기에 왔습니다, 등등."

작가가 이런 형식을 고른 것은 결코 우연이 아니다. 다른 저작들에서, 특히 제노베파의 동시대인과 같은 순박함을 가장하려고 하는 것을 사람들로 하여금 명백하게 알 수 없게 하기 위해서 그렇게 시작하는 작품에서조차, 그는 너무 많은 심오함과 섬세함을 보여주고 있다. 그러나 고대의 부활을 너무 우기게 되면, 감동받을 만한 아무리 중대한 이유가 있다고 하더라도, 사기에 가까운 단순화로 인해 배꼽을 잡지 않을 수 없게 된다. 아마 묘사하고 싶어하는 세기로 타임머신을 타고 이동하지 않으면 안 될 것이다. 그러나 또한 자신이 있는 세기도 완전히 잊어버려서는 안 된다. 그리는 대상이 무엇이건 간에, 회화의 원근법은 항상 관객의 시점에서 파악되어야 한다.

고대인의 모방에 충실했던 작가로서, 제일 먼저 콜린을 들지 않을 수 없다. 빈은 이 시인을 자랑스러워한다. 그는 독일에서 가장 평판이 좋은 작가 중 한 사람으로, 오래전부터 오스트리아 출신의 작가로서는 그가 유일할 것이다. 그의 비극 《레글즈》는 만약 프랑스에 소개된다면 성공할 것이다. 콜린의 문체에서는 고대인과 근대인의 감각을 동시에 양립시키기 위한, 정신의 고양과 정감과의 혼합, 로마풍의 엄격함과 종교적 감미로움의 혼합이 엿보인다. 그의 비극 《폴뤽세나》에서 카르카스가 네오프토레모스에게 프리아모스의 딸을 아킬레우스의 무덤에 제물로 바치도록 명하는 장면은 사람이 이해할 수 있는 가장 아름다운 것들 중 하나이다. 사자들을 위로하기 위해 제물을 요구하는 지옥 신들의 부르짖음은 어둠의 힘, 마치 우리의 발 밑에 파인 심연을 보여주는 듯한 지하의 공포와 함께 표현된다. 사람들은 아마도 고전적 주제에 대한 찬미로 끊임없이 되돌아오는가 보다. 오늘에 이르기까지 그리스인에 필적하는 것을 자신들의 축적에서 끌어내려고 하는 현대

작가들의 온갖 노력은 아직 성공하지 못했다. 그럼에도 불구하고 이 고귀한 영광에 도달해야 하는 것이다. 왜냐하면 모방에는 한계가 있기 때문일 뿐만 아니라, 현대정신이라는 것은 항상 고대의 우화나 사실을 취급하는 방식에 따라 느낄 수 있는 것이기 때문이다. 예를 들어, 콜린은 희곡 《폴뤽세나》의 처음 몇 막을 매우 단순하게 전개하는데, 끝에 가서는 수많은 사건으로 복잡하게 만들었다. 프랑스 사람은 고대적 주제에 루이 14세 시대의 연애를 섞었다. 이탈리아인은 흔히 과장된 어색함으로 고대를 다룬다. 만사에 자연스러운 영국인은 연극에서는 로마인만을 모방했다. 왜냐하면 로마인과의 공통점을 느끼고 있기 때문이다. 독일인은 주제를 그리스에서 따와서, 형이상학적 철학 혹은 기이한 여러 사건들을 비극에 도입한다. 현대 작가의 어느 누구도 고대적 시를 창작할 수 없을 것이다. 따라서 우리의 종교나 풍습은 현대시를 창작하는 데 쓰여야 하고, 또 그래야 아름다운 시가 나올 수 있다. 왜냐하면 그 시는 고대인의 시와 마찬가지로 우리의 본성이 만들어낸 시이기 때문이다.

덴마크의 엘렌슈레야는 자신의 희곡을 손수 독일어로 번역했다. 두 언어의 유사성이 두 언어로의 훌륭한 저작을 가능하게 했다. 그 전에도 바게젠이라고 하는 역시 덴마크인 작가가 외국어 관용어를 사용한 시작법에 상당한 재능을 가진 작가의 모범을 보인 바 있다. 엘렌슈레야의 비극들을 보면 훌륭한 극적 상상력이 발견된다. 그것들은 코펜하겐의 극장에서 엄청난 성공을 거두었다고 한다. 읽어보면 주로 다음의 두 가지 점에서 흥미를 끈다. 우선 작가는 프랑스의 규칙을 다양한 장면에 결합시킬 줄 알았는데 이 점이 독일인의 마음에 들었기 때문이며, 두 번째로 스칸디나비아인이 과거에 살던 지방의 역사와 우화를 시적이면서도 진실한 방법으로 다루었기 때문이다.

우리는 생존의 극한에 접해 있는 북극에 대해 거의 알지 못한다. 북쪽의 나라들의 길고 긴 밤 내내 지상의 빛이 되어주는 것은 눈〔雪〕의 반사뿐이다. 아무리 천구에 별이 빛나고 있을 때에도, 멀리 지평선을 따라 짙게 내린 저 어둠, 이 모든 것들은 미지의 공간에 대해, 우리의 세계를 둘러싼 어두운 우주에 대해 생각하게 한다. 이 대기는 어찌나 차가운지 뱉어내는 숨을 얼게 하면서, 열을 영혼 안에 돌려보낸다. 이러한 기후에서 자연은 인간을 자신의 내부로 밀어붙일 뿐인 것으로 보인다.

북국의 운문에서 주인공들은 무언가 색다른 것을 지니고 있다. 그들의 성격 가운데에는 미신과 힘이 섞여 있다. 다른 나라에서는 미신은 성격의 나약함과 공존하는 듯하지만, 사나운 기후에서 나오는 이미지가 스칸디나비아인들의 시의 특징이 되어 있다. 매를 하늘의 이리라고 부른다. 화산에 의해 생기는 끓어오르는 호수는, 겨울 동안 호수 주변의 환경에 모여드는 작은 새들을 보호한다. 이 잔뜩 흐린 나라들에서는 모든 것이 위대하고 우울한 특색을 지니고 있다.

스칸디나비아 지역의 국민에게는 숙고를 거부하는 듯한 육체적 에너지 같은 것이 있어서, 바위가 산 밑으로 굴러 떨어지듯이 의지를 움직이고 있었다. 땅 끝의 주민들을 그려내기 위해서는 독일의 강건한 인간이라는 것만으로는 충분치 않다. 그들은 초조한 분노와 끈덕지고 냉정한 결단을 겸비하고 있다. 자연은 아이슬란드에 화산을 설치하고 만년설 깊숙이 불을 뿜어낼 때, 스스로 시인이 되어 그것들을 묘사하는 것을 꺼리지 않았다.

엘렌슈레야는 자신의 희곡 주제에 조국의 영웅적 전설을 도입함으로써 완전히 새로운 활동의 분야를 개척했다. 만약 이 모범을 따른다면, 북방의 문학은 장래 독일의 문학과 같이 이름을 드높일 수 있을 것이다.

이쯤에서 몇 가지 점에서 비극과 관련하여 살펴본 독일의 극작품에 대한 개관을 마치도록 하겠다. 나는 이들의 장점과 단점을 요약하여 일람표로 제시하지는 않을 생각이다. 독일의 연극작가의 재능과 사고방식은 매우 다양하므로, 똑같은 하나의 평가를 모든 것에 적용시킬 수는 없을 것이다. 게다가 그들에게 해줄 수 있는 최대한의 칭찬, 그것이 바로 이 다양성인 것이다. 왜냐하면 다른 많은 일과 마찬가지로 문학의 왕국에서도 전원일치란 거의 항상 예속의 징표이기 때문이다.

희극에 대하여

운명이나 인간의 정열에 대해 의지가 얻어내는 승리 안에 이상적인 비극성이 존재한다. 반대로 희극은 정신적 존재에 대한 육체적 본능의 지배를 표현한다. 그러므로 왕성한 식욕과 비겁함이 도처에서 끊임없는 야유의 주제가 되는 것이다. 이상은 슐레겔의 말이다.[122] 인생을 사랑하는 것처럼 인간에게 우스꽝스럽고 비속해 보이는 것도 없다. 그리고 죽음을 눈앞에 둔 인간의 소심한 광경이 전개될 때, 죽게 마련인 인간들을 사로잡는 저 웃음은 영혼의 고귀한 속성이다.

그러나 이 보편적 농담의 약간 진부한 겉돌기에서 벗어나, 자부심의 우스꽝스러움을 다루게 되면 농담에는 각 민족의 습관이나 취향에 따라 무한한 다양성이 나타난다. 쾌활함은 자연의 영감 혹은 사회의 대인관계에서 나올 수 있다. 첫 번째 경우에 쾌활함은 모든 나라의 국민에게 해당된다. 두 번째 경우는, 시간, 장소, 풍속에 의해 달라진다. 왜냐하면 자부심이 기울이는 노력의 목적은 항상 타인에게 강한 인상을 주는 데 있으므로, 어떤 목적을 향해 요구가 진행되고 있는지를 알기 위해서는 어느 시대, 어느 장소에서 무엇이 가장 큰 성공을 가져다주는지를 알아야 하기 때문이다. 하긴 유행 자체가 우스꽝스러운 나라도 있는데, 유행의 목적이 누구든지 비슷하게 보이게 해서 한 사람 한

122) 이 인용은 아우구스트 빌헬름 슐레겔이 1808년 빈에서 강의를 하고, 다음 해 《극예술 및 문학의 강의》(*Vorlesungen über die dramatische Kunst und Literatur*) (1809~1811) 라는 제목으로 출판한 유명한 극예술론의 제 1권과 2권의 몇 부분의 요약이다. 이 책은 마담 드 스탈의 사촌 여동생인 네케르 드 소쉬르에 의해 1814년에 불역되었다.

사람을 야유에서 지켜주는 것 같은 느낌을 주어서이다.

독일의 희극에서, 상류사회의 묘사는 일반적으로 상당히 빈약하다. 이 점에서는 따를 수 있는 좋은 예가 그다지 많지 않다. 기품 있는 사람들은 사교계에 도무지 관심이 없다. 사교계의 가장 커다란 매력, 서로 모여 농담하는 유쾌한 기술은 그들 사이에서 전혀 먹히지 않을 것이다. 조용히 생활하는 것에 익숙한 자존심은 갑자기 상처입을 수 있고, 미덕은 천진난만한 비아냥거림 따위에도 두려움을 느껴 쉽게 시들어버릴 수 있다.

독일인이 자기 나라의 우스꽝스러움을 끌어들여 희극으로 상연하는 일은 거의 없다. 그들은 타인을 관찰하지 않으며, 외부와의 관련하에 자기 자신을 검토하는 일조차 가능하지 않다. 그렇게 하면 서로에게 부여해야 하는 성실함에 어긋난다고 생각할 것이다. 게다가 그들의 기질 중 현저한 특징 중 하나인 예민한 감수성은 농담을 가볍게 다루지 못하게 만든다. 종종 그들은 농담을 잘 알아듣지 못하고, 알아들으면 화를 낸다. 그리고 그들은 일부러 농담을 하려고 하지도 않는다. 그들에게 농담은 총포이며, 그들은 자신의 손으로 그것을 쏘는 것을 보기 두려워한다.

그러므로 독일에서는 사교계에서 일어나는 우스꽝스러움을 소재로 한 희극의 예는 많지 않다. 고유의 독창성 쪽이 훨씬 많이 느껴지는데, 그 이유는 관습의 전제주의가 대도시에서 열리는 중죄재판소를 점거하고 있지 않은 나라에서는 각 개인이 여러 가지 방법으로 살아나가기 때문이다. 그러나 의견에서는 독일이 영국보다 자유롭다고 하더라도, 영국의 독창성은 좀더 선명한 색채를 지닌다. 왜냐하면 영국의 정치상황 안에 존재하는 움직임이 개개인에게 자신의 태도를 보여줄 기회를 더 많이 제공하고 있기 때문이다.

남부 독일, 특히 빈의 소극(笑劇) 중에서는 상당히 생생한 쾌활함이 엿보인다. 티롤의 익살꾼 카스페를에게는 특유의 성격이 있고, 약간 속된 익살스러움을 지닌 그의 모든 희곡 안에서, 작가와 연기자는 결코 우아함을 추구하려 하지 않고, 꾸민 듯한 우아함을 훌륭하게 덮는 강인함과 침착성을 갖고 자연에 몸을 맡긴다. 독일인은 쾌활함 안에서도 기묘함보다는 강인함을 더 좋아한다. 그들은 비극에서는 진실을 추구하고, 희극에서는 풍자를 추구한다. 마음의 온갖 섬세함에는 정통하지만, 사교정신의 섬세함은 그들을 쾌활하게 해주지 않는다. 쾌활해지기 위해 필요한 수고가 그들에게서 기쁨을 빼앗는 것이다.

이프란트에 대해서는 다른 절에서도 이야기할 기회가 있을 것이다. 그는 독일 배우 중 제 1인자이며, 가장 지적인 작가 중 한 사람이기도 하다. 그는 성격묘사에서 탁월한 몇몇 희곡을 썼다. 거기엔 가정의 풍속이 매우 잘 표현되어 있고, 실로 희극적인 인물들이 항상 그 가정의 정경을 훨씬 신랄한 것으로 만들고 있다. 그럼에도 불구하고 이들 희극은 가끔 지나치게 합리적이라는 비난을 면할 수 없을 것이다. 어느 극장에도 쓰여 있는 명구인 '웃음으로 풍속을 교정한다'는 목적에 그의 희극은 지나치게 맞아떨어진다. 빚이 있는 젊은이나 신세를 망친 가정의 아버지가 너무 자주 등장한다. 도덕적 교훈은 희극의 영역이 아니다. 희극에 교훈을 억지로 집어넣는 일은 위험스럽기까지 하다. 왜냐하면 교훈 때문에 희극이 재미없어지면, 예술에 의해 생긴 이러한 인상을 현실생활로 가져가는 습관이 생길 수도 있기 때문이다.

코체부는 덴마크의 시인 홀베르를 흉내내어 희극 한 편을 썼는데, 그것은 독일에서 큰 성공을 거두었다. 그 희극의 제목은《돈 라누드 콜리브라도스》이다. 돈 라누드 콜리브라도스는 몰락한 귀족으로, 부자 행세하는 데 힘을 쏟고, 자신과 가족이 근근이 먹고살기에는 충분한 약간의 금전을 호화로운 물품에 쏟아붓는다. 이 작품의 주제는, 몰리에르의 희극에 등장하는, 자신이 귀족인 양 행세하는 부르주아와 짝을 이루고 대조되는 역할을 하고 있다. 이 가난한 귀족과 관련한 매우 지적인 장면이 있다. 그것은 매우 희극적이긴 한데 조야한 희극이다. 몰리에르가 포착한 우스꽝스러움은 쾌활할 뿐이지만, 덴마크의 시인이 표현하는 우스꽝스러움 속에는 현실적인 불행이 있다. 인생을 농담이라고 받아들이려면 아마도 거의 언제나 정신적 뻔뻔함이 필요할 것이다. 그리고 희극의 힘은 적어도 무관심한 성격을 필요로 한다. 그러나 이 힘을 부추겨서 연민을 무시하기까지 해서는 안 될 것이다. 세심함은 말할 것도 없이, 예술 자체가 그것 때문에 손해를 본다. 왜냐하면 신랄한 인상이란 그것이 아무리 작은 것이라도, 쾌활함의 이름으로 자행되는 포기 안에서 시적인 것을 퇴색시키는 데 충분하기 때문이다.

코체부의 창작희극 안에서도 그는 통상적으로 그의 드라마에서 보여주는 것과 같은 재능, 연극에 대한 지식, 또 감동적 장면을 찾아내는 상상력을 고스란히 옮겨놓는다. 얼마 전부터 울음이나 웃음이 비극이나 희극에 전혀 도움이 되지 않는다는 주장이 나오고 있다. 나는 이 의견에는 찬성할 수 없다. 강렬한 감동에 대한 욕구는 예술이 불러일으키는 최고 희열의 원천이다. 그렇다고 해서 비극을 멜로드라마로, 희극을 통속적 소극으로 바꿔야 한다는 것은 아니다. 진짜 재능이란 똑같은 작품, 똑같은 장면 안에서 관중을 울리기도 하고 웃기기도 하는 것, 또 생각하는 사람들에게 성찰을 위한 끊이지 않는 주제를 제공하는 글을 쓰는 것이다.

엄밀한 의미에서 풍자는 독일인들의 무대에는 별로 등장할 여지가 없다. 영웅적 인물과 평범한 인물이 거의 항상 섞여서 등장하는 독일 비극에서는 풍자를 사용하는 예가 훨씬 적어진다. 프랑스 연극의 과장된 위엄만이 풍자에 의한 대비를 신랄한 것으로 만든다. 셰익스피어의 작품에서, 또 가끔은 독일 작가의 작품에서도 인생의 우스꽝스러운 측면을 비극으로 보여주는 참신하면서도 기발한 방법이 엿보인다. 그리고 이런 우스꽝스러운 인상에 감동적인 힘을 대비시킬 줄 알게 되면, 그 희곡의 전체적 효과는 훨씬 커진다. 이 희극과 비극이라는 두 장르의 경계가 확실히 표명된 것은 프랑스 연극 장면에서뿐이다. 그 외의 모든 곳에서 재능은 마치 운명과 같이 고뇌를 날카롭게 하기 위해 쾌활함을 이용한다.

나는 바이마르에서 테렌티우스의 희곡들을 보았는데, 그것은 정확한 독일어로 번역되었고, 고대인들의 가면과 거의 비슷한 것을 쓰고 상연되었다. 이들 가면은 얼굴 전체를 가리는 것이 아니라 그저 배우의 진짜 표정을 조금 더 우스꽝스럽고 조금 더 틀에 박힌 것으로 바꾸는 것만으로, 그가 연기해야 하는 인물의 얼굴과 유사한 인상을 배우의 얼굴에 부여한다. 대배우의 용모는 이 모든 것보다 가치가 있으나, 무능한 배우는 그것으로 득을 본다. 독일인은 고대인이나 각국의 현대인들이 발견한 것을 자기 것으로 삼으려고 한다. 그럼에도 불구하고 독일 희극에서 진짜 독일적인 것은 민중적인 익살과 초자연적인 것이 농담을 대신하는 희곡밖에 없다.

이 기회에, 독일 방방곡곡의 모든 극장에서 상연되는 오페라를 인용하겠다. 이 오페라는 빈에서 상연될 때에는 《도나우의 요정》으로, 베를린에서 상연될 때에는 《슈프레의 요정》으로 불린다.[123] 한 기사가 요정에게 사랑받지만, 사정이 있어 그녀와 헤어졌다. 상당한 시간이 흐른 후에 그는 결혼을 한다. 그는 아내로는 훌륭한 여자를 고르지만, 그녀는 상상력에도 정신에도 매력적인 구석이라곤 하나도 없다. 기사는 이 상황에 상당히 잘 적응한다. 그에게는 아내가 평범한 만큼 훨씬 자연스럽게 느껴진다. 왜냐하면 사람을 가장 긴밀하게 자연에 접근시키는 것은 영혼이나 정신의 탁월함이라는 것을 아는 사람이 거의 없기 때문이다. 요정은 기사를 잊을 수 없어서, 경이적인 수완을 발휘해 그를 따라다닌다. 그가 그의 가정생활 안에서 안주하려고 할 때마다, 초자연적인 사건을 일으켜 그의 주의를 끌고, 그럼으로써 과거 그들의 애정을 생각나게 한다.

기사가 어느 강가에 가까이 가면 옛날에 요정이 그에게 불러주었던

---

123) *Das Donauweibchen*, *Spreenixt*, 카를 프리드리히 헨슬러(Karl Friedrich Hensler, 1759~1825)가 작시하고, 페르디난트 카우어(Ferdinand Kauer, 1751~1831)가 작곡한 오페라. 1798년 초연. 도나우는 빈을, 슈프레는 베를린을 흐르는 강이다. 이런 종류의 통속적 작품에도 이미 낭만파 연극의 중요한 요소가 포함되어 있었으므로, 스탈 부인은 상세한 해설이 필요하다고 생각했을 것이다.

사랑의 노래를 물결이 속삭여주는 게 들린다. 기사가 손님들을 식사에 초대하면, 날개 달린 정령이 그 자리에 와 앉고, 부인의 평범한 동료들에게 기이한 공포를 준다. 곳곳에 꽃과 무용과 음악회 등이 마치 유령처럼 다가와 충실하지 못한 연인의 생활을 혼란시킨다. 한편, 심술궂은 요정들은 그의 종들을 괴롭히며 즐거워한다. 종들도 아내와 마찬가지로 시에 대한 이야기 따위는 더 이상 듣고 싶지 않다고 생각한다. 결국 1년에 3일간 요정과 살겠다는 조건으로 요정은 기사와 화해하고, 그의 아내는 그가 요정에게 가는 것을 흔쾌히 승낙한다. 남편은 요정과의 대화에 열광하게 되며, 그렇게 되면 평소에 좋아하는 것이 더욱 좋아지기 때문이다. 이 희곡의 주제는 대중적이라기보다는 기발한 것처럼 보인다. 그러나 훌륭한 장면들이 많은 기교와 더불어 서로 섞이고 변화하므로 모든 계층의 관객을 똑같이 즐겁게 해준다.

독일의 새로운 문학유파는 다른 모든 분야와 마찬가지로 희극에 대해서도 하나의 사고방식을 갖고 있다. 풍속묘사만으로는 그들의 흥미를 끌지 않고, 희곡의 개념이나 인물창조에 상상력을 요구한다. 희극적 장면을 다양화하기 위해서는 불가사의한 일, 우화, 역사, 이 모든 것이 쓸데없는 게 아니라고 생각하는 듯하다. 이 유파의 작가들은 구속도 없으며 일정한 목적도 없는, 모든 사고의 이 자유로운 비상에 대해 **자의적 희극**124)이라는 명칭을 부여했다. 그들은 이 점에 관해서 아리스토파네스의 예를 근거로 삼았다. 그의 작품의 시법상의 파격을 확실하게 인정하는 것은 아니지만, 그의 시에서 느껴지는 쾌활함에 충격받아 사회의 어느 특정 계층에 한정된 웃음이 아닌 전 우주를 갖고 노는 대담한 희극을 현대 작가에게 도입시키려고 했다. 새로운 유파의

124) 마담 드 스탈이 여기서 '독일에서의 새로운 문학의 유파' 라고 하는 것은 특히 괴테, 실러로 대표되는 바이마르의 유파를 뜻한다. '자의적 희극'이라고 번역한 말은 프랑스어로 'comique arbitraire'에 해당되는 말인데, 이 말에 대해 독일어로 번역된 《독일론》의 주(註)에서는 빌헬름 슐레겔의 《극예술 및 문학의 강의》 1923년 라이프치히 판의 제1권 p. 166에 있는 'das Komische der Willkühr'라는 말이 여기에 해당된다고 적혀 있다.

작가들은 일반적으로 모든 분야에서 정신에 한층 더 많은 힘과 자립성을 부여하려고 노력한다. 이 점에서 그들이 성공한다면 그것은 분명 문학의 쾌거이며, 나아가 독일인의 특징인 다름 아닌 힘의 쾌거이다. 그러나 상상력이 자연스럽게 만들어내는 작품이 일반적 사상에 의해 좌지우지될 수는 없는 법이다. 더구나 그리스 희극과 같이 민중을 선동하는 희극은 유럽사회의 현 상황에는 맞지 않을 것이다.

아리스토파네스는 매우 공화주의적인 정치체제 아래 살았으므로, 모든 것이 민중에게 전달되어 국가의 중대사가 간단하게 공공의 광장에서 비극으로 옮겨졌다. 그가 살던 나라에서는 철학적 사색은 예술의 걸작과 마찬가지로 모든 사람에게 거의 친숙한 것이었다. 왜냐하면 학교는 푸른 하늘 아래에서 열리고 있었고, 추상적 상념은 자연이나 하늘이 그것들에 부여하는 절묘한 색채를 띠고 있었다. 그러나 현대의 짙은 안개와 가옥 안에서, 어떻게 하면 이러한 생명의 활력을 다시 만들어낼 수 있을까? 근대문명은 인간의 마음을 다양하게 관찰했다. 인간은 인간을 더 잘 알게 되었다. 이렇게 흩어진 영혼은 작가들에게 새로운 뉘앙스를 많이 제공한다. 희극은 이 뉘앙스를 포착한다. 그리고 희극 안에서 극적 장면에 의해 그것들이 되살아나면, 관객은 현실세계에서나 만날 법한 인물을 극장에서 다시 발견하고는 매료된다. 그러나 희극 안에 민중의 도입, 비극 안에 합창의 도입, 우화적 인물이나 철학적 학파의 도입, 결국 인간을 집단으로, 추상적 방법으로 제시하는 모든 것의 도입은 오늘날의 관객을 기쁘게 하지 못할 것이다. 현대인에게는 이름이나 개인이 필요하다. 그들은 희극에서조차 소설적 흥미를 요구하고, 심지어 무대 위에서 사회를 요구한다.

새로운 유파의 작가들 중에서 티크는 농담에 대한 감각을 가장 많이 갖춘 작가이다. 그는 상연할 수 있는 희극을 쓴 것도 아니고, 또 그의 저작이 질서정연한 것도 아니지만, 거기에서는 매우 독창적인 쾌활함이 반짝반짝 빛난다. 우선 동물들을 갖고 만들어낼 수 있는 웃음거리를 마치 라퐁텐을 생각나게 하는 방법으로 파악하고 있다. 그는 이 장르에서는 훌륭한 작품으로 평가되는 《장화 신은 고양이》라는 제목의 희극을 썼다. 동물이 무대에서 이야기하는 것이 어떤 효과를 올리는지는 알 수 없다. 아마도 눈으로 보는 것보다는 그것을 상상하는 쪽이 훨씬 재미있지 않을까 싶다. 그러나 어쨌든 이 의인화된 동물이 인간처럼 움직이는 것이야말로 자연에 의해 부여되는 진짜 희극일 것이다. 희극적 역할, 즉 이기적이며 관능적인 역할은 모두 항상 동물적인 무엇으로 표현된다. 그러므로 희극 안에서 동물이 인간을 흉내내는 것인지, 혹은 인간이 동물을 흉내내는 것인지는 별로 중요하지 않다.

또한 티크가 야유의 재능을 겨누는 방향도 흥미롭다. 그는 야유의 창끝을 모두 계산적이며 평범한 정신 쪽에 겨눈다. 사교계의 농담이라고 하는 게 거의 대부분 열광에 조소를 퍼붓는 것을 목표로 삼으므로, 서슴없이 신중함과 이기주의, 즉 합리적 주장들을 펴는 작가가 사랑받게 되는데, 그 주장들을 뒤에 업고 평범한 인간들은 자신보다도 우월한 성격이나 재능을 지닌 인간에 대해 안심하고 독설을 퍼부을 수 있기 때문이다. 그들은 이른바 적당주의에 근거하여 모든 뛰어난 것들을 비난한다. 우아함이란 외면적으로는 지나치게 사치스러운 물건에서 찾아볼 수 있는 것인 데 반해, 정신에서는 사치스러움을, 또 감정에서는 열광을 배격한다. 결국, 세상의 일을 번영시키는 데 직접적으로 기여하지 않는 모든 것을 금한다고 할 수 있다. 근대적 이기주의는 양식이라는 가면을 쓰기 위해, 매사에 언제나 신중함과 절도를 칭찬하는 기술을 갖고 있다. 그리고 이러한 견해가 예술의 재능, 관대함, 사랑과 종교를 썩 잘 소멸시킬 수 있다는 것을 겨우 알게 되었다. 살아가는 수고를 견딜 만한 그 무엇이 후에 남아 있을 것인가?

티크의 두 개의 희곡, 《옥타비아누스》와 《체르비노 왕자》는 교묘하게 결합되어 있다. 황제 옥타비아누스(요정 이야기가 만들어낸, 다고베르트 왕 시대의 가공의 인물)의 아들이 어린아이일 때 숲에서 길을 잃는다. 파리에 사는 한 시민이 그를 발견하고, 자신의 아들로 삼아 길러서 친아버지인 척한다. 스무 살이 되자, 매사에 그의 용감한 성향이 그의 신분을 드러내준다. 그와 그의 가짜 형제—혈통과 받은 교육이 모순되지 않는—의 성격상의 대조는 더할 나위 없이 신랄하다. 착한 시민은 입양한 아들의 머릿속에 알뜰하게 살림을 꾸려나가는 법을 가르쳐보려고 노력하지만, 아무 소용이 없다. 아버지는 소가 필요하여 그를 시장에 보내어 소를 사오라는 심부름을 시킨다. 청년은 돌아오는 길에 사냥꾼이 손에 쥐고 있는 매를 보게 된다. 새의 아름다움에 매료된 그는 매와 소를 교환하고, 그 값으로 이런 새를 손에 넣었다는 사실을 매우 자랑스러워하며 돌아온다. 또 한번은 말 한 마리를 보게 되는데, 그 씩씩한 말의 자태에 넋을 잃는다. 그가 가격을 묻자 가격을 알려주었는데, 이렇게 훌륭한 말에 대해 변변찮은 값밖에 요구하지 않는 것에 분개하여 두 배의 금액을 지불한다.

자칭 아버지는, 위험과 영광에 정신이 팔려 돌진하는 이 젊은이의 천부적 자질을 오랫동안 받아들이지 못한다. 그러나 파리를 포위한 사라센인을 향해 그가 손에 무기를 드는 것을 이미 어느 누구도 막을 수 없게 되고, 또 도처에서 그의 공적을 칭찬하는 소리가 들려오자, 이번에는 이 늙은 시민이 일종의 시적 감흥에 사로잡힌다. 무엇보다 재미있는 것은 이 노인의 과거 모습과 지금 되고 싶어하는 모습과의 기묘한 뒤섞임이며, 그의 비속한 언어와 그의 연설을 채우는 유별난 이미지의 기묘한 뒤섞임이다. 마지막에 이 젊은이는 황제의 아들임이 인정되어, 각자가 자기 성격에 어울리는 지위를 되찾는다. 이 주제는 기지와 진정한 희극성이 넘치는 많은 장면을 제공한다. 일반 서민의 생활과 기사도적 감정의 대조가 이 이상으로 훌륭하게 표현될 수 없을 것이다.

《체르비노 왕자》는 군주가 정신의 고양이나 헌신, 관대한 성격의 인간이 지닌 온갖 고귀한 경솔함을 좋아해, 궁전 안이 떠들썩해지는 광경을 매우 재치 있게 그린 작품이다. 늙은 신하들은 모두 왕자가 정신착란을 일으키는 것이 아닌지 의심하고, 다른 나라의 사정을 배우기 위해 여행을 떠날 것을 권고한다. 왕자에게 인생의 실리적인 면을 가르치기 위해 매우 합리적인 가정교사를 붙인다. 그는 어느 여름날 제자와 함께 아름다운 숲을 산책한다. 그때 작은 새의 지저귐이 들리고, 바람이 나뭇잎을 흔들며, 활기로 가득 찬 자연이 사방에서 인간에게 예언적인 말을 하고 있는 것처럼 보인다. 가정교사는 이 막연하게 겹쳐진 감각 속에서 혼란과 소음밖에는 찾아내지 못하고, 궁전으로 돌아와서, 가구로 변한 나무와 실용적으로 이용되고 있는 자연의 온갖 산물, 또한 인공적 규제로 대체된 실존의 소란스러운 운동을 보고 기뻐한다. 여행에서 돌아온 체르비노 왕자가 경험에 의해 양식을 얻어 이제 더 이상 예술이나 시에, 열광적 감정에, 결국 이기주의를 버리고 정신적 고양을 취하게 하는 모든 것에 정신을 팔지 않겠다고 약속하는 것을 보고, 신하들은 마음을 푹 놓는다.

대부분의 인간이 가장 두려워하는 일은 쉽게 속는 사람이라는 평판을 듣는 것으로, 단 한 번이라도 속아넘어간 모습을 보이는 것보다 어떤 경우에도 자신의 일에 매달려 있는 모습을 보이는 쪽이 훨씬 우스꽝스럽지 않은 것처럼 보인다. 따라서 끊임없이 모든 개인적 타산을 농담으로 바꾸는 데에 재기가 필요하고, 또 재기를 잘 활용하는 방법이 필요하다. 왜냐하면 사람을 움직이는 데 족한 타산은 진정으로 고상한 자질에 관한 기억마저 언젠가 완전히 사라져버릴 때까지, 계속 이어질 것이기 때문이다.

티크의 희극에서는 일종의 쾌활함이 보이지만, 그것은 인물의 성격에서 발생하는 것으로서, 지적 풍자시에 있는 것은 아니다. 즉, 상상력과 농담이 하나가 된 쾌활함이다. 그러나 가끔은 바로 이 상상력 때문에 우스움이 사라지고, 우습게 전개되어야 할 장면에 서정적 시정이 도입되기도 한다. 독일인들에게는 어떤 작품에서건, 막연한 몽상에 몸을 맡기지 못하는 것보다 힘든 일은 없다. 그럼에도 불구하고 희극이나 일반적인 연극은 몽상에 적합하지 않다. 모든 감동 속에서 가장 고독한 것, 그것이 바로 몽상이기 때문이다. 몽상에서 얻은 것은 가장 친한 친구에게나 겨우 말할 수 있는데, 하물며 운집한 군중과 어떻게 몽상을 나누는 일이 가능할 것인가?

이들 우화적 희곡에는, 괴테의 짧은 희곡 《감상주의의 승리》가 포함되어야 한다. 이 작품에서 괴테는 가식적 열광과 현실성 결여라는 이중의 우스꽝스러움을 매우 교묘하게 포착한다. 이 희곡의 주인공은 강력한 상상력과 심오한 영혼을 전제로 하는 온갖 사상에 심취한 듯이 보인다. 그러나 사실은 매우 좋은 가정환경에서 자랐으며, 매우 예의 바르고, 관습에 매우 순종적인 왕자일 뿐이다. 그는 이 모든 점에다 가식적 배려를 곁들이고 싶다고 생각하게 되지만, 그런 위장은 끊임없이 폭로된다. 그는 어두운 숲이나 달빛, 별이 반짝이는 밤을 좋아한다고 생각한다. 그러나 추위나 피곤함을 두려워하므로, 이런 여러 물체를 나타내는 장식을 만들게 해서 여행에 나설 때는 꼭 커다란 짐차를 끌고 가면서, 자연의 아름다움을 자신의 뒤에 따라오는 마차로 옮긴다.

이 감상적인 왕자는 또 어느 여성을 사랑하고 있다고 생각한다. 이 여성의 기지나 재능에 대해 사람들이 칭찬한다. 이 여성은 왕자를 시험하기 위해 베일을 씌운 마네킹 인형을 자신의 대역으로 삼는다. 짐작한 대로 인형은 적합하지 않은 말은 한마디도 하지 않는다. 그 침묵은 세련된 신중함인 동시에 상냥한 영혼의 우수에 찬 몽상이라고 여겨진다. 왕자는 자신의 소망에 들어맞는 이 동반자에게 매혹되어, 그 인형에게 청혼한다. 궁정에서는 중요한 장점을 겸비한 매우 많은 여성이 후보로 올라 있었는데도, 결국 그는 불행하게도 진짜 인형을 부인으로 선택했다는 사실을 알게 된다.

그럼에도 불구하고, 이러한 창의적인 궁리로 가득 찬 생각만으로는 좋은 희극을 만드는 데 충분하지 않으며, 또한 프랑스인이 희극작가로서 다른 어떤 나라의 국민들보다 우월하다는 것을 부정할 수 없을 것이다. 인간에 관한 지식이나 이 지식을 이용하는 기술이 이 점에서 프랑스인에게 최고의 위치를 보증한다. 그러나 가끔은 몰리에르의 최고의 희곡조차, 깊이 생각한 풍자가 조금만 더 자리를 양보하고 상상력이 비집고 들어올 수 있다면 좋겠다는 생각이 든다. 그의 희곡 중에서도 《석상의 향연》은 독일의 양식에 가장 가까운 작품이다. 사람을 오싹하게 만드는 기적이 가장 희극적인 장면의 동기가 되어주며, 상상력에 의한 가장 커다란 효과가 가장 신랄한 야유의 뉘앙스에 섞여 있다. 이 지적이며 시적인 주제는 스페인인들의 발상에서 취했다. 대범한 착상은 프랑스에서는 극히 드물다. 프랑스 문학계에서는 안전하게 일을 하는 것이 선호된다. 그러나 위험을 감수해도 되는 행복한 상황을 만나면, 좋은 취향에 의해 대담함이 훌륭한 능란함과 함께 도입된다. 외국인의 창작이 프랑스인의 손으로 수정된다면 거의 항상 걸작이 될 것이다.

낭송에 대하여

낭송의 기술은 낭송이 된 후에 기억으로 남을 뿐, 지속적인 기념비는 세울 수 없다. 그래서 이것을 구성하는 요소 전반에 대해서는 많이 숙고하지 않게 된다. 이 기술을 보잘것없이 행사하는 것보다 쉬운 일도 없겠지만, 그 기술이 뜨거운 열광을 완벽하게 고조시킨다고 해도 틀린 말은 아니다. 나는 이 감명을 일과성(一過性)의 움직임으로 과소평가하기는커녕, 오히려 그 기술 덕분에 이러한 감명이 이끌려나온다고 말하고 싶다. 현실생활 속에서 인간의 내밀한 감정을 깊이 파악하기란 어렵다. 즉, 가장과 허위, 냉정함과 겸손이 마음 깊은 곳에 생겨나는 것을 과장하고 왜곡하고 억제하고 은폐한다. 위대한 배우는 감정이나 성격 안에 존재하는 진실의 조짐을 명백하게 하고, 사람의 성향이나 진실된 감동의 확실한 징표를 보여준다.

많은 사람들이 정열과 정열의 힘을 느끼지 않고 실생활을 살아가므로, 종종 연극은 인간에게 인간의 진짜 모습을 보여주고, 마음에 이는 비바람의 엄청난 공포를 느끼게 한다. 실제로 어떤 말이 하나의 억양,

하나의 몸짓, 하나의 눈빛처럼 그것들을 그려낼 수 있을까! 말은 억양 이상으로, 억양은 표정 이상으로 말할 수 없다. 말로 표현할 수 없는 것, 이것이야말로 바로 걸출한 배우가 우리에게 보여주는 것이다.

비극이론 사이에 존재하는 독일인과 프랑스인의 차이가 마찬가지로 낭송의 방법에서도 나타난다. 독일인은 가능한 한 자연을 본받는다. 그들이 꾸민 듯한 부분을 넣는 것은 단순화할 때뿐이다. 그러나 예술에도 가끔 그것이 도입된다. 독일인 배우들은 어느 경우에는 관객의 마음을 깊숙이 감동시키고, 또 어느 경우에는 완전히 흥이 깨지게 한다. 그런 경우, 그들은 관객의 인내를 신뢰하고, 자신들은 틀리지 않았다고 확신한다. 시구의 낭송방법에서 영국인은 독일인보다 권위가 있다. 그러나 영국인에게는 프랑스인, 특히 프랑스 비극이 배우에게 요구하는 저 몸에 붙은 품위가 없다. 프랑스 비극에서는 평범함은 용서되지 않는다. 왜냐하면 비극에서는 예술에 의한 아름다움 그 자체에 의해서만 자연스러움으로 돌아갈 수 있기 때문이다. 독일의 이류 배우들은 냉담하고 조용하다. 그들은 자주 비극적 효과를 놓치고 만다. 그러나 대부분 우스꽝스럽지는 않다. 비극의 효과는 사교계에서와 마찬가지로 독일 연극에서도 퇴색했다. 연극을 보면 가끔 사람을 지루하게 만드는 사람들이 있는데, 그래도 그만이다. 반면 프랑스의 무대에서는 감동이 없는 것을 사람들은 견뎌내지 못한다. 과장되고 허황한 소리는 비극의 경우에는 아무리 비속한 때에도 상당한 혐오감을 더하므로 패러디는 존재하지 않는다. 꾸민 듯한 역겨운 인상보다는 패러디가 사랑받는다고 해도 말이다.

예술의 부속품, 기계장치나 무대장치는 독일이 프랑스보다 배려하고 있음에 틀림없다. 왜냐하면 독일 비극이 이들 수단에 의존하는 경우가 훨씬 빈번하기 때문이다. 이프란트[125]는 이 점에 관해 기대할 수 있는 모든 것을 베를린에서 모을 수 있었다. 그러나 빈에서는 비극을

125) 이프란트는 성격배우로서는 당대에 유일하다고 칭해졌으며, 특히 셰익스피어나 실러의 작품을 잘 연기했다. 연출은 매우 기교적이고 섬세했다.

잘 상연하는 데 필요한 물질적 수단조차 업신여김을 받는다. 대사를 기억하는 방법은 독일의 배우보다 프랑스 배우가 훨씬 잘 계발되어 있다. 빈에서는 프롬프터[126]가 배우에게 대사를 미리 한 마디씩 전달하고 있었다. 나는 프롬프터가 오셀로를 쫓아 출연자 대기실을 왕래하며, 무대 뒤에서 데스데모나를 단도로 죽이면서 읊어야 하는 대사를 오셀로에게 속삭여주는 것을 보았다.

바이마르에서의 연극은 모든 점에서 훨씬 잘 정돈되어 있다. 군주[127] 및 재인(才人), 그 지역에 성행하는 예술의 달인인 천재는 취향과 우아함을 과감함에 연결시켜 참신한 시험을 가능하게 했다.

독일의 다른 모든 지방과 마찬가지로, 이 지역의 극장에서도 동일한 배우가 희극 및 비극을 모두 연기한다. 마치 이 다양성이 그들이 그중 하나에 탁월한 존재가 되는 것을 막는 듯하다. 그럼에도 불구하고 일류 천재 배우인 가릭이나 탈마[128]는 이 두 종류의 재능을 결합시켰다. 다양한 인상을 동등하게 전달하는 신체 모든 기관의 유연성은, 내게는 천성적 재능의 각인처럼 보인다. 허구에서도 진실에서와 마찬가지로, 인간은 우울함과 씩씩함을 아마도 같은 샘에서 퍼올릴 것이다. 게다가 독일 비극에서는 비장한 것과 농담이 교대로 나타나면서 서로 섞여 있는 경우가 매우 많으므로, 배우들은 그 두 가지 모두 표현하는 재능을 지녀야 한다. 독일 최고의 배우 이프란트는 그 본보기이며, 상응하는 성공을 거두고 있다. 고도의 익살꾼, 멋쟁이, 잘난 척하는 바보 등을 연기하는 독일의 훌륭한 배우를 나는 본 적이 없다. 이런 종류의 역할을 우아한 것으로 만드는 것, 그것은 이탈리아인들이 **디스인볼투라**

126) 연극을 공연할 때 관객이 볼 수 없는 곳에서 배우에게 대사나 동작 따위를 일러주는 사람.

127) 작센바이마르 공국(Saxen-Weimar)의 카를 아우구스트(Karl August 대공, 1757~1828, 재위 1775~1828)를 가리킨다. 공국은 이 시대에 독일 자유주의 문화의 중심이 되어, 부르주아적 궁정문화의 꽃을 피웠다.

128) 가릭(David Garrick, 1717~1779)은 영국 배우, 극작가. 탈마(Francois-Joseph Talma, 1763~1826)는 프랑스의 비극배우.

(*disinvoltura*)라고 부르는 것으로, 프랑스어로 경쾌한 모습이라고 번역된다. 독일인의 그 모든 것을 무겁게 받아들이는 관습은 실로 이 홀가분한 경쾌함에 가장 반하는 것이다. 그러나 이프란트가 그 역에서 소화해내는 것 이상으로 독창성, 희극적 감흥, 인물묘사의 기술을 드높이는 것은 불가능한 일이다. 지금까지 프랑스 연극에서 그 이상으로 다양하고 의외성을 지닌 재능을 본 적은 결코 없었으며, 이와 같이 충격적인 표현력으로 단점이나 우스꽝스러움을 자연스러운 것으로 만들려는 위험을 감수한 배우는 한 사람도 만나본 적이 없다고 생각한다. 희극에는 탐욕스러운 아버지들, 방탕한 아들들, 난봉꾼 하인들, 속는 후견인이라는 기존의 모델이 있다. 그러나 이프란트가 만든 역할은 그가 이해하고 있는 대로, 이들 중 어느 틀 안에도 들어가지 않는다. 그들은 모두 그 고유의 이름으로 불러주어야 한다. 왜냐하면 한 사람 한 사람이 서로 확실히 다르며, 각각의 역할에서 이프란트는 자유롭게 살고 있는 것처럼 보이기 때문이다.

그가 비극을 연기하는 방법도 매우 효과적이라고 생각한다. 그가 발렌슈타인의 역할을 훌륭하게 연기했을 때, 조용하고 간결했던 낭송은 기억에서 지워지지 않는다. 그가 만들어내는 인상은 단계적이다. 처음에 그의 냉정한 외모를 보고 그가 그토록 사람의 마음을 움직일 수 있을 거라는 생각이 들지 않는다. 그러나 연극이 진전됨에 따라 감동도 항상 가속되며 증대된다. 그리고 보통의 어조에 하나하나의 미묘한 표현의 차이를 돋보이게 하는 숭고한 정숙함이 넘칠 때, 아무리 하찮은 말이라도 큰 힘을 발휘하여 정열적이면서도 개성 있는 모습이 연출된다.

예술의 실습과 이론 모두에 탁월한 이프란트는 낭송에 관해서 극히 재능 넘치는 글들을 몇 개 발표했다. 그는 우선 독일 연극사의 여러 시대에 대한 간략한 묘사, 프랑스 연극의 어색하고 불확실한 모방, 그 산문적 경향 때문에 운문을 입에 담는 재능마저 잃어버리게 만든 연극의 감상적 감성, 마지막으로 현재 독일의 일반적 취향이 된 시정과 상상력에 대한 회귀를 논한다. 모든 어조나 동작에, 이프란트는 철학자로서 또 예술가로서 이유를 달고 있다.

그의 희곡에 등장하는 어느 인물을 이용하여, 그는 희극적 연기에 대해 매우 상세한 고찰을 행한다. 그것은 신세대의 습관이나 의견을 익히기 위해 자신의 이전 감정이나 흔들림 없는 습관을 갑자기 버리는 나이가 든 한 남자로, 이 남자의 성격에는 어떠한 악의도 없다. 그러나 정말 사악한 인간에 필적할 만큼 그는 허영심에 유혹된다. 딸이 합리적이지만 석연치 않은 결혼을 하는 것을 내버려두고, 갑자기 이혼을 권유한다. 채찍을 손에 들고, 우아하게 미소 지으며, 한쪽 발을 교대로 사용하여 균형을 잡으면서, 그는 가장 성스러운 인연을 끊을 것을 자식에게 제안하는 것이다. 그러나 꾸민 듯한 우아함을 통해 보이는 늙은 것, 겉보기에 무관심한 것 안에 있는 곤혹스러움을 이프란트는 놀라운 혜안을 갖고 포착한다.

실러가 그리는 악당들의 두목의 동생인 프란츠 모르에 관해,[129] 이프란트는 악당의 역할이 어떻게 연기되어야 하는지를 검토한다.

> 배우는 극중인물이 어떤 이유로 지금 그렇게 되었는지, 어떤 상황으로 그의 영혼이 타락했는지 느끼게 하는 데 전념해야 한다. 결국, 배우는 자신이 보여주려고 하는 성격의 비공식적 변호인이 되어주어야 한다.

실제로 인간은 그저 조금씩 악인이 되어갈 뿐이라는 것을 느끼게 하는 미묘한 변화가 악당에게도 마찬가지로 진실일 수밖에 없다.

이프란트는 또한, 옛 독일의 매우 저명한 배우인 에크호프[130]가 《에밀리 가로티》의 희곡 안에서 만들어낸 뛰어난 감각을 생각나게 해준다. 오도아르드[131]는 그의 딸의 명예가 위협받고 있다고 군주의 애

129) Franz Moor. 실러의 《군도》에서 주인공의 남동생. 만하임에서 이 희곡이 초연될 때 이프란트는 이 역을 연기하여 실러와 알게 되었다.

130) Konard Eckhof 혹은 Ekhof(1720~1778). 독일의 배우, 극작가.

인으로부터 전해 듣자, 자신이 존중하지 않는 이 여성이 그의 심중에 불러일으키는 분개나 고통을 그녀에게 숨기려 한다. 그의 손은 경련하듯이 모자에 붙어 있는 깃털을 조금씩 잡아뜯었는데, 효과가 그만이었다. 에크호프의 뒤를 잇는 배우들도 그와 마찬가지로 주의 깊게 모자의 깃털을 뜯었다. 그러나 그 깃털은 어느 누구의 주의도 끌지 않고 바닥에 떨어질 뿐이었다. 왜냐하면 아주 하찮은 동작에까지 숭고한 진실이 담겨 있어 진정한 감동을 주지 못했기 때문이다.

연기에 관한 이프란트의 이론은 매우 창의적이다. 그는 팔을 풍차와 같이 움직여서 교훈적 격언을 낭독하는 것밖에 할 줄 모르는 배우를 경멸하며, 동작이 적을수록, 또 몸 가까이에서 이루어질수록 대개는 진짜 인상을 더 잘 표현할 수 있다고 생각한다. 그러나 다른 많은 분야와 마찬가지로 이 분야에도 재능에는 현저하게 구분되는 두 부분이 있는데, 하나는 시적 열광에서 기인하는 것이며, 또 하나는 객관적 정신에서 태어나는 것이다. 희곡의 성격이나 역할에 따라 어느 한쪽이 두드러지게 마련이다. 우아함이나 미적 감각에서 태어나는 동작은 인물을 각각 특징짓는 동작과는 다른 것이다. 시는 살아가는 방법이나 특별한 느낌의 방법이라고 하기보다는 일반적으로 완벽함을 표현한다. 따라서 비극배우의 기술은 여러 성격을 구분하는 특징을 무시하는 것은 아니지만, 그 행동거지 중에 시적 아름다움의 이미지를 그려내는 것이다. 예술에 관련되는 하나의 분야가 성립하는 것은 항상 이상과 자연과의 결합 안에서이다.

두 명의 유명한 시인, 빌헬름 슐레겔과 베르너에 의해 상연된 희곡 《2월 24일》을 보았을 때, 나는 그들의 낭송방법에 엄청난 충격을 받았다. 그들은 오래전부터 그 효과를 준비했고, 최초의 시구에서부터 박수를 받은 것에 대해 화가 난 것 같았다. 항상 전체를 고려하는 그들에게는 전체에 해를 끼칠 염려가 있는 세부의 성공은 실패라고밖에

---

131) Odoard, 《에밀리 가로티》에서 여주인공의 아버지.

생각되지 않았을 것이다. 슐레겔은 베르너의 희곡을 연기하는 그만의 방법으로, 독서로는 거의 감지할 수 없었던 그 역할에 대한 커다란 흥미를 나에게 갖게 해주었다. 그것은 죄를 지은 남자의 순진함과, 죄가 무엇인지를 아직 알지 못하는 일곱 살의 나이에 죄를 저지른 어떤 정직한 사람의 불행이었다. 그는 양심에 거리끼는 것은 없지만, 상상 속의 불안을 떨쳐버릴 수 없었다. 나는 눈앞에서 연기되는 그 남자를, 마치 실생활 속에서 사람의 성격을 통찰하는 것처럼 그 동작이나 눈길이나 억양에 기초해 판단했다. 그것들은 본인이 느끼지 못하는 사이에 그 정체를 폭로하는 것이다. 프랑스에서는 대부분의 배우가 자신들의 동작을 무의식적으로 행하는 것처럼 보이는 법이 없다. 오히려 그들이 사용하는 모든 수단에는 용의주도한 부분이 있어서, 우리는 그 효과를 미리 예상할 수 있다.

독일인 모두가 입을 모아 칭찬하는 배우인 슈뢰더[132]는 사람들이 이런저런 순간의 연기는 훌륭했다거나 또 이런저런 시구의 낭송이 훌륭했다고 하는 말을 견딜 수 없었다. "그 역을 내가 잘 연기한 걸까요? 내가 완전하게 그 인물이 되었던 걸까요?"라고 그는 물었다. 확실히 그의 재능은 그가 역을 바꿀 때마다 그 성질이 바뀌는 것 같았다. 프랑스에서는 그가 자주 그렇게 했던 것처럼, 일상의 회화체로 비극이 낭송되는 일은 없을 것이다. 일반적인 하나의 경향, 알렉산드랭의 시구 안에 엄격하게 들어맞는 억양이 있고, 가장 정열적인 움직임은 이 받침대에 기초를 두며, 이것은 예술에서 필수적인 여건이다. 프랑스의 배우는 대개는 박수갈채를 목표로 하며, 또 당연히 거의 모든 시구마다 갈채를 받는다. 독일의 배우는 희곡의 마지막에 갈채 받기를 갈망하며, 또 거의 그때밖에는 박수를 받지 못한다.

독일 희곡에서 보이는 장면이나 상황의 다양성은 필연적으로 배우

132) Frierich Ludwig Schröder(1744~1816). 독일의 배우, 극작가, 1771년부터 1798년까지 함부르크 극장 지배인. 특히 셰익스피어 극의 연기를 전문으로 했다.

에게 훨씬 다양한 재능을 요구하게 되는 여지를 남긴다. 무언의 연기가 더 중요하게 생각되고, 관객의 인내 덕분에 많은 세부에서 비장함이 더욱 자연스러워진다. 프랑스에서 배우의 연기는 거의 전부 낭송에 의지한다. 독일에는 이 기본적 연기 외에도 훨씬 많은 장식품이 있으며, 종종 대사는 약간의 감동을 이끌어내기 위해 있을 뿐이다.

슈뢰더는 독일어로 번역된 리어왕을 연기하면서 잠든 모습으로 실려 나왔다. 불운과 늙음에서 오는 이 잠은 그가 눈을 뜨기 전에, 그의 탄식이 그의 고통스러운 마음을 전달해주기도 전에, 이미 관객의 눈물을 빼앗았다고 한다. 그리고 왕을 저버리지 않으려고 하다가 죽임을 당한 딸 코넬리아의 유해를 두 팔에 안았을 때, 절망에 의해 그에게 부여된 힘보다 더 아름다운 것은 없었다. 마지막 희망이 그를 지탱하고 있었고, 그는 코넬리아가 아직 숨을 쉬는지 시험해보았다. 그토록 늙은 그는 이렇게 어린 인간이 죽을 수 있다고 도저히 믿을 수 없었다. 절반은 죽은 목숨인 노인이 품는 격렬한 고뇌는 그 이상이 없을 정도로 비통한 감동을 자아내고 있었다.

독일 배우 전반에 대해 정당하게 비난할 수 있는 것은, 독일에서 매우 폭넓게 일반에 퍼진 조형예술의 지식을 거의 실천에 옮기고 있지 않다는 점이다. 그들의 자세는 아름답지 않다. 그들의 지나친 간결함은 많은 경우 어색함으로 전락하고, 발걸음이나 행동의 고상함과 우아함에서 프랑스 배우들에 필적하는 일은 거의 없다. 그러나 얼마 전부터 독일의 여배우들은 자세를 갖추는 법을 배워, 연극에서는 필수적인 이런 종류의 우아함을 연마하고 있다. 독일에서는 연극을 볼 때 막이 끝날 때에만 박수를 친다. 배우에게 향하는 찬미를 표현하기 위해 연기를 중단시키는 일은 거의 없다. 독일인은 소란스러운 찬미의 표시에 의해 감동을 교란시키는 행위를 일종의 야만스러운 일로 간주하며, 조용히 감동을 침투시키고 싶어한다. 그러나 독일의 배우들로서는 그것은 곤란한 점이 하나 더 늘어나는 것이다. 왜냐하면 청중에 의한 격려 없이 낭송을 끝내기 위해서는 상당한 재능의 힘이 필요하기 때문이다.

감동으로 가득 찬 예술을 함께 향유하는 사람들은 다른 무엇과도 바꿀 수 없는 매우 강력한 전율을 느끼게 된다.

훌륭한 배우는 예술적 수련이 습관적으로 몸에 배면, 관객으로부터 새로운 성원이 없더라도 재연시에 똑같은 궤적을 그리고 똑같은 방법으로 연기할 수 있다. 그러나 최초의 영감은 거의 항상 관객으로부터 나온다. 한 가지 특이한 대조는 주목해볼 만한 가치가 있다. 그 창작 행위가 고독하고 명상적인 예술의 분야에서는 대중을 생각하게 되면 자연스러움을 모두 잃게 되는데, 유독 자존심만은 대중이 어떻게 생각할까 하고 신경을 쓴다. 즉흥적인 예술, 특히 낭송에서는 박수가 내는 소리가 마치 군가의 음색처럼 영혼에 영향을 미친다. 사람을 도취시키는 그 박수소리는 혈액의 흐름을 촉진시키는 것이지, 냉정한 허영심을 만족시키는 것이 아니다.

어떠한 분야이건 간에 프랑스에 천재가 나타나면, 그는 거의 항상 유례없는 완벽함의 영역에 도달한다. 왜냐하면 평범한 길을 이탈하게 하는 과감함에 심미안의 촉각이 결합되어 있기 때문으로, 심미안은 재능의 독창성과 모순되지 않는 한 보존하는 것이 매우 중요하다. 그러므로 내 생각엔 과감함과 절도, 자연스러움과 품위를 겸비한 모범으로서 탈마를 인용할 수 있을 것이다. 그는 다양한 기술의 진수를 모두 갖고 있다. 그의 자세는 고대의 아름다운 조각을 떠올리게 한다. 그의 복장은 일부러 신경 쓰지 않아도, 그의 온갖 움직임에 맞추어 주름이 잡힌다. 마치 더할 나위 없이 완전한 정지상태에서 정리할 시간이 있었던 게 아닌가 싶다. 그의 얼굴표정, 눈의 표정은 모든 화가의 연구 대상이 될 것이 틀림없다. 때때로 눈이 반쯤 감기는 경우가 있다. 그러면 갑자기 그 감정표현에서 장면 전체를 빛내는 것 같은 광선이 세차게 뿜어져 나온다.

그가 말을 하자마자, 그가 발설하는 대사의 의미 자체가 감정을 자극하기 전에, 그 목소리의 울림이 마음을 뒤흔든다. 비극 중에서 우연히 묘사적인 시구를 발견하게 되면, 그는 마치 핀다로스 자신이 그의 노래를 낭송했던 것과 같이, 그런 종류의 시에서 느낄 수 있는 아름다움을 맛보게 해주었다. 다른 배우는 사람을 감동시키는 데 시간이 필요하고, 또 흔쾌히 시간을 들인다. 그러나 이 남자의 목소리에는 알 수 없는 마력이 있어서, 첫 마디를 내뱉기 무섭게 마음의 모든 공감을 불러일으킨다. 음악의 매력, 회화의 매력, 조각의 매력, 시의 매력, 그리고 특히 영혼의 언어의 매력은 그 소리를 듣는 사람 속에 관대하기도 하지만 무섭기도 한 정열의 힘을 발전시키기 위한 수단이다.

배역을 해석하는 방법을 볼 때 그는 얼마나 인간의 마음을 잘 이해하고 있는가! 억양이나 표정에 의해 그는 다시 그 인물을 만들어낸다. 오이디푸스가, 라이오스가 누구인지 알지 못한 채 어떻게 살해했는지를 이오카스테에게 말할 때, 그 이야기는 "나는 젊고, 거만했다"[133] 라는 대사로 시작된다. 그 이전의 대부분의 배우들이 이 거만이라는 대사를 연기해야 한다고 생각하여, 그것을 표시하기 위해 얼굴을 들어올리고 있었다. 그러나 탈마는 자존심 강한 오이디푸스에게 모든 기억이 양심의 가책이 되어가고 있음을 느끼고, 이미 그에게는 아무런 확신도 없음을 상기시키기 위해 이 대사를 불안한 목소리로 발음한다. 오이디푸스가 자신의 출생에 불안을 느끼게 된 그때에 코린토스에서 포르바스가 도착한다. 그는 오이디푸스에게 내밀한 회견을 청한다. 탈마 이전의 다른 배우들은 황급히 시종 쪽을 돌아보며, 위엄으로 가득 찬 동작으로 그를 멀리한다. 탈마는 포르바스를 지그시 응시한다. 그는 포르바스에게서 눈길을 뗄 수가 없다. 침착하지 못한 손짓으로 신호를 보내고, 주위의 사람들을 내보낸다. 아직 아무 말도 하지 않지만, 그의 흐트러진 동작은 마음의 동요를 내보이고 있다. 그리고 마지막 막에서 이오카스테와 헤어지면서 그가 다음과 같이 외칠 때, 우리는 마치 불길한 운명이 인간을 끌고 들어가는 테나론의 동굴이 좌우로 열리는 것을 보는 듯하다.

---

133) 볼테르의 처녀작 《외디프》(*OEdipe*) (1718)의 제 4막 제 1장 1065줄.

"그렇다, 라이오스는 나의 아버지이고, 나는 당신의 아들이다."

《앙드로마크》에서, 미쳐버린 에르미온느가 자신의 동의 없이 피리우스를 암살했다고 오레스트를 비난할 때, 오레스트는 대답한다.

"당신 자신이 아니셨습니까, 이 자리에서 일찍이 내게 그의 암살을 명한 것은?"

르캥[134]은 이 시구를 낭송할 때, 에르미온느로부터 받은 명령의 온갖 상황을 그녀에게 상기시키기 위해서인 듯 모든 단어에 힘을 준다. 그것은 재판관을 마주했을 때는 좋을 것이다. 그러나 자신이 사랑하고 있는 여성에게 말을 하는 경우에 그의 마음을 가득 채우고 있는 감정은, 그녀가 옳지 못하고 잔인하다는 것을 알고 난 후의 절망감뿐이다. 탈마는 다음과 같이 상황을 인식한다. 즉, 오레스트의 마음으로부터 한마디 외침이 새어나온다. 처음 몇 마디는 힘을 넣어 발음한다. 그리고 그 뒤에 이어지는 대사는 점점 의기소침해진다. 양팔을 떨어뜨리고, 안색은 한순간 죽은 사람처럼 창백해진다. 그가 자기를 표현하는 힘을 잃어가는 것처럼 보일수록 관객의 감동은 더해간다.

이어지는 독백을 낭송하는 탈마의 방법은 훌륭하다.

"나는 존경하는 왕을 내키지 않음에도 암살한다."

오레스트의 심중에 파고들어 그의 마음을 갈가리 찢는 종류의 순진함은 라신과 같은 천재도 전혀 예상할 수 없었던 연민을 일으킨다. 위대한 배우는 거의 모두 오레스트의 분개를 연기하는 것으로 자신의 힘을 시험해보았다. 다만 동작이나 표정의 고귀함에 의해 절망의 효과가 매우 높아지는 것은 특히 이 장면에서이다. 고뇌의 위력은 침묵 그 자체나 아름다운 성격에서 오는 품위를 통해 나타나기에 더욱 두려운 것이다.

---

134) Henri Louis Cain, 통칭 Lekain(1729~1778). 프랑스의 비극배우. 볼테르의 원조를 받아, 그의 《브루투스》로 코메디 프랑세즈에 데뷔했다. 르캥의 공적은 자연스러운 대사처리와 정확한 연출법을 도입한 것에 있다. 유명한 《회상록》을 남겼다.

로마사에서 끌어온 이 희곡에서, 탈마는 완전히 다른 종류의 것이기는 하지만 매우 탁월한 재능을 발휘한다. 그가 네로의 역을 연기하는 것을 보고 나면, 타키투스는 훨씬 이해하기 쉬워진다. 그 희곡에서 그는 놀랄 만한 혜안을 지닌 정신을 발휘한다. 왜냐하면 선량한 인간이 범죄의 조짐을 파악하는 것은 항상 지성을 지니고 있기 때문이다. 그럼에도 불구하고, 내 생각으로는 그가 배역으로 더욱 커다란 효과를 올리고 있는 것 같다. 그 배역들의 대사를 듣고 있노라면 우리는 그가 표현하는 감정에 기꺼이 몸을 맡기게 된다. 뒤베레의 희곡에서 다른 배우들은 바이야르에게 허풍쟁이의 외관을 부여해야 한다고 생각했으나, 탈마는 그로부터 그런 외관을 지워버리는 공헌을 했다. 탈마 덕택에, 이 가스코뉴의 영웅은 역사와 마찬가지로 비극에서도 다시 소박한 인간으로 돌아갔다. 이 역에서의 복장, 소박하고 친근한 그 동작은 낡은 교회에서 보게 되는 기사의 조상을 떠오르게 한다. 고대예술의 감정에 그만큼 통달한 인간이 중세의 성격을 연출할 수 있다는 것은 경이로운 일이다.

탈마는 뒤시스[135]의 아라비아인을 테마로 한 비극 《아뷔파르》에서 파랑의 역을 몇 번인가 맡은 적이 있다. 다수의 훌륭한 시구에 의해 이 비극에서는 많은 매력이 발견된다. 이 작품은 오리엔트의 색채, 남아시아의 몽상적인 나른함, 더위가 자연을 아름답게 하기는커녕 불태워버리는 나라들의 나른함을 놀라울 정도로 느끼게 해준다. 그리스인이며, 로마인이고, 기사인 동일한 탈마가 이 작품에서는 힘과 사랑으로 가득 찬 사막의 아라비아인이 된다. 그의 시선은 마치 작열하는 태양광선을 피하기 위해서인 듯 베일로 가려져 있다. 그의 동작은 무기

135) 뒤시스(Jean Feancois Ducis, 1733~1816). 프랑스의 극작가. 《햄릿》, 《로미오와 줄리엣》, 《리어왕》, 《오셀로》를 번역, 각색하여 코메디 프랑세즈에서 상연했다. 다분히 원작을 개악한 번안이었으나, 연극혁신 운동, 낭만주의 운동에의 공적은 인정받는다. 그는 마담 드 스탈의 어머니가 운영하는 살롱의 단골손님으로, 스탈 부인은 그의 가정적 성질이나, 나폴레옹의 표창 제안을 거절하는 청렴한 부분을 매우 높이 평가했다. 《아뷔파르》는 1795년 초연.

력함과 격렬함이 훌륭하게 교체된다. 어느 때는 운명이 그를 때려눕히고, 또 어느 때는 자연보다도 더욱 힘세 보이며, 자연에 승리를 거두는 것 같다. 그는 자신의 여동생이라고 생각하는 여성을 향한 불타오르는 열정을 가슴속에 묻는다. 그의 확실치 않은 걸음걸이로 보아, 그 자신이 도망치고 싶어하는 것을 알 수 있다. 그의 눈은 그가 사랑하는 것을 비켜가고, 그 손은 언제나 곁에서 지켜보고 있다고 생각되는 모습을 밀어낸다. 그리고 결국 살레마를 가슴에 안고, 이 한마디 "춥다"고 말할 때,136) 가슴의 떨림과 그가 감추고 싶어하는 격렬한 정열을 동시에 표현할 수 있다.

뒤시스에 의해 프랑스 연극으로 번안된 셰익스피어의 희곡에서는 많은 결함을 찾아낼 수 있다. 그러나 그 작품들에서 일류의 아름다움을 알아볼 수 없다는 말은 매우 불공평한 말이 될 것이다. 뒤시스의 재능은 그 마음에 있고, 그 점에서 그는 훌륭하다. 탈마는 훌륭한 재능을 지닌 이 고귀한 노인의 친구로서 그의 희곡을 연기한다. 《맥베스》의 마술사 장면은 프랑스 희곡에서는 낭송으로 처리되어 있다. 마술사의 말투를 약간 비속하고 기묘한 것으로 만들려고 하면서도, 그 모방 안에서 프랑스의 연극이 요청하는 완벽한 품위를 유지시키려고 노력하는 탈마를 보아야 한다.

> 뜻 모를 말을 지껄이며, 이 불쾌한 자들은
> 하나둘씩 이름을 밝히고, 무리 속에서 서로 박수갈채를 보내며 다가와서는,
> 잔인한 웃음을 흘리며 나를 가리키고 있었다.
> 그들의 수상한 손가락은 입술 위에 놓여 있었다.
> 내가 그들에게 말을 걸자, 그들은 돌연 어둠 속으로 사라진다.
> 한 사람은 단도를, 다른 사람은 피리를 손에 들고,
> 또 한 사람은 기다란 뱀으로 창백한 신체를 칭칭 감고 있었다.
> 세 사람 모두 그 궁전을 향해 재빨리 날아갔다.

136) 이 《아뷔파르》 제 4막 제 5장의 대사는 마담 드 스탈이 쓴 것처럼 파랑과 살레마의 대화가 아닌, 파랑과 파라스만 사이에 나눈 대화 중에 있다.

그리고 세 사람은 허공에서, 나에게서 멀어지면서,
내게 이런 이별의 말을 남겼다. "너는 왕이 될 것이다."

이들 시구를 발음할 때의 배우의 낮고도 불가사의한 목소리, 침묵의 화신과도 같이 입술 위에 손가락을 얹는 방식, 무시무시하고 소름끼치는 기억을 표현하기 위해 변하는 그의 시선, 이 모든 것이 결합되어 프랑스 연극에 새로운 경이, 지금까지 어떤 전통도 생각해내지 못했던 경이를 그려낸다.

최근에 프랑스에서 《오셀로》의 상연은 성공하지 못했다. 《오셀로》를 제대로 이해하는 데 오로스만이 장해가 되는 것 같다. 그러나 이 희곡을 연기하는 것이 탈마라면, 제 5막은 마치 우리 눈앞에서 암살이 이루어지는 것처럼 감동적이다. 나는 탈마가 아내와 함께 침실에서 마지막 장면을 낭송하는 것을 보았는데, 그 목소리도 모습도 데스데모나와 매우 잘 어울렸다. 베니스의 무어인이 되는 데는 머리카락 위에 손을 올리고 눈썹을 찡그리는 것으로 충분했으며, 마치 연극의 온갖 환영들이 그를 둘러싸고 있는 것처럼 그의 바로 곁에 있는 우리는 공포에 사로잡혔다.

외국의 비극 중에서 《햄릿》은 그가 가장 즐겨 하는 작품이다. 프랑스의 무대에서 관객의 눈에는 유령이 된 햄릿의 부친이 보이지 않는다. 망령은 온전히 탈마의 표정으로 연기되는데, 물론 그래도 역시 무섭다. 조용하고 슬픈 대화를 하는 중에 갑자기 그가 유령을 보게 되면, 사람들은 유령을 바라보는 그의 눈의 모든 움직임을 좇는다. 그런데 이러한 시선이 증명하는 유령의 존재는 의심할 수 없는 것이다.

제 3막에서 햄릿이 혼자 무대에 나와, 그 유명한 죽느냐 사느냐의 독백을 아름다운 프랑스어 시구로 말한다.

죽음, 그것은 어쩌면 깨어나는 것인지도 모르는 잠이다.
어쩌면 — 아! 말이 사람을 얼어붙게 하는구나.

관 곁에서, 흔들림 없는 의심에 두려워하는 사람을.
이 광대한 심연을 앞에 두고, 그는 뒤로 돌아,
삶을 부둥켜안고는, 이 세상에 매달린다.

탈마는 단 하나의 동작도 하지 않았고, 가끔 죽음이란 무엇인가를 천지에 묻기 위해 머리를 움직일 뿐이었다! 부동의 자세로 품위 있는 명상이 그의 전 존재를 빨아들이고 있었다. 조용한 2천 명의 관중에 둘러싸여, 한 사람이 인간의 운명에 대해 생각하며 질문을 던지고 있다! 거기에 존재하고 있던 것은 모두 얼마 지나지 않아 사라질 것이다. 그러나 그들 대신에 또 다른 사람들이 똑같은 불안에 직면하여, 그 깊이를 알 수 없는 똑같은 심연에 몸을 던질 것이다.

햄릿이 어머니에게 남편의 목숨을 빼앗은 범죄에 그녀는 관여하지 않았다고 남편의 유해를 모신 유골단지에 맹세하라고 하자, 그녀는 머뭇거리고 당황하며 결국에는 그녀도 그 대죄에 가담했다는 사실을 자백한다. 그때 햄릿은 부친의 지시대로, 단도를 뽑아 어머니의 가슴에 찔러 넣으려고 한다. 그러나 찌르기 직전, 그는 애정과 연민에 휩싸여, 부친의 망령 쪽을 돌아보며 외친다.

"용서하십시오, 용서하십시오, 아버지!"

그 어조는 자연스러운 감정이 모두 한꺼번에 마음속에서 터져 나온 것 같다. 그 후에 정신을 잃은 어머니의 발치에 몸을 던져, 그는 한없는 연민의 정이 담긴 다음과 같은 두 개의 시구를 읊는다.

당신의 죄는 무시무시하고, 불쾌하며, 꺼림칙합니다.
그러나 신들의 자비는 그보다 큽니다.

마지막으로, 탈마를 떠올리면 필연적으로 《만리우스》137) 를 생각하

---

137) Antoine de Lafosse, sieur d'Aubigny(1653~1708), *Manlius Capitolinus* (1698). 토마스 오토웨이의 《구원받은 베니스》의 번안. 《만리우스》는 18세기를 통틀어 상연되었고, 1806년 1월에 탈마 등에 의해 프랑스 극장에서 재

지 않을 수 없다. 이 희곡은 극장에서는 거의 성공하지 못했다. 이것은 오토웨이의 《구원받은 베니스》의 주제를 로마사에 있었던 사건의 시대로 옮긴 것이다. 만리우스는 로마의 원로원에 대해 음모를 꾸미고, 그 비밀을 15년 동안 사랑한 세르빌리우스에게 털어놓는다. 다른 동료들은 세르빌리우스의 나약함과 집정관의 딸인 아내에 대한 그의 애정을 경계하나, 그들의 의심을 무시하고 만리우스는 세르빌리우스에게 그 비밀을 털어놓는 것이다. 음모를 꾸민 사람들이 두려워한 일이 일어난다. 세르빌리우스는 아내에게 장인의 목숨이 위험하다는 것을 감출 수 없다. 그녀는 바로 그 사실을 아버지에게 알리기 위해 달려간다. 만리우스는 체포되고, 그 계획은 드러나며, 원로원은 그를 타르페이아의 절벽 위에서 떨어뜨리는 형을 선고한다.

탈마가 연기하기 전까지는, 이 희곡에서 약간만 다루어졌던 세르빌리우스에 대한 만리우스의 격렬한 우정을 아무도 눈치채지 못했다. 비밀이 드러난 것, 그것도 세르빌리우스에 의해 그렇게 된 것이 음모의 가담자 루티르의 메모로 들통나자, 만리우스는 이 메모를 손에 들고 등장한다. 이미 가책으로 고통받고 있는 죄지은 친구에게 다가가, 그를 고발하는 문장을 보이며 만리우스는 다음과 같은 대사를 읊는다.

"무슨 할 말이 있는가?"

그 대사를 들은 모든 사람들에 대해 나는 같은 질문을 던진다. 표정이나 목소리의 울림이 이 정도로 다양한 인상을 동시에 표현할 수는 결코 없다. 내면의 연민의 감정에 의해 흔들리는 저 격노, 우정에 의해 번갈아가며 강해졌다가 약해졌다가 하는 저 분노를, 만약 말마저 매개로 삼지 않고 마음에서 마음으로 전달되는 저 어조를 통해서가 아니라면, 어떻게 그것들을 이해시킬 것인가! 만리우스는 세르빌리우스를 찌르기 위해 단도를 빼어 든다. 그의 손은 마음을 찾아 헤매고, 마음을 발견하게 될까봐 불안해 한다. 세르빌리우스가 그에게 소중한 존

연되었다.

재였던 몇 년간에 걸친 추억이 복수심과 우정 사이에서 자욱한 눈물방울과도 같이 끓어오른다.

제 5막에서 대사는 더욱 줄어들며, 탈마의 연기는 4막에서보다 어쩌면 더욱 훌륭하다. 세르빌리우스는 그의 잘못을 속죄하고 만리우스를 구하기 위해 과감히 일어선다. 마음속으로 만약 친구가 목숨을 잃으면, 자신도 운명을 함께하겠다고 결심했다. 세르빌리우스의 후회로 만리우스의 고뇌는 완화된다. 그럼에도 불구하고, 그는 세르빌리우스의 엄청난 배신을 용서한다는 말을 도저히 할 수 없다. 그러나 슬그머니 세르빌리우스의 손을 잡고, 자신의 심장 쪽으로 가져간다. 그의 생각지도 못한 동작은 죄지은 친구를 원하고, 영원히 이별하기 전에 한 번 더 그를 끌어안고 싶다고 말하는 것이었다. 비록 배신이 부숴버렸다고는 해도, 오래도록 지켜온 애정을 중시하는 섬세한 영혼의 경탄할 만한 아름다움에 대해서 이 희곡은 거의 아무것도 보여주는 것이 없다. 영국의 희곡에서는[138] 피에르와 자파이아의 역이 매우 강렬하게 이 상황을 표현하고 있다. 탈마는 만리우스의 비극에 결여된 에너지를 부여할 수 있었으며, 우정 안에 있는 저항하기 어려운 것을 표현하는 진실성보다 더 칭찬할 만한 그의 재능은 있을 수 없다. 정열은 사랑하는 대상을 미워할 수도 있다. 그러나 영혼의 신성한 관계에 의해 일단 인연이 형성되면 범죄조차도 그 인연을 없애지 못하고, 마치 오래 떨어져 있은 뒤 돌아오기를 기다리는 것처럼 양심의 가책을 기다리게 되는 것 같다.

탈마에 대해 어느 정도 상세히 언급함으로써 나의 저작과는 무관한 주제에 한눈을 팔았다고는 전혀 생각하지 않는다. 이 예술가는, 그들의 주장이 옳건 그르건, 프랑스 비극에 빠져 있다고 독일인이 비난하는 독창성과 자연스러움을 프랑스 비극에 매우 많이 부여한다. 그는 그가 연기하는 다양한 작품에서, 여러 나라의 풍습을 표현할 줄 안다.

---

138) 오토웨이의 작품.

그보다 더 간단한 방법으로 이렇게 큰 효과를 과감히 시도할 수 있는 배우는 아무도 없다. 그의 낭송방법에는 셰익스피어와 라신이 교묘하게 결합되어 있다. 배우가 그 연기로 이처럼 훌륭하게 혼합시킬 수 있었던 것을, 왜 극작가들은 그들의 창작에서 결합시키려고 하지 않는 것일까?

소설에 대하여

모든 허구 중에서 소설이 가장 쉬우므로, 근대국가의 작가들이 이 정도로 많이 시도한 분야는 없다. 소설은 말하자면 현실의 생활과 상상의 생활 사이를 옮겨다니는 것이다. 개인의 역사는 몇 개만 변경하면 인쇄되는 소설들과 상당히 유사한 하나의 소설이며, 이 점에서 개인의 추억이 자주 창작으로 바뀐다. 사람들은 거기에 시, 역사, 철학을 섞어 이 장르에 더 많은 중요성을 부여하기 원했다. 나는 그것이 소설을 왜곡하는 태도로 여겨진다. 도덕적 성찰이나 정열적 웅변이 소설 속에 자리를 차지할 수는 있다. 그러나 언제나 상황에 대한 흥미가 이런 종류의 저작의 첫 번째 동기가 되어야 하고, 그 어느 것도 그 자리를 대신할 수는 없다. 상연되는 모든 희곡에 극적 효과가 필수 불가결한 조건이라면, 소설이 격렬한 호기심을 일으키지 않으면 그 소설은 훌륭한 작품도 아니며 행복한 허구도 아니라는 점 또한 사실이다. 정신적 탈선에 의해 그것을 보충하려 해도 쓸모없는 짓이다. 즐기고 싶은 기대가 배신당하면 억누르기 힘든 피로를 불러일으킬 것이다.

독일에서 출판되는 많은 연애소설은 달빛, 석양의 계곡에 울려 퍼지는 하프소리 등 영혼을 가만히 흔드는 모든 평범한 수단을 적잖이 조롱거리로 만들어놓았다. 그래도 우리에게는 이 편안한 읽을거리를 좋아하는 타고난 기질이 있다. 이 기질을 독점하는 것은 천재이며, 사람이 이 기질과 싸우려고 하는 것은 쓸모없는 짓이다. 사랑하고 사랑받는 일은 매우 훌륭한 일이므로, 이 생명의 찬가는 마음에 피로를 느끼는 일 없이, 끝없이 미묘한 변화를 주는 것이 가능하다. 그러므로 화려한 음색으로 미화된 하나의 선율의 모티브에 기쁜 마음으로 돌아간다. 그럼에도 불구하고 가장 순순한 것에도 소설이 해를 끼친다는 사실을 나는 숨기지 않겠다. 감정 안에 있는 가장 내밀한 것까지 우리에게 지나치게 가르쳤기 때문이다. 무엇 하나를 느껴도 항상 어디에선가 읽은 적이 있다는 기억이 따라붙는다. 마음을 덮는 모든 베일이 벗겨졌다. 고대인이라면 결코 그들의 영혼을 허구의 주제로 삼지 않았을 것이다. 그들에게 영혼은 그들 자신의 눈빛으로조차 두려워서 파고들어갈 수 없는 신성한 장소였다. 그러나 결국 소설이라는 분야가 인정받았다. 키케로가 웅변가에게 첫째로도 둘째로도 셋째로도 필요한 조건은 '연기'라고 말했는데,[139] 소설에서는 흥미가 그것이다.

영국과 마찬가지로 독일에도 가정생활을 그린 소설이 매우 많다. 풍속묘사는 영국 소설이 좀더 우아하다. 독일 소설에서는 풍속묘사가 좀더 다양하다. 영국에서는 개개의 성격은 독립적이지만, 상류사회에 의해 보편적 모습이 부여된다. 이 점에 관해 독일에서는 아무것도 정해진 것이 없다. 현대의 감정이나 풍속에 기반을 두고 쓰인 소설과 책으로 쓰이긴 했지만 극장에서 드라마의 수준밖에 되지 않는 소설 몇 개는 이 자리에서 인용할 가치가 있다. 그러나 발군의 유례없는 작품, 그것은 《젊은 베르테르의 슬픔》이다. 거기에는 괴테가 정열을 쏟았을 때 그의 재능이 낳을 수 있는 모든 것이 있다. 그는 청춘시절의 이 작

139) Marcus Tullius Cicero(BC 106~43). 《웅변가에 대하여》(*De oratore*)(BC 55)의 제3부 6절. "데모스테네스는 변론가의 첫 번째 기질은 무엇인가 하는 질문을 받자, '연기'라고 대답했다. 두 번째는, 세 번째는 하고 물어도, 변함없이 '연기'라고 대답했다." 키케로는 웅변가의 이상적인 모습 하나를 기원전 4세기에 아테네에서 활약한 데모스테네스 안에서 보았다. 키케로에 의하면 웅변술의 목적에는 세 가지가 있는데, 그중 하나는 토론에 의해 증명되는 것, 두 번째는 매료하는 것, 세 번째는 감동시키는 것이라고 말한다.

품에 대해 지금은 거의 가치를 인정하지 않는다고 한다. 고양된 상상력은 거의 자살예찬에 가까운 감정을 그에게 안겼지만, 지금의 그에게는 분명 비난할 만한 것으로 느껴질 것이다. 생명의 퇴보가 아직 전혀 시작되지 않은 매우 젊은 시절에는, 묘지는 시적 심상에 지나지 않고 무릎을 꿇고 죽음을 애도하는 사람들의 모습에 둘러싸인 잠인 것만 같다. 인생의 절반을 지나면 사정은 이미 그렇지 않게 된다. 마음의 학문인 저 종교가, 어째서 살인의 공포와 자기 자신에 대한 침해를 연관시키는 것인지 알게 되는 것이다.

그럼에도 불구하고 《젊은 베르테르의 슬픔》에 나타나는 훌륭한 재능을 경시한다면, 괴테는 대단히 잘못하는 것이다. 그는 단순히 사랑의 고뇌를 그렸을 뿐 아니라, 금세기 상상력의 질환을 그려낼 줄 알았다. 의지적 행동으로 변하지 않고 정신 안에서 난리법석을 떠는 사고, 고대인들의 생활보다 훨씬 단조로운 생활과 훨씬 불안한 내적 존재와의 기묘한 대비는 벼랑의 가장자리에 서서 느끼는 아찔함과 비슷한 어지럼증을 일으키고, 장시간 그것을 바라본 후에 느끼는 피로 그 자체는 벼랑에 몸을 던지도록 우리를 유혹할 수 있다. 괴테는 결과적으로 매우 철학적이 되는 이 영혼의 불안함의 묘사와, 간결하기는 하나 기발한 흥미를 불러일으키는 허구를 결부시킬 줄 알았다. 만약 모든 학문에서 외적 징후로 눈길을 끄는 것이 필요하다고 생각했다면, 위대한 사고를 마음에 새기기 위해서라도 마음에 흥미를 갖는 것은 자연스러운 일이 아닐까?

서간체 소설은 항상 사실보다는 더 많은 감정을 전제로 한다. 고대인이라면 허구에 이 형식을 도입하는 일은 상상도 하지 못했을 것이다. 철학이 우리 안에 충분히 도입되어 감정의 분석이 책 안에서 이렇게 커다란 자리를 차지하게 된 지 이제 겨우 두 세기밖에 지나지 않았다. 소설을 만들어내는 이런 방식은 이야기에 전면적으로 의존하는 방식보다 더 시적이 아닐 것임은 분명하다. 그러나 지금 인간의 정신은 더할 나위 없이 잘 짜인 사건보다는 마음 안에서 일어나는 일의 관찰을 더 갈망한다. 이 경향은 인간에게 일어난 지성의 큰 변화와 관련 있다. 인간은 일반적으로 자신을 되돌아보는 경향이 항상 점점 강해지기 때문에, 존재의 가장 깊은 곳에서 종교, 사랑, 사상을 추구한다.

독일의 몇몇 작가는 유령이나 마법사가 나오는 콩트를 썼는데, 그들은 통상적 생활에 기반을 둔 소설보다는 그런 창작 쪽에 더 많은 재능이 있다고 생각한다. 타고난 소질에 의해 진척되는 것은 모두가 좋은 것이다. 하지만 초자연적인 것을 표현하는 데는 대개 운문이 필요하고, 산문으로는 불충분하다. 허구가 우리가 살아가는 것과는 매우 다른 시대나 지방을 표현할 때에는, 시의 매력이 자신과 닮은 데에서 맛볼 수 있는 기쁨을 보충해주어야 한다. 시는 날개를 지닌 중개자로서, 지나간 과거의 시대와 알지 못하는 나라의 국민들을 공감이 감탄으로 바뀌는 거룩한 장소로 옮긴다.

독일에는 기사도 소설이 풍부하긴 한데, 좀더 면밀히 오래된 전통에 그것들을 결부시켰더라면 좋았을 것이다. 이제는 그 귀중한 출전이 연구되고 있다. 《영웅의 책》이라 불리는 책 안에는 강인하고 순박함을 지닌 모험이 대거 들어 있었다. 중요한 것은 이 오래된 문체나 풍속의 색채를 견지해야 한다는 것이며, 또 고대인에게 운명이 중요했던 것처럼 명예와 사랑이 인간의 마음에 영향을 미치던 시기의 이야기를 오늘날까지 연장함에 있어 행위의 동기에 대해 심사숙고해보지도 않은 채, 또 불확실한 것은 받아들이지 않은 채 감정의 분석에 그쳐서는 안 된다는 것이다.

독일에서는 얼마 전부터 철학소설이 다른 모든 소설보다 우세하다. 독일의 철학소설은 프랑스의 그것과는 사뭇 다르다. 교훈 이야기의 형식을 띤 하나의 사실에 의해 표현되는 것은 볼테르가 그려내는 것 같은 하나의 일반적 개념이 아니며, 전혀 편견이 없는 인생의 묘사이자 아무리 격한 흥미에도 지배되지 않은 묘사이며, 온갖 신분, 온갖 직업, 온갖 환경에서의 여러 가지 상황이 차례차례 그려지는 것이다. 그리고 작가는 그것들을 이야기하기 위해 그 현장에 있다. 이런 식으로 괴테는 《빌헬름 마이스터》를 구상했다. 이 작품은 독일에서는 매우 칭찬받았으나, 다른 나라에서는 거의 알려지지 않았다.

《빌헬름 마이스터》에는 풍부한 창의와 기지가 넘치는 논쟁이 가득하다. 만약 여기에 소설적 줄거리가 들어가지 않는다면, 일류의 철학 작품이라는 평을 듣게 될 것이다. 줄거리는 재미없으며, 줄거리 때문에 오히려 흥미를 잃고 있다. 그 소설에서 우리는 매우 섬세하고 상세한, 사회의 어떤 계층, 다른 나라보다 독일에서 자주 보게 되는 계층의 묘사를 발견한다. 이 계층 중에는 예술가들, 배우들, 모험가들과, 독립적 생활을 선호하는 부르주아들과 예술을 보호하고 있다고 생각하는 영주들이 섞여 있다. 따로따로 언급되는 이들 묘사는 각각 매력적이다. 그러나 작품 전체에는 각 주제에 관한 괴테의 생각을 알도록 배치된 재미 이외의 재미는 존재하지 않는다. 그 소설의 주인공은, 이유는 알 수 없지만, 괴테가 독자와 자신 사이에 집어넣은 성가신 제3자이다.

《빌헬름 마이스터》의 의미심장하다기보다는 재기발랄한 인물들 가운데에서, 또 두드러지기보다는 자연스러운 상황 안에서 매력적인 삽화 하나가 작품 곳곳에서 발견되어서, 괴테의 재능이 지니는 열기와 독창성이 우리로 하여금 더 생생하게 느끼게 해주는 모든 것을 결합한다. 사랑의 결실로 태어난 젊은 이탈리아 아가씨가 등장한다. 그 사랑은 죄 많고 두려운 사랑으로, 신을 예배하는 데 스스로를 봉헌하겠다고 서약한 남자를 끌어들였다. 이미 충분히 무거운 죄를 지은 부부는 결혼 후 자신들이 남매이며, 그들이 범한 이 근친상간이 파계에 대한 벌임을 알게 된다. 여자는 미치고, 남자는 어디에도 안주할 곳을 바라지 않는 불행한 떠돌이처럼 세계를 헤맨다. 이토록 고통스러운 사랑의 불행한 결실인 아이는 태어난 후 아무도 보호해주는 사람이 없어 줄타기 광대에게 끌려간다. 그들은 이 아가씨가 열 살이 될 때까지 그들의 생계수단인 고통스러운 재주를 가르친다. 그녀가 받는 냉혹한 처사에 빌헬름은 관심을 갖고, 출생 이후 쭉 남자아이의 옷차림을 했던 이 젊은 아가씨를 하인으로 고용한다.

한편, 이 특이한 아가씨 안에서는 아이 같은 면과, 사려 깊고 진지하며 공상이 가득한 면이 기묘하게 혼합되어 자란다. 이탈리아 여성과 같이 정열적이고, 사려 깊은 인물처럼 조용하고 인내심이 있으며, 그녀가 하는 말은 모국어처럼 생각되지 않는다. 그럼에도 불구하고 그녀가 입에 담는 몇 안 되는 단어는 거룩하며, 그녀의 나이보다 지나치게 강한 감정에도 반응하고, 그녀 자신도 그 감정을 감추려고 하지 않는다. 그녀는 빌헬름을 사랑하고 존경한다. 충실한 하인으로서 그에게 최선을 다하고, 정열적인 여성으로서 그를 사랑한다. 그녀의 인생은 언제나 불행했다. 그녀에게 어린 시절이 없었다고 말할 수 있고, 또 자연과 더불어 기쁘게 뛰어놀 나이에 고통을 겪으면서 그녀는 오직 애정을 위해서 존재하며, 그 애정으로 심장의 고동이 뛰고 멈춘다고 말할 수 있을 것이다.

미뇽(이 젊은 아가씨의 이름이다)이라는 인물은 꿈과 같이 수수께끼로 가득 차 있다. 그녀는 이탈리아에 대한 동경을 독일에서는 누구나 외우는 훌륭한 시구로 표현한다.

"당신은 아는가, 레몬꽃이 피는 그 나라를… ."

결국, 이토록 어린 육체가 버텨내기엔 너무나 강한 감정인 질투가 이 가련한 아이를 파괴한다. 질투에 대항해 싸울 힘이 있는 나이에 다다르기도 전에 그녀는 그것의 고통을 먼저 느껴버렸다. 그 훌륭한 묘사의 모든 효과를 이해하기 위해서는 그 세부를 하나하나 언급해야 할 것이다. 이 어린 아가씨의 아무리 사소한 동작도 감동 없이는 떠올릴 수 없다. 그녀 안에는 사고와 감정의 심연을 예상케 하는 무언가 불가사의한 소박함이 있다. 만일 그녀가 풍기는 설명하기 어려운 불안의 동기가 되는 말 혹은 상황을 하나도 인용할 수 없다고 하더라도, 그녀의 영혼 밑바닥에서는 뇌우가 울리는 소리가 들리는 것 같다.

이 훌륭한 삽화에도 불구하고, 《빌헬름 마이스터》에서는 독일의 새로운 학파에서 얼마 전부터 퍼진 특이한 사고방식이 보인다. 즉, 고대인의 이야기는, 그들의 시조차도, 내용은 아무리 생생해도 외형은 조용했다는 것이며, 현대 작가는 고대 작가의 정숙함을 모방해야 한다고 확신하는 것이다. 그러나 이론의 지배를 받는 상상력은 실현될 수가 없다. 만약《일리아드》에 나오는 것 같은 사건의 경우라면 그 자체로 재미있고, 작가의 개인적 감정을 느끼는 것이 적으면 적을수록 그 묘사는 훨씬 강한 인상을 준다. 그러나 만약 호메로스와 같이 어디에도 치우침이 없는 냉철함으로 소설적 상황을 그리기 시작한다면, 그 결과는 그 정도로 흥미를 끄는 것이 되지는 않을 것이다.

괴테는 최근《친화력》이라는 제목의 소설을 발표했는데, 이 작품에 대해선 방금 지적한 결함을 특히 비난할 수 있을 것이다. 어느 행복한 부부가 시골에 은둔했다. 이 부부는 남편은 그의 친구를, 아내는 조카를 초대하여 고독을 나눈다. 이 친구는 부인을 사랑하게 되고, 남편은 아내의 조카인 그 젊은 아가씨를 사랑한다. 남편은 사랑하는 여성과 결합하기 위해 이혼을 감행하려는 생각에 몸을 맡긴다. 젊은 아가씨의 마음은 승낙 직전이다. 그러나 불행한 사건들이 일어나 그녀는 의무의 감정으로 되돌아온다. 그녀가 자신의 사랑을 희생시켜야 하는 당위성을 깨닫자 그녀는 그 괴로움으로 죽고, 그녀를 사랑하는 사람도 바로 그녀의 뒤를 따른다.

《친화력》의 번역은 프랑스에서는 성공하지 못했다. 이 작품 전체에 두드러진 것이 없었기 때문이며, 어떤 목적으로 이것이 구상된 것인지 알 수 없기 때문이다. 이 부정확함은 독일에서는 과실이 아니다. 이 세상의 일들은 미해결의 상태로 결론 맺는 경우가 많으므로, 그것을 그리는 소설 안에서도 똑같은 모순과 의혹이 발견될 수 있다. 괴테의 작품에는 많은 사상이나 날카로운 관찰이 있다. 그러나 재미가 없는 경우가 많고, 일상의 지나치는 삶처럼 소설에서도 많은 빈틈이 보이는 것이 사실이다. 그렇다고 해서 소설이 사적인 회상록과 닮아서는 안 된다. 왜냐하면 실제로 있었던 일은 무엇이나 다 흥미를 끌지만, 허구는 사실을 뛰어넘는 것, 즉 사실보다 많은 힘과 조화와 행동을 지니는 것에 의해서만 사실의 효과에 필적할 수 있기 때문이다.

남작의 정원 묘사와 남작부인이 그 정원을 꾸며놓은 장식 묘사에 이 소설의 3분의 1 이상이 할애되어 있다. 거기에서 겨우 빠져나오면, 비극적 파국에 감동받게 된다. 주인공 남녀의 죽음은 이미 우연의 사고로밖에 생각되지 않는다. 그들이 겪는 고통을 함께 느끼고 나누게끔 오래전부터 마음의 준비가 되어 있지는 않기 때문이다. 이 저작에서는 일반적인 생활과 거친 감정이 기묘하게 섞여서 제공된다. 우아함과 힘으로 가득 찬 상상력이 효과를 최고도로 올리는 것처럼 보이는가 하면, 마치 만들어낼 필요도 없다는 듯 갑자기 효과를 포기하기도 한다. 감동이 이 소설의 작가를 괴롭히고 있다고도 말할 수 있으며, 또한 마음의 나태함 때문에 다른 이를 감동시켜 놓으면 자기 자신이 괴로울까봐 두려워 자신의 재능을 절반밖에 내놓고 있지 않다고도 말할 수 있을 것 같다.

더욱 중요한 것은 그러한 작품이 과연 윤리적인가 하는 질문이다. 다시 말해서, 그 책으로부터 받는 인상이 영혼의 완성에 유효한가 하는 질문이다. 이 점에서 허구의 사건은 대단한 의미를 지니지 않는다. 이때의 사건은 작가의 의지에 의해 좌우되는 것을 매우 잘 알고 있으므로, 아무도 그 사건에 의해 양심에 눈을 뜨는 일은 있을 수 없다. 그러므로 소설의 윤리성은 소설이 고취시키는 감정 안에 존재한다. 괴테의 이 책에 인간의 마음에 관한 깊은 지식이 존재하는 것을 부정하지 못할 것이다. 그러나 그것은 의기소침하게 만드는 지식이며, 어떤 식으로 살든지 관심 없다는 식으로 표현되어 있다. 인생은 깊이 파고들어가면 서글프고, 교묘하게 피하면 상당히 쾌적하다. 자칫하면 정신병에 걸릴 수도 있는데, 만약 치유할 수만 있다면 치유해야 하고 불가능하다면 죽는 수밖에 없다 — 정열도 존재하고 미덕도 존재한다. 한쪽을 방패로 하여 다른 쪽과 싸워야 한다고 단언하는 사람들이 있지만, 그럴 수 없다고 주장하는 다른 사람들도 있다. 이 각각의 견해에 찬성하기도 하고 반대하기도 하는 운명의 논리를 편견 없이 보고 판단하라고, 작가는 말하는 듯하다.

그럼에도 불구하고, 이 회의적 태도가 18세기의 물질주의적 경향의 영향을 받은 것이라고 상상한다면, 그것은 옳지 않다. 괴테의 견해는 매우 깊이가 있지만, 그 깊이만큼 영혼에 위안을 주지는 않는다. 그의 저술을 살펴보면, 좋은 일에나 나쁜 일에나 한결같이 '그것은 존재하고 있으므로, 존재해야 하는 것이다'라고 말하는 거만한 철학과, 다른 모든 능력을 지배할 뿐 아니라 재능마저도 너무 의지적이지 못하며 편파적이라고 하여 싫증을 내는 비범한 정신이 눈에 띈다. 결국 이 소설에 빠진 것은 견고하고 확실한 종교적 감정이라고 할 수 있다. 주인공들은 신앙보다도 미신에 의해 더 좌우된다. 그들의 마음속에는 종교도 사랑도 상황의 결과일 뿐이며, 상황과 함께 변화할 수 있는 것이다.

이 작품이 진전될수록 작가는 너무 불분명한 모습을 보인다. 그가 그리는 인물도, 그가 개진하는 의견도 가물거리는 기억밖에 남기지 않는다. 생각을 너무 많이 하게 되면 가끔은 자기의 마음속에 있는 모든 생각이 흩어져버린다는 점을 시인하지 않을 수 없다. 그러나 괴테와 같은 천재는 자신의 찬미자들을 확실한 길로 안내해야 한다. 더 이상 의심할 시간, 모든 일에 관해 창의성이 풍부한 사고를 저울의 양쪽에 달아볼 시간이 없다. 영원히 죽지 않는 싱싱한 영혼이 우리 안에 끊임없이 지속시켜주는 자신감, 열광, 찬미에 몸을 맡겨야 한다. 이 젊음은 정열의 잿더미 바로 그곳에서 다시 태어난다. 그것은 시빌라에게 낙원의 들판으로 들어가는 통행증을 부여하는, 결코 빛이 바래지 않는 황금가지이다.

티크는 몇 가지 분야에서 인용될 만한 작가이다. 그는 매우 매력적인 소설 《슈테른발트》의 작가이다. 서술되는 사건은 많지 않고, 나오는 사건도 해결에 이르려고 하지 않는다. 그러나 예술가의 인생에 대한 이렇게 기분 좋은 묘사는 어디에도 나타나지 않을 것이라 생각한다. 작가는 주인공을 아름다운 예술의 세기에 배치하여, 라파엘로와 동시대의 화가인 알브레히트 뒤러의 제자로 상정한다. 작가는 주인공으로 하여금 유럽의 온갖 나라를 여행하게 한다. 단순히 한 나라나 상황에만 제한되지 않고 자연을 자유롭게 편력하며 영감과 제재를 찾아다닐 때 외계의 사물들이 일으켜줄 것임에 틀림없는 기쁨을 매우 참신한 매력을 담아 그린다. 여행과 꿈이 동시에 가득한 이 인생은 독일에서만 맛볼 수 있는 것이다. 프랑스 소설에서는 항상 사회풍속이나 사회관계가 묘사된다. 그러나 대지를 달리면서도 땅 위를 날고, 결코 이 세상에 현존하는 이해(利害)에는 섞이지 않는 상상력 안에는 행복에 대한 커다란 비결이 있다.

우리의 소원대로 상황이 이어지고 연속되는 행복한 인생, 그것은 운명이 가련한 인간에게 거의 항상 거절하는 것이다. 그러나 따로 떨어져 있는 각각의 느낌들은 거의 모든 경우 상당히 온화하며, 회상이나 공포를 거리를 두고 생각할 때 현재는 인간에게 최상의 순간이다. 그러므로 예술가의 인생을 구성하는 순간적인 기쁨 안에는 매우 현명한 시적 철학이 있다. 새로운 경치, 그것을 아름답게 보여주는 광선의 움직임은 예술가에게는 하루를 시작하고 끝내는 큰 사건이며, 과거와도 미래와도 아무런 관계가 없는 것이다. 마음의 애착은 자연의 모습을 가린다. 티크의 소설을 읽으면, 우리가 모르는 사이에 우리를 둘러싼 온갖 신비에 놀라게 된다.

작가는 이 작품에 훌륭한 시를 섞었다. 이중 몇 개는 걸작이다. 프랑스 소설에 시구가 삽입되면, 많은 경우 재미가 떨어지고 전체의 조화가 무너진다. 《슈테른발트》의 경우는 그렇지 않다. 이 소설은 그 자체가 매우 시적이므로, 이 산문은 가창으로 이어지는 여운(레시타티브) 혹은 가창을 준비하는 여운인 것 같은 생각이 든다. 그중에서도 봄이 돌아오는 것과 관련된 몇 개의 시절(스탕스)이 있어서, 마치 당시의 자연과 같이 사람을 홀리는 아름다움이 있다. 거기에는 유년시절이 여러 형태로 표현되어 있다. 인간, 식물, 대지, 하늘, 모든 것이 희망으로 넘쳐흐르고, 마치 최초의 아름다운 날들과 세상을 장식하는 최초의 꽃들을 시인이 축복하는 것 같다.

프랑스어로 쓰인 희극소설은 몇 개 있는데, 그중에서 괄목할 만한 것 중 하나가 《질 블라》이다. 인생에서 일어나는 여러 가지 사건을 매우 지적으로 우롱하는 것 같은 작품을 독일 작품 중에서 인용하는 것은 불가능하다고 생각한다. 그들에게서 현실세계는 거의 찾아볼 수 없다. 그렇다면 그들은 어떤 식으로 지금까지 현실을 조롱할 수 있었을까? 무엇 하나 농담으로는 바꾸지 않지만 의도하지 않고 재미를 부여하고, 자기는 웃지 않으면서 다른 사람을 웃기는 진지한 쾌활함, 영국인이 유머라고 부르는 그 쾌활함도 독일의 몇몇 저작에서 찾아볼 수 있다. 그러나 그것들을 번역하는 것은 거의 불가능하다. 스위프트의 《걸리버》와 같이 훌륭하게 표현된 철학적 사고 안에 해학이 존재할 때에는, 언어가 바뀌어도 대단한 일은 없다. 그러나 스턴의 《트리스탐 샨디》는 프랑스어로 바꾸면 본래의 우아함을 모두 잃어버린다. 언어의 형상 안에 존재하는 해학은 분명 사고보다 수천 배나 더 많이 기지에 호소하는 것이다. 그럼에도 그토록 예민한 뉘앙스에 의해 생기는, 매우 강렬한 이들 인상을 외국인에게 전달하는 것은 불가능하다.

클라우디우스는 자기 나라의 문학에서밖에 통용되지 않는 국민적 쾌활함을 가장 많이 지닌 독일 작가 중 한 사람이다. 그는 여러 주제에 관한 몇 가지의 훌륭한 작품으로 구성된 선집을 출판했다. 감각이 좋지 않은 것과 중요성이 떨어지는 것도 몇 개 있지만, 거기에는 독창성과 진실이 흘러 넘치며, 아무리 하찮은 것들도 기지에 넘친다. 이 작가의 문체는 표면은 소박하고 가끔은 비속한 모습까지 띠고 있으나, 성실한 감정에 의해 마음 깊숙한 곳까지 들어온다. 그는 독자를 웃기기도 하고, 울리기도 한다. 독자의 공감을 자극하기 때문이며, 독자가 그가 느끼는 모든 것 안에서 자신의 동류나 친구와 같은 느낌을 받기 때문이다. 클라우디우스의 저작에서 인용할 수 있는 것은 아무것도 없다. 그의 재능은 감각과 같이 행동한다. 그것에 대해 이야기하려면 우선 그것을 느껴야 한다. 그는 가끔은 자연 안에 있는 가장 고귀한 것을 표현하도록 교육받고 있는 저 플랑드르의 화가들과 닮았고, 혹은 완벽한 진실로 가난한 사람들과 거지를 그리지만, 자신도 모르는 사이에 그들의 얼굴에 종종 고귀하고 깊이 있는 표정을 부여하는 스페인의 화가 무리요[140]와 닮았다. 우스운 것과 감동적인 것을 잘 섞으려면, 무엇보다도 그 하나하나가 자연스러워야 한다. 꾸민 듯한 냄새를 풍기자마자 모든 대비는 효력을 잃게 된다. 그러나 선량함으로 가득 찬 위대한 재능은 아이의 얼굴에서밖에 찾아볼 수 없는 매력, 눈물 속의 미소를 성공리에 결합시킬 수 있다.

클라우디우스보다 현대적이며 유명한 또 다른 작가가 한 명 있다. 그는 만약 그 방대한 작품에 기성의 명칭을 붙여야 한다면 소설이라 부를 수 있는 작품들로 독일에서 엄청난 호평을 받았다. 장 파울은 확실히 하나의 작품을 만들어내는 데 필요한 것 이상의 기지를 지녔으며, 그 작품은 독일인과 마찬가지로 외국인에게도 흥미를 끌 것이다. 그러나 그가 출판한 책 중 어느 것도 독일 밖으로 나온 것이 없다. 그의 찬미자들은 그 이유가 그의 재능이 독자적이기 때문이라고 말할 것이다. 나는 그의 장점과 마찬가지로 결함도 그 원인이 된다고 생각된다. 현대에서는 유럽적 정신을 지니지 않으면 안 된다. 독일인들은 자국의 작가들의 저 변덕스러운 참신함을 지나치게 격려하는데, 그 참신함이 아무리 대단해 보여도, 꾸민 듯한 부분이 전혀 없다고 하기는 어렵다. 랑베르 부인은 아들에게 "아들아, 바보 같은 짓을 해도 좋지만, 해서 마음이 아주 기쁜 일만 해라"라고 말했다. 장 파울에게도 같은 말을 할 수 있다. 즉, 기묘해도 괜찮은데, 일부러 그렇게 하지만 말라고. 본의 아니게 나오는 말은 모두 그 사람의 본성에 맞는 말이다. 그러나 타고난 독창성이 의도된 독창성 때문에 손해를 입으면, 독자는 가짜의 추억 때문에 무서워서 진짜조차 즐기지 못하게 된다.

그럼에도 불구하고, 장 파울의 작품에서는 훌륭한 아름다움이 보인다. 그러나 그의 묘사의 배치나 뼈대는 매우 불완전하므로, 가장 빛나

140) Murillo, Bartolome Esteban(1618~1682).

는 천재적 특징이 전체의 혼란 안에서 사라져버린다. 장 파울의 저작은 두 가지 관점, 해학과 진지함에 의해 고찰되어야 한다. 왜냐하면 그는 끊임없이 양쪽을 섞기 때문이다. 그는 인간의 마음을 매우 섬세하며 쾌활한 방법으로 관찰하긴 하지만, 독일의 작은 마을들의 판단기준으로밖에는 인간의 마음을 알 수 없다. 많은 경우, 그 풍속묘사에는 우리가 살고 있는 시대라고 하기에는 무언가 지나치게 천진난만한 구석이 있다. 정신적 애정에 관한 이렇게 섬세하고 거의 지나치게 치밀하기까지 한 관찰은, 식물이 자라나는 소리가 들린다고 해서 '좋은 귀'라는 별명을 얻은 요정 이야기의 인물을 약간 생각나게 한다. 스턴은 이 점에서 장 파울과 몇 가지 유사성을 가졌다. 그러나 장 파울이 그 작품의 진지하고 시적인 부분에서 훨씬 뛰어나다고 한다면, 스턴은 해학 면에서 훨씬 감각과 격조가 있다. 스턴이 좀더 넓고 화려한 인간관계의 사회에서 살았다는 점을 알 수 있다.

그럼에도 장 파울의 작품에서 이끌어낸 사고(思考)는 매우 괄목할 만한 것이라고 할 수 있다. 그러나 그의 작품을 읽어보면, 그가 저자 미상의 고서나 과학서적 등 도처에서 은유와 암시를 따오는 기이한 습관을 갖고 있음을 알게 된다. 그가 그런 데에서 이끌어내는 비교는 거의 언제나 기발하다. 그러나 해학을 이해하기 위해서 연구와 주의가 필요해질 때, 결국에 가서 웃을 수 있는 사람은 거의 독일인밖에 없으며, 공부하듯이 무엇이 자기들을 재미있게 해주는 것인지 이해하기 위해 많은 수고를 하는 사람도 독일인뿐이다.

이 모든 것 안에서는 새로운 사색이 많이 보이며, 만약 거기까지 도달할 수 있다면, 매우 마음이 풍요로워진다. 그러나 작가는 이들 보물에 찍어야 하는 각인을 찍지 않았다. 프랑스인들의 쾌활함은 사회적 기지에서, 이탈리아인의 쾌활함은 상상력에서, 영국인의 쾌활함은 독창적 성격에서 유래한다. 독일인의 쾌활함은 철학적이다. 그들은 동포가 아닌 사건이나 책을 조롱한다. 그들의 두뇌에는 지식의 카오스가 존재하며, 자유롭고 변덕스러운 상상력이 가끔은 독창적이며 가끔은 혼란스러운, 그러나 언제나 정신이나 영혼의 강인함이 느껴지는 여러 방법으로 지식을 결합시키고 있다.

장 파울과 몽테뉴의 정신은 많은 경우 서로 닮아 있다. 일반적으로 루이 14세 시대의 작가들보다도 오래된 시대의 프랑스 작가가 독일 작가들과 관계가 깊다. 왜냐하면 루이 14세 이래 프랑스문학은 고전의 방향을 따랐기 때문이다.

장 파울은 그의 작품의 진지한 부분에서는 대개 훌륭하다. 그러나 그의 말은 항상 우수를 띠고 있어서, 우리의 마음을 피곤해질 때까지 흔들기도 한다. 상상력이 지나치게 오랫동안 막연한 상태에서 우리를 흔들어대면, 마지막에는 온갖 색이 섞여서 윤곽이 지워지는 것처럼 우리 눈에 비치며, 읽은 것 중에 남는 것은 기억 대신 반향밖에 없게 된다. 장 파울의 감수성은 영혼을 감동시키기는 하지만, 영혼을 충분히 단련시키는 일은 없다. 이 문체가 지닌 시정은 하모니카의 소리와 닮아서,141) 처음에는 마음을 매료시키다가 얼마 후부터는 괴롭힌다. 그 이유는 이 소리가 불러일으키는 흥분에 정해진 대상이 없기 때문이다. 무감동하고 차가운 성격의 사람들에게 감수성을 마치 병처럼 이야기한다면, 그것은 그들의 성격을 지나치게 호의적으로 보는 것이다. 감수성은 타인에게 헌신적으로 대하고 싶은 욕망과 능력을 부여하므로, 모든 정신적 능력 중에서 가장 힘찬 것이다.

---

141) 17세기 후반부터 알려지기 시작한 글라스 하모니카를 말한다. 벤저민 프랭클린(Benjamin Franklin, 1706~1790)이 고안한 타악기의 일종으로, 젖은 손가락 끝으로 글라스 등을 쓰다듬듯 문지르면 신비적인 소리가 나는 원리를 응용한 것이다. 크기가 다른 글라스를 놓고 다양한 높이의 소리를 내는 뮤지컬 글라스는 예전부터 있었다. 벤저민이 1757년에 영국을 방문했을 때, 런던의 음악회에서 뮤지컬 글라스 연주를 듣고 힌트를 얻었다고 전해지지만, 벤저민은 지금까지의 단순한 발상을 역전시켜 글라스를 옆으로 뉘어 늘어놓고 글라스 자체를 회전시키는 악기를 고찰했다. '하모니카'라고 이름 붙은 이 악기는 손에 들고 연주되며, 독일, 오스트리아, 영국에서 1820년경까지 사용되었다. 모차르트는 이 악기를 이용한 5중주곡을 두 곡 작곡했고, 베토벤도 극음악에 기용했다.

장 파울의 소설에는 감동적인 에피소드가 풍부하다. 대부분 그 주제는 에피소드를 위한 약한 핑계밖에 되지 않는다. 그중 무작위로 3개의 에피소드를 꺼내어, 나머지 작품에 그 사상을 대입시켜보도록 하겠다. 양쪽 눈 모두 백내장으로 시력을 잃은 영국의 어느 영주가 등장한다.[142] 그는 한쪽 눈을 수술받는다. 수술은 실패하고, 그 눈은 완전히 실명한다. 그의 아들이 그에게 말하지 않고 안과의 밑에서 공부한다. 1년 후, 아직 구해낼 가능성이 있는 아버지의 다른 한쪽 눈을 수술할 수 있는 자격을 갖추었다는 판단을 받는다. 아들의 의도를 모르는 아버지는 알지 못하는 의사의 손에 맡겨진다고 생각하여, 여생을 암흑 속에서 살게 될지도 모를 결정을 내릴 순간을 의연하게 맞이한다. 아들을 자기 방에서 멀리 있게 해달라는 부탁까지 한다. 아들이 그 두려운 결정의 순간에 동참하여 너무 충격받지 않도록 하기 위해서이다. 아들은 조용히 아버지 곁으로 간다. 그 손은 떨리지 않는다. 통상적 감흥을 표현하기엔 상황이 너무나 심각하기 때문이다. 모든 마음이 단 하나의 생각에 쏠리고, 바로 그 지나친 애정이 초자연적인 정신력을 부여한다. 만약 희망이 사라진다면 이 정신력은 바로 착란으로 바뀔 것이다. 결국 수술은 성공하고, 아버지는 빛을 찾는데, 아들의 손에 은혜로운 쇠붙이가 쥐어져 있는 것이 아닌가!

같은 작가의 다른 소설도 매우 감동적인 장면을 제시한다.[143] 눈이 보이지 않는 젊은이가 일몰의 광경을 묘사해달라고 부탁한다. 그는 친구와의 석별과도 같은 분위기 안에서 따뜻하고 맑은 빛을 느끼고 있다. 부탁받은 자는 자연을 매우 아름다운 모습으로 그에게 설명해준다. 다만 그는 이 묘사에, 빛을 보지 못하는 이 불행한 젊은이를 위로

---

142) 《헤스페루스》(*Hesperus, oder 45 Hundsposttage, Eine Biographie*) (1795) 중에 있는 45개의 에피소드 중 하나. 당시 열광적인 환영을 받은 작품이다.

143) 여기에 인용되고 있는 맹인의 에피소드는 《거인》(1800~1803)에 나오는 것이라고 하지만, 마담 드 스탈이 단순히 기억에 의지하여 썼는지, 정확하지 않다.

하기 위함인 듯 우수로 가득 찬 인상을 섞는다. 그는 끊임없이 신에게 도움을 요청한다. 마치 이 세상의 멋진 것을 창조하신 살아 계신 분께 말을 걸듯이. 그는 불행한 젊은이로 하여금 마음의 눈으로 모든 것에 다가가게 하여 자신의 눈으로는 더 이상 볼 수 없는 것을 영혼으로 느끼게 해준다. 한데 이 마음의 눈이란 육신의 눈으로 볼 수 없는 사람이 우리보다 훨씬 더 잘 볼 수 있는 것이다.

마지막으로 특이하긴 하지만, 장 파울의 재능을 소개하는 데 도움이 되는 단편의 번역을 시도해보기로 한다.

벨은 어디에선가 "무신론자는 영원한 고통에 대한 공포를 감출 필요가 없을 것이다"라고 말했다.[144] 이것은 두고두고 생각해볼 수 있는 위대한 사상이다. 내가 이제부터 언급하려고 하는 장 파울의 꿈[145]은 이 사상의 실천으로 간주될 수 있다.

문제의 시각은 지나친 열정에 의한 정신착란과도 약간 흡사하기 때문에 문제가 될 것이다. 상상력 이외의 모든 점에서, 그 시각은 특히 약점이 있다고 말할 수 있을 것이다. 장 파울은 말한다.

> 이 허구의 목적이 그 시각의 대담함을 용서해줄 것이다. 만약 신의 존재를 긍정하는 온갖 감정이 소멸될 만큼 내 마음이 불행하고 윤택함을 잃게 된다면, 나는 이 이야기를 한 번 더 읽을 것이다. 나는 깊이 마음이 흔들리고, 거기에서 구원과 신앙을 다시 한 번 발견할 것

---

144) 피에르 벨(Pierre Bayle, 1647~1706)의 《역사적 · 비판적 사전》(*Dictionnaire historique et critique*)(1697)에 나오는 말.

145) 장 파울의 《꽃-과일-가시의 작품집, 라이히스마르크토플렉켄 쿠슈나펠이라는 빈민의 변호사 지벤쾨스의 죽음과 혼례》(*Blumen-Fruct-und Dornenstükke oder Ehestand, Tod und Hochzeit des Armenadvokaten F. St. Siebenkäs im Reichsmarktflecken Kuhschnappel*)(1796~1797)라는 작품 중에서, 주인공이 이해심 없는 아내와 이혼하기 위해 죽은 척하고 장례를 치르고, 자신은 조용히 타향으로 도망간다는 괴기한 이야기가 있다. 스탈 부인이 《꿈》이라는 제목으로 인용한 것은, 그것의 서문으로 쓰인 《죽은 그리스도의 설교》(*Rede des toten Christus vom Weltgebäude herab dass kein Got sei*)(1796)이다.

이다. 매우 무관심하게 신의 존재를 부정하는 사람들이 있는가 하면, 그와 똑같이 무관심하게 신의 존재를 인정하는 사람들도 있다. 또 어떤 이는 20년간 신의 존재를 믿지 않다가, 21년째가 되어 그 엄숙한 순간을 만난 사람도 있다. 그 순간 그는 신앙에 의한 저 풍부한 특권, 저 원유가 뿜어져 나오는 샘의 생생한 열기를 황홀하게 발견했다.

꿈

어린 시절, 아주 가까운 곳에서 졸음이 우리의 영혼을 습격하는 한밤중에 꾼 불길한 꿈에서, 죽은 사람들이 벌떡 일어나 인기척 없는 교회에서 산 사람들의 경건한 미사를 흉내내더라는 이야기를 듣게 되면, 그 죽은 사람들 때문에 우리는 죽음을 두려워한다. 어둠이 가까워 오면, 우리는 교회나 그 어두운 창문으로부터 눈을 돌린다. 영혼이 깜빡깜빡 졸고 있는 선잠이 든 밤에는, 어린 시절의 공포가 기쁨 이상으로 다시 날개를 달고 우리의 주위를 배회한다. 아! 그 반짝거림을 지우지 말아주십시오. 더할 나위 없이 음침한 것이라 해도, 꿈을 그대로 놔두십시오. 꿈이 현실생활보다 훨씬 감미롭다. 꿈은 생명의 강물에 아직 하늘이 비치는 이 나이에 우리를 다시 불러들여준다.

어느 여름밤, 나는 언덕 위에 누워 잠이 들어버렸다. 그리고 한밤중에 묘지에서 눈을 뜨는 꿈을 꾸었다. 벽시계가 11시를 알리고 있었다. 묘석은 모두 절반쯤 열리고, 교회의 철문이 눈에 보이지 않는 손에 의해 움직이며 큰 소리로 열렸다 닫혔다 했다. 담을 넘어 망령이 도망치는 것이 보였지만, 담에는 어떤 그림자도 비치지 않았다. 푸르스름한 다른 망령들은 공중에 떠 있었고, 아이들만이 아직 관 안에서 쉬고 있었다. 하늘에는 무겁고, 몹시 더운 회색 구름 같은 것이 있었고, 그것을 거대한 유령이 몇 겹으로 옥죄며 누르고 있었다. 내 머리 위로 멀리 눈사태가 무너져내리는 소리가 들리고, 발치에서는 광대한 지진의 첫 번째 충격음이 들렸다. 교회 전체가 비틀거리고, 공기는 허무하게 조화를 요구하는 비통한 소리로 흔들리고 있었다. 무언가 창백한 섬광이 어두운 미광을 던지고 있었다. 나는 공포에 질려 성당 안에 숨을 장소를 찾으려 한다는 것을 느꼈다. 빛나는 도마뱀 두 마리가 그 두려운 문 앞에 진을 치고 있었다.

나는 본 적 없는 망령들의 무리 안으로 걸음을 옮겼다. 그들에게는 오래된 시대의 각인이 새겨져 있었다. 그 망령들은 모두 아무것도 차려놓지 않은 제단 주위에서 서로 법석을 떨고 있었으며, 그 가슴만이 호흡하느라 격렬하게 움직였다. 교회에 갓 매장된 한 주검만이 수의 위에서 자고 있었다. 그의 가슴은 아직 고동치지 않았고, 그의 얼굴은 행복한 꿈으로 미소 짓고 있었다. 그러나 산 사람이 가까이 가자 그는 눈을 뜨고, 미소를 멈추고, 애처로운 노력으로 마비된 눈꺼풀을 열었다. 눈이 있던 장소는 텅 비어 있었고, 심장이 있던 장소에는 깊은 상처만 있었다. 그는 두 손을 들더니, 두 손을 모으고 기도했다. 그러나 그의 두 팔이 축 늘어지면서 몸에서 떨어져 나갔고, 합장한 두 손은 바닥에 떨어졌다.

교회의 천장은 영원한 시간을 새기는 시계의 문자판으로 되어 있었다. 거기에는 숫자도 바늘도 없었지만, 하나의 검은 손이 천천히 문자판을 돌리고 있었고, 사자(死者)들이 그 시계를 읽으려 노력하고 있었다.

그때, 높은 장소에서 제단 위로 찬연하게 빛나는 한 인물이 내려왔다. 그는 위엄으로 가득 찼으며, 도도하고, 영원한 고뇌의 각인을 몸에 지니고 있었다. 죽은 자들이 울부짖었다. "아아, 예수 그리스도님! 신은 오시지 않는 겁니까?" 그는 대답했다. "오시지 않습니다." 모든 망령들이 격렬하게 몸을 떨기 시작했다.

그리스도는 다음과 같이 말을 계속했다. "나는 세상 구석구석을 돌아다녔고, 그 각각의 세상을 비추는 태양들 위로도 올라가보았는데, 거기에도 신은 계시지 않았습니다. 나는 세상의 가장 끝까지 내려갔습니다. 심연 안에서 올려다보고, 외쳤습니다. '아버지, 어디에 계십니까?' 그러나 심연 안으로 한 방울 한 방울 떨어지는 빗방울 소리만 들릴 뿐이었습니다. 그리고 어떤 질서에도 지배되지 않는, 영원한 태풍만이 내 질문에 응답할 뿐이었습니다. 한 번 더 고개를 쳐들고 하늘을 쳐다보자, 거기에는 텅 빈, 어둡고 끝이 보이지 않는

궤도만 있을 뿐이었습니다. 영원이 혼돈 위에서 휴식을 취하고, 혼돈을 좀먹으며, 자신을 천천히 갉아먹고 있었습니다. 힘겹고 비통한 탄식을 더 세게 내뱉으십시오. 날카로운 외침에 망령들이 흩어지도록 하세요. 왜냐하면 그래야 잠잠해지니까요."

비탄에 잠긴 망령들은 추위로 응축된 뿌연 수증기처럼 사라졌다. 교회에는 곧 아무도 없게 되었다. 그러나 돌연, 무서운 광경이 전개된다. 이번에는 묘지에서 눈을 뜬 죽은 아이들이 제단 위에 계시는 엄숙한 인물 앞에 모여, 엎드려 말했다. "예수님, 저희에겐 아버지가 없습니까?" 그러자 그는 왈칵 눈물을 흘리며 대답했다. "우리는 모두 고아입니다. 내게도, 여러분에게도 아버지는 계시지 않습니다." 이 말에 성당과 아이들은 심연 속에 잠기고, 이 세상이라는 건물 전체가 내 눈앞에서 무한 속으로 붕괴했다.

이상의 단편에 나의 생각을 덧붙이지는 않겠다. 이 단편의 효과는 전적으로 독자의 상상력에 좌우된다. 여기에서 보이는 음울한 재능은 나에게 충격적이었다. 인간이 신을 빼앗기고 느끼게 될 두려운 공포를 이렇게 무덤 너머로 옮기는 것은 훌륭하다고 생각한다.

만약 독일에 존재하는 지적이며 감동적인 일련의 소설을 분석하고 싶다면, 제한이 없을 것이다. 특히 라퐁텐[146]의 것은 모두가 적어도 한 번은 즐겁게 읽었지만, 흥미를 끄는 것은 일반적으로 그 주제의 개념 자체보다는 세부이다. 창작은 점점 드문 일이 되어가고 있다. 게다가 풍속을 묘사하는 소설이 이 나라 저 나라에서 인기를 얻는 것은 매우 어렵다. 그러므로 독일문학 연구에서 끌어낼 수 있는 커다란 장점, 그것은 독일문학 때문에 생기는 경쟁의식이다. 다른 나라로 옮겨갈 수 있는 완성된 작품보다는 오히려 우리 자신이 작품을 창작할 수 있는 힘을 독일문학 속에서 찾아야 한다.

---

146) August Heinrich Lafontaine(1758~1831). 독일의 소설가. 19세기 초 독일의 부르주아 가정을 테마로 한 중장편 소설을 200편 가까이 썼다. 모두 교훈적이고 감상적인 것들이다.

독일의 역사가들, 특히 요하네스 폰 뮐러

문학 안에 나타난 역사는 공적 사건에 관한 지식에 가장 가까이 접한 것이다. 위대한 역사가는 거의 각료급의 정치가라 할 수 있다. 왜냐하면, 정치적 사건을 어느 정도까지 스스로 지휘할 수 없다면, 그것을 제대로 판단하기 어렵기 때문이다. 그러므로 대개의 역사가가 그 나라의 정부의 고위직에 앉아 있는 것이며, 거의 자신의 행동기준에 의거해서만 역사를 기술한다. 고대의 역사가들은 모든 역사가 중에서 제1인자들이다. 왜냐하면 그 시대만큼 우수한 인간이 자신의 고국에 많은 영향력을 미친 시대는 없기 때문이다. 영국에서는 역사가의 지위가 이류이며, 어느 특정 인물보다 국민이 훨씬 위대하다. 그러므로 영국의 역사가는 고대인만큼 드라마틱하지 않고 철학적이다. 영국인에게는 일반적 개념이 개인보다 중요하다. 이탈리아의 역사가들 중에서는 마키아벨리만이 자기 나라의 사건들을 보편적인, 그러나 무서운 방법으로 고찰했다. 다른 모든 역사가들은 자신의 도시 안에서 세계를 보았다. 아무리 편협한 것이라 하더라도, 애국주의가 이탈리아인들의 저작에 더욱 많은 재미와 움직임을 부여한다.147) 프랑스에서는 어느 시대를 막론하고 회상록이 역사보다 훨씬 가치 있는 것으로 간주되었다. 과거에는 궁정의 임기응변이 왕국의 운명을 마음대로 했다. 그러므로 그런 나라에서는 사적인 일화 안에 역사상의 비밀이 숨겨져 있는 것이 당연했다.

독일 역사가에 관한 고찰은 문학적 관점에서 행해져야 한다. 이 나라에서는 현재에 이르기까지 정치가 충분한 힘을 지니지 않았으므로, 이 분야의 저술가들은 국민적 성격을 손에 넣을 수 없었다. 개개인 특유의 재능과 역사를 쓰는 기술상의 일반적 원칙만이 이 길에서 인간정

147) 〔원주〕 시스몽디 씨는, 이들 이탈리아 공화국의 부분적 재미를, 인류 전체에 흥미를 불러일으키는 위대한 과제와 연결지음으로써 활성화시킬 수 있었다.

신의 산물에 영향을 주었다. 독일에서 출판되는 다양한 역사적 저작물은 주로 세 종류로 구분할 수 있다고 생각한다. 즉, 학술적 역사, 철학적 역사, 고전적 역사이다. 다만 역사라고 하는 말의 의미는 고대인의 해석 그대로, 말하는 기술이라는 데 한정된다.

독일에는 마스코, 셰프린, 슐레처, 가테라, 슈미트 등 다수의 학술적 역사가가 있다. 그들은 방대한 학술연구를 행하고, 많은 저작을 남겼다. 그것들을 연구할 능력이 있는 사람들에게는 모든 것이 갖추어져 있다. 그러나 이러한 저작가들은 참조하는 데 편리할 뿐이다. 역사서를 쓰고 싶어하는 재능 있는 인간이 오로지 수고를 덜 목적에서 집필한 것이라면, 그들의 작업은 가장 높이 평가될 것이며 가장 고귀한 것이 될 것이다.

실러는 철학적 역사가, 즉 사실을 자신의 의견을 뒷받침하기 위한 논증으로 간주하는 사람들 중 최고이다. 네덜란드 혁명사[148]는 홍미와 열정이 넘치는 혁명 옹호로 해석된다. 30년전쟁은 독일 국민이 가장 많은 에너지를 보여준 시대 중 하나이다. 실러는 조국애의 감정을 담아, 또 지성과 자유에 대한 애정을 담아 그 역사를 썼는데, 그 감정이 그의 영혼과 재능을 명예롭게 한다. 주요한 인물들의 성격은 놀랄 만한 훌륭함으로 그 특징이 구분되어 그려졌다. 그가 하는 모든 고찰은 고양된 마음의 내성에서부터 생기는 것이다. 그러나 독일인들은, 사실을 원자료 안에서 충분히 연구하지 않았다고 하여 실러를 비난한다. 보기 드문 재능 탓에 그는 온갖 길을 섭렵할 수 있었으나, 모두를 만족시킬 수는 없었다. 또한 그의 역사는 충분히 광범위한 학식에 기초하지 않았다. 내가 자주 말했듯이, 상상력이 학문에서 끄집어낼 수

148) 《홀란드 주 연합의 스페인 통치로부터의 분리사(分離史)》(*Geschichte des Abfalls der vereingten Niederlande von der Spanischen Regierung*) (1788). 실러가 29세 때부터 33세, 곧 1787년부터 1792년에 걸쳐서 집필되었으나, 제 1부가 완성되었을 뿐, 당초의 계획이었던 제 2부에서 제 5부까지의 완성은 결국 볼 수 없었다.

있는 모든 부분을 처음으로 느낀 국민은 독일 국민이다. 세부적인 모든 상황만이 역사에 색채와 생명을 부여한다. 겉껍질의 지식으로는 거의 추론이나 재기의 구실밖에 찾아낼 수 없다.

실러는, 무엇이든지 무기로 삼은 18세기라는 이 시기 안에서 역사를 저술했다. 그의 문체에서는 당시 대부분의 저작에 넘쳐흐르던 논쟁적 흔적이 조금 느껴진다. 그러나 의도하는 것이 관용과 자유일 때, 그리고 실러와 같이 고상한 수단이나 감정으로 그것을 의도할 때, 비록 사실이나 고찰 면에서 좀더 늘리거나 줄이고 싶은 점이 몇 개 발견될 수는 있더라도 항상 훌륭한 작품이 창작된다.[149]

특이한 대조로서, 위대한 극작가로서의 실러는 분명 철학을 너무 많이 넣은 결과 이야기에 일반적 개념이 지나치게 들어간 반면, 역사가 중에서도 가장 석학인 뮐러[150]는 사건이나 인물을 묘사하는 방법에서 진짜 시인이었다. 스위스의 역사에서는 석학과 커다란 재능을 지닌 작가를 구별해야 한다. 그렇지 않으면 뮐러는 정당하게 평가할 수 없을 것 같은 생각이 든다. 그는 전대미문의 학식을 지닌 사람이었다. 이런 종류의 그의 능력은 매우 두려워할 만한 것이다. 인간의 머리에 어떻게 하여 이렇게 많은 사실과 날짜가 들어갈 수 있는지 이해할 수 없다. 우리가 아는 6천 년은 그의 기억 속에 완전히 정리되어 있었다. 게다가 그의 연구는 매우 깊었으므로, 마치 추억처럼 생생했다. 그가

---

149) 〔원주〕 철학적인 역사가 중에서, 최근 《십자군에 관한 고찰》을 출판한 헤렌 씨를 잊을 수 없다. 거기에서 보이는 완전한 객관성은 보기 드문 지식과 이성의 힘 덕분이다.

150) Johannes von Müller (1752~1809). 독일의 역사가, 저널리스트. 스위스 역사에 대해 쓴 저서 《스위스연방사》(*Geschichten der Schweizer*) (1780)가 유명하다. 뮐러는 코페의 단골손님 중 하나였다. 스탈 부인과 주고받은 편지가 다수 있으며, 또한 그의 저서는 모두 코페의 서고에 있다. 그녀가 본 그는 정치적 신념이 약한 사람이었다. 그것은 아마도, 만년의 그가 라인 좌안지역의 베스트팔렌 왕국에서 나폴레옹의 근대화를 추진하기 위한, 서기관으로서의 역할을 했기 때문일 것이다. 그는 나폴레옹의 막내 동생 제롬의 멋진 저택과 광대한 정원이 현존하는 카셀에서 숨졌다.

내력을 알지 못하는 스위스의 마을이나 귀족의 가문은 하나도 없었다. 어느 날, 내기의 결과로 그는 뷔제의 군주인 백작들의 이름을 대라는 요구를 받았고, 즉석에서 대답했다. 다만 그가 열거한 명칭 중 한 사람이 섭정이었는지 영주였는지를 잘 기억해내지 못했을 뿐이다. 그러자 그는 그것을 기억하지 못했다고 자신을 심하게 책망했다. 고대인들 가운데 천재는 시대와 함께 증가되는 이러한 방대한 지식의 연구에 매달리지 않았고, 그들의 상상력이 연구에 의해 피폐해지지도 않았다. 현대에는 다른 사람들보다 뛰어나기 위해서 더 많은 값을 치른다. 다루고 싶은 주제를 손에 넣기 위해서 방대한 노력이 요구되며, 그 노력 덕분에 존경받는 것이다.

뮐러의 인생은 여러 가지로 판단할 수 있지만, 그의 죽음은 돌이킬 수 없는 손실이다. 이러한 능력이 사라진다는 것은 한 사람이 사라지는 것 이상을 의미할 것이다.[151)]

독일의 진짜 고전적 역사가로 간주될 수 있는 뮐러는 그리스나 라틴의 작가들을 항상 원어로 접했다. 그는 역사에 써먹기 위해 문학이나 예술을 연마했다. 그 제한 없는 학식은 천부적인 활기를 막기는커녕, 그의 상상력이 비약할 때의 토대와 같은 것이 되어주었다. 그의 묘사의 활기 넘치는 진실은 그 묘사의 양심적 정확함의 결과이다. 그러나 그는 학식을 훌륭하게 활용할 줄은 알았지만, 그렇게 해야 할 때 그 학식에서 해방되는 기술을 알지 못했다. 그의 역사는 지나치게 길며, 전체를 충분히 압축하고 있지 않다. 사건을 말하는 데 흥미를 주기 위해서는 상세한 부분은 필요하다. 그러나 사건들 중에서 언급할 필요가 있는 것들을 골라야 한다.

---

151) 〔원주〕 뮐러의 제자 중에서, 《오스트리아의 플뤼타르크》(1807~1820) (20권)를 쓴 홀마이어 남작(Joseph Freiherr von Hormayr)은 수제자임에 틀림없다. 그의 역사는 책에 의해서가 아닌, 오리지널 사본에 기초해 편집되었다는 것이 느껴진다. 데카로 의사는 쥬네브의 학자로 빈에 정주하며, 그 유익한 활동에 의해 우두(牛痘)의 발견이 아시아까지 전해졌다. 《오스트리아 위인들의 생애》의 번역이 조만간 출판될 것인데, 그것은 매우 흥미를 끌 것이다.

뮐러의 작품은 표현력이 풍부한 연대기이다. 하지만 모든 역사가 이렇게 해석된다면, 사람의 인생 전부가 다른 사람들의 생애를 읽는 데 쓰이게 될 것이다. 그러므로 뮐러가 그 지식의 광범함 자체에 마음을 뺏겨버리지 않는 것이 바람직할 것이다. 그럼에도 불구하고 많은 시간을 들이는 것이 가능한 독자는 그만큼 더욱 시간을 잘 사용하여, 읽을 때마다 새로운 기쁨을 안고 이 저명한 스위스 연대기를 깊이 이해하게 될 것이다. 그 서문은 웅변의 걸작이다. 뮐러가 그 저작에서 보여준 것만큼 힘찬 조국애를 나타낼 수 있었던 사람은 아무도 없었다. 그가 사라진 지금은 그 저작만으로 그를 평가할 수밖에 없다.

그는 스위스연방의 중요한 사건들이 일어난 지방을 화가의 눈으로 그린다. 스스로 본 적 없는 나라의 역사가가 된다면 그것은 잘못이다. 풍경, 장소, 자연은 묘사의 배경과 같은 것으로, 아무리 어떤 사실을 잘 이야기할 수 있어도 인간을 둘러싸고 있는 외적 대상을 보여주지 않는다면, 그 사실은 진실의 모든 특징을 지니지 못하게 된다.

학식은 뮐러로 하여금 각각의 사실을 지나치게 중시하도록 했지만, 상상력에 의해 실로 활성화될 만한 가치 있는 사건의 경우에 그 학식은 그에게 훌륭하게 제 몫을 한다. 그렇게 되면 그는 그 사건이 마치 전날 일어난 것처럼 말하고, 또 아직도 생생한 어떤 상황이 만들어낼 수도 있는 재미를 사건에 부여할 수 있다. 허구와 마찬가지로, 역사에서도 독자에게 사건의 특징이나 전개를 보여주는 기쁨과 기회를 가능한 한 남겨주어야 한다. 독자는 사람들이 하는 말에 싫증을 잘 내지만, 자신이 발견하는 것에는 매료되는 존재이다. 다음 이야기를 기다리며 애태울 줄 알게 되면, 문학과 인생의 흥미는 동일시된다. 독자는 하나의 단어, 하나의 행위로 판단하는데, 그것은 갑자기 한 사람을 이해시키고 또 종종 한 국가나 한 시대의 정신도 이해시킨다.

뤼틀리의 맹약은 뮐러의 역사에서 이야기되는 대로, 특별한 흥미를 불러일으킨다. 저 평화로운 계곡마을, 그리고 그 마을과 마찬가지로 조용한 마을 사람들이 양심이 명하는 대로 위험하기 짝이 없는 행동을 감행할 결심을 한다. 조용한 결의, 엄숙한 맹세, 정열적인 행실, 외부는 모든 것이 변하겠지만 인간의 의지에 입각한 불굴의 결의, 얼마나 대단한 묘사인가! 거기서는 이미지만이 사고를 낳는 것이다. 이 사건의 주인공들은 작가가 그렇게 묘사하는 것처럼, 사물의 위대함 그 자체에 흡수되어 있다. 그들의 정신에는 일반적 개념은 하나도 나타나지 않는다. 어떤 고찰도 행동의 견고함이나 이야기의 아름다움을 변질시키지 않는다.

브르고뉴 공이 약한 스위스의 동맹군을 공격한 그란손의 전투에서, 그 시대와 풍속의 가장 감동적인 개념이 간결한 표현으로 제시된다. 샤를 왕은 이미 고지대를 점령하고 있어서, 멀리 평지에 보이는 군대를 자신이 장악했다고 생각하고 있었다. 돌연, 새벽녘에 스위스인들이 전원 무릎 꿇고 있다는 사실을 알아차렸다. 그들은 선조의 관습을 따라, 싸움 전에 왕중왕의 가호를 빌고 있었던 것이다. 브르고뉴인들은, 스위스인들이 무기를 돌려주기 위해 이렇게 무릎 꿇고 있는 것이라 생각하여, 승리의 함성을 질렀다. 그러자 갑자기 이 그리스도교 신자들은 기도에 의해 의지가 강인해져서 다시 일어나 적을 향해 돌진하여, 결국에는 승리를 획득한다. 그들의 경건한 열의 덕분에 그들은 승리할 수 있었다. 이런 종류의 상황은 뮐러의 역사에서 자주 보인다. 그가 사용하는 말들은 아무리 내용이 감동적인 것은 아니더라도 영혼을 뒤흔든다. 그의 문체에는 무언가 진중하고 고상하며 엄격한 것이 있어서, 그것이 옛 시대의 기억을 힘차게 불러일으킨다.

그럼에도 불구하고 뮐러는 무엇보다도 우선 변덕스러운 사람이다. 그러나 재능이라는 것은 온갖 양상을 다 취한다. 그렇다고 해서 기만의 순간이 있다는 것은 아니다. 그는 보이는 바와 같다. 그저 항상 같은 기분일 수가 없을 뿐이며, 외적 상황이 그를 바꾼다. 뮐러의 상상력이 힘 있는 것은 특히 그의 문체의 생기 덕분이다. 그가 매우 적절하게 사용하는 오래된 말에는 게르만적인 성실한 분위기가 있어서, 신뢰감을 갖게 한다. 그럼에도 불구하고 가끔 타키투스의 간결함을 중세의 순박함에 섞으려고 하는 것은 잘못된 일이다. 이 두 개의 모방은 서로 모순된다. 가끔 고어가 잘 어울리는 것은 뮐러뿐이다. 다른 사람들은 모두 꾸민 듯이 보일 것이다. 고대의 작가 중에서 살루스티우스[152] 만이 자신의 시대 이전의 형식이나 용어를 사용하려고 생각했다. 일반적으로 자연스러움은 이 종류의 모방과는 대립된다. 그럼에도 불구하고 뮐러는 중세의 연대기를 매우 잘 알았으므로, 저절로 중세와 같은 문체로 써버리는 일이 자주 있었다. 분명 그의 표현은 진실임에 틀림없다. 왜냐하면 그 표현은 그가 바라는 대로 느끼게 하는 것이기 때문이다.

뮐러의 저작을 읽으면서, 그가 그토록 잘 알고 있던 온갖 미덕 중에서 스스로 몸에 익힌 것이 있다는 생각을 하면 기뻐진다. 얼마 전에 공개된 그의 유언은 적어도 그의 무욕을 증명한다. 그는 재산을 조금도 남기지 않았다. 그리고 자신의 원고를 팔아 빚을 갚으라고 했다. 게다가, 만약 그것으로 빚을 다 갚을 수 있다면 하인을 위해 시계를 양도하겠다고 덧붙인다. "20년 동안 자신이 나사를 감은 시계를 그는 감동 없이는 받지 못할 것이다" 라고 그는 말한다. 이렇게도 위대한 재능을 지닌 인간의 가난한 생애는 항상 존경받을 만한 상황이다. 탐욕스러운 모든 계산을 만족시키기 위해서는 사람을 유명하게 하는 정신의 천 분의 일이면 뒤집어쓸 것이다. 영광에 대한 숭배에 자신의 재능을 바치는 것은 훌륭한 일이며, 자신의 가장 소중한 목표를 묘지 너머에 두는 사람들에게 우리는 항상 경의를 느낀다.

152) Gaius Sallustius Crispus (BC 86～BC 35). 로마 공화정 시대의 역사가.

헤르더

독일의 문학자들은 많은 점에서 지식층이 바칠 수 있는 최대한의 존경을 받아야 할 그룹이며, 이들 중에서 헤르더의 입장은 특히 독자적인 것이다. 그의 영혼, 그의 재능과 그의 윤리성 모두가 합쳐져 그의 생애를 유명하게 했다. 그의 저작은 세 가지의 다른 관점, 역사, 문학, 신학에서 고찰될 수 있다. 그는 고대문명 전반, 특히 동양의 언어에 매우 열심이었다. 《역사철학》이라는 제목이 붙은 그의 저서는 독일어로 된 책 중에서 아마 가장 매력 있는 책일 것이다. 로마인의 위대함과 쇠퇴의 원인에 관해서는, 몽테스키외의 작품보다 더 깊은 정치적 관찰을 찾아낼 수 없다. 그러나 헤르더는 훨씬 옛날 시대의 인간의 재능을 통찰하는 데 전념했으므로, 그가 가진 최고로 훌륭한 자질인 상상력이야말로 다른 무엇보다도 그것들을 소개하는 데 더 잘 이용되었다. 어둠 속을 걷는 데는 그와 같은 횃불이 필요하다. 페르세폴리스와 바빌론, 헤브라이인과 이집트인에 대해 헤르더가 쓴 다양한 장을 읽는 것은 매우 감미로운 독서이다. 마치 역사가인 시인과 함께 고대의 세계를 산책하는 듯하다. 그는 가는 막대기로 폐허를 건드리고, 우리 눈앞에서 붕괴된 건물을 복원시켜준다.

독일에서는 가장 위대한 재능을 지닌 인간에게도 매우 광범위한 교양이 요구되므로, 헤르더의 학식은 충분히 깊지 않다고 비판받았다.[153] 그러나 반대로 우리를 깊이 감동시킬 수 있는 것은 그 지식의 다양성이다. 그는 모든 언어에 능통했다. 그의 모든 작품 중에서 그가

153) 헤르더의 저술은 감정이 원동력이 되어 있으므로 서술에는 가끔 비약이 있고, 또 당시 이미 알려진 자연과학적 성과나 역사적 고증의 결과를 무시하는 점도 있으므로 비판의 여지는 있다. 칸트도 이것을 논란거리로 삼았다. 또한 그의 문장은 그 난해함 때문에, 당시에도 많은 사람들이 읽지는 않았다. 마담 드 스탈이 언급하고 있는 헤르더의 저서 《역사철학》에서는 그의 독창적인 착안과 계몽사상의 편견을 근본적으로 타개하는 전인간적(全人間的) 파악의 방법에서 생겨난 사상을 발견할 수 있다.

어느 정도로 외국 국민에 대한 촉감을 지니는지 알 수 있는 것은《헤브라이인의 시의 정신에 관하여》이다.[154] 이 예언적 백성의 재능이 이보다 더 잘 표현된 적은 없다. 이 백성에게 시적 영감은 신과의 내밀한 관계이다. 이 백성의 방랑생활, 그들의 풍습, 사고의 능력, 그들에게 습관적인 이미지를 헤르더는 놀라운 통찰력을 가지고 표현했다. 매우 교묘한 비교를 사용하여 그는 헤브라이인의 시구의 규칙성에 대한 그의 생각을 설명하려고 노력하며, 각 시절(詩節)에서 볼 수 있는, 다양한 용어로 되어 있지만 결국은 똑같은 감정이나 똑같은 이미지의 반복에 대해서도 우리에게 설명하려고 노력한다. 가끔 그는 이 훌륭한 규칙성을 아름다운 여성의 머리카락을 두르고 있는 두 줄의 진주에 비교하며, "예술과 자연이 언제나 그들의 풍요로움에 의해 훌륭한 일치를 간직하고 있다"고 말한다. 헤브라이인의 〈시편〉을 원어로 읽는 경우가 아니라면, 헤르더의 해석에 의하는 것 이상으로 그 시의 매력을 느낄 수는 없다. 서양의 나라들만으로는 그의 상상력을 만족시킬 수 없었다. 그는 아시아의 향기를 맡는 것을 즐기고, 그의 영혼이 그곳에서 모은 향을 자신의 작품 안에 옮겨놓았다.

헤르더가 독일에 스페인이나 포르투갈의 시를 처음으로 소개했다. 그 이후 빌헬름 슐레겔은 그 시들을 번역하여 자연스럽게 만들었다. 헤르더는《민요집》이라는 제목의 시집을 출판했다. 이 시집에는 로망스와 몇몇 돋보이는 시들이 담겨 있는데, 거기에서 국민적 특징과 민중의 상상력을 발견할 수 있다. 그 시집에서 우리는 자연스러운 시, 지성이 비집고 들어가기 전의 시를 배울 수 있다. 문학이 세련되면 매우 급속도로 꾸민 듯해지기 때문에, 가끔은 온갖 시의 원천, 즉 인간이 우주나 자기 자신을 분석하기 이전에 자연이 인간에게 부여한 감명으로 돌아가는 것이 좋다. 독일어의 유연성만이 아마도 모든 나라의 언어가 지닌 저 순박함을 번역할 수 있을 것이다. 그 순박함이 없다면

154) *Von Geist der ebräschen Poesie*(1782~1783) 2권. 이 책의 프랑스어 번역은 1845년 이전까지는 없었다.

민요가 주는 감명을 하나도 받을 수 없을 것이다. 이들 시 안에 나타나는 단어들은 그 자체에 일종의 우아함이 있어서, 어린 시절 우리가 보았던 꽃이나 들어본 적이 있는 노래처럼 우리를 감동시킨다. 이 독특한 감명 안에는 단지 예술의 비밀만 포함되는 것이 아니라, 예술이 그 비밀을 펴내는 장소로서 영혼의 비밀도 포함되어 있다. 독일인은 감각의 한계에 이를 때까지, 언어를 거절하는 미묘한 뉘앙스에 도달할 때까지 문학을 분석한다. 또 그들은 온갖 분야에서 설명할 수 없는 것을 이해시키기 위해 너무 집착한다는 비난을 받을 수 있다.

헤르더의 신학에 관한 저작에 대해서는 이 작품의 제 4부에서 논할 생각이다. 역사와 문학은 종종 신학과 결합되어 있다. 헤르더와 같이 진지한 천재라면 종교를 온갖 사상에, 또한 온갖 사상을 종교에 분명히 합쳤을 것이다. 그의 저작은 활기 넘치는 대화와 같다는 말을 들었다. 사실 그의 작품에는 통상적으로 책이 당연히 지녀야 하는 체계적 형식이 없다. 플라톤은 아카데메이아의 정원 안의 주랑 아래에서 제자들에게 지적 세계의 체계를 설명했다. 언제나 새로운 사상으로 급히 발걸음을 옮기는 재능 특유의 저 숭고한 무관심이 헤르더에게서도 보인다. 이른바 잘 만들어진 책이라는 것은 현대적 말투이다. 인쇄술의 발견 덕분에, 단락이나 요약, 결국 논리의 온갖 도구가 필요하게 되었다. 고대인들의 철학작품은 대부분이 개론이거나, 글로 쓰여진 대담으로 구상된 대화이다. 몽테뉴도 마찬가지로 자신의 사고의 자연스러운 흐름에 몸을 맡겼다. 확실히 이렇게 흐름에 맡기기 위해서는 더할 나위 없이 확실하게 우수해야 한다. 왜냐하면 풍부함이 질서를 대신하기 때문이다. 만약 평범한 사람이 정처 없이 걷는다면, 대개는 우리들 독자를 더욱 피곤하게만 만들 뿐, 결국 같은 자리로 데려올 것이다. 그러나 천재는 있는 그대로의 모습으로 나타날 때, 또 그의 책이 창작된 것이라기보다는 즉흥적인 것이라고 생각될 때 더욱 흥미를 끈다.

헤르더는 훌륭한 대화법을 지니고 있었다고 한다. 또 그의 저작을 보면 그랬을 것임이 분명히 느껴진다. 그의 저작에서도 느껴지고, 그의 친구들도 모두 증언하는 바이지만, 그는 다른 사람에 비해 선량한 사람은 아니었다. 문학적 재능으로 우리를 전혀 알지 못하는 사람들이 우리를 사랑하게 할 수 있을 때, 그것은 하늘의 선물이며 우리는 지상에서 하늘이 주는 가장 달콤한 과실을 따는 것이다.

독일문학의 풍요로움과 가장 저명한 비평가, 아우구스트 빌헬름 슐레겔과 프리드리히 슐레겔

지금까지 전개한 독일문학의 개요 안에서, 나는 애써 주요한 작품들을 지정해보았다. 그러나 나는 많은 사람들의 이름을 거명하지 못한 채 포기해야 했다. 그들의 작품은 비록 잘 알려지지 않았지만, 그것은 작자의 영광을 높이기보다는 읽는 사람들의 계몽에 매우 많은 도움이 되고 있다. 미술에 관한 개론이나 학술 및 철학적 저작은 직접 문학에 속하지 않는다고 하더라도, 문학적 자산으로 간주되어야 한다. 이 독일에는, 유럽의 다른 나라의 국민이 오래도록 먹고도 남을 관념이나 지식의 보화가 있다.

만약 하늘이 시적 재능을 우리에게 주었다면, 그 시적 재능이 게르만계 나라들에서 고조되는 자연 및 예술과 철학을 향한 사랑의 행복한 충동을 우리에게도 느끼게 해줄 것이다. 그러나 적어도, 감히 단언하건대, 역사, 철학, 혹은 고대문명에 관하여 무엇이든지 간에 진지한 연구에 몰두하고 싶다고 생각하는 사람이라면 어느 누구도 그것들에 전념한 독일의 작가들을 모르고 넘어갈 수는 없을 것이다.

프랑스는 최고의 힘을 지닌 많은 석학을 자랑할 수 있다. 그러나 지식과 철학적 지혜가 결합된 예는 거의 없었다. 한편 독일에서 그것들은 지금은 거의 떼어놓을 수 없다. 무지를 변호하는 사람들은, 우아함을 보증하는 기지는 넘치지만 아무런 지식도 갖고 있지 않았던 수많은 사람들을 인용한다. 그러나 변호인들은 다음의 사실을 잊고 있다. 즉, 그 사람들은 사교계에서 보이는 대로 사람의 마음을 깊이 연구했으며, 또한 그들이 지니던 사상도 이 주제에 관한 것이었다는 점이다. 그러나 만약 사교계에 대해 박식한 이들이 문학을 모른 채 문학을 비평하려고 한다면, 시민이 궁궐에 대해 이야기할 때처럼 그들이 말하는 내용도 따분할 것이다.

독일어 공부를 시작했을 때,[155] 나는 새로운 영역에 내 자신이 들어가는 것 같은 기분이 들었는데, 이곳에서는 전에는 어렴풋하게만 느끼던 모든 것들이 더할 나위 없이 감동적인 지성의 빛을 받고 있었다. 얼마 전부터 프랑스에서는 거의 회상록이나 소설밖에 읽히지 않는다. 좀더 진지한 독서를 할 수 없게 된 것은 오로지 경박함 때문이라고만 볼 수는 없다. 그 이유는 혁명 중에 일어난 모든 사건들로 인해 자기가 아는 사실과 인간만이 중요하다고 믿는 습관이 붙었기 때문이다. 가장 추상적인 주제를 다룬 독일의 책들 안에서 우리는 좋은 소설, 즉 우리 자신의 마음에 대해 배우게 해주는 소설을 찾아보고 싶은 종류의 흥미를 느낀다. 독일문학의 특징은 모든 것을 내적 존재에 관련시키는 것이다. 그것이야말로 신비 중의 신비이므로, 끝없는 호기심이 끈덕지게 그 문제를 물고 늘어진다.

자유롭고 힘 있는 문학이 존재하는 나라에서 철학은 항상 문학의 일부이긴 하지만, 그 철학에 이야기를 돌리기 전에, 이 문학왕국에서의 법체계라고 간주되는 비평에 대해서 몇 마디 하고 싶다. 독일문학에서 비평 이상으로 발전한 분야는 없다. 마치 어떤 도시들에서는 환자보다 의사가 더 많은 것처럼, 독일에서는 가끔 작가보다 비평가가 더 많다.

---

155) 스탈 부인이 독일어를 배우기 시작한 것은 1797년, 서른 살 때의 일이다. 1803년부터 4년에 걸친 겨울 독일여행 사이에, 꽤 어려운 책도 읽어내고 추상적인 대화에 참여하는 일이 가능하게 되었다. 그러나 독일어의 시를 읽는 것은 아직 곤란했다. 두 번째로 체재한 1808년에 겨우 독일어를 자신의 것으로 만들었다고 할 수 있다.

그러나 독일 산문에서 문체의 창시자 레싱이 분석하는 방식을 보면 마치 작품으로 간주될 수 있을 정도이다.

칸트, 괴테, 뮐러 등 온갖 장르의 가장 위대한 작가들은 발행된 여러 가지 책의 서평이라 불리는 것을 신문에 실었는데, 이 서평에는 매우 깊은 철학적 이론이나 구체적 지식이 들어 있다. 가장 젊은 작가들 중에서 실러와 슐레겔 형제는 다른 어느 비평가들보다 훨씬 뛰어났다. 실러는 칸트의 제자 중에서 칸트의 철학을 문학에 응용한 첫 번째 사람이다. 실제로 마음을 기점으로 하여 외적 대상을 판단할 것인지, 아니면 외적 대상을 기점으로 하여 마음 안에서 무엇이 일어나는지 알 것인지 하는 이 두 가지 논의의 진행방법은 너무도 다르기 때문에, 모든 것이 그것에 따라 영향을 받을 것이다. 실러는 소박함과 정감에 관해 두 가지의 논문을 썼다.[156] 그중에는 자각되지 않는 재능과 자각되는 재능이 놀랍도록 총명하게 분석되어 있다. 그러나 우아함과 위엄에 관한 그의 시론과 미학, 즉 미의 이론에 관한 그의 서간에는[157] 형이상학적 고찰이 지나치게 들어 있다. 모든 사람이 즐기는 예술에 대해서 이야기하려고 할 때에는, 그들이 받은 인상을 항상 근거로 해야 하며, 이들 인상의 흔적을 지우는 추상적 표현형식을 취해서는 안 된다.

---

156) 《소박한 문학과 정감 문학에 관해》(*Über naive und senmentalishe Dichtung*). 이것은 처음 〈디 호렌〉(*Die Horen*)에 3회에 걸쳐 게재되었고(1795~1796), 후에 묶여서 단행본으로 간행됐다(1800). 칸트의 영향 아래 전개된 실러의 미학연구의 총결산을 이루는 논문이다.

157) '우아함과 위엄에 관한 그의 시론'은 "우아함과 위엄에 관하여"(*Über Anmut und Würde*) (1793)를 말하는 것으로, 잡지 〈탈리아〉(*Thalia*)에 발표한 것이다. 칸트는 이 논문을 읽고, '명인의 손으로 쓰인 논문'이라고 칭찬했다. 또한 '미의 이론에 관한 그의 서간'이라는 것은 "인간의 미적 교육에 대하여"(*Über die ästhetische Erziehung des Menschen, In einer Reihe von Briefen*) (1795)이다. 병과 빈곤으로 고민한 실러에게 1791년부터 경제적 원조를 해준 덴마크의 왕자 프리드리히 크리스티안 폰 슐레스비히 홀슈타인 아우구스텐부르크(Friedrich Christian von Schlewig-Holstein-Augustenburg, 1768~1839, 후의 덴마크·노르웨이 왕 프레데릭 6세, 재위 1808~1814)에게 보내는, 1793년부터 쓰인 서간을 말한다.

실러를 문학에 연결시키는 것은 재능이며, 철학에 연결시키는 것은 성찰에 대한 그의 호의이다. 산문에 의한 그의 저작은 이 두 가지 영역의 경계선상에 있다. 그러나 지나치게 빈번하게 최상에 위치하는 형이상학의 영역으로 들어가, 이론 중에서도 가장 추상적인 부분에 끊임없이 돌아간다면, 자신이 세운 원칙의 무익한 결론으로서 응용을 피하는 것이다.

걸작에 대한 활기 있는 기술이 일반적 개론보다 훨씬 재미있는 비평이 된다. 개론은 온갖 주제의 어떤 특징도 지적하지 않고 그 위를 날아다닐 뿐이다. 형이상학은 말하자면 변화하지 않는 것에 대한 학문이다. 그러나 시간의 흐름을 따르는 모든 것은 사실과 성찰을 섞어서 설명할 수밖에 없다. 독일인은 모든 주제에 관해 완벽하고 항상 상황으로부터 독립된 이론에 통달하고 싶어할 것이다. 그러나 그것은 불가능하므로, 관념이 사실에 의해 한정되는 것이 두려워 사실을 포기해서는 안 된다. 실천과 이론 모두에서 구체적인 예만이 기억 속에 교훈을 새기는 것이다.

독일의 작품 중에는 그 작품이 보여주는 사고의 정수에 꽃의 엑기스와 같은 더할 나위 없이 향기로운 방향이 응축되어 있지 않은 것이 있다. 오히려 정수는 생명으로 가득 찬 감동의 차가운 흔적에 지나지 않는다고 말할 수 있을 것이다. 그럼에도 불구하고 이들 작품으로부터도 매우 흥미 깊은 많은 관찰을 추출하는 것은 가능하다. 그러나 그들은 서로 속해 있다. 작자는 자신의 정신을 크게 전진시키므로, 관념이 지나치게 정교하여 전달하려고 해도 할 수 없는 지점에까지 독자들을 끌고 간다.

빌헬름 슐레겔의 저작은 실러의 것만큼 추상적이지 않다. 그는 문학에서 자기 나라에서도 보기 드문 지식의 소유자이므로, 그가 실천하는 문학은 언제나 여러 나라의 말과 여러 나라의 시를 서로 비교하기 위한 것이다. 가끔 그가 편견으로 왜곡되는 일이 없다면, 그 정도로 보편적인 견해가 확실하게 나타나는 경우는 있을 수 없을 것이다. 그러나 이 편견이 터무니없는 것이 아니므로, 나는 이 경과와 목적을 밝힐 것이다. 그럼에도 불구하고, 편견이 느껴지지 않는 주제도 있으므로, 우선은 그것들에 대해 말하고자 한다.

빌헬름 슐레겔은 빈에서 극문학 강의를 했는데, 그 강의에는 그리스 시대부터 현대에 이르기까지, 연극을 위해 창작된 가장 훌륭한 작품이 포괄되어 있었다. 그것은 여러 극작가의 작품의 무미건조한 일람표는 아니다. 문학 하나하나의 정신이 시인의 상상력을 구사함으로 인해 뒷받침되어 있다. 그러한 결과를 내기 위해서는 방대한 연구가 필요하다고 느껴지지만, 이 일에서는 걸작에 관한 완벽한 지식 이외에는 깊은 학식이 눈에 띄지 않는다. 얼마 되지 않는 쪽수로 전 생애를 바치는 일을 즐길 수 있다. 작가에 의해 갖게 되는 판단, 그가 다루는 작가들에게 붙여진 수식어는 모두 아름답고 옳으며, 정확하고 생생하다. 빌헬름 슐레겔은 시의 걸작을 마치 자연의 경이와 같이 다루는 기술과 그것을 만든 성실한 의도를 손상하지 않은 채 강렬한 색채로 그 걸작들을 그리는 기술을 발견한 것이다. 아무리 반복해도 지나치지 않은데, 상상력은 진실과 양립하지 않는 것이 아니라, 정신의 다른 어떤 능력보다도 진실을 잘 부각시키기 때문이며, 또 상상력을 근거로 하여 과장된 표현이나 애매한 용어를 변명하는 사람들은 모두 적어도 이성과 더불어 시정도 결여되어 있기 때문이다.

비극이나 희극이 근거로 하는 원칙의 분석은, 빌헬름 슐레겔의 강의 중에서 매우 철학적인 깊이를 가지고 다뤄진다. 이런 종류의 공적은 독일의 작가들 사이에서는 자주 눈에 띈다. 그러나 자신이 경탄하는 대천재들에 대한 열광을 고취시키는 슐레겔에 비견할 수 있는 사람은 없다. 그는 통상 소박한 감각의 지지자이며, 가끔은 세련되지 못한 감각의 지지자이기도 하다. 그러나 남국의 사람들에 대해서는 사물을 바라보는 그 방식에 예외를 둔다. 그들의 말장난이나 그들의 콘체티[158]

158) 정교한 말주변.

를 비판의 대상으로 삼지 않는다. 그는 사교계의 기지에서 생겨나는 지나친 정교함은 싫어하지만, 시에서 상상력의 호화로움에서 생겨나는 지나친 정교함은 자연의 풍부한 색채나 방향으로서 마음에 들어한다. 슐레겔은 셰익스피어 번역으로 큰 명성을 얻었고, 칼데론에 대해 똑같이 강렬한 애착을 품었다. 하지만 그것은 셰익스피어가 고취시킨 애착과는 매우 종류가 다른 애착이었다. 왜냐하면, 영국의 작가는 인간의 마음에 대한 깊고 어두운 지식을 갖고 있으며, 스페인의 시인은 인생의 아름다움, 신앙의 성실함, 마음의 태양이 비추는 미덕의 온갖 반짝임에 상냥하고 매력적으로 몸을 맡기기 때문이다.

빌헬름 슐레겔이 빈에서 공개강좌를 열고 있을 때 나는 그곳에 있었다. 교육을 목적으로 하는 그 수업에서 나는 지성과 교양만을 기대했는데, 마치 웅변가와 같은 유창한 비평을 듣고 나는 그만 아연해졌다. 그의 비평은 질투심 많은 범인(凡人)의 영원한 양식인, 결점을 파고드는 태도와는 거리가 먼 것으로, 창조적 재능을 부활시키려고 할 뿐이었다.

스페인문학은 거의 알려져 있지 않았는데, 그 스페인문학이 내가 출석한 강의에서 발표된 가장 아름다운 작품의 하나로 언급되었다. 빌헬름 슐레겔은 기사도적인 국민의 모습을 우리에게 묘사해주었는데, 그 나라에서는 시인이 전사이며, 전사가 시인이었다. 그는 저 엘시라 백작을 인용했다.

> 그는 반항하는 미개인과 싸우면서, 텐트 안에서, 가끔은 대서양의 바닷가에서, 또 가끔은 안데스 산맥의 기슭에서 그의 시 《라 알라우카나》를 창작했다. 잉카의 후예 중 한 사람인 가르실라소[159]는 카르

159) 가르실라소 데 라 베가(Garcilaso de la Vega, 1503~1536)는 스페인의 시인 겸 군인. 중세나 고전의 시인들에서 유래하는 시법을 자유자재로 구사하여, 르네상스 특유의 주제를 강렬한 개성적 색채로 다룬 서정시를 지었다. 또한 여기서는 이 시인을 '잉카의 후예'라 하는데, 같은 이름의 역사가(1549~1617)는 페루인이었지만, 이 시인은 잉카인이었다고 되어 있다. 또한 페루의

타고의 폐허에 관한 사랑의 시를 쓰고, 튀니스의 공격으로 목숨을 잃었다. 세르반테스는 레판토의 해전에서 중상을 입었다. 로페 데 베가는 무적함대의 패배에서 기적적으로 탈출했다. 그리고 칼데론은 플랑드르와 이탈리아의 싸움에서 용감한 병사로서 직무를 다했다.

다른 어떤 나라보다 스페인 사람들에게는 종교와 전쟁이 섞여 있다. 그들은 전투를 끊임없이 반복하여 무어인을 그 내부에서 밀어냈다. 그들은 유럽의 그리스도교 신자의 전위로 간주되기도 했다. 그들은 아랍인으로부터 자신들의 교회를 지켰다. 그들의 신앙행위는 그들의 무기장식이었고, 가끔은 광신에까지 다다르는 그들의 자랑스러운 신앙은 명예의 감정과 연결되어 그들의 성격에 압도적 위엄을 심어주었다. 상상력이 섞인 그 중후함, 그 씩씩함 자체, 그것은 깊은 애정으로부터 진지함을 전혀 빼앗지 않으면서, 그 전체가 종교, 사랑, 무훈을 다루는 허구와 시로 구성된 스페인문학 안에 나타난다. 신세계가 발견된 그 시대에, 또 다른 지구의 반쪽이라는 보물은 국가의 부를 증대시킬 뿐만 아니라 상상력을 풍요롭게 하는 데에도 도움이 되었다고 할 수 있다. 그리고 카를 5세의 제국과 마찬가지로 시의 왕국에서도, 태양이 지평선에서 사라지는 일은 없을 것이다.

빌헬름 슐레겔의 수강자들은 이러한 묘사에 매우 감동했다. 그가 우아하게 사용하는 독일어가 깊은 사고와 감수성이 풍부한 표현으로 울림이 좋은 스페인어 명사들을 감싸고 있었다. 상상력만으로 그라나다 왕국의 오렌지 나무와 무어인 왕들의 궁전을 보는 것이 아니고서는 이들 명사들을 발설할 수 없을 것이다.[160]

정복에 공헌한 가르실라소(Garcilaso de la Vega y Vargas(Sebastian), 1495~1559)라는 인물도 있다. 시인인 가르실라소는, Garcia Laso de la Vega라고도 불렸으며, 카를 5세의 튀니스 포위에 참가하여 중상을 입었지만 프로방스의 황제군의 진격에도 참가했고, 프레쥐스에서 전사했다.

160) 〔원주〕 내가 여기서 독일문학비평의 제 1인자로 인용하는 빌헬름 슐레겔은 최근에 출판된 《유럽 대륙의 체제 고찰》이라는 제목의 프랑스어 소책자의 저자이다. 이 빌헬름 슐레겔은 또한 수년 전 《에우리피데스의 '페드르'와 라신의

시에 관해 말할 때 빌헬름 슐레겔의 방법과 조상(彫像)을 묘사하는 빙켈만의 방법을 비교할 수 있다. 이렇게 할 수만 있다면 비평가라는 것이 정말 명예로워진다. 피해야 할 잘못이나 태만을 가르쳐주는 것은 어떤 직업을 가진 사람이라도 할 수 있다. 그러나 천재 다음으로 그 천재와 가장 닮은 자질은, 천재를 알아보고 천재를 칭찬하는 힘이다.

프리드리히 슐레겔은 철학에 관심이 있었으므로, 형같이 오로지 문학에만 전념하지 않았다. 그럼에도 불구하고, 그리스인이나 로마인의 지적 문명에 관해 쓴 논문에는 인류의 첫 발상에 대한 성과가 빽빽하게 모여 있다. 프리드리히 슐레겔은 독일의 저명한 인물 중 한 사람으로, 그 정신은 더할 나위 없는 독창성으로 가득하다. 그것도 그토록 많은 성공을 보증한 이 독창성을 뻐기기는커녕, 그는 방대한 공부로써 그것을 뒷받침하려고 했다. 인류에게 말할 때에 언제나 자신의 의견뿐 아니라 선조들이 유산으로 우리에게 남겨준 모든 것을 정성껏 알아보는 것은 인류에 대한 존경의 커다란 증거이다. 인간정신의 부라는 측면에서 독일인은 진정한 소유자이다. 타고난 지성으로 만족하는 사람들은 그들과 비교했을 때에는 프롤레타리아에 지나지 않는다.

슐레겔 형제의 희귀한 재능에 대해 정당한 평가를 내린 후에, 한편으로 그들이 비난받는 편견이 어떤 것인지 검토해야 한다. 확실히 그들의 저작에는 편견이 들어간 것이 몇 개 있다. 그들은 중세와 그 시대의 사고방식에 눈에 띄게 기울어져 있다. 그들은 한 점 오점도 없는 기사도 정신, 한계를 두지 않는 신앙, 사색이 섞이지 않은 시정(詩情)을 불가분의 것으로 보았다. 그들은 정신이나 영혼을 이 방향으로 이끌 수 있는 모든 것에 몰두한다. 빌헬름 슐레겔은 그의 몇몇 저술에서, 또한 특히 여기에 그 번역을 인용하는 두 개의 시절에서 중세에

'페드르'의 비교》를 파리에서 출판했다. 이 저작은 파리의 문학자들 사이에서 커다란 파문을 불러일으켰다. 그러나 독일인이라고는 해도 빌헬름 슐레겔은 프랑스어를 충분히 구사할 수 있으므로, 라신에 대해 말하는 것이 가능하다는 사실에 대해서는 아무도 부정할 수 없었다.

대한 찬미를 표명한다.

> 유럽은 이 위대한 시대에 하나였다.[161] 이 공통의 조국의 토양은 삶과 죽음에서 안내인 역할을 할 수 있는 관대한 사상으로 가득 차 있었다. 동일한 기사도 정신이 전사들을 전우로 바꾸었다. 그들은 같은 신앙을 지키기 위해 무장했다. 모든 사람의 마음에 동일한 사랑이 흐르고 있었으며, 이러한 결합을 노래하는 시는 여러 가지 말로 동일한 감정을 표현했다.
>
> 아아! 옛날 고상한 에너지는 사라졌다. 우리의 세기는 편협한 지혜의 발명가이며, 나약한 인간이 이해할 수 없는 것은 그 눈에 망상으로밖에 비치지 않는다. 그렇지만 불경한 마음으로 꾸며진다면, 신성한 것은 아무것도 성공할 수 없을 것이다. 어찌 된 일인가! 우리의 시대는 신앙도 사랑도 알지 못한다. 이런 시대에 어떻게 희망이 남아 있을 수 있을까.

경향이 매우 뚜렷한 의견은 예술작품에 관한 공정한 판단을 반드시 왜곡할 것이다. 이 저작 중에서 몇 번씩 되풀이하여 말하지만, 아마도 현대문학은 우리의 역사나 신앙을 토대로 하여 만들어지는 것이 바람직할 것이다. 그렇다고 해서 중세의 문학적 산물이 실로 멋진 것으로 간주될 수 있다는 말은 아니다. 중세작품의 힘이 넘치는 소박함이나, 현저하게 나타나는 순수하고 성실한 성격은 강한 흥미를 일으킨다. 그러나 고대 미술품에 관한 지식이나 문명의 진전은 무시 못할 이점을 우리에게 가져다주었다. 예술을 옛날로 되돌리는 것이 중요한 것이 아니라, 여러 시대에 인간정신 안에서 발전한 다양한 자질을 가능한 한 연결시키는 것이 중요하다.

슐레겔 형제는 프랑스문학에 정당한 평가를 내리지 않는다는 점에서 강한 비판을 받았다. 그럼에도 불구하고 우리나라 중세 음유시인의

---

161) 《시인에게 바치는 헌사》(*Zueignung an die Dichter*) (1804) 라는 제목의 시의 제 1절과 제 3절.

재능에 대해, 또한 전 유럽에서 유례가 없는 기사도 정신에 대해 그들 이상으로 열광적으로 언급한 작가는 없다. 우리의 기사도 정신 안에는 재치와 성실함, 우아함과 솔직함, 용기와 씩씩함, 더할 나위 없이 감동적인 소박함과 더할 나위 없이 기교적인 섬세함이 매우 고도로 결합되어 있다. 그러나 이 독일 비평가들은 프랑스인 성격의 두드러진 특징이 루이 14세의 치세 중에 사라져버렸다고 주장했다. 이른바 고전시대라고 불린 시대에, 수정해서 얻은 부분만큼 독창성을 잃어버렸다고 그들은 말한다. 그들은 특히 프랑스의 시인을 매우 힘 있는 논증과 방법으로 공격했다. 이러한 비평가들의 일반적 정신은 편지로 프랑스 음악에 반론을 펼치는 루소의 정신[162]과도 같다. 그들은 루소가 륄리나 라모를 야단스럽게 꾸민 듯하다고 해서 비난한 부분이 몇몇 프랑스 비극에서 보인다고 생각하면서, 회화에서는 코아페르나 부셰를, 조각에서는 기사 베르니니를 선호하게 만드는 그 취향이 시를 신성한 기쁨으로 만들 수 있는 감정의 고양을 시에서 금하는 것이라고 주장한다. 결국 우리가 예술을 이해하는 방법이나 사랑하는 방법에 자주 인용되는 코르네이유의 다음 시구를 적용하려는 것 같다.

오통은 여왕에게 인사했다.
진실한 애인으로서라기보다는 재기 있는 사람으로서.

그럼에도 불구하고, 빌헬름 슐레겔은 프랑스 대부분의 대작가들을 존경하고 있다. 그러나 그는 단지 17세기 중반 이래 지나치게 꾸민 듯한 장르가 유럽 전체를 지배하고 있다는 점과 이 경향이 문학의 르네

---

162) 《프랑스 음악에 대한 편지》(*Lettre sur la musique française*) (1753). 프랑스와 이탈리아 오페라의 우열의 문제를 단서로, 1752년 파리에서 화려하게 거행된 부퐁 논쟁(*Querelle des Bouffons*)에서, 이탈리아파의 대표로 활약한 장 자크 루소가 1753년에 발표한 것. 선율의 자연스러운 표출성을 중요시하고, 당시 파리의 오페라계를 지배하던, 지나치게 지적인 라모의 화성주의를 비판했다.

상스기에 작가나 예술가를 활기 넘치게 한 대담한 영감을 잃게 만들었다는 점을 열심히 입증해보이려고 했다. 루이 14세는 제우스나 헤라클레스의 모습으로 회화나 얕은 부조에 그려져 있는데, 나체이거나 혹은 사자의 가죽만을 몸에 걸친 채 머리에는 커다란 가발을 쓰고 있다. 새로운 유파의 작가들은 이 커다란 가발이 18세기 조형예술의 양상을 보여주는 것이라고 주장한다. 당시의 예술에는 부자연스러운 크기에 의해 만들어지는 꾸민 듯한 예절이 항상 섞여 있었다.

비록 이것에 대해 무수히 반론을 제기할 수 있겠지만, 사물을 바라보는 방식을 살펴보는 것은 흥미롭다. 적어도 확실한 것은, 독일의 엄정한 비평가들은 그들의 목적을 달성했다는 점이다. 왜냐하면 그들은 모든 작가들 중에서, 레싱 이래 프랑스문학의 모방을 완전히 독일 밖으로 쫓아내는 데 가장 효과적으로 공헌한 사람들이기 때문이다. 그러나 그들은 프랑스적 취향을 두려워하여, 독일적 취향을 충분히 연마하지 않았고, 종종 프랑스 작가들의 공정함으로 가득 찬 관찰을 단지 프랑스 작가가 이미 했다는 이유만으로 배척했다.

독일에서는 한 권의 책을 만들 줄 모른다. 책에 순서나 방법을 도입해 독자가 머릿속에서 관념을 정리하도록 해주는 일이 거의 없다. 프랑스인이 독일인의 그런 결점을 피곤해 하는 이유는 프랑스인의 성격이 조급해서가 아니라 공평한 정신을 지니고 있기 때문이다. 독일의 시를 보면, 그것의 효과를 확실하게 해주기 위해 허구가 확고하고 정확한 윤곽으로 그려지는 대신, 애매한 상상력이 모호한 사상에 부합되어 있다. 결국, 이른바 몇몇 코믹한 작품의 기이하며 비속한 해학에 취향이 없다면, 그것은 타고난 기질 탓이 아니라 적어도 인간의 활력을 가장하는 것이 우아함을 가장하는 것과 마찬가지로 우스운 일이다. "내가 건강하다는 것을 보여드리죠" 라고 말하며 어느 독일인이 창문에서 뛰어내렸다. 겉으로 보면 사람은 아무것도 아니다. 몇몇 독일인들의 강렬한 과장에 대해서는 프랑스적인 좋은 취향에 호소해야 한다. 몇몇 프랑스인들의 독단적 경박함에 대해 독일인의 깊이에 호소해야 하는 것과 마찬가지이다.

국민은 서로가 서로의 안내인 역할을 해주어야 한다. 어느 국민이건, 상호간에 제공할 수 있는 지성을 스스로 금지하는 것은 잘못일 것이다. 두 민족간의 차이에는 무언가 매우 특별한 것이 있다. 기후, 자연의 모습, 언어, 정부, 마지막으로 특히 다른 모든 것보다도 더욱 독특한 힘인 역사적 사건들이 그 다양성을 만들어내고 있다. 아무리 우수한 인간이라도, 다른 토양에서 살며 다른 공기를 마시는 사람의 정신 안에서 자연스레 전개되는 것이 무엇인지 알 수 없다. 그러므로 모든 나라에서 외국인의 사상을 받아들인다면, 매우 좋을 것이다. 왜냐하면, 이런 종류의 일에서는 환대가 받아들이는 인간을 풍요롭게 해주기 때문이다.

독일의 조형예술

독일인은 일반적으로 예술작품을 실제로 창작하는 것보다 이해하는 쪽에 더 뛰어나다. 그들은 하나의 인상을 받자마자 거기에서 수많은 사상을 이끌어낸다. 그들은 신비를 매우 칭찬하지만, 그것은 신비를 해명하기 위해서이다. 독일에서 나타나는 모든 종류의 독창성은 한결같이 그것을 어떻게 손에 넣었는지 설명하지 않고는 배기지 못하는데, 이는 특히 감각이 모든 것인 예술에서 매우 불편한 점이다. 예술은 느껴지기 전에 분석된다. 분석을 포기해야 한다고 나중에 말해보아도 소용없다. 이미 학문이라고 하는 나무에서 열리는 열매를 맛보았으며, 천진한 재능을 잃고 만 것이다.

분명 내가 문학에서 끊임없이 비난한 무지를 예술에 관해서 장려하려는 것은 아니다. 예술의 실천에 관한 연구와 재능에 관한 이론만을 대상으로 하는 연구는 구별해야 한다. 후자는 너무 도를 넘으면 창의

성을 짓밟는다. 각각의 걸작에 대해 이야기된 모든 것을 생각해내서 혼란스러워지는 것이다. 자신과 그려내고 싶다고 생각하는 대상 사이에 회화나 조각에 관한, 이상과 현실에 관한 많은 개론이 느껴져서, 예술가는 더 이상 자연을 혼자 바라볼 수 없게 된다. 아마도 이렇게 다양한 개론의 정신은 항상 예술가를 격려하는 것이긴 하지만, 마치 제약 때문에 천재성이 소멸하듯이 그 격려 때문에 천재성이 싫증난다. 그리고 상상력과 관련 있는 것은 무엇이든지 간에 곤란함과 용이함의 행복한 결합이 꼭 필요하다. 그렇지 않으면 실로 인간정신을 완전히 깨어나게 하는 바로 그 순간에 도달하지 못한 채, 몇 세기가 흘러가버릴 수 있다.

종교개혁 시대 이전에 독일에는 이탈리아파가 무시하지 못하는 회화의 유파가 있었다. 알브레히트 뒤러, 루카스 크라나하, 홀바인은 그 화법 면에서 라파엘로, 페르지노, 앙드레 만테냐 등과 같은 선배와 공통점이 있다. 홀바인은 그보다 레오나르도 다빈치에 가깝다. 그럼에도 불구하고 일반적으로 독일파의 그림은 이탈리아파의 그림보다 더 딱딱하지만, 얼굴의 표정은 그 못지않게 풍부하고 사색적이다. 15세기의 화가들은 예술의 방법에 대해서 거의 지식이 없었지만, 그들의 회화에서는 좋은 신앙과 감동적 겸허함이 두드러지게 나타난다. 야심적 효과에 대한 요구는 보이지 않고 단지 내적 감동만이 느껴지는데, 이것으로 말하자면 모든 재능 있는 사람들이 동시대인에게 자신의 마음을 알리지 않고 죽는 일이 없도록 하기 위해, 그 감동을 표현할 하나의 언어를 찾기 위해 애쓰는 것이다.

14~15세기의 이들 회화에서 의복의 주름은 수직이며, 머리형태는 조금 딱딱하고, 자세는 매우 단순하다. 그러나 얼굴표정에는 지그시 바라보고 있어도 질리지 않는 데가 있다. 그리스도교에 의해 영감을 받은 회화는, 신앙심과 시정을 매우 매력적으로 혼합시키는 《구약성경》의 〈시편〉에서 받는 것과 비슷한 감명을 일으킨다.

두 번째, 그리고 가장 아름다운 회화 시대는 화가들이 중세의 진실을 지키면서 그것에다 예술의 온갖 반짝임을 가한 시대였다. 독일인들에게 레오 10세의 시대에 상응하는 시대는 아무것도 없다. 17세기 말경 및 18세기 중반까지 미술은 거의 모든 곳에서 이상하리만큼 쇠퇴했고, 취향은 꾸민 듯한 것으로 추락했다. 당시에 빙켈만은 독일뿐 아니라 유럽의 다른 나라에서도 막대한 영향을 미치고 있었으며, 그의 저작은 예술가들의 모든 상상력을 고대 기념물의 연구와 찬미 쪽으로 돌려놓고 있었다. 그는 회화보다 조각에 훨씬 정통했다. 따라서 그는 화가들에게 모든 면에서 살아있는 자연이 느껴지게 하기보다는 오히려 채색된 조상(彫像)을 그들의 그림 속에 그려 넣도록 했다. 그럼에도 불구하고 회화는 조각에 가까이 감으로써 그 매력의 대부분을 잃어버린다. 회화에 필요한 환상은 조각이 지닌 부동의 명확한 형태와는 완전히 상반되는 것이다. 만약 화가가 오로지 고대의 아름다움만을 견본으로 삼는다면, 그들은 조상에 의해서만 그것을 알게 되므로, 현대 작가들의 고전문학이 비난받는 것과 같은 일이 일어난다. 즉, 자기 자신의 영감에서 예술의 효과를 이끌어내지 않는다는 비난이다.

독일의 화가 멩스는 예술에 관한 그의 저작에서 철학적 사상가의 모습을 보여주었다. 빙켈만의 친구인 그는 고대에 대한 찬미를 공유했지만, 그래도 빙켈만의 저작에 의해 육성되었고, 대부분 고대의 걸작을 모방하는 데 그쳤던 화가들에게 퍼부어지는 모든 결점을 많은 경우 피했다. 멩스는 또한 본보기로서 코레조의 작품을 권했다. 모든 화가 중에서 코레조의 그림은 조각과는 거리가 가장 멀며, 그의 명암묘사법은 선율이 지니는 막연하고 감미로운 인상을 떠오르게 한다.

문학적인 새로운 유파의 영향이 미술로도 확대되기까지는, 독일의 예술가들은 거의 누구나 빙켈만의 사고방식을 도입했다. 곳곳에서 보편정신이 발견되는 괴테는 화가의 진정한 재능을 빙켈만보다 훨씬 잘 이해했음을 그의 저작을 읽어보면 알 수 있다. 그럼에도 불구하고 빙켈만과 마찬가지로, 그리스도교적 주제는 예술에 불합리하다고 확신하고 있었으므로, 신화에 대한 열광을 부흥시키려고 했다. 그런 계획이 잘될 리가 없다. 미술에 관해서는 아마도 우리는 그리스도교 신자도 이교도도 될 수 없을 것이다. 그러나 만약 언젠가 창조적 상상력이 인간 안에 되살아난다고 해도, 그것을 자신 안에서 느끼는 것은, 고대인들을 모방하는 것에 의해서가 결코 아닐 것이다.

새로운 유파는 조형예술에서도 문학에서와 마찬가지의 사고방식을 지지하고 있으며, 현대인들의 재능의 원천으로서 그리스도교를 소리 높여 언명(言明)하고 있다. 이 새로운 유파의 작가들은 또한 매우 참신한 방법으로, 고딕건축 안에 있는 그리스도교 신자의 종교적 감정과 일치하는 것의 특징을 지적한다. 그 결과 현대인이 고딕교회를 지을 수 있고, 지어야 한다는 것은 아니다. 예술도 자연도 되풀이되지 않는다. 현재의 재능의 침묵 속에서 중요한 단 하나는 중세의 모든 개념에 대해 던진 멸시를 없애는 것이다. 아마도 우리가 중세의 개념을 그대로 도입하는 것은 적당하지 않겠지만, 독창적인 것은 모두 야만스럽다고 간주하는 것만큼 재능의 발전을 막는 것도 없다.

독일에 대해 언급하면서 이미 논했지만, 독일에는 주목할 만한 현대 건축물이 별로 없다. 일반적으로 북부에서 보이는 것은 거의 고딕의 기념건축물뿐으로, 자연과 시는 이들 기념물에 의해 생기는 마음의 상태를 돕는다. 독일의 작가 괴레스[163]가 고대의 교회에 관해 다음과 같은 흥미 있는 묘사를 했다.

---

163) Joseph Görres(1776~1848). 독일의 정치평론가. 하이델베르크대학에서 독일 고전문학 강의를 했다. 18세기 말부터 19세기에 걸쳐 지식인의 전형적인 행동양식을 보였고, 처음에는 혁명에 열광했지만, 곧 실망하여 신문 〈라인의 사신〉(*Rheinischer Merkur*) (1814~1816)을 통해 반나폴레옹의 논진(論陳)을 펼쳤다. 나폴레옹 몰락 후에는 프로이센에 반대하여, 신비주의적 경향을 지닌 가톨릭주의자가 된다. 한편, 하이델베르크·낭만파의 브렌타노, 아르님 등과 함께 독일 중세문학의 재생에 힘을 쏟아, 《독일민담에 대하여》(*Die teutschen Volksbucher*) (1807)를 저술하여 중세 말기의 산문 민담을 최초로 학문적·체계적으로 세상에 소개했다. 여기서 '고대의 교회'라고 하는 것은, 바이에른 및 작센의 공이며 사자왕이라고 불린 하인리히(Heinrich der Löwe, 1129~1195)의 무덤이 있는 브랑슈비츠의 교회이다.

기사들이 합장을 한 채 무덤에 무릎 꿇고 있는 모습이 보인다. 그 위로, 마치 성지(聖地)를 향한 사자(死者)들의 여행을 묵묵히 바라보는 증인으로서 그 자리에 있는 듯, 아시아의 멋진 진귀한 물건들이 몇 개 놓여 있다. 교회의 어슴푸레한 아치형 회랑의 그림자가 영구히 잠에 빠진 사람들을 덮고 있다. 마치 수백 년의 세월이 밤에 불어오는 바람같이 길게 늘어진 둥근 천장 아래로 흘러 들어올 때, 죽음이 나뭇가지나 잎을 흔들리거나 움직이지 못하도록 굳혀놓은, 그런 죽음의 숲 가운데 와 있는 느낌이다. 교회 안에는 오르간의 엄숙한 소리가 울려 퍼지고 있다. 세월의 축축한 증기에 의해 절반쯤 훼손된 청동 비문은 위대한 행위를 어렴풋이 고하고 있다. 이 행위는 매우 오랫동안 빛나는 진실로 남아 있다가, 그 후에는 우화가 된다.

독일에서 예술에 대해 토론할 때엔, 예술가보다는 오히려 작가에 대해 이야기하게 된다. 여러 점에서 보았을 때 독일인은 실천보다는 이론에 강하다. 북부 지방은 눈을 즐겁게 하는 예술에 대해서는 조금도 복을 받지 못했으므로, 남부 지방의 감상자 대신에 성찰의 정신이 주어졌다고 말할 수 있을 정도이다.

독일에는 수많은 화랑이나 데생의 컬렉션이 있어서, 모든 계층의 사람들이 예술을 애호한다고 추측할 수 있다. 대영주나 일류 문인의 집에는 고대 걸작의 매우 아름다운 복제가 있다. 괴테의 집은 이 점에서 매우 주목할 만하다. 그는 대가의 조각이나 회화를 봄으로써 생겨나는 기쁨을 추구할 뿐 아니라, 재능과 영혼이 그것의 영향을 계속 받는다고 생각한다. “만약 고대인들이 그토록 칭찬한 올림포스의 제우스 두상을 직접 내 두 눈으로 볼 수 있다면, 나는 좀더 나아질 텐데”라고 그는 말했다. 유명한 화가 몇 명이 드레스덴에 살고 있다. 그곳 화랑의 걸작들이 재능이나 경쟁심을 자극하는 것이다. 두 아이가 지켜보고 있는 라파엘로의 〈성모 마리아〉는 그것만으로도 예술의 보물이다. 그 자태에서는 앙양과 순결함이 보이는데, 그것들은 종교의 이상이며 영혼의 내적인 힘이다. 완벽한 얼굴 생김새는 이 그림에서는 그저 상징에 불과하다. 수줍음의 표현인 긴 옷은 모든 흥미를 얼굴에 쏠리게 한다. 얼굴의 표현은 생김새보다 더욱 훌륭하며, 지고한 아름다움이 지상의 아름다움을 통해 나타나는 것 같다. 모친의 팔에 안겨 있는 그리스도는 겨우 두 살이다. 아직 어린 그 얼굴에, 화가는 성스러운 존재의 위대한 힘을 훌륭하게 표현해낼 수 있었다. 그림 아래쪽에 그려진 아기천사들의 눈길은 매력적이다. 천상의 순진함에도 지지 않는 매력을 지닌 그 나이또래의 천진함이 있다. 빛나는 성모 마리아의 모습을 보고 놀라는 천사들의 표정은 인간이 느낄 수 있는 놀라움과는 전혀 닮지 않았다. 천사들은 안심하고 마리아를 숭배하고 있는 듯하다. 왜냐하면 그들은 성모가 그들이 방금 막 떠나온 저 하늘에 사는 분이라는 것을 알기 때문이다.

라파엘로의 〈성모 마리아〉 다음으로, 코레조의 〈성야〉가 드레스덴의 화랑에서 가장 아름다운 걸작이다. 양치기의 예배는 매우 빈번하게 그려졌다. 그러나 그 그림을 보고 느끼는 기쁨 중에서 주제의 새로움이라는 것은 거의 없으므로, 코레조의 그림을 찬미하기 위해서는 그의 그림이 어떻게 구상되어 있는지 이해하는 것으로 충분하다. 모친의 무릎 위에 안긴 어린아이가 놀란 양치기로부터 한밤중에 인사를 받고 있다. 그의 머리를 감싼 성스러운 후광에서 나오는 빛에는 무언가 숭고한 것이 있다. 그림의 배경에 놓인 인물은 신성한 아기로부터 멀리 떨어져, 아직 어둠 속에 그려져 있다. 그 어둠은 신의 계시로 인해 밝아지기 이전의 인생의 상징이라고 말할 수 있을 것이다.

드레스덴의 여러 현대 화가들의 그림 중에서, 특히 단테의 얼굴이 기억에 남는다. 그것은 제라르의 아름다운 그림 안에 나타난 오시안의 용모의 특징을 조금 지녔다. 이 유사성은 행운이다. 단테와 핀갈의 자식은 세기와 구름을 넘어 손을 마주잡을 수 있는 것이다.

하르트만의 그림[164] 중 하나는, 막달라 마리아와 마리아라는 이름

164) 하르트만(Christian-Ferdinand Hartmann, 1774~?). 독일의 화가. 1803년부터 드레스덴의 아카데미 교수였고, 1823년 그 학교의 교장이 된다. 〈그리스도의 묘지 앞의 세 사람의 마리아〉는 그의 걸작 중 하나이다.

을 가진 또 다른 두 여자가 예수 그리스도의 무덤을 찾아오는 장면을 표현하고 있다. 천사가 그녀들 앞에 나타나 그가 부활했음을 알린다. 이미 유해가 들어 있지 않은 열린 관과 매우 아름다운 세 명의 여인이 회화적이며 동시에 극적인 그림을 만들어낸다. 그 여인들은 자신들이 어두운 무덤으로 와서 만나려 한 분이 하늘에 계신지 찾기 위해 눈을 들어 하늘을 쳐다보고 있다.

또 한 명의 독일 예술가 시크는 로마에 거처를 정하고, 홍수 후 노아가 드리는 최초의 제사를 그렸다. 물로 인해 자연은 젊어졌으며, 새로운 생기를 획득한 것처럼 보인다. 범세계적 홍수를 함께 피했으므로, 동물들은 족장과 그의 자녀들과 친한 사이같이 보인다. 초목이나 꽃들이나 하늘은 강렬하고 자연스러운 색채로 그려져 있는데, 그 색채는 동양의 풍경을 보고 느끼는 감각을 불러일으킨다. 시크와 마찬가지로 다른 몇 명의 예술가들이, 문학의 시론에 의해 도입되었다기보다는 새로워진 사고방식을 회화에서 추구하려고 했다. 그러나 예술은 부를 필요로 하며, 대부호는 독일의 여러 도시에 분산되어 있다. 게다가 지금까지 독일에서 진정으로 이루어진 진보는 자신들의 지성에 응하여, 고대의 대가들을 느끼고 모방하는 것이다. 독일에서는 독창적 재능이 아직 크게 표출되지 않았다.

조각 분야의 개척은 독일에서는 그 정도로 커다란 성공은 거두고 있지 않다. 우선 불후의 명작을 가능케 하는 대리석이 독일에는 없기 때문이며, 또한 그들의 태도와 동작에 민첩함이나 우아함이 없기 때문이다. 그것들을 용이하게 해줄 수 있는 것은 체조나 무용뿐인데, 그럼에도 불구하고 독일에서 자라난 덴마크인인 토발센은 현재 로마에서 카노바와 경쟁하고 있으며, 그의 이아손 상은 핀다로스가 가장 아름다운 남성으로 그린 것[165]과 유사하다. 황금 양털은 그의 왼팔에 걸려 있다. 손에 한 자루의 창을 든, 힘 있는 포즈는 그 영웅의 성격을 보여

---

165) 핀다로스의 경기 축승가 중 피티아(Phythia)를 묘사하는 부분을 일컫는다.

준다.

이미 언급한 것이지만, 무용이 완전하게 무시된 만큼 조각은 일반적으로 손해를 본다. 독일의 이 분야에서의 유일한 귀재는 이다 브룬이다. 이 젊은 아가씨는 그녀의 사회적 지위 때문에 예술가의 생애에서 쫓겨났다. 그녀는 놀랄 만한 재능을 자연과 모친[166]으로부터 받았고, 단순한 자태로써 가장 감동적인 그림이나 가장 아름다운 조각을 표현할 수 있었다. 그 순간순간의 움직임을 영원히 멈춰두고 싶은 그녀의 무용은 금방 사라지고 마는 걸작의 연속에 다름 아니었다. 이다의 어머니는 딸이 눈빛으로 그려낼 수 있는 모든 것을 상상 안에서 이해했음에 틀림없다. 브룬 부인의 시는 방심한 시선으로는 눈치챌 수 없었던 많은 새로운 풍부함을 예술과 자연 안에서 발견하게 해준다. 나는 아직 어린 이다가 알타이아를 공연하는 것을 본 적이 있다. 알타이아는 아들 멜레아그로스의 목숨이 연결된 잉걸불을 막 태우려던 참이었다. 그녀는 한 어머니의 고뇌, 갈등, 무시무시한 결심을 말을 사용하지 않고 표현하고 있었다. 분명 그녀의 생생한 눈빛이 그녀의 마음에서 일어나고 있는 것을 이해시키는 데 도움을 주고 있었다. 그러나 여러 움직임을 만들어내는 기술이나, 몸에 걸친 진홍색의 외투를 예술가답게 천천히 입는 기술 등은 적어도 얼굴의 표정과 마찬가지의 효과를 내고 있었다. 종종 그녀는 똑같은 자세로 오랫동안 멈추어 있곤 했는데, 매번 그 어느 화가도 그녀가 즉흥적으로 그리는 그림보다 훌륭한 그림을 그릴 수는 없었을 것이다. 이러한 재능은 유례가 없는 것이다. 그럼에도 불구하고 나는 독일에서는 육체의 우아함과 민첩함만으로 성립되는 프랑스의 무용보다는 오히려 팬터마임의 무용이 성공할 것이라고 생각한다.

166) 프레데리케 브룬(Frederike Brun, 1765～1835)을 말함. 여류문학가. 그녀는 스위스 문학가 본스테텐(Charles Victor Bonstetten, 1745～1832)과 친했으며, 본스테텐은 마담 드 스탈과 친분이 있었다. 이다는 프레데리케의 다섯 아이 중 하나로, 춤에 재능이 있었다.

독일인들은 기악연주에 뛰어나다. 그들은 기악이 요구하는 지식과 악기를 잘 연주하는 데 필요한 인내심을 천부적으로 갖고 태어났다. 또 그들 중에는 매우 다양하며 풍부한 상상력을 지닌 작곡가들도 있다. 그들의 음악가로서의 재능에 대해 내가 펼칠 수 있는 반론은 딱 한 가지이다. 그들은 그들의 작품 안에 지나치게 많은 지성을 집어넣는다는 것이며, 자신들이 만드는 것에 대해서 지나치게 심사숙고한다는 것이다. 예술에서는 사고보다는 본능이 더 필요하다. 독일의 작곡가들은 말의 의미를 지나치게 세심하게 따진다. 곡보다 가사를 좋아하는 사람들에게는, 대단히 괜찮은 일임에 틀림없다. 게다가 말의 의미와 음의 표현이 일치하지 않으면 불쾌할 것이라는 사실도 부정할 수 없을 것이다. 그러나 타고난 진짜 음악가인 이탈리아인들은 곡조를 그저 대충 가사에 맞출 뿐이다. 로망스나 경가극(보드빌)에서는, 별로 음악이 많지 않으므로, 적게나마 그것을 말에 맞출 수 있다. 그러나 멜로디의 커다란 효과를 기대한다면, 직접적인 감정으로 똑바로 영혼에 호소해야 한다.

회화 그 자체를 그렇게 좋아하지 않는 사람들은 회화의 주제를 매우 중시한다. 그들은 극적 장면이 만들어내는 감명을 그림에서 발견하고 싶어한다. 음악에서도 마찬가지이다. 음 자체를 느낄 수 없을 때, 사람들은 그 음이 말의 세세한 뉘앙스와 충실하게 일치하기를 요구한다. 그러나 음악이 영혼을 깊이 감동시키게 되면, 음악이 아닌 것에 대한 마음의 집중은 모두 그저 덧없는 기분전환에 지나지 않을 것이다. 그리고 시와 음악 사이에 대립마저 없다면, 사람들은 다른 어떤 예술보다 뛰어남에 틀림없는 그 예술에 언제나 몸을 맡기게 된다. 왜냐하면 그것이 우리로 하여금 빠져들게 하는 감미로운 몽상은 말에 의해 표현되는 사고를 무(無)로 만들기 때문이며, 또 음악은 우리에게 무한의 느낌을 일깨워주기 때문이다. 선율의 대상을 상술하려는 모든 의도는 선율의 효과를 떨어뜨림에 틀림없다.

독일인들이 당연히 천재 중 하나로 꼽는 그룩[167]은 선율을 훌륭하게 말과 조화시킬 줄 알았고, 몇몇 오페라에서 음악 표현을 통해 시인과 겨뤘다. 알케스티스가 아드메토스 대신 죽기로 결심하고, 신들에게 은밀히 바쳐지는 이 희생에 의해 자신의 남편에게 생명이 돌아왔을 때, 왕의 회복을 축복하는 경사스런 노래와 왕과의 이별을 선고받은 왕비의 숨죽인 흐느낌의 대조는 커다란 비극적 효과를 내고 있다.168) 《타우리스 섬의 이피게니에》의 오레스토는 내 마음에 다시 정적이 돌아온다고 노래하는데, 그가 부르는 곡에 이 감정이 표현되어 있다. 그러나 이 곡의 반주는 어둡고 불안하다. 이 대조에 놀란 음악가들은 반주를 약하게 연주하려고 했다. 그룩은 화가 나서 그들에게 소리쳤다.

"오레스토의 노래를 듣지 마세요. 그는 자신이 평온하다고 말하지만, 그의 말은 거짓말입니다."

푸생은 양치기의 춤을 그리면서, 풍경 안에 젊은 아가씨의 무덤을 배치했는데, 그 위에 이렇게 적혀 있다.

"그리고 나는 아르카디아에도 있다."169)

---

167) Christoph Willibald Gluck(1714~1787). 독일의 작곡가.

168) 《알체스테》(*Alceste*) (1767년 초연)의 주제. 고대 그리스의 알케스티스의 남편 아드메토스가 죽을 차례가 다가왔을 때, 아폴론은 운명의 여신들을 취하게 하여, 누군가를 설득시켜 대신하게 할 수 있다면 죽음을 피할 수 있게 했다. 알케스티스는 스스로 그를 대신했다. 이 전설을 주제로 한 오페라가 《알체스테》이다. 빈에서 오페라 작곡을 하던 그룩은 1761년, 이탈리아의 대본작가 칼차비지(Ranieri Simone Francesco Maria Calzabigi, 1714~1795)의 협력을 얻어 새로운 오페라 작곡에 착수했다. 이것이 그때 작곡된 세 곡 중 하나이다. 이들 작품으로 그룩은 대본 가사의 뉘앙스를 중시하고, 음악을 가사에 어울리는 것으로 하도록 신경 썼다. 이때의 상연은 성공하지 않았지만, 1774년 과거의 제자이자 프랑스 황태자비가 된 마리 앙투아네트의 강력한 간청에 의해 파리에서 오페라를 상연할 기회를 얻었고, 《오르페우스》와 《알체스테》를 프랑스 오페라풍으로 개작하여 상연, 모두 호평을 얻었다.

169) 여기에서 마담 드 스탈이 다루는 것은 푸생의 〈아르카디아의 목자들〉(1638~1639)이다. 묘석에 새겨진 "나는 아르카디아에도 있다"라고 하는 라틴어를 세 사람의 목자가 읽고 있다. 아름답고 즐거운 아르카디아에도 역시 '죽음'이 있다는 우의이다. 나그네들 오른쪽에 단아한 여성이 나타나 그들 중 하나의 어깨에 손을 올리고 있다.

그룩의 기발한 결합과 마찬가지로 예술을 이해하는 이러한 방식 안에는 사상이 들어 있다. 그러나 예술은 사상보다 훨씬 위에 있다. 예술의 언어는 색이거나 형태이거나 소리이다. 만약 우리의 마음이 느낄 수 있는 감명을 말로 표현하기 전에 마음으로 그릴 수 있다면, 회화나 음악을 좀더 잘 이해할 수 있을 것이다.

모든 음악가 중에서, 음악과 말을 결합시키는 데 가장 뛰어난 재능을 보여준 것은, 아마도 모차르트일 것이다. 그는 오페라 안에서, 특히 〈석상의 향연〉 안에서, 모든 단계의 극적 장면을 느끼게 해준다. 독특하고 힘찬 반주가 이 희극의 환상적이고 어두운 주제를 보여주는 것 같은 반면, 노래는 쾌활함이 가득하다. 음악가와 시인의 이 정신적 결합은 일종의 기쁨을 주는 것이긴 하지만, 이 기쁨은 숙고에서 생기는 것으로서, 예술의 훌륭한 영역에 속하는 것이 아니다.

나는 빈에서 하이든의 〈천지창조〉를 들었다. 4백 명의 음악가가 동시에 이 곡을 연주했는데, 그것은 자기들이 찬양하는 곡에 경의를 표하는 훌륭한 축제의 일환이었다. 그러나 하이든도 역시 지성 때문에 자기가 지닌 재능을 손해 보는 경우가 있었다. 하느님께서 "빛이 있으라" 하시자 빛이 생겼다는 이 말에 처음에는 매우 부드럽게, 희미하게 들릴 정도로 연주되던 악기들이 갑자기 끔찍한 소리를 내며 한꺼번에 모두 등장한다. 아마도 태양의 반짝임을 나타내는 것 같다. 따라서 한 재담가는 이렇게 말했다. 빛이 나타나자 귀를 막지 않을 수 없었다고.

〈천지창조〉 중의 다른 몇 부분에서도 마찬가지로 지나치게 지성적으로 파고든 부분이 비난받는 경우가 자주 있다. 뱀이 창조될 때에는 음악은 땅을 기고, 작은 새의 노래에서는 반짝임을 되찾는다. 하이든의 〈사계〉에서도 이들 암시는 더욱 다양화되어 있다. 이렇듯 준비된 효과는 음악에서의 콘체티이다. 아마도 어떤 종류의 화성의 결합은 자연의 경이를 떠올리게도 하겠지만, 그 유사는 인공적 유희에 불과한 모방과는 전혀 다른 것이다. 예술들간의 유사, 또 예술과 자연 간의 현실적 유사는 그것들이 우리의 마음에 여러 가지 방법으로 똑같은 감정을 일으키느냐 아니냐에 달려 있다.

예술에서 모방과 표현은 극단적으로 차이가 난다. 일반적으로 묘사 음악을 배제하는 데에는 대부분 의견이 일치한다고 생각하지만, 표현 음악에 관해서는 항상 두 종류의 사고방식이 있다. 하나는 음악이 말의 번역이었으면 좋겠다고 생각하는 사고방식이며, 또 하나는 이탈리아인의 견해로, 작품의 상황과 곡의 의도 사이의 일반적 관계를 이해하는 것만으로 만족하고, 오직 기술 그 자체로서의 기쁨을 추구하려는 사고방식이다. 독일인의 음악은 이탈리아인의 음악보다 다양한데, 어쩌면 그 점에서 독일 음악이 덜 훌륭하다. 지성은 다양해야 하고, 독일 음악의 비극의 원인은 지성에 있다. 그러나 예술에는 감정과 마찬가지로 훌륭한 단조로움이 있으며, 사람들은 그것을 영원한 순간으로 만들고 싶어하는 것이다.

독일의 교회음악은 이탈리아의 것보다 아름답지 않은데, 그 이유는 항상 악기가 연주되기 때문이다. 목소리만으로 연주되는 로마의 〈미제레레〉[170] 를 들어보면, 모든 기악과 드레스덴 교회의 연주조차도 지상의 것이라는 생각이 든다. 드레스덴에서는 예배를 드리는 동안 바이올린과 트럼펫이 오케스트라의 일부를 이루고 있다. 또한 그곳에서의 음악은 종교적이라기보다는 전투적이다. 음악이 풍기는 강렬한 인상과 교회의 명상과의 대조는 상쾌하지 않다. 묘석 바로 곁에서 생명에 활기를 불어넣어서는 안 된다. 군대음악은 존재를 희생하게는 해주지만, 존재에서 자유롭게 해주지는 않는다.

빈의 교회음악도 칭찬받을 만하다. 모든 예술 중에서 빈의 사람들이 가장 높이 평가하는 것, 그것은 음악이다. 음악은 자신들이 언젠가 시인이 될 수 있을 거라는 희망을 갖게 해준다. 왜냐하면 비록 그들의 감각이 다소 산문적이더라도, 음악을 좋아하는 사람은 누구나 음악이

170) 라틴어로 '나타나라' 라는 의미. 로마가톨릭 교회의 표준 라틴어 번역성경 《불가타》(후에 공인 라틴어 번역성경의 근간이 되었다) 의 〈시편〉 50편. 많은 사람들에 의해 작곡되었다.

불러일으키는 모든 것에 대해 자기도 모르게 열광하기 때문이다. 나는 빈에서 〈레퀴엠〉을 들었다. 그 곡은 모차르트가 죽기 며칠 전에 작곡하여, 그의 장례식 날에 교회에서 불려진 것이다. 하지만 그 곡에서는 그와 같은 장면에 어울리는 장엄함이 아니라, 모차르트의 모든 곡에서와 마찬가지로 여전히 재주가 보인다. 그럼에도 불구하고 최고의 재능을 지닌 인간이 자신의 죽음과 불멸의 느낌에 의해 동시에 영감을 받아서, 이렇듯 자신의 장례식을 기념하는 것만큼 감동적인 장면이 또 있을까! 일생의 추억들이 무덤을 장식하게 마련이다. 전사의 무기는 거기에 놓여 있고, 예술의 걸작은 예술가의 유해가 잠든 신전에서 사람들의 마음에 엄숙한 감명을 일으키고 있다.

제 3 부

철학과 도덕

철학에 대하여

얼마 전부터 철학이라는 말은 사람들로부터 지독한 혐오를 받고 있다. 다의적(多義的) 단어가 모두 그렇듯이, 그것이 행복한 시대에 사용되었는지 혹은 불행한 시대에 사용되었는지에 따라 인류의 축복의 대상이 되기도 하고 저주의 대상이 되기도 한다. 그러나 어느 개인 또는 어느 민족이 일시적으로 칭찬하거나 욕한다고 해서 철학이나 자유나 종교의 가치가 달라지는 것은 아니다. 인간은 태양을, 사랑을, 삶을 저주한 적도 있었다. 고통받기도 했고, 자연의 시련에 소진되는 느낌이 들기도 했다. 그러나 그렇다고 해서 그런 것들을 절멸시켜야겠다는 생각을 할 수 있을까?

인간의 능력을 억압하게 되는 주의 · 주장은 무엇이든 예외 없이 비굴한 인간을 만들어낸다. 우리의 능력은 정신적 완성이라는 인생의 숭고한 목적을 위해 쓰여야 하며, 내재하는 우리의 능력의 어떤 것을 부분적으로라도 말살해서는 그 목표를 향해 자신을 드높일 수 없다. 다시 말하면 우리는 이 목표에 가까이 가기 위한 수단을 넘치도록 갖고 있지는 않은 것이다. 만약 하늘이 인간에게 더 많은 재능을 주었다고 한다면, 인간은 더 많은 덕을 갖추고 있을 것이다.

철학의 여러 분야 중에서 독일인이 특히 관심을 갖는 것은 형이상학이다. 형이상학이 다루는 대상은 세 가지의 부류로 나눌 수 있다. 첫째로는 창조의 신비, 즉 만물의 무한성을 다루고, 둘째로는 인간정신에서 사상의 형성을 다룬다. 그리고 셋째로는 우리의 능력 모두를 연구하되 그 원천으로 거슬러 올라가지는 않으면서 그렇게 하는 것이다.

이들 연구의 첫 번째 대상인 우주의 비밀은 예전에 그리스인들이 탐구했고, 요즈음은 독일인들이 하고 있다. 이러한 탐구는 그 이상(理想)에서는 매우 숭고한 것이지만, 이를 실행에 옮기는 경우에는 한 걸음을 옮길 때마다 무력감에 사로잡혀서 노력은 보답을 얻지 못하고 결론에 도달하지 못해 실망만이 남는 것을 부인할 수 없다. 세 번째 부류에 속하는 형이상학적 고찰, 즉 우리의 능력범위 안에 있는 행위를 인식하는 것을 목표로 하는 고찰이 유용하다는 것은 주지의 사실이다. 그러나 그 유용성은 일상적 경험의 범위에 한정된다. 두 번째 부류의 철학적 고찰, 즉 인간 영혼의 본질 및 사상의 근원을 추구하는 고찰이 나에게는 가장 흥미롭게 여겨진다. 이 세상의 존재를 해명해주는 영원한 진리를 안다는 것은 도저히 우리가 할 수 있는 바가 아닐 것이다. 그럴지라도 우리는 그것을 알기 원해서, 다른 삶을 희구하는 수많은 숭고한 사상들 안에서 그 탐구의 자취를 엿볼 수 있다. 또한 우리에게 자신을 성찰할 수 있는 능력이 주어졌다는 것이 쓸모없는 것이라고 말할 수 없을 것이다. 지금 인간정신의 발자취를 있는 그대로 관찰하는 것 자체가 이미 그런 능력의 징표인 것이다. 그러나 더욱 수준을 높여서, 이 정신이 자발적으로 작용하는지, 아니면 외부의 대상에 의해 촉발되지 않고서는 사고가 불가능한지를 알아보려고 노력한다면, 우리는 인간의 자유의지에 대해서, 나아가 악과 미덕에 대해서 더욱 많은 지식을 얻게 될 것이다.

수많은 도덕과 종교의 문제는 우리의 사상의 기원과 그 형성을 어떻게 보느냐에 달려 있다. 특히 독일과 프랑스의 철학을 갈라놓는 것은 이러한 면에서 사상체계의 대립이다. 만약 근원에 서로 차이가 있다면, 그 근원에서 파생하는 모든 것에서도 차이가 나타날 것임은 쉽사리 납득할 수 있다. 그러므로 라이프니츠[1]로부터 오늘날에 이르기까지 학예(學藝)의 나라에서 그만큼 커다란 지배력을 행사한 철학의 발자취를 소묘하지 않고서 독일을 알 수는 없을 것이다.

인간의 지식에 관한 형이상학의 방법으로는, 이론에 따라 고찰할 것인지 아니면 그 결과에 따라 고찰할 것인지의 두 가지가 있다. 이론을 고찰하는 일은 나와는 다른 적성이 요구된다. 그러나 형이상학적 견해

1) Gottifried Wilhelm Leibniz(1646~1716).

가 정신이나 영혼의 발달에 미치는 영향을 관찰하는 일은 행하기 쉽다. 복음서에 의하면, "예언자는 그 행적으로 평가되어야 한다."[2]

이 경구 역시 여러 가지 철학에 대해 고찰할 때에 지표가 될 수 있다. 불멸을 표방하면서 그것으로 기울게 하는 사상은 결국 단순한 궤변에 지나지 않기 때문이다. 이 인생은 우리가 현세에서의 미덕을 자유롭게 선택함으로써 우리의 마음이 종교적으로 수련되고 더욱 고차원의 삶으로 이끄는 데 기여하지 않으면 별다른 가치가 없는 것이다. 형이상학, 사회제도, 예술, 과학, 이 모든 것은 인간의 정신적 완성에 공헌하는가 여부로 평가되어야 한다. 이것은 무지한 사람에게도 학식 있는 사람에게도 한결같이 적용되는 시금석과 같은 것이다. 방법에 관한 지식은 유식한 사람에게만 있을지 몰라도, 그 결과는 누구라도 손이 닿는 곳에 있기 때문이다.

형이상학을 잘 이해하려면 기하학에서 사용되는 논증의 방법을 익히지 않으면 안 된다. 기하학에서도, 대수학에서도 아무리 사소한 연결고리 하나라도 놓치면 증명에 이르는 연결이 깨지고 만다. 형이상학의 논증은 수학의 그것보다 추상적이기는 하지만 명확성에서 뒤떨어지지 않는다. 물론 그 대상은 막연하다. 형이상학을 수행하기 위해서는 상상과 계산이라는 대립하는 두 개의 능력을 결합시켜야 한다. 지면을 측량하는 것과 같은 정확함으로 구름을 측량해야 한다. 이처럼 강한 집중력이 요구되는 연구는 따로 없다. 하지만 아무리 어려운 문제라도 누구라도 이해할 수 있는 관점은 반드시 있는 법이므로, 바로 이를 포착해 제시하고자 한다.

어느 날 나는 독일에서 가장 강인한 사고력을 가진 사람 중 한 명인

---

2) 성경에서는 이 인용문과 똑같은 것은 발견되지 않으나, 유사한 것은 있다. 예를 들면, "죽은 이들은 책에 기록된 대로 자기들의 행실에 따라 심판을 받았습니다"(〈요한묵시록〉 20장 12절)라든가, "우리 조상 아브라함이 자기 아들 이사악을 제단에 바칠 때에 실천으로 의롭게 된 것이 아닙니까? 그대도 보다시피, 믿음이 그의 실천과 함께 작용했고, 실천으로 그의 믿음이 완전하게 된 것입니다"(〈야고보서〉 2장 21절, 22절) 등이 그것이다.

피히테[3] 에게 그의 형이상학이 아니라 윤리관을 나에게 이야기해줄 수 없겠느냐고 물어보았다. "이 두 가지는 서로 의존하고 있습니다" 라고 그는 대답했다. 그 말은 깊은 의미를 담고 있다. 사람들이 철학에 대해 흥미를 가질 수 있는 이유가 모두 포함되어 있는 것이다.

철학이란 마음속에 품은 신앙을 모두 파괴하는 것이라고 생각하기 쉽다. 그렇다면 철학은 인간의 진정한 적이다. 그러나 플라톤의 주장도, 독일인의 주장도 그런 것은 아니다. 그들은 감정을 하나의 행위, 영혼의 원초적 행위로 보고, 철학을 하는 이유는 오로지 이 행위의 의미를 탐구하는 데 있다고 보았다.

우주의 수수께끼에 대해 수많은 사람들이 명상에 명상을 거듭한 것은 덧없는 일이기도 했지만, 그들은 이 세상을 초월하는 무엇인가에 의해 부름받고 있다고 느꼈으므로, 그 명상은 찬탄받을 만한 가치도 충분히 있었다. 고귀한 정신의 주인공은 한없는 사고의 심연을 끊임없이 방황한다. 그러나 거기에 오래 머물러 있어서는 안 된다. 정신은 하늘에 오르기 위한 이러한 노력으로 아무런 소득 없이 지쳐버리기 때문이다.

사고의 근원이 무엇인가의 문제는 진정한 철학자 모두의 마음을 사로잡았다. 인간의 본성은 둘인가? 만일 하나라면, 그것은 영혼인가, 물질인가? 두 개가 있다면 사상은 감각을 통해서 오는 것인가, 우리의

---

3) Johann Gottlieb Fichte(1762~1814). 독일의 철학자. 독일 관념론의 대표자 중 한 명이다. 처음에 스피노자의 결정론의 영향을 받았으나, 1791년 칸트철학을 알게 되어 특히 그의 실천이성의 자율과 자유의 사상에서 결정적 영향을 받았다. 그 후에 베를린에서 슐레겔 형제를 비롯하여 낭만파의 사람들과 교류했고, 사상적으로는 신비적·종교적 색채를 더해갔으나, 동시에 당대의 정치 문제에도 활발한 발언을 시도했다. 특히 나폴레옹과의 전쟁에서 패한 프로이센이 위기에 처했을 때 행한 〈독일 국민에게 고한다〉(1807~1808) 란 강연은 너무나 유명하다. 피히테의 철학은 칸트가 아직도 통일시키지 못한 이론이성과 실천이성을 오로지 후자에 중점을 둠으로써 통일적으로 파악하려고 한 실천적인 주관적 관념론으로서, 프랑스혁명의 시대를 배경으로 하여 근대적 자아를 자율적인 형이상학적 원리로까지 끌어올렸다.

영혼 안에서 생겨나는 것인가, 아니면 외계의 물질이 우리 위에 미치는 작용과 우리가 소유한 내적 능력의 혼합물인가?

철학계를 끊임없이 분열시킨 이 세 개의 질문에는 미덕과 극히 관련 깊은 고찰이 결합되어 있다. 즉, 인간의 결단을 좌우하는 것은 운명인가, 아니면 자유의지인가 하는 문제이다.

고대인에게 운명은 신들의 의지로부터 오는 것이었다. 반면 현대인은 운명을 사태가 그렇게 진행되었기 때문으로 돌린다. 고대인의 자유의지는 운명으로부터 나오는 것이었다. 인간의 의지는 벌어지는 일에 대항해서 싸웠고, 정신적 반항은 굴복시킬 수 없는 것이었다. 반대로 현대인의 숙명론은 필연적으로 인간의 자유의지에 대한 믿음을 파괴한다. 상황이 지금의 우리를 창조했다면, 우리는 상황의 지배력에 반항할 수는 없다는 것이다. 만약 외계의 사물이 우리의 영혼 안에서 일어나는 모든 일들의 원인이라면, 외적 사물로부터 해방된 독립적인 사고가 있을 수 있을까? 운명이 하늘로부터 내려온다고 믿고 있었던 때에는 영혼은 성스러운 두려움에 차 있었다. 그런데 우리가 운명을 땅과 연결시키는 경우, 그 운명은 우리 스스로를 타락시킬 뿐이다. 이 모든 질문이 무슨 소용인가, 하고 묻는다면, 이렇게 대답하리라. 이 문제가 아닌 다른 것은 무슨 소용이 있는가? 자신의 행동에 진정 스스로가 책임지고 있는가, 또 의지(意志)의 힘과 상황이 의지에 끼치는 영향력 사이에는 어떤 상관관계가 있는가를 아는 것보다 인간에게 더 중요한 문제가 있을까? 오직 의식은 습관에 의해서만 생겨난다면, 의식이 색·소리·냄새와 같이 요컨대 어린 시절 우리를 둘러싸고 있던 다양한 것들의 산물에 지나지 않는다면, 의식이란 도대체 무엇일까?

우리의 사상의 원천이 무엇인가를 발견하고자 하는 형이상학은 그 결론에 의해서 우리 의지의 본성과 힘에 강력한 영향력을 행사한다. 이러한 형이상학은 우리의 지식 중에서 최고의 것이며, 또 가장 필요한 것이다. 최고의 공리주의자들, 즉 정신의 효용성을 구하는 사람은 이것을 경시해서는 안 된다.

영국철학

우리 자신에 두 개의 본성이 있음은 쉽사리 증명될 수 있으리라. 우리의 마음은 감각으로부터도 영혼으로부터도 영향을 받는 것이다. 철학이 어느 편에 보다 많은 흥미를 쏟느냐에 따라서, 의견과 감정은 모든 점에서 정반대의 것이 된다. 감각과 사고의 영향력에 대해서는, 바꾸어 말하면, 다음과 같이 표현할 수 있다. 인간 내면에는 지상의 삶과 더불어 사라지는 것과 계속 존재하는 것, 경험에 의해 얻어지는 것과 마음의 직관에 의해 깨닫는 것, 즉 유한한 것과 무한한 것이 있다. 그러나 어떠한 말로 표현하든, 죽음을 면할 수 없으면서도 운명적으로 불사(不死)인 피조물에는 서로 달리하는 두 개의 삶의 원리가 존재한다는 것을 인정하지 않으면 안 된다.

북방민족에게서는 언제나 신비사상으로 기우는 경향이 매우 뚜렷이 보였다. 그리스도교가 들어오기 전에도 이러한 지향은 전쟁에 대한 열정의 격함 속에 드러나고 있었다. 그리스인들은 외계에 경이적인 것이 있다고 믿었다. 게르만 민족은 영혼의 기적을 믿었다. 그들이 쓰는 시는 모두 예감이나 징조, 불길한 느낌 같은 것으로 가득 차 있다. 그리스인은 쾌감에 의해 자연과 하나가 되었지만, 북방 사람들은 종교적 감정에 의지하여 창조주(創造主)의 세계에까지 이르렀다. 남쪽에서는 다신교가 자연현상을 신격화했는데, 북쪽에서는 마력을 믿는 경향이 있었다. 그들은 인간의 정신이 물질계에 무한한 힘을 미친다고 믿었기 때문이다. 영혼과 자연, 의지와 필연이 우리의 생존영역을 둘로 나누고 있다. 힘을 자기 자신 안에 위치시키는가, 밖에 두는가의 차이로 우리는 하늘의 자녀라고도 할 수 있고, 땅의 노예라고도 할 수 있다.

학예의 르네상스 시대에는 형이상학의 공리공론에 몰두하는 사람도, 과학 분야에서 마술을 맹신하는 사람도 있었다. 감각이 지배하는 곳에서는 예리한 관찰력이, 또 영혼이 지배하는 곳에서는 정신의 고양[4] 이 널리 퍼져 있었다고는 말할 수 없을 것이다. 몇 개의 예외를 제외하고는 철학자들에게는 경험도 영감도 없었다. 한 명의 거인이 있었는데, 그것은 베이컨[5] 이다. 자연의 경이도, 사고의 발견도 베이컨만큼의 지성(知性)으로 그토록 훌륭하게 파악되었던 적이 없었다. 그가 한 말 중 어느 하나도 오랜 세월의 사색과 연구를 추측케 하지 않는 것이 없다. 그는 인간의 마음에 관한 지식으로 형이상학에 활력을 주었다. 그는 철학에 의해서 모든 사실을 보편화할 수 있었으니, 그것은 자연과학에 경험적 방법의 길을 열어놓은 것이다. 그러나 이렇게 말하면 베이컨은 모든 사고가 감각으로부터 온다는 철학체계에 가담하고 있었던가, 하고 말할지 모르겠지만, 그렇지는 않다. 영혼에 관련해서는, 항상 그는 영감을 인정하며 일반적 원리를 좇아 자연현상을 설명하기 위해서 영감이 필요하다고까지 생각하고 있었다. 그러나 그의 시대에는 아직 연금술사도, 점쟁이도, 마법사도 있었다. 유럽의 대부분의 지역에서 종교는 오해되어, 그것이 실제로는 모든 진실에 통하는 것임에도 불구하고 그것은 어떤 종류의 진실을 가리는 것으로 생각되었다. 베이컨은 이 잘못에 놀랐다. 그의 시대에는 마치 금세기가 불신에 쉽게 기울어지는 것과 같이 미신에 빠지는 경향을 갖고 있었던 것이다. 베이컨이 살던 시대에는 경험철학을 존중하도록 하는 노력이 필요했다. 그가 오늘날의 사람이라면, 우리의 마음속에 있는 미덕의 원천을 되살려서 자신의 감정과 의지 안에 미덕이 존재한다는 것을 끊임없이 상기시킬 필요를 느꼈을 것이다. 미신적인 시대에는 관찰의 재능은 뒷전으로 밀리고, 물질세계에 대한 사람들의 지식은 빈약하다. 그리고 오늘날과 같은 불신의 시대에는 정신의 고양은 이제 더 이상 존재하지 않아서, 영혼에 대해서든 시대에 대해서든 사람들은 아무것도 알지 못한다.

---

4) 'enthousiasme'을 문맥에 따라 열광, 혹은 정신의 고양(高揚)으로 번역했다.
5) Francis Bacon(1561~1626). 절대주의 시대 영국의 정치가, 철학자.

인간의 정신이 어떠한 분야에서도 확실한 발걸음을 보여주지 못하던 시대에, 베이컨은 모든 힘을 다해서 경험철학이 나아갈 길을 제시했다. 그의 저서는 현재의 자연과학자에게도 지침을 준다. 영국의 대신(大臣)이었던 그는 오랜 세월 행정과 철학에 몸담았다. 가장 우수한 두뇌는 즐겨 명상하는 취향과 습관을 가지면서도, 이것을 실제적 직무에도 결합시키는 것이다. 베이컨은 이 양면에서 탁월한 재능을 갖고 있었다. 그러나 그의 철학에는 성격상의 결점이 드러나서, 인간의 정신적 자유란 무엇인가를 남김없이 알아챌 만한 덕을 갖추지는 못했다. 그러나 18세기의 유물론자는 그와는 비교가 안 된다. 그의 후계자들은 경험론을 그의 의도와는 한참 거리가 있는 것으로 만들어버렸다. 다시 말하지만, 그는 인간사상의 전부를 감각에 환원시킨 것도 아니고, 분석이 발견의 유일한 수단이라고 보았던 것도 아니다. 그는 때로 보다 대담한 수단을 채용하여, 자신에게 방해가 되는 편견을 깨끗이 제거하기 위해 경험론에 따르기는 했다. 그러나 그가 앞으로 나아갈 때의 바탕으로 삼은 것은 오로지 자신의 천재를 약동시키는 것뿐이었다.

루터는 "인간의 정신은 말에 올라탄 술 취한 농부와 같다. 한쪽에서 받들어주면 다른 쪽으로 떨어져버린다"고 말했다.[6] 실로 인간은 두 개의 본성 사이에서 끊임없이 흔들렸다. 사고가 인간을 감각에서 구해내거나, 아니면 감각이 사고를 집어삼켜버리든지 했다. 인간은 모든 것을 감각에 결부시키려고 했는가 하면, 그 다음에는 모든 것을 사고에 결부시키려고 했다. 그러나 나는 이제 보다 설득력 있는 주장이 펼쳐질 때가 왔다는 생각이 든다. 형이상학에서도 코페르니쿠스가 우주의 구성에 대해 행한 혁명과 같은 것이 일어나지 않으면 안 된다. 형이상학은, 외계에 있는 갖가지 물체가 태양 주위에 원을 그리며 빛을 받는 것같이, 우리의 영혼을 모든 것의 중심에 놓지 않으면 안 된다.

---

6) Martin Luther(1483~1546). 이 인용은 바이마르 판《루터 전집(全集)》제 1권 298면, "탁상담화"(卓上談話) 631장(Weimarer Ausgabe, Bd. I, "Tischreden" 631, p. 298)에 나오는 내용이다.

베이컨이 남긴 많은 공적 가운데에는 각각의 과학에게 그 능력에 상응하는 위치를 부여하는 인간 지식의 계통보(系統譜)가 있다. 이것 역시 후세가 그에게 감사해야 하는 것 중 하나다. 그러나 여러 학문이 서로 무관계한 것이 되지 않도록 하는 완전한 방법이 필요하고 과학은 모두 종합적 철학으로 통일되어야 한다고 강조한 점이야말로 그를 명예롭게 하는 것이다. 다양한 지적 능력을 별개의 것으로 파악하고, 정신적 존재의 감탄할 만한 통일을 간과하는 그 해부학적 수법은 결코 그가 만든 것이 아니다. 감수성, 상상력, 이성은 서로에게 도움이 된다. 이들 능력은 우리 존재의 총체에 의해 수정되고 보완되지 않으면 힘이기는커녕 오히려 하나의 병, 하나의 약점에 불과할 것이다. 어느 정도 고도의 계산에는 상상력이 필요하다. 또 상상은 자연에 관한 정확한 지식으로 뒷받침되어야 한다. 모든 능력 중에서 다른 것의 도움이 가장 불필요한 것은 이성이라고 생각하기 쉽다. 그러나 인간이 상상력과 감수성을 전혀 가지지 않으면, 정열의 결여로 말미암아 이른바 이성(理性)의 광인(狂人)[7]이 되고 만다. 그렇게 되면 인생에서 타산과 물질적 이해만을 보게 되어서, 매사를 공평무사와 사랑의 눈으로만 바라보는 열광적인 사람과 하등 다를 바가 없어져, 사람의 다양한 성격과 기호(嗜好)에 대해 정확하게 판단할 수 없게 된다.

어느 하나의 정신적 특질만을 발달시키고자 하는 사람은 잘못된 교육법을 따르는 것이다. 단 하나의 능력에만 몸을 바치는 것은 일을 지력만으로 할 수 있다고 생각하고 있기 때문이다. 밀턴이 명쾌하게 말했듯이 "전쟁 때나 평화 때에나 도움이 되는 것만이 좋은 교육이다."[8] 종(種)으로서의 인간으로부터 하나의 사람을 만들어내는 것이 교육의 참된 목적인 것이다.

어떠한 학문에서 그 학문에 특유한 것에만 주목하는 것은 인문학에

7) 'fou de raison'의 번역어.

8) John Milton(1608~1674). 이 인용은 《시집(詩集)》(*Poetical works*, London, 1731, v. I, p. 296)의 내용이다.

애덤 스미스[9] 식의 분업을 적용하는 것과 같다. 분업은 기계적 기술에만 통용된다. 무슨 학문이든 어느 정도는 다른 모든 학문과 어떠한 점에서 연결된 높이에까지 도달했을 때 보편적 사상의 영역에 접근한 것이 된다. 그리고 거기서부터 불어오는 바람은 모든 사고에 생기를 불어넣는다.

영혼은 모든 방향으로 빛을 내비치는 중심이다. 그것이야말로 인간의 본질이다. 철학자들의 모든 관찰, 모든 노력은 우리의 감정과 사상의 중심이며 원동력인 자아로 향해야 한다. 대체로 언어는 불완전하므로, 우리는 잘못된 표현을 쓰지 않을 수 없을 것이다. 관용적 표현에 따르면, 다음과 같이 이야기할 수밖에 없다. 각자에게는 이성이나, 상상력이나, 감수성이 있다고. 그러나 한마디로 이해되려면, 단순하게 다음과 같이 말해야 할 것이다. "그에게는 영혼이 있다. 그에게는 영혼이 많이 있다."[10] 영혼은 인간 전체를 만드는 신의 숨결이다.

사랑을 하면, 아무리 세밀하게 완벽을 기한 형이상학보다도 영혼의 신비에 관련된 것에 대해 많은 것을 배우게 된다. 사람은 좋아하는 사람의 어떤 특질에 마음이 끌리는 것은 아니다. 마드리갈은 대단한 철학적 언명을 반복해서 노래한다. "나는 무엇인지도 모르는 것"을 사랑한다고. 여기서 '무엇인지 모르는 것'은 바로, 사랑에 의해, 찬미에 의해, 상대방의 마음속 가장 깊고 가장 내밀한 곳에 있는 것을 밝혀주는 저 감정에 의해 우리가 인식하는 총체(總體)이며 또한 조화(調和)인 것이다.

---

9) Adam Smith(1723~1790). 영국의 도덕철학자, 경제학자. 주요 저서로 《국부론(國富論)》(1776)이 있다.

10) 〔원주〕 뒤에서 언급하게 될 앙숑 씨(Jean Pierre Frederic Ancillon)는 끊임없이 생각을 자극하는 책을 저술했다. 그 안에 이 표현이 쓰이고 있다.
〔역주〕 앙숑(1767~1837)은 낭트칙령이 폐지될 때 베를린으로 망명한 목사(牧師)의 자손이다. 1803년에 쓴 《유럽 정치혁명일람(政治革命一覽)》(*Tableau des révolutions des systèmes politiques de l'Europe*)으로 역사가로서의 명성을 얻었다. 그해 스탈 부인과 처음으로 만나서, 이후 교류를 계속했다.

분석에 의한 검증은 분할에 의하지 않으면 할 수 없으므로, 해부용 칼처럼 무생물에만 도움이 되며 생물에 관한 지식을 배우는 도구로서는 좋지 않다. 또 대상(對象) 전체를 분할하지 않고 살아있는 그대로의 모습으로 드러내는 개념을 말로써 정의하는 것이 곤란한 것은, 바로 이 개념이 사물의 본질에 가장 밀접하게 결합되어 있는 까닭이다. 이해하기 위해 분할하는 방법은 정치에서의 분할통치와 같이, 철학에서는 약점의 징표이다.

플라톤 이래 오늘날까지 여러 가지의 형태로 반복해서 나타나는 관념론 철학을 베이컨은 우리가 상상하는 이상으로 평가한다. 그러나 정밀과학에 그의 분석법을 적용하여 성공을 거두었기 때문에, 그의 형이상학의 체계도 그것에 영향을 받고 말았다. 감각이 사상의 원천이라는 그의 주장을 사람들은 그가 실제로 제시한 것보다 훨씬 더 절대적인 것으로 이해했다.

이 주장의 영향은 두 개의 유파(流派)에서 명확하게 드러난다. 홉스[11]와 로크[12]의 유파가 그것이다. 이 두 개의 유파가 목적으로 하는 것은 서로 많이 다르나 원리에는 유사점이 많다.

홉스는 인간의 모든 사상을 감각의 작용으로 돌리는 철학을 문자 그대로 받아들였다. 이 철학은 그러한 주장이 귀결하는 바를 조금도 두려워하지 않고 "사회가 전제(專制)에 굴복하는 것과 같이, 영혼은 필연성에 따른다"고 대담하게 말했다. 즉, 그는 감각이 사고에 대해, 그리고 권력이 행동에 대해 숙명적 힘을 발휘한다고 보았다. 그는 정신의 자유도, 시민의 자유도 부인한다. 이 두 가지는 서로 의존한다고 생각했기 때문인데, 이는 타당한 생각이다. 그는 무신론자이면서 동시에 노예였다. 이보다 수미일관(首尾一貫)할 수는 없으니, 만일 인간에게 바깥으로부터 온 감각의 각인(刻印)밖에 없다면, 이 세상 권력

11) Thomas Hobbes(1588~1679). 영국의 정치사상가, 철학자.

12) John Locke(1632~1704). 영국을 대표하는 철학자. 주요 저서로 《인간지성론》(1689)이 있다.

이 전부이고, 영혼도 운명도 이에 의존할 수밖에 없는 것이다.

영국에서는 고상하고 순수한 모든 감정에의 숭배는 정치적 체제와 종교적 제도에 의해서 더욱 굳건하게 되어 있다. 그러므로 정신의 사색이 이들 거창한 기둥의 주위를 맴돌기는 하지만, 그것들을 뒤흔드는 일은 없다. 그러므로 홉스의 조국에는 그를 신봉하는 자가 거의 없었다. 그러나 로크의 영향은 훨씬 광범했다. 그의 형이상학으로부터는 필연적으로 위험한 논리가 도출되지만, 그는 성격이 도덕적이고 종교적이었으므로 그러한 배덕(背德)한 추론을 결코 용납하지 않았다. 또 그와 같은 나라 사람들의 대부분은 그의 형이상학을 받아들일지라도 로크 자신과 마찬가지로 논리를 끝까지 밀고 나가지는 않아서, 형이상학으로부터 나오는 귀결을 그것의 원리와는 분리시켰다. 그러나 흄[13]과 프랑스의 철학자들은 형이상학의 체계를 받아들인 다음에는 훨씬 더 논리적으로 이를 적용했다.

로크의 형이상학은 영국의 지식인들에게 그들 특유의 독자성을 약간 퇴색시키는 작용밖에 하지 않았다. 즉, 설사 이 형이상학이 위대한 철학적 사상의 원천을 고갈시켰다고 하더라도, 이를 충분히 대신할 수 있는 종교적 감정을 그것이 파괴시키지는 못할 것이다. 그러나 독일을 제외하고 유럽의 다른 나라에 이 철학이 수용되자, 이것은 부도덕을 낳는 주요한 원인의 하나가 되었다. 사람들은 부도덕을 더욱 확실하게 실천하기 위한 이론으로 이를 사용했던 것이다.

로크는 영혼에는 내재하는 것이 아무것도 없다는 것을 유별나게 고집스럽게 증명하려고 했다. 이 생각은 타당성이 있다. 그는 항상 사상이란 말에 경험에 의해 개발된 것이라는 뜻을 결부시키기 때문이다. 그와 같이 해서 얻어진 사상이란 결국 사상을 자극하는 객체, 사상을 종합하여 행하는 비교검토, 그리고 이들을 서로 쉽사리 연결시킬 수 있게 하는 언어가 만들어낸 결과인 것이다. 그러나 물리적 자연에서의

13) David Hume(1711~1776). 18세기 영국을 대표하는 철학자.

견인력과 반발력의 법칙과 같이 인간 지력의 법칙을 구성하는 감정, 소질, 능력에 대해 그와 같은 식으로 논의를 전개해서는 안 된다.

영혼 안에 있는 것은 모두 감각으로부터 온 것임을 증명하기 위해 로크가 부득이하게 사용한 논법은 참으로 주목할 만한 가치가 있다. 만일 이 논법이 진리로 이끌어주는 것이라면, 이에 대한 혐오감은 극복되어야 할 것이다. 그러나 피해야만 하는 것에 대한 틀림없는 징후와도 같은 이러한 혐오감은 일반적으로 믿을 수 있다. 로크는 선악(善惡)의 의식은 인간이 태어날 때부터 내재하는 것이 아니며, 붉은색과 푸른색의 식별과 같이 정의와 불의는 경험에 의해서만 알 수 있는 것임을 증명하려고 했다. 이 목적을 달성하기 위해, 그는 죄악이 명예가 되는 관습을 가진 나라들, 즉 적을 죽이는 것, 결혼을 경멸하는 것, 늙은 아비를 죽게 하는 것을 의무로 삼는 나라들을 탐색했다.

습관이 된 잔인한 행위에 대해 여행자들이 말하는 것을 그는 주의 깊게 모두 수집했다. 로크와 같이 덕성을 갖춘 사람을 이렇게 하도록 만든 사상체계란 도대체 어떠한 것일까? 이러한 사실이 슬퍼할 일인지 아닌지는 별도로 하고, 중요한 것은 그것들이 사실인지 아닌지를 파악하는 일이다. 사실일 수도 있을 것이지만, 그렇다면 그것들은 무엇을 의미하는가. 누구나 다 상황, 즉 외부의 사정이 의무에 대한 우리의 이해방식에 영향을 주는 것을 개인적 경험에 의해 알고 있다. 그 '상황'을 확대해보면, 사람들이 잘못을 저지르는 원인을 발견할 것이다. 그런데 민족이든, 개인이든, 의무의 존재를 부정하지는 않지 않는가? 정의나 불의의 관념은 아무런 의미도 없다고 주장한 사람이 있을까? 그에 대한 설명은 여러 가지로 다르겠지만, 원리원칙에 관해서는 어디서나 강한 확신을 드러낸다. 그리고 전 인류에 내재하는 원초적 모습을 발견할 수 있는 것은 오로지 이러한 확신 안에서인 것이다.

미개인이 늙은 아비를 죽일 때 그는 아비에게 봉사한다고 믿는다. 자신의 이익을 위한 것이 아니라 아비를 위한 것이다. 그의 행위는 황당하지만, 그렇다고 해서 그에게 양심이 없다고 볼 수 없고, 그에게 지식이 없다고 해서 덕이 없다고 결론지을 수는 없다. 감각, 즉 그를 둘러싼 외부의 사정이 그를 눈멀게 하는 것이다. 악덕을 미워하고 미덕을 존중하는 내적 감정이 그에게 적다고 할 수는 없다. 단지 경험이 이러한 감정을 삶에서 실제로 표출하는 방식에서 그를 잘못되게 하고 있을 뿐이다. 자신의 덕성이 그렇게 하도록 명한다면 자신보다 타인을 소중히 생각하는 것, 바로 이것이 미덕의 본질을 이룬다. 이 찬양할 만한 영혼의 본능은 육체적 본능에는 상반되지만 우리의 본성에 고유한 것이다. 나중에 획득하여 얻어지는 것이면 잃을 수도 있겠지만, 본래부터 내재하는 것이므로 불변(不變)이다. 좋은 일을 한다고 생각하면서 나쁜 일을 하고 있을 수도 있으며, 선이 무엇인지 알고 선을 행하고 싶은데도 죄를 범할 가능성도 있다. 그러나 불의를 정의라고 하는 것과 같이 모순된 것을 진리라고 인정할 수는 없다.

문명이 이른바 경직되면, 사람들은 자칫 선악에 무관심하게 된다. 그리고 이 무관심은 미개인의 야만스러운 과오보다도 본래 내재하는 양심의 존재를 부정하는 논리로서 훨씬 중요한 역할을 한다. 그러나 아무리 회의적인 사람이라도 어떠한 사정으로 억압받으면, 마치 일생 동안 믿어온 것처럼 정의에 호소한다. 또한 어떤 것을 생생하게 애호하는데 그 애호의 정이 무리하게 억제되면, 그는 가장 엄격한 도덕가와 같이 힘차게 공정의 정신을 원용한다. 분노이든, 사랑이든 어떤 불꽃이 우리의 마음을 사로잡으면, 영원한 법칙의 성스러운 특성들이 우리 마음속에 되살아나는 것이다.

출생이나 교육과 같은 우연한 요소가 어떤 사람의 윤리를 결정한다면, 그 사람의 행동에 대해 비난할 수 없다. 우리의 의지를 형성하는 모든 것이 외계의 사물로부터 온 것이라면, 각자는 각각의 개별적 사정을 어떠한 행동이라도 정당화하기 위한 구실로 삼을 수 있어서, 같은 나라에 사는 사람 사이의 서로 다른 사정을 아시아 사람과 유럽 사람 사이의 차이만큼이나 대단한 것처럼 주장하는 일도 종종 있게 될 것이다. 만약 상황이 인간에게 신과 같은 것이라면, 쉽사리 사람마다 각자에게 고유한 도덕을 갖게 되거나, 나아가서는 자기에게 소용되는 도덕은 없다고 할 것이다. 그리고 공권력(公權力)만이 기분 내키는 대로 저지르는 나쁜 짓을 막을 정당성을 갖게 된다. 그런데 만일 공권력이 불의를 바란다면, 이제 일은 끝난 것이나 마찬가지다. 그렇게 되면 온갖 종류의 감각이 온갖 종류의 사상을 낳아서, 완전한 타락에 이르게 될 것이다.

감각의 왕국에서는 영혼의 정신성(精神性)의 증거가 발견될 수 없다. 눈에 보이는 세계는 이 감각의 왕국에 내맡겨지지만, 보이지 않는 세계는 그 왕국에 지배되지 않을 것이다. 만일 자발적 사상의 존재를 부정한다면, 만일 사고도 감정도 완전히 감각에 의존한다면, 이러한 예속상태에 있는 영혼이 어떻게 비물질적일 수 있겠는가? 또 감각에 의해 파악되는 사실은 대부분의 경우 오류를 면할 수 없음을 부정하는 사람은 없다. 그렇다면 외계의 사물, 그것도 겉모습이 많은 경우에 진실을 전해주지 않는 그런 사물에 의해 자극받은 때에만 작동하는 정신적 존재란 도대체 무엇이란 말인가?

어느 프랑스 철학자는 더 이상 혐오감을 줄 수 없는 표현을 써서 "사고란 뇌의 물질적 산물에 지나지 않는다"라고 말했다.[14] 이 통탄스러운 정의는 인간의 모든 사상의 근원은 감각에 있다고 하는 형이상학의 가장 자연스러운 결론이다. 만일 이것이 사실이라면, 지적인 것을 조소하고 손으로 만지지 못하는 것은 모두 불가해하다고 생각하는 것은 당연하다. 만일 우리의 영혼이 섬세한 물체에 지나지 않고 영혼을 움직이고 있는 다소 조잡한 요소들에 대해 피동적 입장에 놓여 있다면, 만일 우리의 인상이라든가 기억이 우연이 연주하는 악기의 여음에 지나지 않는다면, 우리의 두뇌에는 섬유밖에 없게 되고 이 세상에는 물리적 힘밖에 없게 될 것이다. 그리고 만물은 이들에게 규율을 부

---

14) 이는 의사이며 철학자인 조르주 카바니스(Georges Cabanis, 1757~1808)를 가리키는 것이 틀림없다. 그의 《인간의 육체와 정신에 관한 개론》(*Traité du physique et du moral de l'homme*)(1802)은 일대 센세이션을 일으켰다.

과하는 법칙에 의해 설명될 것이다. 만물의 근원과 인간의 존재목적에 관한 조금 어려운 문제는 아직 몇몇 남아 있기는 해도, 문제는 참으로 단순화된다. 이성은 재능이나 사랑이나 종교로 인해 우리 안에 생겨나는 모든 욕망, 모든 희망을 거두어버리라고 권한다. 왜냐하면 인간이란 우주라는 거대한 기계장치에 부가된 하나의 기계에 불과한 것이기 때문이다. 인간의 능력은 톱니바퀴 같은 것에 불과하며, 계산만이 그의 도덕이고, 성공만이 숭배의 대상이 된다.

로크는 마음속에서는 신의 존재를 믿으면서도, 스스로 그것을 깨닫지 못한 채로 경험의 영역으로부터 나오는 논리에만 입각하여 그의 신조를 수립했다. 그는 다른 모든 원인의 기초가 되는 원인, 즉 영원의 원리가 있다고 말한다. 그렇게 해서 그는 무한의 영역으로 들어가는데, 무한이란 모든 경험을 초월한 것이다. 그러나 그와 동시에 로크는 신의 관념이 인간에게 생래적으로 내재한다는 가능성을 매우 두려워했다. 그에게는 창조주가 마치 위대한 화가가 하듯이, 인간의 영혼이라는 그림 위에 자신의 이름을 새긴다는 것은 매우 불합리하다고 생각되었으므로, 여행자의 체험담을 접하면 반드시 그 이야기 속에서 종교적 신앙을 전혀 가지지 않은 민족을 발견하려고 노력했다. 그러한 민족은 존재하지 않는다고 단언해도 좋다고 나는 생각한다. 인간을 지고(至高)의 지성에까지 높이는 마음의 활발한 움직임은 뉴턴[15]의 천재에서도, 돌을 신앙의 대상으로 하는 불쌍한 미개인의 신앙에서도 다같이 발견되는 바이다. 있는 그대로의 세계에 만족하는 사람이란 없으며, 누구나 다 생애의 어느 때인가는 무언가 초자연적인 것에의 형용하기 어려운 동경을 마음 깊이 느낀다. 로크와 같이 신앙이 두터운 사람이 어찌하여 신앙의 여러 근원적 특성을 우연히 얻어지는 지식으로 변화시키는 것에 집착하는 것일까? 그러한 지식 따위는 운명이 우리로부터 앗아가기도 하고 우리에게 주기도 하는 것이 아닌가? 다시 말하지만,

---

15) Issac Newton(1642~1727). 영국의 과학자.

우리가 어떠한 주의주장이 진실한지에 대해 판단내릴 때에는 그 주의주장이 어느 쪽으로 향하는지를 언제나 충분히 고려해야 한다. 왜냐하면 이론에서는 선(善)과 진(眞)은 분리하기 어려운 것이기 때문이다.

눈에 보이는 것은 모두 인간에게 시작과 끝, 쇠퇴와 파멸에 대해 이야기한다. 불사(不死)의 표징을 우리에게 보여주는 것은 오직 신의 광채뿐이다. 이 광채는 어떠한 감각에서 오는 것인가? 오감은 모두 이 광채에 반발하지만, 그것은 어떠한 감각보다도 강하다. 저 궁극원인, 경이로운 우주, 휘황찬란한 하늘과 같이 우리의 눈을 자극하는 것들이 창조주의 장대함과 자애를 증명하는 것이 아닐까! 자연이란 책은 모순으로 가득 차 있다. 거기에는 선과 악의 표징이 거의 같은 비율로 나타난다. 따라서 인간은 서로 대립하는 선택의 여지들 중에서 자유의사를 행사할 수 있다고 해도, 거의 같은 강도(强度)의 근심과 희망 사이에 끼어 있을 뿐이다. 별이 박힌 하늘은 신성(神性)의 광장처럼 보인다. 그러나 인간의 모든 악의와 악덕이 이러한 하늘의 불빛을 흐리게 하고 있다. 말은 없지만 조화로우며, 미약하지만 저항할 수 없는 하나의 소리가 우리의 마음속 깊은 곳에서 신의 존재를 선언한다. 인간에게 참으로 아름다운 것은 모두, 내적으로 그리고 자발적으로 느끼는 것으로부터 생겨난다. 정신적 자유가 모든 영웅적 행위를 불러일으킨다. 신의 의사에 몸을 바치는 행동, 모든 감각에 반항하여 정신의 고양에 의해서만 뒷받침된 행동은 모두 고귀하고 순수해서, 본성상 유덕하고 거칠 것 없는 천사까지도 부러워할 정도이다.

삶의 중심을 혼란하게 하는 형이상학은 삶을 움직이는 힘이 밖에서 온다고 상정함으로써 인간으로부터 자유를 빼앗는 것이 되어 자멸한다. 정신적 본성이 물질적 성질에 너무 강하게 결합되어서 이 두 본성을 구별할 수 있는 유일한 것인 인간성의 존엄성이 사라져버리면, 이제 정신적 본성 그 자체는 없는 것과 같아지기 때문이다. 이러한 형이상학이 일관성을 유지하려면, 프랑스에서와 같이 그로부터 감각을 기반으로 하는 유물론, 이해관계에 근거를 둔 윤리학이 파생되어 나올 수밖에 없다. 이 학설체계의 추상적 이론은 영국에서 생겨났으나, 영국에서는 거기서 나온 결론은 어느 것도 받아들여지지 않았다. 프랑스는 발견의 영예는 없지만, 응용의 명예는 충분히 있다. 독일에서는 라이프니츠 이래 그 이론체계에도, 그 결론에도 저항했다. 여하튼 그토록 파멸적인 결과를 가져오는 원리가 반대의 여지없는 진실이라고 볼 수 있는지 아닌지를 조사해보는 것은 모든 나라의 유식하면서 종교적인 사람들에게 합당한 작업이다.

샤프츠베리,[16] 허치슨,[17] 스미스, 리드,[18] 스튜어트[19] 등은 드문 명민함으로 인간 지력의 움직임을 연구했다. 특히 뒤골드 스튜어트의 저작에서는 지적 능력에 관한 완전무결한 학설이 전개되는데, 말하자면 정신적 존재의 박물학이라고 할 수 있다. 누구라도 거기에 무언가 자기 자신의 일이 적혀 있는 것을 발견할 것이다. 사상의 기원에 대해 어떠한 의견을 채용하든 간에, 그 전개와 방향을 검토하는 것을 목적으로 하는 작업의 효용은 부정할 수 없을 것이다. 그러나 우리의 능력의 발달을 관찰하는 데 그쳐서는 충분치 않다. 자연을, 그리고 인간의 의지의 자립성을 이해하기 위해서는 그 근원까지 소급하지 않으면 안 된다.

영혼에 감각을 느끼는 능력, 그리고 스스로 생각하는 능력이 있는가 하는 의문을 파고드는 것은 한가한 사람의 질문이라고 할 수 없다. 이것은 사느냐, 죽느냐 하는 햄릿의 질문이다.

---

16) Anthony Ashley Cooper, 3rd Earl of Shaftsbury(1671~1713). 존 로크를 비호한 것으로 유명한 초대 샤프츠베리 백작의 손자로서, 어렸을 때부터 가정에서 로크의 교육을 받았다. 그러나 그는 로크의 경험적 인식론에는 경도되지 않았고, 미적 감각과 도덕을 그리스적으로 일치시키고 개인과 사회를 융화시키는 것을 이상으로 하는 독자적인 낙관적 세계관을 구축했다.

17) Francis Hutcheson(1694~1747). 아일랜드 출생의 도덕철학자. 애덤 스미스와 관련 깊은 이른바 스코틀랜드 학파의 1인.

18) Thomas Reid(1710~1796). 스코틀랜드 학파의 철학자.

19) Dugald Stewart(1753~1828). 스코틀랜드의 철학자. 리드의 제자.

프랑스철학

데카르트[20]는 오랜 기간 프랑스철학의 아버지였다. 만일 그의 물리학에 결점이 발견되지 않았더라면, 그의 형이상학은 더욱 오랫동안 영향력을 유지했을 것이다. 보쉬에,[21] 페늘롱,[22] 파스칼과 같은 루이 15세 시대의 위대한 사람들은 모두 데카르트의 관념론을 받아들였다. 이쪽의 학설이 순수한 경험철학보다 훨씬 가톨리시즘과 양립하기에 용이했다. 확실히, 극히 신비적인 교의의 신앙과 감각이 영혼을 절대적으로 지배한다는 생각을 결합시키는 것은 매우 곤란하다.

로크 이론의 신봉을 고백한 프랑스의 형이상학 철학자 중에서 우선 거명되어야 할 사람은 콩디야크[23]와 보네[24]이다. 콩디야크는 성직에 있었기에 종교에 대해서는 온건한 태도를 취하지 않을 수 없었다. 그리고 보네는 천성적으로 종교적이었으며, 계몽사상과 신앙심이 분리되기 어렵게 결합된 나라(스위스)의 제네바에서 살았다. 이 두 사람, 특히 보네는 하늘의 계시는 손대서는 안 되는 예외로 두었다. 그러나 나는 종교를 모든 과학의 영역 밖에 두어서, 마치 철학이나 추론과 같이 요컨대 속세에서 평가받는 모든 것은 종교에는 적용되지 않는 것처럼 하는 것이 종교에 대한 경의가 감퇴한 하나의 원인이라고 생각한다. 가소로운 숭배가 종교를 인생의 모든 관심사에서 멀리 떼어내서, 종교는 말하자면 경원시되었고 인간정신의 영역 밖으로 쫓겨난 듯했다. 그러나 종교적 신앙이 지배적인 나라에서는 어디서나 종교는 사상

---

20) René Descartes(1596~1650). 프랑스의 철학자, 과학자이면서 '근대철학의 아버지'로 불린다.

21) Jacques Bénigne Bossuet(1627~1704). 프랑스의 종교가.

22) François de Salignac de la Mothe-Fénelon(1651~1715). 프랑스의 성직자, 사상가, 문필가.

23) Etienne Bonnot de Condillac(1715~1780). 프랑스의 철학자.

24) Charles Bonnet(1720~1793). 프랑스의 자연학자, 철학자.

의 중심적 존재이며, 철학을 한다고 함은 신의 진실에 관한 합리적 해석을 발견하는 것이다.

데카르트가 집필활동을 하던 무렵, 베이컨의 철학은 아직 프랑스에 들어오지 않았다. 프랑스 사람들은 이 영국의 대사상가 베이컨이 저술활동을 하던 시대의 영국 정도로 무지했고 스콜라적 형식주의를 믿고 있었다. 편견을 교정하는 데는 두 가지 방법이 있다. 경험을 이용하는 것과 사려에 호소하는 것이다. 베이컨은 경험을, 데카르트는 사려를 택했다. 베이컨은 각종 과학에, 데카르트는 모든 과학의 근원이 되는 사고에 큰 공헌을 했다.

베이컨은 데카르트보다 훨씬 위대한 재능과 더 넓은 지식을 갖고 있었다. 그는 물질세계 안에 자신의 철학을 구축할 수 있었다. 데카르트의 철학은 학자들로부터 불신을 받았고, 그들은 그의 세계관을 공격해 성공을 거두었다. 그는 영혼에 관한 고찰에서는 정확하게 추론할 수 있었지만, 우주의 물리적 법칙에 관해서는 틀릴 수 있었다. 그런데 사람들은 대체로 맹목적이고 성급한 유추로 판단을 내리므로, 외계의 관찰에 서투른 데카르트가 인간의 내면을 그것 이상으로 이해하고 있다고는 믿지 않았다. 데카르트의 서술방식은 단순하면서도 참으로 솔직해서 믿음이 간다. 또 그의 천재적 역량에 의심을 품을 여지는 없을 것이다. 그렇지만 그를 독일의 철학자들과 비교하거나 플라톤과 비교해보면, 그 저작에서는 추상성을 갖는 관념적 이론도, 그 이론의 미적 요소가 되는 시적(詩的) 상상력도 찾아볼 수 없다. 그런데 한 줄기의 빛이 데카르트의 정신을 관통하고 있으니, 그의 시대의 새로운 철학을 영혼 내면의 발전에 눈을 돌리도록 인도한 영광은 그의 것이다. 그는 그때까지 받아들여진 모든 진리를 내성(內省)에 의해 다시 검토하도록 요구함으로써 커다란 파문을 일으켰다. 다음과 같은 명제가 갈채를 받았다.

> 나는 생각한다. 고로 나는 존재한다. 따라서 나에게는 나의 불완전한 능력의

완전한 근원인 창조주가 있다. 우리 밖에 있는 것은 모두 의심의 여지가 있다. 진리는 우리의 영혼에만 존재하며, 영혼이야말로 지고(至高)의 심판자이다.

모든 것을 의심하는 것은 철학의 a b c 이다. 사물의 원리에 거슬러 오르려면, 누구나 먼저 각자의 고유한 이성을 구사하는 추론으로부터 시작한다. 그러나 아리스토텔레스의 권위가 유럽에 교조적 사고법을 강하게 도입하고 있었으므로, 데카르트가 모든 견해를 우리의 고유한 능력에 따른 판단에 맡기도록 한 대담함에 사람들은 경탄했다.

폴 루아얄[25]의 작가들[26]은 데카르트를 본받는 교육을 받았다. 따라서 프랑스에 엄격한 사색가가 나타난 것은 18세기라기보다는 17세기라고 해야 한다. 프랑스에는 정신의 우아함과 매력과 함께 일종의 성격상의 중후함이 있는데, 이는 분명히 모든 사고를 내성의 힘으로 돌리는 철학이 끼친 영향을 말해준다.

데카르트의 으뜸가는 제자인 말브랑슈[27]는 매우 탁월한 영혼의 능력을 타고 태어났다. 18세기에 그는 몽상가로 취급당하는 일이 빈번했다. 프랑스에서 몽상가의 평판을 얻게 되면 절망적인데, 이 말에는 아무 쓸모도 없는 사람이라는 뜻이 담겨 있으며, 이성적이라고 불리는 사람들에게는 특히 마음에 들지 않기 때문이다. 그러나 이 쓸모 있다는 말이 영혼의 요구에 적용될 수 있을 만큼 고귀한 것인가?

18세기의 프랑스 작가들은 정치적 자유에, 17세기의 작가들은 정신적 자유에 정통했다. 18세기의 철학자들은 투사이며, 17세기의 철학자들은 은둔자였다. 루이 14세 때와 같은 절대왕정 아래에서 독립심은 명상 속에서만 발붙일 곳을 찾을 수 있었다. 무정부상태의 지배하에 있던 지난 세기(18세기)에 문인들은, 영국에서 좋은 예를 보인 것과

---

25) 1204년 파리 교외에 창설된 여자 수도원. 17세기에 원장 아르노의 개혁을 거쳐, 생시랑의 지도 아래 장세니즘(*Jansénisme*)의 중심이 되었다.

26) Cornelius Jansenius(1585~1638), Saint-Cyran(1581~1643), Antoine Arnauld(1612~1694) 등을 가리킨다.

27) Nicolas de Malebranche(1638~1715). 프랑스의 철학자.

같이 자유의 원리와 이념으로 그들 나라의 정치를 정복하려는 욕구에 불타고 있었다. 이 목적만을 추구하고 다른 것을 거들떠보지 않은 작가들은 자기 동포들의 존경을 받을 만하지만, 17세기의 저작이 18세기에 공표된 저작보다 철학적이란 점에는 아무런 변화가 없다. 철학은 무엇보다도 인간의 지적 본성을 연구하고 인식하는 일이기 때문이다.

18세기의 철학자들은 인간의 원초적 본성을 고찰하기보다는 사회정책에 더 신경 썼다. 17세기의 철학자들은 무엇보다도 그들이 종교적이었기에 인간의 마음에 대해 잘 알고 있었다. 사고를 무기로 사용하는 데에 익숙했던 프랑스의 철학자들은 프랑스 왕정의 쇠퇴기에 사고를 외적인 것에 돌렸다. 오히려 루이 14세 치하의 철학자들이 명상이 더욱 습관화되어 있고 또 더욱 필요했기 때문에, 보다 강하게 관념적 형이상학에 매달려 있었다. 프랑스적 천성이 보다 높은 완성도에 도달하기 위해서는 18세기의 작가들로부터는 자신의 능력을 이용하는 법을, 17세기의 작가들로부터는 능력의 근원을 파악하는 법을 배우지 않으면 안 될 것이다.

데카르트, 파스칼, 말브랑슈는 18세기의 프랑스 작가들보다 독일의 철학자와 더 관계가 깊다. 그런데 말브랑슈는 다음과 같은 점에서 독일인과 다르다. 그는 독일인이 과학적 이론에 귀착시키는 바를 신앙의 문제로 만든다. 그는 흥분하고 있다고 비난받는 것을 두려워하여, 상상력이 그에게 환기하는 것에 교조적 외양을 주려고 했다. 반면 독일인은 모두가 무엇이든 전부 분석만 하려고 하던 세기의 말에 저술하면서, 스스로의 정신의 고양을 인식하고 정신의 고양과 이성은 모순되지 않음을 증명하는 것에 전념했다.

만일 프랑스 사람들이 17세기의 위인들이 제시한 형이상학의 방향을 따랐다면, 현재에 와서는 독일인들과 같은 견해를 가지게 되었을 것이라고 할 수 있다. 라이프니츠가 철학상의 맥락으로는 데카르트와 말브랑슈의 직계 후계자이며, 칸트는 라이프니츠의 직계 후계자이기 때문이다.

18세기의 프랑스 작가들은 영국으로부터 큰 영향을 받았다. 그 나라를 동경하여 프랑스에 영국의 철학과 자유를 들여오고자 했다. 영국의 철학이 위험한 것이 되지 않으려면 그 종교감정을 동반해야만 하며, 또 자유사상도 그들과 같은 법에 대한 순종이 없다면 위험한 것이 된다. 뉴턴이나 클라크[28]까지도 경의를 표하는 일 없이는 신의 이름을 절대 입 밖에 내지 않았던 국민들에게는 형이상학의 학설이 비록 오류라고 해도 유해한 것이 될 수 없다. 모든 분야에서 프랑스에 결여된 것은 존경의 감정과 존경하는 습관이다. 프랑스에서는 모든 것을 명확하게 하는 비판적 검토로부터 모든 것을 망가뜨리는 아이러니로 순식간에 옮겨가는 것이다.

나는 18세기의 프랑스는 뚜렷하게 두 개의 시기로 나눌 수 있다고 생각한다. 영국의 영향이 느껴지는 시기와 지식인들이 파괴로의 길로 서둘러 갔던 시기가 그것이다. 이 시기에 지식은 변모하여 분란(紛亂)이 되고, 철학은 화가 난 마술사처럼 자신이 성취한 기적을 전시해놓았던 궁전을 불태워버렸다.

정치에서 몽테스키외[29]는 제1의 시기에, 레날[30]은 제2의 시기에 속한다. 종교에서 볼테르[31]의 저작은 전반기의 정신에서 영감을 얻어서 관용을 목적으로 했다. 그러나 그의 보잘것없는 겉치레뿐인 종교가 제2의 시기를 더럽혔다. 끝으로, 철학에서 콩디야크와 엘베시우스[32]는 같은 시대의 사람이면서 각기 전혀 다른 두 개의 시기의 영향을 받았다. 사실 감각론의 철학체계 전체는 원리의 점에서 잘못된 것이라고

28) Samuel Clark(1675~1729). 영국 국교회의 성직자. 뉴턴의 입장을 이어받았다.

29) Charles-Louis de Secondat, baron de La Brède et de Montesquieu(1689~1755). 프랑스의 철학사상가.

30) Guillaume-François Raynal(1713~1796). 역사가이자 철학자로서 백과전서파의 한 사람.

31) Voltaire, 본명은 François-Marie Arouet(1694~1778). 프랑스의 문학자, 사상가.

32) Claude-Adrien Helvétius(1715~1771). 프랑스의 철학자.

하지만, 엘베시우스가 그로부터 도출해낸 귀결을 콩디야크의 책임으로 오해하면 안 된다. 콩디야크는 엘베시우스의 귀결에는 전혀 동의하고 있지 않다.

콩디야크는 경험철학을 로크의 것보다 명쾌하고 인상적인 것으로 만들었다. 정말로 모든 사람이 이해할 수 있는 것으로 만들었다. 로크와 같이 그는 영혼이 품는 사상은 모두 감각으로부터 온다고 했다. 인간의 지식과 언어는 여러 종류의 필요에서 나오고, 또 내성은 말로부터 나오는 것이라고 했다. 이와 같이 우리의 정신적 본성의 발전은 모두 외계의 사물에 기인한다고 하고, 그는 실증과학과 같은 식으로 인간의 본성을 설명하고 단순한, 어느 의미에서는 이론이 없는 방법으로 설명한다. 과연 마음이 선천적으로 갖는 신앙도, 경험에 기인하지 않는 의식도, 창조적 정신도 말의 참된 의미로 자기의 내부에서 느껴지지 않는 것이라면, 인간의 영혼에 관한 이러한 기계적 정의에 충분히 만족할 수 있을 것이다. 가장 큰 문제가 알기 쉽게 해석되면, 그것에 빨려 들어가는 것은 당연하다. 그러나 이러한 표면적 단순함은 방법론에만 존재한다. 그것이 적용되어야 할 사물에 광대한 미지의 부분이 있는 것에는 변함이 없다. 우리 자신에 대한 수수께끼는 스핑크스와 같이 정답을 알아맞혔다고 주장하는 여러 학설을 알아채고 만다.

콩디야크의 저작이 해로운 영향을 끼친 것이 아니라면, 이것은 무진장한 문제에 대해 부가된 단순한 한 권의 책에 불과하다고 보아야 할 것이다. 엘베시우스는 감각론에서 가능한 한 직접적 귀결을 끄집어내어, 인간의 손이 만일 말의 발과 같은 형태라면 인간은 말만큼의 지성밖에 갖지 않는 것이라고 말했다. 만약 그렇다면, 확실히, 인간에게 자신의 행동의 선악에 대해 책임을 지운다는 것은 실로 부당할 것이다. 각 개인의 신체의 여러 조직의 차이에 따라 성격의 차이가 정당화되고, 변명될 수 있기 때문이다.

엘베시우스의 학설에 따르는 것으로 《자연의 체계》[33]의 학설이 있다. 이것은 우주에서의 신성, 인간에서의 자유의지의 부정을 목적으로 한다. 로크, 콩디야크, 엘베시우스 및 《자연의 체계》의 불행한 작가는 같은 길을 차례로 전진했던 것이다. 처음에는 죄가 없다. 로크도 콩디야크도 그들의 철학원리의 위험성을 몰랐다. 그러나 얼마 안 되어서 지성의 지평선상에 겨우 보이기만 했던 이 검은 씨앗은 성장하여 세계를, 또한 인간을 암흑으로 미리 처넣은 것이다.

사람들은 외계의 사물이 우리로 하여금 모든 것을 느끼게 하는 동기라고 생각한다. 그렇다면 물질의 세계에 몸을 맡기고 자연의 향연에 손님으로 초대되는 것보다 쾌적한 일은 없을 것이지만, 내면의 샘은 점점 말라 사치와 쾌락을 위해 필요한 상상력이 고갈된다. 그렇게 되면 머지않아 아무리 물질적인 행복이라도 그 행복을 느낄 영혼마저 상실하게 될 것이다.

감각은 인간사상의 모든 것의 기초라고 생각하는 학설은 영혼의 불멸과 의무의 감정이 전혀 근거 없는 추측이라고 한다. 어떠한 감각을 갖더라도 죽음 속에 불사는 느껴지지 않는 까닭이다. 우리의 의식을 형성한 것이 외계의 사물뿐이라면, 산파가 그의 팔에 우리를 안아 올릴 때부터, 늙어서 인생의 마지막 행위를 할 때까지, 모든 인상은 줄줄이 꼬인 구슬의 연속같이 되어 있어서 의지를 비난하는 것도 공정하지 않은 것이 된다. 이것도 숙명의 하나에 지나지 않는 까닭이다.

다음 절에서 18세기 프랑스의 작가들이 비상한 힘을 다해 논한 이익에 기반을 둔 도덕과 모든 사상을 인간의 감각에 돌리는 형이상학이 긴밀한 연관성을 갖고 있고, 한쪽은 실천에서, 또 다른 한쪽은 이론에서 똑같이 유해하다고 증명하려고 한다. 18세기 말경에 프랑스에서 발행된, 외설적인 여러 저작을 읽을 수 있었던 사람들은 다음과 같이 증언할 것이다. 이러한 죄 많은 책의 작가들은 어느 종류의 추론으로 자기의 주장을 견고하게 하고자 할 때, 물질적인 것이 정신적인 것에 주

---

33) *Systeme de la Nature, ou des loix du monde physique et du monde moral* (1770). 계몽적 유물론자 돌바크(baron Paul-Henry Dietrich d'Holbach, 1723~1789)의 주요 저서.

는 영향을 구실로 한다. 아무리 죄 많은 견해라도 모든 것을 감각의 탓으로 한다. 요컨대 자유의사와 양심을 때려부수는 주장을 모든 형식으로 전개하는 것이다.

이러한 주장이 인간을 비굴하게 보는 것은 당연하지 않느냐고 말할 것이다. 그러나 그래도 가령 이 주장이 진실이라면, 이것을 뿌리치고 보고도 못 본 체할 수 있을까? 우리의 영혼에서 왕관을 벗겨버렸을지도 모를 사람들, 모든 물질적인 것이 공통으로 갖고 있는 법칙이 정신에도 적용된다는 것을 증명하기 위해 자신의 능력을 사용하면서 스스로 정신을 죽인 사람들의 발견은 확실히 개탄할 만한 일이다. 그러나 하느님 덕분에—이 표현은 바로 이 경우에 적합하다—나는 말할 수 있는데, 이 사상체계는 그 원리에서 전적으로 과오다. 그리고 불멸의 원리를 지지하던 사람들이 그것을 이용했다는 것은 이 체계가 내포하는 과오의 또 하나의 증거이다.

속악(俗惡)하게 되어버린 사람들은 대부분 스스로 이유를 붙여 타락하고 싶거나 자신의 행위를 이론화하고 싶을 때 유물론에 의지하였다. 그들은 영혼이 감각에 굴복하면서, 스스로의 행위에 대한 책임을 회피할 수 있다고 믿었다. 유력한 사람이 이 사상체계를 믿는다면, 그로 인하여 깊은 고민에 빠질 것이다. 왜냐하면 외부의 사물에 만능의 영향력이 있다고 하면, 그는 자신의 순수한 영혼과 결단력이 그것으로 인해 변하게 될까봐 끊임없이 두려워할 것이기 때문이다. 그러나 자기의 모든 것은 상황에 따라 만들어진 것이며, 상황은 우연의 구성이라고 공언하고 좋아하는 사람도 있다. 이 부도덕한 만족에는 마음속으로부터 전율을 느낀다.

미개인이 자기의 조그만 거처에 불을 질렀을 때에, 그들은 자기가 일으킨 불에 몸을 따스하게 할 수 있어 좋아한다고 한다. 이때 그들은 이 파괴행위가 자기에게 도움이 된다고 생각하기 때문에, 스스로 범한 질서파괴에 대해 일종의 우월감을 갖는 것이다. 그러나 사람이 가벼운 마음으로 인간 본성의 가치를 격하시킬 때에 도대체 누구에게 이익이 있을 것인가?

어떤 종류의 철학에 의해 도입된 야유

어느 국가가 하나의 철학체계를 받아들이면, 사람들의 정신의 경향은 커다란 영향을 받는다. 국가가 채택한 철학체계는 모든 사고가 끼워맞춰질 수 있는 보편적 모형이다. 그 학설을 전혀 공부하지 않았던 사람도 그것이 모두의 마음에 심어준 기분에 어느새 동화되어버린다. 유럽에서 거의 100년 전부터, 일종의 야유적 회의주의가 발생해 증가되는 것을 볼 수 있었는데, 그 뿌리에는 모든 사상을 감각에 돌리는 형이상학이 있다. 이 철학의 제 1의 원칙은 사실 또는 숫자에 의해 증명되는 것이 아니면 믿지 않는 것이다. 거기에 덧붙여 제 2의 원칙으로 이른바 열광적 감정에 대한 경멸, 그리고 제 3의 원칙으로 물질적 쾌락에 대한 집착이 결부된다. 종교, 감수성, 도덕이 표적이 될 수 있는 모든 종류의 아이러니가 이러한 세 가지 점에 잠재하는 것이다.

벨[34]의 상세한 사전은 교계의 사람들에게는 거의 읽히지 않는데, 회의주의적 헛소리의 전부를 제공한 무기고인 것이다. 볼테르는 그 재치와 우아함으로 이 헛된 소리들에 멋을 가했다. 그러나 이러한 모든 것의 근본에는 무엇이든지 물리실험 정도로 명백하지 않으면 모두 몽상과 같은 종류의 것이라고 결정짓는 사고방식이 분명히 있다. 주의력의 결여를 최고의 이성이라고 보고, 애매하고 의심스러운 것을 모두 추방해버리는 것은 교묘한 방법이다. 그 결과로서 아무리 위대한 생각이라도 그것을 곰곰이 생각해보지 않으면 이해할 수 없다든가, 마음속

34) Pierre Bayle (1647~1706). 박학다식한 철학자. 그의 주요 저서인 《역사적·비판적 사전》(*Dictionnaire historique et critique*) (1697)은 기존의 도그마나 형이상학의 여러 체계의 부정적 총결산으로서, 계몽사상의 준비에 위대한 공헌을 했다.

으로 스스로 질문을 던지지 않으면, 느끼지 못한다면, 그 생각은 우스운 생각이 되어버린다. 사람들은 아직 파스칼, 보쉬에, 루소에게는 경의를 표한다. 그들은 권위로 신성시되고 있으며, 권위는 어떠한 분야에서도 매우 명백한 것이기 때문이다. 그러나 많은 독자는 정신적인 것에 관해서는 무지와 태만은 신사의 표식이라고 믿고 있으므로, 힘들여 노력하는 것은 불명예스러운 일이라고 보고 인간이나 자연을 대상으로 한 작품을 신문기사라도 읽듯이 읽고 싶어하는 것이다.

즉, 만일 우연히 읽은 이러한 책이 프랑스인이 아닌 독일인에 의해 집필되어 《캉디드》[35]에 나오는 남작처럼 그 이름의 발음이 어렵다고 하면, 그 이름을 계기로 한 농담이 의미하는 것은 이런 것일 게다.

> 저에게는 기품도, 명석함도 있습니다. 그러나 당신은 불행하게도, 무언가를 생각하거나 어떤 감정에 얽매여 있으므로 저와 같이 고상하게 훨훨 날며 즐기고 놀 수가 없는 것입니다.

감각의 철학은 이 경박함의 원인 중 하나이다. 영혼을 수동적인 것으로 생각하게 된 이래, 많은 철학서적이 경멸당했다. 이 세상에 신비는 없고, 혹은 적어도 신비와 같은 것은 관여할 일이 아니며, 또 모든 사상은 눈과 귀에서 생기는 것이고, 손에 만져지는 것밖에 진실은 없다고 보았을 때, 모든 감각기관의 완벽한 건강을 즐기는 사람들은 자신이 참다운 철학자라고 생각했다. 가난한 경우에는 돈 버는 방법을 아는 사람들, 부자라면 돈 쓰는 방법을 아는 사람들을 향해 그들만이 합리적 철학자이며, 다른 일을 생각하거나 행하는 것은 몽상가일 뿐이

---

35) *Candide ou l'optimiste traduit de l'allemand de M. le docteur Ralph. Avec les additions qu'on a trouvés dans la poche du docteur lorsqu'il mourut a Minden l'an de grâces 1759* (1759). 이것을 쓸 무렵 볼테르는 심한 불행으로 염세적인 심정이 되어 있었다. 그런데 독일에서는 라이프니츠의 신의론(神義論)에 다른 낙천적 세계관이 펼쳐지고 있었다. 이런 세계관이 풍자되어 있는 《캉디드》는 해학과 행복함이 넘친 철학소설이며 그의 최대 걸작이다.

라고 계속 말하고 있다. 결국, 감각이란 이런 얄팍한 철학 이상의 것은 대체로 가르쳐주지 않는다. 감각에 의한 것 외에는 아무것도 알 수 없는 경우, 물질적 증명에 따르지 않는 것은 모두 광기의 이름으로 불리지 않으면 안 되는 것이다.

이에 반해, 영혼은 독립적으로 작용하는 것이며, 영혼 안에서 진실을 발견하기 위해서는 자기를 깊이 관찰해야 하고, 이 진실이란 속세의 경험의 영역 밖에 있으므로 깊은 사색 없이는 포착하지 못하는 것이라고 인정하면, 정신이 가는 방향은 전부 변할 것이다. 주의 깊은 숙고가 요구된다고 하여 최고도의 사고를 경멸하고 배척하지 않을 것이다. 공허는 오랫동안 극도로 무거운 짐이 되는 것이기 때문에 표면적·통속적인 것이야말로 참기 어려워질 것이다.

형이상학의 여러 체계가 사람들의 정신의 일반적 경향에 주는 영향을 매우 잘 느끼고 있던 볼테르가 《캉디드》를 쓴 것은 라이프니츠를 반박하기 위한 것이었다. 목적인(目的因), 낙천설, 자유의사 등 요컨대 인간 존엄의 가치를 높이는 것에 대해 각별한 분노가 담긴, 그 지옥적 쾌활함의 책 《캉디드》를 완성시킨 것이다. 이것은 우리와는 전혀 다른 본성을 지닌 존재에 의해 쓰여진 것으로 간주된다. 그는 우리의 운명에는 무관심이고, 우리가 고통받으면 만족하고, 악마 혹은 원숭이처럼 자신과는 공통점이 없는 이 인류라고 하는 불행을 비웃고 있다. 《알지르》, 《탕크레드》, 《메로프》, 《자이르》, 《브루투스》의 작가인 18세기 최고의 시인은, 과거에는 그토록 찬양하던 정신의 위대함을 이 작품에서는 과소평가하는 것이다.

비극작가로서 볼테르가 완전하게 타인의 입장이 되어서 느끼거나 생각하던 때는 대단했다. 그런데 본래의 자기 모습으로 돌아오면, 독설가이며 뒤틀린 사람이 된다. 묘사하고자 하는 등장인물의 성격에 부여하는 바로 그 유연성 때문에, 때에 따라서는 너무나 볼테르다운 언어라고 생각될 정도이다.

《캉디드》는 이 풍자적 철학, 표면은 관대한 것 같지만 실제는 잔혹

그 자체인 철학을 실천에 옮긴 것이다. 그는 인간의 본성을 가장 추한 국면으로 보이고, 우리에게 위안으로 비웃음을 준다. 비웃음은 자기에 대한 연민의 정을 갖지 않으므로, 타인에 대한 연민의 정을 느끼지 않아도 괜찮게 해주는 것이다.

볼테르가 그의 《세계사》36) 안에서 도덕적 행위도, 대죄도 똑같이 우연의 결과라고 하며, 전자로부터는 그 공적의 모두를, 후자로부터는 그 과오의 모든 것을 제거하려고 한 것은 이런 사고체계의 결과이다. 실제로 만일 영혼 안에 감각에서 얻은 것밖에 없다면, 지상에 실재하고 지속하는 것은 두 가지밖에 없다는 점을 인정하는 것이 된다. 힘과 안락함, 술책과 식도락뿐이다. 정신을 현대철학이 만들어낸 것과 같은 상태에 계속 놓아두면, 최소한의 스스로를 소진시킬 수 있는 약간의 열광적 본성이 다시 나타나길 바라게 될 것이다.

스토아학파의 사람들은 어떠한 운명에도 과감히 직면해야만 하며, 영혼과 감정과 사고에 속하는 것에만 관심을 쏟으라고 반복해서 말했다. 감각론이라면 전혀 반대의 결론을 낼 것이다. 그것은 물질적 충족을 향해 모든 노력을 기울이도록 감정이나 사고를 우리로부터 멀리하는 것이다. 감각론은 다음과 같이 말할 것이다.

> 현재를 중요하게 여기시오, 쾌락과 세상사의 영역에서 벗어나는 것은 망상이라고 생각하시오. 이 짧은 인생을 가능한 한 잘 지내시오. 행복의 기반인 건강에는 각별히 조심하시오.

이 교훈은 어느 시대에도 존재했다. 그러나 그것은 희극에 나오는 시종을 위한 것이라고만 생각되었다. 현대에 와서 필요성을 기초로 한 이성에 의한 교훈이 만들어졌다. 이 교훈은 종교적 체념과는 전혀 다른 것이다. 종교적 체념은 고귀하고 숭고하지만, 이 교훈은 너무 세속적이다.

---

36) 《풍속사론》(*Essai sur les moeurs et l'esprit des nations*) (1756)을 일컫는다.

이러한 통속적 철학으로부터 우아함의 이론을 빼낼 수 있었던 것은 이상한 일이다. 우리의 가난한 본성은 이기적이며, 비속한 것이 많다. 이것은 슬픈 일이다. 그러나 새로운 방식에서는 이것을 자랑으로 하는 것이다. 고상한 일에 대한 무관심이나 경멸이 우아한 예절이 되어버린 것이다. 그리고 어떠한 것이라도 속세에 실제적 성과를 주지 않는 일에 강한 관심을 표하면 그것이 웃음거리의 표적이 되었다.

얄팍한 심정과 정신에 의해 이론화된 원리, 그것은 우리 사상의 전부를 감각에 결부시키는 철학이다. 왜냐하면 밖으로부터 오는 것은 표면적인 것뿐이며, 진지한 삶은 영혼 안에 있기 때문이다. 인간정신에 관한 이론으로 인정받은 유물론적 숙명관이 내적인 것 모두에 대한 불신임과 동시에 외적인 것 모두에 대한 혐오감으로 이끄는 것이라면, 이러한 사고방식에서는 아직 일종의 효과 없는 우아함, 어떤 위대함을 구비한 동양적 무기력이 보일 것이다. 또 그리스의 철학자들은 무감동 속에서 위엄이라고 말할 수 있는 것을 거치는 법을 발견했다. 그러나 현대의 감각의 지배는 단계적으로 감정을 약화시키면서도 사리사욕의 활동만은 살아남게 하고, 그 원동력은 다른 것이 전부 파괴되었으므로 더욱 강하게 되었다.

정신의 불신, 심정의 이기주의에 더 부가할 것이 있다. 엘베시우스가 전개한 양심에 관한 주장이다. 그는 도덕적 행위의 본래 목적은 속세에서 맛볼 수 있는 관능적 쾌락이라고 했다. 그 결과는 다음과 같다. 어떠한 것이든 간에 어떠한 견해나 감정에 대한 관념적 신앙을 위해 자기희생을 하는 것은 말하자면 바보나 하는 것이라고 보게 되었다. 그리고 인간에게 무엇보다 무서운 것은 속기 쉬운 사람이란 이름표를 붙이는 것이므로, 사람들은 서둘러서 형세가 나쁜 모든 정신의 승화를 우스운 것으로 했다. 성공한 사람의 조소를 피할 수 있는 까닭이다. 유물론자에 의하면, 행복은 항상 바른 것이다.

불신을 교리로 하는 것, 즉 감각에 의해 증명할 수 없는 것은 모두 의심한다는 주의는 인간의 인간에 대한 큰 아이러니의 근원이다. 도덕적 퇴폐는 모두 여기에서 나온다. 이 철학은 지적인 사람들의 현대적 경향의 결과이며 원인이라고 볼 수도 있을 것이다. 하지만 이 철학이 생기게 된 첫 번째 원인은 경솔한 무관심을 깊은 사고라도 되는 듯 꾸미는 악에 있다. 즉, 이 철학은 이기주의에 그럴듯한 논거를 제시하고 지극히 숭고한 감정을 오로지 외적인 환경 탓에 걸리게 되는 우연한 병쯤으로 간주하게 만든다.

이러한 결론을 이끌어낸 형이상학에 침범되지 않도록 끊임없이 몸을 지켜온 국민이 이 원칙에서 틀리지 않았는지, 또 이 원칙을 인간의 능력의 발전과 도덕적 행위에 적용한 방식에서 틀리지 않았는지를 검증하는 것은 중요한 일이다.

독일철학 개론

사변철학은 늘 게르만 민족에게서 많은 지지자를 얻으며, 경험철학은 라틴 민족에게서 많은 지지를 받는다. 로마인은 실생활 면에 익숙하고 전혀 형이상학적이지 않았다. 그들은 그리스와 관련될 때에만 이 방면의 것을 알았다. 또한 로마인에 의해 문명화된 민족은 대개 정치적 지식과 현세의 문제와 관련 없는 학문에 대해서는 대대로 무관심했다. 이 기질은 프랑스에서 가장 강하게 나타나며, 이탈리아나 스페인도 그런 부류이다. 그러나 남부 사람들의 상상력이 때로 실천적 이론의 길을 벗어나 순수하게 추상적 이론에 힘을 기울이는 일도 있었다.

로마인의 위대한 영혼은 그들의 애국주의와 도덕에 숭고함을 부여한다. 하지만 이것은 공화정체제 덕분이다. 로마에 자유가 없어졌을 때, 로마에는 이기적이며 쾌락적인 사치가 범람했고, 교활한 정치는 모든 사람들을 관찰과 경험의 철학으로 인도했던 것을 우리는 보았다. 로마인들은 그리스의 문학과 철학에서 배운 것 중에서 예술의 취향만 간직했고, 이 취향도 얼마 안 가 타락하고 속된 향락이 되고 말았다.

로마의 영향은 북방의 사람들에게는 미치지 않았다. 그들은 거의 전적으로 그리스도교에 의해 문명화되었고, 그들의 고대종교는 기사도 정신을 내포하고 있으며, 남방의 그리스, 로마의 이교문명과는 아무런 공통점도 갖고 있지 않다. 거기에는 영웅적이며 고매한 충성심, 사랑을 숭고한 신앙으로 만들어주는 여성에 대한 열광이 있다. 요컨대 엄한 기상조건 때문에 무조건 자연의 혜택을 받지 못한 만큼 영혼의 기쁨을 마음껏 누렸던 것이다.

그리스인은 로마인과 같은 종교와 기후를 갖고 있지만, 로마인보다 더 사변철학에 몰두했다는 반론이 있을 것이다. 그러나 그리스에서 발전한 지적 체계 중 몇 개는 인도로부터 왔다고 볼 수는 없을까? 피타고라스와 플라톤의 관념철학은 우리가 알고 있는 이교문명과는 일치되지 않는다. 따라서 역사적으로 고찰해보면 남부 유럽의 국민들은 동방의 문명을 이집트를 경유하여 받은 것이 된다. 에피쿠로스[37]의 철학만이 유일하게 그리스의 독창적인 것이다.

이러한 추측이야 어찌되었든 간에, 영혼의 영성 및 거기에서 파생된 모든 사상은 북방민족에게 쉽게 정착했고, 또 이들 민족 중에서도 언제나 독일인이 가장 많이 명상적 철학에 기울어졌다. 독일인으로서 베이컨과 데카르트에 해당되는 사람은 라이프니츠이다. 이 훌륭한 천재는 모든 소질을 구비하고 있어서, 일반 독일철학자들은 그중 어느 하나라도 닮은 데가 있으면 영광으로 생각한다. 즉, 그는 넓은 학식, 완벽한 선의, 엄격한 태도 안에 감추어진 열광을 갖추고 있었다. 그는 신학, 법학, 역사, 언어, 수학, 물리학, 화학을 깊이 탐구했다. 무언

---

37) Epikouros(BC 342?~BC 271?). 고대 그리스의 철학자. 그는 자연과학을 통해 인간을 죽음과 신들에 대한 공포로부터 구하려고 했다. 인생의 목적은 쾌락에 있는데, 그것은 자연적 욕망의 충족이며, 명예욕·금전욕·음욕의 노예가 되는 것은 아니라는 주장을 폈다. 에피쿠로스가 죽은 뒤 그의 학설을 신봉하는 학파가 결성되어 600년이나 지속되었다.

가 하나의 분야에서 앞서기 위해서는 다방면의 지식이 필요하다는 확신을 갖고 있었기 때문이다. 요컨대 그의 모든 것이 고매한 사고에서 유래하고 칭송과 존경에 합당한 미덕을 보여주고 있다.

라이프니츠의 저작은 정밀과학, 신학, 영혼의 철학, 이렇게 세 개의 부문으로 나뉘어 있다. 라이프니츠가 계산의 이론에서 뉴턴의 라이벌이었다는 사실은 누구나 다 알고 있다. 수학의 지식은 형이상학의 연구에 매우 긴요하다. 추상적 추론이 완전한 형태로 존재하는 것은 오직 대수학과 기하학 안에서 뿐이다. 이 추론을 어떤 형태이든지 간에 감수성과 관련한 것에 적용하려는 경우에 생기는 불편에 관해서는 다음에 증명하도록 하겠다. 그러나 이것은 인간정신에 어느 정도의 주의력을 주는 것이다. 그 때문에 인간정신은 훨씬 용이하게 자기분석할 수 있게 된다. 또 인간을 모든 면에서 연구하기 위해서는 법률도, 우주의 여러 작용도 알아야 한다. 물질세계와 정신세계 사이에는 커다란 유사점과 차이점이 있고, 유사성과 다양성이 서로 빛을 던지고 있는 까닭에, 사변철학의 도움 없이는 일류학자가 될 수 없고 실증과학을 배우지 않고서는 사변철학자가 될 수 없다.

로크와 콩디야크는 이런 학문을 충분히 익히지 않았다. 라이프니츠는 이 점에서 결정적 우위를 확보하고 있었다. 데카르트도 위대한 수학자였다. 관념론에 기여하는 철학자 중 거의 모두가 지적 능력을 광범하게 구사했다는 사실은 주목할 만한 일이다. 지력의 단련은 마음의 단련과 마찬가지로 외부에서 오는 인상에만 구애받는 사람들은 절대 할 수 없는 내적 활동에 대한 감각을 부여한다.

라이프니츠의 저작의 제 1부문에는 신학적이라고도 말할 수 있는 것이 포함된다. 종교 영역 내의 진실에까지 가 있는 까닭이다. 인간의 정신에 관한 이론은 제 2부문에 속한다. 제 1부문은 선과 악의 기원, 신의 예지, 요컨대 인간의 지식을 넘어서는 근원적인 여러 문제를 취급하고 있다. 이러한 표현을 쓰면서 나는 피타고라스, 플라톤으로부터 현대에 이르기까지 고도의 철학적 사변에 다다른 위대한 사람들을 비난할 생각은 조금도 없다. 천재는 이 무정한 필연과 오랫동안 싸운 후 비로소 자기의 한계를 파악하는 것이다. 사고의 능력이 있는데, 이 세상의 여러 사물의 근원과 귀착점을 알려고 하지 않는 사람이 있을까?

인간 외의 지구상의 생물은 자기 자신을 모르는 듯하다. 인간만이 죽는다는 사실을 알고 있다. 그리고 이 무서운 진실이 그것에 관련된 위대한 사상으로 흥미를 유발한다. 성찰이 가능하게 되자마자, 인간의 운명을 설명해주는 여러 가지 철학적 문제는 나름대로 해결되었다. 아니, 해결되었다고 간주되었다. 그러나 인간 운명의 총체를 이해하는 것은 누구에게도 허락되지 않았다. 각자가 다른 각도에서 파악하고 있을 뿐이다. 각자는 자기 고유의 시학이나 사랑을 갖고 있는 것처럼 자신의 철학도 갖고 있다. 이 철학은 각자의 성격과 기질의 고유한 경향과 일치한다. 무한에까지 도달하면, 각기 다르긴 해도 수많은 설명이 한결같이 옳을 수 있다. 왜냐하면 한계가 없는 문제는 수많은 국면이 있고, 그중 하나만 가지고도 일생 동안 계속 생각할 수 있는 재료가 되는 까닭이다.

우주의 신비는 인간의 힘이 미치는 범위를 넘는 것이라고 해도, 이 신비의 연구는 정신에 더욱 넓은 폭을 준다. 형이상학에서도 연금술에서도 마찬가지이다. 연금술사의 돌을 찾으면서, 또 불가능한 발견에 집착하면서, 그 찾는 과정에서 우리는 찾지 않았더라면 절대 알지 못했을 진실을 만나게 되는 것이다. 더구나 명상적인 사람이 잠시라도 초월철학에 몰두하는 것은 아무도 못 말린다. 정신적 성향의 이러한 충동은 억압하면 부서지고 마는 법이다.

라이프니츠가 대발견이라고 자신을 가졌던 예정조화설[38]은 보기 좋

38) 라이프니츠의 핵심적인 형이상학적 개념. 그는 모든 존재의 기본으로서의 실체를 모나드(*monade*)라고 명명했다. 이 모나드는 우주 속에 무수히 존재하지만, 저마다 독립적이고 상호간에 아무런 인과관계도 없다. 그럼에도 불구하고 우주에 질서가 있는 것은 신이 미리 모나드의 본성이 서로 조화할 수 있도록 창조했기 때문이다. 바로 이것이 미리 정해진 조화라는 사상이며, 예정조화설이라고 한다.

게 반박되었다. 라이프니츠는 영혼과 물질의 관계를, 이들이 서로 복창하고, 서로 호응하고, 서로 모방하게끔 미리 조율되어 있는 두 개의 악기와 같은 것이라고 설명한 것을 스스로 자랑스럽게 생각했다. 그는 모나드를 우주의 개체적 기본요소라고 하나, 이것 역시 사물의 근원을 설명할 때에 쓰이는 모든 가설과 마찬가지로 근거 없는 가설일 뿐이다. 인간의 정신은 어쩌면 그토록 묘한 곤혹 속에 던져져 있는 것일까? 끊임없이 자신의 존재의 비밀을 탐구하려고 하면서 그것을 발견하지 못하고, 그렇다고 그 문제를 잠시라도 잊을 수도 없는 노릇이니 말이다.

페르시아인들에게 전해 내려오는 다음과 같은 이야기가 있다. 자라투스트라[39]가 신에게 세계는 어떻게 시작되었으며, 언제 끝나고, 선과 악의 근원은 무엇이냐고 물었다. 신은 이 모든 질문에 이렇게 대답했다. "선을 행하라, 그리하면 영생을 얻으리라."

이 대답이 특히 훌륭한 이유는 가장 숭고한 명상을 하는 인간의 용기를 절대로 꺾지 않기 때문이다. 이 말이 가르쳐주는 유일한 교훈은 인간이 의식과 감정에 의해 철학의 가장 깊은 이해에 도달할 수 있다는 사실이다.

라이프니츠는 추론에만 철학의 기반을 둔 관념론자였다. 그것 때문에 그는 이론을 너무 추상적으로 펼쳐, 자기 이론을 내면적 심증으로 충분히 받쳐주지 않았다. 그런데 이것이야말로 이해를 초월하는 것의 유일한 참된 기반인 것이다. 사실 인간의 자유에 관하여 추론해보아도 자유를 믿을 수 없을 것이다. 그러나 양심에 손을 얹어놓으면 양심은 의심할 수 없는 것이 된다.

우리가 뜻하는 시종일관이라든가 모순이란 인간의 자유 혹은 선악의 근원, 신의 예지 등의 거창한 문제의 영역에 속하지 않는다. 이러한 문제를 해명하는 경우에는 감정은 거의 항상 추리와 대립한다. 그

---

39) Zarathustra(BC 630?~BC 553?). 고대 페르시아의 종교 조로아스터교의 시조. 조로아스터(Zoroaster)는 자라투스트라의 영어명이다.

것은 지상의 질서 안에서는 믿기 어렵다고 사람들이 말하는 것이 우주적 견지에서는 최고도로 진실이라는 것을 사람들에게 알리기 위한 것이다.

단테[40]는 다음의 시 구절로 철학적 대사상을 표현했다.

> 그리하여 우리는 원초적 진리를 믿게 될 것이다.[41]

어떤 종류의 진실은, 존재를 믿는 것처럼 믿어야 한다. 영혼이 이 사실을 우리에게 계시해준다. 모든 종류의 추론은 영혼이라는 근원으로부터 파생한 연약한 것에 불과하다. 라이프니츠의 《변신론(辯神論)》[42]에서는 틀림없는 신의 예지, 선악의 원인이 취급되어 있다. 그것은 무한에 관한 이론의 가장 깊고, 가장 잘 숙고된 작품 중 하나이다. 그러나 작가는 어느 범위에 한정된 대상에만 적용할 수 있는 논법을 한계가 없는 것에 너무 적용하고 있다. 라이프니츠는 매우 종교적인 사람이었다. 그러나 바로 그러한 이유로 그는 수학적 추론 위에 신앙에 관한 여러 진실을 구축하는 것이 자기의 의무라고 생각했다. 경험이 지배하는 곳에서 받아들여진 기반을 이러한 진실의 뒷받침으로 하기 위한 것이다. 이러한 과오가 생기는 이유는 냉정하고 무미건조한 사람들이 경의를 인정해주지 않는 데 있다. 그들을 설득하는데, 그들 식으로 하려는 것이다. 논리적 형식에 따르는 논증은 감정의 증언보다 확실성을 갖는 것같이 생각되나 전혀 그렇지 않다.

---

40) Alighieri Dante(1265~1321). 이탈리아가 낳은 최고의 시인. 그는 예언자 또는 신앙인으로서 박해를 가한 그의 조국 이탈리아뿐만 아니라 전 인류에게 영원불멸의 거작 《신곡》을 남겼고, 이것으로 중세의 정신을 종합하여 문예부흥의 선구자가 되었다.

41) "A guisa del ver primo che l'uom crede." 단테, 《신곡》 천국편, 제 2가(歌) 45행에서 인용.

42) *Essais de Théodicée sur la bontée de Dieu, la liberté de l'homme et l'origine du mal*(1710).

라이프니츠가 다룬 지적·종교적 진실의 종교에서는 우리의 내면의 의식을 증명으로 사용하지 않으면 안 된다. 라이프니츠는 추상적 추론을 고집하여 거의 사람들이 할 수 없는 긴장을 강요했다. 경험에도, 감정에도 기초를 두지 않는 형이상학의 저작은 매우 사고를 지치게 하며, 그로 인해 정신적·육체적 부조화를 갖고 온다. 그것에 지지 않겠노라고 힘을 내면 머릿속의 이성을 주관하는 조직이 파괴되고 말 것이다. 바게센[43]이라고 하는 시인은 현기증을 신성(神性)이라고 한다. 우리를 사상의 너무나 높은 곳으로 올려놓기 때문에 평상생활로 내려오기 위한 계단이 없어져버리는 것 같은 이러한 저작을 연구하기 위해서는 신성에 매달리지 않으면 안 된다.

형이상학적이며 종교적이고, 웅변가인 동시에 감수성이 풍부한 작가들이 더러 있는데, 이런 작가들이 우리의 본성에 더 잘 맞는다. 그들은 우리의 추상 능력을 더욱 증대시키기 위해 감각에 침묵을 명령하기는커녕, 영혼이 가진 모든 능력에 의해 우리가 하늘 높이 들어갈 수 있도록 우리가 생각하고 느끼고 원하기를 요구한다. 그러나 추상만에 그치려고 하면 비상한 노력이 필요하므로, 대부분의 사람들은 그런 것을 체념하게 되고, 눈에 보이지 않는 것은 아무것도 인정하지 않는 편이 더 쉽게 느껴진다.

경험철학은 그 자체로 완결된 것이다. 전체는 매우 평범하지만, 치밀하며 한계가 확실하고 일관성이 있다. 세속적인 일에 적용할 수 있는 사고방식에 그친다면, 그것으로 만족해야 할 것이다. 불멸과 무한은 영혼에 의해서만 감지될 수 있는 것이다. 영혼만이 관심을 지고한 형이상학으로 펼쳐갈 수 있다. 이론이 추상적일수록 우리가 착각에 빠지는 것을 막아주리라고 생각하는 것은 잘못이다. 왜냐하면 우리가 바로 그렇게 해서 잘못에 빠지기 때문이다. 우리는 생각을 고리처럼 이으면 그것으로 증명된다고 생각하고, 몇 개의 망상을 보기 좋게 이으

---

43) Baggesen(Jens) (1764~1826). 덴마크의 시인. 그는 덴마크 문학사에서 고전주의 문학에 대항하여 낭만주의 문학을 주창한 것으로 유명하다.

면 그것으로 무기가 된다고 생각한다. 경험철학이나 사변철학보다 더 나은 것은 감정의 영감뿐이다. 이것만이 인간을 이성의 한계를 초월한 확신으로 이끌어준다.

그러므로 내 생각에 사람들은 라이프니츠의 지력과 재능의 깊이를 찬미하면서도, 그의 형이상학적 신학에 관한 저작에 좀더 많은 상상력과 감수성을 요구하는 듯하다. 감동으로 사색의 피로를 덜기 위해서이다. 라이프니츠는 진실 쪽으로 유도하는 것같이 보이는 것이 두려워 눈치가 보여 감동에 의지하지 못했는데, 이 점은 그의 잘못이다. 왜냐하면 이러한 일에서는 감정이 바로 진실이기 때문이다.

내가 라이프니츠의 저작에 관해 했던 반론은 추론으로는 해결할 수 없는 문제를 대상으로 하는 것으로서, 인간의 정신에서 사상의 형성에 관한 그의 저작들에는 전혀 해당되지 않는다. 그 저작들은 매우 훌륭하고 명석하다. 이것들은 인간이 어느 정도 끼어들어갈 수 있는 신비에 기반을 두고 있다. 왜냐하면 인간은 우주의 신비보다는 그 자신의 신비에 대해서 더 잘 알고 있기 때문이다. 만약 독일의 철학자들이 증명을 시도했던 것처럼 다음 이야기가 진실이라면, 이 저서에서 볼 수 있는 라이프니츠의 여러 견해는 유독 인간의 정신적 완성을 목표로 하고 있다. 즉, 자유의사는 다음의 원칙, 영혼이란 외부의 사물에 의존하지 않으며, 덕은 의사의 완전한 자립 없이는 존재하지 못한다는 원칙 위에 세워져 있다는 것이다.

라이프니츠는 인간의 모든 사상을 감각에서 유래시킨 로크의 체계를 보기 좋게 변증법으로 논박했다. 지성 안에 있는 것은 모두 그 전에 이미 감각 안에 있었다고 하는 유명한 명제가 있었지만, 라이프니츠는 거기에 다음과 같은 유명한 단서[44]를 붙였다.

"그렇다고 해서 감각이 지성은 아니다."

이 원리로부터 독일의 지식인들에게 그토록 영향을 준 모든 새로운

44) 이 유명한 단서란 라이프니츠의 《오성신론(悟性新論)》(*Nouveau Essais sur l'entendement humain*) (1704)에 나온다.

철학이 파생한다. 이 철학은 한편 경험적이기도 하다. 왜냐하면 그것은 인간에게 생기는 일에 주목하기 때문이다. 단지 이 철학은 외적 감각 대신에 내적 감정을 관찰한다는 차이점만이 있을 뿐이다.

로크의 학설은 제네바의 보네, 영국의 몇몇 철학자와 더불어 독일에도 지지자가 있었다. 그들은 로크 자신이 늘 표명한 종교적 감정과 이 학설을 양립시키고자 했다. 라이프니츠의 천재성은 이 형이상학이 주는 영향을 모두 예측한 데 있다. 영원토록 지속될 그의 영광은 독일에서 정신의 자유를 중요시한 철학을 지키고, 숙명적 감각론이 만연하는 일을 막은 것이다. 유럽의 다른 나라에서는 영혼의 수동성을 주장하는 원리가 채택되었으나, 라이프니츠는 자신의 천재성이 이해하는 대로 관념철학의 견식 깊은 옹호자로 존속했다. 이 관념철학은 물질의 부재에 관한 버클리[45]의 체계와도, 또 그리스의 회의주의자들의 몽상과도 관계가 없다. 그것은 정신적 존재를 그 자립성과 권리 안에서 옹호하는 것이다.

칸트

칸트는 매우 오래 살았지만, 단 한 번도 쾨니히스베르크를 떠난 일이 없었다. 그곳 북방의 빙토(氷土) 속에서 그는 한평생 인간 지식의 법칙에 대해 사색을 거듭하고, 피로를 모르는 연구에 대한 열정으로 많은 지식을 얻었다. 모든 과학, 모든 언어와 문학, 이 모든 것이 그에게는 벗이었다. 스스로 애써 구하려 하지 않았지만, 느지막하게 영광이 돌아왔다. 그는 만년에 남들이 자신을 치켜세우는 것을 들으면서, 사색의 조용한 기쁨에 만족했다. 그는 고독하게 명상하면서 자기의 영혼을 응시했다. 그는 인간의 사고를 관찰함으로써 덕의 기초가

45) George Berkeley(1685~1753). 영국의 철학자.

되는 새로운 힘을 구비할 수 있게 되었다. 그리고 그는 결코 인간의 격한 정열에 휩쓸린 적은 없었으나, 정열을 박멸하기 위해 모인 사람들에게 대항할 무기를 갖출 줄 알았다.

이토록 엄격한 철학적인 인생은 그리스에서밖에 그 예를 찾을 수 없는데, 이러한 인생만으로도 칸트의 성실함을 충분히 알 수 있다. 이 지극히 순수한 성실함에 더하여 섬세하고 공정한 정신을 빼놓을 수 없는데, 이것은 천재가 너무 서둘러 나갔을 때에 감지기로서의 역할을 해주는 것이다. 이러한 인물의 불굴의 작업을 적어도 부분적이나마 살펴보아야 할 이유는 이것으로도 충분하다고 생각한다.

칸트는 우선 물리학에 관한 여러 책을 썼다. 그리고 이 연구분야에서 얼마나 비상한 명석함을 보였는가 하면, 천왕성의 존재를 최초로 예측한 사람이 칸트일 정도이다. 허셜[46] 자신도 천왕성을 발견한 후, 칸트의 예측으로 이를 알게 되었음을 인정했다. 인간 오성(悟性)의 성질에 관한 논문은 《순수이성비판》[47]이라는 제목으로 지금으로부터 약 30년 전에 출판되었다. 이 저서는 잠시 동안 묻혀 있다가, 그 책 속에 포함된 보물 같은 사상이 일련의 사람들의 눈에 띄자 독일에 큰 센세이션을 일으켰다. 그 이후 철학과 문학의 분야에서 이룩된 것은 거의 모두 이 작품의 자극을 받고 있다.

인간의 오성에 관한 이 논문에 이어, 윤리를 다룬 《실천이성비판》[48]이 있고, 다음에 미의 본성을 대상으로 하는 《판단력비판》[49]이 있다. 그런데 지성의 법칙, 인간 본성의 원리, 자연 및 예술의 미의 관찰을 각기 그 내용으로 하는 이 세 개 논문의 기반을 이루는 것은 하나의 이론이다.

이 학설이 품고 있는 주요 사상에 관한 개관을 시도해보도록 하겠

---

46) Frederic William Herschel(1738~1822). 영국의 천문학자.

47) *Kritik der reinen Vernunf*(1781).

48) *Kritik der praktischen Vernunft*(1787).

49) *Kritik der Urteilskraft*(1790).

다. 아무리 명석한 설명을 하기 위해 주의를 기울여도, 이 학설을 이해하기 위해서는 항상 정신을 바짝 차리지 않으면 안 된다는 것을 고백해야겠다. 수학공부를 하는 어느 왕자가 공부하는 데 필요한 작업에 화를 냈다. 그러자 교사가 다음과 같이 말했다.

"전하, 알기 위해서는 배우는 고생을 하셔야 됩니다. 수학에 왕도는 없기 때문입니다."

자신을 당연히 왕자라고 생각할 프랑스의 독자들에게도 수학에 왕도가 없듯이, 어떤 이론이든 그 이론의 개념을 이해하기 위해서는 작가 자신을 그러한 결론으로 이끌어간 과정을 따라가야 한다고 말하고 싶다.

유물론자는 인간 오성을 외계 사물의 지배에, 또한 도덕을 개인적 이익에 한정시키고, 아름다움을 한갓 즐거운 것으로 축소했다. 칸트는 영혼에서 근원적 진실과 자발적 활동을, 도덕에서 양심을, 미에서 이상을 회복시키고자 했다. 이제 이 상반된 목적을 칸트가 어떤 방법으로 달성했는가 살펴보기로 하자.

《순수이성비판》이 출판되었던 무렵, 사상가들 사이에는 인간의 이해력에 관한 두 개의 체계밖에 없었다. 하나는 로크의 체계로서 모든 사고를 감각에 결부시켰고, 다른 하나는 데카르트와 라이프니츠의 체계로서 영혼의 영성과 활동, 자유의사, 요컨대 모든 관념적 사고방식의 증명에 전념했다. 그러나 이 두 철학자는 이론을 수립함에 있어 순수하게 사변적 증명에만 의존했다. 나는 앞의 절에서 지적 능력만이 우리를 지배하도록 이른바 피의 흐름을 막아버리는 것 같은 추상화의 노력이 야기하는 부정적 측면에 대해 언급한 바 있다. 이성만으로는 파악할 수 없는 대상에 대수적 방법을 적용해보아야 머리에는 아무 흔적도 남지 않는다. 고도의 철학개념에 관해 쓰인 이러한 책들을 읽고 있는 동안은 이해도 할 수 있고, 믿을 수도 있을 것 같은 생각이 들지만, 가장 설득력 있어 보이는 논증마저도 곧 기억에서 사라진다.

이런 노력에 지친 사람은 감각을 통해 아는 것밖에는 인정하지 않으려고 한다. 그러나 그것이 그의 영혼에는 고통이 될 것이다. 인간의 얼굴에 파괴를 예시하는 전조가 깊이 패고 생명 있는 자연이 끊임없이 먼지가 되어 떨어질 때, 인간이 불멸의 관념을 가질 수 있을까? 모든 감각이 죽음을 말하고 있을 때, 우리는 얼마나 미약한 부활의 희망을 품게 될 것인가? 감각만을 의지하는 사람이 마음에 지고한 선의를 품을 수 있을까? 너무나도 많은 고통이 우리의 삶을 공격하고 너무나도 많은 추악한 사물이 자연을 욕보이기 때문에, 불행한 사람은 마지막 경련이 그에게서 목숨을 앗아가기 전에 백 번이고 삶을 저주한다. 반대로 감각의 판단을 배제한다면, 인간은 이 세상에서 어떻게 살아야 할까? 그렇다고 감각의 판단만을 믿어야 한다면, 어떤 열광과 도덕이, 어떤 종교가 고통과 기쁨이 번갈아 덤벼드는 반복되는 습격에 저항해 줄 수 있겠는가?

사색이 이런 엄청난 불안 속에서 방황하고 있을 때, 칸트가 나타나 감각과 영혼, 외적 세계와 지적 세계라는 두 개의 제국에 경계선을 그으려고 시도했다. 그는 선례가 없는 명상의 힘과 지혜로써 이 선을 그었다. 그는 우주 창조에 관한 새로운 학설들 속에서도 전혀 길을 잃지 않았다. 영원의 신비가 인간정신에 부여하는 한계를 그는 인정했다. 그리고 소문만으로 칸트를 알던 사람들의 귀에는 아마 새로운 사실이겠지만, 많은 점에서 칸트는 철학자로서는 아직 존재한 일이 없을 만큼 형이상학과 인연이 적은 철학자인 것이다. 그는 형이상학을 너무 깊게 탐구하지 않았고, 그 불완전함을 증명하기 위해 형이상학적 방법을 빌린 것뿐이다. 쿠르티우스[50]의 재림인 칸트는 추상적인 연못 속에 스스로의 몸을 던져 그 연못을 메운 것이다.

---

50) Marcus Curtius. 고대 로마의 본거지인 포룸 로마눔(Forum Romanum)에 있었던 작은 연못 라쿠스 쿠르티우스(Lacus Curtius)의 이름을 설명하기 위해서 생각해낸 전설적 인물 중 한 사람. 전설에 의하면, 마르쿠스 쿠르티우스는 로마귀족 출신의 용감한 청년으로서, 갑자기 그 포룸에 생긴 움푹 팬 땅에 신탁에 따라 말과 함께 뛰어들어 희생함으로써 그 땅이 원래대로 메워졌다고 한다.

로크는 인간에게 본래부터 내재하는 관념의 존재를 주장하는 입장과 싸워서 승리를 거두었다. 그 이유는 그가 일관되게 관념이 경험적 인식의 일부라는 의견을 개진했기 때문이다. 순수이성, 즉 지성을 구성하는 근원적 능력에 관한 고찰은 그의 주의를 끌지 않았다. 라이프니츠는 우리가 이미 살펴본 바와 같이 다음과 같은 숭고한 명제를 천명했다.

> 지성 안에는 감각을 통해 오지 않은 것은 아무것도 없다. 만일 그것이 지성 자체가 아니라면.

칸트는 로크와 마찬가지로 인간에게 선천적 관념은 존재하지 않는 것을 인정했다. 그러나 모든 경험으로부터 독립하여 인간 영혼의 요소를 구성하는 법칙과 감정은 무엇인지를 조사함으로써 라이프니츠의 명제의 의미를 한층 깊이 규명해보려고 했다. 《순수이성비판》은 이들 법칙의 내용과 이것이 작용할 수 있는 대상이 어떠한 것인지를 보여주려 한다.

유물론이 거의 항상 좇게 마련인 회의주의는 너무 지나친 감이 있어서, 흄은 원인이 없으면 결과도 없다는 원리에 반박하는 논거를 구하는 과정에서 추론의 기반을 흔들어놓기에 이르렀다. 누구나 납득할 수 있는 원리를 영혼의 중심에 두지 않으면 인간의 본성은 너무나 불안정해지는데, 정신계의 존재에 공격을 가하는 것으로 시작한 불신은 처음에 정신계를 전복시키려다가 결국 물질계까지 해체하게 되었다.

칸트는 인간의 정신에 절대적 확실성이 있을 수 있는지 알려고 했다. 그리고 그것을 필연성의 개념 안에서만, 말하자면 인간 오성의 법칙 안에서만 발견했는데, 그 필연성의 개념이란 그 법칙이 우리에게 보여주는 방법 외에는 다르게 인식할 방법이 없다고 하는 종류의 개념이다. 우리의 정신의 필연적 형식의 제1열에 위치하는 것은 공간과 시간이다. 칸트는 인간의 모든 지각은 이 두 개의 형식에 종속하고 있음을 증명하고, 그것으로부터 이 둘이 사물에서 오는 것이 아니라 인간에 내재하는 것이며, 또 그러한 의미에서 인간의 오성은 그 법칙을 외계에 주는 것이지 외계로부터 받는 것은 아니라고 결론지었다. 공간을 측정하는 기하학과 시간을 분할하는 대수학은 인간정신의 필연적 개념에 근거를 두므로, 완전한 자명성에 기초한 학문인 것이다.

경험으로 얻은 진실은 결코 이러한 절대적 확실성을 동반하지 않는다. "태양은 매일 떠오른다 혹은 인간은 모두 죽는 것이다" 라고 말할 때, 경험만이 틀림없는 사실로 인지하는 이러한 진실들에 대해서 상상력은 하나의 예외를 고안해낼지도 모른다. 그러나 상상력 자신도 시간과 공간을 초월한 그 어느 것을 상정할 수는 결코 없을 것이다. 또 인간이 여러 사물에 부과하는 이러한 사유형태들은 습관, 즉 같은 현상의 끊임없는 반복의 결과라고 볼 수는 없다. 감각 그 자체는 의심스러울 수도 있지만, 그것을 통해 우리가 감각을 받아들이는 시공이라는 매체는 변하지 않는다.

시간과 공간이라는 이 근원적 직관에 추론의 원칙들이 보태져야 한다. 아니, 그 기반이 되어야 한다. 추론의 원칙들이란 지성의 여러 법칙으로서, 인과관계 · 단일성 · 복수성 · 총체성 · 가능성 · 현실성 · 필요성 등이 있으며, 이것 없이는 아무것도 이해할 수 없다.[51] 칸트는 이들도 역시 필연적 개념이라고 간주하여 이들에게 직접 근거를 두는 것만을 과학의 지위로 격상시켰다. 왜냐하면 확실성은 거기에만 존재할 수 있기 때문이다. 추론의 여러 형식은 이들을 외계의 사물의 판단에 적용할 때에만 비로소 결실을 맺게 되는데, 이 적용에서 추론의 형식은 과오를 범할 때가 있다. 그렇다고 해서 그 추론 자체가 불필요한 것은 아니다. 다시 말하면, 우리가 어떤 생각을 하게 되든 우리는 그 추론을 포기할 수 없다. 우리는 인과관계라든가, 가능성, 양 등의 관계를 떠나서는 아무것도 그려볼 수 없다. 시간과 공간이라고 하는 이

51) 〔원주〕 칸트는 오성에 필요한 여러 가지 개념을 '범주'(*catégories*) 라고 이름지어 이들을 표현하고 있다.

개념은 인간의 이해에도 내재해 있다. 우리는 인간의 추론방식의 부동의 법칙을 통해서만 무엇이든 자각할 수 있다. 따라서 이들 법칙도 우리에게 내재하는 것이며, 밖에 있는 것이 아니다.

독일철학에서는 인간 지성의 본성, 그리고 지성의 능력으로부터 생기는 것을 주관적 관념, 감각의 자극으로 일어나는 모든 것을 객관적 관념이라고 부른다. 호칭이야 어떻든 간에 인간정신에 관한 고찰은 칸트의 주요한 사고방식, 즉 인간 오성의 형식과 이 형식에 따라서 우리가 인식하는 사물들 사이에 그가 만든 구별과 부합된다. 추상적 관찰방법에 집착하든지, 혹은 종교적·도덕적 견지에서 경험에 좌우되지 않는다고 간주되는 감정에 의지하든지 간에, 칸트가 감각으로부터 오는 것과 정신의 자발적 활동에서 유래하는 것 사이에 그어놓은 경계선만큼 명쾌한 것은 없다.

칸트의 학설에 사용된 몇 개의 용어가 잘못 해석되어, 그가 선험적 인식, 즉 우리가 그것을 습득하기 이전부터 우리의 정신에 새겨져 있는 인식을 믿고 있다고 주장되었다. 플라톤의 철학체계에 더욱 가까운 다른 일련의 독일철학자들은 실제 세계의 전형이 인간의 정신 안에 있으며, 인간은 자신에 내재하는 우주의 모습을 갖고 있지 않으면 우주를 이해하지 못한다고 생각했다. 칸트에게 이 주장은 문제가 되지 않는다. 그는 지적 학문을 셋으로 분류했다. 논리학, 형이상학, 수학이 그것이다. 논리학은 그 자체로서 무엇인가를 가르쳐주는 것은 아니지만, 오성의 법칙에 기반을 두고 있으므로 추상적으로 보면 그 원리는 명쾌하다. 논리학에 의해 진실에 도달할 수 있는 것은 이것을 사상이나 사물의 고찰에 응용하는 경우뿐이다. 그 원리는 내재적인 것이며, 응용은 경험적이다. 칸트는 추론은 경험의 영역에서만 일어난다고 주장해서, 형이상학의 존재를 부인한다. 수학만이 공간과 시간의 직관, 즉 경험 이전의 것인 오성의 법칙에 직접 의존한다고 생각했다. 칸트는 수학이 단순한 분석이 아니라, 종합적·적극적·창조적이고 그 자체로 신뢰성이 높은 학문으로서 경험의 도움을 빌려 그 진실성을 확인할 필요가 없다는 것을 증명하고자 했다. 칸트의 저서 중에는 이러한 사고방식을 근거로 하는 논증이 보인다. 그러나 적어도 이른바 몽상가의 철학에 대해 이처럼 반대의 입장을 표명한 사람은 없는 것이 사실이다. 그리고 제아무리 그의 가르침이 유물론으로 인해 떨어진 인류의 품위를 회복시키는 것이 목적이었더라도, 몽상가가 되느니보다는 무미건조하기는 하지만 가르쳐주는 바가 있는 사고방식의 경향을 갖는 것이 낫다고 생각했을 것이다.

칸트는 결코 경험을 배제하지 않으며, 오히려 인생이라고 하는 작품은 외부에서 오는 지식 위에 작용하는 우리에게 내재한 능력에 다름 아니라고 생각한다. 경험은 오성의 법칙이 없으면 카오스에 불과하지만, 오성의 법칙은 경험에 의해 주어진 요소만을 대상으로 한다고 그는 믿는다. 그 결과 경험의 한도를 넘는 것을 우리는 형이상학에서 배울 수 없고, 가시세계를 초월한 모든 것의 예지와 확신은 감정에서 유래하게 되는 것이다.

종교적 진실을 입증하기 위해 논리만을 사용하려고 하면, 논리는 방어와 공격이 모두 가능한 아무 데로나 쉽게 휘는 도구가 된다. 왜냐하면 이 점에서는 경험 안에서 아무런 근거도 발견하지 못하기 때문이다. 인간에게 자유가 있는지 없는지, 영혼은 불멸인지 아닌지, 세계는 일시적인 것인지 영원한 것인지 등에 관한 논의를 칸트는 대등한 두 개의 입장에서 행했다. 그리고 감정을 내세워 그쪽으로 저울을 기울게 했다. 형이상학적 증명은 어느 쪽에도 같은 힘이 된다고 보았기 때문이다.[52] 추론에서 회의주의를 이렇게까지 철저하게 한 것은 잘못이었는지도 모른다. 그러나 이는 어떤 문제에서 회의주의를 낳은 자의적 토론을 멀리함으로써 그 회의주의를 확실히 멸종시키기 위함이었다.

초월적 형이상학의 거창한 문제에서 이들의 정립과 반정립 사이에 동일성이 있다고 주장했다고 해서, 칸트의 성실한 신앙심을 의심하는

52) 〔원주〕 이 형이상학의 큰 문제에 관한 정립과 반정립을 칸트의 저서에서는 '이율배반'(*antinomies*)이라고 부르고 있다.

것은 불공정한 일이다. 차라리 이 고백에서는 순진함이 보인다고 나는 생각한다. 이러한 사고방식을 이해할 수 있는 것은 지극히 소수의 사람에 한할뿐더러 그러한 사람들은 서로 매우 다투기 쉬우므로, 신의 존재, 자유의사, 선악의 기원 등의 문제에서 형이상학을 추방해버리는 것이 종교적 신앙에는 큰 공헌이 된다.

존경할 만한 몇몇 사람들은 어떠한 무기도 소홀히 해서는 안 되며, 형이상학적 논법도 그 논법에 지배되는 사람을 설득하기 위해 사용되어야 한다고 말했다. 그러나 이들의 논법은 논쟁을 가져오기 쉽고, 논쟁은 무엇을 문제로 삼더라도 의심을 가져온다.

어느 시대에도 인류의 전성기란, 어떠한 질서에 대한 진실이 문서에 의해서도, 진술에 의해서도 이의를 받지 않던 때였다. 정열이 죄가 될 만한 행위를 초래할 수는 있었지만, 어느 누구도 자기가 믿지 않는다고 해서 종교에 의심을 품은 적은 없었다. 궤변은 특정 철학의 나쁜 습관인데, 그것이 어떠한 형태의 것이든 그것은 여러 나라, 여러 시대에 영웅적 헌신의 샘이었던 그 존귀한 신념을 부수어버렸다. 그러므로 자신의 학문에 범접할 수 없는 영역이 들어오는 것을 막는 것, 또한 그 학문으로부터 추방당해야 할 영역이 있다는 것을 추상화의 온갖 수단을 동원하여 증명하는 일은 철학자로서 훌륭한 생각이 아닌가?

전제군주와 광신자는 인간의 이성으로 하여금 몇몇 주제에 대해 검토하는 것을 금했다. 그리고 이성은 언제나 이 부당한 속박으로부터 탈출했다. 그러나 이성이 자신에게 주는 제한은 이성을 노예로 하는 것이 아니고, 이성에게 새로운 힘을 준다. 그것은 복종하는 사람들이 자유의사에 의해 동의하는 법 특유의 권위에서 나오는 힘이다.

청각장애를 가진 사람도 시카르 사제의 보육원[53]에서 자라기 이전

53) Abbé Roch-Ambroise Sicard(1742~1822). 유명한 교육자. 시카르 신부는 그 전에 드레페(De l'Epee) 신부에 의해 개발된 수화(手話)부호를 더욱 발전시켜서, 농아들이 의사소통할 수 있도록 도왔다. 18세기 말에서 19세기 초엽에 파리에서 농아자보육원(聾啞者保育院)을 운영했다. 1803년에 프랑스 한림

부터 신의 존재를 깊이 믿을 수 있었을 것이다. 청각장애자가 다른 사람들과 관련 없는 존재이듯이, 많은 사람들은 심오한 사상가들로부터 관련 없이 멀리 있는 존재이다. 그렇다고 해서 그들이 말하자면 자체 내에서 근원적 진실을 감지할 수 없는 것은 아니다. 이러한 진실은 감정의 소산이기 때문이다.

의학자는 인체를 연구해서 인체에 생명을 주는 원리를 인식한다. 그래도 생명이란 무엇인가 하는 물음에 답할 수 있는 사람은 없다. 만일 이러한 것으로 궤변을 늘어놓으면, 사실 몇몇 그리스의 철학자들이 그렇게 한 것처럼, 당신들은 살아있지 않다고 증명하는 것도 가능할 것이다. 신, 양심, 자유의사에 관해서도 마찬가지이다. 느끼므로 믿어야 한다. 모든 논의는 항상 이 사실보다는 하위에 있는 것이다.

살아있는 인체를 파괴하지 않고 해부할 수는 없다. 갈라놓기 어렵게 몇 개의 진실이 서로 엉켜 있는 곳을 분석하려고 하면, 그 분석이 통일을 훼손하기 때문에 진실은 변질된다. 자기 자신의 한쪽이 다른 한쪽을 관찰하기 위해서는, 우리는 영혼을 둘로 나누지 않으면 안 된다. 어떠한 방법으로 이러한 분할이 행해지더라도 그것은 우리에게서 숭고한 본질을 앗아가는데, 그것이 없으면 우리는 양심의 소리에 귀 기울이게 하는 힘을 가질 수 없는 것이다.

많은 사람을 극장이나 광장에 모아놓고, 추론의 결과로 얻은 진실을 하나 이야기한다고 하자. 그러면 여러분은 아무리 일반적인 생각이라도 즉석에서 모인 사람의 수만큼 다양한 의견이 표명되는 것을 볼 것이다. 그러나 만약 그 이야기 안에 영혼의 위대한 징표가 조금이라도 보이고 관대함의 울림이 조금이라도 들린다면, 곧바로 사람들의 일치된 흥분이 당신에게 전해질 것이고, 그 순간 우리의 존재 안에서 생명 유지의 본능만큼이나 강한 영혼의 본능에 닿는 것을 알게 될 것이다.

칸트가 초월적 진실의 인식을 의심할 수 없는 감정에 돌리고, 이성

원의 회원으로 선출되었다.

의 작용은 감각의 영역에서만 유효한 것을 증명하려고 했을 때, 그가 이 감정의 힘을 환상이라고 간주한 것은 결코 아니다. 그와 반대로, 그는 감정을 인간 본성의 첫 번째에 놓고 있다. 그는 양심이 우리의 정신적 존재에 내재하는 원리라고 하며, 정의와 불의의 감정은 칸트에 의하면 지성에서의 공간과 시간과 마찬가지로 마음에서의 근원적 법칙이다.

추론을 내세워 인간은 자유의사를 부정한 것은 아닐까? 그러나 인간이 얼마나 자유의사를 인정하느냐 하면, 동물에까지도 자신도 모르는 사이에 존경과 경멸을 느끼고 있음을 문득 깨닫게 될 정도이다. 인간은 이토록 모든 존재의 선악의 자발적 선택을 믿고 있다.

인간의 자유를 확신시켜주는 것은 감정이다. 그리고 이 자유가 의무에 관한 사고방식의 기반이다. 왜냐하면 인간이 자유롭다면, 외계의 사물에 영향받지 않고 또 이기주의에도 좌우되지 않는 강력한 동기를 자신에게 부여할 것이기 때문이다. 의무는 인간의 영적 독립의 증거이며, 보장이다.

개인적 이해(利害)에 근거한 도덕에 반대하는 칸트의 주장과 그가 이 위선적 궤변, 사악한 주장을 대신하는 것으로 내세운 숭고한 학설에 관해 다음에서 고찰해보기로 한다. 칸트의 최초 저작인 《순수이성비판》에 관해서는 두 가지 견해가 가능하다. 바로 그 자신이 추론을 불충분하고 모순이 있는 것으로 인정했기 때문에, 사람들이 그 추론을 이용해 그에게 반론을 펼칠 것을 각오하지 않으면 안 되었다. 그러나 《실천이성비판》이나 도덕에 관해 그가 쓴 여러 저작에 대해서 나는 경의를 표하며 읽지 않을 수 없다.

도덕에 관한 칸트의 원리는 철학적 준엄함에 알맞은 정도로 엄격하며 순수하다. 그뿐만 아니라 심정의 증명과 오성의 증명을 끊임없이 결부시켜서 지성의 본질에 관한 그의 추상적 이론을 가장 단순하고 가장 강인한 감정의 받침대로 사용하는 것에 특별하게 만족하고 있다.

양심이 감각에서 얻어진다고 하면 그것은 감각 여하에 따라 사라질 수도 있고, 의무가 외적 대상에 의해서 발생한다면 그러한 의무의 존엄은 품위가 낮다. 칸트는 그러므로 이러한 존엄에서 나오는 깊은 감정은 인간이 정신적 존재라는 것에 대한 필요조건이고, 정신적 존재가 의존하고 있는 법칙이라고 몇 번이고 반복하여 계속 설득했다. 공간과 시간의 개념이 우리가 아무리 그것을 잘못 적용한다고 해도 변함없는 것과 마찬가지로, 감각의 지배와 감각이 범하게 한 나쁜 행동도 우리 안에 있는 선악의 개념을 파괴하지 못한다. 사람이 어떠한 입장에 처하더라도 상황에 대항하는 힘은 항상 있게 마련인데, 그러한 힘은 영혼 깊은 곳에서 나온다. 오성의 법칙도, 정신적 자유도, 양심도 경험에서 나오는 것이 아니라는 것을 우리는 잘 느끼고 있다.

숭고와 미에 관한 저술인 《판단력비판》에서 칸트는 지성과 감정의 영역에서 그토록 풍부하게 펼쳐 보인 것과 같은 사고방식을 상상력의 희열에 적용한다. 아니, 그가 고찰한 것, 즉 과학과 도덕, 그리고 예술 안에 나타나 있는 것은 같은 영혼이다. 칸트는 시(詩), 그리고 시와 마찬가지로 형상에 의해 감정을 묘사하는 데 적합한 예술에는 두 종류의 미가 있다고 주장한다. 하나는 시간과 이 세상에 관련된 것이고, 또 하나는 영원과 무한에 관한 것이다.

종종 유한이나 순간적인 것은 꿈과 같다고 하고, 무한이나 영원은 이해하기 힘들다고 한다. 왜냐하면 생각은 아무 데에도 한계를 두지 않으며, 존재는 허무를 이해할 수 없기 때문이다. 정밀과학도 무한과 영원과 마주하지 않고서는 깊이 탐구할 수 없다. 극히 현재적인 사물도 어떤 측면에서는 감정이나 상상력과 마찬가지로 무한과 영원에 속하는 것이다.

이러한 무한의 감정을 예술에 적용하면 당연히 이상(理想)이라는 사고방식이 나온다. 즉, 자연계의 가장 좋은 것의 집합과 모방이 아니라 우리의 영혼이 그리는 모습으로서의 아름다움인 것이다. 유물론의 철학자는 미를 그것이 주는 쾌적한 인상이라는 견지에서 판단하고, 감각의 지배하에 둔다. 모든 것을 이성에 결부시키는 유심론의 철학자는 미 안에서 완전함을 보고, 완전함의 첫 단계인 유용성과 선의 어떠한 공통점을 찾으려고 한다. 칸트는 유용성도, 선도 배척한다.

단지 쾌적함으로만 간주되는 미는 감각의 영역에 갇혀 있게 되고, 그리하면 당연히 취향의 차이에 따라 다른 것이 될 것이다. 그것은 미의 참된 특징인 보편적 동의를 받을 가치가 없다. 완전한 것으로 정의된 미는 일종의 존경에 기반을 둔 판단을 필요로 한다. 아름다움이 반드시 일으키게 마련인 정신의 고양은 감각이나 판단에서 오는 것이 아니다. 의무의 감정이나 오성의 필연적 개념과 같이 세상에 나올 때부터 갖고 있는 정신상태이다. 우리는 아름다운 것을 봄으로써 미를 인식한다. 미는 이상의 외재적 형상이며, 그 원형은 우리의 지성 안에 존재하는 것이다. 기분 좋은 것은 각자의 취향에 따라 다양하게 있을 수 있다. 감각기관이 이러한 종류의 희열의 근원이기 때문이다. 그러나 모든 사람은 예술이든 자연이든 미를 찬양한다. 왜냐하면 인간의 영혼 안에는 하늘에서 받은 감정이 있고, 그 감정으로 인해 아름다움을 느끼고 아름다움을 즐기게 되기 때문이다.

칸트는 미의 이론에서부터 숭고의 이론으로 옮겨간다. 《판단력비판》의 제 2부는 제 1부보다 더욱 주목할 만하다. 숭고함은 운명이나 자연과 싸우는 정신적 자유에 있다고 한다. 무한의 힘은 우리를 경탄하게 한다. 장엄함은 우리를 압도한다. 그러나 우리는 의지의 힘으로 자신의 육체적 약점을 인식하는 것에서 나아갈 수 있다. 운명의 힘이나 자연의 광대함은 이 땅의 생물의 불쌍한 종속상태와 비교하면 극명한 대조를 이룬다. 그러나 우리의 가슴속에 있는 성스러운 불의 광채 하나만으로 우주에 맞서 이길 수가 있다. 이 광채 하나가, 세계가 있는 힘을 다해서 우리에게 요구할지도 모르는 것에 저항하는 데 충분한 힘을 갖고 있는 것이다.

숭고함은 첫째로 인간에게 고통을 주고 그 다음에 인간을 일으켜 세운다. 바다에서 파도를 일으켜 세워 하늘과 땅을 위협하는 듯한 폭풍우의 광경을 접하면, 비록 우리에게 전혀 개인적 위험을 주지 않더라도, 우리는 이 광경에 우선 겁부터 먹게 된다. 그러나 구름이 몰려오고 자연의 무시무시한 분노가 표출될 때, 우리는 인간의 의지로 또는 체념에 의해서 혹은 정신적 자유의 숙련에 의해서 또는 포기함으로써 마음속에 정열이 솟아오르는 것을 느끼고, 모든 공포로부터 벗어날 수 있다. 역시 이러한 자아의식이 사람에게 생기를 불어넣고 용기를 주는 것이다.

용감한 행위에 관한 이야기를 들을 때, 소신을 지키기 위해 믿어지지 않는 고통을 견디어낸 사람들의 이야기를 세세한 부분까지 상세하게 들을 때, 우리는 먼저 고통받고 있는 사람의 얼굴을 생각하면서 정신이 아득해진다. 그러나 차차 힘을 되찾아 영혼의 위대함에 공감하고, 자신도 대수롭지 않은 이 세상의 고통을 극복해서 이 세상을 뜰 날까지 진실하고 고귀하고 자랑스럽게 있고 싶다고 바라게 된다.

그런데 아무도 이른바 우리 존재의 궁극에 무엇이 있는지 정의할 수 없다. 성 아우구스티누스는 "우리는 너무나 고귀해서 우리 자신도 우리를 이해할 수 없다"[54]고 말했다. 아무리 하찮은 꽃 한 송이라도 모든 것을 관찰할 수 있다고 생각하는 사람은 필경 상상력이 부족한 사람이다. 숭고의 관념이 내포하는 것을 어떻게 해서 남김없이 알 수 있을 것인가?

근래 20년 동안 독일의 사색가들 전부를 몰두시킨 사고체계에 관해 내가 몇 페이지 안에 그 전부를 기술했다고는 결코 자부할 수 없다. 그러나 칸트철학의 정신을 대략 풀이하여 다음 각 절에서 칸트철학이 문학, 과학, 윤리에 준 영향을 설명하기 위해서는 이것으로 충분하지 않을까?

경험철학과 관념철학을 양립시키기 위해 칸트는 그 어느 한편을 다른 편에 종속시키지 않았다. 그는 이 둘의 각각에 다음 단계로 나아갈 힘을 주는 방법을 터득하고 있었다. 독일은 모든 열광을 잘못이라고

54) Aurelius Augustinus (354~430)의 《고백》(*Confessiones*) (400), 제 10권 제 9장에 나오는 내용.

하고, 인생의 위로가 되는 감정들을 편견과 한패라고 하는 무미건조한 교의에 위협받고 있었다. 그토록 철학적이면서도 동시에 시적이고 연구도 열광도 동시에 가능한 사람들에게는, 영혼의 아름다운 움직임 모두가 가장 관념적인 추론에 의해 굳건하게 지켜져 있는 것을 보는 것이 매우 만족스러운 것이었다. 정신의 힘은 오랫동안 부정되고 있을 수 없다. 즉, 그것은 자신이 믿지 않는 것, 알지 못하는 것, 무시하는 것 안에 있을 수는 없다. 신념의 철학, 열광의 철학이 필요하다. 감정이 우리에게 드러내주는 것을 이성에 의해 확인시켜주는 철학이 필요하다.

칸트에 반대하는 사람들은 그가 고대의 관념론자들의 이론을 반복한 것에 지나지 않는다고 비난했다. 그들은 이 독일철학자의 학설은 현대어로 쓰인 고대의 사상체계에 불과하다고 주장했다. 이러한 비난에는 근거가 없다. 칸트의 학설에는 새로운 사상뿐만 아니라 독특한 성격이 있다.

그것은 18세기의 철학에 반박하기 위한 것이면서도 18세기다운 것을 느끼게 한다. 왜냐하면 인간의 정신에는 항상 자신이 사는 세대의 정신에 대항하려고 해도 타협하고 마는 점이 있기 때문이다. 플라톤의 철학은 칸트의 철학보다 시적이고, 말브랑슈의 것은 더욱 종교적이다. 그러나 칸트의 큰 공적은 마음속에 있는 모든 아름다운 것에 대해 착실하게 추리된 이론을 그 기반으로 부여하면서 정신적 위엄을 높인 데 있다. 사람은 걸핏하면 이성과 감정을 대립시키고자 하는데 이러한 대립은 필연적으로 이성을 이기주의로, 감정을 광기로 이끈다. 칸트는 마치 지성의 일대 동맹을 결성하려고 등장한 것처럼 영혼을 인간의 모든 능력이 동의할 수 있는 오직 하나의 중심으로 삼았다.

칸트 저작의 논쟁적인 부분, 즉 유물론을 공격한 부분은 그것만으로도 걸작이라 할 수 있다. 유물론이 사람들의 마음에 너무나 깊이 뿌리내린 결과 반(反) 종교와 이기주의 등이 나왔으므로, 이 체계와 싸웠을 뿐인 사람들, 즉 플라톤, 데카르트, 라이프니츠의 사고방식을 부활시켰을 뿐인 사람들도 나라의 은인으로 간주되어야 할 것이다. 그러나 독일의 새로운 유파의 철학은 특유의 많은 사상들로 넘쳐 있다. 그것은 날마다 진보하는 과학의 드넓은 지식과 지극히 추상적이며 논리적인 추론방법에 기반을 두고 있다. 칸트는 이러한 추론이 경험의 범위를 넘어서는 진실의 고찰에 사용되는 것을 비난하고는 있지만, 그의 저작 안에서 형이상학적 사고력을 보여주고 있으며, 그는 이 점에서 일류 사색가의 대열에 자리잡게 된다.

《순수이성비판》의 문체가 칸트에 대적하는 사람들이 퍼붓는 비난을 받을 만한 이유가 별로 없다는 것은 누구도 부정하기 어려울 것이다. 칸트는 매우 이해하기 어려운 전문용어와 몹시 피곤한 신조어를 사용했다. 그는 사색을 벗으로 하여 고독하게 살았고, 새로운 사상에는 새로운 단어가 필요하다고 생각했던 것이다. 하긴 모든 것에는 그것을 표현할 말이 있는 법이다.

그 자체로 가장 명쾌한 대상 중에서 칸트는 종종 매우 모호한 형이상학을 지침으로 삼는다. 그가 밝은 횃불을 갖는 것은 사색의 어둠 속에서뿐이다. 밤에는 불기둥을, 낮에는 구름기둥을 지침으로 삼은 고대 이스라엘 사람들을 칸트는 상기시킨다.

프랑스에는 칸트의 저작만큼 이해하기 어려운 것을 일부러 연구해 보겠다는 사람은 아무도 없을 것이다. 그러나 그는 인내심 있고 끈기 있는 독자와만 상대한다. 그렇다고 해서 그가 일부러 난해함을 남용하지는 않았을 것이다. 그가 설명하는 데 사용하는 표현법에 더욱 많은 중요성을 두었더라면, 그토록 깊게 인간의 오성의 학문을 파고들지 못했을 것이다. 고대의 철학자들은 항상 그들의 가르침을 확실하게 두 개의 부분으로 나누고 있었다. 지식계급을 위해 놓아두는 부분과 일반 대중에게 홍보하는 부분이다. 칸트의 필법은 그것과는 전혀 다르다. 이론에 관한 것인가, 그의 응용에 관한 것인가의 차이인 것이다.

형이상학에 관한 저술에서 그는 단어를 숫자로 간주하여, 낱말이 관용적으로 갖는 의미에는 상관없이 자신이 원하는 의미를 그것에게 준다. 이것은 잘못이라고 나는 생각한다. 왜냐하면 독자의 주의력은 사상에 도달하기 이전에 낱말의 이해에 그치고 말아서, 기지(旣知)의 것을 통하여 미지(未知)의 것으로 향해 가는 데 장애가 되기 때문이다.

그렇다고 해도, 과학용어를 사용하지 않는 때의 칸트는 작가로서도 그 진가를 인정받아야 한다. 예술에 관해서 또 특별히 도덕에 관해서 이야기할 때, 그의 문체는 거의 언제나 더할 것 없이 명쾌하고 정열적이고 단순하다. 그때 그의 가르침은 얼마나 훌륭하게 보이는가! 아름다움의 감정과 의무에 대한 사랑을 묘사하는 방법은 얼마나 훌륭한가! 이 두 개는 얼마나 뚜렷하게 이해관계나 실용적 타산으로부터 떨어져 있는가! 행위는 성공 여부가 아니라 그 원인에 의해 숭고해지는 것이 아닌가! 요컨대 인간 자신을 관찰하든지 외적 관계에 대해 생각하든지 간에, 칸트는 인간에게 참으로 위대한 정신을 부여할 줄 알지 않았는가! 하늘에서 추방당하고 지구에 유배당한 인간에게, 피추방자로서 그토록 위대하고 죄인으로서 그토록 불쌍한 인간에게.

칸트의 작품을 읽으면 모든 주제에 관한 훌륭한 사상을 많이 볼 수 있다. 아마 현재로서는 창의에 넘친 신선한 발상은 이 학설에서밖에 나오지 않았다고까지 할 수 있다. 왜냐하면 유물론의 사고방식에서는 흥미를 가질 수 있는 것도, 독창적인 것도 이미 발견할 수 없기 때문이다. 진지하고 고상하며 신성한 것에 대한 심한 농담도 이미 사용해 보았으니, 이제 인류를 다시 젊어지게 하는 방법은 오직 철학을 종교로, 이성을 감정으로 되돌리는 길뿐이다.

칸트를 전후한 가장 유명한 독일철학자들

원래 철학적 정신이란 어느 나라에서도 대중화할 성질의 것이 아니라고 할 수 있다. 그러나 독일인은 깊이 생각하는 경향이 몹시 강해서, 지극히 형이상학적인 민족으로 간주된다. 독일에는 최고로 추상적인 문제를 이해할 수 있는 사람의 수가 많으므로 일반 대중도 이러한 토론에서 사용되는 논증에 흥미를 갖고 있다.

모든 지식인은 철학적 문제에 관해 각자 자기 나름대로 견해를 갖고 있다. 독일에서는 이류, 삼류의 작가도 이웃에 가면 지도자가 될 수 있을 정도의 깊은 지식을 갖고 있다. 경쟁자끼리 서로 미워하는 것은 다른 곳과 마찬가지로 이곳에서도 그렇지만, 자기가 전공하는 학문에 대한 진지한 애착을 착실한 연구에 의해 증명할 수 있는 사람이 아니고서는 아무도 논쟁에 끼어들 엄두를 내지 못한다. 성공하고 싶다고 생각하는 것만으로는 충분하지 않고, 경쟁에서 성공할 가치가 있는 경우에만 참가할 수 있다. 독일인들은 책의 형식에 결함이 있을 경우에는 매우 관대하지만, 작품의 진가에 대해서는 용서가 없다. 작가의 정신이나 영혼, 혹은 지식에서 하나라도 피상적인 부분이 발견되면 경박함을 놀려주기 위해 프랑스의 농담을 빌리고자 한다.

이 절에서 나는 칸트 전후의 저명한 철학자들의 중요한 학설에 관해 간단히 살펴보겠다고 했다. 과거로 돌아가 독일에 칸트주의가 퍼졌을 때 지식인 계층이 어떤 상태에 있었는지 알지 못하면, 칸트의 후계자들의 발자취를 잘 판단할 수 없을 것이다. 칸트주의는 로크의 체계를 유물론에 기울었다고 하여, 또 라이프니츠 학파는 모든 것을 추상 개념으로 축소시켰다고 하여 둘 다 반대했다.

라이프니츠의 생각은 수준이 높은 것이었으나 볼프[55]를 우두머리로 하는 그의 제자들이 논리학적·형이상학적 형식을 써서 거기에 주석을 가했다. 라이프니츠의 설은 여러 감각기능으로부터 인간이 받아들이는 개념은 흐릿한 것이며, 영혼에 의해 직접 감지할 수 있는 것만이 명확하다는 것이었다. 분명 그는 우리가 감각기관으로 느끼는 것보다 눈에 보이지 않는 진실이 더 확실하고, 우리의 정신적 존재와 더욱 잘

---

55) Christian von Wolf 또는 Wolff(1679~1754). 독일의 철학자.

조화된다고 하는 점을 말하고자 했다.

거기에서 볼프와 그의 제자들은 따라서 우리의 정신을 차지하는 모든 것을 추상적 관념으로 전환해야 한다는 결론을 이끌어냈다. 이 생명감이 없는 관념론에 칸트는 흥미와 열기를 도로 가져다놓았다. 그는 경험을 천부적 능력과 동일하게 중요시하고, 인간이 관심 갖는 모든 것, 도덕, 시, 예술에까지 자기의 학설을 적용했으므로 광범위하게 영향을 미쳤다.

세 사람의 중요인물, 레싱, 헴스테르후이스,[56] 야코비[57]가 철학적 생애에서 칸트에 선행했다. 그들에게 학파는 없었다. 왜냐하면 그들은 사상체계를 만들지 않았기 때문이다. 그들은 무엇보다도 유물론자들의 주장에 반발하는 것부터 시작했다. 이 점에서 레싱의 학설이 세 사람 중에서 가장 확실하지 않다. 지고의 진실을 포기한 채 안이하게 자신의 주위에 긋기 쉬운 한계선 안에 갇혀 있기엔 그의 지성은 너무나 광대했다. 논쟁에서 만능이었던 레싱은 가장 중요한 문제에 대해서도 의문을 제기할 수 있었고, 어느 분야에서도 새로운 탐구를 했다. 레싱은 유물론자로도, 관념론자로도 볼 수 없다. 검토하고, 지식을 얻기 위해 연구하려는 욕구가 그의 삶의 원동력이었다. "만약 전지전능한 신이 한 손에 진실을, 다른 한 손에 진실의 탐구를 갖고 있다면, 내가 받고 싶은 것은 탐구 쪽이다"[58] 라고 그는 말했다.

레싱은 종교적으로는 정통파가 아니다. 그는 감정적으로 그리스도교를 전혀 필요로 하지 않았지만, 그럼에도 철학적으로 그것에 감탄할 줄 알았다. 그는 그리스도교와 인간의 마음과의 관계를 이해했고, 어떠한 견해에 관해서도 그가 고려하는 것은 항상 보편적 견지에서이다. 그의 저작에는 편협하거나 배타적인 곳은 조금도 없다. 우리는 여러

---

56) Franciscus Hemsterhuis(1721~1790). 네덜란드의 사상가.

57) Friedrich Heinrich Jacobi(1743~1819). 독일의 철학자.

58) 레싱의 《제 2답변》(*Eine Duplik*) (1778), *Gesammelte werke in Zehn Bänden, achter Band. Aufbau-Verlag*, Berlin, 1956, p. 27에 이런 내용이 나온다.

사상의 중심에 몸을 둘 때, 항상 성실함과 심오함, 넓이를 지닌다. 몇몇 편협한 생각들을 나의 것으로 하고, 자존심을 내세워 무엇이든 그것에 결부시키고만 있을 때, 불공정, 허영, 좁은 도량이 나온다.

레싱은 단정적인 명확한 문장으로 열정적 생각을 저술했다. 네덜란드 철학자 헴스테르후이스는 18세기 중반에 독일의 새로운 학파 사람들이 기반으로 하는 풍부한 사상의 거의 모두를 처음으로 그의 저작 가운데 제시했다. 그의 저작 또한 문장의 성질과 그것이 표현하는 생각이 만드는 대비 면에서 탁월하다. 레싱은 열성적으로 비꼬는 표현을 하며, 헴스테르후이스는 열성적으로 수학용어를 사용한다. 최고도로 평가된 학설을 옹호하기 위해 매우 추상적인 형이상학을 이용하거나 엄격한 논리 아래 생생한 상상력을 숨기는 이러한 작가가 출현하는 것은 게르만 민족 이외에서는 자주 볼 수 없는 현상이다.

자신이 상상력을 가지지 않아도 상상력에 대해 항상 경계심을 품는 사람들은 철학적 토론에서 재능과 감성을 쫓아내는 작가를 믿으려고 한다. 그것은 마치 철학적 토론에서 삼단논법을 써서 이치에도 맞지 않는 것을 말하는 것은, 적어도 웅변술을 쓰는 것만큼 어렵다고 말하는 것과 같다. 왜냐하면 웅변이 우리의 감정을 통째로 묶어버리는 반면, 항상 그 전제로서 어느 것이 있는가 없는가를 문제삼는 삼단논법에서는 어떤 상황에서도 우리가 느끼는 수많은 인상을 단순한 양자택일로 환원시키기 때문이다. 그러나 헴스테르후이스에게는 대수의 형식을 써서 철학적 진실을 표현하는 것이 너무 많긴 해도, 훌륭한 도덕적 감정, 미에 대한 순수한 사랑이 그의 작품에 나타나 있다. 그는 관념론, 그리고 인간의 자유의사와 스토아학파의 도덕 사이에 있는 연결을 처음으로 느낀 사람이다. 그리고 특히 이 점에서 독일인들의 새로운 학설은 매우 중요하다.

칸트의 저작이 나타나기 이전에 야코비는 이미 감각의 철학에 반대했으며, 사리사욕에 근거한 도덕에 대해서는 더욱더 반대했다. 철학에서 추론의 논리적 형식에 전적으로 구애받는 일은 전혀 없었다. 그가 행한 인간 영혼의 분석은 웅변과 매력으로 가득 차 있다. 다음 장에서 나는 그의 작품의 가장 아름다운 부분, 도덕에 관련된 부분을 살펴보고자 한다. 그러나 철학자로서 그는 특이한 명예를 받을 만한 가치가 있다. 고금의 철학역사를 누구보다도 잘 알고 있던 그는 가장 단순한 진리를 지키는 것에 그 연구를 바쳤다. 즉, 같은 시대의 철학자들 가운데 그는 누구보다 먼저 종교적 감정이 우리의 지적 본성 전체의 기초라고 했다. 그가 형이상학자나 학자의 말을 그토록 열심히 배운 것은 그러한 말을 빌려서라도 오로지 미덕과 신에게 경의를 표하기 위한 것이었다고 볼 수 있을 것이다.

야코비는 칸트철학에 반대의 태도를 표명했다. 그러나 칸트가 감각론의 철학자[59]라고 하여 공격하는 것은 아니다. 반대로 초경험적 진실을 알 수 있는 유일한 철학이라고 간주되는 종교를 충분히 근거로 하지 않는다고 비난했다.

독일에서 칸트의 철학을 반대하는 사람들이 많이 나타났다. 그러나 잘 알지도 못하고 공격한 것일 뿐, 반론의 논거로 로크나 콩디야크의 학설만을 사용한 사람은 없다. 독일인들은 라이프니츠와 유사한 모든 의견을 존중하지 않고는 배기지 못할 정도로 라이프니츠의 영향력은 아직 독일인의 정신 안에 강하게 남아 있다. 10년 동안 많은 작가들이 끊임없이 칸트의 작품을 비판했다. 그러나 지금의 독일철학자들은 사고의 자발적 활동에 관해 칸트에 동의하면서도 각자가 독자적으로 학설을 만들고 있다. 실제로 누구를 막론하고 각자의 역량에 따라서 자기 자신을 사람들이 이해할 수 있도록 하는 것이다. 그러나 인간이 자신의 존재에 관하여 실로 다양하고 많은 설명을 했다고 해서 이러한 철학적 고찰이 무용지물이라고 할 수 있을까? 분명히 그것은 아니다. 이 다양성이야말로 이러한 고찰이 정말 흥미진진한 것이라는 점을 증명하고 있다.

---

59) 〔원주〕 이러한 철학자는 독일 전체에서 경험론의 철학자라는 이름으로 알려져 있다.

오늘날은 인간의 정신적 성질에 관한 논의를 이제 그만 끝내고, 더 이상은 그것에 관한 논의를 들을 수 없도록 한꺼번에 청산하려는 것 같다. 모월 모일에 언어는 확정되었고, 그 이후에 나온 새로운 낱말은 그보다 못한 언어라고 주장하는 사람들이 있다. 또 다른 사람들은 연극의 규칙은 모년에 최종결정을 보았다고 하며, 과거와 현재, 미래의 문학 논쟁은 전부 끝났으므로 이제 그 규칙을 바꾸어보려는 생각을 하는 천재는 이 시기에 태어나지 않은 게 잘못이라고 단언한다. 결국 특히 콩디야크 이후 한 발짝이라도 앞으로 나아가는 것은 모두 길을 잃는 것이라고 못박았다. 물리학에서의 진전은 여전히 허용된다. 왜냐하면 물리학이 앞으로 나아가는 것은 부정할 수 없기 때문이다. 그러나 철학과 문학에서는 인간의 정신은 똑같은 원주의 공허한 고리를 쉬지 않고 빙글빙글 돌아야 하는 것 같다.

형식만은 정돈되어 있으나 원리에 일종의 잘못된 명확성을 제시하는 그 경험철학에 매달려 있어도, 우주의 체계가 간단하게 설명되지는 않는다. 감각기관의 빛이 닿지 않는 것을 모두 존재하지 않는 것으로 보고, 자신이 한계를 정한 체계 안을 밝게 비춰보는 일은 쉽다. 그 일은 그것을 하는 사람에게 달려 있다. 그러나 이 한계를 넘어가는 것의 존재를 부정한다고 해서, 그것이 존재하지 않는 것이 되겠는가? 어떤 난해한 질서를 멀리하는 방법에 집착하는 이러한 명쾌함보다는 사변철학이 제시하는 불완전한 진실 쪽이 훨씬 사물의 본질에 가깝다. 18세기의 철학서에는 다음과 같은 문장이 반복되어 있다.

> 진실은 이것뿐이다. 나머지는 모두 망상이다.

이것을 읽으면 어느 프랑스 배우의 유명한 일화가 생각난다. 그는 자기보다 훨씬 큰 거인과 격투하기 전에 상대의 신체에 한 줄의 선을 그어놓고 그 선의 바깥을 아무리 쳐도 타격을 카운트하지 않기로 제안했다. 그러나 이 선의 밖에서도 안에서와 마찬가지로 똑같은 사람이

치명적 타격을 받았다. 마찬가지로 자신들의 지평선 경계에 헤라클레스의 기둥[60]을 놓은 사람들도 그 지평선 너머에 또 하나의 자연이 존재하는 것을 막을 수 없을 것인데, 그곳에서의 삶은 인간에게 한계 지워진 물질적 영역 안에서보다 더욱 생생하다.

칸트에 이어 가장 저명한 두 명의 철학자는 피히테와 셸링[61]이다. 그들도 역시 칸트의 사상체계를 단순화하려고 생각했다. 그러나 칸트의 철학보다 더욱 초월적인 철학을 그것을 대체하는 것으로 내세우고는 만족스러워했다.

칸트는 감각의 지배권을 분명하게 구별하고 있었다. 이 이원체계는 추상적 사상 안에 안주하는 것을 좋아하는 사람들에게 무거운 짐이었다. 그리스로부터 현대에 이르기까지 만물은 하나이다 라는 공리가 때때로 반복되어 쓰이고, 철학자들의 노력은 항상 유일한 원리, 영혼 혹은 자연 안에서 세계의 설명을 발견하는 데에 쏠리고 있었다. 그러나 감히 말하자면, 칸트가 현명한 사람들로부터 신뢰를 받을 수 있는 자격을 갖추었다는 근거 중 하나는 우리가 느끼는 바와 같이 하나의 영혼과 하나의 외계가 있고, 그들이 이런저런 법칙에 서로 작용한다는 점을 명백히 한 것이라고 생각된다. 나는 사람들이 물질적인 것이건, 지적인 것이건 왜 단 하나의 원리로 된 사상 안에서 더 고매한 철학을 찾으려고 하는지 모르겠다. 한 개 혹은 두 개가 우주를 더 알기 쉽게 하는 것도 아니고, 물질과 정신을 각각 다른 것으로 인식하는 편이 우리의 감정과 더 잘 어울린다.

피히테와 셸링은 칸트가 각자 다른 것이라고 인식하던 세계를 나누어 갖고, 각기 그 반쪽이 모든 것이기를 바랐다. 두 사람 모두 인간의 영역을 벗어나 우주의 체계를 아는 곳까지 올라가려고 생각했다. 이 점에서 칸트와는 전혀 다르다. 칸트는 인간의 정신이 이해할 수 있는

---

60) Columnae Herculis. 지브롤터 해협 동쪽의 양쪽에 서 있는 두 개의 바위. 헤라클레스가 쪼개어 생겼다는 전설이 있다.

61) Friedrich Wilhelm von Schelling(1775~1854). 독일의 철학자.

것을 발전시키는 것만큼이나 마찬가지로 인간의 정신이 이해할 수 없는 것을 우리에게 알리는 데에 많은 힘을 쏟았다.

그러나 피히테 이전의 철학자로서 피히테만큼 관념론을 과학적 엄밀함으로 밀고 나간 사람은 없다. 그에 의하면 영혼의 활동이 전 우주의 모든 것이다. 생각할 수 있는 모든 것, 상상할 수 있는 모든 것은 영혼으로부터 온다. 그가 무신론자라고 의심받는 것은 이 학설 때문이다. 그가 이후의 강의에서 신을 창조할 작정이라고 말하는 것을 들을 수 있었다. 이러한 표현을 사용함으로써 빈축을 사는 것도 무리는 아니다. 이 말의 뜻은 신성의 관념이 인간의 영혼 안에 어떻게 생기고 발전하는가를 제시하려는 것이었다. 피히테 철학의 중요한 공적은 믿기 어려울 정도의 주의력의 존재를 인정한 데 있다. 왜냐하면 그는 모든 것을 인간의 내적 존재, 모든 것의 기반이 되는 자아에 결부시키는 것만으로 만족하지 않고, 이 자아 안에서 일시적인 것과 영속적인 것을 구별하려고 했다. 실제 오성의 작용에 관해 잘 생각해보면, 자기 자신이 사고의 경지에 들어섰다고 믿거나, 마치 파도처럼 사고가 지나가는 것같이 생각된다. 한편 그것을 관찰하는 움직이지 않는 자기 자신의 일부분이 있다. 정열적인 성질과 관찰력을 겸비한 사람에게 흔히 있는 일이지만, 자신의 고통보다 우위에 서 있는 자기 자신을 느끼며, 자기가 고통받고 있는 것을 쳐다보고, 번갈아가며 그 고통을 비난하고 또 슬퍼한다.

우리는 생활을 둘러싼 상황이 변함에 따라서 때때로 변해간다. 하지만 우리는 항상 자신은 자신이라고 하는 기분을 갖고 있다. 외적 인상의 영향을 받아서 수정된 자기가 자아의 법정 앞을 지나가는 것을 바라보는 것이 언제나 변치 않는 자아라면, 이 정체성을 증명하는 것은 무엇인가?

피히테가 불멸과 창조력, 더욱 정확하게 번역하면 우주의 모습을 자기 자신 안에서 찬연히 반사시키는 힘이 있는 것은 움직이는 영혼을 보는 흔들리지 않는 영혼이라고 했다. 우리의 존재의 꼭대기에 모든 것을 놓고, 그 꼭대기에 피라미드를 얹어놓는 이 사상체계는 여간해서 따라가기 힘들다. 그것은 사상을 이해하는 데 그토록 도움이 되는 사상의 색깔을 빼앗는 것이다. 상상력도 감성도 섞여 있지 않은 이러한 추상 속에서는 미술이나 시나 자연의 명상은 사라진다.

피히테는 외계란 우리 존재의 경계선에 불과하고 그것이 사고의 대상이 될 뿐이라고 간주한다. 그의 학설에 의하면, 이 경계선은 영혼 자체에 의해 만들어지고, 영혼은 자기가 짜낸 천 위에서 쉬지 않고 활동한다. 피히테가 형이상학적 자아에 관해 쓴 것은 약간은 피그말리온의 여인상[62]이 눈을 뜸과 흡사하다. 여인상은 자기 자신과 자기 아래 놓인 돌을 번갈아 만지며 말한다.

"이것은 나이고, 이것은 내가 아니야."

그러나 그녀는 피그말리온의 손을 잡고 외친다.

"이것 역시 나야!"

이미 추상적 사고의 영역을 훨씬 초월한 감정이 문제되고 있다. 감정을 박탈당한 관념론은 정신의 활동을 최고도로 자극하는 이점이 있다. 그러나 이 사상체계 때문에 자연과 사랑이 갖는 모든 매력은 상실된다. 왜냐하면 우리가 사랑하는 존재도 우리 사고의 산물에 불과하다면, 인간이야말로 세계의 위대한 독신자[63]로 간주되기 때문이다.

그렇다고는 하나 피히테의 학설에 있는 두 개의 커다란 장점을 무시할 수 없다. 하나는 어떤 변명도 인정하지 않는 스토아학파적 윤리이다. 왜냐하면 모든 원인은 자아에 있으므로, 스스로의 의사로 한 것에

---

62) Jean-Jacques Rousseau, *Pygmalion, Scéne lyrique* (1772), *Oeuvres Complè-tes*, tome 2, p. 1230, Biblithèque de la Pléiade (1964)에 이 장면이 묘사되어 있다.

63) Zacharias Werner (1768~1823)가 "신이 우주에서 가장 위대한 독신자이다"라고 말했다고 시스몽디(Jean Charles Leonard de Sismondi)는 알바니 공작에게 쓰는 편지에서 적고 있다(Sismondi à la comtesse d'Albany, Epistolario, p. 391). 샤토브리앙의 《기독교의 정수》(*Génie du christianisme*) (T. 1, p. 70, édition de 1802)에도 같은 내용이 적혀 있었으나 다음 해 판에서 생략되었다.

대한 책임을 져야 할 의무 역시 자아에게만 있기 때문이다. 또 하나는 사고의 훈련이다. 엄격하기도 하고 치밀하기도 하므로 이 훈련법을 잘 이해한 사람은 그것을 실제에 적용하는 일은 별도로 하더라도 주의력과 명석한 분석력을 몸에 지니고 다른 어떤 장르의 연구에 참여할 때에도 그것을 응용할 수 있을 것이다.

형이상학이 무슨 소용이 있느냐고 말한다면 여러 가지 판단이 가능하겠지만, 이것이 정신의 체조가 된다는 것만은 부정하지 못한다. 아이들의 초등교육에서는 비록 훗날 사용할 기회가 없을지라도 여러 가지 종류의 싸움에 임하게 한다. 관념적 형이상학의 연구법은 그것에 노력을 기울이면 틀림없이 정신의 여러 능력이 발달하는 거의 유일한 방법일 것이다. 귀중한 것이 모두 그러하듯이, 사고는 우리 내면에 존재한다. 왜냐하면 표면에는 우둔함과 무미건조밖에는 없기 때문이다. 그러나 인간이 일찍부터 깊이 생각하고 영혼 안에서 모든 것을 관찰하는 것을 의무화하면, 결코 잃지 않을 엄정한 판단력을 거기에서 찾을 수 있을 것이다.

피히테는 추상적 사상의 분야에서 오일러[64]와 라그랑주[65] 같은 수학적 두뇌의 소유자이다. 그는 어떠한 표현에도 조금이라도 실체적인 곳이 있으면 유달리 무시한다. 실존이라는 단어도 그에게는 이미 과언이다. 존재, 원리, 본질 같은 지극히 순수한 말도 그의 의견의 미묘한 뉘앙스를 전하기 위해서 겨우 도움이 될까 말까 할 정도이다. 그는 현실적인 것과의 접촉을 겁내고 늘 피하기 위해 노력하는 것 같다. 그의 책을 읽거나 그와 대화하게 되면 이 세상에 대한 감각이 없어지고, 호메로스가 그려 보여주는 그림자와 같이 인생의 추억을 환기할 필요를 느낀다.

유물론에 의해 영혼은 타락하고, 빨려 들어가고 만다. 피히테의 관

64) Leonhard Euler(1707~1783). 스위스의 수학자.

65) Louis comte de Lagrange(1736~1813). 프랑스의 수학자. 수학의 모든 분야에 기초적인 업적을 남기고 19세기의 수학에 큰 영향을 주었다.

념론에 의하면 영혼은 너무 고양되어 자연으로부터 떨어져버리고 만다. 어느 것도 도가 지나치면 존재의 참된 아름다움인 감정이 자리잡을 곳이 없어진다.

셸링은 자연과 미술에 관한 지식을 피히테보다 꽤 많이 갖고 있다. 그의 상상력은 생명감에 넘쳐 있고, 추상적 사상으로는 만족하지 못한다. 그러나 그의 목적도 피히테와 같이 존재를 하나의 원리로 환원시키는 데 있다. 그는 두 개의 원리를 인정하는 모든 철학자를 마음속에서 멸시한다. 그는 모든 것을 다 묶어 한꺼번에 설명하는 사상체계에만 철학이라는 이름을 부여하려고 한다. 틀림없이 그러한 사상체계가 있으면 제일 좋을 것이다. 그러나 그러한 것이 어디 있겠는가? 셸링은 일반적으로 수용되는 표현인 플라톤의 철학이나 아리스토텔레스의 철학이라는 말처럼 터무니없는 것은 없다고 주장한다. 그럼 오일러의 기하학이나 라그랑주의 기하학은 어떤가? 셸링의 의견에 의하면 철학은 하나뿐이든지, 아니면 아예 없는 것이다. 철학이라는 단어에 우주의 수수께끼를 푼다는 뜻밖에 없다고 하면, 이 세상에 철학은 있을 수 없다고 확실히 말할 수 있을 것이다.

피히테와 마찬가지로 셸링에게도 칸트의 철학은 불충분하게 보였다. 칸트는 두 개의 자연, 사상의 두 개의 근원, 즉 외계의 객체와 영혼의 능력 모두를 인정했기 때문이다. 그토록 갈망하는 통일에 도달하기 위해서, 절대사상의 신봉자들이 그토록 못마땅해 하는 육체와 정신의 이중적 삶에서 벗어나기 위해서 셸링은 모든 것을 자연에게 돌리고, 피히테는 모든 것을 영혼에 돌렸다. 피히테는 자연을 단순히 영혼과 반대되는 것에 지나지 않는다고 했다. 자연은 피히테의 견지에서 보면 한 개의 한계, 한 개의 쇠사슬에 불과하고, 부단히 그곳으로부터 벗어나려는 노력을 해야 한다. 셸링의 사상체계는 훨씬 상상력을 안심시키고 기쁘게 해주지만, 필연적으로 이 체계는 스피노자의 것으로 돌아가게 된다. 그러나 현대에 행해지는 것같이 셸링은 영혼을 물질의 위치로 끌어내리는 것이 아니고, 물질을 영혼의 위치로까지 끌어올리려고 한다. 그의 이론은 전면적으로 물질적 자연을 근거로 하지만, 그의 본질뿐 아니라 형식까지도 매우 유심론적이다.

그의 말에 의하면, 이상과 현실은 지성과 물질, 상상과 경험에 대응한다. 그리고 그에 의하면 유기적으로 조직된 우주의 유일하고 절대적인 원리는 완벽하게 조화를 이룬 이들 두 개의 힘의 결합 안에 있다. 양극과 중심의 모습으로 구성되고, 어느 시대에나 신비로운 힘을 지닌 셋이라는 숫자 안에 감추어진 이 조화가 셸링에게 천재적 응용을 제공했다. 그는 이 조화를 자연뿐 아니라 예술에서도 발견할 수 있다고 믿고 있다. 그의 물리학에 관한 연구는 사실과 그 결과밖에 고려하지 않는 학자들에게조차 평가받고 있다. 끝으로 영혼에 대한 고찰에서 그는 감각과 지적 이해력이 감정 안에서 서로 되새겨지는 과정을 증명하려고 하는데, 감정은 감각과 지적 이해력의 양쪽에 존재하는 무의지적이며 깊이 고려된 것을 통합하여 삶의 모든 비밀을 포함한다.

이러한 사상체계에서 특히 흥미로운 것은 그 전개이다. 대부분의 학설에서는 이른바 우주의 설명에 관한 첫 번째 기본은 맞기도 하고, 틀리기도 하다. 왜냐하면 모든 학설은 광대한 사상을 파악하려고 하지만, 실은 그 광대한 사상에 현혹되고 말기 때문이다. 그러나 이 세상사에 적용하는 경우에는 그 학설들은 매우 정신적인 것이 되고, 특히 몇 개의 대상만을 커다란 빛으로 비추는 일이 종종 있다.

셸링이 이른바 범신론자, 즉 자연에 신성을 부여하려고 하는 철학자들에 매우 가깝다는 사실은 부정하지 못할 것이다. 그러나 그에게는 자기의 학설을 과학과 예술에 결부시킬 때 놀라울 정도의 명석함이 있다. 그는 교육자이고, 그가 관찰한 것 하나하나는 생각하게 만든다. 특히 그의 재치가 놀랍도록 깊이 있다는 것을 알 수 있는 점은, 자기의 학설을 우주의 신비에 적용하려고 하지 않는 점이다. 왜냐하면 어떤 인간도 자기보다 우월한 존재에는 도달하지 못하기 때문이다. 같은 종류의 존재간에도 우열의 차이는 있을 수 있지만, 인간과 우수한 존재 사이의 차이는 격이 다른 종류의 것으로서 서로 도달할 수 없는 거리를 두고 떨어져 있는 것이다.

자연의 신비화 한가운데에서 종교사상을 보존하기 위해 셸링의 학파는 개인은 우리로서 끝나지만, 우리가 갖고 있는 내면의 자질은 영원한 창조의 커다란 전체 안으로 돌아간다고 가정한다. 이러한 불멸은 무섭게도 죽음과 흡사하다. 왜냐하면 육체적 죽음이란 자연의 순리에 다름 아니며, 자연의 순리란 개인에게 주었던 것을 돌려받는 것이기 때문이다.

셸링은 그 사상체계로부터, 우리 영혼 안에 우주와 연결된 불멸의 자질을 키워서 우리의 상황하고만 연관된 것을 대수롭지 않게 여겨야 한다는 매우 숭고한 결론을 내렸다. 그러나 마음의 애정도, 의식 자체도 이 세상의 인간관계와 결부되어 있는 것이 아닐까? 우리는 대부분의 상황에서 전혀 다른 두 개의 충동, 즉 전체 질서에 우리를 결합시키려는 충동과 개인적 이해관계로 우리를 이끄는 충동을 느낀다. 즉, 의무의 감정과 개인주의이다. 이들 두 개의 충동에서 더욱 고상한 것은 보편적인 것이다. 우리는 다름 아닌 자기보존의 본능을 갖고 있기 때문에 그것을 희생하는 것은 아름답다. 우리는 우리 자신에게 집중하는 존재이기 때문에, 전체를 살피는 우리의 정신은 너그럽다. 즉, 우리는 각자 별개로 존속하기 때문에, 서로 선택하고 서로 사랑할 수 있다. 그렇다면 우리에게 가장 소중한 추억을 일시적 변모라고 하여 우리로부터 빼앗아버리는 추상적 불멸이란 도대체 무엇일까?

독일에서 이렇게 물어본다고 하자. "지금 그대로의 상황으로 남작이나 백작으로 다시 태어나고 싶은가?" 틀림없이 아니라는 답이 나올 것이다. 그러나 어느 누가 모녀 사이로 태어나고 싶지 않을 것이며, 현재 자기가 느끼고 있는 우정이 사라지는 것을 견딜 수 있겠는가! 자연과의 결합이라고 하는 막연한 생각은 영혼에 오랫동안 군림한 종교의 왕국을 파괴한다. 왜냐하면 종교는 우리 개개인에게 각자 말을 걸어오기 때문이다. 신은 우리의 운명을 세심하게 보살피신다. 그리스도교는 모든 사람의 정신에 응하여 우리 마음의 개인적 욕구에 친구와 같이 대답해준다. 이에 반해 범신론, 즉 신격화된 자연은 모든 곳에 종교적 영감을 주기 때문에 종교를 전반적으로 확산시키고, 우리 자신 안에 종교를 집중시키지 않는다.

이 사상체계는 항상 많은 철학자의 지지를 받았다. 사고란 언제든지 점차 일반화하는 경향이 있다. 언제나 한계를 제거하고 발전하는 정신작용을 새로운 사상으로 오판하는 수가 가끔 있다. 장벽을 하나하나 쓰러뜨리고, 어려운 문제를 해결하지 않은 채로 후퇴시키면, 공간으로서의 우주를 이해하게 되었다고 믿게 되는데, 이렇게 해보아도 무한에 더 접근하지는 못한다. 설명 없이 우리에게 계시를 주는 것은 감정뿐이다.

독일의 철학이 정말로 훌륭한 것은 우리에게 자기성찰을 하게 하는 점이다. 의지의 근원, 우리 삶의 흐름의 알 수 없는 근원에까지 독일철학은 거슬러 올라간다. 그리고 거기에서 고뇌와 신앙의 가장 깊은 곳의 비밀로 파고들어 우리를 계몽하고 안정시켜준다. 그런데 우주의 설명만을 지향하는 사상체계는 모두 어떤 말을 사용해도 그리 명석하게 분석되지 않는다. 이러한 사상에 적합한 말이 없는 것이다. 그럼에도 불구하고, 말을 사용하려고 하면 천지창조 이전에 있던 것과 같은 어둠이 모든 사물 위에 덮여 있는데 그 어둠 뒤에 빛이 따라오지 않는 결과가 생긴다. 누구나 말할 권리가 있다고 생각하는 주제에 관해 마구 학문적 표현을 사용하면 자존심을 건드리는 것이 된다. 아무리 진지한 사람이라도 그토록 어려운 이들 책에서는 농담을 하게 마련인 것이, 어둠 속에서는 항상 오해가 따르기 때문이다. 문외한이라면 곧 잊어버리거나 흐지부지되고 말겠지만 저자에게는 엄청나게 신성해 보이는 그 많은 뉘앙스와 유보(留保)가 툭하면 중요하고 반박하기 쉬운 몇몇 주장으로 축소된다.

동양인들은 언제나 관념론자였다. 아시아에는 유럽의 남방과 닮은 데가 하나도 없었다. 북방이 심한 추위 가운데 있는 것같이, 동방에서는 너무 기온이 높기 때문에 사람들은 명상적이 된다. 인도의 종교체계는 매우 우울하고 매우 유심론적인데, 남방 사람들은 언제나 다분히 유물론적 범신론의 경향을 가진다. 인도여행을 한 영국 학자들은 아시아에 관해 깊이 연구했다. 바다의 왕들과 같이 자신의 눈으로 확인하고 배우는 기회가 없었던 독일인들은 독특한 연구법을 사용해 아시아 여러 민족의 종교, 문학, 언어에 관해 흥미로운 발견을 했다. 그들은 몇몇 단서에 의해 이미 초자연적인 광명이 이들 지역 사람들을 비추었고, 그 흔적이 그대로 사라지지 않고 남아 있다고 믿게 되었다. 독일의 관념론자들만이 인도인의 철학을 충분히 이해할 수 있다. 사고방식이 흡사하기 때문에 이해하기 쉬운 것이다.

프리드리히 슐레겔은 유럽의 언어 거의 모두를 아는 데 만족하지 않고, 세계의 발상지인 인도에 대한 지식을 얻기 위해 전례 없는 힘을 기울였다. 인도의 언어와 철학에 관한 그의 최근 저작[66]엔 깊은 통찰과 실증적 지식이 있다. 그것은 유럽 지식인들의 관심을 끌 것이 틀림없다. 그는 바이[67]를 포함하여 몇몇 철학자들과 같은 의견을 갖고 있었으며, 역사적 자료가 전혀 남아 있지 않은 선사시대에는 어느 원시인의 민족이 지구상의 몇몇 장소, 특히 아시아에 살았다고 생각했다. 프리드리히 슐레겔은 민족의 흔적을 여러 국민의 지적 문화와 여러 언어의 형성 가운데에서 발견하고 있다. 역사상으로 볼 때, 전혀 교류가 없는 몇 개의 민족 사이에서 주요 관념이나 그것을 표현하는 단어에까지 놀랄 만한 유사점이 발견되는 것을 그는 지적한다. 프리드리히 슐레겔은 그의 저서 안에서 인간은 처음에 야성상태에 있었고, 상호관계의 필요에 따라 언어가 하나씩 생겼다고 하는 꽤 일반적으로 인정되는 가설을 받아들이지 않는다. 인간의 근원이 이렇게 동물적 본성에 있다고 하는 것은 정신과 영혼의 발전의 기원을 매우 개략적으로 생각하는 것이 되고, 이성은 이런 가설을 반박하고 상상력은 이것을 거절한다.

---

66) *Von der Weisheit und Sprache der Indier* (1808). 이 책은 출판 이듬해 프랑스어로 번역되었다.

67) Jean Sylvain Bailly (1736~1793). 폭넓은 학자인 동시에 정치가였다.

야성의 외침에서 그리스어의 완벽함으로 어떤 단계를 거쳐서 도달했는지 전혀 알 수 없다. 이 무한한 거리를 주파하기 위해 필요한 전진의 과정에서는 한 발자국마다 심연 하나씩을 뛰어넘어야 했을 것이라고 생각한다. 오늘날 우리는 미개인이 스스로 문명화하는 일은 결코 없고, 그들이 모르는 것을 이웃 민족이 대단한 수고를 들여 가르친다고 알고 있다. 그러므로 원시인이 인류의 교육자였다고 믿으려는 경향이 있다. 인류를 만든 이 원시인이란 계시 밖의 것일까? 어느 시대를 막론하고 모든 민족은 그들이 존재하기 이전의 행복한 상태가 상실된 것에 대해 애석함을 표시했다. 이토록 전반적으로 퍼진 이 회한은 어디에서 왔는가? 이것은 잘못된 것일까? 누구나 잘못되었다고 생각한다면 이것은 어느 정도 진실에 기인하는 것이다. 이 진실은 어쩌면 변질되고 왜곡되었는지는 몰라도, 그 기반에 태고의 암흑이나 자연의 신비적인 어떤 힘 안에 숨겨진 사실을 갖고 있다.

인류의 문명을 물질적 필요에 의해 인간이 모였기 때문에 생긴 것이라고 설명하는 사람은 어떻게 가장 오래된 민족의 정신문화가 세련된 현대문명보다 더 시적이고, 예술적이며, 물질적인 면에서 도움이 되지 않는 고귀한 것이 될 수 있는지 설명하기 어려울 것이다. 인도인의 철학은 관념론이며, 종교는 신비주의이다. 이 철학과 종교가 생긴 것이 사회질서 유지의 필요성 때문이 아님은 물론이다.

대개 어디에서나 시가 산문보다 먼저 생겼고, 운율과 리듬, 조화의 기법은 말의 엄격한 명확성, 따라서 유효한 용법 이전에 있었다. 농업에 이용하기 위해서만 천문학이 연구된 것이 아니고, 카르디아(*Chaldéens*)인과 이집트인 등은 실용의 범위를 훨씬 넘어서 연구했다. 1년의 구분, 천체의 운행, 혹성의 접근주기에 관한 참으로 깊고 정확한 이들의 관찰에선 하늘을 향한 사랑, 때로는 숭배의 마음이 보이는 것 같다.

중국에서는 군주가 제 1의 천문학자였다. 그들은 별의 움직임을 보면서 밤을 지냈다. 그들의 군주로서의 위엄은 이와 같이 훌륭한 지식과 사욕이 없는 처사로, 평범함을 뛰어넘은 데에 있었다. 종교적 계시가 문명의 원천이 되었다고 생각하는 멋진 철학체계를 지탱해주는 지식을 유물론적 견해를 신봉하는 사람들은 결코 알 수 없었다. 연구에 완전히 몰두하는 것 자체가 관념론자에 가깝다.

고독 속에서 깊이 생각하는 것이 습관화된 독일인들은 진실을 너무 깊이 파내려가므로, 그들의 작품에 오랫동안 몰입해보지 않고 이것을 우습게 여기는 사람은 배우지 못한 사람이거나 어리석은 사람임에 틀림없을 것이다. 이전에는 지식의 결핍으로 오해와 미신이 많이 있었다. 그러나 우리 시대에 개개인의 막대한 작업에 의해 얻어진 지식의 힘으로 인습적 경험의 범위를 넘은 생각이 표명된다. 그것은 인류를 위해 기뻐해야 할 일이다. 왜냐하면 적어도 인류가 그 보물을 이용하는 척도로 보면, 인간이 현재 가진 보물은 매우 빈약하기 때문이다.

독일의 몇몇 철학자의 주요 사상에 관해 지금까지 내가 기술한 글을 읽고, 그 사상의 지지자들은 내가 매우 중요한 연구에 대해 상당히 피상적인 언급을 했다고 말할 것이 뻔하다. 그런데 다른 한편 세상 사람들은 이러한 모든 것들이 무슨 소용이 있는지 의아해 할 것이다. 그러나 벨베데레의 아폴론 상[68]과 라파엘로의 회화, 라신의 비극은 무슨 소용이 있는가? 모든 아름다운 것이 영혼을 위한 것이 아니라면 무슨 소용이 있는가? 철학에 관해서도 같은 말을 할 수 있다. 철학은 사고의 아름다움이다. 인간의 본성 가운데 속된 것은 모두 떨어져나가도 영원한 것, 눈에 보이지 않는 것에 관심을 가질 수 있는 인간의 존엄을 철학은 증명한다.

철학적 생애로 정당한 영예를 안고 있는 사람들의 이름을 더 많이 인용할 수도 있다. 그러나 지금까지의 개요는 불완전하지만, 독일인들의 초월철학이 그 철학의 지배 아래에 있는 민족정신의 발달과 성격, 그리고 도덕에 끼친 영향에 관한 연구의 길잡이로서는 충분하다고 생각한다. 그리고 내가 정했던 목표도 특히 그 점에 있다.

---

68) 로마의 바티칸 궁전 안의 미술관 벨베데레 소장의 유명한 아폴론 상은 헬레니즘 시기의 작품이다.

독일의 새로운 철학이 정신발달에 준 영향

주의력은 인간정신의 여러 가지 능력 가운데 가장 강력한 힘이며, 관념적 형이상학이 그것을 현저하게 강화하는 사실을 부인할 수 없을 것이다. 뷔퐁 씨69)는 인내로써 천재성을 얻을 수 있다고 주장했다. 이것은 지나친 표현이다. 그러나 굉장한 상상력의 주인공이 인내라는 말을 사용하여 주의력에 이토록 찬사를 보냈다는 것은 크게 칭찬받을 만하다. 원래 추상적 사상에서는 깊이 생각하는 노력이 필요하다. 그러나 그 위에 의지의 내면에서 일어나는 것을 가장 정확하게 인내력을 갖고 관찰할 때에, 지성의 총력이 기울여진다. 세속적 작업에서는 정신의 예민함이 커다란 결점이 된다. 그러나 독일인에게 그러한 걱정은 전혀 무용지물이다. 사고의 미세한 실의 엉킴도 풀어내는 철학의 예민함이야말로 천재를 가장 잘 나타내주는 것이다. 왜냐하면 가령 표면적으로는 전혀 동떨어져 보이는 여러 관념간의 영향관계와 연관을 형안(炯眼)을 갖고 검토하는 습관이 없으면, 극히 뛰어난 발명과 놀랄 만한 발견을 가져올 수 있는 성찰도 우리 안에 묻혀 있는 대로 끝날 것이기 때문이다.

독일에서는 우수한 사람이 한 가지 직업에만 종사하는 것은 드물다. 괴테는 과학자였고, 셸링은 우수한 문학자였다. 프리드리히 슐레겔은 독창성 넘치는 시인이었다. 여러 재능을 모두 갖출 수는 없다고 해도, 오성의 눈이 아마 모든 것을 파악할 수 있을 것이다.

독일의 새로운 철학은 다른 어떤 철학보다도 인간정신을 펼치는 데 필연적으로 편리하다. 왜냐하면 그것은 모든 것을 영혼의 중심과 결부시키면서, 또 세계 자체를 지배하는 법칙의 원형이 인간 안에 있다고 보면서, 모든 인간이 학문의 오직 한 분야만 하도록 결정되어 있다는 편견을 용납하지 않기 때문이다. 관념론 철학자들은 하나의 예술, 하

69) Georges Louis Leclerc comte de Buffon(1707~1788). 프랑스의 박물학자.

나의 과학 등 어떤 부분이라도 전반적 지식 없이는 이해되지 못하고, 또 세부를 묘사하면서 전체를 보는 지고한 정신 없이는 아주 작은 현상에서부터 큰 현상까지 모든 현상은 학문적으로 고찰되거나 시적으로 묘사될 수 없다고 믿고 있다.

몽테스키외는 정신이란 다양한 사물간의 유사점과 유사한 사물간의 차이를 아는 것이라고 말했다.[70] 사람이 총명해지는 방법을 가르치는 이론이 있을 수 있다면, 그것은 독일인이 이해하는 오성의 이론일 것이다. 외계의 물체와 정신의 능력을 교묘하게 접근시키는 방법으로 이것처럼 적합한 것은 없다. 이들은 하나의 중심에 집결되는 여러 빛이다. 거의 모든 물리의 공리는 정신적 진실에도 해당된다. 또 보편적 철학은 수많은 방법으로 항상 하나인 동시에 항상 변하는 자연, 스스로 만들어낸 것의 하나하나에 자신의 전체 모습을 그려내는 자연, 풀의 싹에도 히말라야 삼나무에도 동일하게 우주의 각인을 찍는 자연을 보여준다.

이 철학은 모든 장르의 연구에 독특한 매력을 준다. 자기에 관해 무엇인가 새로운 발견을 하는 것은 어느 경우에도 즐겁다. 그러나 그 발견이 우리와 닮게 창조된 세계의 신비 자체에 관해 정말 우리의 눈을 뜨게 해준다면, 참으로 흥미진진한 것이 아닐까! 내가 앞서 언급한 독일의 철학자 중 어느 누구와의 대화도 플라톤의 대화를 방불케 한다. 그들 중 한 사람에게 어느 주제에 관해 질문하면, 그는 그 주제를 너무나 많은 빛으로 조명하므로, 그 이야기를 듣고 있노라면 우리는 마치 처음으로 그 문제에 관해 생각하는 것 같은 기분이 든다. 만약에 생각한다는 것이 스피노자가 말한 것같이 지성에 의해 자연과 일치하는 것, 자연과 한 몸이 되는 것을 뜻한다면 말이다.[71]

---

70) 이 말은 몽테스키외가 한 말이 아니라 장 바티스트 뒤뷔크(Jean-Baptiste du Buc)가 한 말로, 그는 마담 드 스탈의 모친인 네케르 부인의 살롱의 단골손님이었고, 몽테스키외 신봉자였다.

71) Spinoza, *Ethica ordine geometrico demonstrata* (1675).

독일에서는 몇 년 전부터 문학, 철학의 여러 문제에 관해서 새로운 사상이 대량으로 유포되어 있으므로, 이들 사상을 흉내내고 있을 뿐인 사람도 외국인이 보면 우수한 천재로 보일 것이다. 나도 단지 그들이 새롭게 동트는 관념론 철학의 이론에 정통하다는 이유만으로 매우 평범한 사람을 비범한 수재로 본 적이 가끔 있다.

독일인의 대화방식이 느리고 현학적인 면이 결점이라고 자주 비난받지만, 새로운 학파의 학도들에게서는 이 결점이 거의 보이지 않는다. 최고일류의 독일인은 한때 모두 프랑스 상류사회의 몸가짐을 배웠다. 그러나 현재 철학적인 문인 사이에, 종류는 다르나 좋은 취향이라는 점에서 손색없는 예의범절이 생겼다. 그것으로부터 참된 고상함이란 시적 상상력과 예술이 갖는 매력과 불가분의 관계이며, 또 예절이란 재능과 공적에 관한 지식과 평가에 근거를 둔다고 간주하게 됐다.

그렇지만 새로운 철학과 문학의 체계를 신봉하는 사람이 이것을 이해하지 않는 사람들에게 강한 경멸감을 갖는 것은 사실이다. 프랑스식 농담은 항상 사람들을 웃음거리로 만드는데, 그 방법은 사람을 공격하기 위해 사상을 보지 않고, 외관을 조롱하기 위해 본질을 보지 않는 것이다. 새로운 학파의 독일인은 무지와 경박함을 연장된 유아기의 병 정도로 본다. 그들은 그 주제에 관심 없는 사람을 공격하는 데 그치지 않고, 서로 심한 욕설을 퍼부으며 동료를 타도한다. 그들이 말하는 것을 듣고 있으면, 추상이나 깊이에서 한 단계 위에 있는 사람은 자기의 수준에 오르려고 하지 않는 사람이나 오르지 못하는 사람은 누구를 막론하고 비속하고 편협하다고 생각할 권리를 갖고 있는 것 같다.

방해로 정신이 화나게 되자, 풍파가 없을 때에는 그토록 유익하던 이 철학적 개혁에 과장이 섞이게 되었다. 새로운 학파의 독일인들은 천재의 횃불을 들고 영혼 내부로 들어간다. 그런데 그들은 자기들의 사상을 타인의 머릿속에 집어넣는 방법을 잘 모른다. 그들은 진실이 아니라, 전달하는 방법을 모르므로 그 방법을 무시하는 것이다. 악덕을 무시하는 경우 외의 경멸은 거의 항상 정신의 한계를 나타낸다. 왜냐하면 좀더 정신이 풍부하다면, 속물에게도 자기를 이해시키려고 하든가, 그것이 안 된다면 차라리 이해하려고 최선을 다할 것이기 때문이다.

순서대로 명쾌하게 자기를 표현하는 재능은 독일에서는 거의 볼 수 없다. 그것은 사변적 연구에 소용이 없다. 자기 자신의 사고에 어떤 형식을 줄 것인지 판단하기 위해서는 그 사고 밖에 몸을 두어야 한다. 철학은 집단으로서의 인간이 아니라, 개인으로서의 인간을 알려주는 학문이다. 우리의 정신과 다른 사람들의 정신의 관계가 무엇인가를 가르쳐주는 것은 오로지 사회의 관습뿐이다. 진지하고 엄격한 철학자들은 처음에는 순진함으로, 다음에는 오만함으로 자기와 같이 생각하고 느끼지 않는 사람들에게 화를 낸다. 독일인들은 진실을 열심히 탐구한다. 그러나 그들은 자기가 받아들인 주의를 매우 열심히 옹호하는 파벌정신을 갖는다. 왜냐하면 인간의 마음속에서는 모든 것이 정열로 변모하기 때문이다.

그러나 독일에서 서로 상반되는 유파들을 형성하는 다양한 사고방식에도 불구하고, 그 유파들은 대부분 영혼의 활동성을 발달시키는 경향을 갖고 있다. 그러므로 적어도 지적인 노동 면에서 각 개인이 자기 자신을 이토록 활용하는 나라는 어디에도 없을 것이다.

독일의 새로운 철학이 문학과 예술에 준 영향

내가 이제까지 정신의 발달에 관해서 말한 것은 문학에 대해서도 말할 수 있다. 이러한 일반적 소견에 약간의 개별적 관찰을 가하는 것도 재미있을 것이다.

모든 사상이 외적 사물에서 나온다고 생각하는 국가들에서는 외부의 것에 지배되는 예의범절에 더욱 커다란 가치를 부여하는 것이 당연하다. 반대로 정신적 존재의 법칙이 부동의 것이라고 믿으면, 사회는 각 개인에 대해 힘이 더욱 약해진다. 즉, 무슨 일이든지 자기 스스로 결정한다. 사고의 산물이나 삶의 행동에서 중요한 것은 그것이 내면의 신념과 자발적 감동에서 나왔다는 확신이다.

문체 안에는 다름 아닌 감정의 진실 여부와 관련된 성질이 있고, 정확한 문법에 의존하는 성질도 있다. 어떤 저작을 음미할 때 가장 중요한 것은 서식이고, 탁월한 제작은 좋은 개념을 앞서는 것이라고 독일인들을 설득하기는 어려울 것이다. 경험철학에서 저작은 무엇보다도 교묘하고 명쾌한 형식에 의해 평가된다. 반대로 관념철학에서는 항상 영혼의 중심에 관심이 집중되어 있기 때문에, 그곳에 접근하는 작가밖에는 평가받지 못한다. 또 실제로 인간 존재의 가장 감추어진 신비 안을 파고 들어가는 습관은 사고의 가장 깊은 것, 때로는 가장 모호한 것에 흥미를 부여한다. 그래서 독일인은 시에 형이상학을 과하게 혼합한다.

새로운 철학은 사고에서도, 감정에서도, 끝이 없는 곳까지 올라갈 필요를 느끼게 한다. 이 충동은 천재에게는 유리할지 모르지만, 오직 천재에만 국한된 것이며, 재능이 없는 사람에게 이 충동은 매우 웃기는 요구이다. 프랑스에서는 보통 사람도 무슨 일에서나 너무 강하게 반응하고 열광한다. 독일에서는 그 어느 것도 새로운 철학만큼 관심을 끌지 못한다. 프랑스에서 보통 사람은 열광을 경멸하고 독일에서는 특정한 종류의 이성을 경멸한다. 어떤 작가가 독일의 독자들에게 자신은 표면적이지 않으며, 모든 일에서 불멸과 영원을 생각한다고 납득시키기란 여간해서 어려울 것이다. 그러나 정신의 능력이 그토록 폭넓은 욕구에 항상 응할 수 있는 것은 아니므로, 막대한 노력을 해도 평범한 결과밖에는 얻을 수 없는 경우가 종종 발생한다. 하지만 독일인의 전반적인 이러한 경향은 사고의 비약에 도움이 된다. 또 문학에서는 경쟁심을 부추기는 것보다 오히려 억제하는 쪽에 흔히 기울어지기 쉽다.

독일인은 소박한 분야를 좋아한다. 이에 관해 나는 이미 언급했지만

이 선택은 그들의 형이상학으로의 기울임, 즉 자기를 알고 자기를 분석하는 필요에서 나오는 취향과는 모순되는 것처럼 보인다. 그러나 이 소박함에 대한 선호도 어느 이론체계의 영향에서 나온 것이다. 왜냐하면 독일에서는 모든 것에, 심지어 공상에도 철학이 있다. 소박함의 기본적 특징의 하나는 느낀 것과 생각한 것을 결과에 구애받지 않고, 또 무언가를 의도하지 않고 표명하는 것이다. 소박함으로서의 기호가 독일인의 문학론과 일치하는 것은 이 점에 있다.

칸트는 미와 유용성을 분리하고, 미술의 본성이란 결코 교훈을 주는 것이 아니라고 명쾌하게 증명했다. 확실히 아름다운 모든 것은 너그러운 감정을 낳고, 이 감정은 미덕을 불러낼 것이다. 그러나 도덕적 교훈을 명확하게 목표로 하는 순간 걸작품에 의해 얻어진 자유로운 인상은 필히 무너지고 만다. 왜냐하면 목적이란 어떤 것을 막론하고 의식되면 상상력을 억제하고 막기 때문이다. 루이 14세는 그에게 설교하던 설교사[72]에게 이렇게 말했다고 한다.

> 짐은 내 몫의 일을 하고 싶다.
> 그러나 남이 시키는 일을 하고 싶지는 않다.

이 말은 예술 전반에 적용될 수 있다. 영혼은 고양시켜야지, 규제해서는 안 된다.

실리주의자라면 과도하다고 생각할 정도로, 자연이 그 아름다움을 활짝 펼쳐 보이는 일이 자주 있다. 자연은 인간의 식용이 되는 식물보다는 숲의 꽃과 나무에 많은 빛을 주고 기뻐하는 것 같다. 자연 안에서 실리가 제일 중요하다면, 아름다움만이 전부인 장미보다는 영양이 되는 식물에 더 매력적인 옷을 입히지는 않을까? 또 인간이 신의 제단을 필수품보다 오히려 아무 소용이 안 되는 꽃으로 가꾸려고 하는 것은 무슨 까닭일까? 우리의 생활에 소용이 되는 것이 목적 없는 아름다

---

72) Jean-Baptiste Massillon(1663~1742).

움보다 위엄이 덜한 것은 무슨 까닭일까? 그것은 아름다움이 우리에게 불멸이고 신적인 존재, 우리 마음속에 추억과 애석함이 동시에 살아있는 존재를 상기시켜주기 때문이다.

유익한 것과 아름다움을 칸트가 구별한 것은 유익한 것의 정신적 가치를 과소평가하기 위한 것이 결코 아니다. 그것은 모든 영역에서 완전히 무사무용에 뿌리내린 찬미의 생각을 함양하기 위해서이며, 교훈을 이용하여 악덕을 교정하기보다는 악덕을 불가능하게 하는 감정을 앞세우기 위해서이다.

고대의 신화적 우화는 도덕의 장려나 교육적 모범의 의미로 흘러드는 일이 결코 없다. 현대인이 쓰는 픽션의 결말이 유익한 이야기로 되었다고 해서 현대인이 고대인보다 유익하다고는 할 수 없다. 오히려 현대인의 경우 상상력이 궁하고, 늘 목적이 설정된 작업을 하는 까닭에 만들어진 습관을 문학에 적용하기 때문이다. 현실세계 있는 그대로의 사건은 도덕적 결말을 갖는 픽션과 같이 결코 계산되어 있지 않다. 인생 그 자체는 전적으로 시적으로 형성되어 있다. 인생이 우리에게 도덕심을 깊이 인식시켜주는 것은 보통 죄인이 벌받고 의인이 상을 받기 때문이 아니다. 오히려 인생이 우리 마음속에 죄인에 대한 분노와 의인을 향한 열광을 낳기 때문이다.

보통 자연을 모방하는 것이 예술의 중요한 목적이라고 간주하지만, 독일인은 그렇게 생각하지 않는다. 그들은 이상적 미가 걸작의 원리라고 생각한다. 이 점에서 그들의 시론은 그 철학과 완전히 일치한다. 예술로부터 사람이 받는 인상은 어떤 모방을 보고 느끼는 기쁨과는 아무런 관계도 없다. 인간은 영혼 안에 현실의 사물로서는 결코 만족할 수 없는 내적 감정을 갖고 있다. 화가 난 시인의 상상력이 이와 같은 감정에 형태를 주고 생명을 준다. 예술에서 으뜸으로 뽑히는 음악, 이것은 아무것도 모방하지 않은 것이다. 그러나 이것은 신으로부터 받은 모든 것 중에서 제일 훌륭하다. 왜냐하면 그것은 이른바 필요 이상의 것으로 보이기 때문이다. 태양은 우리를 비춘다. 맑은 하늘의 대기(大

氣)를 우리는 마신다. 모든 자연의 아름다움은 우리에게 어떤 식으로든 소용이 있다. 음악만이 고귀한 무용지물인데, 그러한 이유로 우리를 마음속 깊이 감동시킨다. 음악이 모든 목적으로부터 멀리 떨어져 있으면 있을수록, 그것은 더욱 우리 내면의 사고의 근원에 가까워진다. 그런데 어떤 목적에 결부되면 우리 사고의 폭은 좁아진다.

독일인의 문학관은 작가를 관례나 피치 못할 제한 등에 결코 구속시키는 일이 없다는 점에서 다른 나라의 문학관과 다르다. 그것은 전적으로 창의성을 중시하는 이론이며, 시인을 속박하기는커녕 프로메테우스처럼 하늘의 불을 훔쳐서 시인들에게 주려고 하는 예술관이다. 호메로스, 단테, 셰익스피어가 그 모든 것을 알기나 했을까? 그들이 위대한 작가가 되기 위해서 그러한 철학이 필요했을까? 자연은 틀림없이 철학 같은 것은 바라지도 않았을 것이다. 결론적으로 말할 수 있는 것은 사실이 사실의 관찰에 선행했다는 점이다. 그러나 우리가 이론의 시대에 와 있는 한, 최소한 재능을 질식시킬지도 모르는 이론으로부터 내 몸을 지켜야 하는 것 아닌가?

그러나 이러한 철학체계가 문학에 적용되면, 몇 개의 본질적 부조리가 나오기 마련인 것을 인정해야 한다. 칸트, 피히테 등을 늘 읽은 독일인 독자들은 모호함이 조금이라도 적어지면, 확실함 그 자체로 간주한다. 그리고 작가가 예술작품에 꼭 필요한 명백한 명석함을 늘 작품에 주는 것은 아니다. 추상적 사상의 경우에는 주의력을 집중할 수가 있고, 또 그렇게 해야 한다. 그러나 감정은 무의지적인 것이다. 예술을 즐기는 일은 신경 쓴다던가 노력한다고 해서, 또는 생각한다고 해서 되는 일은 아니다. 따라서 중요한 것은 이론이 아니고 즐거움이다. 철학적 정신에는 비판·검토가 요구되지만, 시적 재능은 사람을 끌어당겨야 한다.

이론에서 끌어낸 기발한 사고방식은 재능의 진실한 성질에 대해 환상을 갖게 만든다. 정신적으로 호평을 받을 리 없는 작품이 실제로는 호평을 얻는데, 그렇게 되면 이 작품을 칭찬하는 사람이 경멸받게 된다. 또한 이러이러한 원칙에 입각해 창작된 작품은 당연히 주목받아야 된다고 생각하지만, 그것을 무대에 올리려고 "일어나서 가라" 하고 말해도 작품은 움직이지 않기 때문에, 이상과 진실의 법칙에 따라 창작된 작품을 흥미 있게 보지 않는 사람들 역시 경멸받아 마땅하다. 예술에서 대중의 판단을 비난하는 것은 거의 항상 잘못된 것이다. 왜냐하면 민중의 인상은 철학 그 자체보다도 더 철학적이기 때문이고, 교양 있는 사람들의 의도가 이 인상과 일치하지 않을 때에는 그 의도가 너무 깊어서가 아니라, 오히려 깊이가 충분하지 않아서이기 때문이다.

그러나 한 나라의 문학을 위해서는 그 나라의 시학이 약간 추상적이기는 해도 철학사상에 의거하는 편이 단순한 외적 규칙에 따르는 것보다 훨씬 좋다고 생각된다. 왜냐하면 그러한 규칙은 어린아이가 떨어지지 않도록 쳐놓은 울타리에 불과하기 때문이다.

독일에서는 다른 유럽 국가들과는 판이한 방법으로 고대를 모방했다. 독일인은 어느 경우에도 결코 정확성을 잃지 않고, 현대인의 정신과 고대인의 정신을 혼동하지 않는다. 그들은 어떤 의미에서는 허구를 현실과 동일하게 취급한다. 허구에서 면밀함을 적용하는 법을 발견하기 때문이다. 이와 같은 자질로 과거의 유적에 대한 정확하고 깊은 지식을 얻고 있다. 독일에서는 과학과 철학의 연구와 마찬가지로 고대연구도 인간정신의 세분화된 가지를 하나로 묶고 있다.

하이네[73]는 문학, 역사, 예술에 관한 모든 것을 놀랄 만한 형안으로 파악한다. 볼프는 극히 미세한 관찰에서 더없이 대담한 정보를 끌어내며, 권위에 절대 굴복하지 않고 그리스 고전의 진실함과 그 가치를 스스로 판단한다. 이미 합당한 경의를 표하며 언급한 바 있는 샤를 드 빌레르의 최근의 저작[74]을 보면, 독일에서는 매년 고대 작가들에 관해 얼마나 많은 저작이 출판되는지 알 수 있다. 독일인은 자기들이

---

73) Christian Gottlob Heyne(1729~1812). 문헌학자.

74) Charles de Villers(1765~1815). *Coup d'oeil sur l'état actuel de la littérature ancienne et de l'histoire en Allemagne*(1809).

모든 분야에서 주의 깊은 관찰자의 역할을 한다고 자부한다. 그들이 살고 있는 시대의 사람이 아니라고 해도 상관없다. 그만큼 그들의 성찰과 흥미는 이 세계의 다른 시대를 향한 것이다.

시에서 가장 좋은 시대는 무지의 시대일지도 모르며, 인류의 청춘은 이미 영원히 사라졌는지도 모른다. 그러나 독일인의 저작은 새로운 청춘을 느끼게 하는데, 그것은 모든 것을 알고 난 다음의 고상한 선택으로부터 나오는 것이다. 계몽의 시대는 황금시대에도 지지 않는 그 나름대로의 순수성이 있다. 만일 인류의 유아기에 자기의 영혼만을 믿고 의지했다면, 모든 것을 배우고 난 후에라도 다시 영혼만을 의탁해도 될 것이다.

새로운 철학이 과학에 준 영향

관념철학 덕택에 사람들은 명상하게 되고, 정신은 자기 자신을 돌아보게 되며, 지적 작업에 깊이와 강도가 더해진다는 것에는 의심의 여지가 없다. 그러나 이 철학은 자연을 관찰하는 학문에도 역시 유리하지 않을까? 다음의 고찰은 이 문제에 관한 것이다.

일반적으로 지난 세기의 과학의 진보는 경험철학의 공적이라고 한다. 또 실제로 이 분야에서는 관찰이 매우 도움이 되므로 외적 사물을 중요시하면 할수록 더욱 확실하게 과학적 진리에 도달할 수 있다고 생각하게 되었다. 그러나 케플러[75]와 라이프니츠의 나라인 독일의 과학도 우습게 볼 만한 것은 아니다. 현대의 중요한 발견인 화약과 인쇄술은 독일인에 의해 이루어졌다. 그럼에도 불구하고 독일의 정신의 경향은 변함없이 관념론 쪽으로 치우쳐 있다.

베이컨은 사변철학을 하늘 높이 날아올라가 빈손으로 내려오는 제

75) Johannes Kepler(1517~1630). 독일의 천문학자.

비에 비유했다. 그리고 경험철학을 똑같이 높이 올라가도 먹이를 갖고 돌아오는 매에 비유했다.

만약 베이컨이 지금 세대에 살았더라면, 순전히 경험에 의한 철학은 적합하지 않다고 느꼈을 것이다. 경험철학은 사변을 감각으로, 도덕을 개인적 이해관계로, 자연을 기계장치로 변모시킨 것이다. 왜냐하면 이 철학은 모든 것을 격하시키려 하기 때문이다. 독일인들은 더 고상한 분야에서 한 것과 마찬가지로 물리학에서까지 경험철학의 영향을 없애려고 했다. 그리고 자연을 관찰 대상으로 삼으면서 자연의 일반적 현상들을 원대하고 활기 있는 방법으로 고찰하고 있다. 의견이 상상력에 앞선다고 하는 것은 그 의견을 과신하는 것이다. 왜냐하면 신에 의한 우주의 해석에는 아름다움은 또한 진실이기도 하다고 도처에 쓰여 있기 때문이다.

새로운 철학은 몇 가지 면에서 독일의 물리학에 이미 영향을 주고 있었다. 우선 내가 문학과 철학에 관해 먼저 지적한 바와 같은 보편적 정신이 학자에게서도 발견된다. 훔볼트[76]는 기사와 같이 용감하게 도전을 감행한 여행을 정확한 관찰자로서 묘사해 보이고 있다. 그의 저작은 물리학자에게도 시인에게도 흥미가 있다. 셸링, 바데르,[77] 슈베르트[78] 등이 발표한 저작 중에 표명된 과학에 관한 견해는 사고에도 상상력에도 매력적인 것이다. 현재의 형이상학자가 존재하지도 않았던 먼 옛날에는 케플러나 할러가 자연을 관찰하면서 그 수수께끼를 풀 수 있었다.

프랑스에서는 사교계의 매력이 너무도 크기 때문에 어느 누구도 일에 많은 시간을 할애하지 않는다. 따라서 몇 개의 연구영역을 통합하려는 시도에 믿음이 가지 않는 것은 당연하다. 그러나 전 생애를 명상에 바친 나라에서 다양한 지식을 쌓도록 장려하는 것은 당연한 일이

76) Alexander von Humboldt(1769~1859). 자연과학자, 과학적 탐험가.
77) Benedikt Franz Xaver von Baader(1765~1841). 독일의 철학자, 신학자.
78) Gotthilf Heinrich Schubert(1780~1860). 의사, 자연과학자, 자연철학자.

다. 그 다음에 그중에서 좋아하는 분야 하나를 전문적으로 파고든다. 그러나 모든 학문을 연구하지 않고 한 개 학문만을 깊이 연구할 수는 없을 것이다. 현재 영국의 화학자 중 제1인자인 험프리 데이비 경[79]은 취미로 하는 문학에서도 성공을 거두고 있다. 문학은 과학의 빛을 받고, 과학은 문학의 빛을 받는다. 자연계의 모든 물체 사이에 존재하는 관련 같은 것이 인간의 여러 사상 사이에서도 발견되는 것이다.

광범한 지식은 필연적으로 물질계 질서의 전반적인 법칙을 발견하고 싶은 소원을 낳는다. 독일인은 이론에서 실험으로 내려가는 데 반해 프랑스인은 실험에서 이론으로 올라간다. 문학에서 프랑스인은 독일인을 세부가 아름다울 뿐, 작품 구성에 정통하고 있지 않다고 비난한다. 과학에서 독일인은 프랑스인을 각각의 사실에 관해 생각할 뿐, 하나의 사상체계에 그것들을 결부시키지 않는다고 비난한다. 독일과 프랑스의 학자간의 차이점은 주로 이러한 것이다.

실제로 이 우주를 다스리는 원리를 발견하는 것이 가능하다면, 거기에서 파생하는 모든 것을 연구하기 위해서는 이 근원에서 출발하는 것이 좋을 것임에 틀림없다. 그러나 무엇을 막론하고 세부를 모르고서는 전체를 알 수 없는 법이며, 인간이 볼 때 자연은 시빌라[80]의 흩어져버린 예언서와 같아서, 현대에 이르기까지 누구도 한 권의 책으로도 만들 수 없는 것이다. 그럼에도 불구하고 철학자이기도 한 독일의 학자들은 이 세계의 여러 현상의 관찰에 대한 관심을 놀랄 만큼 넓혀갔다. 그들은 우연한 경험에 따라 무작정 자연에 묻는 것이 아니고, 사고에

---

79) Sir Humphrey Davy(1778~1829). 영국의 화학자.

80) Sibylla. 고대 그리스·로마의 전설에서 아폴론의 신탁을 전했다고 하는 무녀의 총칭이다. 그중 가장 유명한 쿠마에(Cumae)의 시빌라가 로마의 왕 타르키니우스(Tarquinius)에게 예언서를 비싼 가격에 팔려고 했으나, 왕이 거절하자 그녀는 9권 중에 3권을 불태웠다. 나머지 6권에 대해 같은 가격을 요구하자 왕이 다시 거절했고, 그녀는 3권을 더 태웠다. 결국 왕은 나머지 3권을 원래 부른 가격으로 매입했다고 한다. 기원전 83년 큰 화재로 예언서는 소실되었으나, 각지로부터 예언서를 구해 새로운 책이 편집되었다.

의해 예측하고 그 확증을 관찰에서 구한다.

독일인이 과학적 연구의 지침으로 삼는 일반적인 두 견해가 있다. 하나는 우주는 인간의 영혼을 모델로 해서 만들어졌다는 것이며, 또 하나는 우주의 각 부분이 우주의 전체와 유사하다는 것과 동일한 맥락에서 각 부분은 전체를, 또 전체는 부분을 반영한다는 것이다.

인간 지력의 법칙과 자연의 법칙과의 유사점을 발견하기 위해 만든, 물질세계가 정신세계를 부조(浮彫)처럼 보여준다는 견해는 훌륭하다. 만일 한 사람의 천재가 《일리아드》를 창작할 수 있고 피디아스[81]처럼 조각할 수 있다면, 조각가의 제우스는 시인의 제우스와 닮았을 것이다. 그렇다면 자연과 영혼을 만들어낸 최고의 지혜가 한쪽을 다른 쪽의 상징으로 하지 않았겠는가? 우리가 항상 슬픔을 구름 덮인 하늘에, 고요한 마음을 은색의 달빛에, 노여움을 거센 파도에 비유하는 등 인간의 감정을 외계의 여러 현상과 비교하는 데 사용하는 끝없는 비유는 무의미한 상상력의 장난이 아니다. 그것은 신의 같은 뜻이 두 개의 다른 언어로 번역된 것이며, 한쪽은 다른 쪽을 설명하는 데 도움이 된다. 물질에 관한 거의 모든 원칙은 정신에 관한 격언에 대응한다. 세계와 인간의 지성 사이에서 볼 수 있는 이러한 종류의 병행은 위대한 신비의 증거이고, 거기에서 무엇인가 실증적인 것을 발견하게 된다면, 모든 사람들은 그 사실에 감탄할 것이다. 아직 흐릿한 이 빛은, 그렇지만 아주 먼 곳을 가리키고 있다.

자연계의 여러 가지 요소 사이의 유사성을 보면, 신의 창조법칙, 즉 일관성 안의 다양성, 다양성 안의 일관성을 인식할 수 있다. 예컨대 소리와 모양, 소리와 색채의 관계처럼 놀라운 것이 있을까? 클라드니[82]라고 하는 독일인이 최근에 실험한 바에 의하면, 소리의 진동은 유리접시 위에 올려놓은 모래입자를 움직인다. 소리가 맑으면 모래입

81) Phidias. 페이디아스(Pfeidias)라고도 불린다. 기원전 5세기의 조각가.

82) Ernst Chladni(1756~1827). 물리학자.

자는 규칙적인 형태로 모이고, 불협화음의 경우에는 모래입자가 완전히 불규칙한 형태를 그린다. 태어날 때부터 눈이 안 보였던 선더슨[83]은 연지(臙脂)색을 트럼펫 소리로 상상한다고 했고, 또 어느 학자[84]는 음악으로 느끼는 기쁨을 색채의 조화로 모방할 수 있는, 눈을 위한 하프 시코드를 만들고 싶다고 했다. 우리는 항상 그림을 음악에, 음악을 그림에 비유한다. 왜냐하면 우리가 감동하면 냉철한 관찰자의 눈에는 달리 보일 뿐인 것에서도 유사점을 발견하기 때문이다. 한 그루의 식물이나 한 송이의 꽃 안에도 우주의 체계 전체가 담겨 있다. 생명의 한순간은 그 가슴에 영원을 지니고 있다. 가장 작은 원자도 하나의 세계이며, 세계도 원자에 불과하다. 우주의 각 부분은 피조물 전체가 보이는 거울과 같은 것이어서, 항상 그대로인 생각과 항상 변하는 모습 모두 다같이 감탄을 자아낸다.

독일의 학자를 두 부류로 나눌 수 있다. 하나는 관찰에 전념하는 부류이고, 또 하나는 자연의 비밀을 파헤치는 데 주저하지 않는 부류이다. 첫 번째 부류 안에는 베르너[85]가 있다. 그는 광물학에 종사하고, 지구의 형성과 그 역사상의 각기 다른 시기에 관한 지식을 연구했다. 천문학계에서 항상 새로운 발견을 하는 허셜과 슈레터,[86] 자크[87]와 보데[88]와 같은 천문 수학자, 클라프로트[89]와 부홀쯔[90] 같은 위대한 화학자는 두 번째 부류에 속한다. 이론 물리학자로는 셰링, 리터,[91] 바데르, 슈테펜스[92] 등이 있다. 이들 두 부류 안에서 가장 뛰어난 사

83) Nicolas Saunderson(1682~1739). 영국의 수학자.

84) 루이 베르트랑 카스텔(Louis-Bertrand Castel, 1688~1757)을 말한다.

85) Abraham Gottlob Werner(1750~1817).

86) Jean-Jérôme Schroeter(1754~1820).

87) Franz Xaver von Zach(1754~1832). 오스트리아의 천문학자.

88) Johann Elert Bode(1747~1816). 독일의 천문학자.

89) Martin-Heinrich Klaproth(1743~1832). 독일의 화학자.

90) Christian-Friedrich Bucholz(1770~1818). 독일의 화학자.

91) Johann Wilhelm Ritter(1776~1810). 독일의 화학자, 물리학자.

람들은 서로 가까우며 서로 이해한다. 왜냐하면 이론 물리학자는 실험을 무시할 수 없고, 깊이 관찰하는 학자는 차원 높은 사고에 의해 얻은 결과를 결코 마다하지 않기 때문이다.

인력과 충격은 이미 새로운 연구의 대상이 되었으며, 화학적 친화력에 잘 응용되었다. 빛은 물질과 정신을 중개하는 것으로 간주되어 매우 철학적인 견해의 계기를 만들었다. 괴테의 색채에 관한 연구는 높이 평가되고 있다. 요컨대 독일 도처에서 사람들은 경험철학과 사변철학을 결부시켜, 이렇게 인문과학과 자연과학을 확대시키려는 욕구와 희망에 자극되어서 경쟁한다.

지적 관념론은 의지, 즉 영혼을 모든 것의 중심에 둔다. 물리학적 관념론의 원리는 생명이다. 인간은 화학에 의해서도, 사고에 의해서도 최고의 분석을 할 수 있게 된다. 그러나 추론에 기울면 감정이 달아나듯이, 화학에 치우치면 생명이 달아난다. 프랑스의 어느 작가는 사고란 뇌의 물질적 산물에 불과하다고 말했다. 또 다른 학자는 화학이 더 발전되면 생명이 어떻게 만들어지는지 알게 된다고 했다. 전자는 자연을, 후자는 영혼을 모욕한 것이다.

피히테는 "이해될 수 없는 것으로 납득된 것을 이해해야 한다"고 말했다.[93] 이 기묘한 표현에는 깊은 뜻이 있다. 분석의 손이 닿지 않는 것, 사고의 비약만이 접근할 수 있는 것을 인식하려면 느껴야 한다.

자연에는 뚜렷하게 다른 세 가지의 존재방법이 있다고 생각되었다. 움직이지 않고 사는 방법, 자극에 반응하며 사는 방법, 느끼며 사는 방법이다. 식물, 동물, 인간은 각기 이러한 세 가지 존재방식 안에서 살게끔 정해졌다. 또 인류 각 개인에게 이 창의적 분류법을 적용하면, 성격의 다름에 따라 각기 사는 방법이 보인다. 식물과 같이 사는 사람, 동물과 같이 즐기고 노하며 사는 사람, 그리고 자기 안에 인간답

---

92) Henrik Steffens(1773~1845). 스웨덴의 자연과학자.

93) 피히테의 저술 안에는 이런 말이 나오지 않는다. 마담 드 스탈과의 대화 중에 한 말로 추정된다.

게 하는 성질을 간직하며 사는 가장 고상한 사람이 그것이다. 어느 것을 막론하고 삶으로서의 의지와, 의지로서의 삶은 우주와 인간의 모든 비밀을 내포한다. 그리고 이 비밀을 부정할 수도, 설명할 수도 없는 까닭에 그것에는 일종의 예지력을 통해 도달하지 않으면 안 된다.

팔로 겨우 들어올릴 수 있을 만한 물건을 팔 모양으로 생긴 핸들로 흔들려면 얼마나 힘이 드는가! 분노나 영혼이 느끼는 다른 어떤 감정 때문에 기적처럼 힘을 낼 수 있는 것을 우리는 늘 보지 않는가? 인간의 의지가 되어 나타나는 자연의 이 굉장한 힘은 도대체 무엇일까? 또 원인과 결과를 연구하지 않고서, 물리적 힘에 관한 이론에 중요한 발견을 하나라도 할 수 있을까?

다른 어느 나라보다도 독일에서 깊이 분석된 스코틀랜드인 브라운[94]의 학설은 바로 그 행동과 중심적 통일이라는 사고방식에 입각하고 있고, 그 영향은 크다. 브라운에 의하면 고통의 상태라든가 건강한 상태는 부분적인 병에서 나온 것이 아니라, 생명력의 성쇠에 따라 약해지기도 하고 강해지기도 하는 생명원리의 힘에 따라 좌우되는 것이다.

영국에서는 오직 하틀리[95]와 그의 제자 프리스틀리[96]가 완전히 유물론의 입장에서 물리학의 방법으로 형이상학을 다룬 학자라고 할 수 있을 것이다. 사람들은 물리학이 유물론일 수밖에 없지 않느냐고 말할지 모른다. 그러나 나는 감히 이 사고방식에 찬동하지 않는다. 영혼 그 자체를 수동적이라고 하는 사람에게는 실증적 학문이 인간의 의지라고 하는 설명 불가능한 영향력을 배제하기 위한 더욱 강한 무기가 된다. 그렇지만 이 의지가 생명력의 힘에 작용하고 생명이 물질에 작용하는 상황은 종종 있는 것이다. 생명의 원리는 육체와 영혼의 중개자 같은 것이며, 그 힘을 계산할 수는 없지만 이것을 부정하는 것은 살아있는 자연의 본질을 오해하고, 그 법칙을 순전히 기계적인 것으로

---

94) John Brown(1735~1788). 스코틀랜드의 의사.

95) David Hartley(1705~1757). 의사, 철학자.

96) Joseph Priestley(1733~1804). 영국의 물리학자.

귀착시키고 마는 것이다.

갈 박사[97]의 학설에 어떠한 판단을 내리든지 간에 해부학에서의 그의 연구와 발견을 존중하지 않는 학자는 없다. 또 사고를 관장하는 신체기관은 사고 자체와는 다르며 사고가 사용하는 수단에 불과하다는 사실은 인정하지 못하더라도, 기억과 계산, 각종 과학에 대한 적성, 각종 예술에 대한 재능, 즉 지성의 수단으로 사용되는 것은 모두 이른바 뇌의 구조에 따라 결정된다는 생각은 인정할 수 있을 것이다. 돌멩이부터 인간의 생명에 이르기까지 올라가는 계단이 있다고 한다면, 우리 가운데는 영혼과 육체의 양쪽 모두에서 유래하는 어떤 능력이 틀림없이 있다. 그리고 이중에서 기억과 계산은 우리의 지적 능력 중 가장 육체적인 것이며, 육체적인 것 중 가장 지적인 것이다. 그러나 뇌의 구조가 정신적 자질에 영향을 준다고 생각하면 그것은 착오이다. 의지는 육체적 능력으로부터 전적으로 독립한 것이기 때문이다. 의식은 이 의지의 순수한 지적 행동 안에 존재한다. 의식은 신체의 조직에 구속되어 있지 않고, 또 구속되어서도 안 된다. 자신의 행동에 대한 책임을, 우리로부터 제거하려고 하는 것은 모두 거짓이며 악이다.

위대한 재능을 가진 젊은 의사 코레프[98]는 삶의 원리, 죽음의 작용, 광기의 원인에 관한 완전히 새로운 생각으로 그것을 들은 모든 사람의 주목을 끌었다. 정신적인 사람들 사이에 일어나는 이러한 모든 움직임은 과학을 생각하는 방식에서도 무언가 개혁이 일어날 것 같다고 예고한다. 그 결과는 아직 예상하지 못하지만, 다음과 같은 사실은 확신할 수 있다. 즉, 독일인은 비록 상상력에 따르긴 하지만 작업, 탐구, 연구 중 어느 하나도 소홀히 하지 않고, 인내와 열광이라는 서로 모순되어 보이는 듯한 두 개의 능력을 고도로 통합한다는 것이다.

---

97) Franz Joseph Gall(1758~1828). 독일의 의사.

98) David-Ferdinand-Koreff(1783~1851). 유태계 독일인 의사, 시인. 마담 드 스탈과 비엔나에서 알게 되었고, 가깝게 지냈다. 후에 파리의 귀족들로부터 많은 인기를 얻었다.

독일 학자 중에서는 물리학적 관념론을 더욱 발전시켜 원격작용(遠隔作用)은 존재하지 않는다는 원리에 반대해, 자연 안에서는 자발적 움직임을 도처에서 볼 수 있다고 주장하려는 사람이 있다. 그들은 유동체의 가설을 인정하지 않는다. 그 가설은 일체의 자율적 조직에 따르지 않고 서로 모이고 반발하는 기계적 힘의 존재를 인정하기 때문이다.

자연을 하나의 예지로서 간주하는 사람은 통상적인 뜻에서 이 단어를 사용하는 것이 아니다. 왜냐하면 인간의 사고란 자기 자신의 내면으로 돌아가는 능력이며, 자연의 예지란 동물의 본능과 같이 앞으로 나아가는 것이기 때문이다. 사고는 자기를 심판함으로써 자기 자신을 벗어나지 않는다. 스스로를 돌아보지 않는 예지는 언제나 밖을 향해 끌리는 힘이다. 자연이 극히 규칙적인 모습의 결정을 만든다 해도, 자연이 수학을 아는 것은 아니며, 적어도 자기가 그것을 안다는 것을 알지 못한다. 의식 그 자체가 없는 것이다. 독일 학자들은 어떤 종류의 개인적 독창성이 물리적 힘에 기인한다고 한다. 한편 그들이 동물 자기(磁氣)의 몇몇 현상을 소개하는 방법을 보고 있으면, 인간의 의지가 밖에서 보이는 움직임 없이 물체, 특히 금속에 대단히 큰 영향을 끼치는 것을 인정하는 듯하다.

파스칼은 "점성술사와 연금술사는 몇 개의 원리를 갖고 있지만, 그것을 악용한다"고[99] 했다. 고대는 현대보다 인간과 자연 사이에 더 밀접한 관계가 있었을 것이다. 엘레우시스[100]의 신비, 이집트인의 예배, 인도의 유출설, 페르시아인의 원소와 태양의 숭배, 피타고라스 학설의 기초가 되었던 수의 조화 등은 인간과 우주를 통합하는 방향으로 기묘하게 끌어당기는 힘의 여러 자국들이다.

유심론은 내성의 힘을 강화하면서, 인간을 물질적 힘으로부터 더욱

---

99) Pascal, *Pensée*, 1er partie, Article X, No. XL. Classement d'après l'edition de 1856에서 인용된 것으로 추정된다.

100) Eleusis. 그리스의 곡물과 대지의 여신. 아테네 서북 해안에 화려한 신전이 있고 매년 초가을에 제사를 지낸다.

멀리했다. 개혁에 의해 분석적 경향이 힘차게 추진된 결과, 이성은 상상력의 제1인상의 영향을 받지 않도록 조심하기 시작했다. 독일인은 사고의 빛으로 자연의 영감을 불러내려고 할 때, 인간정신의 참된 완성을 기도한다.

미신이 섞여 있거나 미신의 징조가 이미 보였기 때문에 사람들이 믿지 않았던 현상을 학자들은 경험을 통해 날마다 재인식하고 있다. 고대인들은 하늘에서 떨어지는 돌의 이야기를 했다. 그러한 일은 있을 수 없는 일이라고 부정되었는데, 그 사실의 정당성이 현대에 와서 증명되고 있다. 고대인들은 피와 같이 붉은 비와 땅속의 천둥에 관해 말했다. 이러한 주장의 진실성은 최근에 확인되었다.

천문학과 음악은 가장 오래된 시대에 인류가 알았던 과학과 예술이다. 고대인이 느꼈을 것이며, 우리도 재발견할 수 있을 관련성에 따라 소리와 천체를 합쳐보면 어떨까? 피타고라스는 혹성 사이의 간격이 하프의 일곱 개 줄의 간격과 같다고 논한 바 있으며, 화성과 목성 사이에서 발견된 새로운 혹성을 예측한 사실이 확인되었다.[101] 피타고라스는 참된 천문체계, 태양의 부동성을 알았던 것 같다. 이 점에 관해 키케로가 인용한 그의 학설을 코페르니쿠스가 근거로 삼고 있기 때문이다. 현대인이 쓰는 실험과 새로운 기계를 사용하지 않고, 이토록 놀랄 만한 발견이 어떻게 가능했을까? 그것은 고대인이 천부적 재능에 따라 대담하게 나아갔기 때문이다. 그들은 인간의 지성이 기반으로 하는 이성을 사용했다. 그러나 그들은 자연의 암호를 해독하는 무녀(巫女)인 상상력의 힘도 빌렸다.

우리가 잘못 혹은 미신이라고 부르는 것은 아마 우리가 아직 모르는 우주의 법칙에서 유래한 것일 수도 있다. 별과 금속의 관계, 이들 관계의 영향, 신탁이라든가 징조 따위는 우리가 미처 생각하지 못하는

---

101) 〔원주〕 제네바의 철학교수 프레보 씨(Pierre Prévost, 1751~1804)는 이에 관해 매우 흥미로운 소책자를 발행했다. 이 철학적 작가는 그의 조국인 스위스뿐만 아니라 유럽 전역에 잘 알려져 있다.

불가사의한 힘이 원인이 되어 나타나는 것은 아닐까? 그리고 광기의 이름 아래 말살한 어떤 우화나 신앙 중에도 진실의 싹이 무엇인가 숨겨져 있지 않다고 단언할 수 있을까? 그렇다고 해서 과학에 매우 필요한 실험적 방법을 그만두어야 한다고 하지 못하는 것은 확실하다. 그러나 이 방법에 최고의 지침으로서 그 전체 안에 우주를 포괄하며, 그곳에 빛이 쪼일 때를 기다리면서 자연의 어두운 면[102]을 무시하지 않는 좀더 폭넓은 철학을 들여오는 것도 좋지 않을까?

이러한 방법으로 물질세계를 보는 것은 오직 시뿐이다. 그러나 물질세계는 실험에 의해서만 알 수 있을 뿐이다. 또 증명하지 못하는 것은 정신의 즐거움은 되지만, 확실한 진보에는 도움이 전혀 되지 않는다는 식의 응답이 있을 수 있다.— 프랑스인이 독일인에게 실험을 중요시하도록 권하는 것은 분명 옳은 일이다. 그러나 프랑스인이 사색에 의한 예감을 경멸하는 것은 잘못이다. 언젠가는 이 예감이 사실에서 얻는 지식에 의해 증명될 것이다. 대부분의 위대한 발견도 처음에는 우스워 보였고, 만약 조롱을 두려워한다면 천재는 아무것도 하지 못할 것이다. 조롱은 무시하면 무력해지고, 상대가 겁을 내면 자꾸 커진다. 동화에 나오는 유령은 기사의 계획에 대항하고 상대를 괴롭힌다. 곧 기사는 상대를 무시한다. 그러자 마력은 모두 달아나고, 풍성한 들판이 모습을 나타낸다. 질투도 평범함도 각기의 마술을 나름대로 갖고 있는 법이다. 그러나 외견상의 장애를 두려워하지 말고 진실을 향해 나아가야 한다.

천체가 조화롭게 움직이는 법칙을 발견했을 때, 케플러는 기뻐서 다음과 같이 외쳤다.[103]

18개월이나 걸려서 이제 빛이 나에게 도착했다. 이 축복받은 날에

---

102) 이 부분은 슈베르트의 *Ansichten von der Nachtseite der Naturwissenschaft* (1808)에서 따왔다.

103) Kepler, *Harmonices mundi* (1619)의 서문에 이런 말이 나온다.

> 나는 숭고한 진실의 맑은 빛을 느꼈다. 이제 나는 어떤 것에도 구애받지 않는다. 나는 감히 성스러운 정열에 마음껏 몸을 맡겨본다. 나는 감히 죽을 사람들을 향해 말한다. 나는 세속의 학문을 이용했고, 신전을 짓기 위해 이집트의 항아리를 훔쳤다고. 사람들이 용서하면 기쁠 것이고, 꾸짖으면 참으면 된다. 주사위는 이미 던져졌다. 나는 오직 쓸 뿐이다. 현대인이 읽든, 후세인이 읽든 간에 아무래도 좋다. 읽는 사람이 한 사람 나타나는 데 100년이 걸려도 좋다. 신도 나와 같은 관측자가 나타날 때까지 6천 년이나 기다렸으니까.

당당한 정신의 고양에서 나온 이 대담한 표현은 천재가 지닌 내면의 힘을 증명한다.

괴테는 인간정신의 완성 가능성에 관해 지혜가 가득한 말을 남겼다. 즉, 인간의 정신은 항상 나선형으로 발전해간다는 것이다.[104] 인간이 후퇴하는 것처럼 보였던 시대가 많지만, 그 다음에는 제자리로 돌아가고 몇 걸음 더 나아간 것을 볼 때, 이 비유의 정확성을 알 수 있다. 과학이 진보하기 위해서 회의적이 될 필요가 있던 시대도 있었고, 또 헴스테르후이스가 말했듯이 기적을 믿는 마음이 기하학적 정신에 승리해야 하는 시대도 있다.[105] 불신으로 사람이 학대받고, 아니 산산조각이 났을 때, 이 기적을 믿는 마음만이 영혼에게 놀랄 만한 힘을 돌려준다. 이 힘 없이는 도저히 자연을 이해할 수 없다.

형이상학에 의해 영혼의 연구가 비약적으로 발전되듯이, 여러 과학 이론에 의해 독일인의 정신은 이와 같은 발전을 성취할 수 있었다. 물리적 현상에서 생명의 중요성은 정신적 질서로서의 의지의 중요성과 흡사하다. 이러한 두 개의 체계가 유사해서는 안 된다고 하여 둘 다 부정하는 사람들도 있지만, 이들이 유사하기 때문에 똑같은 진실이 이중으로 보증된다고 생각하는 사람도 있다. 적어도 확실한 것은, 이렇

---

104) 괴테는 그의 《색채론》(*Farbenlehre*) (1810) 에서, 인류의 진보는 비약적으로 이루어지는 것이 아니라 나선운동을 한다고 말했다.

105) *Lettre sur l'homme et ses rapports* (1772) 안의 문장을 요약한 것이다.

게 모든 과학을 몇 개의 중요한 사상에 결부시키는 방법으로 과학이 매우 재미있어진다는 것이다. 여러 과학의 많은 사고방식이 우주철학을 통해 서로 연관성을 갖는다면, 또 그 우주철학이 추상적인 것이 아니고, 감정이라고 하는 그칠 줄 모르는 샘에 의해 힘을 받는 것이라면, 시인들은 과학에서 많은 사고방식을 이용할 수 있다. 우주란 기계보다는 시와 닮았다. 따라서 우주를 파악하기 위해서 만약 상상력과 수학의 정신 중 어느 쪽을 선택해야 된다면, 상상력이 진리에 가까울 것이다. 그러나 반복하여 말하지만, 한쪽을 선택해서는 안 된다. 왜냐하면 이토록 중요한 사색에 사용되어야 하는 것은 우리의 정신 전체이기 때문이다.

독일에서 실험 물리학의 지침으로 되어 있는 일반 물리학의 새로운 체계는 그 결과에 의해서만 판단되어야 한다. 이것이 인간정신을 새롭고 확실한 발견으로 이끌어가는지 보아야 한다. 그러나 이 체계 덕택에 여러 가지 연구분야가 서로 관련을 갖게 된 것은 부정할 수 없다. 일반적으로 다른 분야의 사람들은 서로 상대를 피한다. 서로 상대가 성가시기 때문이다. 박식한 사람은 시인에게, 시인은 물리학자에게 할 말이 없다. 또 과학자끼리도 다른 분야에 종사하는 자들은 서로 상대의 일에 거의 관심이 없다. 그런데 중심이 되는 철학이 모든 사고방식 사이에 숭고한 성질을 갖는 하나의 관계를 수립한 이래 사정은 달라졌다. 학자는 상상력의 도움을 받아 자연에 침투한다. 시인은 과학 안에서 우주의 진정한 아름다움을 발견한다. 박식한 사람은 기억에 의해, 과학자는 유사성에 의해 시인을 풍요롭게 한다.

과학을 다른 것으로부터 떼어놓고 영혼과는 관계없는 분야의 것이라고 하면 고양된 정신을 매혹할 수 없다. 몇 사람 존경할 만한 예외를 제외하고는 과학에 몰두하는 대부분의 사람은 현대에 와서 타산적 사고방식을 도입했는데, 그것은 어느 경우에나 무엇이 가장 강한지 알기에 매우 편리한 것이다. 독일철학은 물리학을 이러한 사고의 보편적 영역 안에 들여왔다. 거기에서는 최소한의 관찰도 최대의 성과와 마찬가지로 전체의 이익에 연결되어 있다.

새로운 철학이 독일인의 성격에 준 영향

우리가 마음먹은 대로, 우리의 의지대로 어떤 행동이든지 할 수 있다고 가르치는 철학체계는 외부의 어느 상황에도 좌우되지 않는 강한 성격을 만든다고 생각될지 모른다. 그러나 실은 대중의 정신을 형성하는 힘을 갖는 것은 정치와 종교체제뿐이며, 추상적 이론은 어떤 것도 한 국민에게 에너지를 주는 데 효과적이지 않다. 왜냐하면 솔직히 말해서, 현대 독일인들은 이른바 '기개'(氣槪)라는 것이 없기 때문이다. 그들은 개인으로서, 가장으로서, 경영자로서는 덕이 있고 성실한 사람이다. 그러나 그들이 권력에 대해 관대하고 아량이 많은 것을 보면, 그들을 사랑하고 특히 그들이 인류의 존엄을 가장 명철하게 사색적으로 옹호해줄 수 있는 사람들이라고 믿는 사람은 괴로워질 수밖에 없다.

철학적 정신의 지혜는 단지 그들에게 어떤 상황에서 일어난 일의 원인과 결과를 인식하도록 가르쳤다. 그리고 어떤 사실의 이론이 발견되면 그 순간 그들은 그 사실은 정당화된다고 생각하는 것 같다. 군인정신과 애국심에 의해 여러 나라의 사람들은 매우 높은 경지의 에너지를 가질 수 있다. 이러한 헌신의 두 개의 근원을 독일인 전체에게서 찾아보기는 어렵다. 그들이 이해하는 군인정신이란 현학적 전술에 불과하거나, 규칙에 따라 항복하는 구실이 되는 것뿐이다. 또 자유란 작은 나라로 세분화하는 것이다. 이것은 자신들이 국민으로서는 약소하다고 느끼도록 시민을 길들여서, 개인적으로도 약하다고 믿게끔 조작한 것이다.[106] 형식의 존중은 법 유지에는 지극히 편리하다. 그러나 독

---

106) 〔원주〕 이 절도 다른 모든 절과 같이 독일의 전면 항복의 시기에 쓰인 것이라는 것을 염두에 두기 바란다 — 그때부터 독일 국민은 독재로부터 눈을 떠서, 프랑스군의 무력에 저항하기에는 부족했던 힘을 무력한 정부에게 주었다. 그

일인은 이러한 존중으로 말미암아 너무도 규칙적이며 정확한 진행의 습관을 갖게 되었으므로, 눈앞에 목표가 보여도 거기에 도달하기 위해 새로운 길을 개척할 줄 모른다.

철학적 사색은 소수의 사상가에게만 적합하다. 그것은 한 나라를 통합하는 데에는 전혀 도움이 되지 않고, 지식층과 비지식층 사이의 간격을 너무나 멀게 한다. 독일인에게는 인간과 사물을 이해하는 새로운 사상은 넘치도록 있으나, 일반적으로 유포된 상식은 부족하다. 일상생활에는 상식이 필요하다. 실제로 일어나는 일들은 창조의 재능보다는 실행의 재능을 요구한다. 다양하게 사물을 바라보는 독일인들의 괴상한 습성이 그들을 서로 갈라놓고 있다. 왜냐하면 사람들을 서로서로 결속시키는 사상과 흥미는 단순한 것, 확실한 진리이어야만 하기 때문이다.

위험이나 고통, 그리고 죽음에 대한 무시는 독일 국민의 모든 계급에 보편적으로 퍼져 있는 것은 아니다. 죽은 후에 발자국도 추억도 남기지 않는 사람들보다는 감정이나 사상을 풍요하게 가진 사람들에게 생명은 더욱 소중하게 생각될 것이다. 그렇지만 시적 고양이 최고도의 지식에 의해 새로워질 수 있듯이, 굳건한 이성이 무식한 사람의 본능을 대신할 수 있을 것이다. 어느 경우에도 흔들리지 않는 용기를 낼 수 있는 것은 종교에 기반을 둔 철학에 의지할 때이다.

그러나 이러한 관점에서 독일에서 철학이 만능의 힘을 갖고 있지 않다고 하더라도, 그렇다고 해서 철학을 경시해서는 안 된다. 각 개인은 철학에 의해 계몽된다. 다만 전기와 같이 전달되는 감정을 일으키는 것이 가능한 것은 정부뿐이다. 독일인에게 에너지가 부족한 것을 보면, 정치적 상황으로 인해 수백 년 전부터 성격이 약해진 이탈리아인의 경우보다 더욱 화가 난다. 이탈리아인은 우아하고 공상적이므로 평생 어린아이로 살 수 있지만, 독일인의 우직한 얼굴표정과 행동을 보

리고 지배자와 국민이 함께 영웅적 행동을 보임으로써 생각이 달라지면 세계의 운명도 바꿀 수 있다는 것을 증명하고 있다.

면 강직한 영혼을 기대할 수 있을 것 같은데, 그것을 발견할 수 없을 때 실망하게 되는 것이다. 즉, 약한 성격은 그것을 스스로 인정하는 사람에게는 용서되는 것이며, 이 점에서 이탈리아인에게는 그들을 바라보는 사람으로 하여금 흥미를 느끼게 하는 특이한 솔직함이 있다. 그러나 독일인은 스스로 용납할 수 없는 자신의 약점을 차마 입 밖에 낼 수 없기 때문에, 온 힘을 다해 자기를 억제하고 아첨한다. 감정의 유연함을 감추기 위해 딱딱한 악센트로 말하고 매우 철학적이지 않은 것, 말하자면 힘에 대한 존경을 감탄으로 바꿔버리는, 두려움에 대한 동정을 설명하는 데에도 철학적 추론을 쓴다.

이러한 모순이 독일인이 부리는 추태의 원인이다. 각국의 희극은 그것을 모방하며 즐거워하는 것이다. 엄격하고 착실하게 있는 그대로 있다면, 우둔하거나 서툴어도 용서받는다. 그러나 이 타고난 딱딱함에 아첨 같은 거짓웃음의 옷을 입히면, 그때에는 어쩔 수 없이 웃음을 당해도 싼 상황에 노출된다. 요컨대 독일인의 성격은 무언가 부자연스러운 데가 있고, 그들을 위해서는 어떤 것이라도 하겠다고 생각하는 사람의 기분을 상하게 한다. 게다가 그들은 절개를 잃고 있으면서, 그렇다고 요령이 좋은 것도 아니므로 보는 이들로 하여금 더욱 못 참게 만든다.

독일철학에는 국민을 하나로 뭉칠 만한 충분한 힘이 없다는 것은 잘 알겠지만, 새로운 학파의 신봉자들이 다른 사람들에 비해 더 강한 성격을 지닐 수 있는 경향이 있음을 인정하지 않을 수 없다. 새로운 학파의 신봉자들은 그러한 힘을 꿈꾸며 바라고 이해하지만, 갖고 있지 않을 때가 많다. 독일에는 정치에 관해 쓸 수 있는 사람조차 별로 없다. 정치에 관여하는 사람은 대개 융통성이 없고, 남들이 무엇을 생각하고 있는지 모른다. 초월적 철학을 문제로 할 때에는, 즉 자연의 암흑세계에 뛰어드는 때에는 아무리 애매한 것일지라도 머리에 떠오르는 착상은 어느 것이라도 무시할 수 없다. 모든 예감이 동원되고 모든 근사치가 난무한다. 이 세상의 일은 그렇게는 안 된다. 세상의 일은 알 수 있는 것들이고, 그러므로 확실하게 제시해야 한다. 한계가 없는 사고를 취급할 때, 문체의 불명료함은 때로는 정신의 넓이 그 자체의 증거일 때가 종종 있다. 그러나 생활에 관한 것을 분석할 때 애매한 것은 이해하지 못했다는 증거이다.

사업에 형이상학을 도입하는 일은 모든 것을 변명하기 위해 모든 것을 뒤섞고, 양심을 안개 속에 덮어 감추어 그곳에 안주시키기 위한 것이다. 현대와 같이 모든 것이 대단히 단순하고 분명한 두 개의 사상, 즉 이익과 의무로 처리되는 시대가 아니라면, 이러한 형이상학의 사용법은 교묘하다고 할 수 있을지도 모르겠다. 이들 두 개의 방향 중 어느 쪽으로 가든 정력적인 사람은 어느 누구도 속이지 않고 설득하지 않는 이런저런 이론에 시달림 없이 목표를 향해 똑바로 나아간다.

혹자는 "자 보세요, 당신도 결국 우리와 같이 경험과 관찰의 편이 됐군요"라고 말할 것이다. 나는 이 세상을 살아가는 데에 이득을 보기 위해서는 둘 다 필요하다는 사실을 부정한 적이 없다. 그러나 외적 행동은 현명한 계산에 의해 인도되지만, 그 행동의 사상적 원리는 인간의 의식 안에 있어야 한다. 이 세상에서는 신성한 감정이 세상만사의 밥이 되고 있다. 이것이 인간의 조건이다. 아름다움은 우리의 영혼 안에, 그리고 싸움을 넘어선 곳에 있다. 영원을 지키기 위해서 싸워야 하지만, 그것은 시간이란 무기를 사용해야만 된다. 어느 누구도 사변철학이나 실무의 지식만으로 인간의 성격이 갖는 존엄에 도달할 수는 없다. 자유로운 체제만이 국민 안에 공중도덕을 확립할 수 있는데, 공중도덕이란 고양된 정신으로 하여금 실생활 안에서 스스로 발전할 수 있는 기회를 부여하는 것이다.

사리사욕에 의한 윤리

'자기의 이익을 보호하기 위한 도덕은 모든 사상을 감각에 돌리는 철학에서 나온다'고 하는 프랑스 작가들의 생각은 전적으로 옳다. 영혼 안에 감각에서 생긴 것밖에 없다면, 기쁨과 불쾌함이 우리 의지의 유일한 동기가 될 것이다. 엘베시우스, 디드로,[107] 생랑베르[108]는 이 선을 이탈하지 않았고, 모든 행위, 순교마저도 자기애로 설명했다. 영국인은 거의 모두가 형이상학에서는 경험철학을 표명했으나, 사리사욕에 기인한 윤리관은 견딜 수 없었다. 샤프츠베리, 허치슨, 스미스 등은 정신적 감각이 있다고 주장하고, 덕은 모두 친화력에서 나온다고 했다. 영국철학자 가운데서 가장 회의적인 흄까지도 영혼의 아름다움을 시들게 하는 자기애의 이론을, 혐오감 없이는 읽을 수 없었다. 무엇보다도 이 사고방식은 독일인의 사고방식과는 정반대의 것이다. 따라서 칸트, 피히테, 야코비를 선두로 하여 독일의 철학적이고 윤리적인 작가는 격렬하게 이와 투쟁했다.

인간에게 행복을 추구하는 마음은 보편적인 것이며 가장 활발한 것이므로, 도덕관념은 좋은 뜻에서 개인적 이익 안에 있다고 말하는 것이 도덕의 근거로서 제일 확실한 것으로 생각되었다. 선의의 사람들이 이 생각에 이끌렸다. 그렇지 않은 사람은 이에 편승하려고 해서 너무나 남용했다. 틀림없이 자연과 사회의 일반적 법칙에 의해 행복과 미덕에는 조화가 주어진다. 그러나 이들 법칙에는 많은 예외가 생길 수 있고, 또 우리가 보기에 실제 있는 것보다 많은 예외가 있을 것이다.

악인이 잘되고 의인에게 행운이 오지 않는다는 사실을 핑계로 논쟁을 제기하는 사람을 피하려면 행복은 양심의 충족에 있다고 하면 된다. 그러나 여기에서 말하는 완전히 종교적인 뜻의 충족이란, 속세에

---

107) Denis Diderot(1713~1784). 프랑스의 사상가, 문학자.

108) Marquis de Jean Francois Saint-Lambert(1716~1803). 프랑스의 문학자.

서 행복이라는 말이 뜻하는 것과는 아무런 관계도 없다. 헌신을 범죄라고 말하고 이기심을 미덕이나 개인적 이익 — 그것이 좋은 뜻이든 나쁜 뜻이든 — 이라고 말하는 것은 죄인과 정직한 사람을 갈라놓는 심연을 메우려고 하기 때문이다. 이는 존경심을 파괴하고 의분을 약하게 하는 것이다. 왜냐하면 도덕심이 단순하게 계산을 잘하는 데 그친다면, 그것이 불가능한 사람은 엉터리 지력을 갖고 있다고 꾸지람받는 것으로 끝나기 때문이다. 계산을 잘하는 사람에게 머리 숙이고, 계산을 잘 못하는 사람은 철저히 경멸하는 사람은 없을 것이다. 그러므로 윤리는 탁월한 계산이라는 사고방식의 귀착점은, 타락한 사람이 모두 목표로 삼고 가장 중요하게 여기는 곳이다. 그들은 정의와 불의를 같은 수준에서 다루고자 한다. 또는 그곳까지 못 가더라도 정의와 불의의 차이는 요령 있게 했느냐, 안 했느냐의 차이뿐이라고 한다. 그러므로 이 학파의 철학자들은 '죄'라는 말을 사용하지 않고 '실수'라는 말을 쓴다. 왜냐하면 이 사람들의 견해에 의하면 세상살이에는 요령이 있느냐 없느냐의 차이가 있을 뿐이기 때문이다.

이러한 사고방식 안에는 양심의 가책 같은 것이 있을 수 있다고 생각되지 않는다. 죄인은 처벌받으면 계획대로 되지 않은 것을 분하게 생각할 것이다. 왜냐하면 만약 자기 자신의 행복이 우리의 주요 목표이고 자신이 자기 자신의 유일한 목표라면, 잘못을 저지른 사람과 그것 때문에 고통받은 사람은 서로 동맹관계에 있으며 평화협상은 바로 성립될 것이기 때문이다. 자기에게만 관련한 일에서는 각자가 자유롭다는 격언은 거의 모든 사람에게 인식되어 있다. 그렇다면 사리사욕에 기인한 윤리에서는 자기 자신만이 문제이기 때문에, 다음과 같이 대답할 수 있는지 모르겠다.

> 당신은 내가 자기 자신의 이익을 위해서만 일하면 좋다고 말합니다. 감사합니다. 그러나 이 이익의 해석은 각자 다를 것입니다. 나에게는 용기가 있습니다. 그러므로 다른 사람보다 법률을 더 잘 위반할 수 있습니다. 나는 영리

한 인간입니다. 따라서 나는 처벌을 피하는 법을 남보다 더 잘 알고 있다고 자부합니다. 더구나 만일 일이 잘못되더라도 나는 침착하므로 내가 저지른 것을 감수할 수 있습니다. 나는 규칙적 생활의 단조로움보다는 커다란 도박의 즐거움과 우연을 더 좋아합니다.

18세기에 대단히 많은 프랑스의 저작 가운데 이러한 논법이 논의의 대상이 되었으나 완전히 반박되지 못했다. 왜냐하면 확률로 말하자면, 그 목적달성을 위해 무슨 일이라도 하겠다는 생각을 작동시키기 위해서는 천분지 일의 확률만 있어도 충분하기 때문이다. 그런데 확실히 악덕에게는 천분지 일 이상의 승산이 있다 — 그러나 사리사욕에 기인한 윤리를 그대로 신봉하는 많은 사람들은, 이 윤리관은 영혼에 미치는 종교의 영향을 배제하지 않는다고 말할 것이다 — 이 얼마나 약하고 쓸쓸한 반론밖에 남아 있지 않은가! 예를 들어 종교가 철학적으로나 윤리적으로 인식된 모든 사고방식의 정반대에 있다고 해도, 또 형이상학이 눈에 보이지 않는 것의 존재를 부정하고 도덕이 자기희생을 부정해도, 마치 헌법제정의회가 선포한 헌법 안에 왕이 존속하는 것과 같이 종교는 사상 안에 남는다. 그것은 공화국, 나아가 왕이었다. 유물론의 철학과 이기주의의 윤리학은 모두 무신론, 더 나아가 하나의 신이라고까지 말하고 싶다. 사상의 건조물 안에서 세계와 인간의 중심적 관념에 필요 없는 자리를 내어줄 뿐인 시대에 무엇이 희생될지 예측하는 것은 어렵지 않다.

인간의 행동이 참으로 도덕적인 것은 그 행위의 결과가 자신에게 행복이냐 불행이냐에 신경 쓰지 않을 때, 즉 행위가 의무감에서 나올 때뿐이다. 세상사를 겪는 데에는 원인과 결과, 수단과 목적의 연관을 항상 염두에 두어야 한다. 그러나 이 용의주도함과 미덕과의 관계는 양식(良識)과 천재와의 관계와 같다. 참으로 아름다운 것은 영감으로부터 온다. 무상의 것은 모두 종교적이다. 타산은 천재의 일꾼이며, 영혼의 하인이다. 그러나 타산이 주인이 되면 인간에게서는 위대함도 고귀함도 사라진다. 세상살이를 위해서 타산은 항상 안내인으로 받아들일 필요가 있다. 그러나 결코 우리의 행위의 동기가 되어서는 안 된다. 실행의 수단으로서는 좋으나, 의지의 근원은 더 고상한 것이 아니면 안 된다. 또 사람은 마음속에 개인적 이익을 희생해도 좋다는 감정을 갖고 있지 않으면 안 된다.

뱅상 드 폴[109]은 불행한 사람들을 구하다가 최대의 위험에 처했을 때, 그것을 말리려는 사람에게 이렇게 말했다.

"내가 나의 생명을 나 자신보다 소중히 할 정도로 비겁한 인간이라고 생각하지 말아주십시오."

만일 사리사욕이라는 말에서 이 세상의 삶에 관한 모든 것을 제거한다면, 사리사욕에 기인한 윤리의 신봉자들은 가장 종교적인 사람들의 생각에 찬성할 수 있을 것이다. 그러나 그래도 다음과 같은 표현을 그들이 사용하는 것을 간과할 수는 없을 것이다.

> 말의 해석에 대한 차이일 뿐입니다. 당신들이 도덕적이라고 말하는 것을 우리는 유익하다고 하는 것입니다. 단지 우리는 인간의 의무 때문에 정열을 희생하는 것도 좋은 뜻의 사리사욕의 하나로 보는 것입니다.

말의 해석의 차이는, 다시 말해 사건의 해석의 차이가 된다. 왜냐하면 고지식한 사람은 모두 특정한 말은 특정한 사상에서만 쓰인다고 생각하기 때문이다. 가장 속된 것에 관해 통상적으로 쓰이는 표현이 고결한 감정을 불러일으키는 것이 어떻게 가능할까? 이익 혹은 유익이라는 말을 했을 때, 헌신이라든가 미덕이라는 이름으로 신에게 소원을 드리고 있을 때와 같은 생각이 우리 마음에 일깨워질까?

토마스 모어[110]가 양심의 가책을 희생하고 권세의 정상에 오르는 것

---

109) Saint Vincent de Paul(1581~1660). 프랑스의 성직자.

110) Thomas More(1478~1535). 영국의 인문주의자, 정치가. 저서로《유토피아》(1516)가 있다.

보다 사형대 위에서 죽는 것을 택해 옥중에 갇힌 지 1년 뒤, 고통으로 몸이 쇠약해져도 사랑하는 처자를 만나러 가는 것과 조용하고 더구나 활기에 찬 생활을 주는 정신적인 일로 돌아가는 것을 거절했을 때, 또 영국 감옥에 잡혀온 프랑스의 늙은 왕[111]이 아들을 볼모로 자유를 얻었지만 아들이 약속을 지키지 않아 속세의 종교라고 할 수 있는 명예만을 위해 감옥으로 돌아왔을 때, 그리스도교 신자가 카타콤에서 살면서 햇빛의 혜택도 거부하고 영혼 안에서만 하늘을 느끼고 있을 때 누군가가 이 사람들을 이익에 부합하는 사람들이라고 한다면, 그것을 듣는 사람은 얼마나 피가 얼어붙을 것인가! 또 이 사람들의 부드러운 눈빛은 그들 안에 있는 숭고한 모든 것을 얼마나 잘 나타내 보여주는가!

인생이란, 이기주의가 우리를 그렇게 만드는 것처럼 삭막하지 않다. 용의주도함이 전부도 아니고, 타산이 전부도 아니다. 어느 숭고한 행위를 보고 신체 안의 힘이 빠질 정도로 감동했을 때, 우리는 자기를 희생하는 고매한 인물이 자신의 이익을 잘 알고 영리하게 처신했다고 생각하지 않는다. 우리는 그에게 모든 기쁨이, 이 세상의 모든 이익을 희생했지만 성스러운 한 줄기 빛이 그의 마음을 비추고 인생의 불멸이라는 말로 우리가 표현하는 모든 것에 다름없는, 일종의 지극한 기쁨이 그의 마음에 일어났다고 생각한다.

그렇지만 사리사욕에 기인한 윤리가 이처럼 중요시되는 것도 이유가 있다. 단순히 하나의 이론을 지지하는 것처럼 보이는 사리와 윤리의 연결은, 그 결과로 모든 권위의 권력을 구축하기에는 매우 쓸모 있는 것이다. 아무리 타락해도 도덕이 필요하지 않다고 하는 사람은 없다. 겁도 없이 도덕을 무시하는 사람도, 무조건 도덕을 지키는 사람을

---

111) 1356년경 포아티에 전쟁에서 프랑스 왕 장 2세는 흑태자 에드워드가 인솔하는 영국군의 포로가 되어 런던으로 압송되었다. 1360년 영국과 프랑스의 화해가 성립되었을 때, 왕은 일단 해방되었다. 그러나 엄청난 몸값을 치르지 못했으므로 3명의 아들이 인질로 잡혀 있었는데, 그중 한 명인 앙주 공이 도망쳤기 때문에, 조약을 어긴 왕은 다시 감옥으로 돌아가 그곳에서 병사했다.

미끼로 할 것이다. 그렇지만 도덕의 기반으로 용의주도함을 부여했다고 하는 것은 얼마나 기발한가! 권력을 자꾸 넓히고, 양심에 타협을 강요하고, 때에 따라 방침을 바꾸는 것은 얼마든지 가능하지 않은가!

계산이 모든 것을 좌지우지한다면, 인간의 행위는 성공 여부로 판단된다. 착한 마음으로 한 일이 불행한 결과를 초래하면 당연히 벌을 받게 되며, 사악한 사람도 수단이 좋으면 칭찬받아 마땅할 것이다. 따라서 사람들은 서로가 장애물이나 도구로밖에 보이지 않게 되며, 장애물이라면 서로 증오할 것이고 서로 존경하는 경우에도 상대를 수단 이상의 것으로는 보지 않을 것이다. 죄는 타오르는 정열과 결부되면 개인적 이해를 목적으로 하는 경우보다도 더 커진다. 그렇다면 그 죄를 치욕스러운 것으로 할 수 있는 것을 미덕의 원리로 만들기 위해서는 어떻게 하면 좋을까.[112]

---

112) 〔원주〕 뒤몽 씨(1759~1829, 스위스의 목사이며 정치평론가)가 출판했다기보다는 보급시킨 벤담(1748~1832)의 저서(1802년에 출간된 《입법의 이론》을 가리킨다) 중에는 몇 가지 점에서 사리사욕에 기인한 윤리의 이론과 일치하는 유익성의 원리에 관한 추론이 있다. 뒤몽 씨는 테미스토클레스의 어떤 계획에 대해 "그것은 이롭지만 옳지 않다"고 아테네 시민에게 말하는 것으로써 그 계획을 철회시킨 아리스티데스의 유명한 일화를 소개한다. 그는 몇몇 다른 말들과 더불어 이 말이 뜻하는 바를 벤담이 모든 의무의 근거로 인정한 보편적 유용성에 보탠다. 그는 개인의 이익은 전체의 이익을 위해 희생해야 하고, 현재의 이익도 한 발자국 더 나아가기 위해서 미래의 이익을 위해 희생해야 한다고 말한다. 미덕이란 영원을 위해 시간을 바치는 것이라는 데에는 찬성할 수 있을 것이며, 이러한 종류의 계산은 열광을 찬양하는 사람들도 결코 비난하지 않을 것이다. 그러나 아무리 뒤몽 씨와 같이 탁월한 사람이 유용성이라는 말의 의미를 넓혀보려고 애를 써도, 이 말이 헌신이라는 말과 동의어가 될 수는 없다. 그는 인간 행위의 제1의 동기는 쾌락과 고통이라고 말하며, 고귀한 영혼을 가진 사람의 쾌락은 한 단계 더 높은 만족을 얻기 위해 물질적 고통에 기꺼이 몸을 맡기는 데에 있다고 상정한다. 분명 하나하나의 말을 거울처럼 만들어 그곳에 모든 사상을 그려내기란 쉬울 것이다. 그러나 각 용어의 본래의 뜻에 한정해보면, 자기 자신의 행복이 그의 모든 행동의 목표가 되어야 한다는 말을 들은 사람이 자기에게 이롭지만 나쁜 일을 하지 않을 수 있는 이유는 오직 두려움이나 벌을 받을 위험 때문이다. 두려움은 정열이 극복할 수 있고, 위험은 수완 좋은 사람이라면 피할 수 있다고 장

국익에 기반을 둔 윤리

개인의 이익에 뿌리박은 윤리는 사적 인간관계로부터 동정과 신뢰와 관대한 마음을 추방하고 그곳에 용의주도함과 이기심에 의한 타산을 초래하지만, 국가의 이름으로 행동하는 공적 사람들의 윤리도 이 사고방식에 의해 해를 입는 것을 피할 수는 없다. 개인의 도덕이 개인의 이익에 뿌리를 두어도 좋다고 인정한다면, 그런 사고방식에서 사회 전체는 질서를 존중하고 거기에서 빠져나오는 사람을 처벌하기 위한 것일 뿐이다. 국가, 특히 강력한 정권은 상호성이라는 법칙이 닿지 못하는 고립된 존재 같은 것이다. 몇 년 후에 불의한 국가가 그 불의에 대한 증오 때문에 멸망하는 것은 사실이다. 그러나 그토록 커다란 과오가 처벌되기 전에 몇 세대가 지날 수 있다. 나는 그 어느 경우에도 그 자체로 비난받을 만한 정치적 결정은 무효이며, 정치와 윤리가 언제나 하나임을 어떻게 위정자에게 증명해 보일 수 있을지 모르겠다. 하긴 정치와 윤리는 결합될 수 없다는 사실은 거의 공인된 원칙이긴 하다.

그럼에도 불구하고 만약 도덕이 약한 사람들이 강해질 때까지 그들을 위로해주기 위해 할머니가 들려주는 옛날이야기에 지나지 않는 것이라면, 인류는 어떻게 될 것인가? 모든 사람들이 바라보는 표적인 정부의 도덕이 없어도 좋다고 인정되면, 어떻게 도덕이 개인적 관계에서

담하는 것이다. 대다수의 사람들에게 유익한가, 해로운가를 따지지 않는다면, 어떤 사상의 정의롭고 정의롭지 않음을 무슨 근거로 따질 수 있겠는가? 정의란 개인에게는 가족을 위해 자신을 희생하는 것이며, 가족에게는 국가를 위해 희생하는 것이고, 국가로서는 인류의 행복과 구원이 되는 몇몇 불변의 원칙들을 존중하는 것이다. 몇 세기 동안 대다수 세대의 사람들은 정의의 길을 걸어왔다고 자부할 수 있을 것이다. 그러나 실제적으로 또 종교적으로 바르고 싶으면, 결과에는 관계없이 항상 좋은 도덕을 존중하는 정신을 갖고 있어야 한다. 유용성은 상황에 따라 필연적으로 수정되지만, 미덕은 결코 그래서는 안 된다.

존중될 수 있는가? 또 이해타산이 도덕의 기반이라면, 어떻게 도덕이 용인될 수 있겠는가? 제국이라고 불리는 대집단, 자연상태에서는 서로 대립하는 대집단이 일시적으로 불의를 범하는 편이 유리하다고 판단되는 상황이 있었음은 아무도 부정하지 못한다. 그러나 그것 때문에 그 이후의 세대는 거의 예외 없이 고통받았다.

칸트는 정치윤리에 관한 저서에서 의무에 관한 법률에서는 결코 예외를 인정해서는 안 된다는 점을 역설했다. 실제로 윤리에 반하는 행위를 정당화하기 위해 그것을 상황 탓으로 돌리면, 특정한 한계에서 멈추기 위해서는 어떤 기준을 정할 수 있겠는가? 공적 또는 사적 이해관계가 정의롭지 못한 일의 변명으로 용인된다면, 매우 격렬한 본능적 정열이 이성의 계산보다 더 정당화되기 어려울 것 아니겠는가?

가장 극심하게 피비린내 나던 대혁명 때에, 사람들은 모든 죄악을 정당화하려고 정부를 공안위원회라고 명명했다. 즉, 인민의 안정이 최고법규라고 하는 공인된 원칙을 앞에 내세운 것이다. 최고법규, 그것은 다름 아닌 정의이다. 천하고 부정한 행위가 민중의 세속적 이익에 도움이 된다는 점이 증명되더라도, 그러한 행위를 범하면 여전히 천하고 죄를 지은 것이다. 왜냐하면 도덕 원리의 공명정대함은 민중의 이익보다 중요한 것이기 때문이다. 사회도 개인도 무엇보다도 다음 세대의 인류에게 전할 성스러운 유산에 책임이 있다. 자부심, 관대함, 공평 등 요컨대 모든 고매한 감정은 우선 자기를 희생하고 다음에 타인을 희생시켜서라도 지키지 않으면 안 된다. 타인도 역시, 우리와 같이 이러한 감정에 몸을 바치지 않으면 안 되기 때문이다.

불공평은 항상 사회 일부를 다른 부분을 위해 희생시킨다. 이 희생은 얼마까지의 산술적 계산을 요구하는 것일까? 다수파가 약간 소리가 크다고 해서 소수파를 마음대로 해도 좋을까? 한 가족의 구성원들, 상인들의 단체, 귀족들, 성직자들은 아무리 인원수가 많아도 그들의 이익을 위해 모든 사람이 양보해야 한다고 말할 권리는 갖고 있지 않다. 그러나 로마 초기의 공동체처럼 보잘것없는 하나의 모임이라도 그 모임에 국가라는 이름이 붙으면, 그 국가에게 유리하다면 어떤 짓이라도 허락될 것이다. 그렇게 되면 국가라는 말은 성경 안에서 보는 마귀 떼라는 말과 같은 뜻이 될 것이다. 하지만 다른 어떠한 집단보다도 국가가 의무를 희생할 핑계를 더 많이 갖고 있다고는 할 수 없다.

도덕에서 개개인의 중요성은 사람의 수와 관계없다. 죄 없는 한 사람이 교수대에서 처형되면 어느 세대 사람들도 이 불행에 관심을 갖는 반면, 몇천 명의 사람이 전쟁에서 목숨을 잃었어도 그들의 운명에 관해서 묻는 사람은 없다. 모든 사람들이 단 한 사람에게 범해진 불의와 많은 사람의 죽음과의 사이에서 보이는 이 놀랄 만한 차이는 왜 일어나는 것일까? 이것은 우리 모두가 윤리의 법칙을 중요하게 생각하는 까닭이다. 우주와 또 하나의 우주라고 할 수 있는 각 개인의 영혼 안에서 윤리의 법칙은 물리적 삶보다 천 배나 소중하다.

윤리가 조심성과 지혜로 이루어지는 계산에 불과하고 가계의 운영에 지나지 않는다면, 그러한 윤리는 필요 없다고 하는 것은 단호한 태도의 표현이라고 해도 좋다. 정치가가 로맨틱한 격언이라고 불리는 것을 언제까지라도 고수하고 성실하게 약속을 지킨다거나 개인의 이익을 존중하면 어쩐지 좀 우스워 보인다. 개인이 큰 희생을 치르고 정직하게 살려고 하는 모습은 애교로 봐줄 수 있다. 그러나 국민의 운명을 좌지우지할 수 있는 입장이 되면 정의롭다는 것이 비난받으며, 성실한 것이 잘못인 경우도 생길 것이다. 왜냐하면 사적 윤리가 개인적 이해에 기인한다고 하면, 공적 윤리는 한층 더 국가의 이해에 기인하기 때문이다. 그리고 이 윤리는 경우에 따라서 극악한 범죄를 의무로 만들 때도 있다. 진실이라는 단순한 기반에서 분리되면, 이토록 쉽게 자가당착에 몰리고 마는 것이다. 루소는 말했다.

> 한 명의 죄 없는 사람의 피로 가장 바라던 혁명을 얻는 것은 국가에 허락되어 있지 않다.

이 단순한 말 속에 인간의 운명 안에 있는 진실한 것, 성스러운 것, 신성한 것이 포함되어 있다.

양심과 종교가 우리에게 주어진 것은 이 세상의 이익 때문도, 수명을 며칠 연장시켜 몇몇 기쁨을 맛보기 위해서도, 죽어가는 사람의 죽음을 조금 지연시키기 위해서도 아닌 것은 확실하다. 자유로운 의지를 가진 인간이 자신에게 필요한 것을 희생하고 정당한 것을 선택하기 위해서이고, 현재보다 미래를, 보이는 것보다 안 보이는 것을, 그리고 개인의 생명을 유지하는 것보다 인류의 존엄을 존중하기 위해서이다.

각 개인의 이해를 전체의 이해를 위해 희생하는 것은 도덕적이다. 그러나 정부 역시 의무의 법칙을 위해 사적 이익을 버려야 하는 개인이다. 정치가의 윤리가 공적 이익에만 기인한다면, 늘 그러한 것은 아니겠지만 때로는 윤리가 정치가를 죄악으로 빠지게 할 수도 있다. 그리고 세계에서 윤리가 없어지기 위해서는 단 하나의 예외가 정당화되는 것만으로 충분하다. 왜냐하면 진실의 원리는 모두 절대적이기 때문이다. 만약 둘에 둘을 보탰는데 넷이 되지 않는다면, 대수학의 가장 근본적인 계산도 이치에 맞지 않는 것이 된다. 철학적·종교적 이론 안에 한 군데라도 인간이 의무를 완수할 필요가 없는 부분이 있으면, 그 격언은 모두 뒤집힐 것이고 용의주도함과 위선만이 남게 될 것이다.

나의 부친은 여기에서 제기되는 문제에 직접 관계되기에 부친의 예를 드는 것을 양해해주기 바란다. 부패라든가 폭력의 수단이 뚜렷하게 필요한 것을 알았음에도 그 수단을 거절한 적이 몇 번이고 있었기 때문에, 사람들은 네케르 씨가 인간을 모른다는 말을 자주 했다. 부친의 《프랑스혁명사》나 《대국가에서의 행정권》 등의 저서를 읽으면 인간의 마음에 관한 그의 형안(炯眼)이 필히 발견될 것이라고 나는 감히 말한다. 그는 대단히 친절한 사람이었으나 변명하지 않으면 안 될 정도로 농담의 버릇이 있었고, 또 서투른 정신과 영혼에 대한 평가가 약간 지나쳤다고 내가 말해도, 그와 친밀하게 지냈던 사람들 중 누구도 부정하지 않을 것이다. 《바보들의 행복》에 관해 그가 쓴 글을 읽으면 그 점을 알 수 있을 것이다. 그 외에 그는 다른 여러 가지 특성에 덧붙여 특별히 재치 있는 데가 있었으므로, 교제하는 사람들의 인품을 예리하고 깊게 통찰하는 점에서는 그를 앞설 자가 없었다. 그것이 어떤 것이든, 의무감에 의해 도발된 혁명의 결과 앞에서 양심이 명하는 행동을 하며 결코 한 발자국도 물러나지 않겠다고 결심했다. 프랑스혁명 때의 사건에 관해서는 다양한 해석이 주어질 수 있다. 그러나 공정한 관찰자라면, 부친이 지키던 원칙을 모두가 지켰다면 프랑스가 겪은 불행, 그리고 더욱 뜻밖에도 프랑스가 실례(實例)가 된 불행으로부터 프랑스를 구했을 것이라는 점은 부정할 수 없을 것이라고 생각한다.

공포정치의 가장 불행한 시대에 많은 선량한 사람들이 정부뿐만 아니라 중죄재판소에서까지 일을 떠맡아, 그곳에서 선을 행하거나 그곳에서 이루어지는 악행을 줄여보려고 했다. 그 사람들은 모두 다음과 같이 말하며 변명했고, 그것은 매우 일반적으로 받아들여졌다. 즉, 자신이 그 부서에 있는 것은 극악한 사람이 그곳을 차지하는 것을 예방하고 피해자를 돕기 위해서라는 것이다. 좋다고 생각하는 목표를 위해 나쁜 수단을 쓰는 것은 원리적으로는 매우 사악한 행동강령이다. 인간은 미래에 대해 전혀 알 수 없고, 내일 자신이 어떻게 되는지 알 수 없다. 언제, 어떤 경우에도 항상 들어야 할 것은 의무의 소리이다. 결과를 예측하고 서투르게 계략을 꾸미는 일은 절대 용서할 수 없다.

파괴적 권력자의 앞잡이가 된 사람들이 불의한 일을 약하게 했다고 해서 의로운 사람이라는 칭호를 받을 권리가 어디에서 나오겠는가? 가차없이 집행했더라면 차라리 좋을 걸 그랬다. 그랬더라면 그들은 더욱 참기 어려웠을 것이기 때문이다. 잔인한 결정과 온건한 집행자보다 더 해로운 결합은 없다.

조그만 부분에서 행할 수 있는 선행이 자기가 소속된 당파에 자기 이름을 빌려주고 행한 나쁜 행위를 보상하지 않는다. 현대의 사람뿐 아니라 미래의 사람들도 감화시키기 위해서는 이 세상의 미덕에 배반하지 않겠다고 명확하게 말해야 한다. 일시적 자비를 베푼 상대가 사라지고 만 후에도 용기 있는 모범적 행위의 영향은 천 년을 지속한다. 이 세상의 사람들, 특히 공적인 일에 종사하는 사람에게는 의무에 관해서는 어떤 의견과도 타협해서는 안 된다고 하는 교훈을 주는 것이 무엇보다도 중요하다.

사정을 보기 시작하면 끝장이다. 왜냐하면 사정이 없는 사람은 없기 때문이다. 어떤 사람들은 재산을 남겨주어야 할 처자와 조카가 있고, 다른 사람들은 일과 직업이 필요해서, 무엇인지는 잘 모르겠지만 잔뜩 이로운 점을 늘어놓고는 돈과 권력에 결부된 부서를 찾는다. 대혁명시대에 얼마든지 예를 본 것처럼 이러한 구실에 사람들은 이제 싫증나지 않았는가?

고대의 위정자들은 시민이 정치에 참여하는 것을 의무로 했다. 그리스도교는 이것과는 전혀 다른 태도를, 즉 권위에 복종하지만 나라의 정치가 양심을 손상시킬 사태에 도달하면 몸을 빼야 한다고 가르쳤다. 국민과 조국의 관계에 관해 고찰하는 방법에 이토록 거리가 있는 것은 고대와 현대의 정치 사이에 있는 차이에서 설명된다.

고대의 정치학은 종교와 윤리를 밀접하게 결부시키고 있다. 사회적 국가란 생명에 충만한 집단이었다. 각 개인은 그 구성원의 한 사람으로 간주되었다. 국가가 소규모라는 점, 시민보다 노예의 수가 많다는 점, 이 모두는 조국을 위해 일하는 것을 의무로 했다. 조국은 각자의 자손을 필요로 했다. 행정관, 병사, 예술가, 철학자, 심지어 신들까지도 광장에 같이 모여서 같은 구성원으로서 싸움에 승리하고 걸작을 발표하고 나라를 위해 법률을 만들고 또는 우주의 법칙을 탐구했다.

극히 소수의 자유정부를 제외하면 현대에서는 국가가 대규모이고, 군주에게 권력이 집중되기 때문에 이른바 정치가 전적으로 소극적인 것이 되었다. 서로 상처입히지 않는 것이 중요한 것이다. 정부는 각자가 평화와 사회질서의 은혜를 입도록 하는 것을 의무로 하는 강력한 경찰을 비치하고 있다. 이 은혜를 확보하기 위해서는 상응한 희생을 치른다. 따라서 사람들 중에 신격화된 입법자가 로마제국 치하의 세계

정세에 가장 상응하는 윤리를 선포했다. 그는 조공의 지불과 의무에 어긋나지 않을 때에는 어떠한 것에 관해서도 정부에 복종하도록 하는 법률을 제정했다. 그러나 그는 사생활 역시 강력하게 통제했다.

언제나 자기 개인적 취향에 이유를 붙이고 싶어하는 사람들은 고대의 윤리와 그리스도교의 윤리를 요령 있게 혼합시킨다. 그들은 고대인들처럼 조국을 위해 헌신해야 하며, 국가에 쓸모없는 시민이 되지 말아야 한다. 또 그리스도교 신자처럼 신의 의지로 만들어진 권력에 복종해야 하는 것이다. 이렇게 해서 무위체계와 활동체계가 따로 떨어져 있을 때에는 존경의 값어치가 있는 반면, 이들의 혼합은 이중의 부도덕을 낳는다. 그리스·로마 시민의 활약은 공화국 안에서 발휘된다면 고귀한 미덕이다. 그리스도교 신자의 무위의 힘도 역시 미덕, 그것도 유력한 미덕이다. 왜냐하면 약하다고 비난받는 그리스도교 신앙은 그 정신에 따르면 말하자면 몸을 사려야 할 때에 단호한 태도를 취할 수 있다는 점에서 굽히지 않는다. 그러나 야심적인 사람들은 속임수의 이기주의 탈을 쓰고 정반대의 사고방식을 결합시키는 방법을 습득한다. 그리고 고대의 이교도와 같이 무엇이든지 간섭하면서 그리스도교 신자와 같이 아무것에나 복종하는 것이다.

벗들이여. 세계는 너 따위는 안중에도 없다.

이제 이 말을 개별 현상에 대해서가 아니라 세계 전체에 대해서 할 수 있다. 정치활동을 하는 모든 경우 국가에 봉사한다는 핑계를 그 이유로 삼는 것은 아주 웃기는 허영심이다. 도움이 된다고 하는 것은 언제나 사리에 덮어씌운, 그럴듯한 말에 불과하다.

궤변가들이 의무에 관한 맞지 않는 이론을 늘어놓는 방법은 항상 하나의 의무를 다하면, 다른 의무를 다하지 못하게 된다는 것이었다. 사람들은 그 예가 될 수 있는 어려운 상황을 계속해서 착안한다. 극적 허구는 거의 다 이러한 맥락으로 되어 있다. 그러나 현실생활은 더욱 단순하다. 거기에서는 미덕이 이익과 대립하는 것을 흔히 볼 수 있다. 그러나 정직한 사람이라면 어떤 경우에도 결코 의무의 소리를 의심하지 않을 것이다. 양심의 소리는 매우 예민하므로 억제하기 쉽다. 그러나 대단히 순수하기 때문에 무시할 수는 없다.

무슨 일이 있어도 할 일은 하라 는 유명한 격언은 단순한 형태 안에 윤리의 이론을 전부 갖고 있다. 이에 반해 공적 인간의 성실성은 조국의 일시적 이익을 위해 모든 것을 희생하는 것이라고 한다면, 도덕에 의해 부도덕한 경우가 많이 생길 수 있다. 이 궤변은 기반이나 형식적으로 모순이 있다. 이것은 미덕을 가망성에 따라 내세우는 이론과 같은 것이라고 해서, 상황에 따라 적용방법을 변경해야 하는 것으로 취급하는 것 같다. 제발 인간의 마음에 이토록 책임을 부과하지 않기를! 의무라고 하는 영원한 법칙이 한때 정지될 수도 있는 순간을 판단하기에 인간의 정신이 내는 빛은 너무도 흐릿하다. 아니, 그러한 순간 같은 것은 존재하지도 않는다.

국가의 이익보다도 미덕을 낳는 고상한 생각을 우선해야 한다고 인식되기만 하면, 양심을 존중하는 사람은 얼마나 마음이 편해질까! 한 발자국마다 당황했던 전과는 다르게, 정치가 얼마나 명확하게 느껴질 것인가! 이 망설임이 정직한 사람으로 하여금 정치에 무능하게 보이게 한다. 그러한 사람들을 소심하고 우유부단하며 겁쟁이라고 비난했고, 강자를 위해 약자를, 이익을 위해 배려를 아무렇지도 않게 희생할 수 있는 사람은 정열적 성격을 가졌다고 말하곤 했다. 그러나 우리 자신의 것이든, 지배적 파벌의 것이든 이익을 좇는 것은 안이한 에너지이다. 왜냐하면 다수 편에 서는 것은 아무리 강하게 보이더라도 언제나 약한 것이다.

인류는 인류의 이익을 위한 것이라고 하여 모든 것을 희생하라고 큰 소리로 외치고, 그것 때문에 모든 것을 버리게 하고 결국은 그 이익마저 망쳐버린다. 그러나 지금이야말로 그토록 핑계거리로 삼았던 행복도 도덕을 동반할 때에만 귀중한 것이라고 말할 때이다. 왜냐하면 윤리의식이 없다면, 각 개인에게 전체가 중요할 수 있겠는가? 국가의 이익을 위해 도덕을 희생해야 한다면, 어차피 국가라는 말의 뜻이 자꾸 좁혀져서 우선 국가가 동료가 되고, 다음에 친구가 되고, 가족이 된다. 그런데 가족이란 자기 자신을 뜻하는 점잖은 단어일 뿐이다.

독일의 새로운 철학에서 보는 윤리의 원리

관념철학은 본래 개인과 국가의 이해에 기인한 윤리에 반박하는 것이다. 일시적 행복이 인간 삶의 목적이라는 것을 결코 인정하지 않고, 영혼의 생명이 모든 것의 중심이라고 하면서, 인간의 행동과 사고는 의지와 미덕의 작용에 결부되어 있다고 본다. 칸트가 도덕에 관해 쓴 저작은 형이상학에 관한 저작에 못지않게 화제를 일으켰다.

인간에게는 명백한 두 개의 성향이 있다고 그는 말한다. 하나는 여러 감각의 유혹에서 오는 개인적 이해이고, 또 하나는 인간의 인류와 신으로의 결합에 의한 우주적 정의이다. 이 두 개의 충동 중 어느 쪽을 선택하느냐는 양심이 정한다. 양심이란 아레이오스 파고스[113]의 재판소에서 찬·반 동수가 되었을 때, 저울을 기울여 해결한 아테나와 같은 것이다. 아무리 정면으로 대립하는 의견이라도 의지해야 할 사실이 없는 것은 아니지 않은가? 양심이 절대적 확신을 갖고 있지 않으면 찬·반 어느 쪽도 똑같이 옳은 것이 되지 않을까?

명백하게 구분되는 두 개의 사고방식, 그러나 둘 중 어느 것을 택하여도 똑같은 상황에 놓인 인간은 결정을 내리기 위해 하늘로부터 의무감을 받고 있다. 칸트는 의무감이 정신적 존재로서의 필수조건이며, 사람이 인생에서 배우는 어떠한 진리보다 먼저 존재했다는 것을 입증

113) 아레이오스 파고스(Areios pagos)는 아레스의 언덕이라는 뜻이다. 아레스가 이곳에서 선고를 받았기 때문에 이 이름이 붙었다.

하려고 했다. 양심이란 경험이나 습관에 의해 습득되는 다른 여러 가지 능력과 같다고 생각하는 것보다 선천적 능력이라고 생각하는 편이 훨씬 더 양심의 위엄이 생기는 것을 부정할 수 있을까? 특히 이 점에서 관념적 형이상학은 인간의 정신적 행동에 커다란 영향을 준다. 관념적 형이상학자는 의무의 관념에 시간과 공간의 관념과 똑같은 본능의 힘을 부여하고, 둘 모두를 인간의 본성에 내재되어 있다고 간주하며, 서로가 서로에 대해 품어온 의심을 더 이상 인정하지 않는다.

자기의 존엄을 지키기 위해서도, 다른 사람의 인간성을 존중하기 위해서도 항상 행동과 의무의 법칙이 결합되어 있는 것을 잊어서는 안 된다. 의무의 법칙은 행복의 욕구와는 아무런 관계가 없다. 오히려 행복의 욕구와 싸우지 않으면 안 되는 일이 많다. 칸트는 이론을 더 진전시켜, 미덕을 위해 행한 희생에 따르는 고귀한 고통이야말로 미덕이 끼치는 제일 중요한 것이라고 명백하게 단언한다.

인간의 이 세상에서의 목표는 행복이 아니고, 자기완성이다. 유치한 말장난과 같이 자기완성이 행복이라고 해도 소용없다. 향락과 희생 사이에는 명백하게 느껴지는 차이가 있다. 그리고 언어상에서는 이토록 유사성이 없는 두 개의 관념에 같은 용어가 쓰여도, 본래의 판단력은 그러한 것에 현혹되지 않는다.

인간의 본성은 행복을 추구한다고 자주 언급되었다. 그것은 의지와는 관계없는 본능 때문이다. 그것이 미덕인 것이다. 창조주께서 인간이 자기 자신의 행복을 구할 때에는 극히 적은 힘밖에 행사하지 않으시는 반면, 그들의 자기완성을 위해서는 무한히 많은 방법을 주시는 것을 보면, 분명 그분의 뜻은 인간의 인생이 불가능한 목표를 향하는 것이 아닐 거라는 데 있을 것이다. ―"자신이 행복해지도록 모든 힘을 다하라. 가능한 한 성격을 고치고 아무것에도 만족하지 못하는 막연한 욕구를 갖지 않도록 하라. 아무리 이기주의를 영리하게 꾸며 맞추어도 당신은 병에 걸릴 수 있고, 파산할 수 있으며, 감옥에 갈 수도 있다. 당신이 자신을 위해 아무리 조심해도 아무 소용이 없을 것이다."

사람들은 이렇게 대꾸할 것이다. "저는 누구도 적으로 삼지 않기 위해 조심하겠습니다."

"좋아. 당신은 경솔하게 허세를 부렸다고 후회하는 일은 없을 거야. 그러나 때로는 잔인한 사람으로 비칠 수도 있겠지."

"저는 재산을 잘 관리하기 때문에 재산을 지킬 것입니다."

"그렇겠지. 그러나 타인을 위해 절대로 위험에 몸을 던지지 않는 것을 원칙으로 하는 사람도 피할 수 없는 천재지변이 있어. 또 모든 종류의 질병과 사고로 인해 우리의 운명은 우리 마음대로 되지 않지."

어떻게 우리의 정신적 자유를 목표로 삼는 일이 이 짧은 인생의 행복이 될 수 있는가? 이 행복은 우연과 고통, 늙음과 죽음으로 인해 우리 힘 밖에 있다. 자기완성에 관해서는 그렇지 않다. 매일, 매시간, 매분을 우리는 그것을 위해 사용할 수 있다. 행복하고 불행한 모든 사건이 똑같이 자기완성에 이바지하며, 어떠한 신분의 사람에게도 그 일은 전적으로 본인에게 달려 있다.

칸트와 피히테의 윤리관은 금욕주의자들의 윤리관과 매우 흡사하다. 그러나 금욕주의자들은 인간의 본성에 따라 행동하는 것을 인정했다. 로마인의 자랑은 인간성 해석의 방법에서까지 볼 수 있다. 칸트파의 사람들은 나쁜 경향을 저지하는 데 계속적인 의지의 힘이 필요하다고 믿는다. 의무의 준수에는 예외를 인정하지 않고, 예외의 동기가 되는 구실을 모두 배제한다.

진실성에 관한 칸트의 의견이 그 예이다. 칸트는 당연히 진실성을 모든 도덕의 기초로 한다. 하느님의 아들 예수가 자신을 가리켜 말씀, 혹은 하느님의 말씀이라고 일컬은 것은, 자신이 생각하는 바를 훌륭하게 표현할 수 있는 말의 능력에 경의를 표명하기 위해서였을 것이다. 칸트는 진실의 존중을 끝까지 전개하고, 진실을 배반하는 것은 절대 용납하지 않는다. 가령, 당신 집에 숨어 있는 친구를 악당이 와서 찾아도 거짓말은 허락되지 않는다고 했다. 그는 아무리 특별한 경우에도 보편적 법칙이라고 인정할 수 없는 것을 받아들일 수 없다고 주장했다. 그러나 이 경우에 그는 다른 미덕을 위해서라면 진실을 희생할 수 있다는 보편적 법칙이 가능하다는 점을 잊고 있다. 왜냐하면 어떤 문제에서 개인적 이해를 떼어놓으면 이미 궤변가를 두려워할 이유가 없어지고 모든 것에 공평하게 양심이 쏠리기 때문이다.

도덕에 관한 칸트의 이론은 감수성을 배제하고 있기 때문에, 엄격하고 때로는 차갑다. 그는 감수성은 여러 감각의 반영이고 정열에 이르는 것이라고 하는데, 이 정열에는 이기주의가 반드시 포함된다. 이 점 때문에 칸트는 감수성을 행동원리로서 인정하지 않고, 도덕만이 영원한 원리를 지키는 것이라고 한다. 이토록 엄격한 교훈은 없다. 그러나 마음의 움직임을 믿지 않고 그것을 모두 추방하려고 할 때조차 사람의 마음을 감동시키는 엄격함이 있는 것이다. 윤리학자는 아무리 엄격해도 양심에 호소한다면, 반드시 우리 마음을 감동시킨다.

"모든 것을 당신 안에서 발견하시오"라는 말은 항상 영혼 안에서 뭔지 모를 위대한 것을 만들어낸다. 이 위대함은 감수성에도 역시 결부되어 있는데 감수성더러 희생을 요구한다. 칸트의 철학을 배울 때에는 감정과 감수성을 구별해야 한다. 칸트는 감정을 철학적 진실의 지침으로 인정한다. 그리고 감수성은 의식의 지배하에 놓이지 않으면 안 된다고 한다. 그의 저작에서는 감정과 의식은 거의 같은 뜻으로 취급되어 있다. 그러나 감수성은 감동의 영역에 훨씬 가까운 것이며, 따라서 감동에서 생기는 정열에 가깝다.

의무라는 최고법규에 바쳐진 칸트의 저작은 아무리 많이 감탄해도 끝이 없다. 보통 이러한 주제는 억제하고 저술되는 것이지만, 얼마나 순수한 열기와 생생한 웅변으로 풀이되는가! 노 철학자의 위엄에 대한 깊은 존경의 마음으로 우리의 가슴은 가득 찬다. 그는 언제나 변함없이 미덕이라는 눈에 안 보이는 힘에 복종하고, 양심만을 지배자로 모시며, 가책이라는 용어만을 입 밖에 낸다. 주어지는 유일한 보물은 영혼의 내적 기쁨뿐인데, 이 기쁨은 희망의 동기가 되어주지 못한다. 왜냐하면 내적 기쁨이란 느낌으로서만 이해할 수 있는 것이기 때문이다.

독일의 철학자들 중에서 칸트 못지않게 덕이 높고 경향으로 보아서는 종교 쪽에 근접한 사람들은 윤리법칙의 근원은 종교심에 있다고 한다. 이 감정은 정열이 될 정도의 성질은 못 된다. 정숙하고 심오한 이 감정을 세네카는 이렇게 묘사했다.

> 덕 있는 사람의 가슴 안에는 무슨 신인지는 모르겠으나 신이 존재합니다.114)

우리가 저세상의 생명을 기대하고 행동하면 도덕의 무사무욕의 순수성을 해친다고 칸트는 주장했다. 이 점에서는 독일의 몇몇 철학자들이 반론을 제기하고 있다. 실제로 천상의 불멸은 이 세상에서 인간이 느끼는 고통과 보상과는 아무런 관계가 없다. 우리가 불멸을 바라는 마음은 다른 사람들의 행복을 위해 몸을 바칠 때에 느끼는 행복감과 같이 무사무욕인 것이다. 왜냐하면 종교적인 지상의 기쁨은 자기희생에서 시작되므로, 모든 종류의 이기주의는 그곳에서 멀리 떨어져 있을 것이다.

어떠한 노력을 하더라도, 종교가 도덕의 진짜 기본이라는 인식으로 되돌아와야 한다. 우리의 눈이 외면적인 것에 돌아가는 것을 막는 것은 우리 마음속에서 실재하고 느낄 수 있는 그것뿐이다. 냉철한 이성의 존엄을 위해 속된 것이라고는 하나의 즐거움까지도 희생할 수 있는 숭고한 마음을 연민이 일으키지 않는가? 인간의 역사는 처음에 종교심이 있었느냐, 감각이 있었느냐에서 시작해야 한다. 왜냐하면 이 두 개 외에 생생한 것은 없기 때문이다. 사리에 기인하는 윤리는 수학적 진리와 같이 명백하지만, 모든 타산을 밟아 부수는 정열을 지배하는 힘을 행사하지 못한다. 하나의 감정에 이길 수 있는 감정은 하나밖에 없다. 격하기 쉬운 성질을 억제할 수 있는 것은 고양할 수 있는 성질뿐이다. 그러한 경우 이성의 작용은 라퐁텐의 '학교 선생'115)과도 같은

---

114) 세네카가 루키리우스에게 보낸 《도덕서한》(*Epistulae*) XL 1.

것이다. 선생이 말하는 것을 듣는 사람은 없다. 단지 살려달라고 소리지르는 것만 들릴 뿐이다.

야코비는, 그의 저작에 대한 분석에서 다음에 내가 설명하겠지만, 종교적 감정을 도덕의 기본으로서 인정하지 않기 위해 칸트가 사용한 논거에 반박했다. 칸트와는 다르게 야코비는 신은 인류 앞에 모습을 나타낸 것과 같이 기도나 독서로 마음의 준비가 가능한 경우, 각자에게도 모습을 나타낸다고 믿는다. 또 다른 철학자가 말한 것처럼, 이 세상에 있는 동안에도 마음 안에서 영원을 바라고 영원한 것에 마음이 쏠리는 사람에게 불멸은 이미 시작된 것이다. 또 다음과 같이 말하는 사람도 있다. 즉, 자연은 인간에게 신의 의사를 들려주며, 우주에는 자유를 빼앗기고 슬퍼 탄식하는 자의 소리가 있는데 그것은 여러 가지 무서운 모습을 몸에 두른 악의 원리와 싸우고, 세계와 인간 자신을 해방하라고 외친다는 것이다. 이러한 여러 가지 사고방식이 작가의 상상력과 결합하여 그것에 공감하는 사람에게도 채택되었다. 그러나 이러한 사고방식이 일치되어가는 방향은 항상 똑같다. 영혼을 외적 사물로부터 해방하고, 자신의 마음 안에 왕국을 세우며, 이 왕국에서 법으로써 의무감과 희망으로 저세상을 품는 것이다.

확실히 참된 그리스도교 신자는 어느 시대에나 같은 종교를 전했다. 그러나 독일의 새로운 학파 사람들이 뛰어난 점은, 최고의 철학과 가장 실증적인 지식을 순수하고 무지한 사람들의 천성으로 보게 되는 이 모든 감정에 결합시킨 것이다. 오만한 시대가 도래하여 추론과 과학이 상상력으로 느끼는 예감과 양심의 공포, 마음으로부터 우러나는 신앙 등을 모두 파괴해버렸다고 우리에게 말해주었고, 약하거나 광적이라고까지 불리는 자기 자신의 나머지 반쪽을 부끄러워했다. 그러나 평생

115) 물에 빠진 아이가 살려달라고 소리지르고 있는 것을 알아챈 학교 선생은 '때와 장소에도 맞지 않게' 하고 싶은 말을 다 하고 나서 아이를 물에서 끌어올렸다(Jean de La Fontaine(1621~1695), *Fables*(1668), Livre 1, Table XIX, *l'enfant et le maitre d'école*).

느끼고 있는 모든 인상들을 숙고 끝에 이론화하는 사람들이 나타났다. 그들은 그 인상을 강요하려고 하지 않고, 그들 인상의 출처인 고귀한 원천을 우리에게 보여주었다. 독일의 윤리학자들은 전제적 이성의 경멸로부터 감정과 열광을 구출했다. 그런데 이 전제적 이성은 자기가 전멸시켜버린 것까지 모두 자기 소득으로 계산하고, 프로크루스테스[116]의 침대 위에 인간과 자연을 올려놓고 유물론자의 철학자가 이해할 수 없는 부분을 잘라버린 것이다.

과학적 윤리

정확한 과학의 취향이 세상을 석권한 이래, 무엇이든지 증명하고자 했고, 확률론에 의해 불확실한 것도 계산할 수 있게 되었으므로 가장 미묘한 문제의 어려운 부분도 수학적으로 해결할 수 있다고 믿었다. 이리하여 대수학이 세계를 지배할 수 있다고 생각하게 되었다. 독일의 철학자들도 윤리에 과학의 이점을 부과할 것을 주장했다. 즉, 결론에서와 마찬가지로 이론에서 엄밀하게 증명되고, 또 제1의 원칙으로 받아들여지면 더 이상의 반박이나 예외를 인정하지 않는 과학의 이점이다. 칸트와 피히테는 이러한 형이상학적 작업을 하려 했고, 다시 다음 장에서 언급하겠지만, 플라톤을 번역하고 종교에 관해 몇 개의 논문을 쓴 슐라이어마허[117]는 과학에 의해 포착한 여러 가지 윤리를 대단히 깊이 있게 검증한 저서를 출판했다. 이론의 줄기는 완벽하고, 원리에는 모든 결론이 있으며, 또 각각의 결론에서 원리를 알 수 있는 하나

116) 프로크루스테스(Procrustes)는 포세이돈의 아들로 메가라에서 아테네로 가는 길가에 살던 강도이다. 행인을 자기 침대에 강제로 눕혀 키가 너무 작으면 때리거나 추를 달아 잡아당기고, 키가 크면 신체를 잘라 침대에 맞추었다.

117) Friedrich Ernst Daniel Schleiermacher(1768~1834). 독일의 철학자이자 신학자.

의 윤리를 그는 발견하고 싶어했으나 현재까지 그 목표는 달성되지 않은 것 같다.

고대인들도 도덕을 학문으로 정립하려 했다. 그러나 그들은 이 학문에 법률과 정치도 포함시켰다. 사실상 자기 나라의 법과 풍속이 무엇을 요구하는지 모르고서는 인생의 모든 의무를 미리 결정해놓을 수는 없다. 플라톤이 그의 공화국을 생각해낸 것은 이러한 견지에서였다. 거기에서 인간은 완전하게 종교와 정치와 윤리의 상호관계성 안에 갇혀 있다. 그러나 이러한 공화국은 존재할 수 없으므로, 인간사회의 악습 가운데 있는 도덕의 규범은 그것이 어떤 것이든지 간에, 습관적인 양심의 간섭 없이 존재할 수 없을 것이다.

철학자들은 어떠한 것에도 학문적 형식을 요구한다. 그들은 이렇게 해서 미래를 붙들어매고, 상황의 멍에로부터 완전히 달아날 수 있다고 생각했다. 그러나 멍에로부터 우리를 해방시켜주는 것은 우리의 영혼과 성실성을 지니고 미덕을 사랑하는 우리 마음 안에 있는 정신이다. 도덕의 학문이 아무리 훌륭한 말을 사용해도, 기하학이 도면을 그리는 방법을 가르쳐주지 않고 시학이 행복한 이야기를 만드는 법을 가르쳐주지 않듯이, 정직한 사람이 되는 방법을 가르쳐주지 않는다.

칸트는 형이상학적 진실에는 감정이 필요하다는 점을 인정했지만, 윤리에는 그것이 필요 없다고 했다. 그는 인간의 마음에 있어 중대사건, 그것은 윤리의 밑바닥에 있는 이해타산이 아니라 의무라는 사실을 확고한 태도로 입증하지 못했다. 윤리의 동기는 종교가 아니라고 하는 칸트로서는 양심은 심판자에 불과하고, 신의 소리는 생각지도 않았다. 그러므로 그는 이 심판자에게 끊임없이 대답하기 곤란한 질문을 퍼부었다. 그것에 대한 답은 자기 자신에게는 명쾌하다고 생각되었으나 여러 가지 비난이 적지 않게 일어났다. 왜냐하면 감정을 배제하고서는 사람들의 의견이라고 하는 것은 절대 없기 때문이다.

독일철학자 중에서는 인간 존재를 구성하는 모든 감정을 법률로 작성하는 것, 즉 모든 마음의 움직임을 포괄하는 학문을 만드는 것은 불가능하다는 점을 인정하고, 윤리는 자신에게 충실한 것이라고 주장하는 것으로 만족한 사람들이 있었다. 확실히 양심에 부끄러움이 없을 때에는 사람은 죄를 범한 것이 아니다. 타인의 의견에 따라서 잘못을 범하는 경우에도, 의무를 망각하고 있지 않기만 하면 죄는 없다. 그렇지만 미덕의 가장 좋은 증거처럼 보이는 자기만족이 있다고 방심해서는 안 된다. 자기의 교만을 양심으로 착각한 사람들이 있다면, 광신을 자신의 독선적 견해에 의해서 무사무욕한 동기라고 정의하는 사람도 있을 것이다. 또 어떠한 성격의 소유자들에게는, 습관적으로 죄를 범하는 동안 불행에 부딪힐 때까지 잘못을 뉘우치고 깨닫는 마음을 쫓아버리는 힘이 있는 것 같다.

이와 같이 도덕의 학문이 발견되지 않고, 또 도덕의 교훈이 널리 지켜진다는 증거를 발견하는 것 역시 불가능하다고 해도, 우리가 실제로 무엇을 해야 하는지 가르쳐주는 것이 없지는 않다. 그러나 인간의 운명에는 필연적인 것과 의지의 자유에 맡겨져 있는 것이 있으므로, 인간의 행동에 관해서도 영감과 규범이 있을 것이다. 미덕에 관한 것은 전적으로 자유롭지도 않고, 아예 결정된 것도 아니다. 종교의 경이 중 하나는 사랑의 충동과 법에 대한 복종이 같은 비례로 결합되어 있는 점이다. 그러므로 인간의 마음은 만족하면서 이끌려간다.

나는 여기에서 독일에서 출판된 책의 학문적 도덕관 전부를 보고할 생각은 아니다. 때로는 너무나 미묘해서 우리 자신의 본성을 취급하고 있는데도, 무슨 근거로 그것을 이해해야 하는지 알 수 없다. 프랑스의 철학자들은 모든 것을 사리와 결부시키고, 도덕을 매우 무미건조한 것으로 만들고 말았다. 독일의 몇몇 형이상학자들도 같은 결과에 이르긴 했다. 단지 그들은 그들의 모든 이론을 희생 위에 구축했다. 유물론의 체계도, 추상적 체계도 미덕에 관해 완전한 해답을 줄 수 없다.

야코비

어떠한 나라에서도 야코비 이상으로 특출한 인격을 갖춘 문학자를 만나기 힘들다. 훌륭한 풍채와 풍요한 재산 덕분에 그는 젊은 시절부터 40년 동안 명상에 몸을 바쳤다. 철학은 보통 위로나 피난처이다. 그러나 모든 상황이 속세에서의 대성공을 약속하고 있는데 철학을 선택하는 인간은 정말 존경받을 수밖에 없다. 야코비는 그 성격상 감정의 힘을 확인하고자 하는 마음의 충동으로 추상적 개념, 특히 그것의 불충분함을 지적하는 데에 전념했다. 형이상학에 관한 그의 저작은 독일에서 대단한 평가를 받고 있다. 특히 그는 윤리학자로서 국제적 명성을 떨치고 있다.

그는 이해에 기인한 윤리관을 최초로 공격한 사람이며, 철학적으로 숙고된 종교감정을 그 윤리관에 가미하는 것을 원칙으로 하면서 하나의 학설을 창조했다. 그것은 의무라는 엄정한 법칙에 모든 것을 결부시키는 칸트의 학설과도, 또 내가 앞 절에서 말한 것과 같은 과학의 냉정함을 도덕에 관한 이론에 응용하는 방법을 찾는 새로운 형이상학자들의 학설과도 다른 것이다.

실러는 칸트의 윤리에 관한 사고체계에 대해 다음과 같은 풍자시[118] 안에서 노래한다.

> 친구들에게 도움이 된다는 것은 즐거운 일이다. 자기의 임무를 다하는 것은 나에게는 기분 좋은 일이다. 그러나 그렇게 하는 것은 나를 불안하게 만든다. 왜냐하면 그렇게 하면 나는 미덕의 인사라고 할 수 없으니까.

이 농담에는 실로 깊은 뜻이 있다. 왜냐하면 의무를 수행하는 것은 결코 행복을 추구해서가 아닐지라도, 그 행위로 인해 주어지는 마음의

---

118) *Xenien*, No. 388, in Schiller: *Werke*, Stuttgart, 1871, p. 148.

만족은 틀림없이 미덕에 의한 지고한 행복이라고 우리가 부를 수 있는 것이기 때문이다. 이 지고한 행복이라는 말이 지금은 어느 정도 위엄을 상실했지만, 결국 이 말을 사용하지 않을 수가 없다. 왜냐하면 행복 혹은 적어도 기쁨을 희생하여 더욱 감미롭고 더욱 순수한 영혼의 상태를 얻게 해주는 종류의 감명을 표현할 필요가 있기 때문이다.

확실히 만일 도덕이 감정에 의지하지 않는다면, 도대체 어떻게 도덕을 지킬 수가 있는가? 의지에 의해 우리의 정열을 굴복시켜야 하는 때에, 만일 감정에 따르지 않는다면 어떻게 이성과 의지를 일치시킬 수 있을 것인가? 독일의 어느 사상가[119]는 "그리스도교 이외에는 철학이 존재하지 않았다"라고 말했다. 그가 자기 생각을 이렇게 표현한 것은 결코 철학을 거부하기 위해서가 아니라, 그리스도교가 더없이 고매하고 심원한 사상에 의해 인간의 본성과 기막히게 일치하는 점을 발견하게 되었다고 확신했던 까닭이다. 칸트나 다른 더욱더 추상적인 물리학자들과 같이 윤리상의 모든 행위를 불변의 계율에 결부시키려고 하는 사람들, 야코비와 같이 감정의 판정에 모든 것을 맡겨야 한다고 주장하는 사람들, 이미 두 파의 윤리학자들 사이에서 그리스도교는 실증적 법칙이 마음의 영감을 부정하지 않고, 이 영감 역시 실증적 법칙을 부정하지 않는 멋진 지점을 보여주고 있는 것 같다.

자기 양심의 순수성을 충분히 신뢰할 수 있는 야코비는 원칙적으로는 마음이 시사하는 것에 완전히 몸을 맡겨야 한다고 주장했으나 이것은 실패였다. 몇몇 계율의 실행에서 어떤 수정도 관용도 인정하려고 하지 않은 도량 좁은 작가들의 무관심이 야코비를 그들과는 극단에 있는 반대쪽으로 던져버렸다.

프랑스의 윤리학자들이 엄격해질 때에 그 엄격한 정도는 인간의 개성을 죽여버릴 정도이다. 프랑스의 국민 정신은 모든 것에서 권위주의가 되기 마련이다. 독일의 철학자들과 특히 야코비는 인간 각각의 개

119) 프리드리히 스톨베르그(Friedrich Leopold Graf zu Stolberg)를 말한다.

인적 존재를 구성하는 것을 존중하고 있고, 행위를 판단할 때에는 그 행위의 출처, 즉 행위를 가져온 마음의 작용의 선악에 의해 생각한다. 연극의 모든 규칙과 예의를 지키면서도 감상을 견뎌내지 못하는 비극을 빚어내는 경우가 있는 것같이, 권위 있는 법을 어느 것 하나 어기지 않아도 악당이 되는 길은 얼마든지 있다. 마음에 자연스러운 감정의 움직임이 없을 때에는, 마음은 상황에 따라서 말할 것과 해야 할 것을 알고자 할 것이다. 명령받는 대로 행동하는 것으로서, 자기 자신에게도 또 다른 사람의 마음에도 부담감을 주지 않기 위함이다. 그렇지만 법은 시를 창작하는 경우와 같이 도덕상 해서는 안 되는 것밖에 가르쳐주지 않는다. 모든 것에서 선한 것, 숭고한 것은 우리 마음의 신성에 의해서만 우리에게 계시된다.

앞 절에서 내가 전개한 것과 같이 공익성이라는 것이 그 덕성을 표방하여 사람을 부도덕으로 이끌어갈 수도 있다. 반대로 사적 인간관계에서 세상에서 말하는 바의 완벽한 행동이 잘못된 원리에서 유래하는 경우도, 즉 그 행동이 무언가 비정하고 증오에 찬 냉혹한 것과 결부되어 있는 경우도 때로는 있을 수 있다. 자연스러운 정열과 뛰어난 재능은 준엄한 이름을 너무 쉽게 존경하는 사람들의 마음에 들지 않는다. 그들은 마치 자녀를 치기 위해 부친의 칼을 빼앗는 적군과 같이, 하느님으로부터 받은 것이라고 하며 상대의 덕성을 빼앗는다.

그러나 유연성이 없는 법의 엄격함을 혐오한 나머지 야코비는 극단까지 가버리고 그곳에서 탈출하지 못했다. 그는 다음과 같이 말한다.

> 그렇다. 나는 죽어가는 데스데모나와 같이 거짓말을 한다.[120] 필라데스 대신 죽으려고 한 오레스테스[121]와 같이 속인다. 티몰레온[122]

---

120) 〔원주〕 데스데모나는 아내를 죽인 대죄를 범한 남편의 불명예를 씻고 위험을 없애기 위해, 빈사상태에 있으면서 자기는 자살한다고 선언한다.

121) 오레스테스는 그리스 신화에서 미케네의 왕 아가멤논과 클리타임네스트라의 아들이자, 엘렉트라의 동생이며, 필라데스와 사촌이다. 오레스테스가 부친

과 같이 암살한다. 에파미논다스[123]와 같이, 그리고 요한 드 위트[124]와 같이 거짓선서를 하게 된다. 카토[125]와 같이 자살을 결심한다. 다윗과 같이 신을 모독한다.[126] 왜냐하면 문자 그대로 이러한 과실을 용서하기 때문이다. 인간은 그 존재의 존엄에 의해 주어진 최고의 권리를 행사하고 있는 것이라고 나 자신 확신하기 때문이다. 인간은 스스로 주는 은혜 위에 그 존엄성의 증명도장을, 신성의 증명도장을 찍는다.

만일 당신이 보편적이고 엄밀하게 과학적 사고체계를 확립하기 원한다면, 생명을 경직시킨 그 체계에 양심을 굴복시켜야 한다. 그때 양심은 귀머거리, 벙어리, 무감각이 되어야 한다. 양심의 뿌리에 남아 있는 아주 조그만 조각, 즉 인간의 마음까지도 송두리째 뽑아버려야 한다. 그렇다. 또 형이상학적 방법에 의해 당신이 아무리 아폴론이나 뮤즈들을 대신한다고 해도 예외 없는 법칙에 암암리에 순응할 수 있고 그 법칙이 요구하는 융통성 없고 맹목적인 복종을 받아들이는 것은 단지 자기 마음에 침묵을 강요할 때뿐이다. 그때에는 교단에 선 교사와 마찬가지로 양심은 당신의 마음과는 직접적 관계가 없는 진실을 당신에게 가르쳐주는 데 보탬이 될 뿐이다. 이 마음의 신호등은 이제 도로에서 나그네들에게 길을 가리키는, 나무로 만든 손에 불과할 것이다.

아가멤논을 죽인 자기 모친과 그의 애인 아이기스토스 두 사람에게 복수하는 이야기는 호메로스 이래 그에 관한 전설의 중심을 이룬다. 필라데스는 그와 함께 성장한 가까운 사이였고 복수를 도왔다. 그 후의 일에 관해서는 여러 가지 설이 있다.

122) Timoleon(BC 410~336). 코린토스의 폭군이었던 형 티모파네스를 암살하고 나라에 자유를 찾아주었다.

123) Epaminondas(BC 412~362년경). 고대 그리스의 군인, 정치가. 기원전 371년의 레우크트라 전쟁에서 스파르타군을 대패시켰다.

124) Johan de Witt(1625~72). 네덜란드의 정치가.

125) Marcus Porcius Cato Uticensis(BC 95~46). 로마의 정치가. 폼페이우스와 카이사르가 싸웠을 때, 많은 원로원 의원들과 함께 폼페이우스 쪽에 가담해 싸우고, 폼페이우스가 패하고 죽은 후에는 북아프리카로 건너가 우티카에서 자살했다.

126) 다윗 왕이 인구조사를 한 것을 말한다(〈열왕기 상권〉 참조).

야코비는 감정에 의해 너무 좌우되는 사람이었기에 어쩌면 이 윤리관이 대다수의 사람들에게 어떠한 결과를 가져오는지 충분히 고려하지 않았을 것이다. 하긴 의무로부터 벗어나면서도 자기는 양심의 움직임에 따르고 있다고 주장하는 사람들에게 뭐라고 대답할 것인가? 이러한 표현을 써본다면, 그들은 위선자라고 할 수 있을 것이다. 그러나 그들이 무엇을 하든지 간에 그것을 정당화하는 데에 쓰이는 논법은 주어져 있다. 그리고 인간으로서는 자기의 행동을 유리하게 하는 언변을 갖는 것만으로도 충분한 것이다. 그들은 그것을 이용하여 우선 타인을 속이고, 다음엔 자기 자신을 속이고 만다.

어느 당파에도 속하지 않는 이 학설은 참으로 고결한 사람들에게만 적합한 것일까? 미덕에게 특권이 존재할 리가 없다. 왜냐하면 미덕이 그것을 원하는 순간부터 미덕은 미덕으로서의 가치를 상실하게 될 것이기 때문이다. 의무의 왕국에서는 숭고한 평등이 군림하고, 마음속에서부터 무엇인가가 솟아오르는데, 이것은 열광이 고취시키는 모든 것을 성취하는 방법을 누구에게든지 진지하게 원하기만 하면 알려준다. 그렇지만 이것 역시 성스러운 열광의 산물인 그리스도교의 율법 테두리를 벗어날 수 없다.

칸트의 학설은 종교에게 그다지 영향을 주지 않으므로, 실제 너무 무미건조하게 생각될지도 모른다. 그러나 정신과 성격의 탄력성을 필연적으로 약하게 하는 감수성의 전용이 특히 독일에 널리 퍼져 있던 시절에, 그가 감정을 자신의 윤리관의 기반으로 하려고 하지 않았다고 해서 놀랄 필요는 없다. 칸트와 같은 재능이라면 사람의 영혼에게 다시 생기를 불어넣으려는 시도를 했을 것이다.

독일의 새로운 학파의 윤리학자들은 어떤 추상적 학설에 속해도 그 감정은 매우 순수하다. 그들은 세 개의 학파로 분류할 수 있다. 즉, 칸트, 피히테와 같이 의무의 법칙에 과학적 이론과 엄정한 실천을 주려고 한 사람들, 그리고 야코비를 선두로 하여 종교감정과 자연스러운 도의심을 행동원리로 간주한 사람들, 마지막으로 계시를 그 신앙의 기반으로 하면서 감정과 의무를 결합시키려 하고 철학적 해석에 따라 그들을 결부시키려고 노력한 사람들이다. 이들 세 개 학파의 사람들은 모두가 다 개인적 이해를 기반으로 한 도덕론을 공격한다. 그러한 도덕론을 신봉하는 사람은 독일에는 이제 거의 없다. 그 도덕론을 갖고 사람들이 악을 행할 수는 있지만, 적어도 선의 이론과 그 도덕론을 결부시키지는 못한다.

《볼드마르》에 관하여

소설 《볼드마르》(*Woldemar*) (1779) 는 앞 절에서 취급한 철학자 야코비의 작품이다. 이 작품에는 철학적 논쟁이 수록되어 있고, 프랑스의 작가들이 주장하던 도덕에 관한 학설이 심하게 공격당하고 있다. 또 야코비의 주장이 기막힌 웅변으로 전개된다. 이 점에서 보면 《볼드마르》는 매우 훌륭한 저서이다. 그러나 소설로서는 그 전개도, 의도도 마음에 들지 않는다.

철학자로서 인간의 모든 운명을 감정에 결부시키는 저자는, 이 작품 안에서 감수성을 실제 나타나는 것과는 다른 모습으로 묘사하는 것 같다는 느낌이다. 과장된 섬세함이라기보다는 인간의 마음을 기묘하게 해석하는 방법은 이론적으로는 재미있을지 모르지만, 그것을 행동으로 옮길 때, 또 어떤 식으로든 그것을 현실에 적용시킬 때 흥미를 끌지 못한다.

볼드마르는 한 여성에 대해 깊은 우정을 느낀다. 그 여성도 그와 같은 마음이지만, 그와 결혼할 생각은 없다. 그는 사랑하지 않는 다른 여성과 결혼한다. 그 여성에게서 결혼생활에 알맞은 온순하고 조용한 성격이 보인다고 생각했기 때문이다. 그러나 결혼한 순간부터 자신과의 결혼을 원치 않았던 첫사랑을 향한 애정에 마음을 맡긴다. 그와 결혼을 원치 않았던 여성은 여전히 그를 사랑하지만, 그가 그녀를 사랑할 수 있다는 생각에 분개한다. 그렇지만 그녀는 그의 옆에서 살고, 그의 아이들을 돌봐주고, 그의 아내와 자매처럼 지낸다. 그녀가 자연스러운 애정을 느끼고자 하는 것은 단지 우정에서 나오는 호감을 통해서뿐이다. 이것은 괴테의 매우 칭찬받은 희곡 《스텔라》(*Stella*) (1776)의 장면과 흡사하다. 《스텔라》에서는 같은 남자와 신성한 결합관계에 있는 두 여성이 결국은 둘이 함께 그의 밑에서 사이좋게 지내는 결심을 하기에 이른다. 이러한 이야기가 독일에서 성공하는 것은 이 나라에서는 종종 감수성보다는 상상력이 많기 때문이다. 남쪽 사람들의 영혼은 이러한 감정의 영웅주의, 헌신적이지만 독점적인 정열을 전혀 이해할 수 없을 것이다. 이른바 우정을 위해 사랑을 희생하는 배려라는 것은, 의무가 그렇게 명령하는 것이 아니라면, 고의적 냉정함일 뿐이다.

사랑을 희생하는 이러한 아량은 전적으로 부자연스러운 사고방식이다. 모성애나 부모에 대한 자식의 사랑처럼 배타적이고 절대적이기 때문에 숭고할 뿐인 감정 안에서는 너그러움도 나눔도 인정해서는 안 된다. 도덕과 감수성이 일치하지 않는 상황으로 고의적으로 갖고 갈 필요는 없다. 왜냐하면 무의식적 행동이란 매우 아름다운 것이므로, 자신의 모든 행동을 스스로 규제하고 자신을 마치 희생제물로서 살게 하는 것은 무서운 일이기 때문이다.

한 사람의 성실하고 진실한 천재가 소설 《볼드마르》 안에서 모든 등장인물이 감정에 의해 감정을 희생하고, 또 자기가 사랑하는 사람을 사랑하지 않는 이유를 주의 깊게 찾는 상황을 고안해낸 것은 확실히 위선 때문도, 또 메마른 영혼 때문도 아니다. 그러나 청춘시절부터 모든 종류의 열광으로의 격렬한 경향을 느끼고 있었던 야코비가 심정의 얽힘 안에서 추구하는 기이한 신비성은, 재능 있게 잘 표현되어 있긴 하지만 자연스럽지가 않다.

야코비는 종교보다 사랑을 더 잘 알지 못하는 것 같다. 왜냐하면 그는 이 둘을 너무 혼동하고 싶어하기 때문이다. 사랑은 종교처럼 행복을 포기함으로써 완전한 행복을 발견할 수 있는 것이 아니다. 목적 없는 열광, 필요 없는 희생 안에 미덕을 가져다놓을 때 미덕을 갖추는 것이라는 생각은 잘못된 것이다. 야코비 소설의 인물은 모두 끊임없이 사랑을 희생하고 관용을 서로 다투어 앞세운다. 그러한 일은 현실생활에서 거의 일어나지 않을 뿐 아니라, 미덕이 관용을 요구하지 않는 한 아름답지도 않다. 강하고 정열적인 감정은 인간성을 높인다. 종교에 그토록 위엄이 있는 것은 종교가 그러한 감정을 초월하기 때문이다. 대단히 손쉽게 체념할 수 있는 애정밖에 발견하지 못한다면 신 자신이 우리의 마음에 말씀해주실 필요가 있었을까?

심정의 공상적 경향

영국의 철학자들은 이미 언급한 바와 같이 미덕의 기반에 감정, 아니 오히려 윤리감각이 있다고 했다. 그러나 그러한 사고방식은 지금 여기에서 문제삼는 감상적 윤리와는 전혀 관계가 없다. 그 명칭도, 개념도 독일 밖에는 존재하지 않는 이 윤리에 철학적인 점은 아무 데도 없다. 거기에서는 단지 감수성이 풍부할 것을 의무화하고 있을 뿐이다. 그리고 감수성을 지니고 있지 않은 사람들은 별 볼일 없는 사람으로 간주하게 되었다.

아마 사랑의 힘은 윤리와 종교에 가장 밀착해 있을 것이다. 그러므로 차갑고 엄격한 마음을 가진 사람들에 대한 반감은 하나의 절묘한 본능인지도 모른다. 어떤 사람들의 행동이 훌륭하다고 생각될 때에도, 그 사람들이 기계적으로 또는 타산에 의해 움직이고 있고 더구나 그들과 우리 사이에 결코 아무런 공감도 있을 리가 없다는 것을 우리는 이 본능에 의해 알 수가 있다. 모든 감흥을 교훈으로 축소하려고 하는 독일에서는, 느끼지 못하는 것과 공상할 수 없는 것까지도 부도덕한 것으로 생각했다. 《젊은 베르테르의 슬픔》이 어찌나 격앙된 감정을 유행시켰던지, 태어날 때부터 정감이 없는 냉혹한 성격이라고 해도 거의 아무도 자기의 그런 성격을 보이고 싶어하지 않았다. 그 소설에는 달, 숲, 전원, 고독에 대한 강요된 열광과 신경증, 꾸민 듯한 목소리, 나를 보기 바라는 시선, 강하고 성실한 영혼이 경멸하는 감수성의 외양이 모두 나타난다.

《젊은 베르테르의 슬픔》의 저자는 제일 먼저 그러한 부자연스러움을 비꼬았다. 그렇지만 어느 나라에서도 우스꽝스러운 일이 존재해야 하는 것처럼, 그들에게는 나쁜 것에 대한 우아함을 가장하는 환경에 있는 것보다는 좋은 것의 다소 열띤 과장 속에 있는 편이 다분히 득일지도 모른다. 인기를 얻으려는 욕망은 남자들에게, 그리고 특히 여자들에게는 더욱 억제하기 어려운 것이므로, 특정 시대의 특정 사회에 널리 퍼져 있는 취향을 확인하고자 한다면 보통 사람들의 행동을 보면 된다. 독일에서는 감상적 모습을 한 보통 사람이 독일 이외의 나라에서는 경솔하고 오만한 태도를 보였을 것이다.

독일인이 아주 섬세한 감정의 움직임에 중요성을 부여하는 데 큰 원인이 되는 것은 그들의 극단적으로 예민한 성격이다. 그리고 이 예민함은 감정의 진실에서 유래하는 경우가 많다. 감정이 쉽게 움직이지 않을 때 마음이 굳어지기란 쉽다. 그러한 경우에 필요한 것은 용기뿐이다. 왜냐하면 남에게 요구하는 엄격함은 먼저 자신에게 요구해야 하기 때문이다. 그러나 남이 자신에게 호의를 갖고 있는 건가 아닌가에 따라 행복감이 크게 좌우되는 사람들의 경우에는, 친구들을 마치 영토와 같이 이용가치가 있는 것으로 활용하려고 하는 사람들보다 마음에 몇 배나 더 분노를 느끼지 않을 수 없다.

그렇지만 독일의 많은 작가들이 여러 가지 수법으로 다양화하고, 그들의 소설에 많이 사용하는 매우 치밀하고 오묘한 감정의 법칙에 주의해야 한다. 독일인들은 항상 완벽하게 자연스러울 수 없다는 점을 인식할 필요가 있다. 그들은 인생의 현실적인 모든 관계에서 자기들의 공명정대함과 성실성을 확인하고 있고, 외견상의 미를 선으로 향하는 신앙으로 간주하기 쉬우며, 때로는 모든 것을 망쳐버리는 과장도 자신에게 허락하기 마련이다.

만일 부자연스럽게 꾸며대는 데에 따르는 해학이 성실성 자체에 일종의 혐오감을 주지 않는다면, 독일의 여인들과 작가들 사이의 감수성의 대결은 실제로는 아무런 악의도 없는 것일 것이다. 냉정하고 이기적인 사람들은 정열을 쏟은 애착을 비꼴 때 느낄 수 있는 특수한 즐거움을 발견하고, 자기들이 경험하지 않는 것을 모두 허위라고 생각하려고 할 것이다. 매우 감수성이 많은 사람들인데도 달콤한 과장이 그들 자신의 인상을 흐려버린 사람들, 또 지루한 설교나 미신적 실천 탓에 종교의 신선미를 느낄 수 없을 정도로 감정이 무뎌진 사람들이 있다.

우리가 선악에 관해 품고 있는 실제적 견해를 감수성의 섬세함에 적용하는 것은 잘못되었다. 감수성이 없다고 해서 그 성격을 비난하는 것은 마치 시인이 아니라고 해서 나무라는 것과 같다. 행동하는 것보다 사고하는 것이 많은 사람들은 당연히 상처입는 수가 많은데, 그 때문에 그들은 다른 성격의 인간에 대해 공평성이 결핍되는 일이 있다. 마음 안에 싹트는 고통을 일일이 간파하는 데에는 상상력이 필요하다. 더구나 세상에서 가장 우수한 사람들이 종종 이 점에서 우둔할 수가 있다. 자기 때문에 꽃이 시드는 것에 놀라면서 꽃을 밟으며 걸어가듯이, 그들은 감정을 가로질러간다. 라파엘로를 칭찬하지 않는 사람들, 음악을 듣고 감동하지 않는 사람들, 바다와 하늘이 아무런 변화 없이 평범한 것으로 보이는 사람들이 없겠는가? 그러한 사람들이 도대체 어떻게 마음의 뇌우를 이해할 것인가?

가장 감수성이 예민한 사람들은 자기들의 기대에 어긋나서 절망하는 일이 없을까? 마치 신이 그들로부터 빠져나가는 것과 같은 일종의 내면적 허무에 사로잡히는 일이 없을까? 그렇다고 해서 그들이 자신들의 감정에 덜 충실하다는 것은 아니다. 그러나 이제 신전에서는 향기가, 성소에서는 음악이, 또 마음속에서는 감동이 사라졌다. 또 운명과 조화 여부에 따라서 듣기 좋은 소리도 되고 비통한 소리도 되는 그 감정의 소리가 불행 때문에 자기 자신 안에서 억제되고 마는 일도 종종 있다. 그러므로 감수성이 풍부한 것을 의무화하는 것은 불가능하다. 왜냐하면 감수성이 풍부한 사람들은 감정을 억제해야 한다는 의무와 욕망 때문에, 감수성이 풍부하다는 사실만으로도 충분히 고통받기 때문이다.

정열적인 국민은 감수성에 관해 이야기할 때 항상 공포심을 갖는다. 조용하고 몽상에 넘친 국민은 두려움 없이 감수성을 장려할 수 있다고 생각한다. 적어도 감수성에 관해서는, 아마 지금까지 완벽한 진리로서 쓰여진 일이 없을 것이다. 왜냐하면 누구나 자기가 느끼는 것과 상대에게 영감을 주는 것을 자랑하고 싶어하기 때문이다. 여성들은 소설처럼, 또 남성들은 역사처럼 사건을 해결하려고 한다. 그러나 인간의 마음은 그것의 가장 내밀한 관계 안에 침투하기엔 아직도 먼 곳에 있다. 만약 누군가가 한번 자신이 느낀 것을 성실하게 진술한다면, 대부분의 격언과 관찰이 잘못되어 있으며, 또 우리가 말하는 영혼의 밑바닥에 미지의 영혼이 있는 것을 알고는 깜짝 놀랄 것이다.

결혼에서의 사랑

결혼에서는 감성은 의무이다. 그 외의 인간관계에서는 미덕으로 충분할 것이다. 그러나 운명이 얽히는 관계, 말하자면 두 개의 심장의 고동이 동일한 충동으로 움직이는 관계에서 깊은 애정은 거의 불가결한 것이라고 본다. 방종한 풍속이 부부간에 많은 고통을 가져왔으므로, 전 세기의 윤리학자들은 마음속에서 느끼는 모든 기쁨을 부성애와 모성애에 결부시키게 되고, 결국은 결혼을 자식을 갖는 즐거움을 위한 필요조건으로밖에 보지 않게 되었다. 그것은 도덕적으로 잘못되었고,

행복의 관점으로 볼 때 더욱 잘못되었다.

자식에게 친절하기란 매우 쉬운 일이므로 그것을 대단한 장점으로 만들어서는 안 된다. 어린 시절 아이들의 의지는 곧 양친의 의지이다. 그리고 청춘기가 되면 그들은 곧장 자립한다. 천성적으로 공평성과 선량함이 주요한 의무가 되는 자식과의 관계를 원활히 하기는 매우 쉽다. 그러나 우리의 반쪽과의 관계에서 사정은 전혀 달라진다. 그 반쪽은 우리의 극히 사소한 행동이나 시선, 그리고 생각 때문에 행복과 불행을 맛본다. 도덕성이 완벽하게 발휘되는 것은 단지 배우자와의 관계에서 뿐이다. 그리고 거기에서만 지고한 기쁨의 참다운 원천이 존재한다. 당신이 생사를 같이할, 같은 시대를 사는 친구, 그의 이해가 모두 당신의 이해이기도 하고, 또 무덤을 포함한 모든 장래를 당신과 공유하는 친구, 이런 관계에서의 감정은 전 생애를 통해 같이한다. 때로는 자녀가, 더욱 흔하게는 부모가 인생의 동반자가 되는 것도 사실이다. 그러나 그 드물고 얻기 어려운 기쁨은 자연의 법칙에 공격당한다. 반면 결혼에 의한 결합은 인간의 존재 전부에 부합된다.

그토록 신성한 결혼에 의한 결합이 그토록 빈번하게 모독되는 이유는 도대체 무엇일까? 사회의 여론이 남편과 아내 사이에 만든 이상한 불평등이야말로 비판되어야 한다고 나는 감히 말한다. 그리스도교는 노예와도 비슷한 신분에서 여성을 구출했다. 신 앞에서의 평등은 이 훌륭한 종교의 원리이고, 그것은 지상에서의 여러 권리의 평등을 유지하려 한다. 흠 잡을 때 없는 유일한 존재인 신의 정의는 어떠한 종류의 특권도 허락하지 않고, 그중 무엇보다 힘의 특권 같은 것을 허락하지 않는다. 그렇지만 여성의 예속상태에 대한 편견이 남아 있는데, 이들 편견은 사회가 허락하는 커다란 자유와 결부되어 많은 악을 가져왔다.

정치와 세속적인 것으로부터 여성을 밀어내는 데에는 일리가 있다. 어떠한 경우에서도 남성과 경합하는 것같이 여성의 천성에 반하는 것은 없고, 여성으로서 영광이란 찬란한 색깔의 상복(喪服)을 입은 행복에 지나지 않을 것이다. 그러나 만약 여성들의 운명이 부부애에 대한 끊임없는 헌신적 행위이어야 한다면, 그 헌신에 대한 대가는 헌신의 대상인 남성으로부터의 섬세한 배려에 넘친 성실함이 되어야 한다.

종교는 남편의 의무와 아내의 의무 사이에 아무런 차이를 두지 않지만, 세상이 커다란 차이를 두었다. 그리고 이 차이로부터 여성들 사이에서는 술수가, 남성들 사이에는 적의가 생겼다. 상대의 마음 같은 것은 조금도 바라지 않고 자기의 모든 것을 바칠 수 있는 마음이란 어떠한 마음일까? 도대체 누가 사랑의 대가로 마음에서 우러나는 우정을 받을 수 있을까? 성실하지 않으려는 사람에게 누가 변치 않는 마음을 진지하게 약속하겠는가? 모르지만 종교는 그것을 요구할 수 있을 것이다. 왜냐하면 희생이 기쁨이 되는 그 신비한 나라의 비밀을 종교만이 갖고 있기 때문이다. 그러나 남성이 아내에게 순종해줄 것을 제안하며 내놓는 교환조건이란 어쩌면 그렇게도 불공평한 것일까!

"나는 2~3년 동안 정열을 다하여 당신을 사랑하겠소. 그리고 이 기한이 지나면 당신에게 도리에 맞는 이야기를 하겠소"라고 남편은 말한다. 그들이 도리라고 부르는 것, 그것은 인생의 환멸이다.

> 나는 집에서는 차갑고 지루한 모습으로 보일지 모르지만 다른 곳에서는 마음에 들도록 노력한다오. 하지만 당신은 대체로 나보다 상상력도 감수성도 풍부하오. 당신에게는 직업도 오락도 없지만 세상은 나에게 모든 종류의 직업과 오락을 제공하고 있소. 당신은 나를 위해서만 존재하면 되지만, 나는 당신과는 달리 수천 가지의 다른 생각을 한다오. 내가 당신에게 나누어줄 만한 종속적이며 냉정한, 또 부분적인 애정으로 만족하시오. 그리고 더욱 뜨겁고 더욱 친절한 감정을 표시하는 찬사는 어느 것도 모두 무시하시오.

이 얼마나 불공평한 처사인가! 어떤 인간의 감정도 이러한 것을 용납하지 않는다. 기사도 정신이 유럽에 들여온, 여성을 향한 경의의 표시와 남성들의 몸에 밴 전제적 자유 사이에는 굉장한 차이가 있다. 이 차이가 감정의 모든 불행, 불륜의 사랑, 배신, 고독과 절망을 낳았다.

독일 국민은 다른 국민만큼 이 불행한 결과에 타격을 받지 않았다. 그러나 이러한 관점에서 그들은 근대문명이 언젠가는 미칠 영향을 두려워하지 않으면 안 된다. 여성들을 사교장 안에 끌어들여 그녀들의 모든 능력을 개발하고, 그 능력 덕택으로 여성들이 행복을 불가결한 것으로 생각하게 만든 다음 여성을 거절하느니, 차라리 노예처럼 여성들을 가두어놓고 그녀들의 정신과 상상력을 자극하지 않는 것이 낫겠다.

불행한 결혼에는 이 세상의 어떠한 고통도 능가하는 커다란 고뇌가 따른다. 한 여자의 마음 전부는 부부의 애정에 달려 있다. 그러므로 홀로 운명과 싸우는 것, 친구의 도움도 동정도 받지 않고 관을 향해 가는 것, 그것은 아라비아 사막에 있는 것보다 더한 고독이다. 그리고 젊은 시절의 보배를 모두 허황하게 탕진하고 인생의 종말에 와서 그 시절의 찬란한 빛을 더 이상 바라지 못하게 되었을 때, 새벽을 상기시키는 것은 이제 아무것도 없는 석양이 와서 밤을 알리는 납빛의 유령처럼 창백하게 생기를 잃으면, 당신의 마음은 분노하고 당신은 이제 지상에서 신의 선물을 빼앗긴 듯한 느낌을 받는다. 그리고 만약 당신이 당신을 노예처럼 취급하는 자를 아직 사랑한다면, 그는 당신의 소유물이 아니고 당신을 자기 마음대로 취급하기 때문에, 절망이 모든 능력을 빼앗아버리고 의식 자체가 불행 탓으로 혼란하게 되고 만다.

이러한 여성들은 그녀들의 운명을 경솔하게 취급하는 남편들에게 우화에서 인용한 다음 두 줄의 시를 말해줄 수 있을 것이다.

> 그래, 그것은 당신들에게는 장난이지요,
> 그러나 우리에게는 죽음이랍니다.[127)]

결혼의 구속이 여성들에게 부과한 성실성에 관해 남성들의 의견이 바뀌는 어떤 의식개혁이 남성의 머릿속에서 일어나지 않는 한, 두 성(性) 사이에는 언제나 투쟁이 있을 것이다. 그리고 영원히 지속되는

127) 마담 드 스탈은 이 시구가 라퐁텐의 것이라고 밝히고 있다.

이 비밀스러운 투쟁, 속임수를 쓰는 비열한 투쟁으로 인해, 양쪽 모두 윤리적으로 고통받을 것이다.

독일에서는 결혼에서 두 성 사이에 불평등은 거의 없다. 그러나 그것은 여성들이 남성들과 같은 정도로 빈번하게 지극히 신성한 계약을 깨기 때문이다. 이혼이 용이하므로 어떠한 진실도, 어떠한 힘도 지속시키지 않는 일종의 무질서가 가족관계 안으로 들어왔다. 지상에서 무언가 성스러운 것을 유지하려고 한다면, 결혼 안에 두 사람의 강한 정신보다 한 명의 여자노예가 있는 편이 더 낫다.

영혼과 행위의 순수함은 여성이 갖는 영예 중 으뜸이다. 그 어느 것도 가지지 않는다면, 여성은 얼마나 타락된 존재일까! 그러나 일반적인 행복과 인류의 존엄은, 결혼생활에서 남성의 성실성이 있다면 아마도 더 얻을 수 있을 것이다. 실제로 도덕적 차원에서 이 엄숙한 관계에 경의를 표하는 젊은 남성만큼 아름다운 모습이 있을까? 세상은 그에게 그러한 것을 요구하지 않으며, 사회도 그에게 간섭하지 않는다. 가령 그가 여성의 마음을 산산조각 나게 해도, 세상은 반대로 일종의 무신경한 농담으로 그 여성이 품고 있는 마음의 슬픔까지도 좌절시키려고 할 것이다. 왜냐하면 비난은 아무 생각 없이 희생자에게 전달되게 마련이기 때문이다. 그러므로 남성은 무엇이든 마음대로 할 수 있다. 단 스스로에게 의무를 부과할 뿐이다. 자기의 잘못으로 인한 어떠한 곤란도 그에게는 야기되어서는 안 된다. 그러나 그는 자기에게 마음을 바친 여성을 괴롭힐지도 모른다고 두려워하며, 사회에는 구속되지 않지만 그만큼 관대함에 구속되는 것이다.

여러 가지 많은 염려에서 여성에게는 정절이 요구된다. 여성들은 한 번의 실수로 피치 못할 결과인 여러 위험과 치욕을 두려워해야 한다. 그러나 남성들은 양심의 소리만 들으면 된다. 그는 자신이 남에게 고통을 주는 것을 알고 있다. 그는 의당 죽을 때까지 지켜야 할 뿐만 아니라 천당에 가서도 부활시켜야 하는 감정을 자신의 불성실로 해치고 있는 것도 알고 있다. 자기 자신 외에는 누구의 눈치도 볼 것 없이 모든 종류의 유혹의 한가운데에 홀로 서 있는 남성은 마치 천사처럼 순수하게 남아 있다. 천사를 여성의 모습으로 표현하지 않은 까닭은, 힘과 순수함의 결합이 약한 자에게서 찾아볼 수 있는 더없이 완벽한 겸손보다 더 아름답고 신성하기 때문이다.

한 번도 구속받은 적이 없는 상상력은 자기 손에 든 것을 잊은 채, 갖고 싶어서 안달인 것을 미화하고, 감정을 극복할 수 있는 난관 정도로 여긴다. 그러나 예술에서 극복 가능한 장애물이 참다운 재능을 필요로 하지 않겠지만, 감정에서는 영원의 증거인 애정을 느끼기 위한 안도감이 필요하다. 왜냐하면 이 애정만이 우리에게 끝이 있을 수 없다는 생각을 갖게 해주기 때문이다.

성실한 젊은이는 자기가 사랑하는 여성을 매일 새로운 마음으로 더 좋아하는 것처럼 보인다. 자연은 그에게 무한한 독립심을 주었고, 적어도 당분간 그는 인생의 불행한 나날을 예측할 수 없을 것이다. 그가 탄 말은 세계 끝까지 그를 데리고 갈 수 있고, 그가 마음을 빼앗기고 있는 전쟁은 적어도 한참 동안 그를 가정적 인간관계로부터 해방시켜, 존재의 모든 이해는 승리인가 죽음인가에 달려 있는 것처럼 보이게 한다. 땅은 그의 소유가 되고 모든 쾌락이 제공되며, 어떠한 피로도 그를 위협하지 않고, 어떤 친한 조직도 그에게는 필요 없다. 군대의 동료와 손잡으면 그에게 필요한 관계는 형성된다. 운명이 그에게 무서운 비밀을 해명할 때가 분명 오긴 하겠지만, 그는 아직 그러한 것을 예상하고 있지 않다. 새 세대는 새로운 영역을 차지할 때마다 조상들의 불행은 모두 그들이 약한 탓이라고 생각하지 않을까? 조상들은 겁쟁이이고 허약하게 태어났다고 확신하지 않을까? 그런데 많은 환상의 한가운데서 이 세상 타인과의 관계인 오랜 사랑에 몰두하는 남성은 얼마나 숭고하고 감수성에 넘친 사람일까! 아! 기고만장하고 웅장한 눈초리는 겸손하면서도 순수할 때 얼마나 아름다운 것일까! 전사의 머리를 장식하는 성녀들의 관에서 발사된 수줍은 광선이 눈동자에 스쳐가는 것이 보인다.

만일 젊은 청년이 빛나는 청춘의 나날을 유일한 상대와 같이 나누어 가지기를 바란다면, 아마 동시대 사람 중에서 그에게 사기꾼이라는 굉장한 말을 퍼부으며 비꼬는 사람들을 발견하게 될 것인데, 이 말은 당대의 젊은이들이 가장 듣기 싫어하는 말이다. 그러나 진정으로 사랑받는 것이 사기꾼인가? 자존심이라고 하는 슬픔과 기쁨은 보잘것없고 거짓덩어리 애정의 피륙을 만들 뿐이다. 희생자보다 더 속기 싫고, 아마도 더 마음이 찢기는 것이 싫어서 남을 즐겨 속이지 못하는 사람이 사기꾼이란 말인가? 즉, 허영심으로 맺어진 불행한 결합 안에서 행복을 찾지 않고, 성실성과 계속성, 그리고 깊이를 말해주는 자연의 영원한 아름다움 안에서 행복을 찾는 사람이 사기꾼일까?

아니다. 신은 인간을, 창조하신 것 가운데에서 제일가는 것, 가장 고귀한 것으로 창조하셨다. 가장 고귀한 것이란 가장 많은 의무를 가진 것이다. 더없이 신성한 관계로부터 벗어나기 위해서 그 우위성을 사용하는 것은 타고난 우월성의 특권을 독특하게 악용하는 것이다. 참다운 우월성은 영혼의 힘 안에 존재하는데, 영혼의 힘이란 바로 다름 아닌 미덕인 것이다.

독일의 구학파 윤리학자들

독일에서 새로운 학파가 상충되는 것같이 보이는 두 개의 경향, 즉 형이상학과 시, 과학적 방법과 열광을 탄생시키기 전에 영국의 윤리학자들과 대등하게 명예로운 지위를 누렸던 작가들이 있었다. 멘델스존,[128] 가르베,[129] 슐저,[130] 엥겔[131] 등으로 그들은 감수성과 종교,

128) Moses Mendelssohn(1729~1786). 음악가인 펠릭스 멘델스존(Felix Mendelssohn)의 조부. 많은 철학적 저작이 있다.

129) Christian Garve(1742~1798). 영국의 사회학자. 도덕철학자 퍼거슨(Adam Ferguson, 1723~1816)의 번역 외에도 많은 도덕철학의 저서가 있다.

그리고 순수성과 함께 감정과 의무에 관해 썼다. 그 책에서는 프랑스의 작가들, 라로슈푸코,[132] 라브뤼예르[133] 등의 특징인 재치 있는 박식한 면모가 조금도 보이지 않는다. 독일의 윤리학자들은 일종의 무지로 사회를 묘사하기 때문에 처음에는 흥미를 느끼나 결국은 지루해진다.

가르베는 상류사회, 유행, 예의 등에 관해 명확하게 이야기하는 것을 가장 중요하게 보는 사람 중 한 사람이다. 이 점으로 보아 그의 자기표현 방법에서는 언제나 상류사회의 인사답게 모든 것의 이치를 알고 있으며, 프랑스인을 닮아 궁중생활과 도시생활을 호의적으로 평가하고 싶은 절실한 욕망이 보인다. 그러나 그의 책 안에서 그가 피력하는 여러 가지 주제에 관한 공통된 견해를 보고 판단할 때, 그것들에 관해 그가 아는 지식은 귀로 들은 지식에 불과하며, 사회적 인간관계로부터 제공받을 수 있는 미묘하고 치밀한 발상의 모든 것을 엄밀하게 관찰하고 있지는 않다는 점을 알 수 있다.

가르베가 미덕에 관해 이야기할 때에는 투명한 지성과 맑은 정신을 보여준다. 특히 그의 논문 "인내에 관하여"(*de la Patience*)는 흥미 있고 독창적이다. 가혹한 신병에 시달린 그는 놀라운 용기로 병마를 견뎌낼 수 있었다. 자기 자신이 느꼈던 모든 것이 그의 새로운 사상에 영감을 주고 있다.

유대인 태생인 멘델스존은 상업에 종사하면서 신앙과 종교의 예식을 조금도 버리지 않고 문예와 철학의 연구에 몸 바쳤다. 《파이돈》[134]의 진정한 숭배자이며 번역자라고 했던 그는 예수 그리스도 이

---

130) Johann George Sulzer(1720~1779). 스위스의 목사였으나 미학자, 철학가가 된다. 《미술개론》(*Allgemeine Theorie der schön Künste*) (1771~1774)이 유명하다.

131) Johann Jacob Engel(1741~1802). 문학자, 철학자. 베를린에서 문예를 강의하고 극장의 지배인이기도 했다.

132) La Rochefoucauld Francois Ⅳ, duc de(1613~1680).

133) Jean de la Bruyère(1645~1696).

134) *Phädon, oder über die Unsterblichkeit der Seele, in drei Gesprächen*(1767).

전의 사람들의 생각과 감정에 머물러 있었다. 《구약성경》과 그중 〈시편〉의 양분을 먹고 자란 그의 저작에는 히브리문화의 소박한 특징이 남아 있다. 동양식의 교훈에 따라 그는 자주 도덕을 감각적으로 표현했다. 이 표현형식은 교훈에서 질책의 어조를 추방하기 때문에 확실히 더욱 환영받을 것이다.

이들 교훈 중, 걸출해 보이는 부분 하나를 번역해보자.[135]

그리스인들에 의한 전제정치 아래에서 유대교 교도들이 저희들끼리 신의 율법을 읽는 것은 한때 금지되어 있었고, 이것을 범하면 사형이었다. 랍비인 아키바는 이 금지령에도 불구하고 집회를 열고 그곳에서 이 율법을 낭독했다. 파퓌스가 그것을 알고 그를 찾았다.

"아키바, 너는 그 잔인한 자들의 협박이 두렵지 않은가?"

"우화 하나를 너에게 들려주지"

라고 랍비는 대답했다.

"여우 한 마리가 강가를 거닐다가 물고기들이 강 밑으로 겁이 나서 모여 있는 것을 보았다네. '너희들을 불안하게 하는 것이 무엇이냐?' 고 여우가 물었어. '인간의 아이들이 우리를 잡으려고 물에 망을 치는 거야. 그래서 우리는 그들로부터 도망치려고 하는 거야' 라고 고기들은 대답했어. '어떻게 해야 하는지 알려줄까?' 라고 늑대는 말했지. '이곳, 바위 위로 와. 이곳이라면 인간들이 너희들을 잡지 못할 거야.' '네가 그러고도 동물 안에서 제일 용의주도하다고 알려진 여우라고 할 수 있어?' 라고 고기들은 소리쳤어. '만약 네가 제정신으로 그러한 충고를 한다면 너는 동물 중에서 제일 무식한 동물이야. 물은 우리에게 생명의 요소란 말이야. 우리에게 위험이 닥쳤다고 해서 우리의 생명을 버릴 수는 없지!' 파퓌스, 이 우화를 적용하는 것은 간단하지. 즉, 종교의 교의는 우리에게 모든 선의 근원이라네. 우리는 교의에 의해, 단지 교의를 위해 존재해. 그 안에서 서로 쫓고 쫓기는 일이 있다고 하더라도 위험을 피해 죽음 속에 피신하는 일은 우

---

135) *Proben rabbinischer Weisheit* 중 제5장 "Unterredung eines Weltweisen mit seinem Rabbi".

리가 바라지도 않아."

대부분의 세상 사람들도 여우보다 더 나은 충고를 하지는 못할 것이다. 세상 사람들은 감수성이 많은 영혼이 마음의 괴로움에 시달리는 것을 보면, 그들은 언제나 번개 치고 비바람 부는 대기에서 나와 진공 속으로 들어가도록 권장한다. 그러나 그곳에서 그 영혼은 죽고 만다.

엥겔은 멘델스존과 같이 극적 방법으로 도덕을 가르친다. 그의 허구는 그다지 중요하지 않다. 그러나 그 허구와 영혼과의 관계는 긴밀하다. 그는 어떤 작품에서[136] 아들의 배은망덕한 행위 때문에 정신이상이 된 어떤 노인을 묘사한다. 자기의 불행이 이야기되는데도 미소짓는 그 노인의 모습이 마음이 찢어지도록 사실적으로 묘사되고 있다. 이미 자기 자신의 마음을 잃은 인간은 마치 생명을 잃고도 걸어가는 시체처럼 무섭다. "그것은 가지가 말라버린 나무다. 그 뿌리는 아직 땅에 있지만, 그 나무의 꼭대기는 죽음에 사로잡혀 있다"고 엥겔은 말한다.

이 불쌍한 노인을 목격한 어느 젊은이가 "이 불쌍한 정신병자의 운명처럼 무서운 운명이 이 세상에 있을까?" 라고 자기 부친에게 묻는다. 그에게는 사람을 죽이는 것 같은 고통도, 우리 자신의 이성이 목격하는 어떠한 고통도 이 마음 아픈 자기상실에 비교하면 아무것도 아닌 것같이 여겨진다. 끔찍한 모든 상황에 대해 아들이 이야기하는 것을 부친은 침묵 속에서 듣고 있다. 그러다 갑자기 "이러한 일을 일으킨 장본인의 고통은 천 배나 더 고통스럽지 않겠는가" 하고 묻는다. 이 이야기에서는 사고의 단계가 대단히 일관되어 있다. 그리고 영혼의 고민의 모습이 충분한 설득력으로 표현되어 있으므로 이 세상에서 가장 무서운 것, 즉 후회가 야기하는 심한 공포를 더욱 가중시킨다.

나는 다른 절에서 《구세주》의 한 절을 인용했다. 거기에서 시인은 생명체들이 죽지 않는 어느 먼 곳의 혹성에 천사 하나가 나타나서 인

---

136) *Der Philosophe für die Welt*, 3, *Das Irrenhaus* (1775~1800).

간이 죽음을 면치 못하는 지구라는 별이 존재한다는 정보를 알려준다고 가정한다. 클롭슈토크는 자기들이 사랑하는 것을 잃는다는 고뇌를 모르는 그 생물체들의 놀라움을 잘 묘사하고 있다. 엥겔 역시 감동적인 착상을 재치 있게 전개시킨다.

한 남자가 자기에게 가장 소중한 존재인 아내와 자식이 죽는 것을 목격했다. 고통과 신에 대한 반항의 감정이 그의 마음을 사로잡았다. 한 옛 친구가 다시 한 번 그의 마음을 깊은 고통으로부터 열어보려고 한다. 그러나 그는 체념하여 신의 품안에서 자백한다. 그는 친구에게 죽음이 인간의 모든 도덕적 기쁨의 원천이라는 것을 보여주려고 한다.

만일 인간의 존재가 감정에 의해 고정될 수 있고, 영속적인 동시에 시간에 의해 순식간에 사라지는 것이 아니라면, 아버지의 애정과 자식의 애정이 존재할 수 있을 것인가? 이 세상에 쇠퇴가 없다면 진보는 없을 것이다. 그렇다면 도대체 어떻게 공포와 희망을 느낄 수 있을 것인가? 결국 각각의 행동에, 각각의 감정에, 각각의 사고에 죽음의 일부분이 존재한다. 객관적 사실뿐만 아니라 상상에서도 인생의 불안정성에 기인하는 기쁨과 슬픔은 불가분의 것이다. 인간의 존재는 하늘과 땅 사이에서 떠돌고 있는 영혼을 가득 채우는 안도감과 불안감으로 온통 구성되어 있다. 그리고 사는 것은 오직 죽기 위해서일 뿐이다.

남아프리카의 우레에 질린 여자가 절대 천둥소리도 들리지 않고 번개도 보이지 않는 추운 지방에 가고 싶어했다. —"자신의 운명에 대한 불평은 으레 그러한 것이다"라고 엥겔은 말한다.— 사실 자연으로부터 위험을 제거하기 위해서는 자연으로부터 매력을 없애야 한다. 이 세상의 매력은 고통과 기쁨에, 공포와 희망에 다같이 따르는 것 같다. 인간의 운명은 공포도 연민도 다 필요한 연극의 예와 같이 잘 짜여 있다고 말할 수 있을 것이다.

아마도 마음의 상처를 치유하기에 이러한 생각만으로는 충분하지 않을 것이다. 고통받는 사람은 자기가 겪는 모든 것이 자연과는 상반된 것 같고, 누구나 고통받을 때마다 우주에 큰 혼란이 일어나고 있다고 생각한다. 그러나 오랜 시간이 지나서 차분하게 생각할 수 있게 되면 전체적인 고찰 안에서 어느 정도 평안함을 되찾고, 자기 자신에서 벗어나 우주의 법칙과 하나가 된다.

독일의 고전학파의 윤리학자들은 대부분 종교적이고 섬세하며, 미덕에 관한 그들의 이론은 사심이 없다. 만약 인구가 너무 많아지면 아이들을 강물에 던지는 중국의 효율주의를 그들은 절대 인정하지 않는다. 그들의 저작은 철학적 발상과 우수를 엿보게 하는 따뜻한 애정이 넘친다. 그러나 그것으로는 오만한 비방으로 무장한 이기적 도덕에 대항해 힘껏 싸울 수가 없다. 가장 진실하고 더없이 훌륭한 학설에 사용된 궤변을 충분히 거부할 수 없다. 독일의 고전 윤리학자들의 때로는 소심하기까지 한 온건한 감성으로는 모든 나쁜 감정이 그렇듯이, 힘만 믿는 교묘한 논법과 우아한 야유와 충분히 싸워 이길 수 없다. 악으로 단련된 무기에 대항하기에는 더 힘 있는 무기가 필요하다. 그러므로 새로운 학파의 철학자들이 현대의 퇴폐를 극복하려면 더 엄격하고, 더 정력적이고, 더 엄밀한 논법을 구비한 학설이 필요하다고 생각하는 것은 일리가 있다.

확실히 소박하다는 것 자체는 선하다는 것 자체의 충분조건이다. 그러나 정신을 부도덕의 방향으로 흐르게 한 시대에 살 때에는 미덕을 지키기 위한 재능을 가지려고 노력해야 한다. 자기가 느낀 것을 표현할 때에는 쓸모없는 것이라고 비난받는 것쯤 아무렇지도 않아야 한다. 그러나 이 '쓸모없는'이라는 말은 평범한 사람들에게는 대단한 공포를 일으키므로, 가능한 한 공포에 시달리지 않도록 그들을 지켜줄 필요가 있다.

독일인들은 자신들의 성실성이 우습게 보이는 것이 두려워서, 본의 아니게 자기를 눈에 띄는 자유인으로 보이도록 부도덕을 행하려고 노력하는 일이 종종 있다. 새로운 학파의 철학자들은 자기들의 스타일과 견해를 대단히 높이므로 자기들의 동조자의 자존심을 교묘히 선동했는데, 그들의 이 악의 없는 처사는 높이 평가될 것이다. 왜냐하면 독일인들은 제1의 강자가 되기 위해 상대를 격하시킬 필요를 느끼기 때문이다. 그들은 성격적으로나 정신적으로 매우 선량하다. 아마도 더욱 훌륭하게 되는 수단으로 자존심을 갖는 것을 권장할 수 있는 유일한 사람들일 것이다. 새로운 학파의 후계자들이 이 충고에 좀 과하도록 순종한 것은 부정하지 못할 것이다. 그러나 몇몇 예외를 제외하면 그들은 역시 그 나라에서 가장 견식 있고 가장 용감한 작가들이다.

그들은 무슨 발견을 했는가? 하고 물을 수 있다. 2천 년 전에 도덕적으로 옳은 일은 지금도 틀림없이 옳다는 점을 아무도 부정하지 못한다. 그러나 비열과 타락의 구실은 2천 년 동안 너무나 다양화했으므로, 선행의 철학자는 이러한 해로운 진전에 합당한 노력을 기울여야 한다. 평범한 사상으로는 이론이 뚜렷이 정비되어 있는 부도덕과 싸울 수 없을 것이다. 소중한 광석의 표면 광맥이 파헤쳐졌을 때에는 더 파고들어가 봐야 한다. 오늘날 많은 미덕에 허약함이 결부된 것을 너무도 많이 보았으므로, 부도덕 안에 힘이 있다고 믿는 데 익숙해지고 말았다. 독일의 철학자들에게 영광이 있기를. 그들은 18세기에 신앙과 강인한 정신을, 도덕과 재능을 의무와 기백을 다함께 갖춘 선구자들이었다.

윤리적 견지에서 본 무지와 경박한 정신에 대하여

여러 세기에 걸쳐 무지는 지성에 경의를 표했고, 지성을 얻기를 갈망했다. 그런데 현대의 무지는 오만해서, 지식인들의 업적과 성찰을 조소하려고 애쓴다. 철학적 정신은 인간성에 존재하는 위대하고 진지한 모든 것을 비난하는 데에 사용되는, 쉬운 논증방법을 거의 모든 계급의 사람들에게 유포시켰다. 그래서 우리는 영혼의 모든 아름다움을 재로 전락시키는 문명의 시대를 살고 있다.

북방의 미개인들이 수확이 풍족한 유럽의 나라들을 점령했을 때, 그들은 그곳에 거칠고 남성적인 미덕을 가져왔다. 그리고 그들 자신을 연마하기 위해 남쪽에서 태양과 예술과 과학을 찾았다. 그러나 문명화된 미개인들은 세상을 사는 요령만을 높이 평가하고, 평생에 걸쳐 이룩한 사색을 몇 마디로 표현하는 데 필요한 것만을 배운다.

인간정신의 완성 능력을 부정하는 사람들은 모든 일에서 진보와 쇠퇴가 서로 번갈아 일어난다고 주장하고, 또 사고의 바퀴는 운명의 실타래처럼 돌고 있다고 주장한다. 지상에서 여러 세대를 거친 인간이, 지옥의 시시포스[137]와 같이, 허무한 일에 끝없이 매달려 있다는 것은 얼마나 슬픈 광경인가! 인류의 운명이 시인들의 상상력이 이때까지 품을 수 있었던 가장 잔인한 형벌과 흡사하다면, 그것은 도대체 무엇이란 말인가? 그러나 사실은 그렇지 않다. 우리는 인간의 역사 안에서 항상 동일하며, 항상 계속되고, 항상 전진하는 하나의 의도를 발견할 수 있다.

세상적 이해관계와 고양된 감정 사이의 투쟁은, 국가 차원이나 개인 차원에서, 모든 시대에 걸쳐 존재했다. 미신은 때에 따라 양식 있는 인간을 불신으로 돌려놓는다. 또 반대로, 다름 아닌 지성 바로 그것이 마음속에 모든 신앙을 불러일으킬 수도 있다. 이제 철학자들은 종교 속에 숨어, 그 안에서 차원 높은 개념과 공평한 감정의 원천을 발견하고 있다. 여러 세기에 걸쳐 준비된 철학과 종교의 결합이 오늘 이 시대에 긴밀하고 성실한 그 무엇으로 될 가능성이 있다. 무지한 사람들은 이제 과거처럼, 의심을 적대시하거나 자기들의 종교적 기대와 기사도적 자기희생을 혼동시키는 모든 그릇된 지식을 단호하게 거절하는 사람들이 아니다. 오늘날 무지한 사람들은 신을 믿지 않고 경박하며 천박한 사람들이다. 그들은 이기주의를 통해 알아둘 필요가 있는 것은 모두 알고 있다. 그들이 무지한 것은 자연과 신에 대한 찬미의 감정을

137) Sisyphos. 인간 중에서 가장 교활하다고 하는, 코린토스의 창건자. 신의 노여움을 샀기 때문에 지옥의 험한 고개에서 바위를 굴려 올리는 일을 선고받고, 그로부터 영원히 같은 일에 매여 있다고 한다.

영혼 안에 불어넣는 숭고한 연구에 관해서뿐이다.

한때 귀족들의 생활은 군사적 직무로 가득 차고 그들의 정신은 그 전투 경험에 따라 형성되어 있었다. 그러나 상류사회 사람들이 국가의 어떤 직무도 수행하지 않고 어떤 학문도 깊이 연구하지 않는 오늘날에는, 그들의 모든 정신활동은 당연히 정무나 지적인 일의 테두리 안에서 사용되어야 함에도 불구하고 예의범절을 배우거나 일화를 익히는 데로 가버린다.

젊은이들은 학교를 졸업하자마자 마치 어른들의 옷을 탐내는 것처럼 여가를 갖기 위해 서두른다. 남성들과 여성들은 서로 아주 사소한 것까지 알기 위해 애쓴다. 악의에 의해서가 아니라, 아무것도 생각할 거리가 없으니 화제를 찾기 위해서이다. 이러한 일상적 부패가 호의와 성실을 파괴한다. 함께 인생을 보내는 사람들을 비판하기 위해 주거니 받거니 하는 접대를 남용하면 자기 자신에게 만족할 수 없게 되고, 어떤 깊은 애정도 생겨날 수 없고 지속될 수 없다. 왜냐하면 자기에게 소중한 사람들에 관해 비꼬는 이야기를 들으면, 애정에 따르는 순수성과 열광이 시들게 되기 때문이다. 완벽하게 진실하지 못한 감정은 무관심보다 많은 해악을 끼친다.

누구를 막론하고 자신 안에 우스운 측면을 갖고 있다. 어떤 성격이 완전하게 보이는 것은 먼 곳에서 보았을 때뿐이다. 그러나 개성적 존재를 만들어내는 것은 항상 무언가 기발한 것이므로 이 기발함이 농담을 유발한다. 따라서 농담을 무엇보다도 두려워하는 사람은 좋은 방향이든 나쁜 방향이든 자기를 돋보이게 하는 것을 가능한 한 자기에게서 없애고자 한다. 제아무리 훌륭한 취향으로 보일지는 몰라도, 없어진 이 본질에는 역시 우스운 데가 있다. 하지만 대부분의 사람들에게는 그 우스운 것을 느낄 만큼 충분히 섬세한 정신이 갖추어지지 않았다.

냉소란 선한 것에는 반드시 상처를 주지만, 강한 것에는 조금도 상처주지 못한다는 독특한 점을 지닌다. 권력은 우스운 것을 말살하는, 거칠고 당당한 무엇인가를 갖고 있다. 게다가 경박한 정신의 소유자는

17세기의 어느 윤리학자의 표현을 빌리면 육의 지혜(*la prudence de la chair*)[138] 라고 하는 것을 존중하고 있다. 아무리 보아도 하나의 생각과 하나의 감정을 관철할 수 없는 것처럼 보이는 사람들이 재산이나 허영 면에서 이것저것 계산해보아도 유리한 결과가 나오지 않을 때, 개인적 이해에 대해 깊은 조예를 품는 것을 보고 놀라게 된다.

정신이 경박하다고 해서 세상에서의 처사를 허술하게 생각하는 일은 없다. 그와 반대로, 경박한 성격보다 진지한 성격 쪽이 훨씬 세상일에 고고하게 무관심한 것을 볼 수 있다. 실제로 전자의 경박함은 대부분의 경우 일반적인 생각을 무시하고, 자기 자신에 관한 일에만 더욱 집착하는 데에서 나오는 것이기 때문이다.

재치 넘치는 사람에게서도 때로는 악의를 볼 수 있다. 그러나 천재는 거의 항상 선의로 차 있다. 악의는 과분하게 재치를 갖고 있어서가 아니라, 재치를 충분히 갖고 있지 않은 데에서 오는 것이다. 사상에 관해서 이야기할 수 있으면, 다른 사람들의 인격을 존중할 줄 안다. 만일 타고난 재능으로 자기가 남보다 낫다고 확신할 수 있다면, 탁월한 자신과 평범한 사람들을 같이 취급하려고 하지 않을 것이다. 평범한 영혼의 소유자가 신랄하고 악의에 찬 인간으로 위장하는 경우는 있지만, 진정 탁월한 인간은 선한 감정과 고매한 사고로 빛난다.

지적인 일을 오래 지속하면 인간과 사물에 대한 양식 있는 호의가 생긴다. 그때는 이미 자기에게도, 특권적 존재에게도 집착하지 않게 된다. 인간의 운명에 관해 많은 것을 알게 되면 그때는 이미 어떤 상황에도, 어떤 예외적 사건에도 초조해지지 않는다. 그리고 정의란 존재하는 것 사이의 관계를 전반적 시야에서 고찰하는 습관에 불과한 것이므로, 정신이 넓혀짐으로 해서 우리는 개인적 타산 같은 것은 하지 않게 된다. 우주의 명상에 전념할 때에는 사람들은 자기 자신의 존재

---

138) 육체적 조심성으로 번역될 수도 있다. 〈로마서〉 8장 6절 "육체적인 것에 마음을 쓰면 죽음이 오고…"에 나오는 육체적인 것의 개념과 같은 개념으로 사용된 말이다.

뿐 아니라 타인의 존재에 관해서도 생각하게 되는 것이다.

오늘날 무지에서 오는 가장 큰 불편함 중 하나는 숙고를 필요로 하는 대부분의 대상에 관해 자기의 의견을 전혀 갖지 못하게 된 점이다. 그 결과 이런저런 관찰방법이 환경의 지배로 유행하게 되면서, 모든 사람들이 이렇게 생각하고 행동한다고 하는 말이 각기 자기들의 이성과 양심을 대신한다고 생각하게 되었다.

사회의 여가를 즐기는 계층이 풍부한 감수성을 갖고 있는 경우, 그들에게는 대개 기지가 심어져 있다. 예전에는 인간을 교육시키고 인간의 상상력을 개발시키기 위해 자연으로 충분했다. 그러나 감정이 빠진 그림자에 해당하는 사고가 모든 것을 추상적 관념으로 바꾼 이후, 잘 느끼기 위해서는 많은 것을 알아야 했다. 이제는 자연스럽게 솟아나오는 마음의 충동과 철학적 연구 중 어느 쪽을 택하느냐가 아니고, 속되고 변덕스러운 사회의 귀찮은 잔소리와 훌륭한 천재들이 여러 세기를 거쳐 지금까지 유지해온 말 중 어느 것을 택하느냐가 문제이다.

이제는 이 세상에 살고 있지 않지만, 친구이며 같은 시민이고 동지로 느낄 수 있는 사람들과 언어의 지식 없이, 독서의 관습 없이 도대체 어떻게 교류할 수 있을까? 이토록 고상한 기쁨을 거절할 수 있으려면 평범한 영혼을 지녀야 한다. 자기의 인생을 훌륭한 작품으로 채운 사람들만이 어떠한 연구도 하지 않고 살 수 있는 법이다. 그런데 여가를 즐기는 사람의 무지는 정신의 경박함과 마찬가지로 영혼의 메마름을 증명한다.

마지막으로 무지와 경박함으로는 이어받을 수 없는, 정말로 아름답고 도덕적인 한 가지가 남아 있다. 그것은 유럽 전역에 있는, 생각하는 모든 사람들의 단체이다. 대개의 경우 그들 동지 사이에는 아무런 관계도 없다. 그들은 때로는 서로 먼 거리를 두고 분산되어 있다. 그러나 같이 만났을 때에는, 한마디로 서로 동지임을 충분히 알게 되는 것이다. 그들을 결합시키는 것은 특정 종교, 특정 의견, 특정 연구분야가 아니고 진실에 대한 숭배이다. 어떤 때에는 마치 광부와 같이 땅속까지 뚫고 내려가 영원한 밤의 품안에서 어둠의 세계의 신비를 통찰한다. 또 어떤 때에는 침보라소 산[139]의 정상에 올라가 지구의 가장 높은 지점에서 무엇인가 미지의 현상을 발견한다. 또 어떤 때에는 동방의 언어를 배운다. 또 어떤 때는 예루살렘에 가서 성스러운 폐허로부터 종교와 시를 되살리는 빛을 꺼낸다. 즉, 그들은 인류라고 하는 종족에 아직 절망하지 않고, 인류에게 사고의 제국을 보존시켜주려고 하는, 진정한 신의 국민인 것이다.

독일인들은 이 점에서 특별한 감사를 받을 자격이 있다. 문학과 미술에 관한 모든 것에 무지하고 무관심한 것은 그들에게는 치욕이다. 그러나 그들이 몸소 보여주듯이, 정신의 연마로 인해 각기 다른 계급에 적합한 감정과 원칙이 현대사회에서도 아직 보전되어 있다.

18세기 말의 문학과 철학의 방향은 프랑스에서 좋지 못했다. 그러나 이런 표현을 할 수 있을지 모르겠는데, 무지의 앞날은 더욱 가공스럽다. 왜냐하면 책은 그것을 다 읽은 사람을 해치지 않기 때문이다. 만일 이 세상의 여가를 즐기는 사람들이 반대로 잠시 동안 시간을 보내기 위해 독서한다면, 그들의 머릿속에는 만나는 책에 따라 마치 이방인이 사막 안으로 들어올 때와 같은 사건이 일어날 것이다. 그리고 이 작품에 위험한 궤변이 숨어 있어도 그들은 그것에 대항하는 아무런 논거도 갖고 있지 않다. 어중간하게 또 우연히 독서하는 사람들에게 인쇄의 발명은 참으로 치명적이다. 사실 알가이유[140]의 창과 같이 지식으로 인해 주어진 상처는 지식으로 치유하지 않으면 안 된다.

세련된 사교계의 한가운데에 섞여 있는 무지는 모든 쓰레기 중에서도 가장 더러운 쓰레기이다. 요령과 교활한 것밖에 모르는 대중과 무

---

139) Chimborazo. 에콰도르 중부의 안데스 산맥 안에 있는 휴화산. 1802년 홈볼트에 의해 과학적 조사와 등산이 시도되었다.

140) 이태리의 시인 보이아르도(Matteo Maria Boiardo, 1441~1494)의 무훈시 *Orlando innamorato*(*Roland amoureux*)와 후일담으로 Ariosto가 쓴 *Orlando furioso*(*Roland furieux*)의 주인공 중 한 사람. 닿기만 해도 사람을 쓰러뜨릴 수 있는 금의 칼을 갖고 있었다.

지는 몇 가지 점에서 닮았다. 무지로 인해 사람은 물질적 충족감과 육체적 쾌락만을 찾게 되고, 약간의 재치를 사용해 많은 영혼을 죽인다. 모르는 것을 자랑으로 여기고, 겪어보지 않은 것을 뻐기며, 결국에는 지성의 한계를 굳은 마음과 결부시킨다. 그 결과 오비디우스가 인간성의 가장 숭고한 특징으로 칭찬한, 하늘을 쳐다보는 눈초리가 이제 필요하지 않게 되었다.

> 인간에게는 숭고한 눈초리가 주어졌다. 그리고 인간은 하늘을 떠받들라고, 또 얼굴을 들어 별을 바라보라고 배웠다.[141]

---

141) 오비디우스(Publius Ovidius Naso), 《변신》(*Metamorphoseis*) I, pp. 85~86.

제4부

종교와 열광

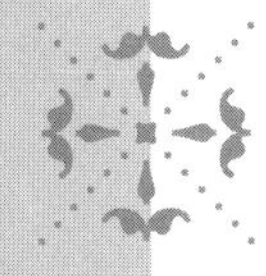

독일의 종교개론

게르만 민족은 태생부터 매우 종교적이며, 이 종교적 감정의 열정이 내부 전쟁을 몇 번 유발했다. 그렇지만 특히 독일에서 사람들은 광신보다는 정신의 고양에 기우는 경향이 있다. 사고의 활동성이 다른 무엇보다 으뜸인 나라에서는 종파 정신이 여러 가지 형태로 나타나는데, 이 나라의 경우 보통 신학상의 토론에 인간의 정열이 개입되는 일은 없다. 그리고 종교에 대한 여러 견해는 숭고한 평화가 지배하는 이러한 이상적 세계로부터 이탈하는 일이 없다.

다음 절에서 논의되는 바대로 사람들은 오랜 세월에 걸쳐 그리스도교의 교리를 검토했다. 그러나 근래 20년 동안, 즉 칸트의 저작이 정신에 강한 영향을 주고 나서부터 종교를 이해하는 방법은 자유롭고 관대한 것이 되었는데, 그것은 특별한 신앙의 형식을 필요로 하지 않고 거부도 하지 않지만 하늘에서 일어나는 일들을 존재의 가장 귀중한 원칙으로 삼는다.

몇몇 사람은 독일의 종교는 너무나 막연하기 때문에 보다 적극적이고, 보다 엄격한 신앙의 깃발 아래 재집결하는 것이 좋다고 생각한다. 레싱은 《인류의 교육》[1] 안에서, 종교적 계시는 항상 그 계시가 나타난 시대에 존재하던 지성에 걸맞은 것이었다고 말했다. 《구약성경》, 《복음서》, 그리고 몇 가지 점에서는 종교개혁도 그 시대의 정신의 발전과 완전히 조화되어 있다. 아마도 우리는 지금 그리스도교 발전의 전야에 있는 것이다. 그리스도교는 퍼져 있는 모든 빛을 하나의 중심에 집결시켰다. 우리는 종교 안에서 윤리 이상의 것, 행복 이상의 것, 철학 이상의 것, 감정 이상의 것을 발견할 수 있을 것이다. 왜냐하면 이와 같이 훌륭한 것들은 각각 한곳에 모이는 것에 의해 상승효과를 낳을 것이기 때문이다.

---

1) 레싱의 가장 말년 작품인 *Die Erziehung des Menschengeschlechts*(1780).

하여튼 독일에서 종교가 어떤 관점에서 받아들여지는지, 그리고 내가 이미 간단하게 언급한 문학과 철학의 체계 전체를 종교와 결부시키는 방법을 사람들이 어떻게 해서 발견했는지를 아는 것은 아마도 흥미로운 일일 것이다. 이 사고의 총체는 실로 당당한 것으로서, 그것은 정신의 전 체계를 우리 눈앞에 펼쳐 보이고 그 숭고한 구축물에 대해 기초에는 헌신을, 꼭대기에는 신성함을 부여하는 것이다.

독일의 대부분의 작가들은 종교의 총체적 관념을 무한의 감정과 결부시킨다. 한편, 사람들은 무한을 느끼는 것이 과연 가능한 일인지 궁금하게 생각한다. 그러나 수학에서 시간·공간과 관련해 더 이상 어떠한 용어도 생각해낼 수 없을 때, 그것은 적어도 부정적(不定的) 방식으로 무한의 개념을 이해하는 것이라고 할 수 있지 않을까? 이러한 경우의 무한이라는 것은 끝이 없다는 뜻이지만, 상상력과 마음이 느끼는 무한의 감정은 긍정적이고 창조적인 것이다.

아름다운 이상이 우리에게 느끼게 하는 열광, 즉 불안과 동시에 순수함에 넘치는 그 감동, 그것을 불러내는 것이 무한의 감정이다. 감동에 의해 우리는 인간의 운명의 멍에로부터 해방됨을 느끼고, 굉장한 비밀이 밝혀지고 무기력과 쇠퇴로부터 영혼이 영원히 해방되는 것처럼 생각된다. 별이 반짝이는 하늘을 바라보고 있으면 그 별빛의 반짝임 하나하나에 우리가 사는 곳과 마찬가지인 우주가 있고 빛나는 은하수 입자가 별들과 함께 하늘에 하나의 길을 내고 있는 것을 알 수 있다. 그때 우리의 사고는 무한 안에 사라져가고 우리의 가슴은 미지의 것, 크나큰 것을 향해 뛴다. 우리는 땅에서의 경험을 초월한 곳에서 비로소 우리의 참된 삶이 시작되는 것을 느낀다. 즉, 종교적 감동이 다른 모든 감동을 능가하여 우리 안에 무한의 느낌을 일깨워준다. 더구나 그것을 일깨워주는 동시에 그것을 충족시켜주는 것이다. 대개 그런 이유로 큰 재능을 가진 사람은 "생각하는 힘이 있는 인간은 무한의 사상이 그 사람에게 무거운 짐이 아니라 기쁨이 될 때에 비로소 행복하게 된다"고 말한다.

따라서 우리는 경험의 경계를 넘은 사색과 심상, 소원에 몸 전체를 맡길 때에 비로소 숨쉴 수 있다. 사람들이 이해와 예의범절과 세상관례에 집착할 때에는 재능, 감수성, 열광은 우리의 영혼을 거의 움직이지 않는다. 그러나 그들을 이러한 무한의 추억과 기대에 바칠 때, 그들의 영혼은 기쁨으로 가득하게 된다. 이 무한은 형이상학에서는 천성의 자질이라는 모습으로, 미덕에서는 헌신이라는 모습으로, 예술에서는 이상이라는 모습으로, 그리고 다름 아닌 종교에서는 성스러운 사랑이라는 모습으로 표현되는 것이다.

무한의 감정은 영혼의 참된 일면이다. 모든 장르에서 아름다운 것은 모두 우리에게 영원한 미래, 숭고한 존재에 대한 기대와 소원을 부추긴다. 종교와 불멸에 침투해 들어가보지 않고서는 사람들은 숲 속의 바람소리도 감미로운 인간의 음성도 듣지 못하고, 설득력 있는 웅변과 시의 매력도 느끼지 못하게 되며, 결국은 순진한 마음으로 깊이 사랑할 수도 없게 된다.

사리사욕에 대한 모든 희생은 이 무한의 감정과 하나가 되고자 하는 욕구에서 나온다. 이 무한의 감정의 모든 매력은 설명할 수 없지만, 느낄 수 있는 것이다. 의무의 힘이 짧은 세상에만 미친다면, 도대체 어떻게 그것이 정열 이상의 영향력을 우리 영혼에게 미치게 할 수 있을까? 누가 유한을 위해 유한을 희생할까? "유한한 것은 모두 짧다"라고 성 아우구스티누스는 말했다.[2] 만일 덕에 몸을 바치는 인간의 마음속 깊은 곳에서 끝없는 무한의 감동이 끓어오르는 것이 아니라면, 세속적 기질로서 가치 있는 향락의 순간과 도덕적 행위가 보증하는 평온한 나날 사이에 다른 점이 거의 없을 것이다.

많은 사람들이 이 무한의 감정을 부정할 것이다. 그들이 부정하는 것도 당연하다. 왜냐하면 그들에게 그것을 이해시키는 것은 불가능하기 때문이다. 우주가 그들에게 말해주지 않은 것을 그들에게 이해시킬

2) *Enarrationes in Psalmos* C. 1, 9, Patr. Lat. T. XXXVII, col. 1310.

수 있는 말은 더 이상 없다. 자연은 그것이 우리에게 와닿도록 한없이 여러 가지 상징의 옷을 입혔다. 빛과 어둠, 폭풍우와 고요, 기쁨과 고뇌, 이 모든 것이 인간에게 보편적 종교심을 고취시키는데, 그 종교의 성역은 인간의 마음이다.

이미 언급한 적이 있는 앙숑 씨는 독일의 새로운 철학에 관한 저서를 요즘 출판했는데, 거기서 그는 독일의 깊은 재능에 프랑스의 명석한 정신을 가미했다. 앙숑 씨는 이미 역사가로서 명성을 획득했다. 그는 두말할 필요도 없이 프랑스에서 흔히 머리가 좋다고 하는 사람이다. 그의 사고는 적극적이고 논리는 정연하다. 그리고 그는 무한에 관한 고찰이 가장 넓고 높게 표현할 수 있는 것 모두를 영혼으로 포착했다. 이 주제에 관해 그가 쓴 것은 완벽할 만큼 독창성을 갖추었다. 그것은 말하자면 추론이 미치는 곳에 있는 숭고함이다. 그는 예술에서나 철학, 종교에서 경험적 지식이 멈추는 곳에 명확하게 선을 긋는다. 그는 감정이 지식보다 멀리 감을, 그리고 논리적 증명 저 너머에 자연의 자명함이 있음을, 분석 건너편에 영감이, 말의 저편에 관념이, 관념 너머에 감동이 있음을 지적한다. 그리고 무한의 감정은 영혼에서 일어나는 사실, 즉 근원적 사실이며, 만약 그것이 없다면 인간에게 남는 것은 육체적 본능과 타산뿐이라고 지적한다.

종교로 하여금 과학적 논증이 갖는 영예에 도달하게 하려고 하는 메마른 정신의 소유자, 또는 능히 그렇게 할 사람들에 의해 도입된 방법으로는 종교적이 되기 어렵다. 존재의 신비에 이토록 깊이 닿아 있는 것은 말이라고 하는 일정한 형태에 의해서 표현될 수 없다. 어떤 주제에서의 추론은 추론이 끝나는 지점에서부터 참된 확신이 시작된다. 왜냐하면 감정이 갖는 박진성(迫眞性)에는 격한 힘이 있고, 우리는 전 존재를 갖고 그것을 지지하지 않을 수 없는 까닭이다. 무한은 영혼에 작용하여 영혼을 높이 올리고 영혼을 시간에서 해방시킨다. 인생의 과업은 만일 우리가 이미 영원한 생명을 얻기에 합당한 존재라면, 지금 이 순간부터 시작되는 영원한 생명을 위해 지금 당장 우리의 스쳐가는 이생의 사리사욕을 버리는 것이다. 그리고 거의 모든 종교가 바로 그와 같은 목적을 갖고 있을 뿐 아니라, 미술이나 시나 영광이나 사랑 역시 그 안에 다소간의 불순물은 섞여 있지만 종교적이다.

거룩하다 라는 표현은 자연과 예술의 미를 찬미하기 위해 사용되었는데, 그 표현은 독일인들 사이에서는 하나의 신앙이 되어 있다. 그들이 종교적으로 관대한 것은 무관심에서 오지 않는다. 그들이 느끼는 방법과 종교의 이해방법에 보편성이 있는 까닭이다. 따라서 사람은 각자 우주의 경이 중 하나에서 자기의 영혼에 가장 강하게 말을 걸어오는 것을 발견할 수 있다. 어떤 사람은 아버지의 신성함에, 또 다른 사람은 아기의 순수함에, 라파엘로가 그린 성모상의 신성한 눈길에, 음악에, 시에, 자연에, 모든 것에 깃든 신성한 것을 보고 감동한다. 왜냐하면 우주와 사람 각자의 정수인 종교적 원리에 따라서 모든 것에 생명이 주어져 있다면 어떠한 것도 이해할 수 있기 때문이다.

탁월한 정신을 가진 사람들이 이런저런 교리에 대해서 의문을 제기했다. 교묘한 논법과 거만한 자존심이 신앙심을 혼란시키고 냉각시킬 수도 있음은 큰 불행이다. 이른바 형법을 갖고 있음으로써 신학에 독재정치의 모든 형태를 부여하는 이 너그럽지 못한 종교 안에서 고찰은 때로는 편협해진다. 그러나 감춰진 더없이 훌륭한 덕과 천재의 영감 안에서, 또한 가장 심한 고통과 가장 부드러운 애정 안에서, 좋은 날씨와 폭풍우 안에서, 떡갈나무와 꽃 안에서, 그리고 타산과 죽음처럼 차가운 이기주의를 제외한 모든 것 안에서 우리에게 하늘의 기쁨을 예감하게 해주는 신앙은 얼마나 숭고한가! 타산과 이기주의는 우리를 은혜가 충만한 자연으로부터 떼어놓고, 우리로 하여금 허영심에 의해 행동하게 만드는데, 허영심의 뿌리란 우리에게 늘 해로울 뿐이다. 세계 전부를 그 창조주에게 바치고 훌륭한 우주의 성스러운 예배를 드리기 위해서 우리의 모든 능력을 사용하는 종교는 얼마나 아름다운가!

이러한 신앙이 문예나 과학을 부정하기는커녕, 모든 사상의 학설과 모든 재능의 비결이 신앙에 속한다. 만일 마음으로부터 우러나는 신심이 인간에게 인간의 능력을 사용하지 못하게 하고 그 능력이 주는 기쁨을 맛보지 못하게 한다면, 자연과 신성함은 서로 모순이 되어야 한다. 천재의 모든 작품 안에는 종교가 있다. 또한 종교적인 모든 사고 안에는 천재성이 있다. 재치는 덜 유명한 기원이고 증명할 때 소용이 되지만, 천재는 창조주이다. 재능과 덕의 마르지 않은 샘, 그것은 무한의 감정이며, 관대한 모든 행동과 모든 깊은 개념에 관련된다.

만약 종교가 우리의 전부가 아니라면, 또 우리의 존재 전체가 종교로 채워지지 않는다면, 만약 보이지 않는 것에 대한 믿음과 헌신, 그리고 우리로 하여금 세속적 성향을 갖게 하는 본능을 이기게 하는 고조된 희망이 우리의 영혼 안에서 끊임없이 생성되지 않는다면 종교란 아무것도 아닐 것이다.

그러나 만약 우리가 종교를 헌신적 애정과 철학적 성찰, 또 상상력의 기쁨 등 아름다운 인생을 채우는 모든 것에 결부시키지 않는다면, 어떻게 우리 앞에 늘 종교가 존재할 수 있겠는가? 종교가 부과하는 의무에 따라 하루의 모든 순간에 신앙심을 불러일으키도록 신자들에게 많은 실천이 권고된다. 그러나 만일 인생 전체가 자연스럽게, 별다른 노력 없이 모든 순간의 신앙으로 된다면 더 좋지 않을까? 왜냐하면 아름다움을 찬미하는 마음이 언제나 신성함과 관련되어 있고, 강력한 사상의 분출이 그 자체로 우리를 우리의 근원으로 되돌려보내는데, 도대체 무슨 이유로 사랑의 힘과 시와 철학이 신앙이라고 하는 신전의 기둥이 되지 않을 수 있을까?

프로테스탄트

독일인들이 사는 곳에서 사상에 의한 혁명이 일어난 이유는, 그 명상적인 민족의 뛰어난 특징이 내적 신념의 에너지이기 때문이다. 어떤 생각이 한번 독일인의 머리를 지배하면, 그들은 인내와 끈기로 그 생각을 유지하려고 하는데, 그걸 보면 인간의 의지의 힘이 대단하다는 생각이 든다.

종교개혁의 선구자인 얀 후스[3]와 프라하의 히에로니무스[4]의 죽음에 대한 상세한 이야기를 읽으면, 독일의 프로테스탄트 지도자들의 특징, 즉 강한 신앙심과 비판·검토 정신이 결합된 놀라운 예를 볼 수 있다. 그들의 이성은 신앙을 침범하지 않고, 그들의 신앙도 이성을 침범하지 않는다. 그들의 정신적 능력들은 항상 같이 작용했다.

독일에서는 도처에서 다양한 종교적 투쟁의 흔적을 볼 수 있는데, 그것은 수세기에 걸쳐 민족 전체가 관련된 것이다. 프라하의 대성당에서는 후스파 신도가 행한 파괴의 모습이 묘사된 평면조각을 지금도 볼 수 있다. 그리고 30년전쟁 때 스웨덴 사람들이 태워버린 교회의 대부분을 아직도 전혀 재건하지 않고 있다. 그곳에서 멀지 않은 다리 위에 네포무키의 동상이 있다.[5] 그는 불행한 어느 한 왕비가 그에게 고백한 잘못을 폭로하기보다 물에 빠져 죽는 편을 택했다. 종교가 인간에

---

3) Jan Hus(1369~1415). 보헤미아의 종교개혁가.

4) Hieronymus(1365~1416). 얀 후스의 제자.

5) Jan Nepomucky(1340~1393). 프라하 대주교, 가톨릭 순교자. 천주교의 전설에 따르면 그는 고백성사 때 왕비가 털어놓은 비밀을 자신에게 발설하지 않았다는 죄로 벤체스라우스(Wenceslaus) 왕이 내린 명령에 따라 강에 던져져 익사했다. 그가 내던져진 장소는 아직까지도 난간에 별이 다섯 개 있는 십자가로 표시되어 있는데, 이는 그가 익사한 지 사흘 후 그의 육신이 가라앉은 곳에서 깜박이던 신비한 불꽃들을 따라 만들어진 것이다. 이 기이한 일에 흥분해서 사람들이 강바닥을 뒤져 그의 시신을 발견할 때까지 그 불꽃은 꺼지지 않았다. 1792년이 되어서야 성인으로 추앙되어 그의 유해는 화려한 은 유골함에 담겨 성당에 안치되었다. 그가 죽을 당시의 상황으로 인해 그는 모든 가톨릭 국가들에서 다리의 수호자가 되었고, 그의 동상은 프라하에서와 마찬가지로 다른 곳에서도 대체로 같은 위치에 서 있다. 독일에서도 구시가지와 주변 지역을 연결하는, 몰다우 강에 걸쳐진 이 거대한 다리는 카를 4세 재임기간인 1358년 공사를 시작해서 1507년 완공된, 독일에서 가장 긴 다리다. 1,790피트에 달하는 이 다리의 양 측면은 성인의 동상 28개로 장식되어 있다. 구시가지에서 가다가 우측 여덟 번째에 있는 훌륭한 청동상이 네포무키의 동상이다.

게 주는 영향을 말해주는 기념관, 그리고 폐허마저도 우리의 호기심을 강하게 자극한다. 왜냐하면 사상의 전쟁은 아무리 잔인할지언정, 사리사욕의 싸움보다 민족에게 더 많은 명예를 안겨주기 때문이다.

루터는 독일이 낳은 모든 위인 중에서도 가장 독일적인 성격을 가진 인물이다. 그의 강한 정신력은 어딘가 촌스러운 데가 있었다. 그의 신념은 고집스러울 정도였고, 그의 정신적 용기는 행동적 용기의 원동력이었다. 마음속의 열정이 그로 하여금 절대로 추상적인 학문에서 벗어나지 않게 했고, 그가 어떤 종류의 남용과 교의를 편견이라고 공격했더라도 그것은 철학적 불신에서가 아니라 일종의 확신에서 그렇게 한 것이었다.

그렇지만 종교개혁은 이 세상에 종교에 관한 비판과 검토를 도입했다. 그 결과 한편으로는 회의주의가, 다른 한편으로는 종교적 진실에 대한 확고부동한 확신이 생겼다. 인간의 정신은 믿기 위해서 반드시 검토해야 하는 시대로 접어들었다. 인쇄술의 발견, 막대한 양의 지식, 그리고 진리의 철학적 고찰은 과거에는 그토록 자연스러웠던 맹목적 신앙을 더 이상 허용하지 않았다. 종교적 고양은 검토와 명상에 의해서만 활력을 되찾을 수 있었다. 루터는 《구약성경》과 《신약성경》을 모든 사람이 손쉽게 접근할 수 있도록 했다. 고대연구에 자극을 준 것은 바로 그였다. 왜냐하면 《구약성경》을 읽기 위해서 히브리어를 배우고, 《신약성경》을 읽기 위해서 그리스어를 배움으로써 사람들은 고어(古語)를 연구했기 때문이다. 이리하여 인간의 지식욕은 역사연구로 가게 되었다.

비판·검토는 사람들이 되도록 간직하려고 한 일생생활의 신앙을 약화시킬지도 모른다. 그러나 사람들이 검토를 마친 후에 더욱 종교적이 된다면, 그때 비로소 종교는 견고하게 확립된다. 그때에 비로소 종교와 지성 사이에 평화가 성립되고 서로에게 도움이 된다.

몇몇 작가가 인간의 완성 가능성이라는 사고방식을 몹시 비난했다. 그들이 말하는 것을 들으면 우리 인류가 완전하게 될 수 있다고 믿는 것은 정말로 죄악과 같은 것이었다. 프랑스에서는 특정 당파의 특정 의견이 옹호되면 사람들은 그 의견을 채택하려고 하지 않는다. 한 사람이 어떤 사상을 옹호하면 같은 무리 안에 있는 모든 양들이 차례차례로 그 사상에 머리를 박으러 온다. 아무리 그래도 그 사상은 무너지지 않는다.

개인도 마찬가지이지만 인류는 교육의 여지가 상당히 있고, 시간의 영원한 흐름 안에 사고의 발전이라는 점에서 특별히 돋보이는 시기가 있다. 종교개혁의 시대는 검토와 그에 따르는 양식 있는 확신의 시대였다. 그리스도교는 우선 확립되고, 이어 변천하고, 다음에 검토된 후에 이해되었다. 이러한 여러 기간이 그리스도교의 발전에 필요했다. 그것은 때로는 수백 년, 때로는 수천 년으로 이어졌다. 영원에서 시간을 퍼올리는 지고의 존재는 우리처럼 시간을 아끼지 않는다.

루터가 나타난 시절에 종교는 이미 하나의 정치적 권력에 불과했고, 이 세상의 이해관계처럼 공격당하거나 금지되었다. 루터는 종교를 사상의 영역으로 끌어들였다. 이 점에서 독일에서의 인간정신의 역사적 발자국은 주목할 만하다. 종교개혁에 의해서 유발된 전쟁이 수습되고 프로테스탄트의 망명자들이 게르만 제국의 북쪽 여러 나라에 귀화했을 때, 영혼의 내면을 쭉 연구대상으로 하고 있었던 철학연구는 자연히 종교 쪽으로 방향을 틀었다. 그리고 18세기에 독일만큼 이 주제에 관한 많은 문학서가 나온 곳은 없다.

독일의 가장 원기 왕성한 지식인 중 한 사람인 레싱은 매우 빈번하게 언급되는 **위험한 진실이 있다**[6]는 격언을 그의 논리의 힘닿는 데까

6) 레싱은 자신의 친구이며 이신론자(理神論者)인 라이마루스(Hermann Samuel Reimarus, 1694~1768)의 유고를 저자미상으로 출판하여 정통신앙파 사람들로부터 공격받았다. 레싱의 견해는 라이마루스와는 다른 점이 많았지만, 정통신앙파 사람들의 공격은 오히려 이 두 사람을 한편으로 묶어놓았다. 따라서 함부르크의 목사인 괴체(Johann Melchior Goeze, 1717~1786)를 중심으로 한 프로테스탄트 신학자들과 계시와 이성을 놓고 격렬한 논쟁이 전개되었다. 이에 레싱은 《괴체를 반박함》(*Anti-Goeze*) (1778)이라는 책을 내 응수했다.

지 계속 공격했다. 실제로 동포에 대해 진실을 감추는 권리가 자기에게 있다고 여기는 것, 그리고 디오게네스 앞에 서 있던 알렉산드로스처럼[7] 만인이 동등하게 나누어 가져야 할 태양광선을 누군가에게서 빼앗을 수 있는 특권적 지위에 있다고 주장하는 것은 단지 몇몇 사람들이 가진 망상일 뿐이다. 그들이 말하는 조심성은 사기(詐欺)의 이론에 불과하다. 사람을 더욱 잘 굴복시키기 위해 교묘하게 사상을 감추어놓은 것이다. 진실은 신의 작품이고, 거짓은 인간의 작품이다. 만일 우리가 진실을 두려워했던 역사의 시대를 연구해보면, 항상 그것은 개인적 이해관계가 어떤 방법으로든지 보편적 경향과 싸우고 있을 때임을 알게 될 것이다.

진실의 탐구는 모든 일 가운데에서도 가장 고귀한 것이며, 그 성과는 발표되어야 한다. 이러한 연구가 진지한 것이라면, 종교도 사회도 그것을 두려워할 이유가 없다. 그리고 만약 그것이 진지한 것이 아니라면, 그때 그것은 이미 진실이 아니고 악을 만드는 거짓이다. 인간의 모든 감정은 철학적 진리를 발견할 수 있고, 개인의 의견이나 일반적 편견까지도 자연에 근거하지 않은 것은 하나도 없다. 그러므로 신앙을 파괴하려는 것이 아니라 세우려는 목적에서 비판·검토가 이루어져야 하고, 그 신앙은 거짓으로 얻은 확신이 아닌 내면의 확신 위에 기초를 두어야 한다.

사람들은 오랜 세월 동안 잘못된 신념이 계속되는 것을 보았다. 그러나 그것은 언제나 대단한 불안을 야기한다. 기울어진 피사의 탑을 쳐다보며, 몇 세기 동안 그렇게 있었음에도 사람들은 그것이 점점 더 기울어지고 있다고 상상한다. 그런 상상은 견고하게 서 있는 그 건물 앞에서만 그치는 것이다. 몇몇 원칙을 가진 신앙에 대해서도 같은 말

---

7) 마케도니아의 알렉산드로스(Alexandros, BC 356~323) 대왕의 전설로, 왕은 술통 안에 사는 철학자 디오게네스(Diogenes Laertios, BC 400~325)를 호기심에 찾아가 무엇이든 필요한 것을 말하라고 했다. 철학자는 자기의 태양을 가로막지 말아달라고 했다.

을 할 수 있다. 편견 위에 서 있는 신앙은 사람을 불안하게 하고, 이성이 있는 힘을 다해 영혼이라고 하는 높은 관념을 뒷받침해주는 것을 보고 싶어한다.

지성은 그 자신 안에 경험에 의해 얻는 모든 요소를 갖고 있다. "진실은 처음 드러난 순간, 진실로 인정된다"고 한 퐁트넬의 말은 옳다.[8] 바른 사상과 그것에 의해 일깨워진 내면의 확신이 조만간 서로 알지 못하리라고 어떻게 상상이나 할 수 있는가? 진실과 인간의 이성 사이에는 미리 정해진 조화가 있고, 결국 서로 가까워지게 되어 있다.

생각하는 것을 서로 이야기하지 말자는 제안은, 속되게 표현해서 이른바 희극의 비밀을 지키는 것이다. 사람들은 자기가 모른다는 사실을 모를 때에만 모르는 것이다. 그러나 입을 다물라고 명령을 내렸다면, 그것은 누군가가 이야기를 했다는 뜻이다. 그리고 이들 말에 자극되어 생긴 생각을 가두어놓기 위해서는 이성의 품위를 떨어뜨려야 한다. 이런저런 철학적 진실들을 결코 의심하지 않던, 에너지와 선의에 넘친 사람들이 있다. 그러나 진실을 알면서 진실을 가장하는 사람들은 위선자이거나 적어도 대단히 오만하고 몹시 비종교적인 사람들이다. 대단히 오만한 사람인 이유는, 자기들이 심오한 진리를 전수받은 계급이고 이 세상의 나머지 사람들은 그렇지 않다고 생각하기 때문이다. 몹시 비종교적인 이유는, 만일 철학적인 또는 자연스러운 진실이 있고 그것이 종교와 모순된다면 그 종교는 본래 모습의 종교, 즉 지성 중의 지성은 아니기 때문이다.

그리스도교를 믿으려는 사람들에게 무지와 비밀과 어둠을 설명하기 위해서는 그리스도교, 즉 인간과 우주의 정신적 법칙의 계시를 잘 몰

8) Bernard Le Bovier de Fontenelle(1657~1757). *Entretiens sur la plurarité des mondes*(1686) 중 "제 2야(夜)"의 마지막 부분에 "진리라면 그것에 관한 증명을 모두 늘어놓을 필요가 없는 것입니다. 진리라는 것은 정말로 자연스럽게 정신에 받아들여져서, 그것을 처음 알았을 때에도 무언가 이미 알고 있는 것을 되찾은 것 같은 기분이 드는 것입니다"라는 말이 나온다.

라야 한다. 성전의 문을 열어야 한다. 천재에게, 미술에게, 과학에게, 철학에게 도움을 청해야 한다. 창조주를 숭배하고 이해하기 위해서는 그들을 같은 하나의 중심으로 모아야 한다. 그리고 만일 당신의 사랑으로 인해 사랑하는 대상의 이름이 꽃잎 하나하나에 새겨져 있다고 여겨진다면, 어떻게 영원한 연결 안에 모이는 모든 사상 안에 신의 표식이 없다고 할 수 있을까!

믿고 있는 것을 비판·검토하는 권리, 그것이 프로테스탄트의 기초이다. 최초의 개혁자들은 그렇게 이해하지 않았다. 그들은 그들 자신의 지식의 한계에 인간정신의 헤라클레스 기둥을 세울 수 있다고 믿었다. 그렇지만 사람들이 그들의 결정을 절대 잘못이 없는 것으로 보고 따를 것이라고 기대하는 것은 잘못이었다. 그들 자신이 가톨릭의 이러한 모든 권위를 거절했던 것이다. 그러므로 프로테스탄트는 지성의 발전과 진보에 발맞추어야 했던 반면, 가톨릭은 밀려오는 시간의 한가운데에서도 변치 않는 것이 자랑이 되었다.

독일의 프로테스탄트 작가들 사이에 종교에 대한 다양한 의견이 있었고, 그것은 차례대로 관심을 끌었다. 몇몇 학자들은《구약성경》,《신약성경》에 관한 놀랄 만한 연구를 했다. 미하엘리스[9]는《성경》을 해석하기 위해 아시아의 언어와 고대문명과 박물학을 연구했다. 프랑스에서 철학자가 그리스도교를 조롱하고 있을 때, 독일에서는 그것을 연구의 대상으로 만들었다. 이러한 일은 몇 가지 점에서 종교적 감정에 상처를 주었는지 모르지만, 그토록 진지한 비판·검토의 대상이었던《성경》에 대해서 어떻게 경의를 표하지 않을 수 있을까! 이 학자들은 교리도, 예언도, 기적도 공격하지 않았다. 그러나 그들 뒤에《구약성경》,《신약성경》에 대해 매우 자연스러운 해석을 하려는 사람들이 많이 나타났다. 그들은《구약》과《신약》모두를 단지 교육적으로 좋은 책으로 간주하고, 신비를 동양적 은유로 해석했다.

9) Johann David Michaelis(1719~1791). 독일의 동양학자, 신학자.

이 신학자들은 이른바 합리적인 사람들이었다. 왜냐하면 모든 종류의 모호함을 없앨 수 있다고 믿었기 때문이다. 그러나 영혼의 고양과 내성(內省)에 의해서만 예감할 수 있는 진실에 비판·검토 정신을 적용하려 한 것은 그 정신을 그릇된 방향으로 인도하는 것이었다. 마치 천문학자가 인간의 시력으로는 불가능한 고도를 기록하는 것처럼, 우리는 이상을 초월한 무언가를 인식하기 위해 비판·검토 정신의 도움을 받아야 한다. 따라서 인지를 초월한 영역을 부정하지도 않고, 또 언어로 규제하지도 않고 명시하는 것, 그것이 바로 비판·검토 정신을 그 범위와 목적에 따라 사용하는 것이다.

학문적 해석은 교조적 권위 이상으로 사람을 납득시키지 못한다. 독일인의 상상력과 감수성은 그리스도교에 이성의 존중을 결합시킨 그런 종류의 비속한 종교에는 만족할 수 없었다. 헤르더는 처음으로 시를 통해 신앙을 소생시켰다. 동양의 언어에 조예가 깊은 그는《성경》에서 마치 신성화된 호메로스라면 일으킬 법한 일종의 감동을 맛보았다. 독일에서 정신의 자연스러운 경향은 시를 일종의 예언의 재능, 신이 내려준 천부적 재능의 전조로 간주했다. 이리하여 시가 일으키는 열광을 종교적 신앙과 결부시키는 것은 결코 모독이 아니다.

헤르더는 엄밀히 말해 정통파는 아니었다. 한편 그는 동료와 마찬가지로 박식한 해석을 거절했는데, 박식한 해석이《성경》을 단순화시키는 것을 목적으로 하며 그렇게 함으로써《성경》을 무력하게 만들기 때문이다. 일종의 시적인 신학, 애매하지만 생기가 있고, 자유스럽지만 감수성이 예민한 신학이 현학적인 학파를 대신했다. 현학적인 학파는 이 세상으로부터 몇몇 기적을 제거함으로써 이성의 방향으로 나아가고 있다고 믿고 있었다. 그렇지만 경이는 어떤 점에서는 사람들이 이른바 자연스럽다고 인정하는 것보다 더 받아들이기 쉬울 수 있다.

플라톤의 번역자인 슐라이어마허는 종교에 관해 보기 드문 유창한 논문을 썼다. 그는 이른바 관용이라고 하는 무관심과 싸우고, 사람들이 공평한 검증이라고 여기던 파괴적인 작업과 싸웠다. 슐라이어마허도 정통 신학자는 아니지만, 그는 받아들인 종교의 교의 안에서 신앙의 힘과 형이상학적 견해가 갖는 커다란 활력을 지적한다. 그는 매우 정열적이고 명석하게 내가 앞 절에서 말한 무한의 감정에 관해 상세하게 언급했다. 슐라이어마허와 그 제자들의 종교적 견해를 철학적 신학이라고 부를 수 있다.[10)]

마지막으로 라바터[11)]와 몇몇 재능 있는 인사들은 프랑스에서 페늘롱이 한 것과 같이 신비적 견해를 지지했다. 그리고 모든 나라의 다양한 작가들이 그 견해를 인정했다.

라바터는 내가 인용한 몇몇 사람의 선배였다. 그럼에도 불구하고 그가 주창한 주요 핵심이라고 간주되는 교의가 독일에서 커다란 인기를 떨친 것은 극히 근래의 일이다. 표정에 관한 라바터의 저작은 종교에 관한 그의 저서보다 훨씬 유명하다. 그러나 그가 특이하게 주목을 끈 것은 그의 성격 때문이다. 그는 드물게 통찰력과 열광이 결합된 사람이다. 그는 뛰어나고 명석한 두뇌로 인간을 관찰했다. 그리고 절대적인 자신을 갖고 가히 미신이라고 할 만한 사고방식에 열중했다. 그에게는 자존심이 있었고, 아마도 이 자존심 때문에 자기 자신과 자기의 놀랄 만한 천직에 대한 기묘한 생각을 갖게 되었을 것이다. 그러나 그의 종교적 소박함과 영혼의 순진함을 따를 것은 그 어느 것도 없었다. 사도와 같이 영감에 차 있고, 사교계의 인사처럼 재치 많은 성스러운 성직자를 오늘날 살롱에서 만날 수 있다는 것은 놀라운 일이다. 라바터의 성실함의 증거는 그가 베푼 선행과 다른 사람이 모방할 수 없는

---

10) 슐라이어마허는 처음에는 할레에서, 나중에는 베를린에서 신학교수이자 설교자로 활동한 인물로, 1768년 브레슬라우(Breslau)에서 출생했다. 그는 설교와 책을 통해 일반철학, 특히 윤리·종교철학을 좀더 자유롭게 익히게끔 하는 데 기여했다. 그에 의하면 종교는 형이상학이나 윤리학과 동일한 목적을 지니며, 단지 형식 면에서 다를 뿐이다. 그들의 공통된 목적은 우주와 이 우주와 인간 사이의 관계를 파악하는 것이다. 철학의 본질은 사고나 행위가 아닌, 감각과 인식의 결합 속에 있다.

11) Johann Kaspar Lavater(1741~1801). 스위스의 철학자, 시인, 신학자.

진리가 새겨진 그의 아름다운 눈빛이었다.[12]

현재 독일의 종교 저술가들은 종교개혁 지지자와 가톨릭 신봉자로 매우 뚜렷하게 둘로 나뉜다. 나는 이들 다양한 의견의 저술가들을 따로 살펴볼 예정이다. 그러나 무엇보다도 명백히 해둘 점은 독일의 북부는 신학문제로 가장 심하게 흔들렸지만, 그와 동시에 종교적 감정이 가장 보편적이라는 점이다. 국민성은 여기에서 영향을 받고, 예술과 문학의 천재는 여기에서 모든 영감을 얻는다. 요컨대 독일 북부의 국민들 안에서 종교는 이상적이며 평온한 성격을 지니게 되는데, 그곳의 풍속은 흔히 매우 투박할 것으로 여겨지기 때문에 그 점은 특히 놀라운 일이 아닐 수 없다.

어느 날 드레스덴에서 라이프치히로 여행하면서, 밤에 마이센에 멈춘 적이 있다. 그곳은 강을 내려다보는 높은 지대의 작은 마을로, 그곳의 교회에는 유명한 추억에 바쳐진 무덤들이 있었다. 나는 광장을 산책하며 석양과 멀리 보이는 경치, 계곡 깊이 흐르는 물결소리가 매우 자연스럽게 우리 마음에 일으키는 몽상에 잠겨 있었다. 나는 그때 몇 명의 서민이 부르는 노랫소리를 들었다. 나는 다른 곳의 거리에서 부르는 천한 가사를 듣게 되는 것은 아닌가 하여 두려웠다. 그런데 **그들은 서로 사랑했고, 언젠가는 다시 만날 희망을 품고 죽어갔다** 라는 노래의 후렴을 듣고, 나는 얼마나 놀랐던가! 이러한 감정이 민중의 것인 나라, 마시는 공기까지도 무언가 종교적인 유대감을 풍기고 신에 대한 사랑과 인간에 대한 자비가 감동적으로 연결되어 있는 나라는 복되다.

---

12) 라바터는 6월에 프랑크푸르트에 왔는데, 이미 그 즈음에 《목사의 편지》(*Briefe des Pastors*)를 집필하고 괴테와 서신교환을 했다.

모라비아 교도의 신앙

커다란 불행에 억눌린 인간의 마음을 사로잡을 수 있는 어떤 종교적인 고행에 찬성하기에, 프로테스탄트는 어쩌면 너무 많은 자유를 갖고 있을지도 모른다. 심지어 때로는 일상생활의 흐름 안에서 현세라는 현실성이 갑자기 사라지고, 복잡한 이해관계의 와중에 있으면서도 마치 음악소리가 들려오지 않는 무도회 한가운데에 있는 것처럼 느껴질 때가 있다. 그곳에서 눈에 보이는 움직임은 의미가 없는 것으로 보일 것이며, 꿈꾸는 듯한 일종의 무력감은 바라몬 교도와 미개인의 마음을 동시에 사로잡는다. 그때 바라몬 교도는 열심히 생각하고 미개인은 무식한 탓에, 그들은 통째로 몇 시간을 조용히 운명을 지켜보면서 보내는 것이다. 그때 사람이 할 수 있는 유일한 활동은 신에 대한 경배를 목적으로 하는 것뿐이다. 사람은 신을 위해 항상 무언가를 하고 싶어 한다. 그리고 이러한 경향 때문에 아무리 심하게 불편하더라도 수도원에 끌리게 된다.

모라비아 교단은 프로테스탄트의 수도원으로, 북부 독일의 종교적 열광이 100년 전에 이 교단을 탄생시켰다. 그러나 아무리 이 단체가 가톨릭의 수도원처럼 엄격하다고 해도 원칙 면에서는 훨씬 자유롭다. 서약을 하지 않으며, 모든 것이 자발적으로 행해진다. 남성과 여성을 분리하지 않고 결혼도 금하지 않는다. 그러나 조직 전체는 성직자로 구성되어 있다. 즉, 그곳에서는 모든 것이 종교에 의해, 종교를 위해 이루어진다. 그 신도들의 공동체를 지배하는 것은 교회의 권위이지만, 교회에는 사제가 없고 사제직은 가장 경건하고 가장 존경받는 사람들에 의해 교대로 집행된다.

결혼할 때까지는 남성과 여성은 서로 다른 집단생활을 한다. 그곳은 평등정신이 완벽하게 보급되어 있다. 낮의 일과는 일로 꽉 차 있는데, 그 일은 지위에 상관없이 동일하다. 언제나 현존하는 신에 대한 생각이 모라비아 신도들의 생활에서 모든 행동을 이끈다.

청년이 아내를 얻기 원하면 미혼여성이나 과부 중에 결혼하고 싶은 여성과 결혼시켜줄 것을 최고참자에게 요청한다. 그가 자신이 원하는 여성과 결합하느냐 아니냐는 교회에서 제비를 뽑아 결정한다. 그리고 만약 제비의 결과가 아닌 것으로 나오면, 그는 자기의 구혼을 체념한다. 모라비아 신도들은 체념하는 것에 잘 길들여져 있기 때문에 그 결정에 조금도 반항하지 않는다. 더구나 그들은 여성들과 교회 이외의 장소에서는 만날 기회가 없기 때문에 자신들의 선택을 체념하기가 그리 어렵지 않다. 결혼과 기타 많은 생활양식에 관한 이러한 결정방법은 모라비아 교도들의 일반적인 신앙정신을 알려준다. 즉, 그들은 신의 뜻에 복종한다기보다는 영감에 의해 혹은 더욱 이채로운 것으로 우연에게 물어봄으로써 신의 뜻을 알 수 있다고 생각한다. 신에 대한 의무와 우연한 사건들은 인간에게 이 지상에서 신으로 가는 길을 가르쳐준다. 인간이 어찌 다른 방법으로 신에게 가는 길을 통찰할 수 있다고 기대하겠는가?

게다가 일반적으로 모라비아 교도들에게는 마치 사도시대부터 그리스도교 신자들의 공동체 안에 존재했음에 틀림없는 복음주의적 생활태도가 보인다. 이 모임을 이어주는 끈은 기이한 교리도, 세심한 실행도 아니다. 즉, 여기에서는 복음서가 가장 자연스럽고 명쾌한 방법으로 해석된다. 그러나 사람들은 그 교리의 결론에는 충실히 복종하고, 모든 점에서 자신의 행위를 종교적 원칙과 조화시킨다. 모라비아 교도의 공동체는 프로테스탄트가 소박함을 통해 가장 엄격한 생활과 고양된 종교로 나아갈 수 있다는 것과 심사숙고된 죽음과 불멸은 존재 전체를 지배하고 이끌기에 충분하다는 사실을 증명하는 데 특히 유용하다.

얼마 전에 나는 딘텐도르프[13]에 간 일이 있다. 그곳은 엘프트 근처의 작은 마을이며, 그곳에 모라비아 교도의 공동체가 있었다. 이 마을

---

13) 마담 드 스탈은 'Dintendorf'라고 쓰고 있으나, 아마도 'Dietendorf'를 잘못 쓴 것으로 추정된다.

은 큰 도로로부터 3마일 거리에 위치하고, 두 개의 산 사이 조그만 개울가에 있었다. 버드나무와 키 큰 포플러나무들이 그 마을을 둘러싸고 있다. 그 전원의 풍경에는 무언가 정숙함과 우아함이 가득 차 있어 영혼으로 하여금 생활의 소란으로부터 벗어나게 해준다. 집과 도로는 완벽한 청결이 유지되어 있다. 여성들은 모두 같은 복장을 하고 있고, 머리카락을 가리고 머리에 리본을 감고 있는데, 그 리본 색깔이 그녀가 기혼인지 미혼인지 혹은 과부인지 알려준다. 남성들은 약간은 퀘이커 교도처럼 갈색 옷을 몸에 두르고 있다. 그들은 거의 모두가 상업에 종사한다. 그러나 그 마을에서는 소음이 전혀 들려오지 않는다. 모두가 규칙적으로 조용히 일한다. 종교감정에 의한 내적 활동이 그 이외의 다른 모든 활동을 지정해준다.

처녀와 과부는 커다란 공동침실에서 같이 산다. 그리고 밤에는 차례로 한 명씩 밤새워 기도하든지, 몸이 불편한 사람을 돌본다. 미혼 남성들도 비슷한 생활을 한다. 따라서 자기 가족이 없는 사람들에게 그곳은 하나의 대가족이고, 모든 그리스도교 신자들이 그렇게 하듯 서로 형제 또는 자매라고 부른다.

종 대신 매우 아름다운 화음을 연주하는 관악기가 예배의 시작을 알린다. 그 웅장한 음악소리에 인도되어 교회로 걸어가면 이 세상을 벗어난 느낌이 든다. 최후의 심판을 알리는 트럼펫소리가 들려오는 듯하다. 그 소리는 후회의 마음으로 우리를 겁먹게 하는 것이 아니라, 경건한 믿음으로 그 소리를 듣고 싶어하게 만든다. 마치 신의 자비가 이 부름 속에 나타나 부활의 은총을 미리 알려주는 것같이 느껴졌다.

교회는 흰색 장미와 산사시나무로 장식되어 있다. 회화는 성전에서 추방되지 않았으며, 그곳에서 음악은 신앙의 일부로서 조성되어 있다. 사람들은 교회에서 《구약성경》의 〈시편〉만을 낭독했다. 설교도, 미사도, 주석도 신학상의 토론도 없었다. 있는 것은 신에 대한 정신적이고 진실한 예배였다. 순백의 옷에 몸을 싼 여성들이 어떤 차이도 느낄 수 없는 똑같은 모습으로 줄지어 있었다. 그녀들은 마치 신의 심판을 받으러 오는 순수한 영혼들 같았다.

모라비아 교도들의 묘지는 공원으로, 묘석이 그 오솔길을 만들고 묘석 곁에는 꽃이 피는 작은 관목이 심어져 있다. 묘석은 모두 같았고, 나무들도 모두 같은 높이를 유지하고 있다. 그리고 죽은 사람들 모두에게 그는 이날에 태어났고 이날에 그의 고향으로 돌아갔다 라고 하는 똑같은 내용의 비문이 세워져 있다. 우리 인생의 기간을 알리는 얼마나 훌륭한 표현일까! 고대인들은 그는 이 세상에 살았다 고 말했고, 무덤이라는 생각을 털어내기 위해 무덤에 베일을 씌웠다. 그리스도교 신자들은 무덤 위에 희망의 별을 놓는다.

부활절에는 교회 옆에 있는 묘지에서 예배를 본다. 무덤의 한가운데에서 부활이 예고되는 것이다. 이 의식에 참석하는 사람은 누구든지 자기의 관 위에 어떤 묘석이 얹힐지 알게 되고, 자기들의 무덤 위에서 잎과 꽃을 피울 어린 나무의 향기를 미리 마신다. 그러므로 최근에 어느 군대 전원이 죽음으로 불멸을 얻을 각오를 하고, 스스로 장례식에 참석하여 자신들을 위해 추도예배를 올리는 것을 볼 수 있었다.14)

모라비아 교도들의 공동체는 환경이 인간을 지배하는 사회구조에 적응할 수 없다. 그러나 가톨릭만이 상상력을 일으킬 수 있다는 말이 요즘 잘 들려오는데, 종교에서 진정 영혼을 움직일 수 있는 것은 모든 그리스도교 신자에게 공통된 것이라는 것을 반드시 지적하고 싶다. 하나의 묘석과 기도 하나가 엄청난 감동을 유발하며, 신앙이 소박하면 소박할수록 예배는 더욱 감동적이 된다.

14) 〔원주〕 내가 차마 명확하게 말하지 못하고 암시하는 데에 그치는 이 감동적인 광경이 있었던 곳은 사라고사(Saragosse)이다. 프랑스 장군의 부관이 마을에 와서 주둔부대에게 항복을 권고했다. 그러자 스페인 부대장이 동네 광장에 그를 데리고 갔다. 그는 이 광장과 검은 천막을 씌운 성당 안에서 병사와 장교들이 무릎을 꿇고 추도예배를 드리는 것을 보았다. 실제로 이때의 군인들은 거의 모두가 생존하지 못했고, 동네 사람들도 자기들을 지켜준 군인들과 운명을 같이했다.

가톨릭

독일의 가톨릭은 다른 어느 나라보다도 관대하다. 웨스트팔리아 평화협정으로 여러 종교의 권리가 확실하게 정해졌으므로, 각 종교는 서로의 침입을 염려하지 않아도 괜찮게 되었다. 또 대단히 많은 도시에서 여러 종교가 섞여 있는 바람에 자연히 서로 관찰하고 판단하는 기회가 주어졌다. 정치와 마찬가지로 종교적 견해에서 적대관계에 있는 사람은 유령으로 보이지만, 이 유령은 모습을 나타내는 동시에 사라져 버린다. 적이라고 믿었던 사람이 자기와 비슷한 사람이었다는 공감이 생기는 것이다.

프로테스탄트 교회는 계몽주의에 대해 가톨릭 교회보다도 훨씬 호의적이므로, 독일의 가톨릭 신자들은 이른바 수세에 서게 되었고 사상의 발전을 저해하는 사람들이 되고 말았다. 프랑스나 이탈리아와 같이 가톨릭이 지배하는 나라에서는 종교를 문학과 여러 예술에 결부시킬 수 있었다. 그러나 대학과 타고난 기질 때문에 문학과 철학에 관한 연구는 모두 프로테스탄트에게 독점되어버린 독일에서, 가톨릭 신자들은 그들에게 대항하기 위해 상상력과 사고의 분야에서 뛰어날 수 있는 거의 유일한 수단인 신중함이 필요하다고 생각했다. 정신의 휴양과 썩 잘 조화되는 안락한 생활도 예술의 하나라고 생각하지 않는 한, 예술 중에서 유독 음악만은 북부보다 남부 독일[15]에서 높은 완성도에 이르고 있다.

독일의 가톨릭 신자들을 보면 진지하고 조용하며 자비심 깊은 신앙심 같은 것이 보인다. 유명한 설교사도, 종교 저술가도 없다. 영혼을 움직일 만한 것이 아무것도 없다. 종교란 정신의 고양이 일체 관여하지 않는 실제적인 것으로 간주되며, 이토록 확고한 종교에서는 저세상

---

15) 마담 드 스탈은 독일어권을 통틀어 독일이라고 하고 있으므로 남부 독일이란 현재의 잘츠부르크와 빈도 포함된다.

마저 실제적 현실이 되어 그것에 대해 이러쿵저러쿵할 여지가 없는 것 같다.

30년 동안 독일의 철학자들 사이에서 일어난 변혁으로 그들의 거의 전부는 종교적 감정으로 되돌아왔다. 관용의 정신을 전파해야 한다는 의무적 충동이 종교의 목표를 이탈했으므로 그들은 종교에서 약간 멀어졌다. 그러나 형이상학 안에 관념론을, 시 안에 영감을, 여러 과학 안에 관찰을 되돌려와서 종교의 제국을 일신했다. 그리고 종교개혁의 개혁, 아니 종교개혁으로 주어진 자유의 철학적 방향은 유물론과 그 해로운 적용을 적어도 이론상으로는 영원히 추방했다. 훌륭한 업적이 그토록 풍부한 이 지적 혁명의 한가운데에서 지나친 과오에 빠지는 사람도 있었는데, 이는 사고가 동요할 때 항상 일어나는 일이다.

인간의 정신은 언제나 극단에서 극단으로 가는 것이라고 볼 수 있다. 마치 의견을 바꾸려고 할 때 이때까지의 의견을 따르는 것이 수치스럽게 느껴지는 것과도 같다. 새로운 학파의 저술가들 중에는 종교전쟁이 여러 종교전쟁의 원인이 되었고, 남·북 독일을 갈라놓았으며, 독일인이 서로 싸우는 나쁜 습관을 만들어내어, 그 분단이 독일인들로부터 하나의 국민을 자칭하는 권리를 빼앗았다고 말하는 사람들이 있다. 요컨대 종교개혁은 비판·검토의 정신을 도입함으로써 상상력을 메마르게 만들었으며, 신앙 대신 의심을 품게 했다는 것이다. 따라서 교회를 통일하여 가톨릭으로 돌아가지 않으면 안 된다고 그 사람들은 반복해서 말한다.

우선 카를 5세가 루터의 교의를 채택했더라도 독일은 통일되었을 테고, 나라 전체가 북부 독일과 같이 과학과 문예가 안주하는 땅이 되었을 것이다. 또 그 통일은 현실의 권력과 결부된 자유체제를 이룩했을 것이다. 그리고 북부를 몽상에 맡기고 남부를 무지 속에 방치하는 기질과 지식의 슬픈 남북 분열을 피할 수 있었을 것이다. 그러나 그렇게 되었을지도 모른다는 추측은 항상 매우 불확실한 것이며, 종교개혁의 시대가 독일에 문예와 철학이 도입된 시대임을 부인할 수는 없다. 이

나라는 전쟁과 예술과 정치적 자유의 면에서 일류로 볼 수 없다. 독일이 자랑하는 것은 지성이며, 유럽 사상계에 영향을 주기 시작한 것은 프로테스탄트가 나타난 이후의 일이다. 그러나 이러한 혁명은 추론에 의해 시작되거나 그치는 것이 아니고, 인간정신의 역사적 흐름에 따른 것이다. 인간은 역사를 만들어내는 것으로 보이지만, 실은 그 결과에 불과하다.

가톨릭 교회는 현재 무장해제되었지만, 과거에 세계를 흔들었던 늙은 사자의 위엄을 아직 지니고 있다. 권력남용이 종교개혁을 유발할 때에 가톨릭 교회는 인간의 정신을 구속했다. 사람들은 감정이 메말랐기 때문에 조상에게 거역한 것이 아니라, 정신과 상상의 모든 능력을 발휘하기 위해 생각하는 자유를 강력하게 주장한 것이었다. 인간의 힘이 조금도 인정되지 않는, 전적으로 신이 개입된 상황이 어느 날 두 개의 교회를 접근시킬 수 있다면, 사람들은 이전 세기 말에 양심을 지키기 위해 그토록 고통을 참고 견딘 존경하는 사제들 옆에서 새로운 감동을 갖고 신에게 기도를 올릴 것이다. 그러나 종교적 의견의 통일로 이끌 수 있는 것은 분명 몇몇 사람들의 개종도 아니고, 특히 그들의 저술이 개혁된 종교에 퍼붓는 근거 없는 비난은 더더욱 아니다.

인간의 정신에는 현저한 차이가 있는 두 개의 힘이 있는데, 그중 하나는 믿음의 필요를, 다른 하나는 검토의 필요를 고취시킨다. 이들 중 어느 것도 다른 한쪽의 희생으로 이루어지는 것이 아니다. 교황들과 루터 같은 인물 때문에 가톨릭과 프로테스탄트가 생긴 것은 아니다. 역사를 우연한 일들에 돌리는 것은 허약한 역사관이다. 프로테스탄트 사상도, 가톨릭 사상도 인간의 마음 안에 있다. 이들은 정신적 힘이며, 이 힘은 각 개인 안에 존재하므로 국민 안에서 발전해간다. 종교에서도 인간의 다른 일에서와 마찬가지로, 상상력과 이성이 희망하는 것을 종합할 수 있으면 인간은 평화를 얻을 수 있다. 그러나 인간 안에서는 우주와 마찬가지로 창조력과 파괴력, 믿음과 검토의 정신이 연달아 나타나 서로 다툰다.

이들 두 개의 경향을 통합하기 위해 사람들은 영혼 안으로 더욱 깊게 파고들어가기를 원했다. 그렇게 하다 보니 신비사상이 나왔는데, 우리는 이것에 대해 다음 절에서 논하게 될 것이다. 그러나 프로테스탄트를 버리고 개종한 소수의 사람들은 증오를 새롭게 한 것뿐이었다. 낡은 호칭은 낡은 싸움을 다시 일으킨다. 마술은 유령을 불러내기 위해 어떤 말들을 사용한다. 모든 일에 이러한 힘을 발휘하는 단어들이 있다. 당파정신을 부추기는 데 사용된 것도 이러한 단어들이었다. 그 단어들이 발설되면 반드시 불화를 불러일으키게 된다. 독일의 가톨릭 신자는 이 점과 관련하여 북부에서 일어난 사건에 대해 아직까지 아무것도 모르는 것처럼 보인다. 가톨릭으로의 개종이 소수의 사람에게 일어난 원인은 문학적 견해 때문인 듯하고, 역사가 있는 오래된 가톨릭 교회는 그것에 거의 관련되어 있지 않다.

성격과 재능의 양면에서 매우 존경할 만한 프리드리히 슈톨베르그 백작,[16] 젊은 시절부터 시인으로서, 고전의 뜨거운 애호가로서, 또 호메로스의 번역자로서 유명한 백작은 독일에서 처음으로 재개종의 신호를 보냈고, 그때부터 따르는 사람이 나왔다. 슈톨베르그 백작의 저명한 친구들, 클롭슈토크, 보스,[17] 야코비 등은 이제까지 3세기 동안 개혁자들이 겪은 많은 불행과 전쟁을 배반하는 것으로 보이는 그 개종 때문에 그와 헤어졌다. 그렇지만 슈톨베르그 씨는 그 무렵 그리스도교의 어느 종파 사람들로부터도 칭찬받을 만한 《그리스도교의 역사》[18]를 출판했다. 가톨릭의 사고방식이 이러한 방법으로 옹호된 것은 처음이다. 슈톨베르그 백작이 프로테스탄트 종교 안에서 자라지 않았다면, 교양 있는 사람들에게도 감명을 불러일으키는 데 소용되는 독립된 정신을 갖지 않았을 것이다.

---

16) Friedrich Leopold Graf zu Stolberg (1750~1819). 문학, 철학에 조예가 깊은 귀족이었다.

17) Johann Heinrich Voß (1751~1826). 독일의 문학자.

18) 이 책은 로마의 명령에 따라 이탈리아어로 번역되었다.

이 책에는 《성경》에 대한 완벽한 지식이 있고, 아시아의 여러 종교와 그리스도교의 관계에 관한 매우 흥미로운 연구가 보인다. 북부의 독일인은 아무리 실리적인 신조에 따르고 있을 때에도 자기 철학을 항상 그곳에 나타낼 줄 안다. 슈톨베르그 백작은 그 저서 안에서 보통 프로테스탄트의 저술가가 하는 것보다 훨씬 많은 부분을 《구약성경》에 할애한다. 그는 희생을 모든 종교의 기반으로 간주하고, 아벨의 죽음을 그리스도교 정신을 이루는 희생의 최초 형태라고 생각한다. 이 의견을 어떻게 판단하는가는 별도로 하더라도, 이것은 우리가 많은 생각을 하게 만든다. 고대종교의 거의 모두는 인신제물을 바치는 것을 법령화시켰다. 그러나 이 야만행위에는 주목할 만한 것이 있다. 공식 속죄의 필요성이다. 순결한 사람의 피에는 무언가 매우 신비스러운 것이 있고, 하늘과 땅도 그것에 감동한다는 확신을 그 어느 것도 영혼에서 지우지 못한다. 인류는 항상 정의로운 사람들이 이 세상에서나 저 세상에서 죄 있는 사람에 대한 용서를 얻어낼 수 있다고 믿었다. 어느 시대에도 어느 민족에게도 약간씩 모습을 바꾸어서 나타나는 원시적인 사고방식이 인류에게 있다. 그것은 아무리 사색해도 지칠 줄 모르는 사상이다. 왜냐하면 그 사상은 인류가 잃어버린 지위의 몇몇 흔적을 포함하고 있기 때문이다.

바른 사람의 기도와 자기희생이 죄인을 구할 수 있다는 확신은 다분히 일상적 인간관계 속에서 우리가 경험하는 감정에서 얻어진 것이긴 하지만, 종교적 신앙에서 이 추론을 부정할 이유는 아무것도 없다. 우리 자신의 감정 이외에 우리가 무엇을 알 것이며, 또 왜 그 감정을 신앙의 진리에 적용시켜서는 안 되는 것일까? 인간 안에 자기 자신 외에 무엇이 있으며, 또 왜 신인(神人) 동형론의 핑계 아래 인간이 신의 모습에 이어 신의 영혼을 닮았다는 생각을 갖지 못하게 막을까? 사람은 이러한 방법으로밖에는 신에 대한 정보를 알 수 없다는 것이 나의 생각이다.

슈톨베르그 백작은 인간 타락의 전설은 지구상의 모든 민족, 특히 동양에 존재했다는 것을, 또 모든 인간은 마음 안에 빼앗긴 행복의 추억을 간직했다는 것을 끈덕지게 증명하려고 했다. 사실 인간의 정신 안에는 물질세계의 인력과 척력같이 현저한 차이를 보이는 두 개의 성향이 있다. 쇠퇴와 완성의 개념이다. 우리는 무언가 대단한 소질이 무상으로 주어졌는데 그것을 잃어버리고 말았다는 분개심과 동시에, 노력에 의해 무언가 좋은 것을 얻어낼 수 있다는 희망을 느낀다고 말할 수 있다. 그 결과, 하나가 되고 뒤섞인 완성 가능성의 이론과 황금시대의 이론이 인간에게 상실의 고통과 회복의 의욕을 동시에 자극한다. 감정은 슬프고 정신은 대담하다. 전자는 뒤를 보고 후자는 앞을 본다. 인간의 진정한 우월성은 이러한 몽상과 이러한 비약에서 나온다. 명상과 활동, 체념과 의지의 혼합이 인간으로 하여금 이 세상의 삶을 하늘에 연결시키게 한다.

슈톨베르그는 《성경》의 말씀을 어린이의 순진한 마음으로 받아들이는 사람만을 그리스도교인이라고 부른다. 그러나 그는 《성경》 말씀을 해석함에 있어 가톨릭의 견해에서 교조주의적인 것, 관대하지 못한 것을 제거한 철학적 정신을 들여온다. 그러면 독일이 자랑하는 그 종교가들은 어디가 서로 다르며, 가톨릭이나 프로테스탄트라는 이름으로 그들을 나누는 것은 무엇 때문인가? 그 이름을 버렸다거나 되찾았다고 해서 왜 그들이 조상의 무덤에 성실치 않은 것인가? 클롭슈토크는 아름다운 시로 복음서의 사원을 짓는 데 한평생을 바치지 않았는가? 헤르더는 슈톨베르그와 같이 《성경》의 찬미자가 아닌가? 그는 원초적 말씀의 아름다움과 그것이 표현하는 천상의 근원적 아름다움의 전체 안에 파고들지 않았는가? 야코비는 인간의 모든 위대한 사상 안에서 신성을 알아보지 않았는가? 이들 중 누가 종교를 단순히 민중을 구속하기 위한 것으로, 공공안전의 방편으로, 이 세상의 여러 가지 계약을 더욱 보증하는 것으로 권할 수 있을까? 왜냐하면 여가는 사람들을 생활의 안정을 잃거나 모든 것을 부정적으로 생각하는 열정과 궤변의 포로로 만드는 위험에 항상 노출시키는 한편, 사회적 권위로 부과되는 노동은 노동자 계급을 일생 동안 잠시도 쉬지 않고 지배하고 이끌기 때문이다.

우리는 독일 작가들이 그리스도교가 예술과 상상력, 시에 좋은 영향을 주는 것을 그 종교의 장점으로 소개하는 것을 보고 일종의 경솔함이라고 주장했다. 샤토브리앙[19]의 훌륭한 작품 《그리스도교 정수》도 같은 방식으로 비난되었다. 정말 얄팍한 사람들이란 근시안적 견해를 깊은 생각으로 착각하고, 배제의 방법으로 인간의 본성을 다룰 수 있고 영혼의 소망과 욕구의 대부분을 제거할 수 있다고 믿는 사람들이다. 신성과 인간의 모든 정신적 능력과의 완벽한 유사는 그리스도교 신앙에서 말하는 신성의 중요한 증명이다. 다만 그리스도교의 시를 이교도의 시와 같은 관점에서 고찰할 수 없을 것 같다는 게 내 생각이다.

이교도의 예배는 모든 것이 형식적이므로, 이교도에는 화려한 그림이 많다. 그리스도교의 제단은 마음속에 있으므로, 그것이 영감을 주는 시는 항상 감동으로부터 나올 것이다. 올림포스와 대비할 수 있는 것은 그리스도교의 하늘의 장엄함이 아니고, 고통과 순결, 늙음과 죽음이다. 이것은 불쌍한 이 세상을 뜨기 위해 날개를 펼치는 종교적 희망의 보호 아래 하늘에 올라가 안식을 얻는다. 그러므로 가톨릭보다 예배의식이 단순하다고 해서 프로테스탄트에는 시가 없다고 하는 것은 잘못이라고 생각한다. 의식은 도시의 풍요로움과 건물의 호화로운 정도에 따라 정중한 정도가 다르지만, 그것이 예배가 주는 감흥의 원인이 되지는 않는다. 우리를 감동시키는 것은 신과 우리의 내적 감정과의 관계, 검소함과 화려함 안에 똑같이 존재하는 관계이다.

얼마 전에 나는 장식이란 거의 없는 시골에 있는 교회에 갔었다. 흰 벽에는 그림 한 장도 걸려 있지 않았다. 새로 지은 건물이었고, 유서 깊은 옛날의 추억 같은 것은 아무것도 없었다. 가장 금욕적인 성직자들이 은총을 받기 위해 하늘에 둔 음악까지도 겨우 들릴까 말까 했고,

---

19) François René Vicomte de Chateaubriand(1768~1848). 프랑스의 문학자.

농사일과 나이의 무게로 쉬고 흐트러진 목소리가 〈시편〉을 노래했다. 인간의 아름다움이 하나도 보이지 않는 이 시골 모임의 한가운데에서 자기가 수행하는 사명에 깊은 감사를 드리는 경건한 한 남자가 있었다.[20] 그의 눈빛과 얼굴표정은 다른 교회에 장식된 몇몇 그림의 모델이 될 수도 있었다. 그의 어조는 천사의 합창에 호응하고 있었다. 그곳의 우리 앞에는 언젠가는 이 세상을 떠날 사람이 있었는데, 그는 우리의 영원한 삶, 또 우리보다 먼저 세상을 떠난 벗들의 영원한 삶, 시간의 흐름 속에서 곧 우리를 따라오게 될 우리의 자녀들의 영원한 삶을 확신하고 있었다! 그러자 그 순수한 영혼의 은밀한 설득이 마치 새로운 계시처럼 느껴졌다.

그는 교단에서 내려와 그를 귀감으로 삼고 살아가는 신자들에게 성체성사를 집행했다. 그의 아들도 그와 같이 교회의 목사였다. 훨씬 젊은 얼굴이면서 부친과 마찬가지로 경건하고 명상에 잠긴 표정을 하고 있었다. 그때 아버지와 아들은 관습에 따라 프로테스탄트에서 가장 감동적인 신비의 기념으로 사용되는 빵과 잔을 교환했다. 아들에게 아버지는 아들이 따라가려고 하는 종교직 안에서 선배 목사일 뿐이었다. 아버지는 아들 안에 있는 자기가 이미 봉헌한 신성한 사명을 존중했다. 둘이 함께 소리를 맞추어 이교도도 이웃으로서 다함께 결합시키는 성경말씀을 낭독했다. 이 두 사람은 마음속 깊이 내면의 확신을 갖고 있으므로, 신의 존재 앞에서 두 사람 모두 개인적 관계는 잊고 있는 것 같았다. 신 앞에서는 아버지들도 아들들도 똑같이 무덤의 봉사자들이며 희망의 아이들인 것이다.

신에 대한 이러한 봉사의 순간이 어떻게 시가 부족하다고 말할 수 있으며, 또 모든 시의 원천인 감동이 부족하다고 할 수 있을까!

무사무욕의 애정과 종교적 사고를 지닌 사람들, 양심의 성역 안에서 살고 빛을 모으는 거울과도 같이 그곳에 우주의 모든 빛을 모을 수 있

---

20) 〔원주〕 제네바 근교 사티니(Satigny)의 목사인 셀레리에(Célérier) 씨를 가리킨다.

는 사람들, 이러한 사람들이야말로 영혼이 숭배하는 사제이며, 그 어느 것도 그들을 갈라놓을 수 없다. 타산과 감정에 이끌리는 사람들은 심연이 그들을 갈라놓는다. 다른 의견의 차이는 아무것도 아니며, 그 심연만이 근원적인 것이다. 언젠가는 통일의 환성이 오르고 그리스도교 신자 모두가 교의적·정치적·정신적으로 같은 종교를 신봉할 것을 갈망하게 될 것이다. 그러나 이 기적이 이루어질 때까지 마음을 소중히 하고, 마음의 소리에 순종하는 모든 사람들은 서로 존중해야 한다.

신비주의라고 불리는 종교적 입장

신비주의라고 불리는 종교적 입장은 그리스도교를 더욱 내적으로 느끼고 이해하는 한 가지 방법에 불과하다. 신비주의라고 하는 말에 신비라는 낱말이 포함되어 있으므로, 우리는 신비사상가란 기이한 교리를 설파하고 따로 하나의 파를 형성하고 있을 것으로 생각했다. 그러나 그들에게 신비한 점은 종교에 대한 감정뿐인데, 그 감정이란 지극히 뚜렷하고 단순하며 더욱 설명하기 어려운 것이다. 그렇지만 접신론자(接神論者), 이른바 철학적 신학에 관여되어 있는 사람들, 예를 들어 야콥 뵈메,[21] 생마르탱[22] 등과 단순한 신비사상가를 구별할 필요가 있다. 전자는 창조의 비밀에 개입하려고 하지만, 후자는 자기 마음에만 관심이 있다. 토마스 아켐피스,[23] 페늘롱, 생 프랑수아 드 살[24] 등의 몇몇 교부들, 그리고 프로테스탄트에서 영국과 독일의 많은 작가들이 신비사상가였다. 즉, 그들은 종교를 하나의 사랑으로 간

21) Jacob Böhme(1575~1624). 독일의 신비사상가.

22) Louis Claude de Saint-Martin(1743~1803). 프랑스의 철학자.

23) Thomas Hemerken, 통칭 Thomas a-Kempis(1379~1471). 독일의 신비주의적 사상가.

24) Saint François de Sales(1567~1622). 프랑스의 신학자.

주하고, 종교를 그들의 모든 사상과 행동과 융합하려고 한 사람들이다.[25)]

신비사상가들의 교의 전체의 기반인 종교적 감정은 생명이 충만한 내적 평화 가운데 있다. 정열이 동요하면 고요함을 얻지 못한다. 메마르고 평범한 정신의 조용함은 영혼의 생명을 죽인다. 움직임과 휴식의 완벽한 결합을 발견할 수 있는 것은 종교적 감정 안에서뿐이다. 아무리 신앙심이 깊은 사람이라도 이러한 마음의 상태는 지속될 수는 없다. 그러나 이렇게 성스러운 감동에 대한 기억과 기대는 그것을 체험해본 일이 있는 사람들의 행동을 결정한다.

인생의 고락이 우연의 결과이거나 또는 잘 살아온 결과라고 해도, 슬픔과 기쁨은 단순히 격렬한 마음의 동요를 일으킬 것이다. 왜냐하면 우연이 우리의 삶을 결정한다면 그 우연이란 도대체 무엇이란 말인가? 또 하나의 행동이 우리의 운명을 몽땅 좌우할 수 있다면, 그 행동에 대해 우리는 얼마나 우쭐하거나 후회할까? 오직 우리의 이성만이 이 세상에서 우리의 운명을 마음대로 결정짓는다면 우리는 불확실성에 대한 부단한 고통을 얼마나 맛보아야 할까? 그러나 반대로 행복을 위해서 중요한 것은 두 가지뿐이라고 믿으면, 즉 의도의 순수성과 어찌되었든 간에 우리의 힘으로 어쩔 수 없는 경우 결과에 대한 체념의 두 가지라고 믿으면, 많은 경우 우리는 잔혹하게 괴로움을 당하겠지만 하늘과 우리의 관계는 절대 무너지지 않을 것이다. 불가능을 상대로 한 싸움은 우리 마음속에 가장 괴로운 감정을 일으킨다. 그리고 사탄의 분노란 피할 수 없는 것을 상대로 하고, 이길 수도 없고 그렇다고 항복할 수도 없는 상대와 싸우는 자유 외의 아무것도 아니다.

신비주의적 그리스도교 신자 사이에서 지배적인 견해는, 신을 기쁘게 해드릴 수 있는 유일한 찬사는 인간이 선물로 받은 의지에 대한 찬

---

25) 철학에서의 신비주의는 신은 어떤 매개물 없이 직접 대면하여 알 수 있는 존재라는 믿음이다. 그것은 영원불멸의 감정에 이끌리는 것이며, 신에 대한 관조와 사랑에 모든 지식과 의무를 다 바치는 것이다.

사라는 것이다. 이 이상으로 무사무욕의 봉헌을 우리가 과연 신에게 바칠 수 있을까? 예배, 향, 찬송은 거의 항상 지상의 번영을 얻는 것을 목적으로 하고 있다. 그것은 이 세상 사람들이 군주를 둘러싸는 것과 같다. 그러나 신의 뜻을 감수하는 것, 신의 뜻에 합당치 않은 것은 아무것도 원하지 않는 것이 인간의 마음이 할 수 있는 가장 순수한 종교적 태도이다. 이 깨달음의 계기가 되는 계시는 일생에 세 번 있는데, 청년기와 성년기, 그리고 노년기에 있다. 청년기에 이것을 받아들일 수 있는 자는 행복하여라!

어떤 일에도 자만심을 가지면 상처에 독을 바르는 격이다. 반항적인 영혼은 하늘을 욕하지만, 종교적인 사람은 고통을 보내주신 분의 뜻대로 고통을 달게 받는다. 그는 고통을 피하거나 감소시키기 위해 모든 노력을 한다. 그러나 일이 돌이킬 수 없을 때에는 지고한 분의 뜻의 성스러운 징표가 그곳에 새겨져 있는 것이다.

늙음과 죽음처럼 뜻하지 않은 불행이 또 있을까? 그러나 거의 모든 사람은 이것을 체념한다. 그것들과 싸울 수 있는 무기가 없기 때문이다. 그렇다면 누구에게나 오는 불행에는 무릎을 꿇지만, 개별적 불행에는 누구나 반항하는 이유는 무엇일까? 그것은 운명을 정치와 동일하게 생각하여, 누군가에게 특권을 부여하지만 않는다면 모든 사람을 괴롭혀도 용서해주기 때문이다. 불행은 동료와 함께 겪는 것일지라도 자기 혼자 겪는 것과 마찬가지로 힘들며 그와 똑같이 고통스럽다. 그러나 모두가 함께하는 고통에 대해 우리는 거의 반발을 일으키지 않는다. 사람들은 인류 전체의 조건을 참고 있으면서, 왜 개인적으로 관계된 것에 대해서도 참아야 한다고 스스로 타이르지 않을까? 그 이유는 개인적인 몫에 대해서 공평치 못하다고 생각하기 때문이다. 신으로부터 받은 도구를 가지고 신을 심판하려고 하다니 어처구니없는 자부심이 아닐까? 남이 겪고 있는 것을 어떻게 알 수 있을까? 자기 자신에 관해 무엇을 알고 있는가? 자기 내부의 감정 이외에 그가 알고 있는 것이 조금이라도 있는가? 감정이 내적인 것일수록 우리 행복의 비밀을 품고 있는 것은, 우리가 행복 또는 불행을 느끼는 것이 마음속이기 때문이 아닐까? 종교적 사랑 또는 자기애만이 우리의 가장 감추어진 생각의 근원까지 파고들어간다. 종교적 사랑의 이름이 사심 없는 모든 사랑을 포함한다. 그리고 자기애의 이름이 이기적인 모든 성향을 포함한다. 운명은 우리에게 어떤 방식으로든 도움을 줄 수도 있고 역경에 처하게 할 수도 있지만, 우리가 이들 사랑 중 어느 쪽을 택하느냐에 따라 평안함을 느끼느냐 혹은 불안감을 느끼느냐가 결정된다.

이른바 우리가 사건이라고 부르는 이 환상들에 의해 자신이 시달린다고 생각하는 것은, 신에 대한 존경이 전적으로 결여된 것으로 볼 수 있다. 사건들의 실재성은 그것들이 영혼에 만들어내는 것 안에 있다. 그리고 외견으로 보아 판단하는 것이 아니라 그 사건들의 종교적 완성에 따라 판단한다면, 모든 상황과 모든 운명은 완벽하게 평등하다. 우리 모두가 자기 인생의 씨실을 주의 깊이 살펴보면 전혀 다른 두 종류의 짜임새를 볼 수 있다. 하나는 자연의 원인과 결과에 전적으로 순종하는 것처럼 보이는 것이고, 또 하나는 완전히 신비적인 것으로 그 의도는 시간이 가야 알 수 있는 것이다. 그것은 마치 틀로 짜는 카펫과 같아서 거꾸로 모양을 짜나가기 때문에 바로 놓고 보기 전에는 결과를 알 수 없다. 왜 괴로웠고 왜 갖고 싶은 것을 얻지 못했는지 이 세상에 있는 동안에 알게 되기도 한다. 우리의 마음이 향상되면 우리에게 고통을 주신 분의 자비하신 뜻이 나타난다. 왜냐하면 이 세상의 발전도 큰 죄를 범한 뒤라면 무언가 석연치 않은 것이 있을 것이기 때문이다. 그때 우리는 이 세상 행복을 우리에게 베풀어주신 분의 손에서 버림받는 것이 우리의 유일한 미래인 듯한 느낌을 받을 것이다.

모두가 우연일지도 모르고, 이 세상에 우연은 하나도 없을지도 모른다. 우연이 없다면 이기주의가 특히 우리 모두에게 고취시키는 반항과 침범의 정신에도 불구하고 우주의 질서와 조화를 이루는 데에서 종교적 감정은 존재한다. 모든 교리, 모든 신앙에서는 이러한 종교적 감정이 시대와 나라에 따라 다양한 형태를 띠고 있다. 신념 위에 세워져 있어도 공포에 의해 변질될 수 있다. 그러나 사건 안에 우연이란 아무것도 없으며, 우리가 운명에 관여할 수 있는 유일한 방법은 자기 자신에게 영향을 주는 것이라는 신념 안에 항상 종교적 감정이 있다. 이성이 인생 모든 면의 행동을 지배하지 않는 것은 아니다. 그러나 이 생활의 관리자가 있는 힘을 다해 인생을 정리했다고 해도 우리의 마음속은 항상 사랑에 속해 있다. 또 이른바 신비신앙이라고 하는 것은 가장 완벽한 형태의 순수함 안에 있는 사랑인 것이다.

창조주를 향해 영혼을 고양시키는 것이 신비주의 그리스도교 신자들의 최상의 예배이다. 그러나 그들은 신에게 현세의 이런저런 행운을 전혀 청하지 않는다. 숭고한 영감을 갖고 있는 프랑스의 작가, 생마르탱은 "기도는 영혼의 입김이다"라고 말했다. 신비사상가들은 거의 모두 그러한 기도에는 대답이 있으며, 그리스도교의 위대한 계시는 영혼이 열정적으로 하늘로 올라갈 때마다 영혼 안에서 새로워질 수 있다고 확신한다. 지고의 존재와 인간 사이에 직접적인 교류가 더 이상 존재하지 않는다고 믿을 때, 기도는 단순히 독백에 불과할 뿐이다. 신성을 마음속에서 느낄 수 있다고 생각될 때에 기도는 더욱더 구원받을 수 있는 행위가 된다. 실제로 우리 안에 일상생활의 사건들과 연관되어 있다고 생각되지 않아서 외부에서 왔다고는 전혀 생각할 수 없는 움직임이 있으며, 그것이 우리의 마음을 평안하게도 해주고 힘이 되어주기도 하는 사실을 어느 누구도 부정하지 못할 것이다.

이기심의 포기에 전적으로 근원을 둔 교의 안에서 이기심을 택한 사람들이 모든 영역의 환상을 스스로 만들어내기 위해 생각지도 못한 구조를 이용했다. 즉, 자기들은 선택받은 사람, 예언자라고 믿었던 것이다. 그들은 환시능력이 있다고 믿었다. 결국 그들은 자기 자신을 향한 미신을 갖게 되었다. 심지어 마음속에 겸손의 탈을 쓰고 들어갈 수 있는 인간의 오만이 하지 못할 일이 어디 있겠는가! 그러나 신비사상가로 불리는 사람들, 즉 종교 안에 사랑을 두는 그리스도교 신자들이 이해하는 신과 영혼의 관계보다 더 단순하고 순수한 것은 없다.

페늘롱의 신앙서적들을 읽고 감동하지 않는 사람이 있을까! 그만한 지성, 그만한 위안, 그만한 관용을 어디에서 찾을 수 있을까? 거기에서는 광신, 덕이 아닌 엄격함, 편협과 배척을 찾아볼 수 없다. 시간이 만들기도 하고 파괴하기도 하는 모든 일시적 형식을 초월한 이 대가의 작품에서는 그리스도교 공동체의 다양성 같은 것은 느낄 수 없다.

이렇게 중대한 일에 대해 감히 예언하는 사람은 분명히 대담할 것이다. 그러나 감히 언급한다면 모든 것은 마음속에서 종교적 감정이 승리를 거두기 위해 이루어지는 일이다. 이 세상 일에는 타산이 크나큰 힘을 발휘하므로 여기에 따르지 않는 성격의 사람들은 당연하게 극단으로 쫓기고 만다. 세계의 고독한 사색가들이 문학, 철학, 종교의 흩어진 빛을 하나의 중심에 모으려고 하는 이유는 바로 그것이다.

이전 세기에 이른바 정숙주의라고 불렸던 종교적 체념의 교의가 살아가는 데 필요한 활동을 싫어하게 만드는 게 아닌가 하고 모두들 염려한다. 그러나 개인적 정열을 억제하는 감정에 관해서 걱정을 많이 하지 않기에는 개개인의 정열이 우리 안에서 자연히 머리를 드는 것이 현실이다.

우리는 자신의 생사를 마음대로 할 수 없으나, 우리 운명의 4분의 3 이상은 이 두 사건에 의해 결정된다. 아무도 출생, 국적, 시대 등 원초적인 여건을 바꿀 수 없다. 태어날 때부터 갖고 있지 않은 용모나 재능을 얻을 수 있는 사람은 없는 것이다. 그 외에도 인생에는 얼마나 많은 피치 못할 사정들이 아직까지 남아 있는가? 우리의 운명을 백분율로 본다면 그중 99는 우리의 힘으로 할 수 없는 것이다. 우리의 모든 격렬한 의지는 아직까지 우리의 힘이 미칠 수 있는 사소한 부분에 쏟아진다. 그런데 이 사소한 부분에 닿는 의지의 힘조차 극히 불완전한 것이다. 언제나 목적을 달성하는 인간의 유일한 자유행동, 그것은 의무의 수행이다. 다른 모든 결단의 결과는, 아무리 조심해도 어쩔 수 없는 사건들에 완전히 좌우된다. 대부분의 사람들은 몹시 바라는 것을 얻지 못한다. 행운을 얻는 경우에 그 행운조차도 생각지도 못한 방법으로 얻는 경우가 대부분이다.

신비주의의 교의는 엄격한 것이다. 왜냐하면 자기이탈을 요구하기 때문이고, 그것은 당연히 매우 어렵기 때문이다. 그러나 실제는 가장 쉬운 교의이다. 그것은 피치 못할 것을 먼저 행한다 라는 격언 안에 있다. 종교적인 뜻에서 피치 못할 것을 먼저 행한다는 것은 이 세상의 지배를 신의 섭리에 맡기고 그런 생각 안에서 마음의 위로를 발견하는 것이다. 신비주의 저술가는 정직한 사람이라면 누구나 할 수 있는 의무 이상의 것을 아무것도 바라지 않는다. 자기 자신에게 고통을 줄 것을 전혀 명하지 않으며, 자신에게 고통을 자초해서도 안 되고 고통이 닥쳐왔을 때에 화를 내서도 안 된다고 생각하고 있다.

금욕주의적 정숙과 그리스도교 신자의 감수성을 결합하는 이 신앙으로부터 어떠한 나쁜 결과가 나오는 것일까? 바로 사랑의 방해라고 말할 수 있을 것이다. 아! 종교적 고양이 영혼을 차갑게 하는 것이 아닌데도 말이다. 자만심이 갖는 관심은, 단 하나만 있어도, 어떤 종류의 엄격한 사상보다도 많은 애정을 없애버리는데 말이다. 테베(Thebae)의 황야조차도 감정의 힘을 약화시키지 못하고, 사랑을 막는 것은 마음의 빈곤뿐이다.

신비주의는 중대한 잘못이 있는 것으로 오해받고 있다. 엄격한 신조에도 불구하고, 인간이 마음속에서 느끼는 것만을 종교의 문제라고 하는 바람에 행동에 관해서는 지나치게 관대하며, 또 사람들로 하여금 자신의 결점을 불가피한 것으로 체념토록 유도한다는 것이다. 신의 뜻에 대한 복종을 이렇게 해석하는 것처럼 성경의 정신에 위배되는 것은 단연코 없을 것이다. 만일 종교적 감정이 있으므로 전혀 아무것도 하지 않아도 좋다고 말한다면, 그 결과 수많은 위선자가 나오게 되어 그들은 이른바 활동이라고 하는 종교의 세속적 증거에 의해 비판받아서는 안 되며, 그들이 하는 신과의 은밀한 교류가 의무의 수행보다도 훨씬 우수한 것이라고 주장할 것이다. 또한 자기 자신에 대해서도 위선을 행하는 자가 나타나고 이러한 방법으로 우리는 가책의 힘을 없애버릴 것이다.

사실 조금이라도 상상력이 있으면 어느 누가 종교적 감동을 체험하지 못하겠는가? 어느 누가 가끔씩은 열심히 기도하지 않겠는가? 만일 그것으로 족하여 의무의 엄격한 실천을 면제받는다면, 대부분의 시인이 스스로 뱅상 드 폴보다 종교적이라고 믿을 수 있을 것이다.

그러나 신비사상가들이 이러한 견해로 비난받는 것은 부당하다. 그들의 업적과 인생은, 도덕적 행위의 면에서 가장 엄격한 종교의식을 실천하는 사람들만큼이나 그들이 올바르다는 사실을 증명하고 있다. 그들이 관용이라고 부르는 것은 인간의 본능에 굴복하도록 명하는 데 그치지 않고 인간의 본능을 분석하는 통찰력이다. 신비사상가들은 항상 마음속의 일에 관심을 갖고 있으므로 현혹을 허락한 듯 보인다. 그 이유는 그들이 현혹의 원인을 연구하기 때문이다.

신비사상가, 그리고 거의 모든 그리스도교 신자조차도 어떤 권력이든지 간에 권력에 수동적 복종을 한다고 비난받는 일이 종종 있었다. 또한 신의 뜻에 순종하는 것을 잘못 해석하여 인간의 의지에 대한 복종이라고 주장된 일이 너무 빈번했다. 그렇지만 권력에 관대한 것과 종교적 순종은 전혀 비슷한 것이 아니다. 노예상태에 있을 때 종교의 순종이 위로가 될 수 있을 것이다. 그러나 그 이유는 종교적 순종이 영혼에 독립심의 모든 덕을 주었기 때문이다. 종교로 인해 인류의 자유에도 억압에도 무관심하게 되는 것, 그것은 약한 성격을 그리스도교의 굴종으로 간주하는 것인데, 이들보다 서로 판이하게 다른 경우도 없다. 그리스도교 신자의 굴종은 가난과 불행 앞에서 무릎 꿇고, 약한 성격은 이 세상에서 가장 강한 것이 죄이기 때문에 항상 죄를 조심하는 것이다.

그리스도교가 가장 흥할 무렵인 기사도 시대에 그리스도교는 절대로 명예의 희생을 요구하지 않았다. 그런데 시민에게는 정의와 자유 역시 명예이다. 신은 인간의 오만을 무력하게 만들지만, 인류의 존엄에 상처를 준 일이 없다. 왜냐하면 오만이란 자기 자신의 의견 안에서 생기는 것이지만, 인류의 존엄은 타인의 권리를 존중할 때 나타나는 것이기 때문이다. 종교적인 사람들은 이른바 명백한 의무를 빼고는 세속적인 일에는 전혀 개입하지 않는다. 또 많은 정열이 정치적 이해관계에 의해 동요되고, 그것에 개입하여 비판받지 않는 일도 드물다는 사실을 인정해야 한다. 그렇지만 양심의 용기가 고무되었을 때, 그 용기에 맞설 수 있는 것은 아무것도 없다.

모든 국민 중에서 신비주의 경향을 가장 많이 갖고 있는 국민은 독일인이다. 루터 이전에는 타울러[26]를 위시하여 몇몇 작가가 이 관점에서 종교에 관한 책을 냈다. 루터 이후, 모라비아 교도들이 다른 어떤 파벌보다도 더 이 경향을 보였다. 18세기 말, 라바터는 합리적 그리스도교를 강도 높게 공박했는데 베를린학파 사람들은 그를 지지했다. 그가 종교를 보는 방법은 많은 점에서 페늘롱과 흡사하다. 클롭슈토크 이후 현재까지 몇 명의 서정시인이 쓴 저술에는 신비주의의 색채가 배어 있다. 북부에서 유력한 프로테스탄트 종교는 독일인의 상상력을 만족시키지 못하고 또 가톨릭은 본질적으로 철학적 탐구에 맞지 않으므로, 종교적이며 사상적인 독일인이 모든 종파에 적용할 수 있는 종교를 느낄 수 있는 방법으로 돌아서는 것은 당연하다. 더구나 철학의 관념론은 종교의 신비주의와 많은 점에서 흡사하다. 관념론은 이 세계의 모든 현실을 사고 안에 집어넣고, 신비주의는 하늘나라의 모든 현실을 감정 안에 놓는다.

신비사상가들은 굉장한 통찰력으로 우리 마음에 근심, 희망, 고통 또는 행복을 낳는 모든 것 안으로 파고든다. 어느 누구도 그들만큼 영혼의 움직임의 근원에 도달하지 못한다. 이 탐구는 매우 흥미 있는 일이므로 꽤 평범한 사람들도 마음속에 아주 약간의 신비주의적 성향만 갖고 있으면 마치 초월적인 재능을 부여받기라도 한 듯이 대화에서 사람들의 흥미를 유발하고 사람들의 마음을 사로잡는다. 사교계가 그토록 권태로운 것은 만나는 사람 거의 모두가 피상적인 이야기밖에 하지

26) Jean Tauler(1300~1361). 알자스의 신비주의적 사상가.

않기 때문이다. 특히 이런 종류의 사회에서는 대화의 정신이 매우 필요하다. 그러나 종교적 신비사상은 그토록 광범위한 빛을 갖고 있으므로, 극히 명백한 정신적 우월성을 태어날 때부터 갖지 않은 사람에게도 그것을 준다. 인간의 마음의 연구에 전념하는 종교적 신비사상은 으뜸가는 학문으로서, 보통 사람들이 정열을 이용하기 위해 정열을 알고자 한다면, 신비사상가들은 정열을 진정시키기 위해서 정열을 알고자 노력한다.

가장 순수한 이론으로 무장한 사람들의 성격 안에서도 여전히 커다란 결점이 발견될 수 있다. 그러나 지론을 책할 것인가. 종교에 대하여 사람이 표하는 독특한 경의가 있다. 어느 사람이 종교가라는 것을 알게 되면, 사람들은 그 사람에게 경의를 표하고 싶어하는 것이다. 종교가에게 과오나 약점이 있으면, 언행이 일치되어 있지 않다고 말한다. 그러나 인간으로서의 조건은 무엇으로도 완전해질 수는 없다. 만일 종교가 정신적 완전을 사람에게 언제나 준다면, 만일 덕이 어김없이 행복을 가져온다면, 자유의지로서는 이미 선택의 여지는 없을 것이다. 왜냐하면 의지에 호소하는 동기가 너무 강해지기 때문이다.

교조주의 종교는 하나의 명령이다. 신비 종교는 우리의 내적 경험을 기반으로 한다. 그러한 관점에서 설교는 성직자가 따라가는 길을 상기시킬 수밖에 없으며, 그들은 자신들이 설교하는 방식 안에서 모든 사람의 마음속에 파고들기 시작하는 감정이 전달되기 바랄 것이다. 각 분야에서 인재가 많은 독일에서는 졸리코퍼,[27] 예루살렘[28]과 그 밖의 몇몇 사람이 웅변으로 보여준 설교로 당연한 호평을 받았다. 모든 주제에 관해서 훌륭한 내용을 가진 많은 설교를 읽을 수 있다. 도덕을 가르치는 것은 대단히 현명한 일이다. 그렇지만 그것에 따르는 방법론의 제시는 더욱 중요하다. 그 방법은 무엇보다도 종교적 감동 안에 있

27) Georg Joachim Zollikofer (1730~1788). 스위스의 성직자.
28) Johann Fridriech Wilhelm Jerusalem (1709~1789). 독일의 신학자.

다. 거의 모든 사람들은 악덕과 미덕의 장단점을 알고 있다. 그러나 모든 사람이 필요로 하는 것은 우리 본성의 격렬한 성향에 대항해 싸울 수 있는 내적 소질을 강화시켜주는 것이다.

만일 사람들과 토론을 훌륭하게 하는 것만이 문제라면, 노래와 의식만으로 되어 있는 예배의 일부가 설교만큼 혹은 그보다 더 종교적 심상에 더욱 효과적인 이유는 무엇일까? 대부분의 설교자는 나쁜 성향을 맹렬히 비난하는 것만으로 만족하고, 어떻게 궤멸하고 어떻게 저항하는지는 보여주지 않는다. 거의 모든 설교자는 인간의 소송을 심리하는 판사이다. 그러나 신의 목사는 우리에게 자기의 괴로움과 희망에 대해서 말해야 하고, 어떤 생각에 의해 어떻게 자기의 성격을 고쳤는지 말해야 할 것이다. 요컨대 우리는 그들로부터 신과의 관계 속에 있는 영혼의 숨겨진 추억을 듣기를 기대한다.

금지법으로는 더 이상 개인이나 국가를 통치할 수 없다. 사회적 기교로써 인간의 생명을 지키기 위해 이해관계를 활성화시킬 필요가 있다. 인간을 종교적으로 지도하는 사람들도 같은 방법으로 하면 된다. 인간의 정열을 억제하기 위해서는 인간의 마음에 강하고 순수한 희열을 불러일으키는 수밖에 없다. 정열은 많은 점으로 보아 예속적인 무력감보다 훨씬 가치가 있다. 그것을 관리할 수 있는 것은 깊은 감정뿐이다. 가능하다면 이런 감정의 기쁨을 세속적 사랑의 매력을 묘사하는 데 쓰인 것과 같은 강도와 진실성을 갖고 묘사해야 한다.

재치 있는 사람들이 뭐라고 하든지 간에, 종교와 천재 사이에는 본래 동맹관계가 있다. 신비사상가들은 거의 모두 시와 예술에 애착을 느낀다. 그들의 사상은 모든 분야에서 진짜 우수한 사람과 공감하지만, 사교계의 평범한 사람은 그들을 적대시한다. 평범한 사람은 영혼 안으로 들어가려고 하는 사람들을 견디지 못한다. 자기가 갖고 있는 것 중 제일 좋은 것을 바깥에 놓고 있으므로 마음속을 건드린다는 것은 빈곤을 발견하는 것이다.

관념론적 철학, 신비주의적 그리스도교, 그리고 참다운 시는 많은 점에서 같은 목적, 같은 근원을 갖고 있다. 이 철학자들, 이 그리스도교 신자들과 이 시인들은 모두 공통된 욕구 아래 모인다. 그들이 원하는 것은 자연스러운 것을 잃은 사회에 미개시대의 무지를 가져오는 것이 아니라, 지성의 완성 그 자체에 의해 단순성을 되찾는 지적 문화를 가져오는 데 있다. 결론적으로 그들은 이런 고양 없는 성격을 지닌 사람들, 사상 없는 정신의 소유자들, 유쾌함 없는 빈정거리는 사람들, 상상력 없는 쾌락주의자들, 즉 달리 부를 이름이 없으므로 인류라고 부르는 사람들 모두를 활기 있고 생각이 깊고 진지하고 너그러운 사람으로 만들고 싶은 것이다.

고통에 대하여

고통은 은총이다 라는 신비주의자들의 격언은 지금까지 몹시 비난받았다. 고대의 몇몇 철학자들은 고통은 재난이 아니라고 단언했다. 그러나 희망보다 무관심을 갖고 고통을 대하기가 훨씬 어려울 것이다.[29] 실제로 고통이 완성의 한 수단이라는 사실조차 없다면, 우리는 얼마나 격분하겠는가? 고통의 밥이 되기 위해 우리가 세상에 불려나왔다는 게 말이나 되는가? 왜 우주에 존재하는 모든 고뇌와 경이가 두려움과 갈망으로 가득 찬 연약한 마음에 모여드는가? 우리에게 사랑하는 힘을 주고 난 후에 왜 우리가 소중히 여기는 것을 전부 빼앗아가는가? 지상의 환상으로 우리가 죽음을 망각하고 있을 때, 어쩌면 이렇게 죽음이 우리 가운데 와 있는가! 정말 이 세상 모든 화려함 한가운데에서 죽음은 그 소름끼치는 깃발을 펼친다.

---

29) 〔원주〕 대법관 베이컨은 《구약성경》에 의하면 번영이 신의 축복이며, 신약에 의하면 역경이 축복이라고 했다.

이렇듯 하루 만에 지고 마는 것을
영원한 생명을 갖지 못한 초목과 꽃이여
봄의 계절이 또다시 돌아와도 소용없으리
초목은 이전의 초목이 아니고 꽃도 이전의 꽃이 아니라네.[30]

어느 축연에 이런 공주가 있었다.[31] 그녀에게는 여덟 명의 아이들이 있었는데, 그녀는 완벽한 미모를 갖춘 매력과 어머니로서의 덕에서 오는 높은 위엄을 겸비하고 있었다. 그녀는 무도회의 주최자였으며, 아름다운 음악소리는 환희에 넘치는 자리를 더욱 빛내주었다. 꽃들이 그녀의 매혹적인 머리를 장식하고 있었는데, 그 장식과 춤이 그녀에게 젊은 시절의 나날을 회상시켜주었을 것이다. 그러나 그녀는 그토록 많은 성공이 그녀에게 안겨준 이 기쁨마저도 벌써 두려워하는 듯 보였다. 아! 이 흐릿한 예감이 어떻게 현실이 되었단 말인가! 햇빛을 대신했던 수없이 많은 촛대가 돌연 모든 것을 삼켜버리는 화염으로 변하는 것이다. 그리고 무시무시한 고통이 연회의 화려한 사치를 대신하게 될 것이다. 얼마나 기막힌 대조인가! 이 사건을 생각하는 데 지칠 사람이 있을까? 이처럼 인간의 위대함과 비참함이 가깝게 있었던 적은 없었다. 우리의 미래에 대한 두려움 따위는 아무렇지도 않게 잊어버리는 우리의 변덕스러운 사고에, 운명이 으레 시간의 흐름 이곳저곳에 간격

30) Torquato Tasso(1544~1595), *La Gerusalemme liberata*(1575)의 1절로 마담 드 스탈의 원주에는 "아미다의 정원에서 읊은 타소의 시"라고 적혀 있다. 아미다는《해방된 예루살렘》의 여주인공의 한 사람이며, 아미다의 정원이라는 말은 지상의 낙원이라는 뜻으로 사용된다.

31) 나폴레옹과 오스트리아의 황녀 마리 루이스와의 결혼식은 1810년 3월 거행되었고, 두 사람이 신혼여행을 마치고 파리에 돌아온 것은 6월이었다. 이 결혼을 성사시키는 데 공을 세운 파리주재 오스트리아 대사 슈바르젠베르그(Karl von Schwarzenberg) 공작은 7월 1일에 황제의 결혼을 축하하는 위대한 연회를 파리 시내에서 개최했는데, 그 연회는 시작하자마자 큰 화재로 끝났다. 황제 부부가 재빨리 도망친 일이 반대파의 비판의 표적이 되었다. 마담 드 스탈이 파우리네 폰 슈바르젠베르그(Pauline von Schwarzenberg)라고 원주에서 밝힌 공주는 대사의 누이이다.

을 두고 심어놓은 찬란한 영상과 무서운 영상이 모두 한순간에 덮쳐온 것이다.

그러나 그 사고에 의한 죽음은 그녀 스스로의 선택에 의한 것이었다. 그녀는 안전했으며, 15년간 유지해온 그토록 덕성스러운 삶의 끈을 다시 맬 수도 있었다. 그러나 딸 하나가 위험했고, 결국 극도로 약하며 극도로 겁 많은 존재가 군인마저 뒤로 물러서게 하는 화염 속으로 뛰어든다. 어머니라면 누구나 그녀가 느꼈을 감정을 경험해본 적이 있을 것이다! 그러나 그녀를 따라 할 수 있을 만큼 자신에게 힘이 있다고 생각할 수 있는 사람이 얼마나 있을까? 처참한 죽음을 보고 본능이 유발하는 전율을 두려워하지 않기 위해서 누가 자기의 영혼에 의지할 수 있을까? 한 여성이 그 전율에 용감하게 맞섰고, 비록 죽음의 일격이 그때 그녀를 덮치긴 했지만, 그녀의 최후의 행위는 어머니다운 것이었다. 그녀가 신의 어전에 모습을 나타낸 것은 그 숭고한 순간이었다. 사람들은 이 세상에 남겨진 그녀의 유해를 볼 수 없었고, 오직 자녀들의 수만 볼 수 있었는데, 그 숫자가 나타난 곳은 이 천사가 운명한 장소이기도 했다. 아! 이러한 광경이 주는 모든 공포는 신의 영광의 광채에 의해 위로를 받는다. 이 용감한 파우리네는 그로부터 어머니들의 성녀가 될 것이다. 그리고 만일 그들의 시선이 감히 하늘 위까지 뻗칠 수 없다면, 어머니들은 파우리네의 친절한 얼굴 위에 시선을 고정시키고 자신의 자녀들을 위해 신의 축복을 빌어달라고 그녀에게 부탁할 것이다.

만일 이 세상에서 종교의 샘이 말라버린다면 가장 순수한 희생자인 이 여인이 쓰러지는 것을 목격한 사람들에게 뭐라고 말하면 좋을까? 이 여인을 사랑한 사람들에게 뭐라고 말하면 좋을까? 그렇게 되면 영혼은 운명과 그 운명의 비밀스러운 배신자들에 대한 절망과 공포로 얼마나 가득 찰 것인가?

만일 우리를 우연으로부터 해방시켜주는 것이 우리에게 전혀 없다면, 눈에 보이는 것뿐 아니라 상상하는 것으로도 사고는 마비될 것이다. 사람들은 모든 순간이 고통이며, 숨을 쉬는 것은 단지 고통을 새롭게 하기 위해서일 뿐인 것 같은 어두운 감옥 안에서 살아본 적이 없을까? 신을 믿지 않는 사람에게는 죽음은 모든 것으로부터의 해방일 것이다. 그러나 그들은 죽음이 어떠한 것인지 알고 있을까? 이 죽음이 무(無)인 것을 알고 있을까? 또한 안내자가 없는 성찰이 우리를 어떤 공포의 미궁 속으로 끌고 들어가는 것은 아닐까?

만일 양심적인 사람이(정열적인 인생의 상황이 이러한 불행을 야기할 수 있다), 감히 양심적인 사람이라고 할 수 있는 사람이 순진한 인간에게 돌이킬 수 없는 악을 행했다면, 종교적 속죄의 구원 없이 어떻게 그 이후 스스로 위안을 얻을 수 있겠는가? 희생자가 관 속에 놓일 때, 그 희생자와 의사소통이 안 된다면, 만일 신이 살아있는 사람의 비탄의 소리를 죽은 사람의 귀에 들려주지 않는다면, 만일 인간들의 지고의 중개자가 그 고통에 대해 "그만하면 충분하다"라고, 또 그 회개에 대해 "너는 용서받았다"라고 말해주지 않는다면 누구에게 하소연하면 좋을까? 사람들은 종교의 주된 장점이 회개를 불러일으키는 것이라고 믿는다. 그러나 종교는 또한 회개를 달래는 데에도 상당히 도움이 된다. 과거에 사로잡힌 영혼이 있다. 마치 생지옥과 같이 가책에 시달리는 영혼, 마치 독수리에게 습격받는 것같이 과거의 기억에 시달리는 영혼이 있다. 그런 영혼에게 종교는 회개의 완화제가 된다.

다양한 양상으로 모습을 바꾸기는 하지만 언제나 똑같은 한 가지 생각은 그 생각이 일으키는 동요와 단조로움 모두에 의해 피곤한 것이다. 상상력을 증가시키는 미술은 그 상상력으로 인해 오히려 격렬함과 고통을 증가시킨다. 영혼이 이미 자연과 조화를 이루지 못할 때에는 자연조차도 번거로운 것이다. 부드럽게 느껴진 고요도 무관심으로 여겨져 화가 난다. 우주의 경이는 우리의 눈에 흐리게 보인다. 태양의 빛 한가운데에서 모든 것이 환영처럼 보인다. 밤은 마치 어두움이 우리의 불행의 어떤 비밀을 감추고 있는 것같이 불안하게 하고, 빛나는 태양은 마음의 슬픔을 비웃는 것 같다. 그렇게도 많은 고통은 대체 어디로 사라지는 것일까? 죽음 속으로일까? 그러나 불행에서 오는 극도의 불안은 안식이 무덤 안에 있는 것처럼 의심하게 하고, 무신론자에게조차 절망은 마치 앞으로 영원히 이어지는 천벌의 어두운 계시와도 같이 생각된다. 그렇다면 우리는 어쩌면 좋습니까, 오 신이여, 우리는 어쩌면 좋단 말입니까! 만일 아버지이신 당신의 품에 몸을 던질 수 없다면? 신을 우리의 아버지라고 부른 최초의 인간은 금세기의 가장 심오한 사상가보다도 더 인간의 마음에 관하여 잘 알고 있었다.

종교가 정신을 편협하게 한다는 것은 사실이 아니다. 엄격한 종교적 규범을 경계해야 한다는 것은 더욱 사실이 아니다. 나는 감수성이 많은 영혼이 두려워해야 할 엄격함은 하나밖에 알지 못하는데, 그것은 세상 사람들의 엄격함이다. 그들은 아무것도 납득하지 않고, 무의식중에 저지른 것을 어느 것도 용서하지 않는다. 그들은 자기의 입맛대로 사람의 마음을 만들고, 제멋대로 그것을 판단한다. 한편 많은 칭송을 받을 만했던 폴 루아얄의 신사들이 들었던 말을 그들에게도 할 수 있을 것이다.

> 여러분이 만들어낸 인간을 이해하기란 쉽습니다. 그러나 있는 그대로의 인간을 여러분은 알지 못합니다.

대부분의 세상 사람들은 인생의 모든 불행한 상황이 그들에게 일으키는 연민으로부터 한시라도 빨리 벗어나기 위해 습관적으로 어떤 딜레마를 사용한다. 그들은 이렇게 말한다.

> 선택대상은 두 개밖에 없다. 이쪽이냐 저쪽이냐를 확실하게 정해야 한다. 막을 수 없는 일은 참고, 돌이킬 수 없는 일은 체념해야 한다.

또는 이렇게도 말한다.

> 목적을 위해서는 수단을 가리지 않는다. 없어서 안 되는 것을 보존하기 위해서는 그 어떤 일도 마다해서는 안 된다.

이 밖에도 이런 종류의 수많은 명제들, 이들은 모두 격언의 형식을 갖추고 있으며, 또한 실제로 통속적인 지혜의 규범이다. 그러나 이들 명제와 마음의 괴로움 사이에 무슨 관련이 있는가? 이 모든 것은 인생의 일상사에 매우 도움이 된다. 그러나 그러한 충고를 정신적 고뇌에 어떻게 적용할 것인가? 그것은 개인에 따라 모두 다르고, 다양한 여러 상황으로 구성되어 있다. 만약 우리와 일체감을 가질 수 있는 친구가 한 명 있다면, 우리와 가장 가까운 친구 외에는 아무도 그 고뇌에 대해서 잘 알지 못한다. 개개인의 성격은 그것을 치밀하게 관찰할 수 있는 사람이 보면 거의 하나의 미지의 세계에 가깝다. 인간의 마음을 다루는 학문에서는 개별적 예에 완전히 부합되는 보편적 견해는 하나도 찾아볼 수 없다.

종교의 언어만이 그 모든 상황과 느끼는 방식에 적합한 것이다! 자기가 감당할 수 없는 상상력에 사로잡힌 인간을 풍부한 표현력으로 묘사한 장 자크 루소의 《몽상》[32]을 읽고, 나는 사교계에서 자라난 재치 있는 사람과 수도원의 은자는 어떤 방법으로 루소를 위로하려 했을지 자문해보았다. 루소가 사람들로부터 미움을 사고 박해를 당했다고 불평하며, 자기는 만인의 질투의 표적이며 민중들과 왕들에 이르기까지 만연되어 있는 음모의 희생자라고 불평했다고 하자. 또 그의 모든 친구들이 자기를 배반했으며, 자신에게 베풀어준 호의조차도 함정이었다고 주장했다고 하자. 그렇다면 이런 모든 불만에 대해 사교계에서 단련된 재치 있는 사람은 뭐라고 대답할 수 있었을까?

그는 이렇게 말했을 것이다.

> 당신은 자신이 불러일으킨다고 생각하는 결과를 너무나 과장하는군

---

32) *Les reveries du promeneur solitaire* (1782).

요. 당신이 매우 탁월한 사람임에는 틀림이 없습니다. 그러나 그럼에도 우리 모두는 각자의 일과 생각을 갖고 있으므로, 한 권의 책으로는 모든 사람을 납득시킬 수는 없습니다. 전쟁이나 평화라는 큰 사건을 비롯해 아무리 작은 것일망정 우리가 개인적으로 관련되어 있는 이해관계가 한 사람의 작가보다는 훨씬 더 우리의 관심을 끕니다. 그가 아무리 유명한 작가일지라도 그렇습니다. 당신을 추방한 것은 사실이지만, 당신과 같은 철학자에게는 어느 나라도 마찬가지일 것입니다. 만일 당신을 덮친 불행을 당신이 견디지 못한다면, 당신이 당신의 저술 안에서 그토록 훌륭하게 전개한 도덕과 종교는 도대체 어디에 소용이 됩니까? 당신의 문학동료들 안에는 다분히 당신을 질투하시는 사람들이 있겠지요. 그러나 사회의 모든 계급이 당신을 질투하진 않습니다. 그들은 문학 따위엔 거의 관심이 없거든요. 더구나 명성이 정말로 당신을 괴롭히는 것이라면, 그것으로부터 벗어나는 것처럼 간단한 일도 없습니다. 더 이상 쓰지 마세요. 몇 년도 되지 않아 사람들은 당신을 잊어버릴 테고, 당신은 마치 아무것도 발표하지 않은 듯이 조용히 살 수 있을 것입니다. 당신은 친구들이 당신을 돕는 척하면서 당신을 함정에 빠뜨린다고 말합니다. 먼저 당신의 인간관계를 판단하는 당신의 방식에 소설적 흥분의 경미한 색채가 들어 있을 가능성은 없습니까? 《누벨 엘로이즈》[33]를 쓰기 위해서는 당신의 굉장한 상상력이 필수입니다. 그러나 현실세계의 일들에는 약간의 이성이 필요합니다. 또 그렇게 하려고 원하면, 모든 것은 있는 그대로 보입니다. 그럼에도 만약 친구들이 당신을 배반한다면, 그들과는 절교해야 합니다. 그러나 그 일로 상심하는 것은 바보짓입니다. 왜냐하면 둘 중 하나이기 때문이죠. 즉, 그들이 당신의 존경을 받을 만하다면, 이 경우에 그들을 의심하는 것은 당신의 잘못입니다. 또 만약 당신의 의심이 꽤 근거가 있는 것이라면, 이 경우에 당신은 그런 친구를 아낄 필요가 없다는 것이지요.

---

33) *Julie ou la Nouvelle Héloise, lettres de deux amants habitants d'une petite ville au pied d'Alpes* (1761).

이러한 딜레마를 들은 후에 장 자크 루소는 강물에 몸을 던지는 세 번째의 선택을 할 수도 있었을 것이다. 그러나 수도원의 은자라면 그에게 뭐라고 말했을까?

> 나의 아들이여, 나는 세상일을 모르기 때문에 정말로 사람들이 당신이 불행하게 되기를 원하는지 모르겠습니다. 그러나 만일 그렇다면, 당신은 어느 경우에도 적을 용서한 모든 선한 사람들과 공통점을 갖게 될 것입니다. 왜냐하면 예수 그리스도와 소크라테스, 신과 인간이 그 점에서 본보기가 되기 때문입니다. 악의적 정열이 이 세상에 존재하는 것은 정의의 시련이 완성되기 위해서입니다. 성녀 테레사[34]는 악인에 대해서 이렇게 말했습니다. "불행한 사람들, 그들은 사랑할 줄을 모릅니다. 그럼에도 그 사람들 역시 후회하는 시간을 갖기 위해 사는 것입니다."
>
> 당신은 하늘로부터 훌륭한 재능을 받았습니다. 만일 그 재능이 당신으로 하여금 선을 사랑할 수 있게 했다면, 당신은 이 지상에서 진리의 전사가 된 것을 벌써 기뻐했겠지요? 마음을 사로잡는 웅변으로 사람의 마음을 감동시켰다고 하면, 당신이 흘리게 한 눈물의 얼마를 당신을 위해서 얻게 될 것입니다. 당신 곁에는 적도 있겠지요. 그러나 멀리서 당신의 작품을 읽는 고독한 사람들 중에는 친구들도 있습니다. 우리가 당신을 위로할 수 있는 이상으로 당신은 불행한 사람들을 위로했습니다. 당신이 가진 재능을 나도 가졌다면, 당신에게 내 말을 이해시킬 수 있었을 텐데! 아들이여, 재능이란 좋은 것입니다. 세상 사람들은 종종 그것을 비방합니다. 우리가 신의 이름으로 재능을 단죄하고 있다고 당신에게 말하는데, 그것은 사실이 아닙니다. 웅변을 나오게 하는 감동은 숭고한 것입니다. 그리고 당신이 그것을 악용하지 않을 작정이라면 질투를 버틸 수 있어야 합니다. 왜

---

34) Teresa Avila(1515~1582). 스페인의 가톨릭 수녀. 신비주의적 체험을 엮은 종교문학의 저자이며, 여자 갈멜 수도회의 개혁자이다. 저서로 《완덕의 길》(*Camino de perfeccion*)(1565), 《영혼의 성》(*Castillo interior*)(1577) 등 다수가 있으나, 이 인용문의 출처는 찾지 못했다.

냐하면 이런 뛰어난 능력은 그것이 맛보게 하는 고통을 받을 만한 가치가 있기 때문입니다.

그렇지만 나의 아들이여, 나는 당신의 괴로움에 자존심이 개입되어 있지 않은지 걱정되는군요. 그것이 바로 괴로움에 고통을 더해주고 있는 것입니다. 왜냐하면 겸손하게 머물러 있는 모든 고통에 대해서 우리는 친절한 마음으로 눈물을 흘립니다. 그러나 자존심 안에는 독이 있으며, 사람들이 거기에 의지할 때 미치는 것입니다. 자존심은 옹호할수록 더욱더 사람을 타락시키는 적입니다.

천재는 영혼의 지고한 선량함을 나타내는 일에만 사용되어야 합니다. 이 선량함은 있는데 이것을 표현할 재능이 없는 사람이 많이 있습니다. 인간의 상상력을 즐겁게 하기 위해 만들어진 그 말의 매력을 당신에게 주신 신에게 감사하십시오. 그 말들을 당신으로 하여금 받아쓰게 해주는 직관만을 자랑하십시오. 그렇게 하면, 당신의 인생의 모든 것이 진정될 것입니다. 만일 당신이 종교적인 뜻에서 항상 선량하다면, 악인들도 당신을 괴롭히는 데 싫증을 느낄 것이며, 결국 자기네들의 독으로 쓰러질 것입니다. 게다가 신은 하늘에서 떨어지는 참새와 괴로워하는 인간의 마음을 돌보기 위해 이 세상에 있는 것이 아닐까요?

친구들이 당신을 배반하려 한다고 당신은 말합니다. 그들을 부당하게 비난하지 않도록 조심하십시오. 참다운 애정을 쫓아낸 자에게 재난 있기를! 왜냐하면 그것을 우리에게 보내주는 것은 하늘에 있는 천사들이며, 천사들은 인간의 운명 안에서 그 역할을 하도록 남겨졌기 때문입니다. 상상이 당신을 현혹하게 놓아두지 마십시오. 당신의 상상이 구름 속을 날게 놔두어야 합니다. 그러나 마음은 마음으로만 판단할 수 있습니다. 만일 당신이 성실한 우정을 알아보지 못한다면 당신의 잘못입니다. 왜냐하면 영혼의 아름다움은 너그러운 신뢰 안에 있으며, 인간의 신중함은 뱀으로 형상화되기 때문입니다.

그렇지만 당신의 위대한 능력이 원인이 되어 생긴 몇몇 방황에 대한 보응으로 이 세상에서 친구의 배반에 오염된 잔을 마시는 형에 처하게 되는 일이 일어날 수 있습니다. 만일 그렇다면 나는 당신을 불쌍히 여깁니다. 하느님도 당신을 벌하며 당신을 불쌍히 여기셨습니다. 그러나 그 매에 반항하지 마십시오. 더욱 사랑하십시오. 비록 그 사랑이 당신의 마음을 찢어버린다고 해도, 한없이 깊은 고독 속에서도, 더없이 잔인한 고립 안에서도 헌신적인 애정의 샘을 마르게 내버려두어서는 안 됩니다. 오랫동안 동료를 사랑하듯이 신을 사랑할 수 있다는 생각을 하지 못했습니다. 드넓은 하늘이 침묵하고 있는 반면, 우리에게 대답하는 목소리, 우리의 시선과 마주치는 시선은 생기가 넘치는 듯 보입니다. 그러나 영혼은 차츰 올라가 자신의 신을 마치 친구처럼 가까이 느끼게 되는 경지에 도달하는 것입니다.

나의 아들이여, 인간의 모든 생각에 기도를 덧붙이고 사랑하는 마음으로 기도하십시오. 기도해야 합니다. 왜냐하면 기도하면 더 이상 혼자가 아니기 때문입니다. 그리고 당신의 마음이 서서히 체념되면, 시선을 자연으로 돌리십시오. 지나간 자기의 인생이 이미 사람들 사이에서는 흔적도 없이 사라졌지만, 누구나 자연 속에서 그것을 다시 발견하는 것같이 생각될 것입니다. 때로는 어두운 구름이, 때로는 빛이 눈부신 구름이 바람에 날려 사라져가는 모습을 쳐다보면서 당신의 슬픔과 기쁨을 몽상하십시오. 죽음이 당신의 친구를 덮쳤다 해도, 또 더욱 잔인한 인생이 당신과 그들의 관계를 끊어버렸다 해도, 당신은 별 속에서 신성하게 변한 그들의 모습을 볼 수 있을 것입니다. 그들은 언젠가 다시 만날 수 있는 모습으로 당신 앞에 나타날 것입니다.

접신론자라고 불리는 종교철학자들

현대 독일철학에 관한 설명을 하면서, 나는 우주의 비밀을 집요하게 파고드는 것과 우리 영혼의 본성을 연구하는 데 그치는 것과의 사이에 선을 그으려고 했다. 그 구별은 종교적 작가들 사이에서도 찾아볼 수 있다. 앞 절에서 이미 언급한 한편의 사람들은 우리 마음에 미치는 종교의 영향을 연구하는 데 그친다. 다른 한편, 독일의 야콥 뵈메, 프랑스의 생마르탱을 위시한 그 외의 많은 사람들은 그리스도교의 계시 안에서 창조의 법칙을 밝힐 수 있는 신비적 말씀을 발견할 수 있다고 믿었다. 사람이 한번 생각에 잠기게 되면 그치기가 어려운 법이다. 숙고 끝에 회의주의에 끌려가든, 또는 극히 보편적인 신앙으로 가든, 이슬람교의 고행자들처럼 인생이란 무엇인가에 대해 몇 시간이고 한없이 생각해보고 싶은 때가 종종 있다. 사람들은 이와 같이 명상에 잠겨 사는 사람들을 멸시하기는커녕 오히려 그들이야말로 인류의 참된 스승이라고 생각하게 된다. 그들에 비하면 아무 생각 없이 사는 사람들은 밭에 묶여 있는 농노에 지나지 않는다. 그러나 어떻게 자기의 생각에 약간의 일관성이 있다고 자부할 수 있을까. 생각이란 마치 번개와도 같이 한순간 흐릿하게 주위를 비춘 후에 다시 어둠 속으로 빠져버리는 것이다.

그러나 접신론자(接神論者)들이 채택하는 체계들의 중요한 방향을 제시하는 것은 흥미 있을 것이다.[35] 접신론자들이란 그리스도교의 확립 이래, 특히 문예부흥 이래, 독일에 없어지지 않고 존속한 종교철학자들이다. 대부분의 그리스 철학자들은 세계를 구성하는 체계의 근거를 원소의 활동에 두었다. 동양적 관념론의 경향을 지닌 피타고라스와 플라톤을 제외하면, 고대의 사상가들은 모두 우주의 구조를 물리적 법

35) 접신론자들(*Theosophists*)은 인간 이성의 자연적인 빛에도, 《성경》(*Scripture*)의 단순한 교의에도 만족치 못하고, 모든 계시들보다 월등한 내적인 초자연적 빛에 기댄다. 그들은 이 초자연적인 빛에서 하늘의 총애를 받는 선택받은 자들에게만 전달되는 신비롭고 성스러운 철학이 나온다고 주장한다. 접신론자들은 열광과 관찰을, 연금술과 신학을, 형이상학과 의학을 한데 섞어, 전체에 신비와 영감의 형식을 입히려는 학파다. 16세기 파라셀수스와 더불어 형성된 이 학파는 생마르탱 시대를 거쳐 18세기까지 살아남았다. 파라셀수스, 야콥 뵈메, 생마르탱 등이 대중적인 반면, 코르넬리우스 아그리파(Cornelius Agrippa), 발렌틴 바이겔리우스(Valentine Weigelius), 로버트 플러드(Robert Fludd), 반 헬몬트(Van Helmont) 등은 좀더 철학적인 교의를 견지했던 인물들이다. 그러나 그들은 모두 다른 교의를 떠받들었기 때문에 하나의 체계로 묶기가 힘들다.

칙으로 설명한다. 그리스도교가 인간의 가슴속에 있는 내적 생명에 불을 붙임으로써 육체에 대한 영혼의 힘을 과장했음에 틀림없다. 가장 순수한 교의가 빠지기 쉬운 남용으로 인해 환상, 백마술(즉, 인간의 의지력이 지옥의 영(靈)들의 개입 없이 원소들 위에 작용할 수 있다고 믿는 마술), 그리고 마침내 영혼이 자연보다 강하다는 신념에서 나온 모든 괴기한 몽상이 나타났다. 연금술사, 자기치료사, 또한 환시자(幻視者)들의 비밀은 거의 모두가 인간의 의지력에 근거한다. 그들은 인간의 의지력을 너무 멀리 가지고 가긴 했지만, 그럼에도 불구하고 어쨌든 인간정신의 위대함을 유지시켜준다.

그리스도교가 영혼의 영성을 주장하면서 사람들로 하여금 종교적 혹은 철학적 신념의 무한한 힘을 믿게 만들었을 뿐만 아니라, 몇몇 사람들에게는 계시가 나타나 그들 각자에게 그 계시가 지속적으로 반복되는 기적이 일어났다. 그리고 그들 중 몇 명은 진짜로 그들이 초자연적 예지능력을 받았다고 믿었으며, 그들이 만들어냈다기보다는 목격자인 진실이 그들에게 모습을 나타냈다고 믿었다. 이러한 종교철학자 중에 가장 유명한 사람은 17세기 초에 살았던 독일의 구두장수 야콥 뵈메이다. 당시 그에 대한 소문이 자자했으므로, 찰스 1세는 그가 살고 있는 겔리츠에 특사를 보내 그의 저서[36]를 연구하고 영국으로 가져오라고 했다. 그의 저술 중 몇 권은 생마르탱 씨에 의해 프랑스어로 번역되었다. 이해하기가 매우 어렵기는 하지만, 지적 교양이 없는 사람이 자연을 그토록 깊이 관조했다는 사실에 놀라움을 금할 수 없다. 대략 그는 자연을 그리스도교의 중요한 교의의 한 상징으로 본다. 세계에서 볼 수 있는 현상들 안에서 그는 도처에 인류의 타락과 재생의 흔적, 분노의 원리, 자비의 원리의 효과가 보인다고 믿는다. 그리스

---

36) 야콥 뵈메의 저서로는 《아우로라》(*Aurora, oder die Morgenrote im Aufgang*) (1616), 《신의 세 가지 원리》(*Die drei Prinzipien des gottlichen Wessens*) (1619), 《영혼에 관한 40가지 질문》(*Vierzig Fragen von der Seele*) (1620)이 있다.

철학자들은 세계를 공기, 물, 불이라고 하는 기본원소의 혼합으로 설명하려고 한 반면, 야콥 뵈메는 정신적 힘의 결합만을 인정하고 우주를 설명하는 데 성경구절에 의지한다.

200년 동안 항상 독자보다는 신봉자들을 만든 이 특이한 저서들을 어떻게 보든지 간에, 진실에 도달하기 위해서는 유심론 철학자와 유물론 철학자가 따르는 두 개의 상반된 길이 있음을 의식하지 않을 수 없다. 한편에서는 외부의 인상을 모두 제거하고 사고의 황홀상태 안에 잠김으로써 자연의 신비를 풀 수 있다고 믿고, 다른 편에서는 우주의 여러 현상을 검증하기 위해서는 열광과 상상력을 철저히 경계해야 한다고 주장한다. 인간의 정신은 자연을 이해하기 위해서 육체 또는 영혼으로부터 해방되어야 하는지도 모르겠다. 한데 존재의 비밀이 있는 곳은 바로 이 육체와 영혼의 신비적인 결합 안에서이다.

독일의 몇몇 학자들은 야콥 뵈메의 저작 속에 물질계에 관한 매우 깊은 통찰이 있다고 주장한다. 창조에 관한 종교철학자의 가설 안에는 적어도 탈레스, 크세노폰, 아리스토텔레스, 데카르트, 라이프니츠만큼의 독창성은 있다고 할 수 있다. 접신론자는 자기의 생각이 계시되었다고 선언하는 반면, 일반적으로 철학자는 오직 자신의 이성에 의해 인도될 뿐이라고 믿는다. 그러나 양쪽 모두 신비들 중에서도 가장 으뜸가는 신비에 도달하고 싶어하는데, 그 정도의 높이에서 이성이라든가 광기라는 말이 무슨 의미가 있겠는가? 또 고양된 가운데 위대한 지성의 빛을 발견했다고 믿는 사람들을 몰상식하다고 낙인찍을 이유는 없다. 그것은 매우 탁월한 소질을 갖고 있는 영혼의 활력으로서, 단지 싸움을 하기 위해서만 주어진 것이 절대 아닌 것이다.

독일의 종파정신

명상의 습관은 인간의 운명에 관한 모든 종류의 몽상으로 안내한다. 활동적 생활만이 우리의 관심을 사물의 본질로부터 떼어놓을 수 있지만, 위대한 사상이든 보잘것없는 사상이든 간에 모든 사상은 외부에서 방해할 수 없는 내적 활동의 결과이다. 많은 사람들은 종교상의, 또 철학상의 종파에 대해 몹시 언짢아하고 그들에게 광기, 그것도 위험한 광기라는 이름을 붙이고 있다. 나는 인간의 안식과 도덕을 위해서 사고의 착란 자체는 사고의 부재보다 훨씬 두려운 것이 아니라고 생각한다. 물질적 활동을 보충하는 사고의 힘을 자기 안에 갖지 않는 한, 사람은 끊임없이 행동하지 않을 수 없고, 그 행동은 자주 좌충우돌할 수밖에 없다.

사상의 맹신이 때로는 격한 행동으로 이끌었던 것도 사실이지만, 그 이유는 거의 항상 추상적 의견의 도움을 빌려 현실적 이익을 추구했기 때문이다. 형이상학적 사고체계는 그 자체로는 거의 두려워할 것이 못되며, 그렇게 되는 것은 그 사고체계들이 야심만만한 이해와 결탁했을 때뿐이다. 그리고 만일 사고체계를 개선하려고 한다면, 그때에는 이러한 이해관계에 대해서 반드시 고려해보아야 한다. 그러나 그 의견에서 어떤 결과가 나오더라도 상관없이 하나의 의견을 흔들림 없이 지켜갈 수 있는 사람은 항상 고결한 성격의 소유자이다.

다양한 명칭으로 되어 있던 철학상의, 또 종교상의 종파는 거의 정치적인 사건과는 관계가 없었고, 사람들을 선동하여 격렬한 결정에 이르게 하는 데 필요한 재능 따위도 이 나라에서는 거의 나타나지 않았다. 칸트의 철학에 관해, 철학상의 여러 문제에 관해, 관념론과 경험론에 관해 논쟁할 수는 있지만, 책 이외의 결과물은 아무것도 없다.

종파정신(*l'esprit de secte*)과 당파정신(*l'esprit de parti*)은 많은 점에서 차이가 난다. 당파정신은 일반 대중을 잘 이해시키기 위해서 그 의견의 두드러진 특징을 소개한다. 종파정신은, 특히 독일에서, 언제나 좀더 추상적인 경향을 지닌다. 당파정신은 민중 안에 자리잡기 위하여 민심의 동향을 파악해야 한다. 독일인들의 머릿속에는 언제나 이론뿐이다. 그래서 그들은 정처 없이 몽상 속을 헤맬 때에도 이론을 생각한다. 당파정신은 사람들에게 그들을 뭉치게 하는 일종의 보편적인 정열을 불러일으킨다. 독일인들은 열심히 설명하고, 구분하고, 해석하여 모든 일을 세분화한다. 그들에게는 철학적 성실성이 있는데, 그것은 진리탐구에는 대단히 적합하지만, 진리를 활용하는 재주와는 거리가 멀다. 종파정신은 설득하려고 하지만, 당파정신은 놀리려고 한다. 종파정신은 사상에 대해 논쟁하지만, 당파정신은 사람들 위에 군림하려고 한다. 종파정신에는 규율이 있고, 당파정신에는 무질서가 자리잡고 있다. 어떤 권력도 종파정신을 두려워할 필요가 전혀 없으며, 폭넓게 사고할 자유를 주면 만족시킬 수 있다. 그러나 당파정신은 그렇게 쉽게 만족하지 않고, 지적 정복을 거두는 것으로 끝나지 않는다. 지적 정복에서는 절대 빼앗기지 않는 자기만의 제국을 각자 쌓을 수 있는데도 말이다.

프랑스에서는 종파정신보다 당파정신이 훨씬 더 가능하다. 왜냐하면 프랑스 사람들은 원하는 것을 행동으로 옮기고, 생각하는 것을 실천에 옮기지 않기에는 너무 현실생활에 능숙하기 때문이다. 그러나 종파정신은 너무나 생소할 수 있다. 그들은 추상적 사상을 옹호할 정도로 그것에 애착을 느끼지 못한다. 더구나 더욱 자유롭게 모든 상황에 앞서기 위해서는 어떤 종류의 의견에도 구속되기 싫어한다. 선의는 당파정신보다 종파정신에 더 많이 있다. 독일인들도 전자보다는 후자에 많이 기울어 있음에 틀림없다.

독일에서 종교적이며 철학적인 종파는 세 종류로 구분할 필요가 있다. 첫째로 특히 종교개혁 시대에 모든 정신이 신학상의 문제로 기울었을 때 존재했던 서로 다른 여러 그리스도교 공동체들이다. 두 번째로 비밀결사, 마지막으로 한 사람이 리더를 맡는 몇 개의 특별한 조직에 속하는 신도들이다. 첫째의 구분에는 재세례파[37]의 교도들과 모라비아 신도들, 둘째는 가장 오래된 비밀결사인 프리메이슨 회원들, 그리고 셋째는 각종 장르의 신비교파의 신도들을 열거할 수 있다.

재세례파의 교도들은 종교적이라기보다는 오히려 혁명적 종파였다. 그들은 사고방식으로가 아니고 정치적 정열로 존속했으므로, 상황의 변화와 더불어 사라져버렸다. 세속적 이해와는 전혀 무관한 모라비아 신도들은 이미 언급한 바와 같이 가장 순수한 그리스도 교단이다. 퀘이커 교도들은 사회생활을 하면서 모라비아 신도들의 행동원리에 순종하고 있으며, 한편 모라비아 신도들은 그 원리에 더욱 충실하기 위해 사회에서 숨어 산다.

스코틀랜드와 독일의 프리메이슨은 프랑스의 그것보다 훨씬 진지한 조직이다. 모든 나라에 있으나 이 단체가 시작된 것은 아마도 특히 독일인 것 같다. 그 후 앵글로색슨족들에 의해 영국으로 옮겨갔으며, 찰스 1세의 죽음을 기하여 부흥을 꾀하는 회원들에 의해 부활되었다. 그들은 성 바오로 성당 부근에 집합해 찰스 2세를 불러들여 왕좌에 앉혔다. 또한 특히 스코틀랜드에서 프리메이슨 회원은 어느 정도 템플 기사단 교단과 관계 있는 것으로 본다. 레싱은 프리메이슨에 관한 하나의 이야기를 썼는데, 거기에서 그는 그의 빛나는 재능을 유감없이 발휘했다.[38] 그는 사회가 설치해놓은 장애물에도 불구하고 이 단체는 사람들을 결속시키는 것을 목적으로 한다고 주장한다. 왜냐하면 사회체제란 제아무리 사람들을 법의 권위로 다스리고 또 어떤 면에서 그들

---

37) 종교개혁 시대에 프로테스탄트의 어느 한 분파가 유아세례를 비(非)성경적이라 하여 진정한 세례로 인정하지 않고, 세례 지원자에게 다시 세례를 준 것에서 반대파가 붙인 별명. 루터와 칼뱅으로부터 강하게 비난받았고, 로마가톨릭과 프로테스탄트 쌍방으로부터 박해받았다. 일부는 현재에도 남아 있다.

38) 《에른스트와 팔크》(*Ernst und Falk, Gesprächer für Freimaurer*)(1778~1880). 에른스트가 프리메이슨의 회원인 팔크에게 그 단체에 관해 질문한다. 팔크는 프리메이슨 내부에서 여러 종파가 대립하는 현상을 비판하면서 프리메이슨의 본연의 자세와 신조를 상세하게 설명한다. 끝으로 에른스트도 프리메이슨에 가입한다. 이 작품은 브라운슈바이크 공 페르디난트에게 바쳐졌다.

사이에 관계를 만든다고 해도, 서로 다른 계급과 통치에 의해 사람들을 떼어놓기 때문이다. 프리메이슨 단에서는 진정한 황금시대의 상징인 형제애가 선의에 넘치고 도덕적인 다른 많은 사상들에 가미되어 있다. 그렇지만 비밀결사의 본질에는 인간의 정신을 자립으로 가게 하는 점이 있는 것을 인정하지 않을 수 없을 것이다. 그러나 이 단체들은 지성의 발달에는 매우 유리하다. 왜냐하면 인간이 스스로, 자발적으로 하는 모든 것은 그의 판단력을 한층 더 힘 있고 폭넓게 해주기 때문이다.

또한 인간을 사회계급이 아닌 그 사람이 지닌 진정한 가치에 따라 판단하는 그러한 조직에 의해 민주적 평등의 원칙이 보급될 수 있다. 비밀결사는 수와 단결의 힘이 어떠한 것인가를 보여주고 있다. 한편 고립된 시민은 피차간에 말하자면 추상적인 존재이다. 그러한 점에서 그 결사들은 국가에 대한 커다란 영향력을 갖게 될 것이다. 그러나 일반적으로 프리메이슨 교단은 종교적이며, 철학적인 관심밖에 갖지 않는다고 알고 있는 것이 옳다.

프리메이슨 회원은 그 안에서 두 개의 부류로 나뉜다. 즉, 철학적 프리메이슨과 헤르메스적 혹은 이집트적 프리메이슨이다. 전자는 마음의 성소 또는 영혼이 갖고 있는 영성의 발달을 목표로 한다. 후자는 과학에, 즉 자연의 비밀에 종사하는 과학과 연관이 있다. 그중에서 장미십자회는 프리메이슨 교단의 여러 모임 중 하나이며, 그 회원들은 원래 연금술사였다.

모든 시대, 모든 나라에 비밀결사는 있었다. 그 회원들은 영혼이 갖는 영성에 대한 신앙 안에서 서로 돕는 것을 목적으로 했다. 이교도인 엘레우시스의 신비와 히브리인들의 에세네파[39] 등은 이러한 교의 위에 세워진 것이었다. 프리메이슨 회원들에게는 그 교의를 일반 대중의 장난에 맡기고 신성을 해치는 것은 생각도 못하는 일이다. 약 30년

39) 기원전 2세기부터 기원후 1세기 말까지의 유대교 일파. 팔레스타인 내외의 많은 토지에서 4천 명이 공동생활을 했고, 비교적(秘教的)인 점이 있었다.

전, 빌헴름스바트에서 브라운슈바이크 공[40]이 주재하는 프리메이슨 회원들의 모임이 있었다. 그 모임은 독일 프리메이슨 회원들의 개혁을 목적으로 한 것이었다. 신비주의의 일반적인 견해, 특히 생마르탱의 견해가 그 모임에 대단히 영향을 준 것 같다. 정치기구, 사회적 관계, 그리고 종종 가족관계에서도 삶의 외면밖에 파악하지 못한다. 그러므로 어느 시대에나 서로 인정하고 서로 이해하는 친근한 방법을 찾는 것은 당연하다. 성격에 깊이가 있는 모든 사람들은 자신이 진리를 깨달은 사람이라고 생각하고 몇몇 표징에 의해 다른 사람들과 구분하려고 한다. 비밀결사는 시대와 함께 쇠퇴해간다. 그러나 그들에게 원동력이 되는 것은 언제나 사회에 억압당하는 열광의 감정이다.

신비주의 사상가[41]들은 셋으로 나누어진다. 즉, 신비적 신비주의와 환시적 신비주의, 그리고 정치적 신비주의이다. 야콥 뵈메, 그리고 이전 세기에 파스콸리[42]와 생마르탱이 지도자로 간주되었던 신비적 신비교파는 내면의 교회, 모든 종교철학자가 집결한 성역과 다양하게 연관되어 있다. 이 신비교파의 신도들은 단지 종교와 종교상의 교의에 따라 해석된 자연밖에 관심이 없다.

환시적 신비주의자들의 우두머리로는 스웨덴 사람인 스웨덴보르그[43]를 지명하게 되는데, 그들은 정신력으로 죽은 사람을 불러 기적

40) Ferdinand von Braunschweig(1721~1792). 프로이센군에 입대하여 많은 무공을 세운 다음, 브라운슈바이크에 물러가서 종교적·철학적 자선사업에 몰두하고 그곳 프리메이슨의 본부장이 되었다.

41) Illuminati, 즉 '계몽된 사람들'(*illuminé*)은 지난 세기 비밀단체의 회원들에게 붙여진 이름으로, 그 비밀단체는 유럽에 대대적인 개혁을 불러일으킬 목적으로 스웨덴보르그(Swedenborg)의 한 제자가 만든 단체로 알려져 있다. 이 단체 출신이며 인골슈타트(Ingolstadt)의 교회법 교수였던 아담 바이스하우프트(Adam Weishaupt)는 다양한 의견, 종교, 지위에도 불구하고 모든 나라의 사람들을 하나의 유일한 끈으로 묶을 수 있는 것, 또 모든 계급을 교육시키는 것, 그리고 군주들 주변에 성실함, 정의감, 진리와 용기를 갖춘 사람들을 두는 것을 목표로 삼는 사회를 형성해야 된다고 주장했다.

42) Martinez Pasqualis(1715~1779). 포르투갈계 유대인, 프리메이슨 회원.

43) Emanuel Swedenborg(1688~1772). 스웨덴의 과학자, 신비주의 사상가.

을 일으킬 수 있다고 믿는다. 고인이 된 프로이센 왕, 프리드리히 빌헬름44) 은 이 환시적 신비주의자들의 우직함 혹은 우직을 가장한 책략 때문에 과오를 범했다. 관념론적 신비교파들은 그 환시적 신비주의자들을 경험론자라고 하여 무시한다. 그들이 말하는 이른바 기적이라는 것을 경멸하며, 영혼의 훌륭한 직관력은 그것만으로 다른 모든 기적에 앞선다고 본다.

마지막으로 모든 나라에서 권력을 장악하는 것, 지위를 확보하는 것만을 목적으로 하는 사람들이 신비교파 신도의 명칭을 차지했다. 그들의 지도자는 바이애른 사람, 바이스하우프트45) 였다. 그는 대단히 재치가 많았고, 개개인이 가진 흩어진 힘을 합쳐서 얻는 힘을 잘 알고 있었다. 비밀은 그것이 무엇이든지 간에 인간의 자존심에 아첨하는 것이다. 사람들에게 그들이 주위의 동료들과는 좀 다른 존재라고 말하면 항상 그들의 마음을 살 수 있다. 자존심이란 대중과 같아질 때 상처를 입는다. 그러므로 명백한 것이건, 안 보이는 것이건 간에 어딘가 다르다는 증거를 보이려고 사람들은 다분히 모든 상상력 중에서 가장 왕성한 허영심의 상상력을 작동시키는 것이다.

정치적 신비주의자들은 다른 신비주의자들로부터 그들의 뚜렷한 특징을 조금밖에 따지 않았다. 그러나 그들은 견해로서가 아니고 이해관계에 의해서 동료간의 결속을 꾀한다. 사실 그들은 새로운 원리에 따라 사회질서를 개혁하는 것을 목적으로 하고 있었던 것이 사실이다. 그렇지만 그러한 큰 과업을 완수하기 전에 그들이 우선 원한 것은 바로 공직을 차지하는 것이었다. 이러한 종파는 널리 모든 나라에 많은 신봉자가 있어서, 그들은 스스로 종파의 신비를 배우기 시작한다. 그러나 독일에서 그 종파는 정치적 결합을 토대로 설립된 아마 유일한 것일 것이다. 다른 종파들은 모두 어떤 종류의 열광에서 나온 것이며,

---

44) Friedrich-Wilhelm Ⅱ(1744~1797). 프리드리히 2세 대왕의 조카. 1786년에 대왕으로부터 왕위를 이어받았으나 통치능력은 부족했다.

45) Adam Weishaupt(1748~1830). 독일의 신비사상가.

진리탐구만을 목적으로 했다.

자연의 비밀을 파고들어가기 위해 애쓴 사람들 중에 연금술사와 심령술사 등을 포함시켜야 한다. 이른바 이러한 발견물 안에는 많은 광기가 포함되어 있다. 그러나 거기에서 어떤 무서운 것을 발견한단 말인가? 만약 자연현상 안에서 이른바 기적이라는 것을 인정하게 되면, 그것은 두말없이 기쁜 일일 것이다. 자연이 같은 나사로 끊임없이 움직이는 한 대의 기계와 같이 보이는 때가 있다. 그럴 때 그 냉엄한 규칙성이 공포를 불러일으킨다. 그러나 사고와도 같은 자주적인 그 무엇이 자연 속에서 언뜻 보인다고 생각될 때, 막연한 희망이 우리의 영혼을 매료하고 필연성의 고정된 시선으로부터 우리를 숨겨준다.

이러한 과학적이며 철학적인 모든 시도와 사고체계의 바닥에는 항상 영혼의 영성으로 가는 매우 뚜렷한 경향이 있다. 자연의 신비를 해명하기 원하는 사람들은 물질주의와는 매우 대조적이다. 왜냐하면 그들이 물질세계의 수수께끼의 해답을 찾는 것은 항상 사고 안에서이기 때문이다. 아마도 정신의 이러한 움직임은 커다란 잘못으로 빠지게 할지도 모른다. 그러나 생명이 있는 것은 모두 이와 같다. 생명이 있으면 위험도 있다.

신체의 움직임이 규율에 의해 조절되듯이 만일 정신의 움직임을 조절하는 방식에 사람이 예속된다면, 개개인의 노력은 결국 금지될 것이다. 따라서 문제는 능력을 억압하지 않고 인도하는 데에 있고, 인간은 자신의 상상력이 날개를 펼치고 올라가 공중에서 마음껏 날 수 있는 미지의 능력을 얻고 싶을 것이다.

자연의 관조에 대하여

신(新) 철학이 과학에 미치는 영향에 대해 말하면서, 자연탐구에 관해 독일에서 채택된 몇몇 새로운 원리에 대해서는 이미 언급한 바 있다. 그러나 우주의 관찰 안에는 종교와 열광이 많은 부분을 차지하므로, 이 점에 관하여 독일의 저작물에서 찾아볼 수 있는 정치적[46] · 종교적 견해를 대략 살펴보도록 하겠다.

몇몇 물리학자들은 신에 대한 겸허한 마음에 이끌려 목적인(目的因)의 구명으로 만족해야 한다고 믿었다. 그들은 이 세상의 모든 것이 개개인과 종족의 유지와 물질적 행복을 지향한다는 것을 증명하려고 했다. 이 사고방식에 대해서는 매우 심한 반론을 제창할 수 있다고 본다. 아마도 물질계에서 수단이 목적에 꼭 맞는다고 보는 것은 어렵지 않을 것이다. 그러나 원인이 원인이 아닌 결과가 되고, 결과가 결과가 아닌 원인이 되는 우주적 연쇄 안에서는 모든 것을 인류의 존속에 관련시키려고 해도 그것이 대부분의 존재와 공통된 것이라고는 보기 어려울 것이다. 더구나 창조의 궁극의 목적을 인류의 존속으로 하는 것은 물질적 존재에 너무 가치를 부여하는 것이다.

개개인의 막대한 불행에도 불구하고 자연에 어떤 종류의 선의를 부여하는 사람들은 자연을 대규모의 손해를 입지 않는 투기가로 간주할 것이다. 이러한 사고방식은 정치 분야에서도 들어맞지 않는다. 경제학에서도 치밀한 저술가들은 그 사고방식에 반대했다. 그럼 신의 의도가 문제되었을 때, 그것은 도대체 어떻게 되는 것일까? 종교적으로 보면 한 인간은 인류 전체와 같은 비중을 갖는다. 그리고 불멸의 영혼이라는 개념을 마음에 품은 이상, 모든 인간에 비해 어느 특정한 개인의 중요성을 과대평가도, 과소평가도 할 수 없다. 지적 존재에는 각자 무

46) 마담 드 스탈은 여기에서 시적(*poétique*)이라는 말을 정치적(*politique*)이라고 잘못 쓴 것 같다.

한한 가치가 있다. 왜냐하면 영원히 지속될 것이기 때문이다. 따라서 독일의 철학자들은 한층 고상한 관점에서 우주의 일을 생각한다.

모든 현상에서 두 개의 원리, 선과 악의 원리가 끊임없이 싸우고 있는 것이 보인다고 믿는 사람들이 있다. 그리고 싸움의 승리를 악마의 힘에 돌리든, 더 단순하게 물질의 세계는 인간의 선량한 성향과 악한 성향의 반영이라고 보든 간에, 이 세계는 항상 전혀 상반된 두 면을 관찰자에게 보여주는 것이 사실이다.

인간의 마음속과 같이 자연계에도 무서운 측면이 있는 것을 부정할 수 없다. 자연계에는 무서운 화의 기운이 느껴진다. 낙관주의 신봉자들이 아무리 자연을 선의로 해석하더라도, 악을 부정하지 않고 그 악과 인간의 자유와의 관계, 그리고 그 자유로 인해 인간이 습득할 수 있는 불멸과의 관계를 이해할 수 있는 사람들에게서는 훨씬 많은 깊이가 보인다.

내가 앞 절에서 언급한 신비주의 저술가들은 인간에서 우주의 축도를, 우주에서 교리의 표상을 본다. 그들에게 자연은 신의 육화된 모습으로 보이고, 그들은 생물과 무생물이 갖는 깊은 의미 속으로 더욱 깊이 파고들어간다.

종교적 관점에서 자연의 관조에 참여한 독일 작가들 중 특히 주목할 만한 작가가 두 사람 있다. 시인 노발리스[47]와 자연철학자 슈베르트이다. 명문 출신인 노발리스는 독일에서 신(新)학파가 발전시킨 모든 장르의 학문에 젊은 시절부터 통달했다. 그러나 경건한 영혼으로 인해 그의 시는 매우 간결한 성격을 띠었다. 그는 26세로 생을 마감했다. 따라서 그가 쓴 성가가 독일에서 감동적인 명성을 얻었을 때 그는 이미 유명을 달리했다. 그 청년의 부친은 모라비아 교도이다. 아들이 죽은 후 얼마 지나서 부친은 같은 파의 교단을 찾아가 교회에서 아들의 시가 노래되고 있는 것을 들었다. 모라비아 교도들은 작가가 누구인지

---

47) Friedrich von Hardenberg, 통칭 Novalis(1772~1801). 독일의 문학자.

모르고 그 시를 골라 감화되고 있었던 것이다.

노발리스의 작품 중에서《밤의 찬가》[48]가 특히 호평을 받고 있는데, 거기에서는 밤이 영혼 안에 태어나게 하는 사색의 힘이 매우 강조되어 있다. 태양의 찬란한 빛은 이교의 명랑한 교리에는 적합할지 모르나, 별이 반짝이는 밤하늘은 더없이 순수한 예배의 참된 교회같이 보인다. 어느 독일 시인에 의하면, 불멸이 인간에게 계시된 것은 밤의 어둠 속에서였고 태양 빛은 보인다고 믿는 눈을 부시게 한다. 탄광의 광부생활을 노래한 노발리스의 서정시 안에 강한 인상에 넘친 시가 하나 있다. 그는 땅속에서 만나는 대지에게 말을 건다. 왜냐하면 대지는 자연이 겪은 여러 변혁의 증인이기 때문이다. 그리고 지구의 중심으로 항상 돌진해가려는 강한 소원을 나타낸다. 그 끝없는 호기심과 그것을 만족시키는 데 노출되어야만 하는 너무 힘없는 목숨과의 대조는 숭고한 감동을 불러일으킨다. 인간은 하늘의 무한과 심연의 무한 사이의 이 지상에 놓여 있고, 목숨 역시 시간적으로 두 개의 영원 사이에 놓여 있다. 도처에서 끝없는 사상과 물질에 둘러싸여 있는 인간에게, 서로 섞여 눈부시게 하는 수많은 빛들처럼 셀 수 없을 정도로 많은 생각이 나타난다.

노발리스는 자연 전반에 관해 많은 것을 썼다. 그 자신 사이스의 제자라고 칭하는데 맞는 말이다.[49] 왜냐하면 이시스[50]의 신전이 건립된

---

48) 노발리스의《밤의 찬가》(*Hymnen an die Nacht*) (1800)는 그의 정부의 죽음 바로 직후에 쓰였다는 사실은 기억해둘 필요가 있다. 그 시기는 깊은 슬픔 혹은 차라리 슬픔으로부터의 성스러운 해방의 시기라 할 만하다. 노발리스는 이들 작품들을 자신의 작품 중에서 가장 완결된 것들로 간주했다. 이들 시들은 이상야릇하고 베일에 싸인 듯한 수수께끼 같은 성격을 띠고 있음에도 불구하고 진정한 시적 가치 역시 가지고 있다.

49) 노발리스는《사이스의 제자들》(*Die Lehrlinge zu Sais*) (1802), *Novalis Schriften*. Herausgegeben von Friedrich Schlegel und Ludwig Tieck (1802), 제1부 "제자"에서 사이스(Sais)에 있는 신전에서 신으로부터 절대적인 지혜를 받는 지식욕에 불타는 젊은이를 묘사하는데, 그것은 1797년 이래 프라이부르크에서 베르나로부터 자연철학을 배운 자기 자신의 모습이라고 쓰

것은 그 부락이며, 이집트 사람들의 신비 중에서 현대까지 남아 있는 전설은 그들의 사제들이 우주의 섭리에 관한 깊은 지식을 지니고 있었다는 점을 믿게 하기 때문이다.

노발리스는 말한다.

> 인간은 동포들과의 사이에 유지하고 있는 것과 비슷하게 다양하고 불가사의한 관계를 자연과 맺고 있다.[51)]
>
> 그리고 자연은 어린아이들에게도 쉽게 이해되는 것이며, 아이들의 소박한 마음과 같이 있는 것을 대단히 즐긴다. 또 고귀한 정신을 가진 사람들에게는 숭고한 것으로, 신적 존재에게는 신성한 것으로 된다. 자연에 대한 사랑에는 여러 형태가 있다. 자연이 어느 사람의 마음에는 환희와 관능만 자극한다고 하지만, 다른 사람에게는 더없이 경건한 종교심, 일생 동안 하나의 방향과 도움을 주는 종교심을 갖게 한다. 이미 고대 사람들 가운데에서도 우주를 신의 모습이라고 생각하는 진지한 사람들이 있었고, 또 한편 자기는 오직 신이 차린 향연의 손님에 불과하다고 생각하는 사람들도 있었다. 이렇듯 인생이라고 하는 잔치에 초대된 손님에게 공기는 청량음료일 뿐이고, 별은 밤 동안에 춤을 추게 하는 횃불일 뿐이며, 식물과 동물은 호화스러운 식사의 근사한 재료일 뿐이었다. 그들 눈에는 자연은 장엄하고 정숙한 신전으로 보이지 않고, 쉬지 않고 들락거리는 잔치가 벌어지

여 있다. 사이스에 신전이 많이 있었던 것 같으나 출토된 것은 많지 않다. 사이스에 있는 이시스 신전에 관해서는 플루타르크전에 전해지고 있는데, 프리드리히 시라도 노발리스 전기의 장면과 같은 정경을 바라드에 묘사하고 있다.

50) 이시스(Isis)는 이집트의 오시리스(Osiris) 왕의 왕비. 여덟 조각으로 찢겨 나일강에 던져진 남편의 사체를 모아서 묻고, 아들 호로스(Horus)와 함께 남편의 원수를 갚았다는 신화로부터 사자(死者)의 수호여신, 사자를 부활시키는 주력의 소유, 모신(母神), 충실한 아내의 전형으로 가장 친근한 여신이 된다. 그리스·로마 시대에는 알렉산드리아 항구의 수호여신에서 항해의 여신이 되고, 여신을 우주신으로 하는 신비주의적 신앙이 로마제국 전역에 퍼졌다. 그 성지는 이집트 외에도 서유럽 각지에서 발견되고 있다.

51) 《사이스의 제자들》 제2부 자연 T, 2: *Die Natur*, p. 177~180의 내용을 대략적으로 인용한 것이다.

는 화려한 극장으로 보였다.

그러나 그 시기에도 더욱 깊이 생각하는 사람들은 그 흔적을 이미 찾아볼 수 없는 이상적인 세계를 끊임없이 재구성하고 있었다. 그들은 가장 신성한 일을 동료들끼리 나누어서 했다. 어느 사람은 음악으로 숲과 공기의 소리를 재생하려 했고, 또 다른 사람들은 자신들보다 고귀한 종족에 대한 이미지와 예감을 돌과 청동에 조각하고 바위를 건물로 만들며, 땅속에 감추어둔 보물을 발굴하려고 했다. 인간에 의해 문명화된 자연은 인간들의 소원에 부합되는 듯이 보인다. 예술가의 상상력은 대담하게 자연에 말문을 열었고, 황금시대가 사고의 힘을 빌려서 다시 소생된 것같이 보였다.

자연을 알려면 자연과 한 몸이 되어야 한다. 시적이고 내성적인 인생, 성스럽고 종교적인 영혼, 인간 존재의 모든 힘과 모든 매혹이 자연을 이해하기 위해 필요하며, 참된 관찰자란 자연과 인간과의 유사성, 인간과 하늘과의 유사성을 발견할 수 있는 사람이다.

슈베르트는 자연에 관한 한 권의 책을 썼다. 그 책은 명상을 채찍질하는 사상으로 넘쳐 있어, 아무리 읽어도 싫증나지 않는다. 그 책은 새로운 사실을 열거하며, 그들 사이의 연관을 새로운 관점에서 파악하고 있다. 그의 저작 중에서 기억에 남는 중요한 견해가 두 개 있다. 인도 사람은 하강의 윤회를 믿는다. 말하자면 그들은 생명을 악용한 대가로 인간을 벌하기 위해, 인간의 영혼을 여지없이 동물이나 식물 속으로 옮긴다. 이보다 더 슬픈 생각을 상상할 수 없다. 인도 사람들의 작품에서는 고뇌에 넘친 흔적이 보인다. 도처에서 그들은 동물이나 식물 안에 감금된 생각과 억압된 감정이 그들을 묶고 있던 말 없는 기이한 형태로부터 빠져나오기 위해 헛되이 몸부림치는 것을 보고 있다고 믿는다. 슈베르트의 사고는 그보다는 위안을 준다. 그는 자연을 상승의 윤회로 보고 있으며, 돌멩이로부터 인간 존재에 이르기까지 끊임없는 상승이 있고, 그것이 생명의 원리를 차차 진화시키고 더없이 완벽한 것까지 간다고 상상하고 있다.

슈베르트는 또한 눈앞에 일어나는 현상에 대해 인간이 매우 생생하고 또 매우 예민한 감정을 갖고 있던 시대가 있었으며, 인간은 그의 독자적 인상에 의해 자연의 가장 깊이 숨겨진 비밀을 찾아냈다고 믿었다. 이러한 최초의 여러 능력은 약해졌다. 그리고 흔히 볼 수 있는 신경의 병적 불안이 인간의 추론능력을 감소시키면서 인간에게 본능을 돌려주었는데, 본능이야말로 옛날에 인간이 지녔던 바로 그 충만한 힘의 원인이 되는 것이었다. 독일의 철학자, 학자, 시인들이 하는 일은 지성을 조금도 둔화시키지 않고 비생산적 추론의 힘을 감소시키는 것을 목적으로 하고 있다. 그렇게 함으로써 고대세계의 상상력은 모든 착오의 잿더미 속에서 불사조처럼 부활할 수 있다.

대부분의 자연철학자들은 이미 언급한 바와 같이, 자연은 모두가 현명한 섭리에 의해 움직이는 좋은 통치기구라고 설명하려고 했다. 그러나 그 평범한 가설을 창조에 적용하려고 해도 소용없다. 두려운 것, 또 아름다운 것조차 그 제한된 이론으로는 설명되지 않을 것이다. 또 자연은 극도로 잔인하기도 하며 훌륭하기도 하므로, 현세의 모든 일을 판단하는 기준으로 삼을 수 없다.

그 자체로 흉측스럽게 생긴 것들이 있는데, 그것이 우리에게 주는 인상은 뭐라고 설명할 길이 없다. 예를 들어 어떤 동물의 모습, 어떤 식물의 형태, 어떤 색들의 배합이 왜 그렇게 혐오감이 생기게 하는지 모르지만, 우리의 신경을 거스른다. 아무리 유추해보아도 이러한 관념 연합을 설명할 수 있는 것은 없지만, 이들 추악한 외관과 혐오감을 주는 모습은 저속함과 불성실을 일으킬 수 있다. 인간의 용모는 몇몇 작가가 주장하듯이, 다소의 선으로 강조된 데생(*dessin*)으로만 결정되는 것은 아니다. 눈빛과 얼굴의 움직임에는 무언가 무시할 수 없는 영혼의 표정이 있고, 정신과 육체의 조화 속에 있는 기이하고 알 수 없는 것을 발견하는 것은 특히 인간의 용모에서이다.

사고와 불행은 육체의 차원에서는 너무도 빠르고 너무도 무자비하며 너무도 예상치 않은 면이 있으므로, 알 수 없는 일처럼 보인다. 질병과 그 발작은 순식간에 평화로운 생활을 빼앗는 악마와도 같다. 마음에 애착이 생기면, 그토록 달콤한 것으로 마음속에 상기하려고 했던 자연이 잔인하게 느껴진다. 얼마나 많은 위험이 사랑하는 사람을 겁주는가! 죽음은 우리 주변에서 얼마나 많은 변신으로 몸을 감추는가! 천둥이 숨어 있지 않은 맑은 날이 있을 수 없고, 독을 갖지 않은 꽃은 하나도 없으며, 불길한 전염병을 옮기지 않는 공기란 없다. 그리고 자연은 인간이 그 은혜에 도취하는 순간에 그 가슴을 찌르려고 마음먹고 있는 질투가 심한 애인과도 같다.

만일 우리가 극히 의례적인 맥락으로 일을 판단하는 데 그친다면, 그 모든 현상이 일어나는 의도를 어떻게 이해해야 할까? 동물이라는 신비한 존재가 우리에게 유발하는 놀라움 안에 빠지지 않고 어떻게 동물에 관해 고찰할 수 있을까? 어떤 시인은 “동물은 자연을 꿈꾸게 하고, 인간은 자연을 깨운다”고 했다. 무슨 의도로 동물은 창조되었을까? 배후에 무슨 생각이 오가는 듯한, 어두운 구름으로 덮인 것 같은 동물의 눈빛은 도대체 무엇을 나타내는 것일까? 우리와는 어떤 공통점이 있는 것일까? 그들이 받은 삶의 지분은 무엇일까? 한갓 새도 재능 있는 인간보다 오래 산다. 사랑하는 사람을 잃어버렸을 때, 또 생명의 입김이 다시 한 번 벌레에게 생명을 주어 가장 고귀한 사람이 사라져 버린 지상에서 꿈틀거리는 것을 목격할 때에는 무언가 이상한 절망이 마음을 사로잡는다.

자연의 관조는 사고를 압도한다. 우리는 자연이 우리에게 베풀 수 있는 축복과 재앙에 상관없이 자연과의 관계를 마음에 느낄 수 있다. 눈에 보이는 자연의 영혼은 우리의 영혼을 그 가슴에 받아들이고 우리와 대화한다. 소름끼치는 밤이 다가왔을 때, 정작 우리가 두려워하는 이유는 우리가 노출되어 있는 위험 때문이 아니고, 우리의 몸과 마음에 침투된 모든 종류의 상실과 고뇌가 밤과 함께 다가오기 때문이다. 반대로 태양은 신의 발현과 같은 것, 이루어진 기도의 빛나는 전달자와도 같다. 그 빛은 인간의 생업을 돕는 것뿐 아니라, 자연에게 사랑을 보이기 위해 지상으로 내려온다.

꽃은 빛을 모으기 위해 빛 쪽으로 몸을 돌린다. 밤에 꽃은 몸을 닫고, 아침저녁으로 향기를 뿜으며 찬미의 노래를 부르는 것 같다. 어둠 속에서 꽃을 높이 들면 창백한 꽃들은 원래의 색이 사라지고 없어지지만, 대낮에 두면 태양 빛이 꽃을 마치 무지개 안에서처럼 여러 빛으로 물들인다. 마치 태양은 자신이 아름답게 장식해준 꽃 안에서 자신의 모습을 자랑스럽게 비추어보는 듯하다. 특정한 시간, 특정한 계절 동안에 식물의 수면은 지구의 움직임과 일치한다. 지구는 돌면서 각지에서 지상의 식물, 동물, 인간 중 반을 잠으로 끌어들인다. 세계라고 하는 이 커다란 배의 승객들은 그들이 타고 있는 큰 배가 긋는 원 안에서 편안하게 흔들린다.

안 보이는 끈으로 이어져 있는 평화와 갈등, 조화와 부조화는 자연 최초의 법칙이다. 그리고 자연이 무서운 모습을 보이든 매력적이든 간에, 자연의 특색인 숭고한 통일은 언제나 볼 수 있다. 불꽃은 마치 급류와 같이 파도치면서 돌진한다. 하늘을 떠도는 구름은 때에 따라 산과 계곡의 모습이 되고, 손쉽게 지구의 모습을 흉내내는 것 같다. 〈창세기〉에 "하느님께서는 이렇게 궁창을 만들어 궁창 아래에 있는 물과 궁창 위에 있는 물을 가르시자, 그대로 되었다"[52] 라고 쓰여 있다. 정말 하늘과 바다는 고귀한 짝이다. 그래서 하늘의 푸름은 파도 속에 보이고, 구름 속에는 파도가 그려지는 것이다. 때때로 뇌우가 대기 안에 준비될 때, 바다는 멀리서 물결치고 마치 폭풍우로부터 받은 알 수 없는 신호에 답하고 있는 것 같다.

훔볼트 씨는 남아메리카에 관한 과학적이고 시적인 저작 안에서, 자신은 이집트에서 이른바 신기루라고 하는 현상을 직접 목격했다고 증언했다. 매우 건조한 사막 가운데에서 갑자기 대기의 반사로 인해 호수와 바다가 나타나, 갈증에 시달린 동물들이 갈증을 풀려고 허상을

52) 〈창세기〉 1장 6~8절 참조.

향해 뛰어간다. 유리 위에서 서리가 그리는 여러 모습도 이러한 기막힌 유사성의 새로운 예이다. 차가운 공기로 얼어붙은 수증기는 북쪽 지방에서 볼 수 있는 풍경과 유사한 풍경을 그린다. 솔밭과 뾰족한 산들이 그 흰색 아래에서 다시 모습을 나타낸다. 얼어붙은 자연은 생생한 자연이 만들어냈던 것을 즐겨 흉내낸다.

자연은 자신의 규칙을 반복할 뿐 아니라 인간이 만들어낸 것을 흉내내고, 그럼으로써 인간에게 그들과의 교감에 대한 독특한 증언을 하려고 하는 것 같다. 일본 근처에 있는 섬 사람들의 눈에는 구름이 균형 잡힌 건물의 모습을 하고 있다고 들었다. 미술 역시 자연에 의해 그 양식이 결정된다. 그 다양한 화법은 그 자체의 이치보다 훨씬 자연에 의해 좌우된다. 식물계와 광물계에서 형태의 대칭성은 건축가에게 모델을 제공했다. 물에 비치는 물체와 색채는 회화에 환상적인 개념을 부여했다. 바람은 떨고 있는 나뭇잎들 아래로 속삭임을 연장하여 우리에게 음악을 들려준다. 더구나 대기가 이곳보다 훨씬 맑은 아시아의 해변에서는 저녁이 되면 가끔씩 슬프고도 감미로운 곡조가 들려온다고 하는데, 그것은 마치 자연이 갈망하고, 사랑하고, 인내하고 있음을 인간에게 알려주기 위해 인간에게 들려주는 곡조같이 느껴진다.

아름다운 시골풍경을 보면, 자연은 우리의 마음속에 고결하고 숭고한 감정을 불러일으키는 것만을 목적으로 한다고 생각되는 일이 자주 있다. 하늘과 자존심 사이에, 그리고 산 위에 머무는 달빛과 평정한 의식 사이에 어떤 관계가 있는지 나는 모르지만, 그러한 것들은 우리에게 아름다운 이야기를 해준다. 그리고 그것들이 일으키는 떨림에 몸을 맡길 수 있다면, 영혼은 그 때문에 기분이 좋아질 것이다. 저녁이 되어 멀리 보이는 풍경 속에서 하늘과 땅이 서로 닿으려고 할 때, 상상력은 지평선을 넘어 희망의 안주지, 사랑의 조국을, 그리고 자연은 인간이 불멸의 존재라고 조용히 되풀이하여 말해주는 듯하다.

물질계를 무대로 하는 죽음과 출생의 끊임없는 연속은, 만일 만물의 부활의 흔적을 그곳에서 본다고 믿지 못한다면, 더할 나위 없는 비통한 느낌을 줄 것이다. 그리고 자연을 이러한 방법으로 고찰하는 것이야말로 자연관조의 참된 종교적 관점이다. 만약 모든 경우에서 이젠 별도리가 없다는 극단적 생각에 멈춘다면, 결국은 연민의 괴로움으로 죽을 것이다. 어떤 동물도 죽고 나면 애석하고, 어떤 나무도 쓰러지면 그 아름다웠던 모습을 이제 다시는 볼 수 없다는 생각에 우리의 마음이 슬퍼진다. 어쨌든 생명이 없는 것이라도 망가져서 버려야 할 때에는 마음이 아프다. 왜냐하면 우리가 사랑했던 사람이 사용하던 집이나 가구는 우리에게 그리움을 느끼게 하고, 그 물건이 떠올리는 추억과는 관계없이 그 자체로 일종의 친밀감을 우리 마음속에 불러일으키는 수가 있기 때문이다. 사람들은 늘 가까이 하던 물건의 모습을 그리워한다. 마치 그 물건의 형태가 우리의 산 증인이 되어주고, 우리의 죽음을 지켜봐줄 것같이. 만일 시간에 해독제와 같은 영원이 부여되지 않았다면 사람들은 매순간을 붙잡기 위해, 각각의 소리를 고정시키기 위해, 모든 시선의 광채를 연장시키기 위해 필사적으로 노력할 것이다. 그리고 기쁨은 눈 깜짝할 사이에 사라질 것이다. 마치 우리가 그것이 지나가는 것을 보고 눈물을 흘리는 데 필요한 순간만 존재하듯이. 그 눈물의 흔적 역시 나날의 깊은 골짜기가 삼켜버릴 것이 틀림없다.

나는 사려 깊고 심오한 상상력을 지닌 어떤 남자[53]가 쓴 작품을 읽어볼 기회가 있었는데, 그 안에 들어 있는 새로운 사색에 강한 인상을 받았다. 그는 자연의 붕괴, 예술의 붕괴와 인류의 붕괴를 종합적으로 비교한다. "첫 번째는 철학의 붕괴이고, 두 번째는 시의 붕괴이며, 마지막은 불가사의의 붕괴이다" 라고 그는 말한다. 세월이 자연에 미치는, 또 천재의 작품과 생명이 있는 피조물에 미치는 다양한 작용은 실제로 매우 주목할 만한 가치가 있다. 시간이 짓밟는 것은 인간뿐이다. 돌산이 무너져도, 산이 계곡에 파묻혀도, 지구는 오로지 표면만 변한다. 새로운 외관은 우리 정신에 새로운 사고를 일으키고, 활력은 변신

53) 1808년 코페의 단골이 된 러시아의 귀족 발크 남작(Baron de Balk).

을 감내할지언정 쇠퇴를 감내하지는 않는다. 미술품의 잔해는 상상력에 말을 건네고, 상상력은 시간이 없앤 것을 복원한다. 그리고 걸작은 그것이 최고로 인정받을 때조차도 절대로 그 걸작의 잔해만큼 영광을 누릴 수는 없을 것이다. 사람들은 반쯤 무너진 기념물에 자기가 항상 그리워하던 모든 아름다움을 더하여 원래의 모습을 상상한다. 그렇다고 해서 노인의 황폐한 얼굴까지 그런 것은 결코 아니다!

이미 죽음의 손에 잡혀 있는 얼굴도 예전에는 예뻤다는 사실은 거의 믿기 어렵다. 얼굴의 몇몇 특징은 영혼의 위력으로 파괴를 면하지만, 쇠퇴해가는 인간의 모습은 거의 동정의 여지가 없는 속악한 표정을 짓는 경우가 많다. 동물은 나이가 들며 그 힘과 거동을 잃는 것이 사실이지만, 생명의 색인 선홍색이 그들의 경우 창백한 색으로 변하지 않으며, 빛을 잃은 그들의 눈은 생기를 잃은 얼굴을 창백한 빛으로 비추는, 장례식에 쓰이는 램프와 비슷하지 않다.

꽃다운 나이에 생명이 사람의 몸에서 떠날 때조차, 가장 아름다운 피조물의 생명이 꺼진 육체에는 자연의 격변이 가져오는 찬탄의 마음도, 기념 건축물의 파편이 불러일으키는 호기심도 일어나지 않는다. 그 매력적인 모습을 사랑하던 마음은 시체를 차마 쳐다보지 못한다. 그 사람의 친구들조차 지상에 남겨진 그의 시체를 보고 기겁한다.

아! 인류에게 주어지는 이러한 악착같은 파괴의 참상이 주는 교훈은 무엇일까! 그것은 생명이 다른 곳에 있다는 것을 사람에게 알리기 위한 것은 아닐까? 만약 신이 인간을 일으켜 세우는 게 아니라면, 자연이 인간을 이토록 굴복시킬 수 있는가?

자연의 참다운 최후의 목적, 그것은 자연을 우리의 영혼과 우리의 불멸의 운명과 연결시키는 것이다. 자연계의 사물은 그 자체로 현세에서 인간의 짧은 존재에 한정되지 않는 운명을 지닌다. 그들이 존재하는 것은 우리의 사고를 발전시키고 우리의 정신생활을 돕기 위해서이다. 자연현상은 아무리 물질의 법칙이 잘 배합되어 있다고 해도, 그것만으로 이해되어서는 안 된다. 자연현상에는 철학적 의미와 종교적 목적이 있다. 더없는 주의력을 집중시킨 관찰도 결코 그 전체의 넓이를 인식할 수 없을 것이다.

열광에 대하여

많은 사람들이 열광에 대해 선입견을 갖고 있다. 그들은 '열광'을 '광신'과 혼동하는데, 이것은 큰 잘못이다. 광신이란 어떤 한 개의 사고방식이 목적인 배타적 정열이다. 열광은 우주적 조화에 이바지한다. 그것은 아름다움에 대한 사랑, 영혼의 고양, 헌신의 즐거움, 이 모든 것이 하나로 된 위대하고도 청정한 감정인 것이다. 그리스인들은 그 말의 뜻에 가장 고귀한 정의를 내린다. 즉, 그들은 열광이란 신이 우리 안에 있는 것이라고 말한다. 아닌 게 아니라 인간이 마음을 열고 살게 되면, 그 삶은 무언가 신성한 것이 되게 마련이다.

우리로 하여금 안락함과 사생활을 희생할 수 있도록 힘을 주는 것은 대개 이 열광일 수밖에 없다. 왜냐하면 이기적 이성이 틀림없이 걷게 되는 길이란, 자신을 모든 노력의 목적으로 삼는 것, 이 세상에서 소중한 것은 오직 건강과 돈, 권력뿐이라고 믿는 것이기 때문이다. 냉정하기 짝이 없는 성격을 가진 사람도 양심만 있으면 너끈히 덕의 길을 걸어갈 수 있을 것이다. 그러나 열광과 양심의 관계는 명예와 의무의 관계와 같다. 해야 할 일을 하고 나면 우리의 영혼에 여유가 생기고 아름다운 것에 영혼을 바치는 일이 즐거워진다. 재능과 상상력도 이 세상에서 누릴 수 있는 행복에 조금이나마 도움을 줄 수 있게 해달라고 원하는 것이다. 그리고 아무리 의무의 법률이 숭고하다고 해도, 그것만 가지고서는 심정과 사상의 오묘한 경지를 모두 누릴 수는 없는 것이다.

사리사욕이 도처에서 사람들을 괴롭히고 있음을 아무도 부정할 수 없을 것이다. 세속적인 것 중에서도 어느 정도의 기쁨은 있고, 그것을 받아들이는 사람들도 많다. 그리고 표면적으로는 매우 뛰어난 처사로 보이지만, 비속한 성향의 냄새가 나는 일도 흔히 볼 수 있는 일이다. 우수한 재능을 갖고 있는 사람들에게 이런 타락한 성향이 없다고 볼 수 없다. 이것은 사람들의 생활방식을 암암리에 지배하고 그들로 하여금 자신들의 행복의 목표는 현 상태보다 낮아도 좋다고 생각하게 만든다. 열광만이 개인주의로 흐르는 경향에 제동을 걸 수 있으며, 이 성스러운 징조야말로 인간으로 하여금 불멸의 존재라는 사실을 인식하게 한다. 성스러운 경의를 받을 만한 주제에 관해 당신이 어떤 사람과 대화할 때, 당신은 우선 상대가 고귀한 전율을 느끼는가, 상대의 가슴이 숭고한 감정으로 뛰는가, 내세와 결합되어 있는가, 또는 그가 오직 처세술에만 능한가 아닌가를 알 수 있을 것이다. 인간에게서 자신의 이득을 목표로 하는 조심성만을 볼 수 있다면, 인간이란 도대체 무엇일까? 그보다는 동물의 본능이 더 낫다. 왜냐하면 동물의 본능은 때로 관대하고 자랑스럽기 때문이다. 그러나 이성의 속성으로 보이는 계산은 덕 중에 으뜸가는 헌신을 불가능하게 만든다.

고양된 감정을 우습게 여기던 사람들 중에서도 그런 감정을 자기도 모르는 사이에 받아들이고 있는 사람들이 더러 있다. 전쟁은, 비록 사적 견해에서 촉발된 것이라 할지라도, 언제나 어느 정도의 열광의 기쁨을 주게 마련이다. 우리의 본성 전체가 우리의 생명을 아끼도록 명령할 때에도 전쟁의 도취와 죽음에 몸을 던지는 색다른 기쁨을 느끼게 되는 것은 열광 때문이다. 군악대의 연주와 말이 우는 소리, 화약의 폭발, 같은 옷을 입고 같은 깃발 아래 모여 같은 욕망에 떨고 있는 군인들의 대집단, 이들은 모두 자기보존 본능을 초월한 감동을 경험하게 된다. 그리고 이 기쁨은 너무도 강해서 피로나 괴로움이 마음속에 느끼는 기쁨을 빼앗아갈 수는 없다. 이러한 삶을 경험한 사람은 누구나 그런 삶밖에 사랑하지 않게 된다. 목표가 달성되어도 절대 만족하지 않는다. 필요한 것은 스스로 위험에 몸을 던지는 일이며, 그것은 열광을 피 속에 집어넣는 일이다. 마음속 깊은 곳에서 일어나는 열광이 보다 순수하긴 하겠지만, 거의 육체적 충동이 되었을 때조차도 그것은 여전히 고귀한 성향을 지닌다.

가짜 열광에 퍼부어지는 비난이 진지한 열광에 쏟아지는 경우도 종종 있다. 어느 감정이 아름다우면 아름다울수록 그런 감정의 그릇된 모방은 보기 흉한 것이다. 인간에게서 감탄을 빼앗는 일이야말로 대죄 중의 대죄이다. 왜냐하면 그것을 느낀다는 이유로 사람들을 부끄럽게 하면서 그들 내면에 있는 선한 감동의 원천을 고갈시켜버리기 때문이다. 그 외에 영혼의 성역 자체에서 나온 것같이 보이는 거짓소리처럼 견디기 어려운 것도 없다. 허영은 외적인 것을 모두 사로잡을 수 있다. 허영으로부터는 오만과 추함이라는 다른 형태의 악벽에 나오지 않을 것이다. 그러나 허영이 가장 깊은 곳의 감정을 흉내내기 시작하면, 사람들이 그곳으로 피할 수 있다고 생각했던 마지막 피난처를 빼앗기는 셈이다. 그렇지만 열광의 진실 여부는 쉽게 알 수 있다. 그것은 하도 순수한 멜로디라서, 아무리 적은 잡음이라도 그 매력을 고스란히 파괴하고 만다. 한 마디의 말, 한 개의 악센트, 한 번의 눈빛이 하나의 삶 전체에 맞먹는 응축된 감동을 나타낸다. 세상에서 엄격하다는 말을 듣는 사람들은 대개 자신 안에 무언가 강렬한 것을 가지고 있다. 타인을 복종시키는 힘은 아마도 냉정한 계산뿐일 것이다. 자기를 이기는 힘은 언제나 관대한 감정에 의해 영감을 얻는다.

열광은 과격한 것이 아닐까 하는 염려와는 달리, 열광은 일반적으로 대개 행동하는 힘을 약하게 하는 명상적 경향을 띠고 있다. 독일인은 그 좋은 예가 된다. 어느 국민도 독일인 이상으로 느끼고 생각할 수 없다. 그러나 태도를 결정할 때가 오면, 견해의 폭 자체가 용기 있는 결정을 내리는 것을 방해한다. 용기와 열광은 여러 가지 면에서 다르다. 사람들은 열광에 의해 목적을 선택해야 하지만, 용기에 의해 그것을 관철해야 한다. 열광 없는 사상은 아무 소용이 없고, 용기 없는 행동도 아무 소용이 없다. 문학적인 국민에게는 열광이 전부이며, 행동적인 국민에게는 용기가 전부가 된다. 자유가 있는 국민은 양쪽 모두를 원하는 것이다.

개인주의는 끊임없이 열광의 위험에 대해 말하고 싶어한다. 이른바 이러한 불안은 정말 아무런 가치가 없는 것이다. 세상의 책략가들이 자신들의 생각을 솔직하게 말한다면, 어떤 방법으로도 설득하지 못하는 사람들, 그리고 대부분의 사람들이 탐내는 것을 손쉽게 체념하는 사람들보다 더 상대하기 쉬운 사람들은 없다고 말할 것이다.

이러한 영혼의 경향은 그 부드러움에도 불구하고 힘이 있으며, 그것을 느끼는 사람은 거기에서 고귀한 보편성을 끌어낼 수 있다. 정열의 폭풍은 가라앉고, 자존심의 기쁨은 활기를 잃는데, 오직 열광만은 변함이 없다. 만약 자부심과 활기로 가득 찬 무엇인가가 개인주의의 비속한 지배력으로부터 영혼을 해방시키지 않는다면, 바로 그 영혼은 육체의 존재 안에서 쇠약해져갈 것이다. 어느 것도 그것에 미치지 못하는 정신적 위엄은 인간이 받은 선물 중 가장 훌륭한 선물이다. 이 정신적 자부심 덕분에 가장 쓰라린 고통 속에서 사는 것은 그 가운데서 죽는 것과 마찬가지로 아름다운 것이다.

열광이 지성과 행복에 미치는 영향을 살펴보자. 이 마지막 성찰은 그동안 내가 여러 주제를 거치며 모색한 사상의 흐름을 마무리지어줄 것이다.

열광이 지성에 미치는 영향

이 절은 몇 가지 점에서 이 책 전체의 요약이 된다. 왜냐하면 열광은 독일어권의 진정한 특성이므로, 독일에서 인간의 정신이 발전해간 양상을 따라감으로써 그것이 지성에 미친 영향을 평가할 수 있기 때문이다. 열광은 인생에서 눈에 보이지 않는 것을 보이게 하고, 이 세상의 안락함과 직접 관련이 없는 것에 관심 갖게 만든다. 추상적 진리의 탐구에 이보다 적합한 감정은 없다. 그러한 이유로 독일에서는 추상적 진리가 각별한 정열과 성의로 연구되는 것이다.

열광에 의해 영감을 받는 철학자는 틀림없이 가장 성실하고, 가장 인내심이 많은 철학자일 것이다. 동시에 유명해지는 일에는 전혀 관심이 없는 사람들이다. 그들은 학문을 그 자체로 사랑하고, 그것을 숭배의 대상으로 삼는 순간부터 자신의 몸을 돌보지 않는다. 물질적 자연계는 개체를 파괴하면서 변함없는 행진을 계속한다. 또한 인간이 우주적 견지에서 자기 자신에 관해 고찰할 수 있게 되면, 인간의 사고는 숭고함을 얻는다. 그때 인간은 침묵 속에서 진리의 승리에 공헌하게 되며, 진리는 자연과 마찬가지로 단계적이며 규칙적인 발전에 따라 작용하는 힘이 된다.

열광이 교조주의적 정신을 포함하고 있는 데에는 몇 가지 이유가 있다. 자기 생각을 지나치게 고집하면, 모든 것을 그것에 결부시키게 된다. 그러나 일반적으로 진지한 의견을 대하는 것이 허영심에서 나온 의견을 대하는 것보다 훨씬 수월하다. 인간관계에서 정말로 생각하는 것만을 말할 경우에는 서로 쉽게 이해할 수 있다. 불화를 가져오는 것은 생각하는 척하기 때문이다.

열광은 잘못을 저지른다고 자주 비난받았다. 그러나 표면적인 것에 대한 관심이 훨씬 더 사람을 잘못으로 몰고 간다. 일의 본질에 파고들려면, 힘을 다해 열중하도록 우리를 자극하는 것이 필요하다. 게다가 일반적인 인간의 운명을 생각해볼 때에, 나는 영혼의 고양 없이는 절대로 진리에 도달할 수 없다고 단언할 수 있다. 우리를 끌어내리려 하는 것은 모두 거짓이다. 그리고 아무리 사람들이 뭐라고 해도 잘못은 비속한 감정 탓이다.

반복해서 말하지만, 열광은 광신과는 전혀 다른 것이다. 광신처럼 미혹하지 않는다. 열광은 너그럽다. 무관심 때문에서가 아니라 모든 것의 흥미와 아름다움을 우리에게 느끼게 해주기 때문이다. 이성은 무엇인가를 빼앗아가도 그 대가로 행복을 주지는 않는다. 광신과 정열이 단 하나의 사상과 대상에 가두어놓고 있는 것을 열광은 마음의 몽상과 넓은 사상 안에서 발견한다. 그 감정은 바로 보편성으로 인해 사상과 상상력에 대단히 우호적이다.

사교계는 정신을 발전시키기는 하지만, 천재를 만드는 것은 명상뿐이다. 사교계가 지배적인 나라에서는 자존심이 원동력이 되고, 자존심은 필연적으로 모든 열광을 파괴하는 조소로 이어진다.

익살스러운 것을 발견하고 고상하고 쾌활하게 그것을 묘사하는 일은 꽤나 즐거운 일임을 부정하지는 않겠지만, 그런 즐거움은 사양하는 편이 더 나을 듯하다. 그러나 그런 비웃음이 가장 치명적인 비웃음은 아니다. 가장 해로운 비웃음은 사고와 감정이 결부된 비웃음이다. 왜냐하면 그것은 강하고 헌신적인 애정의 근원에 침투하기 때문이다. 인간은 인간에 대해 커다란 지배력을 갖고 있다. 그리고 인간이 동료에게 주는 고통 중에서 가장 큰 것은 관대한 마음의 움직임과 그 마음이 유발하는 행동 사이에 익살스러움이라는 유령을 두는 것이다.

사랑과 천재, 재능, 그리고 고통마저도, 모든 신성한 것은 비웃음의 대상이 될 수 있다. 그 비웃음의 왕국은 어디까지 펼쳐지는지 알 수 없다. 심술궂음 속에는 무언가 자극적인 것이 있고, 선량함 속에는 무언가 약한 것이 있다. 위대한 것에 대한 칭찬은 빈정거림으로 인해 좌절될 수 있다. 어느 것에도 중요성을 부여하지 않는 사람은 모든 것을 가소롭게 보는 듯하다. 만약 열광이 우리의 마음과 우리의 정신을 지켜주지 않는다면, 마음과 정신은 무례하게 떠들어대며 아름다움에 시비를 거는 사람들에게 사방팔방으로 붙잡히고 만다.

사교의 정신은 종종 자신에게 웃을 것을 명령하고, 거기다 때때로 우는 것을 부끄러워하도록 만든다. 어찌하여 이렇게 되는 것인가? 그 이유는 자존심은 농담 안에 있는 편이 감동 안에 있는 것보다 편리하기 때문이다. 조소당하고도 진지한 태도를 유지하기 위해서는 자기의 의지에 자신이 있어야 한다. 익살의 대상이 될지도 모르는 나의 감정을 나타내는 데에는 많은 용기가 필요하다. 퐁트넬[54]은 말했다.

> 나는 여든 살입니다. 나는 프랑스 사람입니다. 게다가 나는 한평생 어떤 작은 미덕에 대해서도 비웃은 일이 없습니다.

이 말은 그가 사교계를 잘 알고 있었음을 추측하게 해준다. 퐁트넬은 감수성이 예민한 사람은 아니었으나, 대단히 재치 있는 사람이었다. 무언가 뛰어난 것을 지닌 사람은 항상 인간의 본성에 대해 진지한 태도가 필요하다고 생각하는 법이다. 보잘것없는 인간만이 누구도 자기보다 더 오래 대지 위에 발자국을 남기지 않도록, 모든 것이 모래 위에 세워지길 바란다.

독일인들은 자기네 나라에서는 열광의 적들과 싸울 필요가 전혀 없는데, 이 점은 적어도 뛰어난 사람들에게는 커다란 장애이다. 지성은 싸움 안에서 날카로워진다. 그러나 천재성은 신뢰를 필요로 한다. 천재성을 느끼기 위해서는 찬미, 영예, 불멸을 믿어야 한다. 자연이 세기마다 달라지는 것은 아니다. 자연은 항상 아낌없이 같은 재능을 이어받는다. 단 그때그때의 시대를 지배하는 견해의 차이 때문에 차이가 생긴다. 그 견해의 경향이 열광의 편을 들면, 도처에서 위대한 인물이 배출된다. 숭고한 노력에 대한 의욕이 자극된 시대가 있었던 반면, 무력감이 만연하는 시대의 문학에서는 이미 과거를 심판하는 사람밖에 없게 되는 것이다.

우리가 목격한 무서운 사건[55]은 영혼을 마비시켰다. 사상에 관한 것은 모두 막강한 행동 옆에서 퇴색한 것처럼 보인다. 다양한 상황은

---

54) Bernard Le Bovier de Fontenelle(1657~1757). 프랑스의 문학가, 사상가. 18세기의 계몽사상가의 한 사람. 처음에는 문학작품을 썼으나, 나중에는 과학사상의 보급자, 선전자로서 성공을 거두었다.

55) 1789년 프랑스혁명 이후의 공포정치를 가리킨다. 마담 드 스탈은 혁명사상에는 동조하고 박수를 보냈지만, 그 이후의 프랑스 국민이 겪어야 했던 혼란한 여러 정치상황에 대해서는 회의적이었다.

똑같은 문제라도 여러 측면에서 고찰할 것을 요구한다. 그 결과로 아무도 사상을 믿지 않든지, 겨우 수단 정도로 생각하게 되었다. 신념은 우리 시대와는 어울리지 않는다. 만일 누군가가 자기의 의견을 표명하면, 이것은 그에게 유리한 점을 미묘하게 표현하는 방법이라고 생각하게 된 것이다.

그럴 경우에는 가장 성실한 사람이라도 자기들의 태만을 위엄인 척 변신시키는 체계를 만들고야 만다. 그들은 무(無)를 상대로 하고서는 아무것도 할 수 없다고 하면서, 셰익스피어의 프라하의 은자와 같이 **그것은 그것이다**[56]를 반복하며, 이론으로서는 세계를 움직일 수 없다고 말한다. 그런 사람들은 말하고 있는 것을 곧 진리로 만들어버린다. 그러한 사고방식은 타인에게 적용시킬 수 없기 때문이다. 만일 정신이 하는 일이 모든 것에 관해 찬성이냐 반대냐를 판단하는 것이라면, 우리 주변의 대상을 빙글빙글 돌리는 것이 되고, 따라서 그러한 불안한 지반 위에서는 똑바로 걸어갈 수 없게 된다.

젊은이들도 별 차이는 없다. 그들은 모든 열광의 잘못을 깨달은 듯 보이려는 야심을 품고, 고양된 감정에 대해서 마치 깊이 생각한 결과 멸시해야 할 것처럼 보이려고 한다. 그렇게 함으로써 조숙한 이성의 힘을 보여줄 수 있다고 생각한다. 그러나 그들이 뽐내는 것은 때 이른 노숙함이다. 재능에 관해서 그들은 "아직도 연애를 합니까"라고 묻는 노인과 같다. 만일 자연이 그들보다 강한 것이 아니라면, 상상력을 잃어버린 정신은 자연마저 서슴지 않고 멸시할 것이다.

아직 고귀한 생각으로 행동하는 사람들에게 가장 자신만만한 희망마저도 흔들릴 수밖에 없는 논법을 쉬지 않고 매사에 들이대면서 크나큰 고통을 겪게 하는 일이 다분히 일어나고 있다. 그렇지만 선의는 지칠 줄을 모른다. 왜냐하면 선의의 관심은 사물의 표면이 아니라, 있는 그대로의 진실의 모습이기 때문이다. 어떤 분위기에서도 진지한 말은

56) 셰익스피어의 《12야(夜)》(*Twelfth Nignt*), 제 4막 2장에 나오는 은자의 대사.

뿌리째 사라지지 않는다. 성공은 하루밖에 살지 못하지만, 진실이 이룩하는 선은 여러 세기를 걸쳐 살아나간다.

멕시코 주민은 그들의 나라 한가운데에 세운 커다란 피라미드까지 도로를 따라 각자 한 개씩 작은 돌을 갖고 간다. 이중 어떤 한 사람도 피라미드에 자기의 이름을 붙이지 않을 것이다. 그러나 모두가 그 누구보다도 더 오래 살아남을 기념비에 공헌한 것이 될 것이다.

열광이 행복에 미치는 영향

드디어 행복에 대해 말할 때가 왔다! 나는 이제까지 극도로 이 말을 아껴왔다. 그 이유는 특히 근래 1세기 동안 이 말이 너무 천박한 쾌락과 너무 이기적인 삶과 너무 편협한 타산 안에 자리잡고 있었기 때문이다. 그러나 나는 자신 있게 열광은 모든 감정 중에서 가장 많은 행복을 가져다줄 수 있는 것이며, 진정 행복을 가져다줄 수 있는 유일한 것이고, 운명이 우리를 데려갈 수 있는 어떤 상황에서도 우리에게 주어진 숙명을 견디어낼 수 있도록 해주는 유일한 것이라고 말할 수 있다.

물질적 즐거움만으로 만족해보려고 해도 소용이 없고, 영혼이 곳곳에서 존재를 드러낸다. 독이 있는 한숨이 여기에 섞여 있긴 하지만, 자만, 야망, 자존심도 영혼의 일부이다. 마음속에 되살아나는 고매한 움직임을 야외에 나가면 흩어져 없어지는 상상력의 병과 같은 것이라고 쫓아냄으로, 타인을 기만하는 것만큼 자신을 기만하는 많은 사람들의 인생이란 얼마나 비참한 것일까! 악을 행하지 않는 것으로 만족하고, 훌륭한 행동과 위대한 사상이 나오는 원천을 광기처럼 취급하는 많은 사람들은 얼마나 불쌍한 사람일까! 그들은 외부로부터 지식을 받아들일 수 있었는지는 모르겠지만, 자만에 의해 끈질긴 평범함에 간히게 된다. 그 결과 획일적 사상과 냉정한 감정을 가진 사람으로 전락해버리고, 아무런 성과도 진보도 추억도 없이 하루하루를 보낸다. 그리고 만일 시간이 그들 얼굴에 주름을 그리는 일이 없다면, 그 사람은 속된 인생에서 무슨 흔적을 남길 것인가? 늙어서 죽는 일이 없다면, 진지한 성찰이 그들 머릿속에 들어올 일이 있기나 하겠는가?

따지기 좋아하는 몇몇 이론가들은 열광을 마음에 품으면 평범한 생활을 싫어하게 되고, 그러한 상태를 계속 유지할 수 없기 때문에 차라리 열광을 느끼지 않는 것이 낫다고 주장한다. 그렇다면 그들은 젊음과 인생이 영원히 계속되는 게 아닌데, 왜 그것을 받아들이는가? 만일 그들이 사랑을 경험한 일이 있다고 한다면, 죽음이 사랑하는 사람을 그들로부터 갈라놓을 수도 있는데, 도대체 어떻게 그들은 사랑할 수 있었을까? 마음이 인색한 것은 얼마나 슬픈 절약일까! 오직 발전하고 완전해지기 위해서, 고귀한 목적에 아낌없이 사용되기 위해서 영혼은 우리에게 주어진 것이다.

무감각하게 살수록 우리는 그만큼 더 물질적 존재에 가까워지고, 그만큼 고통을 줄일 수 있다고 말할 수 있을지 모른다. 이 논법은 많은 사람을 유인하나, 그것은 가능한 짧게 살도록 노력한다는 뜻이다. 그렇지만 사람들이 의식하지 않지만 쇠퇴에는 고뇌가 따르는 것이며, 고뇌는 항상 몰래 따라다닌다. 고뇌로 인해 야기된 권태와 수치심과 피곤은 허영심 탓으로 부적절하고 오만한 여러 양상을 띤다. 이와 같이 말라붙고 편협한 상태로는 마음 편하게 자리잡고 있기가 여간해서 쉽지 않으며, 이때 물질적 풍요가 따라주지 않으면 사람은 스스로 하는 일도 없이 뒤떨어진다. 인간은 선에 대한 의식을 갖고 있는 것과 마찬가지로, 아름다운 것에 대한 의식도 갖고 있다. 그중 하나를 잃으면 허무함을 느끼고, 나머지 하나가 빗나갈 때에는 심한 후회를 느낀다.

열광은 허무한 것이라고 사람들은 비난한다. 그러나 그토록 아름다운 감동을 붙잡을 수 있다면 인간은 더없이 행복할 것이다. 왜냐하면 그러한 감동은 쉽게 없어지기 때문에 그것을 유지하는 데에 관심을 기울여야 하기 때문이다. 시와 미술은 그 고귀한 행복을 인간 안에서 길러준다. 그 행복은 지쳐버린 마음을 다시 일으키고, 인생의 불안한 포만감 대신 우리와 자연이 한 몸이라는 거룩한 조화의 감정을 습관적으로 갖게 해준다. 어떤 의무도, 어떤 기쁨도, 어떤 감정도 진실이라는 순수한 매력과 하나가 되는, 뭐라고 형용할 수 없는 위엄을 열광으로부터 빌려오지 않는 것이 없다.

상황이 그것을 요구하면, 모든 사람은 한결같이 자기 나라를 구하러 간다. 그러나 그들이 고국을 향한 열광에 고무된다면, 그들은 얼마나 아름다운 동기에 사로잡혀 있는지 스스로 느끼지 않겠는가! 그들이 태어나는 것을 바라본 땅, 그들의 조상의 대지, 바위에 부딪치는 파도,[57] 오래 남는 추억, 오랫동안 간직한 희망, 이런 모든 것들이 그들 주변에서 일어나 싸움터로 불러내는 것 같다. 그들 심장의 고동 하나하나가 사랑과 자존심에 넘친 생각이다. 신은 이 조국을, 그것을 지킬 수 있는 사나이들에게, 그리고 조국을 위해서 자기네의 형제와 남편과 자식을 위험한 곳으로 보내는 데 동의한 여자들에게 내주었다. 조국을 위협하는 위험이 닥쳐오면 떨림도 망상도 없는 열기로 혈관 안에서 피의 흐름이 빨라진다. 이러한 전쟁이 닥쳤을 때 기울이는 하나하나의 노력은 가장 깊은 내면의 성찰로부터 온다. 용감한 시민들의 얼굴에는 처음엔 평온함만이 보인다. 그들의 감동이 밖으로 표현되기에 그들의 감정은 너무도 품위가 있다. 그러나 신호가 들려오고 국기가 공중에서 휘날리면, 지난날 그토록 평온했고 또 불행이 지나간 후에 다시 평온해졌던 눈빛이 갑자기 성스럽고 엄청난 의지로 빛나는 것을 볼 것이다. 부상도, 유혈도 더 이상 두려움을 주지 않는다. 그것은 이미 고뇌도, 죽음도 아니며, 만군의 주에 대한 봉헌인 것이다. 가장 절망적인 결심에도 일체의 후회나 주저가 있을 수 없다. 온전히 자기

57) 〔원주〕 이 문장과 다음 문장으로 내가 영국 이야기를 하려고 한 것은 쉽게 이해될 것이다. 사실 자신의 독립을 위해서 싸우는 자유국가의 전쟁으로서의 전쟁을 묘사하는 것이 아니었더라면, 나는 열광적으로 전쟁에 관해서 말하지 못했을 것이다.

의 마음이 원하는 대로 행동할 때, 사람은 기막히게 삶을 즐기는 것이다. 자신의 내면에 분열이 생기면, 당장 인생은 재난으로만 보인다. 모든 감정 중에서 열광이 사람에게 가장 많은 행복을 주는 것이라면, 그것은 열광이 다른 어떤 것보다 영혼의 모든 힘을 하나의 중심으로 모으기 때문이다.

정신적인 작업은 많은 작가들에게 거의 기계적인 일일 뿐이고, 다른 모든 직업과 마찬가지로 일생을 바치는 일이다. 하긴 그것보다 나은 점은 있다. 그러나 다른 직업에 종사하는 사람들은 열광으로 활기 띤 사고의 고상한 행복에 관해 알고 있을까? 하나의 심오한 진실, 우리의 영혼에 공감하는 모든 영혼들과 우리들 사이에 풍부한 연결을 만들어 주는 진실을 천부적 재능인 웅변에 의해 표현할 수 있을 때, 어떤 희망에 사로잡히게 되는지 그들은 알고 있을까?

열광을 지니지 않은 작가들은 문학이라는 직업에서 비평, 라이벌, 질투 등 사람들 사이의 정열이 얽힐 때 평화를 위협하게 되는 모든 것을 경험할 뿐이다. 그러한 공격과 부당함은 때때로 고통을 준다. 그러나 재능을 지닌 사람의 참다운 내면의 기쁨이 그것 때문에 변질될 수 있을까? 한 권이 책이 출판될 때, 마치 예배를 드리듯이 마음의 움직임을 좇아 그 책을 쓴 사람에게 얼마나 많은 행복한 시간이 주어졌을까! 고독 안에서 작가는 사랑과 영광과 종교 등 인생이 주는 경이에 몹시 감미로운 눈물을 흘리지 않았을까? 즉, 몽상 안에서 작가는 새와 같이 공중을 즐기고, 목마른 사냥꾼과 같이 물을 맛보고, 애인을 감싸고 있던 향기를 또다시 들이마시듯이 꽃의 향기를 마시지 않았을까? 이 세상에는 자신의 재능 때문에 힘들어 하고, 별로 힘들이지 않고 즐겁게 살고 있는 수많은 사람들 사이에서 천부적으로 느끼는 고독으로 괴로워하는 사람들이 많이 있다. 그러나 창조의 재능은 적어도 아주 짧은 순간일망정 우리의 모든 소원을 들어준다. 그것은 그 특유의 풍부함과 영광으로 우리 눈에 이상세계의 빛나는 순수한 이미지를 보여주고, 때때로 우리의 마음속에 사랑하는 사람의 소리를 들려줄 정도의 힘을 갖고 있다.

열광을 동반한 상상력을 부여받지 못한 사람들도 지구를 안다고 믿으며, 지구를 여행한 적이 있다고 믿을까? 그들의 심장이 산울림을 듣고 뛰는가? 남쪽의 대기가 그들을 달콤한 우수에 젖게 한 적이 있을까? 그들은 나라들의 차이와 외국어의 관용표현의 울림과 특징을 아는가? 그들은 민중의 노래와 민족에서 한 나라의 풍속과 특성을 발견하는가? 단 하나의 감각만으로도 수없이 많은 추억을 되살릴 수 있는가?

열광이 없는 사람들에게도 자연이 느껴질까? 그들은 자연에게 자기들의 냉혹한 타산과 참혹한 욕망에 관해 말을 건네볼 수 있을까? 각자가 매일 품는 좁은 허영심에 바다와 별은 뭐라고 대답할 것인가? 만일 우리의 영혼이 감동하고, 우주 안에서 신을 찾는다면, 만일 영혼이 더욱 많은 영광과 사랑을 원하기만 한다면, 그때 구름은 영혼에게 말을 건네고 급류는 영혼의 말에 귀를 기울이며 히스가 우거진 광야에 부는 바람은 무언가 우리가 듣고 싶어하는 소식을 전해주는 것같이 보인다.

열광을 지니지 않은 사람들도 예술의 기쁨을 맛본다고 생각한다. 그들은 우아한 사치를 즐기고 음악과 회화에 정통하고자 원한다. 왜냐하면 상상력과 자연이 화제가 될 때에 우아하고 재치 있게, 심지어 사교계 인사에 어울리는 뽐내는 말투로 그것에 관해서 이야기하기 위해서이다. 그러나 참된 열광과 비교해볼 때 이 모든 무미건조한 기쁨은 도대체 무엇이란 말인가? 니오베의 그 조용하고 무서운 고뇌에 넘친 시선, 한 어머니로서의 행복을 신들이 시샘한 것을 비난하고 있는 듯 보이는 그 눈빛을 보고 있으면, 우리 마음에는 어떤 감동이 일어날 것인가! 그 아름다운 모습에 어찌 위로받지 않겠는가! 왜냐하면 아름다움은 영혼에서 나오는 것이며, 아름다움이 고취시키는 경탄은 고귀하고 순수하기 때문이다. 아폴론을 찬양하기 위해서는 대지의 모든 뱀을 발로 짓밟는 일종의 자부심을 스스로 느껴야 하지 않을까? 라파엘로의 성모상과 도미니코 수도회의 성 히에로니무스의 얼굴표정을 깊이 이해하기 위해서는 그리스도교 신자여야 하지 않을까? 매혹적 우아함이나

기가 꺾인 얼굴 안에서, 눈부신 젊음과 흉한 모습 안에서 똑같은 표정을 발견을 하기 위해서는? 영혼으로부터 나와 하늘의 빛과 같이 인생의 새벽 혹은 노년의 어둠을 가로지르는 바로 그 표정을 다시 느끼기 위해서는?

열광을 느끼지 못하는 사람에게 음악이 존재하는가? 일종의 습관에 의해 그들은 조화된 음색을 필요로 한다. 마치 과일의 맛이나 색깔 있는 장식품같이 그들은 소리를 즐긴다. 그러나 한밤중에 갑자기 노랫소리나 혹은 사람 목소리를 닮은 악기소리에 의해 고요가 깨졌을 때, 그들의 전 존재가 마치 하프처럼 울려 퍼졌을까? 그때 그들은 감각과 영혼이라는 우리의 두 개의 본성을 결합시켜 하나의 같은 기쁨 안에 결합시키는 감동 안에서 존재의 신비를 느꼈을까? 그들 심장의 고동은 음악의 리듬을 따라 뛰었을까? 매혹적인 하나의 감정은 그들에게 이 사심 없는 눈물이 자비를 바라는 눈물이 아니라, 감동하고 사랑하고 싶은 욕구에 의해 고조되어 우리를 불안한 고통으로부터 해방시켜주는 눈물임을 알려주었을까?

연극에 대한 취향은 누구에게나 있다. 왜냐하면 대부분의 인간은 본인들이 생각하는 것보다 상상력이 풍부하기 때문이다. 그들이 쾌락의 유혹으로 여기는 것, 유년기와 관련해 일종의 약점이라고 생각되는 것은 가끔 그들이 가진 것 중에서 가장 훌륭한 것이다. 한편 픽션을 보면 인간은 진실하고 자연스럽고 감동적인 것 같은데, 현실사회에서는 거짓과 타산과 허영이 그들의 말과 감정과 행동을 마음대로 움직인다. 아무리 심오한 애정도 즐거운 오락 정도에 그치는 사람들은 참으로 아름다운 비극이 불러일으키는 모든 것을 느꼈다고 생각하는가? 시에 의해 정화된 정열을 느끼게 해주는 감미로운 불안을 그들은 알아차렸는가? 아! 픽션은 우리에게 얼마나 기쁨을 주는가! 픽션은 우리에게 회한도 두려움도 느끼지 않게 하면서, 우리를 즐겁게 해준다. 또 픽션이 발전시키는 감수성에는 실제의 애정이라면 절대로 면치 못하는 그 쓰라린 괴로움이 없다.

사랑의 언어는 시와 미술로부터 굉장한 매력을 빌리지 않는가! 마음으로, 또 생각으로 사랑하는 것은 얼마나 아름다운가! 단 한마디로 표현할 수 있는 감정을 수천 가지의 방법으로 변화시키는 것은 얼마나 아름다운가! 하지만 이 세상의 모든 언어를 사용해보아도 빈곤할 뿐이다. 모든 것을 사랑에서 일으켜 세우는 상상력의 소산인 걸작을 깊이 이해하는 것은 얼마나 아름다운가! 자연과 재능의 경이 안에서 자기 자신의 마음을 표현하기 위한 몇 개의 표현을 더 찾는 것은 얼마나 아름다운가!

사랑하는 여자를 한 번도 칭찬해본 적이 없는 남자들, 감정이 그들에게 결코 마음의 송가가 아니고, 또 기품과 아름다움이 사무치는 애정의 거룩한 이미지가 되지 않는 남자들은 무엇을 느꼈을까? 자신이 선택한 사람 안에서, 명령하면서도 애원하는 시선으로 무릎을 꿇고서 우리의 운명을 마음대로 할 수 있는 권리를 부여받는 숭고한 보호자, 강하고 친절하면서도 부드러운 안내인의 모습을 찾아보지 못한 여자는 무엇을 느꼈을까? 진지한 사상은 가장 생생한 인상에 무어라 설명할 수 없는 감미로움을 섞지 않는단 말인가! 우리의 행복을 위탁받은 애인의 친절은 젊은 시절의 행복한 날들과 마찬가지로 무덤 앞에서도 우리를 축복해줄 것이다. 그리고 고대인들처럼 사랑이 생명의 횃불을 붙이고 끄는 역할을 할 때, 존재 안의 모든 장엄한 것은 모두 감미로운 감동으로 변한다.

열광은 영혼을 행복으로 취하게 하지만, 그것은 또한 야릇한 위력으로 불운에 처한 영혼을 지탱해준다. 열광은 그 뒤에 무엇인지 모를 빛나고 깊은 발자국을 남기는데, 그 발자국은 우리가 이 세상을 떠난 뒤에라도 우리의 친구들의 마음속에서 사라지는 일이 없다. 열광은 가장 괴로운 고통에 대항해 우리에게 피난처가 되어준다. 또한 그것은 식지 않은 채로 평정을 되찾는 유일한 감정이다.

가장 소박한 애정, 즉 누구나 다 느낄 수 있는 어머니의 사랑이나 자식의 사랑도, 그 안에 열광이 섞여 있지 않으면, 그 애정이 온전하다고 할 수 있을까? 내 자식이 고귀하고 자랑스럽기를 기대하지 않고, 그 자식의 인생을 풍부하게 해줄 영광과 우리가 마음속으로 반복해서 부르는 자식의 이름을 가는 곳마다 듣게 될 영광을 자식을 위해서 바라지 않고, 어떻게 자식을 사랑할 수 있을까? 어떻게 사람들은 자기 아들의 재능과 딸의 매력을 정신없이 좋아하지 않을 수 있을까? 그들의 천성에 대해 무관심으로 있을 수 있다는 것은 신성에 대한 얼마나 기묘한 배은망덕일까! 그들이 지닌 천성으로 인해 그들을 사랑하는 사람의 마음이 더 기쁜 것을 보면, 이 천성이란 거룩한 것이 아닌가?

만일 어떤 불행한 일이 일어나서 우리의 자녀로부터 그러한 장점을 빼앗아간다면, 그때에는 똑같은 감정이 다른 형태를 취할 것이다. 즉, 그것은 우리 마음속에 자비와 공감과 우리들의 자녀가 우리를 필요로 할 것이라는 행복을 고조시킬 것이다. 어떠한 경우에도 열광은 활기를 띠고 위로받는다. 그리고 우리에게 가장 두려운 일이 생겼을 때조차, 즉 우리가 우리에게 생명을 준 사람, 수호천사처럼 우리를 사랑해준 사람, 그리고 우리에게 두려움 없는 존경의 마음과 동시에 한없는 신뢰를 불러일으키는 사람을 잃었을 때마저도 열광은 역시 우리를 구해준다. 열광은 하늘로 날아가버린 그 영혼의 빛을 우리의 가슴에 모아준다. 우리는 그의 존재를 느끼며 살고, 언젠가는 그의 생애를 쓰고 싶어한다. 확실히 우리는 믿는다. 아버지의 손이 이 세상에서 우리를 아주 버리는 일이 없을 것이며, 그 친절한 모습은 우리가 부르기 전에 우리를 지탱해주기 위해 우리를 위에서 굽어볼 것임을.

마지막으로 커다란 싸움, 즉 별수 없이 죽음과 싸워야 할 때가 오면, 약해진 능력, 희망의 상실, 지금은 이토록 어두워졌지만 이때까지는 힘 있던 인생, 점점 무덤의 어둠에 싸여가지만 우리의 가슴속에 살아있는 수많은 감정과 관념, 이것들의 이해관계, 애정, 사라지기 전에 유령으로 되는 이 존재, 아마도 이런 것들이 고통스러울 것 같다. 그러나 평범한 사람은 숨을 거둘 때에도 죽을 것이 별로 없다! 그러나 이 순간에도 신이 우리에게 준비해주신 구원이 이루어지기를. 우리의 말은 알아들을 수 없는 것이 되고, 우리 눈은 빛을 보지 못하고, 명석하고 일관된 우리의 생각은 흐릿한 흔적 위를 홀로 방황할 것이다. 그러나 열광은 우리를 버리지 않을 것이다. 그 빛나는 날개는 우리의 임상 위를 날 것이며, 죽음의 베일을 집어들고 우리가 힘에 넘치고 우리의 마음이 불멸을 느끼던 순간을 우리에게 상기시킬 것이다. 또 우리의 마지막 숨은 마치 또다시 하늘로 올라가는 고귀한 사상과도 같을 것이다.

오, 프랑스여! 영광과 사랑의 대지여! 만약 언젠가 열광이 그대의 땅 위에서 사라진다면, 만약 타산이 모든 것을 지배한다면, 그리고 오로지 추론에만 의지하여 이런 위험은 별것 아니라고 장담한다면, 그대의 아름다운 하늘, 그토록 찬란한 그대의 정신, 그토록 풍요로운 그대의 자연은 그대에게 무슨 소용이 있단 말인가? 활발한 지성과 학문의 맹렬함은 그대를 이 세계의 주인으로 만들어줄 것이다. 그러나 그대가 이 세상에 남길 흔적이라고는 파도처럼 가혹한, 사막처럼 메마른 모래의 급류밖에 없을 것이다.[58]

---

58) 〔원주〕 이 마지막 부분은 나의 책에 대한 사직 당국의 분노를 가장 많이 불러일으키는 곳이다. 그러나 그것이 프랑스인들의 비위를 거스른다고 생각되지 않는다.

마담 드 스탈의 원래 이름은 안느 루이즈 제르멘 네케르(Anne-Louise-Germaine Necker)로, 1766년 4월 22일 파리에서 출생했다. 그녀의 아버지 자크 네케르(Jacque Necker)는 제네바의 은행가 출신으로 루이 16세 치하에서 재무대신을 지낸 독일계 스위스인이며, 어머니 쉬잔 퀴르쇼(Suzanne Curchod)는 로잔 출신으로 스위스 보(Vaud) 지방 목사의 딸이다. 또한 두 번에 걸친 그녀의 결혼상대자 역시 모두 외국인이었다. 첫 번째 남편은 그녀보다 17년 연상인 파리 주재 스웨덴 대사 에릭 마그누스 드 스탈 남작(Le baron Eric-Magnus de Staël)이었으며, 두 번째 남편은 제네바의 젊은 장교 로카(Rocca)였다. 이와 같이 그녀의 복잡한 국적과 출신이 갖는 의미에 비추어 볼 때 그녀는 어느 비평가의 지적처럼, 순전한 프랑스인이라기보다는 어느 정도 스위스인이었고, 실제로는 제네바인에 아주 근사했으며, 또 선조로부터 내려오는 독일적인 무언가를 선천적으로 지니고 있었다.

마담 드 스탈은 대부분의 처녀들이 결혼 때까지 수녀원에 맡겨지던 그 시대의 프랑스의 관습과는 달리, 집에서 개신교 교육을 받았으며 당대에 파리에서 가장 명성을 떨치던 모친의 살롱에서 성장했다. 아니 '살롱에서 태어났다'고 말하는 편이 더 옳을지도 모른다. 그만큼 살롱의 문화는 그녀의 자아형성에 본질적 풍토가 되었으며, 삶과 존재에 대한 그녀의 생각을 결정했다. 그녀는 다른 아이들처럼 뛰어놀 줄 몰랐고, 살롱에 모여든 루소, 디드로, 달랑베르 등 프랑스의 계몽주의 사상가들의 토론을 듣고 자랐다.

한편 모친의 살롱에서 일찍이 접한 독일, 영국의 문학과 사상은 그녀가 받은 개신교 교육과 더불어 가톨릭 국가인 프랑스의 보수적 사고와는 달리 범 유럽적이며 자유로운 사상을 고취시키는 데 일익을 했다. 또한 어린 시절부터 몸에 익은 살롱에서의 토론은 그녀에게 나이 이상의 지식을 얻게 했고, 대화의 취미를 길러주었다. 그녀는 어머니의 살롱에서 그 시대에 영향을 끼칠 사상들이 퍼져나가는 것을 보았고, 한편 아버지의 영광스러운 승진을 목격하면서 언젠가는 자기도 세상의 중심에 서서 세상을 움직이는 역할을 할 수 있기를 기대했다. 결국 이 욕망의 실현을 위해 그녀가 택한 수단은 정치, 문학, 사랑이었고, 그 바탕 위에서 자신이 믿어온 자유의 이론을 실행했다. 하지만 위의 세 가지 활동을 통하여 세상에 뛰어들려는 마담 드 스탈과 그녀를 받아들이지 않는 세상 사이의 갈등은 그녀 앞에 펼쳐질 파란만장한 인생을 예고하게 된다.

마담 드 스탈이 정치에 열광하게 된 첫 번째 이유는 아버지 네케르가 그녀에게 보여준 모범이다. 프랑스혁명이 발발하자 루이 16세는 민심을 무마하기 위해 혁명 직전에 파면했던 네케르를 다시 불러들였는데, 이때 프랑스 국민들의 열렬한 환호 속에 파리로 귀환하는 부친의 모습은 마담 드 스탈의 뇌리 속에 깊이 박혀 일생 동안 그녀가 꿈꾸는 영광의 표본이 되었다. 아버지를 향한 그녀의 종교에 가까운 흠모는 비단 정치뿐 아니라 사랑에서도 결코 해소되지 않는 갈증을 안겨주어서, 그녀는 두 번의 결혼과 뱅자맹 콩스탕이나 나르본 등 많은 연인들과의 사랑에도 불구하고 행복하지 못했다. 즉, 그녀는 자신의 희망대로 '아버지와 같은 남자'를 만날 수 없었던 것이다. 또한 그녀가 정치에 열광하게 된 두 번째 요인은 프랑스혁명이라는 독특한 시대상황이다. 그녀는 프랑스혁명을 프랑스에서 자유주의 이상이 구현되는 계기로 보아 혁명의 이념에 적극 동조했으며, 스스로 그 속에 용감하게 투신하고자 했다.

그러나 혁명 초기에 그녀의 역할은 정치무대의 전면에 나서는 것이라기보다는 주로 자신의 살롱을 통해 부친인 네케르의 지지기반을 구축하는 것이었다. 그것은 모친의 살롱이 보여준 예를 따르는 것이기도 하려니와, 정치활동에 많은 제약이 따르는 여성이라는 조건을 최대한 이용하는 것이기도 했다. 그녀는 직접적 행동보다는 언어를 택했고, 특히 살롱을 무대로 한 '대화'는 그녀가 상대방을 설득하는 데 놀라울 만큼 훌륭한 효과를 발휘한 수단이었다. 대사의 부인이라는 자유로운 신분과 뭇 남성을 능가하는 풍부한 지식, 어릴 때부터 몸에 익은 화려한 대화의 기술을 무기로 그녀가 수행한 역할은 진보와 보수로 대립되는 세력들간의 중재역할이었다. 그것은 진보적 정치사상을 지녔음에도 불구하고 귀족계급에 속한 그녀의 신분을 십분 이용하는 것이기도 했다.

마담 드 스탈의 살롱에는 왕정을 유지하면서 나라의 상태를 개선하려는 많은 문인, 정치인, 언론인, 각국의 대사들이 드나들었다. 이들과의 교분은 그녀로 하여금 왕당파라는 비난을 면치 못하게 했다. 그녀 역시 네케르의 의견을 좇아 왕정을 유지하면서 영국식 의회주의를 도입하는 이른바 절충적 방안을 채택하려는 견해를 갖고 있었다. 그러나 혁명기간 내내 그녀가 취한 절충적이며 중도적인 입장은 혁명에서 중심역할을 하고 싶어했던 그녀의 바람과는 반대로 보수와 진보 양측 모두로부터 따돌림을 당하는 결과를 낳았다. 결국 프랑스 왕정에 종말을 고한 공포정치는 그녀를 스위스의 코페로 밀어냈다. 1792년에 벌어진 이른바 '9월학살'을 피해 서둘러 파리를 떠나는 마담 드 스탈의 도주에 가까운 피신장면은 혁명이 일어나던 해에 개선장군처럼 파리로 돌아온 네케르의 귀환장면과는 묘한 대조를 이룬다.

그 후 코페 성에서 지내는 3년 동안 그녀는 수많은 망명귀족을 만났고, 과거에 입헌파에 속했던 사람들을 도왔다. 그녀는 자신의 망명을 매우 불행한 것으로 여겼으며, 스위스라는 주변적인 무대에 만족하지 못하였다. 그녀의 지향은 어디까지나 파리, 그곳의 정치무대였다. 그녀는 코페에 머무는 동안 내내 파리로의 귀환만을 꿈꾸었다. 그녀가 공포정치를 증오한 것은 절대왕정이나 봉건제도, 그리고 그 체제에서 연유하는 특권을 그리워해서가 아니었다. 이 점이 그녀를 여느 망명귀족들과 구별해주는 점이기도 하다. 그녀는 어디까지나 계몽주의 철학에서 출발한 혁명이념이 변질되는 것을 안타까워했다. 그러기에 그녀는 공포정치를 끔찍하게 여겼으며, 정신들이 파괴로 치닫는 이 시기를 가리켜 "계몽주의의 빛이 화재로 변한 시기"라고 통탄했다.

그러므로 그녀는 로베스피에르의 실각과 공포정치의 끝을 의미하는 테르미도르 9일을 열광적인 기쁨으로 맞이했다. 1795년에 파리에 돌아온 그녀는 공화국과 총재정부로부터 신임을 얻어 콩스탕, 탈레랑과 함께 체제의 중요한 지지자가 되었다. 1791년에 그녀가 자신의 대변인으로 나르본을 택했던 것과 마찬가지로 이번에 그녀가 택한 사람은 이 두 사람이었다. 그러나 그녀의 정치복귀는 그녀의 생각처럼 그렇게 쉽지 않았다. 늘 그래왔듯이 중도적 입장에 서는 그녀의 태도, 즉 왕

당파와 공화파 모두에게 미소를 보내는 그녀의 작전은 또다시 양쪽 모두에게서 환영받지 못하는 결과를 낳고 말았다.

그러나 무엇보다도 그녀를 프랑스의 정치무대로부터 결정적으로 내쫓은 사람은 나폴레옹 보나파르트였다. 그녀는 1797년 12월 6일에 나폴레옹을 처음 만났으며, 그 후 탈레랑의 중개로 그에게 접근을 시도했다. 그러나 마담 드 스탈은 나폴레옹의 마음에 전혀 들지 않았다. 1798년 1월 파리를 떠나 코페에 머물던 마담 드 스탈에게 브뤼메르 18일의 쿠데타는 정치무대에서의 일종의 사형선고와도 같은 것이었다. 나폴레옹은 마담 드 스탈의 애인인 콩스탕이 원로원에서 한 첫 연설에 격분하여 마담 드 스탈을 파리 밖으로 내쫓는데, 이때부터 그녀의 정치활동은 사실상 막을 내린다. 혁명에서 그녀가 추구했던 이상(理想)은 보나파르트라는 새로운 벽에 부딪치고 말았으며, 그녀는 공포정치가 준 환멸보다 더 쓰라린 공허에 직면해야 했다. 그녀에게 빗장을 굳게 닫아 건 정치의 문 앞에서 그녀는 오로지 문학에 의지하는 수밖에 없었다. 그리하여 문학은 그녀에게 권력에 대항하는 반항의 수단이 되어야 했다.

그러나 문학에 대한 그녀의 애정은 이보다 훨씬 이전부터 찾아볼 수 있다. 그녀는 어린 시절부터 간간이 단편소설과 짧은 희곡을 지었으며, 22살이 되던 해인 1788년에는 《루소의 저술과 성격에 관한 시론》(이후 《루소론》)을 출간하여 작가로서 첫발을 내디딘 바 있다. 그러나 《루소론》을 발표할 당시만 하더라도, 마담 드 스탈은 루소를 향한 자신의 찬탄이 표현되기를 바랐을 뿐, 작가로서 공식 데뷔를 한 것은 아니었다.

그녀로 하여금 본격적으로 문학활동에 몰입하게 만든 계기는 어디까지나 나폴레옹과의 불화였다. 마담 드 스탈에게 문학은 프랑스 정치

무대를 향한 기도가 좌절되자 이에 상응하는 반항의 수단이었다. 따라서 이 시기에 집필된 작품인 《사회제도와의 관련하에 살펴본 문학론》(이후 《문학론》, 1800)과 《델핀느》(1802)에는 자연히 현실참여적이며 투쟁적인 성격이 나타나게 된다. 이들 작품에서 마담 드 스탈은 프랑스혁명의 이념인 계몽주의 사상, 보다 구체적으로는 완성 가능성의 이론을 당위적으로 주장하고 전파하고자 했다. 또한 이성의 빛에 입각한 인류의 전진을 믿는 진보사관을 제시하고, 당시의 프랑스 사회를 그릇된 독재자에 의해 일시적으로 진보가 정지된 기형적 정체라고 고발함으로써 하루빨리 역사의 순리를 회복시키고자 했다.

하지만 마담 드 스탈이 1803년에 시작된 독일 체험을 전후로 하여 그녀가 걸어온 문학여정에 커다란 변화를 일으키는 것을 볼 수 있다. 《델핀느》의 출간으로 다시 나폴레옹에 의해 추방된 마담 드 스탈은 결국 프랑스 밖으로 떠밀리게 되는데, 이때 그녀가 첫 도착지로 정한 나라가 독일이었다. 하지만 자포자기에 가까운 심정으로 라인 강을 횡단한 그녀는 독일에 와서 프랑스와는 전혀 다른 가치체계와 사고방식이 지배하는 것을 보고, 그것에서 자기 자신과 프랑스를 불행으로부터 구원할 수 있는 영감을 얻는다. 이제 그녀의 문학은 독재자에 대항하는 수단으로서의 현실참여적인 틀에서 벗어나, 좀더 인간의 존재론적인 고독에 다가가는 초월적인 문학으로 변모하게 된다.

이러한 특색은 독일 체험 이후에 쓰여진 《독일론》과 《코린나》를 살펴봄으로써 알 수 있는데, 이 점에서 이 두 작품은 그 이전에 집필된 《문학론》과 《델핀느》와 좋은 대조를 보여준다. 예를 들면 《문학론》이 합리적·분류적·연역적 사고방식에 따라서 집필된 반면, 《독일론》의 서술은 귀납적·인상적·직관적으로 행해졌다. 또한 소설에 나타난 변화 역시 비평서와 짝을 이루는 것으로서, 《델핀느》에서 작가는 시간을 축으로 사랑의 이야기를 전개시키는 반면, 《코린나》에서는 공간의 개념을 이용하여 상대적인 사랑의 개념을 다룬다.

다만 《독일론》에서는 독일이, 《코린나》에서는 이탈리아가 묘사된다는 점이 다른데, 마담 드 스탈에게 이 두 나라는 모두 프랑스가 아니라는 점에서 더 많은 공통점을 지닌다. 또한 작가는 매우 놀랍게도 이 두 나라에서 자기 자신의 정체성을 발견하기도 한다. 예를 들면 독일과 이탈리아가 정치적으로 통일이 되지 않은 나라라는 점에 착안하여, 흥미롭게도 이를 여성의 처지와 결부시키는 것이다. 독일 체험 이전에 그녀가 지향하던 세계가 정치적 힘으로 겨루어지는 세계, 즉 남성적 세계였던 점을 감안할 때 이러한 변화는 괄목할 만한 것이다.

결국 마담 드 스탈이 독일에 와서 발견한 것은 독일의 관념론 철학과 낭만주의 문학이었다. 그녀는 콩트로 대변되는 18세기 실증주의 철학의 지나친 과학중시 풍조와 물질주의에 거부감을 느끼고 있었으며, 작가의 영감과 재능보다는 규칙이 최고의 덕으로 평가받는 프랑스 고전주의 문학이 새로운 시대에도 변함없이 문학의 전형으로 남아 있는 현실에 안타까워했다. 그리하여 그녀는 인간의 정신세계를 중요시하는 독일의 관념론 철학에서 실증주의 철학의 병폐를 치유할 수 있는 해독제를 기대했고, 절대와 무한을 노래하는 독일 낭만주의 문학에서 고사(枯死) 직전의 프랑스문학을 소생시킬 수 있는 원천을 발견했다.

《독일론》은 1810년에 완성되었으나, 프랑스 당국의 검열에 걸려 바로 원고가 압수되고 출판이 금지되었다. 같은 해 10월 3일 경찰대신인 로비고 후작은 마담 드 스탈에게 다음과 같은 내용의 편지를 보냈다.

> 이 나라의 공기는 아무래도 귀하에게는 맞지 않는 것 같습니다. 한편 우리는 귀하가 찬미하시는 여러 민족에서 부득이 본을 따야 할

> 정도에 이르지도 않았습니다.

이 말은 "귀하의 최근 저서는 전혀 프랑스적이 아닙니다" 라는 비난과 더불어, 《독일론》이 프랑스의 제정시대에 불러일으킨 동요와 충격이 얼마나 대단한 것인지 짐작하게 해준다. 나폴레옹을 위시한 많은 위정자들은 이 책을 독일적인 것의 '침공'으로 간주하여 맹렬히 저지했다. 따라서 《독일론》은 1813년 영국의 런던에서 최초로 출판되었고, 프랑스에서는 제정이 끝난 1814년에 이르러서야 비로소 출판될 수 있었다.

마담 드 스탈은 《독일론》에서 이전과는 전혀 다른 방식으로 이야기를 전개한다. 즉, 《문학론》의 기초가 되었던 '완성 가능성'이라는 직선적 원리를 따라 주제를 발전시켜나가는 것이 아니라, 그를 대신해 '열광'(*enthousiasme*) 이라는 개념을 향해 여러 주제를 발전시켜 하나의 내적 통일을 이루는 것이다. 이러한 작가의 의도는 독일의 풍습에서 시작하여 문학과 예술, 철학과 도덕을 거쳐 마지막에 종교와 열광으로 주제를 모으는 《독일론》의 구조에서도 잘 드러난다. 《독일론》에서 마담 드 스탈은 자신이 지향하는 지점을, 각자의 개성을 무시하는 '단일한 중심'으로부터 개개인의 내면이 그 중심이 되는 '다양한 중심'으로 옮겨간다. 그러나 이렇게 분리된 각각의 중심들은 하나의 커다란 보편적 질서 안에서 다시금 조화와 통일을 이루게 되는 것이다.

마담 드 스탈은 이러한 내적 통일 혹은 도약을 가능케 하는 초월적 힘을 '열광'이라고 불렀다. 마담 드 스탈은 본문에서 이 열광이 어원적으로 '우리 안에 있는 신'(*Dieu en nous*) 을 의미한다는 설명을 덧붙임으로써, 이 열광이 인류의 위대한 역사를 이끈 숨은 힘이라고 밝혔다. 그리고 그 구체적 예로서 그녀는 영웅정신, 애국심, 기사도 정신, 자유를 향한 사랑을 강조했다.

그렇다고 해서 우리는 마담 드 스탈이 《독일론》을 집필할 때, 정치적 의도를 전혀 갖지 않았다고 볼 수는 없다. 독일체험 이후의 작품이 비록 차원을 달리하기는 했지만, 그러면 그럴수록 프랑스의 독재자를 향한 작가의 항변은 더욱 철저하게 작품 안에 숨어 무언의 시위를 벌이고 있다. 그 시위는 다름 아닌 당시 유럽 전체에 프랑스의 패권을 펼치려는 나폴레옹의 꿈에 쐐기를 박는 것이다. 왜냐하면 그녀는 모든 나라의 문학에는 그 나라의 고유한 토양에 적합한 아름다움과 가치가 있으며 그들 모두가 무턱대고 쫓아가야 할 단 하나의 절대적 가치가 존재하지 않는다는 주장을 펼침으로써 언뜻 보면 문학과 예술의 분야에 국한된 미학의 상대성을 설파하는 듯 보이기도 하지만, 실은 나폴레옹이 꿈꾸는 유럽의 흡수통합을 반대하는 의미를 복선으로 깔고 있기 때문이다. 말하자면 마담 드 스탈이 꿈꾼 것은 유럽제국이 아니라, 각 나라들이 자신의 독립을 유지하며 유대감을 이루는 일종의 유럽연합 같은 것이었다. 그녀는 《독일론》에서 프랑스는 독일에서 많은 것을 배워야 하며 그 역(逆)도 마찬가지라고 하면서, 어느 한 나라가 다른 나라를 병합하여 그 정체성을 손상하는 것은 부당하다는 의견을 조심스레 펴고 있다.

한 여자의 몸으로, 그것도 프랑스인의 신분으로, 자국에서 막강한 힘을 쥔 권력자에게 맞서는 것은 무척이나 외로운 투쟁이었으며 용기를 필요로 하는 일이었다. 하지만 마담 드 스탈은 그 길을 걸어갔다. 그녀가 그토록 사랑하고 그리워하던 파리로의 접근이 금지당한 채, 10여 년의 세월을 망명으로 보내며 유럽 전역에서 고독한 투쟁을 계속했던 것이다. 프랑스의 작가 미셸 투르니에는 마담 드 스탈과 나폴레옹의 대결을 '펜과 칼의 싸움'에 비유하면서 연약한 여인인 마담 드 스탈이 거인 나폴레옹에게 나무화살을 쏘았다고 말했다. 그러나 독일 작가 괴테의 지적처럼, 이 화살이 결국은 "독일과 프랑스 사이에 오랜 세월 동안 높이 쌓여 있던 굳건한 성벽에 최초의 틈을 만든 것이다".

《독일론》에서 마담 드 스탈이 독일을 얼마나 정확하게 이해하고 소개했는지에 대해서는 많은 의문이 남는다. 하지만 오늘날 우리가 독일을 정확하게 알기 위해서 이 책을 읽는 것은 아닐 것이다. 《독일론》의 가치는 그것이 안고 있는 여러 오류와 미숙함에도 불구하고 격동의 시대를 온몸으로 헤쳐온 한 작가가 오늘날 우리에게 전하는 한 시대의 생생한 증언에 있다. 또한 자신의 숙명에 끝까지 도전하여 자신을 한정하고 있는 세계의 지평을 조금이라도 넓혀보려고 한 작가의 용기 있는 노력에 있다. 이런 의미에서 볼 때 어쩌면 이 책이 안고 있는 오류는 그 자체로 소중한 것인지도 모른다. 왜냐하면 서로 다른 것들간의 소통에서 의미의 배반은 어쩌면 필연적인 것인지도 모르기 때문이다. 마담 드 스탈은, 그녀가 보인 많은 모순과 한계에도 불구하고, 독일 낭만주의의 본령을 이해하고 받아들이려고 한 프랑스 최초의 작가였다. 그리고 이 책은 그녀가 기울인 그러한 노력의 결산이다.

찾아보기

(인 명)

ㄱ·ㄴ

ㄷ

ㄹ

ㅁ

ㅂ

ㅅ

ㅇ

ㅈ·ㅊ

ㅎ

찾아보기

(용 어)

ㄱ~ㄷ

ㄹ~ㅅ

ㅇ~ㅊ

ㅋ~ㅎ

마담 드 스탈(Madame de Staël)

프랑스의 작가·평론가. 개신교 교육을 받고 모친의 살롱에서 성장하면서 범 유럽적인 자유로운 사상을 몸에 익혔다. 루이 16세 치하에서 재무대신을 지낸 부친의 영향으로 정치에 열광한 스탈은 프랑스혁명의 이념에 적극 동조했으며, 혁명 초기에는 자신의 살롱을 통해 부친의 지지기반을 구축했다. 스탈은 중도적 입장을 취해 보수와 진보 양측으로부터 따돌림을 받았고, 결국 공포정치가 시작되자 스위스 코페로 피신했다. 공포정치가 끝난 이후 파리에 돌아와 공화국으로부터 신임을 얻지만 나폴레옹과의 불화로 파리 밖으로 추방당하면서 스탈의 정치활동은 사실상 막을 내렸다. 이후 권력에 대항하는 반항의 수단으로 문학에 의지하고 독일 체험을 전후 해서는 현실 참여적인 틀에서 벗어나 인간의 존재론적 고독에 다가가는 초월적 문학에 심취했다.

주요 작품으로《사회제도와의 관련하에 살펴본 문학론》,《델핀느》,《코린나》,《독일론》등이 있다.

권유현

1955년 서울 출생으로 서울대 인문대 불어불문학과를 졸업했다. 이화여대 대학원에서 "에밀 졸라와 인상파회화의 수법"으로 석사학위를 받고, "마담 드 스탈과 독일체험"으로 문학박사학위를 받았다. 서울대, 이화여대, 경원대, 아주대 강사와 서울대 인문학연구소 연구원을 역임했다.

저서로《마담 드 스탈 연구》, 역서로《코린나》,《작품》,《모든 자유를 누리며》,《나의 철학 유언》,《사랑의 지혜》,《편지 I》등이 있다.